Jakob Philipp Fallmerayer

Fragmente aus dem Orient

Jakob Philipp Fallmerayer

Fragmente aus dem Orient

ISBN/EAN: 9783743304789

Hergestellt in Europa, USA, Kanada, Australien, Japan

Cover: Foto ©ninafisch / pixelio.de

Manufactured and distributed by brebook publishing software
(www.brebook.com)

Jakob Philipp Fallmerayer

Fragmente aus dem Orient

Fragmente

aus dem

ORIENT

von

Dr. Jacob Philipp Fallmerayer.

Zweite mit einem Anhang vermehrte Auflage.

Durchgesehen und eingeleitet

von

Dr. Georg Martin Thomas.

Stuttgart.

Verlag der J. G. Cotta'schen Buchhandlung.

1877.

Vorwort

zur zweiten Auflage.

Wie von der Zeit gerufen und gefordert erscheint die neue Auflage der „Fragmente aus dem Orient." Was der Fragmentist in der Vorrede zur ersten Auflage im Jahre 1845, diesem unvergänglichen Zeugniss wahren Freimuths in ängstlich gefesselter, von Censoren überwachter, von Laurern umspähter Zeit, bekannt, verkündet und vorausgesagt, was er über den Orient und den Occident, über Rom und Byzanz und die Russen, wie kein zweiter begabt, wie kein zweiter ausgerüstet, wie kein zweiter unbefangen und wahrheitsliebend gesehen, betrachtet und geurtheilt hat, das ist zum Theile vor längerer oder kürzerer Zeit aufs Wort genau eingetroffen und zum Theile in sichtbarer Erfüllung begriffen.

Das bajuwarisch-byzantinische Staatsgebilde ist wie ein Nebelgrauen verflossen: der Wittelsbacher Königssohn fand nur in seiner Heimath den letzten Frieden: die Wetterwolke über dem illyrischen Dreieck zieht sich langsam-stetig, schwer-geballt und ereigniss-schwanger zusammen: das Fatum von Byzanz tritt in einen der letzten, den alten Erdkreis von Grund aus erschütternden Act —

καὶ μὴν ἔργῳ κοὺκ ἔτι μύθῳ
χθὼν σεσάλευται.

Die grossen, die Geschicke Europa's von lange her
beherrschenden Gewalten stehen noch auf der Bühne,
auf der Arena des furchtbaren Kampfes um Sein und
Nichtsein: Constantinopel, Russland, Vibius Egnatius
Tartuffius, der grimmigste der Grimmigen; — unver-
söhnt und unversöhnbar, durch Natur und geschichtliche Entwicklung, östliche und westliche Katholicität,
ein Widerstreit, welcher die mittlere, neuere und neueste
Zeit schneidig durchdringt, ein eingefleischter Christen-
hass, wechselseitig und wechselvoll, welcher dem Islam
und dem Türkenthum früher und Jahrhunderte lang
Sieg und Triumph gab und heutzutage noch mächtiges
Selbstgefühl und kecken Stolz der Verachtung verleiht.

Nur Eines hat sich geändert und ein Gewaltiges im
Abendland ist geschehen: was die Besten im Vaterlande
ersehnt, wofür die Edelsten und Tapfersten gerungen
haben, was Fallmerayer mit vor allen hätte schauen sollen,
er, ein Mitkämpfer in den Kriegen 1813—1815, er, welcher nachher auf seinen langen und wiederholten Reisen
den Unwerth und die Creditlosigkeit der Deutschen im
Auslande so oft erfahren und mit dem Schmerze einer
Mannesseele empfunden, aber auch wie kein Anderer in
herber, schneidender Rede seinen Landsleuten zu Gemüth
geführt hat: der Riesenleib Germaniens hat den Kopf
gefunden, „der Genius, der Deutschland wie Einen Mann
bewegt." ist ihm erstanden, das Jahr 1870 hat, voran
durch die Mannheit des lange vordem und geistig fester
geschlossenen, seiner grossen Bestimmung bewussten
deutschen Nordens, durch die Wehrkraft des preussischen Volkes, und durch die zum erstenmale einträch-
tige und einheitlich geführte Streitmacht aller deutschen
Stämme im Schreckenskrieg gegen civilisirte und wirkliche Barbaren den rettenden Sieg und mit dem Siege
die Einheit der Nation im Deutschen Reich gewonnen,

hat die Deutschen unter dem Staunen der Mitwelt, aller Feindschaft zum Trutz, schnöder Eifersucht zum Tort, wie mit Einem Ruck allen ersten Nationen gleich berechtigt, gleich geschätzt, ja bewundert und gefürchtet auf den Plan gestellt.

Die Erinnerung an das glorreiche Werk gemeinsamer Tapferkeit und der Ahnen würdiger Thaten, das Bewusstsein, wie Eintracht stark und siegreich gemacht hat, wird sich im Volke nicht mehr verwischen, trotz Tücke und schlechter Angewohnheit sich nicht mehr vertilgen lassen. Jede nahe Gefahr wird das wieder eingepflanzte Nationalgefühl mächtig erregen, und jeder Versuch der Parteien, welche nichts gelernt haben, und des „Privatkönigthums", welches nichts vergessen kann, sich gegen die nationale Einigung und Festigung im Reiche zu stemmen und zu steifen, oder gar die Verwegenheit, nach alter Buhlschaft zu schauen, wird und muss zum Verderben des thörichten Wagnisses ausschlagen. Wenn schon der Herr vom Stein im Jahre 1815, anknüpfend an Worte des Aufrufes von Kalisch (25. März 1813), mahnte, „die Fürsten des Rheinbundes der Mühewaltung des Regierens zu entheben," so erscheinen jetzt 1866 und 1870 als die letzten unverrückbaren Warnziele deutscher Geduld und der *„sera numinis vindicta."*

Mitten in Europa ruht nunmehr und naturgemäss das politische Schwergewicht des Welttheils, der Frieden von Europa war bis jetzt das Ziel, war der Preis der deutschen Bestrebungen und, höchster ungeahnter Triumph! selbst die orientalische Frage wird in Berlin berathen: Russlands Kanzler und andere Bevollmächtigte eilen wiederholt in die deutsche Kaiserstadt, und des Deutschen Reiches Kanzler führt den Vorsitz im Areopag der Gewalthaber. Es liegt eine lange, eine geraume Zeit

inzwischen, dass einmal dem Brandenburger Hause wie
anderes, so auch die Türkensache in erster Linie zur
Vorlage gebracht worden ist, dass der Pabst und namentlich Venedig, welches damals die ganze Last des orientalischen Krieges allein zu tragen hatte, ihre Gesandten
und Berichte an Albrecht Achilles nach Ansbach gerichtet haben.

Wäre nicht dieses Deutsche Reich, so wie dasselbe
geleitet und gesteuert wird, der Krimkrieg hätte bereits
sein grauses Nachspiel begonnen, und statt des deutschen
Panzergeschwaders im Archipelagus ständen die „Niemetz"
in der Ecke müssiger zeitungkauender Zuschauer: Philipp
Jacob Fallmerayer — eine deutsche Kriegsflotte beim
Hagion-Oros!

Allerdings hat die Aufrichtung eines Deutschen
Reiches, eines Deutschen Kaiserthums, noch dazu unter
den zwiefach-ketzerischen Zollern — welche übrigens
schon vor zweihundert Jahren der Macht nach als zu
dieser Krone berufen schienen, wären sie katholischer
Art, [1] — allerdings hat dieses unerträgliche Geschehen

---

[1] Von dem Kurfürsten von Brandenburg heisst es in einer
merkwürdigen Darlegung und Schilderung der Verhältnisse Deutschlands von venezianischem Ursprung (ungefähr um die Zeit des
Aachner Friedens 1668) unter anderem also:

.. *Questo doppo l'Imperadore nella Germania tiene il primo posto
di potenza e da questo dipende la buona ò la mala sorte dell' Allemagna
nell' inclinar del suo partito . . . . e si havesse questi stati tutti
uniti sarebbe formidabile all' Imperio ed ad ogni altro Potentato suo
vicino e questo è il contrapeso alla sua grandezza . . . .*

*Notano che, se Brandenburgo osservasse il rito cattolico, po-
trebbe più d'ognaltro aspirare al diadema imperiale; onde se si
riguarda al fin politico, perche torni à conto à casa d'Austria che
continui la legge sua ordinaria; anche per la corona di Polonia,
obligandolo al Cattolichismo, non sarebbe difficile l'elettione e risor-
gerebbe quel regno con l'accrescimento di tanti suoi stati e temerebbe*

Egnatius Tartuffius zum Wahnsinn getrieben und bis
zur Tollwuth entbrannt. Alle Bemühungen und alle Erfolge seit dem Tridentinum zur Zerspaltung. Zerklüftung
und Zerstörung des deutschen Baues — Erfolge erleichtert
durch die alte Zwietracht der Stämme und Staaten oder
gar unterstützt durch die undeutsche Ausartung hoheit-
durstiger Fürsten, in ganz neuer Zeit aber begünstigt
durch thörichtes Vertrauen in heuchlerische Absichten
oder durch schwachmüthige Hingabe an sogenannte christliche Staatsrecepte, das heisst an alt- und neumodisches,
immerdar und überall selbstherrisches Priesterthum — alle
diese Erfolge wie mit Sturmesgewalt weggefegt, das mit
altrömischer Klugheit entworfene, mit altrömischer Härte
und Ausdauer gehandhabte Programm zur Wiederge-
winnung der Weltherrschaft — man befasse sich nur
mit den päbstlichen Instructionen, des 17. Jahrhunderts
insbesondere, und lese die nicht mehr versteckten *Arcana
papatus* — für den wichtigsten Boden, für das tributbare
Germanien ausser Wirkung gesetzt und geächtet, dazu
im eigensten Lande beengt, bedrängt und zum unge-
wöhnten Gehorsam genöthigt — *contemni turpe est, legem
donare superbum* — fürwahr ein verzweifelter Rück-
schlag; und daher die verzweifelte, sich selbst verzehrende
Kampfeswuth: schaut nur hin auf den constitutionellen

*la Germania, tremerebbe la Suetia, parenterebbero i Turchi, et i
Polacchi stessi, timidi di perdere lo loro sourana e solita libertà,
starebbero sempre in apprensione de si formidabil potenza.* —

Die Handschrift, auf welche ich schon im Catalog der italie-
nischen Codices der Münchener Bibliothek aufmerksam gemacht
und aus welcher ich eine überaus zutreffende Charakteristik des
Pfälzers Friedrich V. und seiner meist verkannten politischen
Stellung für König Max II. ausgezogen und übersetzt habe, ver-
diente vollständig abgedruckt zu werden. Anderes, was sich auf
Wallenstein bezieht, gab ich in meiner Schrift über „Wallensteins
Ermordung" S. 16—19.

Todtentanz um das arg bedrohte *Castrum boicum*, auf die rebellischen Patrioten in Derwischabad!

Keine Nation, das lehrt die Geschichte, hat einen kernhaften lebenspriessenden Bestand, noch erringt und behauptet sie eine geachtete, würdige und wirksame Stellung nach aussen, wenn dieselbe nicht, andere grosse Tugenden eingerechnet, in sich und aus sich eine hohe Idee entfaltet, sich nicht mit einem geistigen, sittlichen Gesetz gleichsam verschwistert und jene in edelster Anstrengung zu einem kosmischen Endzweck emporbildet.

Der Genius des Germanenthums ist Freiheit der Gedanken und Freiheit der Gewissen: *deorum nominibus appellant secretum illud quod sola reverentia vident*, sagt Tacitus an einer berühmten Stelle in erhabener Erfassung dieses nationalen Zuges unserer Vorfahren; und schriebe ein verständiger und unterrichteter Mann die Geschichte der Entwicklung des deutschen Geistes, er hätte dabei die hell leuchtende und ruhmvolle Thatsache darzulegen, wie die Deutschen, als Christen von Anfang an bekanntlich nicht Jünger oder Anhänger des trinitarischen Dogma, sondern alle Arianer, seit der mehr listigen und gewaltsamen als christlich-milden Einführung römischen Kirchenthums, seit Bonifacius und seit den herrschbegierigen Karlingen, sich niemals, weder insgesammt und in den verschiedenen Ländern, welche sie eingenommen und mit geistiger Obmacht behauptet haben, noch weniger in ihren hervorragenden Köpfen diesem vielfach jüdisch-heidnischen Lehrwesen gefügt, diesem „Religionswahn" — mit Kant zu reden — gedanken- und willenlos (wie heute leider so viele) unterjocht haben; wie sie seit Gregor VII. im angebornen, nationalen Widerpart verharrt,[1] wie sie

---

[1] Wenn sich beispielshalber ein Chronist, ein Zeitgenosse Walthers von der Vogelweide, anlässig der zwiespaltigen Königs-

in ihrer letzten grossen religiösen Erhebung die Idee
einer unsichtbaren Kirche, als eines Gemeinwesens der
Menschen- und Nächstenliebe, und die freie selbstge-
wonnene Ueberzeugung als Jedermanns unverkümmer-
baren, unantastbaren Schatz, im Ringen mit der halben
Welt sich fast verblutend, für die ganze Welt erstritten
und gerettet haben.

Aus der Ehe, möchte man sagen, mit dieser Seele
des Germanenthums, welcher der grosse Preussenkönig den
allzeit denkwürdigen Segensspruch gesprochen hat,[1] gewinnt die Zukunft des Deutschen Reiches und seines
Kaiserhauses Kraft, Frieden und Gedeihen. In der Verwirklichung jener allgemein menschlichen Idee liegt ein
gut Theil unserer weltgeschichtlichen Aufgabe für die
Bildung und Sittigung des Geschlechts, in der beharrlichen Durchführung des grossen Gesetzes der Freiheit
im Geiste vollzieht sich in einziger Weise die Versöhnung

wahl im Jahr 1198 „*de exortu scismatis in regno*" in folgender
Weise Luft macht: „*Facta est haec abusio ut fierel quasi portentum
multarum abusionum quae subsecutae sunt in terris, vix enim reman-
sit aliquis episcopatus sive dignitas ecclesiastica vel etiam parochialis
ecclesia quae non fierel litigiosa et Romam deduceretur ipsa causa,
sed non manu vacua. gaude, mater nostra Roma, quoniam aperiuntur
kataractae thesaurorum in terra, ut ad te confluant rivi et aggeres
nummorum in magna copia. laetare super iniquitate filiorum hominum, quoniam in recompensationem tantorum malorum datur tibi
pretium, jocundare super adjutrice tua discordia, quia (quae?) erupit
de puteo infernalis abyssi, ut accumulentur tibi multa pecuniarum
praemia. habes quod semper sitisti, decanta canticum, quia per ma-
litiam hominum, non per tuam religionem orbem vicisti. ad te trahit
homines non ipsorum devotio aut pura conscientia, sed scelerum mul-
tiplicium perpetratio et litium decisio pretio comparata* — ist dieses
nicht die gleich ernste und herbe Sprache gegen Rom, wie im
Zeitalter Ulrichs von Hutten?

[1] Wohlgemerkt, schon vor einhundert sechsunddreissig Jahren,
am 22. Juli 1740.

aller historisch gewordenen religiösen Gegensätze, und
das theuer errungene Vaterland gewinnt mit dem Frieden
des bürgerlichen Lebens, im herrlichen Walten liebreich-
helfenden Erbarmens, neue Wehr und Waffen gegen alle
Anschläge und Tücken fremdartiger, ausländischer Orthodoxie und ihrer feilen oder feigen Anhänger und Nach-
treter im eigenen Lande.

Die neue Ausgabe der Fragmente aus dem Orient
als eines classischen Werkes legte keine andere Pflicht
auf, als die sorgsamer und genauer Durchsicht des Textes,
zum Theil in Vergleichung der aufbewahrten Handschrift.
Jeder Versuch einer nur kleinen Aenderung wäre eine
üble und unstatthafte Entstellung an einem vollendeten
Kunstwerk. Wer wagte an einer Madonna von Gian
Bellini oder bei Bonifacio und Tizian nur den feinsten
Strich, den leisesten Ton hinzuzuthun? In den gelehrten
Noten hingegen musste ausser einigen Zusätzen nachge-
tragen werden, was etwa in den Citaten seitdem wissenschaftlich als genauere oder glaubhaftere Ueberlieferung
hergestellt worden ist. Dieser Pflicht ist der Herausgeber
gewissenhaft nachgegangen.

Der „Anhang," eine Denkschrift Fallmerayers für
Kronprinz Max, nachherigen König Max II. von Bayern,
wird als eine wirkliche Ergänzung der Fragmente und
als ein Cabinetsstück in doppeltem Sinne des Wortes
mit Begierde und mit Beifall aufgenommen werden.

Dieses Promemoria gibt *in nuce* und mit unnachahmlicher Schärfe und durchschlagender Klarheit das
Bild der Zustände und Bewegungen auf dem illyrischen
Dreieck und stellt dem endlichen Verlauf der Dinge daselbst das allein richtige Horoskop.

Kronprinz Max hatte Fallmerayer seit dem ersten
Erscheinen seiner Berichte aus dem Orient in der Allgemeinen Zeitung im stillen verfolgt und bewundert, und

denselben nachderhand im Spätherbst 1844 zu sich nach
Hohenschwangau geladen. „Der Reisebericht auf der Donau
bis Trapezunt — äusserte er damals gelegentlich — er-
fülle ihn heute noch mit Entzücken, er habe ihn wie
verschlungen." Ihm, dem Bruder König Otto's von
Griechenland, welchem er bei seinem Abschied aus der
sicheren Heimath so vieles vorsorglich gethan hatte,
was ihm auf dem neuen zweifelhaften Thron zur Stütze
und Belehrung dienen mochte, lag ebendesswegen das
Schicksal jenes Landes vorzüglich am Herzen; und um
dieses zu verfolgen, suchte der wissbegierige Fürst die
Vergangenheit und die Gegenwart desselben möglich
genau zu erkennen. Die griechisch-türkisch-russische
Frage bildete neben vielem andern den wiederholten
Gegenstand vertrautester Gespräche und Erörterungen.

Der Kronprinz, ein „lästiger Schüler," wie er sich
selbst nannte, liebte die Fragen festzustellen, und man
wird in der Frage- und Antwort-Form des Aufsatzes
wörtliche Fassungen des Kronprinzen anzunehmen haben.
Fallmerayer überreichte die wohlerwogene Denkschrift
am 5. December jenes Jahres: der Kronprinz studirte sie
auf der Stelle, liess sich selbe abschreiben und sagte
folgenden Tages dem Verfasser: „diese Arbeit macht
Ihnen kein Diplomat nach — das können Sie allein
machen." Auch gegenwärtig noch muss dieses Exposé
von 1844 als ein solches Unicum betrachtet werden.

Was diese Arbeit Fallmerayers, so knapp und gedrängt sie erscheint, wie alle seine Schriften auszeichnet,
ist neben der folgerechten Durchdachtheit und Gründ-
lichkeit und der ausgewählten kernigten Sprache der
weite, grosse, sichere, geradezu staatsmännische Blick
und der lautere, unbeirrbare, nichts verhehlende Freimuth, welcher der Wahrheit allein die Ehre gibt.

In der Gegenwart, wo der sogenannte Freisinn eine

gemeine Sache geworden ist und als wolfeile Waare von
Ort zu Ort hausiren geht, wo er von den bestellten
„Glückseligkeitskrämern" dem Volke gegen Wahlstimm-
zettel und andere Gunst breitzüngig und langfädig an-
gepriesen wird, wo der Liberalismus, im Grunde häufig
nur der Knecht und Diener im eigenen Kreise oder der
Zopf- und Bannerträger des verwelkten Particularismus,
Worte für Thaten und Redensarten für Gesinnung aus-
gibt, sich anmassend · *jure postliminii* des bundestäg-
lich zugeschnittenen armseligen Constitutionalismus das
Deutsche Reich nach seinen Neigungen und Schrullen
zu eigener Verklärung zu regieren, als wäre das Jahr
1870 nicht mit ehernem Fuss in die Geschichte getreten,
ein unwandelbares Gesetz im Leben der Völker erfüllend,[1]
da darf mit Fug und Recht auf wirkliche Zeugen der
Wahrheit und ernsthafte Fürsprecher der Freiheit gewiesen werden.

Gleichwie — um an ein älteres herrliches Beispiel
zu erinnern — die Vorrede von Friedrich Jacobs zu den
Staatsreden des Demosthenes vom Jahre 1805 angesichts
der Bonapart'schen Willkürherrschaft und der zunehmen-
den Knechtung des zerstückelten, halbverrathenen Vater-
lands eine That war jenes hohen und freien Sinnes,
welchen nur die classische Bildung erzeugt, wie keine
zweite solche Vorrede zum grössten Redner des Alterthums mehr geschrieben werden kann, ebenso bleibt
Fallmerayers Vorrede vom Jahre 1845 durch Gesinnung
und Grossheit an sich ein Denkmal jener Zeit, unüber-
troffen, unübertreffbar.

War es ja wirklich in jenen Zeitläuften nahezu ein
Wagniss und blieb auch nicht ohne geheime Vormerkung,

---

[1] ἀεὶ καθεστῶτος τὸν ἥσσω ὑπὸ τοῦ δυνατωτέρου κατείργεσθαι —
Thukydides.

dass eine ansehnliche Zahl, etwa fünfzig Männer in
München dem Fragmentisten in offenem Festsaale ihre
laute Verehrung bezeugten, wobei Marc Joseph Müller
der „neuesten Grossthat des Fallmerayer'schen Genius"
in seiner einzigen Weise die Huldigung der Anwesenden
aussprach. Fürwahr die Zeit bewährt den Mann wie
Feuer das Gold.

Der Eindruck, welchen diese Vorrede gemacht hat
und die Wirkung der Fragmente selbst war eine so
mächtige und eine so allgemeine, dass ihrem Urheber
schon damals die Ehre der Classicität zuerkannt und
demselben vom Inland und Ausland, welches den Geschichtsschreiber von Trapezunt und Morea lange vorher
den besten gleichgeschätzt hatte, der unverwelkliche Kranz
der Meisterschaft zugesprochen wurde. Es ist ein Werk für
alle Zeit und eine ganze Welt entrollt sich dem Leser
dieses wunderbaren Erzeugnisses eines universellen und
zugleich vom Hellenismus geadelten Geistes. Welche
Fülle von Kenntniss, welchen Reichthum des Wissens,
welche Leuchte auf den Gängen historischer Untersuchung
bieten diese Fragmente und dazu den Reiz und Genuss
einer ebenso schönen als kraftvollen, einer vollendet-
künstlerischen Darstellung. „Wie andere die Schöpfungen
der Kunst und der menschlichen Eitelkeit mit Worten
rühmen, so preise ich die unvergängliche Pracht und
die ewig schönen Meisterwerke der Natur," sagt er von
sich selbst, und seine landschaftlichen Bilder, wie vom
Pyxitesthal bei Trebisonda oder vom Aufstieg zu S. Dionys
auf Hagion-Oros, haben keinen Nebenbuhler. „Das
können wir nicht." sagte Fritz Bamberger, der feinsinnige
Maler, als ich ihm einmal von den landschaftlichen
Schilderungen Fallmerayers vorgelesen hatte: „das Buch
muss ich haben." „Das sind eben die Grenzen der
Poesie und Malerei" — war meine Erwiederung.

Fallmerayer wird gelesen und wieder gelesen werden, solange Lessing, Justus Möser, Alexander Humboldt der deutschen Nation, der gebildeten Welt Schatz, Labsal und Eigenthum sein werden. In die Werkstätte dieses künstlerischen Geistes, dieses echten Dieners althellenischer Schönheit geschaut, mit ihm im Vertrauen gleicher Gesinnung freundschaftlich verkehrt zu haben, das gehört mit zu meinen besten und heiligsten, zu meinen wirksamsten und unvergänglichen Erinnerungen.

Horn am Bodensee im Juni 1876.

Dr. Georg Martin Thomas.

Fragmente

aus dem

ORIENT.

Inhalt.

Fallmerayer, Fragm. a. d. Orient.   II

Anhang.

Vorrede.

Was der Fragmentist über die gegenwärtigen Zustände Deutschlands, besonders über die Revolution, über die Andächtigen und über die Russen denkt.

Vergeblich sucht man es noch länger zu verdecken und zu vertuschen, es bricht überall durch die Rinde hervor und drängt sich in alle Gemüther ein: Wir Deutschen sind in der öffentlichen Meinung Europa's auf Null herabgesunken, sind ausserhalb der heimischen Grenzen als Nationaleinheit für nichts geachtet und im grossen Wechselspiel der Weltgeschäfte von niemand mehr in Rechnung gebracht. Wir sind nur noch gemeinsames Objekt und gleichsam Materie des grossen Völkermarktes, wo der Fremde auf das „fleisch- und knochenreiche Thier ohne Kopf“ spekulirt und seine Fonds auf die Deutschen legt als Guano für Befruchtung des Ackerbodens in Texas, am Pruth, am Kur und Amazonenstrom. Politisch, wir wissen es wohl, hat uns der dreissigjährige Krieg getödtet. Dass aber in Folge wiederholter Niederlagen auf dem Gebiete praktischer Wissenschaft, der letzten philosophischen Restauration zum Trotz, auch das geistige Falliment in Aussicht stehe, wo nicht gar — wenigstens im Sinne der Fremden — schon ausgebrochen und öffentlich angeschlagen sei, zeigt sich erst allmählich im Hintergrund. Unsere Zeit will die That,

nicht die unfruchtbare Idee und das leere Wort, wie es
von jeher in Deutschland üblich war. Das grösste Kleinod
selbständiger Nationen — den äussern Credit und das
öffentliche Zutrauen auf nachhaltige innere Kraft und
expansive Wirksamkeit — haben wir verscherzt. Nicht
dass es uns in der Meinung der Nachbarn an physischen
Hülfsmitteln, an materiellen Kräften und nervigem Arm
gebräche, um eine der ersten Rollen im europäischen
Drama auszufüllen, nein, das geistige Geschick und die
Fähigkeit, die natürliche Kraft nach Sinn und Takt fruchtbar anzuwenden und zu rechter Zeit und in schicklicher
Weise thätig zu sein, sprechen sie uns völlig ab; ja sie
berechnen schon voraus den Termin, wann das Wort
„Deutschland" auf der Mappe des Welttheils nicht mehr
zu sehen ist. Und während man bei uns fast stündlich
mit Sorge dem Erlöschen des osmanischen Sultanats ent-
gegensieht und sich vorläufig über die, ohne unsere Mit-
rede zu vollziehende Beutevertheilung unmassgebliche
Conjekturen macht, erwägen die freundlichen Nachbar-
völker für sich in der Stille, welche Trümmer des zer-
fallenden germanischen Staatskörpers dem Interesse eines
jeden der Aspiranten am besten stünden. Denn dass
wir in der zerbröckelten Ordnung zwischen zwei rühr-
samen Kolossen eingeengt in die Länge unzermalmt bestehen können, glaubt ausser den Deutschen selbst in
Europa niemand mehr.

O das glückliche und beneidenswerthe Frankreich!
Es hat die Erinnerungen seiner glorreichen Leiden und
seiner Revolution; es hat Napoleon und die Bewunderung aller Zeiten und aller Nationen; es hat, was Deutschland fehlt, es hat die Männer der That und der Intelligenz: es hat, was wir nicht haben und niemals haben
können, eine lebendige Geschichte unsterblicher Thaten
und unvergänglichen Ruhmes, das grossartige, erhabene,

kunstreiche Drama unserer Zeit, dem wir nichts als Eggena-Wangenberg-Cattische Jordans-Justiz, Arnim's Polizei-Genie und die „Wallfahrt nach Trier" entgegenzustellen haben. Das sind freilich auch grosse Thaten, und besonders sind es klare Gedanken in anmuthigem leichten Styl! Aber dennoch gewinnt Reichthum und elegante Einfachheit im Periodenbau des „kleinen Provençalen" dem Sieben-Eisen-Solen-Satz des deutschen Kirchen-Rolands gegenüber auch hier das Spiel! Man erwartet vom billigen deutschen Leser, er werde diesem Ausruf der Bewunderung fremder Grösse und fremden Glückes, eigener Bedrängniss gegenüber, keine unpatriotische und falsche Deutung unterlegen. „*Contemni turpe est, legem donare superbum*" liest man ja schon im Petronius!

Am weitesten in der Schätzungslinie haben uns unter allen politischen Rechenmeistern die Russen zurückgestellt, vermuthlich weil man die profunden Studien deutscher Metaphysiker über die „Construktion der Weltentwickelung" zu Nowgorod noch viel weniger als an der Seine und Themse zu würdigen versteht. Russischen Ansichten nach gehören die deutschen Stämme mit Moldo-Wlachen und Bulgaro-Gräken ungefähr in eine und dieselbe Kategorie und geniessen ungefähr denselben Grad politischer Achtung und Ehrenhaftigkeit, den man genannten Mischlingsvölkern an der Newa zu gewähren pflegt. Und besteht ein Unterschied, so ist es nicht moralische Würde, nicht höhere Befähigung zur Herrschaft, es ist unsere Sklavencapacität, es ist Knochenhaftigkeit und schmiegsamer Sinn, was uns im Moskowiter Tarif etwa noch über Moldo-Wlachen und Bulgaro-Gräken stellt.

Mit der ruhigsten Unverschämtheit in Wort und Miene, ja ohne auch nur zu ahnen, dass sie uns kränken können, behaupten die Russen, wir Deutschen tragen

den Stempel der Knechtschaft, der politischen Imbecilli-
tät und Verkommenheit, nach Art gewisser hoffnungs-
loser Stämme, offen und leserlich an der Stirne geschrieben. und es frage sich nicht, ob, sondern wann,
wie und wem wir Zins und Robot zu leisten haben.
Die Türken ausser Besitz zu stellen und die ästhetisch-
empfindsamen Niemetzstämme in die Schlinge zu
ziehen. ist Seele und Leben des Russenthums. Die
Hälfte der Arbeit, sagen sie, ist bereits gethan, da wir
die Zertrümmerung des weiland gallischen Joches bei
eigener Unmacht anerkanntermassen russischem Helden-
muthe allein zu verdanken haben und dem „Befreier"
nach allem Rechte in ewiger Schuld verpfändet seien.
Auch sehen die Russen jedesmal einander bedeutsam an
und lächeln spöttisch, wenn in Büchern und Reden
deutsche Freiheit als einheimisches Produkt deutscher
Erde gepriesen wird. Hellenische Rodomontaden über
eigenkräftiges Sein. und deutsche Siegerhymnen haben
in Russland gleichen Werth. Beide, Griechen und Deutsche,
sind als unentfliehbare Beute bereits in Einnahme gestellt und für künftige Disciplin in russischen Listen
vorgemerkt. An der Zeit ist nichts gelegen. der Moskowiter rechnet auf die Ewigkeit seines Staates, und
eben weil er niemals Eile hat, gelangt er am sichersten
zum Ziel.

Wende man nicht ein, dass uns Staatsverträge,
fremde Garantien und diplomatische Aktenstücke in
bester Form vor solcher Gefährlichkeit ausdrücklich
sicherstellen und der Fragmentist in libyscher Melancholie vielleicht Dinge sieht, die gar nicht sind. Wer
wüsste denn aber nicht, dass geschriebenen Texten
meistens ein ungeschriebener als authentischer Interpret und Commentar zur Seite geht und dass Brief,
Urkunde und des Diplomaten Unterschrift nur zu Ver-

hüllung des wahren Gedankens und der stillen Praxis erfunden sind?

Wir sind das einzige grosse Volk, dessen Selbstschätzung mit der Meinung des Auslandes in geradem Widerspruche steht. Während wir uns theoretisch an der eigenen Grösse laben und. von der Majestät germanischen Namens berauscht. an ideale Eroberungen in fremder Zone denken. verhandelt man in der Nachbarschaft. wer uns das Pensum vorzulegen und uns für Kost und Lohn in Dienst zu nehmen habe. Lange merkten wir nicht. wie schlimm es auswärts stehe. und nun es von allen Seiten ruchbar wird, fragen sie verlegen herum. wie Deutschland in der öffentlichen Schätzung so tief gesunken und bei den Fremden in so übeln Ruf gekommen sei? Liegt der Fehler an uns, oder trägt fremde Ungunst allein die Schuld? Unsere natürlichen Feinde, unsere giftigsten Widersacher und Verleumder sind jedenfalls die Russen. Bei den Russen sind Religion und Wissenschaft nach der im Lande geltenden Ordnung nicht viel mehr. als zwei gefällige Dirnen. die nebenher auch das Kupplergeschäft für die weltliche Autorität des Kaiser-Pontifex zu besorgen haben. Der Deutsche dagegen baut der Religion einen Thron im Herzen. wie seiner Königin. und huldiget der Wissenschaft, wie einer grossen weltgebietenden Macht. Zwischen solchen Völkern ist der Hass instinktartig und jedes Verständniss eine Unmöglichkeit, besonders wenn sie als Nachbarn in täglicher Berührung sind. Der gottesfürchtige, ritterliche Sinn, die Achtung vor dem Weibe und vor dem Menschen als Individuum. sind sie nicht aus den deutschen Wäldern ausgegangen und bilden sie nicht bleibenden Gegensatz. zugleich Schreckbild und Ironie des Russenthums? Aber bei aller Andacht, Freiheitsliebe und Gelehrsamkeit sind wir Deutschen — das wissen die Russen — doch insge-

sammt geborne Knechte unserer Fürsten, und auf diesen
Zug im deutschen Nationalcharakter bauen die Russen
ihren Eroberungsplan. Haben sie erst die Fürsten in
ihr Netz gebracht, so haben sie in ihrer Meinung auch
uns selbst, das deutsche Volk, die Philosophen und ge-
schwätzigen Kathederhelden wie eine willenlose Heerde
gefesselt und eingethan, um sofort alles weitere Gerede
über „Construktion der Weltentwickelung", über dialek-
tische Selbstbewegung, über Menschenwürde, über Phäno-
menologie des (Hegel'schen) Geistes, und besonders über
Staatsverbesserung, über Beschränkung der Gewalt, über
Budget und über die heilige Tunika durch Dekorationen und
Ruthenhiebe stumm zu machen. Ein Theil des Projektes
ist leider zu gut gelungen, und wenn das Fatum für die
Wiederlagen deutscher Freiheit nicht fortwährend besser
sorgt, als die Weisheit unserer Gewaltigen, so wird der
Keim des Uebels mitten unter uns bald genug zum Vorschein kommen. Der Anfang ist schon gemacht, die
Klage wird täglich lauter, dringlicher, einschneidender,
und alte Sympathien fangen zu erkalten an. Der Gedanke, „man müsse sich bei der notorischen Schwäche
und Rathlosigkeit der Führer selber helfen und die träge
Gewalt im gemeinsamen Interesse vorwärts treiben," ist
für jede bestehende Ordnung der erste Schritt zum Untergang. Die Gewaltträger haben nur die Wahl, entweder
den allgemeinen Unwillen des deutschen Volkes gegen
das umsichgreifende Russenthum in der ganzen Herbe
und Bitterkeit patriotischer Leidenschaft zu theilen und
mitzuempfinden, oder auf Schwierigkeiten im eigenen
Lande bereit zu sein. Das letzte wäre überall ein grosses
Unglück, da die innern und wesentlichen Bedingungen
nationaler Existenz ohne zerstörenden und selbstmörde-
rischen Kampf auch in Deutschland nirgend zu unterdrücken und auszutilgen sind. Alle Uebel der Gegen-

wart, die Bedürfnisse im Innern, wie der Misskredit nach aussen, werden unbedingt, und vermuthlich auch grossentheils mit Recht, den verabscheuten Aposteln der Newa-Tyrannei, den Russen und ihren bethörenden Mahnungen und Zuflüsterungen aufgebürdet, weil die Deutschen allerdings an Schwäche und Fahrlässigkeit, unmöglich aber an selbstwillige und bleibende Verblendung ihrer natürlichen Lenker glauben können. Gewiss ist nur, dass man uns in den theuersten Gütern bedroht, die Wächter aber befangen sind, oder die Gefährlichkeit nicht sehen wollen. Wenn man indessen ohne offene Ungerechtigkeit auch nicht sagen darf, dass die germanische Triantarchie unter russischer Anleitung geradezu gegen alle billige Ordnung und zeitgemässe Verbesserung ihrer Landesverwaltung conspirire und aus böswilliger Absicht das Uebel verlängern wolle, so weiss man doch, wie nach jeweiligem Stand der Dinge in Russland die Zügel der Gewalt auch in vielen andern Landen laxer gehalten oder straffer angezogen worden sind. Ganz irrig wäre am Ende der Verdacht also dennoch nicht, ob er gleich im natürlichen Triebe der Gewalt für Selbsterhaltung seine genügende und verzeihliche Erklärung fände.

Wer aber hat die Schuld, wenn der magische Schimmer, wenn der Heiligenschein, der früher die weltliche Gewalt und ihre Träger umschwebte, in den drei letzten Decennien unseres Jahrhunderts zerflossen ist? wenn, was früher als hehr, als unantastbar und über gemeine Aermlichkeit erhaben galt, sich jetzt unter die Kategorie gewöhnlichen Mäkels stellt und den Augen der enttäuschten und nüchternen Menge als eine Gattung höhern Gewerbes, als mehr oder weniger Gewinn tragende Spekulation erscheint? Wir fürchten, die Encyclopädisten des vorigen und die Volksgunstjäger des laufenden Jahr-

hunderts seien hier weniger betheiligt, als die Praxis
der Dynasten selbst. Nur zu häufig hat man im christlichen Europa auf etwas verzichtet, was die Osmanli
unter dem Bilde der Abwesenheit gemeinen Haschens
nach Besitz und Gut von jeher als nothwendiges Attribut
öffentlicher Gewalt erkannten und mit dem Ausdruck
„Saltanat" als angebornes Erbtheil ihres Regentenhauses
bis auf den heutigen Tag betrachtet und gepriesen haben.

Die weltliche Macht — zu grossem Leidwesen sei
es gesagt — hat fast überall ihre moralische Unterlage.
hat in Europa die hauptsächlichsten Bedingungen wirksamer Existenz beinahe ganz verloren, ja hat sich in
den meisten Staaten selbst getödtet, und man hält die
Plätze für vakant, das heisst, man sucht neue Titel,
neue Beglaubigung. um wieder herzustellen, was eigene
Thorheit vernichtet hat. Denn die Nothwendigkeit einer
alles belebenden und befruchtenden, alle Kräfte in sich
aufnehmenden und bewältigenden weltlichen Centralgewalt hat man in den Ländern Europa's niemals lebendiger gefühlt. als in diesem Augenblick allseitiger Bedrängnisse und Bestrebungen der bedenklichsten Natur. Aber
man will, dass diese weltliche Centralgewalt der Staaten
nicht nur stark, man will. dass sie auch intelligent und
ehrlich sei, und das nennen sie die „Revolution." Stark,
intelligent und ehrlich zu gleicher Zeit! wahrhaft, das
ist für menschliche Gebrechlichkeit zu viel verlangt!
Welchen Reiz hätte es noch unter solchen Umständen
Cazique, Imperator und Rex zu sein! Fragen. warum
und wie es den Europäern nur eingefallen sei, die öffentliche Machtübung an so freudenlose Bedingnisse zu
knüpfen, wäre eben so viel als nicht verstehen, warum
der Mann im dritten Decennium des Lebens andere Bedürfnisse empfinde und andere Reden führe, als der
Knabe von dreizehn Jahren. Oder sind die grossen

Volkseinheiten nicht denselben Gesetzen moralischen Wachsthumes unterthan, wie das Individuum? Deutschland mit dem ganzen Occident ist in diesem Sinne, nach unvermeidlichen Gesetzen und gleichsam legitim, der Revolution verfallen, und es verwahrt sich laut gegen verlängerte Minderjährigkeit und ihre kindische Disciplin. Kann man sich denn gar so hart entschliessen, redlich im Geschäft zu sein und, statt launenhaft über corrupte und willenlose Knechte, lieber vernunftgerecht über freie Männer die Gewalt zu führen? Einerseits unwilliges Sträuben der alten Praxis wider jede Selbstreform, und andrerseits unabtreibbares Andringen neuer Bedürfnisse und neuer Ideen rütteln an den Grundlagen aller Staaten, und das Wogen der ringenden Kräfte stellt in Europa ein Schauspiel dar, das selbst die höheren Mächte mit ernstem Blick verfolgen.

Bei dem anerkannten Nothstand der weltlichen Erben der alten Hierarchie sind im latino-germanischen Europa nur noch die Revolution und die Kirche als die beiden lebendig wuchernden, und die gelähmte Hülle im widerstrebenden Sinne neu beseelenden und befruchtenden Kräfte übrig geblieben. Beide sind zur Hand und bieten ungeladen und nicht ohne Zudringlichkeit ihren „uneigennützigen und wohlgemeinten" Beistand an, um, wie sie sagen, dem aus Selbstverschuldung Gefallenen freundlichst aufzuhelfen und nebenher durch untrügliche Geheimmittel alle Noth der Zeit zu bannen.

Um sich ausschliesslich geltend zu machen, feinden sich die nebenbuhlerischen Kräfte natürlich unter einander selbst aufs heftigste an, beschuldigen sich gegenseitig der schwärzesten Absichten und sparen sogar den Vorwurf des Verrathes nicht, als wollte im Grunde jede der beiden helfenden Gewalten die Gantmasse für sich selbst confisciren und nach seligem Hintritt des Patienten den leeren Platz besetzen.

Dass Vibius Egnatius Tartuffius in Europa auch wieder einmal souveräne Launen haben, herrschen, Steuern erheben und plündern möchte, ist seines beharrlichen Leugnens ungeachtet eine ausgemachte Sache. Vibius Egnatius hält die Zeit für günstig, hat aber durch ungebührliche, langfingerige, nur alten Bankerottirern eigenthümliche Hast, nach dem verlornen Gut zu greifen, den geheimen Sinn und die verdeckte Unterlage seiner geistlichen Proceduren selbst verrathen. Man hat sogar bemerkt, dass Vibius bei jeder Staatskrankentröstung mit Andacht im Gemach herumzublicken und sich von der künftigen Erbschaft gleichsam voraus ein Kleinod auszubitten pflegt, nebenher aber doch immer volle Rechnungen und unbezahlte Forderungen anzumelden hat. Vibius Egnatius Tartuffius wird und kann nicht ruhen, bis er entweder selbst zermalmt ist, oder bis er Alles gewonnen hat.

Soll das eine Kriegserklärung, ein Akt der Feindseligkeit gegen Vibius Egnatius und ein Tadel seiner geistlichen Praxis sein? Mit nichten! Wir stellen die aus der Natur grosser Kräfte nothwendig hervorkeimenden äussern Erscheinungen, wie der Naturforscher seine Resultate, ruhig und zornlos dem Leser zur Betrachtung hin. Vibius handelt, muss gleichsam und hat folglich ein Recht, zu handeln, wie es ihm sein eigenstes inneres Wesen gebeut. Wir erkennen und behandeln, gleich den nordamerikanischen Demokratien, alle de facto bestehenden Kräfte als legitim.

Vibius, wie man aus Büchern weiss, ist schon einmal Herr in Europa gewesen und hat das Geschäft im Grossen und mit riesenhaftem Erfolg betrieben, so lange er stärker und intelligenter war, als die ihn bekämpfende Gegenkraft. Aber die Kunst, das Glück zu ertragen und seine Herrschaft durch Weisheit und Mässigung, durch Fortschritt und zeitgemässe Verbesserung dauerhaft zu machen und bleibend zu begründen, hat Vibius Egnatius Tartuffius ebensowenig verstanden, als der nun seinerseits tief verkommene Nachfolger im Regiment für sein eigenes Heil aus fremdem Unglück Vortheil zu schöpfen gelernt hat.

Tadeln kann und wird diese Redewendung, diese allegorische Bezeichnung eines an und für sich ehrwürdigen und in seiner ursprünglichen reinen Gestalt für die menschliche Gesellschaft segensvollen Institutes der Leser sicherlich nicht. Er muss diese Umstellung vielmehr loben und sich im Herzen darüber freuen, weil er sieht, dass wir das Unantastbare vom Verweslichen unterscheiden, dass wir das Heilige in Demuth ehren und nirgend die Kirche als göttliche Heilsanstalt, als Vertreterin überirdischer Interessen und als letzten und einzigen Trost bedrängter Seelen leichtsinnig und frevelhaft berühren, sondern nur das Leviten-Element in seiner irdischen Erscheinung, in seinem Missbrauch, in seiner Ausartung, in seiner Ironie und Verweltlichung der Analysis unterwerfen. Wir sagen dieses ausdrücklich zur Beruhigung jener einfachen, ungeschminkten und wahrhaft gottesfürchtigen Gemüther, denen es nicht an gesundem Sinn und an Wahrheitsliebe, wohl aber an Standhaftigkeit, an Kraft und Muth gebricht, sich zu deutlicher Erkenntniss und zu selbständigem Urtheil über das kunst- und trugvolle Labyrinth andächtiger Heuchelei zu erheben.

In der Hand des Menschen kann sich nicht einmal das Göttliche incorrupt erhalten, und für schwache Geister muss Bethörung und Irrsal unvermeidlich sein, wenn sie hohe sittliche Vollendung, wenn sie das in Liebe sich ganz hingebende christliche Erbarmen dicht neben geistlichem Hochmuth und wildem Spuk rasender Zeloten.

wenn sie engelreine Sitte und wahrhaft evangelische
Gemüthseinfalt neben Gleissnerei, Hinterlist und Tücken
durchtriebener und abgefeimter Intriguanten gemeinschaftlich an demselben Bau beschäftiget sehen. Darin
besteht eben die Stärke des Vibius Egnatius, dass er
das Gute wie das Schlechte, das Gemeine wie das Erhabene, die Kraft wie die Schwäche, die Tugend wie
das Laster in gleicher Weise seinem Zwecke dienstbar
machen kann.

Vibius hat, wie einst Romulus, ein Asyl gebaut,
wo alle Grade der Tugend wie der Verdorbenheit für
gemeinsamen Betrieb Nummer und Zelle haben. Denn
Vibius Egnatius hat nur den Einen Gedanken, sich um
jeden Preis wieder auf die verlorne Höhe weltlicher
Macht hinaufzuschwingen und mittel- oder unmittelbar
die oberste Leitung der öffentlichen Dinge in Europa,
ja wo möglich in der ganzen Welt in seine Hand zu
bringen. Das süsseste aller Gefühle, der berauschendste
aller Genüsse ist Befehlen und Gehorsamfinden im grossen
Styl. Tartuffius fühlt zwar das ganze Gewicht und den
vollen Reiz dieses alten Axioms. Tartuffius gesteht es
aber nicht offen ein, weil Tartuffius weiss, dass man die
meisten Menschen durch Schein und leere Phrasen täuscht
und fromme Gaukelei der sicherste Weg zur Herrschaft
über die Menge ist. Mit salbungsvoller Miene und in
den erbaulichsten Worten versichert Tartuffius, während
seine Hand in unsern Taschen wühlt, er verachte die
Welt, ihre Reichthümer, ihre Lüste und ihre Macht und
sei einzig für das ewige Heil, für die Rettung meiner
und seiner Seele aus höllischem Element besorgt. Und
obgleich er dieses edle uneigennützige Bestreben, für
das er sich zwar hienieden reichlich bezahlen lässt,
in Zeitschriften wie in dicken Büchern, in Sendschreiben und Pamphleten, wie mündlich vom Katheder und

gleichsam von den Dächern herab ununterbrochen rühmen und verkünden lässt, glaubt man ihm doch nicht mehr so unbedingt, wie früher, ja man lacht sogar ein wenig über das pharisäisch-andächtige Geberdenspiel, weil man Tartuffius jetzt besser kennt, weil man hinter dem Heiligenschein den verkappten Spekulanten sieht, und weil man diesem Tartuffius aus der Vergangenheit und aus der That, nicht mehr aus den Syllogismen hypokritischer Adepten und imbeciller Eiferer den Leumund stellt.

Tartuffius weiss es, dass ihm die Intelligenz des Jahrhunderts entgegen ist, und dass er bei den Freisinnigen und Nüchternverständigen in ganz Europa nur für einen andächtigen Komödianten und verschmitzten Taschenspieler gilt, vor dessen Praktiken sich jedes wohlgeordnete christliche Gemeinwesen in Acht zu nehmen sucht. Dieses Bewusstsein ist die Hölle des Vibius Egnatius Tartuffius. Keine Demuth der Einfältigen, keine Huldigung der Blindgläubigen, und selbst die Obedienzen verzagter Könige vermögen es nicht, ihm für diese Qual Ersatz zu leisten. Ja, Tartuffius sieht die leicht errungene Beute heimlich selbst mit Verachtung an. Ihn gelüstet nur nach Uebermannung des starken, des freigesinnten, des selbständigen, durch falsche Andacht und schlechte Künste nicht zu bethörenden Gegenparts auf Wegen der Gewalt. Denn im Grunde ist es um Tartuffius und seine Andächtigen ein hochmüthiges, herrschsüchtiges, rachgieriges, grausames und unversöhnliches Geschlecht und wären, wie einst bei den Götzenpfaffen des Huitziloposchtli und bei den Schülern St. Dominiks, Schrecken und physischer Zwang überall sein liebstes Argument. Gewalt ohne Isolenz, Macht ohne Rache und zu bestrafende Widersetzlichkeit langweilen am Ende selbst die gleissnerische Sanftmuth eines Tartuffius.

Tartuffius als Obergewaltsherr könnte nur Fürsten
wie Simon Montfort auf christlichem Throne dulden.
Inzwischen sucht Vibius durch Verstellung, durch er-
heuchelte Sorgfalt und durch kluge Reden dem ersehnten
Ziele näher zu kommen. „Seht nur," jammert er den
Gewaltigen unablässig vor, „seht nur, dieser Geister-
schwindel, dieser Unglaube allein hat die Uebel der
Zeit — die Finanznoth, den Pauperismus, die Staats-
schulden, Misswachs, Theuerung und verminderte Civil-
listen verschuldet und die Throne umgeworfen." Dieser
Unglaube (an uneigennützige Heiligkeit und Weltver-
achtung des Vibius Egnatius!), fügt der listige Mahner
hinzu, sei die natürliche Frucht der fortschreitenden
Wissenschaft, der freien Erkenntniss, des ungefesselten
Gedankens, der zügellosen Vernunft, die den Menschen
aller Autorität gegenüber stolz, unlenksam, rechthaberisch
und begehrlich mache. Und auf die Frage, wie dem
Verderben am kräftigsten zu begegnen und die rebellischen Gemüther am leichtesten unter das Joch zu
beugen seien, hat der weise Vibius überall nur eine
und dieselbe Antwort, die er aber nur im Stillen und,
wie der Tyrann von Gabii, allzeit lieber praktisch als
theoretisch gibt. Vibius Egnatius hält Fesselung der
Vernunft durch Gewaltmittel, Hemmung der Erkenntniss, Monopol der Wissenschaft, Verzwergung der Geister
und Verdummung des grossen Haufens durch Unwissenheit, Aberglauben, fromme Märchen und einschläfernden
Legendentrug für den kräftigsten, ja einzig wirksamen
Talisman, um der alle Ordnung zernagenden Gedanken-
pest zu wehren. Appell an die Faust der rohen, geistiger
Klarheit allzeit abgeneigten Menge wider das kleinere
Häuflein der Verständigen, Ehrenhaften, Vorwärtsstreben-
den und folglich Unzufriedenen ist anerkanntermassen
ultima ratio und Programm dieser mächtigen und wegen

ihrer Disciplin und Klugheit mit Recht gefürchteten Partei des streitenden Kirchenthums.

Ob sich der Calcul des Vibius Egnatius als falsch oder richtig erweise, ist eine andere Frage, und zwar ganz gleichlautend mit dem Problem: „Ob der auf die geistige und edlere Seite der menschlichen Natur Bauende, oder der auf ihre schlechteren und niedrigeren Triebe Spekulirende ein besserer Rechenmeister sei." Unwissend, roh und abergläubisch zu sein, ist jedenfalls bequemer und mühloser als das Gegentheil. Den meisten Menschen — das soll man nicht vergessen — ist der Verstand zu schwer, vielen die geistige Freiheit ein gefährliches Geschenk und Emancipation des grossen Haufens aus den Banden intellectueller Hörigkeit anerkannt die langwierigste, bedenklichste und verwickeltste aller socialen Schwierigkeiten.

Wer nur das Mögliche bedenkt, dem scheint der Versuch, Alles zur Philosophie zu erheben, nicht weniger hoffnungslos, als das Unternehmen der andern Seite, Alles zum Niveau der blinden frommgläubigen Menge herabzudrücken, unnatürlich, unausführbar, beleidigend für die menschliche Natur und für das sittliche Gefühl empörend ist. Warum will man nicht Licht und Schatten, Wissen und Glauben, Klarheit und thörichten Schwindel friedlich neben einander dulden? Ist denn gar keine Hoffnung des süssen Friedens, des vollständigen und bleibenden Sieges! Ist denn wirklich für beide Elemente unausgleichbarer Streit, ewiger Frohnkampf das unentfliehbare Loos!

Seit dem frühesten Lebensalter ist der Fragmentist mit Vibius Egnatius umgegangen, ist auch von jeher ein grosser Bewunderer seines Taktes, seiner Menschenkenntniss, seines Gemeingeistes und besonders der unverdrossenen Zuversicht gewesen, die ihn zu keiner Zeit,

selbst in den verzweifeltsten Momenten nie verlassen hat.
Vibius Egnatius hat immer Hoffnung und wird in der
Arbeit niemals müde wie die Russen, mit deren Praktiken
in Betreff standhafter Gier, gewissenloser Zweckmittel
und letzten Zieles die seinigen allein zu vergleichen sind.

Denke man sich die geistigen Zustände Deutschlands,
wenn es der einen oder der andern dieser dämonischen
Gewalten gelänge, unter dem Titel warmen Bruderbundes
sich des gefährdeten, durch Vernunftforderungen von
allen Seiten gedrängten Königthums zu bemächtigen
und auf den Schultern ihres Schützlings sich zu uncon-
trolirter Herrschaft in Europa aufzuschwingen! Es ist
seit einiger Zeit Sitte geworden, in allen Werken deutscher Geschichte über die Kirchenspaltung des sechzehnten
Jahrhunderts, über die Gräuel und die verderblichen
Wirkungen des dreissigjährigen Krieges, besonders über
die unpatriotische Herbeiziehung des Schwedenkönigs zu
jammern und zu deklamiren. In der That, wer könnte
diesem vaterländischen Schmerzensruf sein Mitgefühl versagen? Wer das Loos des zerstückelten, verwaisten, in
sich zerfallenen, religiös wie politisch unversöhnlich ent-
zweiten Vaterlandes nicht beklagen? Und doch — wir
gestehen es ohne Rückhalt — ist die geistige Freiheit,
wenn sie andern und wohlfeilern Kaufes in Europa nicht
zu erlangen war, auch um diesen furchtbaren Preis nicht
zu theuer bezahlt. Seht ihr denn nicht, wie die Dinge
auf der iberischen Halbinsel, wie sie in Mexico und
Ravenna sind?

In so weit wären wir mit den wärmsten Anhängern
des Lichts und der freien geistigen Bewegung auf gleicher
Höhe und dem Princip nach völlig einverstanden. Nur
in der Ansicht, wie diese kostbaren Güter, ohne welche
das irdische Dasein und das Beisammenleben der Sterblichen allen Reiz verliert, wider die täglich wachsenden

Gefahren und Angriffe des Erbfeindes zu schirmen seien,
herrscht einige Verschiedenheit. Viele meinen das aufsteigende Ungewitter — wenigstens auf der kirchlichen
Seite — durch Citate aus dem Neuen Testament zu
bannen und glauben fest, wenn sie durch wohl inter-
pretirte Stellen und durch bündige Schlüsse öffentlich
bewiesen haben, dass Vibius Tartuffius eigentlich gar
kein Recht besitze, die Gewissen der Deutschen zu beunruhigen, kein Recht, mit dem Despotismus hinterlistig
Allianz zu schliessen und plündernd in den irdischen
Kapitalstock der Völker herüberzugreifen, so sei alles
weitere Bedenken auch schon gehoben und werde Vibius
Tartuffius sofort seinen geistlichen Umtrieben entsagend
liebevoll innerhalb der legitimen Schranken bleiben. Nicht
viel klüger sind andrerseits jene Schirmvögte öffentlicher
Freiheiten, die nirgend lärmen wollen, überall Geduld
und Stille predigen und es immer noch für möglich
halten, die oberste Gewalt werde ohne alles Mahnen
und Drängen von aussen sich selbst reformiren, sich
durch eigene Weisheit Mass und Grenzen setzen und,
belehrt durch die Vergangenheit, sich weder dem Leviten-
Regiment, noch dem Moskowiter-Czar in die Arme werfen.
Mit eben so gründlichen Hoffnungen wartet ja auch der
Rusticus des Dichters am brückenlosen perennen Strom,
bis das Wasser abgelaufen sei!

Viele Staats- und Sittenlehrer sind freilich zur Einsicht gelangt, dass die öffentliche Gewalt nur vom ani-
malischen Instinkt der Selbsterhaltung getrieben werde
und folglich ausser „möglichst breiten Grundlagen" und
schrankenloser Wirksamkeit kein höheres Bedürfniss fühle,
und dass sie von Natur uferlos und unersättlich nur
durch Gewalt zu dämmen sei. Hier liegt die grosse,
die entscheidende Schwierigkeit. „Verwandle du zuerst
deine Natur, sei enthaltsam, gerecht, unermüdet, tugend-

haft, zähme deine Lüste, steure der allgemeinen Noth
und mach uns alle glücklich; wir aber wollen bleiben,
wie wir früher waren. eitel, habsüchtig, feil, gleisnerisch,
Gold, Gewalt und Lust über alles schätzend und den
Privatvortheil überall dem allgemeinen Nutzen vorziehend,
wie es unter uns von jeher üblich war." So ruft die
„Revolution" seit fünfzig Jahren der öffentlichen Macht
in Europa zu und meint unfehlbar, durch dieses Feld-
geschrei das verlorene Paradies der Gerechtigkeit, des
Friedens und des Ueberflusses zu erkämpfen und zurückzubringen. Wiederholter und grausamer Täuschungen
bedurfte es, um die europäischen Völker über das Grund-
irrthümliche dieser Hoffnung zu belehren. Keine Ver-
änderung der Regierungsform — jetzt sieht man es freilich hin und wieder ein — hat Bestand und bringt die
gewünschte Frucht, wenn die Umwälzung nicht von unten
und gleichsam mit dem Individuum selbst beginnt, wenn
sie nicht langsam, aber drohend und beengend wie die
Wasser der grossen Fluth um den Sitz des Uebels kreist.
So lange die öffentliche Macht überall corrupte und für
jede Schlechtigkeit bereitwillige Instrumente findet, und
so lange alles unter und neben ihr käuflich-unterthänig
seine Dienste bietet, wird und kann sie ihrer Natur,
Böses zu thun und über die Schranken zu greifen,
menschlicher Weise unmöglich entsagen. Fast jedesmal
ist die Staatsgewalt nicht Muster und Vorbild, wie man
sagt, sondern im Gegentheil nur moralischer Abglanz
und Spiegel der öffentlichen Sittlichkeit. Habt den Muth,
selbst gerecht zu sein. und ihr werdet auch gerechte
Fürsten haben.

Die allmähliche Ueberzeugung, dass öffentliche Glückseligkeit ohne öffentliche Tugend, ohne Entsagung, ohne
grosse und peinliche Selbstopfer und ohne beständiges
Verleugnen unserer Natur unmöglich zu erzielen sei.

hat die Wärme vieler Neuerer und wohlfeil revolutioni-
render Schwärmer bedeutend abgekühlt und ihre Entrüstung über die verderbte Welt auf ruhigere Temperatur,
ja auf ganz andere Wege und Gedanken zurückgeführt.
Andere wenden sich traurig von der Scene weg, wie der
reiche Jüngling im Evangelium mit Entrüstung aus der
harten Sittenpredigt entwichen ist. Jedenfalls ist die
Zahl der wahren Umwälzer, der standhaften und gefährlichen Gegner der Ungerechtigkeit, der Willkürmacht
und der kirchlichen Tyrannei auf dem Continent noch
lange nicht so zahlreich, als man glaubt und als für das
gemeine Gut zu wünschen wäre. Folglich ist auch, innerer
Verkommniss ungeachtet, vor der Hand weder für die
Gewalthaber selbst viel zu fürchten, noch braucht jene
traurige Menschenklasse, welche die Atmosphäre der
Ehrlichkeit nicht erträgt und nur im Pfuhl der Schlechtigkeit athmen kann, für ihre Ernte schon jetzt besorgt
zu sein. Sünde, Langweile und überwiegende Gewalt
des Königthums haben noch gute Frist und unver-
kürztes Spiel.

Sagen will man nur, dass Umgestaltung der Regierungsform mit Schranken aus Papier ohne individuelle
Gerechtigkeit nur geringen Nutzen wider ungerechte
Herrschaft biete, und dass an den Uebeln, die uns drücken,
vielleicht die grössere Hälfte der Schuld auf Rechnung
der Klagenden selbst zu stellen sei. Auch fänden wir
es ganz natürlich, wenn das europäische Königthum,
nicht beachtend, wie es Raimund VI. ging, doch grössere
Neigung für die alterprobten Künste der römischen
Priesterschaft, als für die unversuchten Programme aus
Gülhane blicken liesse: oder wenn es am Ende gar noch
den Beistand des die menschliche Natur selbst schänden-
den Moskowiterthums für wünschenswerther hielte, als
eine Restauration durch Vernunft, Tugend und Sittlich-

lichkeit. Es gewähren ja Kirche und Czar nachsichtsvoll
nicht nur die fürstlichem Wesen so dringlich theure
„*licentiam peccandi*" in vollem Masse, sie schaffen auch
noch Mittel und die Instrumente zur Sünde selbst herbei,
während auf der andern Seite Vernunft und Sittlichkeit
nur Kampf, nur Entbehrung, Einsicht und Selbstverleugnung in Aussicht stellen und schwere Pflichten aller
Gattung auferlegen, die den Königen eben so unbequem und widerlich als ihren Unterthanen verhasst und
lästig sind.

Wir sind — der Leser sieht es ja — weder Feind
noch Schmeichler der Gewaltigen, können uns aber auch
anderseits für die hohlen Träume unpraktischer Schwärmer
und Glückseligkeitsdemiurgen nicht mehr leicht erwärmen.
Oder ist denn nicht alles Extreme seiner Natur nach
hoffnungslos, und ist Sichselbstmassgeben nicht das grosse
Gesetz, die unerlässliche Bedingung für jeglichen Bestand! Fürwahr, allem Geschrei zum Trotz

Est inter Tanain quiddam socerumque Viselli!

Dagegen wird aber auch gar nicht verhehlt, dass
wir unter allen möglichen Herrschaften und Staatsge-
walten für die der Andächtigen noch am wenigsten Bewunderung empfinden, ja dass uns hypokritisches, gold-
und herrschgieriges Kirchenregiment, wie es sich jetzt
im Occident neuerdings gestalten will, in voller Ausbildung und letzter Consequenz nicht weniger degradirend,
nicht weniger zerstörend, unmoralisch und unerträglich
als byzantinisch-russische Uebermacht erscheint. Beide
verfolgen ja dasselbe Ziel, durch Unterdrückung jeglicher
freien Geistesregsamkeit die Gewalt schrankenlos und
bequem zu machen, als wenn der europäische Mensch
der bittersüssen Frucht der Erkenntniss und Wissenschaft
je noch entsagen könnte, oder durch verrückte Pönitenzen

noch einmal zur fabelreichen Unschuld des Wonnealters der ersten Welt zurückzuführen wäre!

Wie die Russen ihre Hebel an die Paläste der Könige und Tetrarchen setzen, eben so dienen die Hütten der Proletarier, die schlimmen Leidenschaften der Bedrängten, der Besitzlosen, der allem Können und Wissen abgeneigten stupiden Menge den Kirchlichen als Hypomochlium im Streit wider die „unverschämten Forderungen der neuen Zeit und des freien europäischen Gedankens." Der unaustilgbare Trieb zum Bessern, ja Gesetz und Natur selbst drängen, reizen, zwingen gegen solche Mächte zum Widerstand, und der Kampf zwischen Licht und Finsterniss, zwischen persönlicher Freiheit und schmachvollem Russenthum, zwischen pfäffisch-demüthiger Niederträchtigkeit und freier sittlicher Würde hat noch nie geruht und kann nicht ruhen, so lange die Keime des Edlern, der Tugend und Ehrenhaftigkeit nicht völlig erstickt und ausgerottet sind. Nur frage man nicht vorwitzig nach dem Ende des wechselvollen Streites! Das Ende des Widerstreites zwischen dem Schlechtern und dem Bessern wird zugleich das Ende unseres Erdenlebens sein. Die Verzagten verlangt es freilich nach schneller Ruhe, und die Kurzsichtigen träumen bleibenden Sieg aus ephemerem Apparat. Festere Gemüther haben der Hoffnung auf beides entsagt, sind aber dennoch heitern Sinnes und zur That bereit, weil entschiedener Wille, weil klares Erkennen der Zustände und des nicht zu ändernden, aus unserer corrupten Natur selbst entsprossenen Looses Ergebung und Gleichmuth schafft.

I.

Wasserfahrt von Regensburg nach Trapezunt.

Im August 1840.

Das Problem ist glücklich gelöst. Am 8. Juli 5 Uhr früh bin ich von Regensburg abgereist, und am 10. August um dieselbe Stunde fielen die Anker auf der Rhede vor Trapezunt. Die Entfernung dieser beiden Orte, mit dem Umweg über Konstantinopel, ist nahe an 600 geographische Meilen, was in der Sprache der Seeleute 2400 Miglien macht. Und diese lange Strecke aus dem Herzen Deutschlands bis ins Land der Kolchier im innersten Winkel des Pontus Euxinus kann jetzt der Mensch in verhältnissmässig kurzer Frist, ohne sich zu ermüden, ja gleichsam ohne Fusstritt auf festem Land, in glänzenden Prunksälen unter Malzeiten, Spiel und Büchern mit mässigem Aufwande durcheilen. Ist das nicht eine Revolution neuer und eigener Art, die man im Grund ausschliesslich der hochherzigen ungarischen Nation verdankt? Mit dem Füllhorn und der Friedenspalme in der Hand, geht das neue Europa auf Eroberungen aus, und mit diesen Waffen hat das grosse Imperium an der Donau sich die schönere Hälfte des Abendlandes tributär gemacht. Von den 33 Tagen der Reise bin ich drei Tage unwol in Linz, neun Geschäfte halber in Wien, einen zu Orsova, drei zu Galacz und vier in Konstantinopel, um das Dampfboot des schwarzen Meeres zu erwarten und die nöthigen Besuche in Bujukdere zu machen, stille gelegen, so dass für die eigentliche Fahrzeit von der Station in Regensburg bis auf die Rhede von Trapezunt nur eilf volle Tage bleiben. Zwar habe ich vom ersten bis zum

letzten Tage gewissenhaft Journal gehalten, finde aber den
Inhalt so reizlos, leer und unbedeutend, dass ich durchaus
nicht den Muth habe, über diese Eilfahrt auf der Donau
und dem euxinischen Pontus umständlichen Bericht zu thun.
Das deutsche Publikum, durch sprudelnden Witz aus Ele-
phantine und Dongola verwöhnt, liebt es nicht mehr, dass
man ihm von hochmüthigen Magyaren, von Erlenwäldern
bei Mohacz, von Syrmiern und Walachen, oder gar von dem
fürchterlichen Volke rede, welches hinter dem Pruth haust
und den Schlüssel der Zukunft Asiens und Europas in Händen
hat. Das Thema des Tages ist der Nil, der grosse Menschen-
beglücker Mohammed Ali, seine Krokodille und seine Büffel-
kühe, mit denen man weiland das neue Hellas zu bevölkern
dachte.
 Während ich die Donau herabglitt, im goldenen Horn
herumgondelte, die flutende Strömung des Bosporus durch-
schnitt, mühvoll den Hügel von Pera hinaufkeuchte und
endlich reissenden Fluges in seiner ganzen Länge über den
Euxinus schiffte, sann ich immer auf Inhalt, Form und Wendung eines anatolischen Wanderartikels, konnte aber — weniger
behende und glücklich als andere — nicht einmal über die
erste Phrase mit mir selbst einig werden, und „der Stambul",
der mich nach Trapezunt gebracht, hat ausser wenigen Zeilen
zur Beruhigung sorglicher Gemüther, keine Kunde über den
neuen Argonautenzug nach Europa zurückgetragen. Geschenkt bleibt indessen nichts; und wenn mir Gott Leben
und Gesundheit fristet und die Heimkehr gönnt, denke ich
das liebe Publikum seiner Zeit doch mit dem Abdruck
wenigstens einiger Bruchstücke des Tagebuchs heimzusuchen.
Da hat man Zeit, die Sache reiflich zu erwägen, sich in
fremden Schriften Raths zu erholen, zu malen und zu pin-
seln, zu verdecken und herauszuheben, so dass zuletzt selbst
Alltägliches und an sich Unbedeutendes durch Kunst Leben
und Farbe gewinnt. Bis dahin begnüge ich mich hie und
da schmucklos, kurz und flüchtig, wie die Welle am Leander-
thurm, kleine Notizen an freundliche Seelen in Deutschland
zu senden. Die Gelegenheit fehlt nicht, da in dieser Jahres-

zeit jede Woche wenigstens zwei, gewöhnlich sogar drei Dampfboote auf der Rhede von Trapezunt erscheinen.

Von den 2400 Miglien Wegs kommen, alle Krümmungen und Wendungen eingerechnet, 1440 auf die Donau von Regensburg bis zur Mündung bei Suline; 360 von da bis Konstantinopel und 600 von der Station im goldenen Horn bis Trapezunt. Müsste man nicht siebenmal das Fahrzeug wechseln und gäbe es keine Mauth- und Passvisiten, besonders keine Katarakten und Stromschnellen an der untern Donau, so gliche die Fahrt in der That einem Feenmärchen aus Tausend und Einer Nacht.[1]

Wegen dreistündigen ausserordentlichen Aufenthalts kamen wir am ersten Reisetag kaum in 16 Stunden von Regensburg nach Linz, dagegen von dort nach Wien in 10 Stunden. Von Wien nach Pesth ging es in 18 und nach vierstündigem Ausruhen in 13 Stunden nach Mohacz, wo vor Anker übernachtet wurde. Von dort nach Semlin schifften wir am folgenden Tag in 18 Stunden Zeit und, erquickt durch Schlaf und reichliche Mahlzeit, in 10 andern, Belgrad und die lieblichen Höhenzüge Serbiens vorüber, nach Drenkova, wo Glückseligkeit und schwelgerisches Leben vor der Hand ein Ende hatten. Drenkova ist nur ein isolirtes Haus etwa fünf Stunden unterhalb Moldova am linken Donauufer mit Canzellei und Magazin, in grüner Einöde von der Administration der Dampfschiffe erbaut. Am 24. Juli um 1 Uhr Nachmittags ward gelandet, und sämmtliche Wanderer mit Aufhebung alles aristokratischen Unterschiedes der bisher streng gesonderten Plätze wurden zugleich mit der ganzen Last des Gepäckes auf ein schmales, von acht Matrosen getriebenes Ruderschiff geworfen und in der Gluthitze des Tages über die Stromschnellen und verdeckten Felsenriffe in reissender Strömung auf die Station nach Orsova gebracht. Die Qual dauerte fünf volle Stunden und war um so unerträglicher, je schöner die Landschaft ist, durch die sich der Fluss

[1] Man wechselt das Fahrzeug in Linz, in Wien, in Pesth, in Drenkova, in Orsova, zu Skela Cladova und in Galacz.

in ruhiger Majestät zwischen hohen, bis an den Gipfel mit Laubwald bedeckten Felsenufern zum eisernen Thor hinunter wälzt. Hier ist gleichsam der Bosporus der Donau, eine schweigsame, nur vom dumpfen Ton des über Felsen brandenden Stromes belebte Wildniss der lieblichsten Natur. Dichtes Eschengebüsch, Wallnussbäume, Linden, Pappeln, dunkler Eichenwald in milden Schwellungen, riesiges Gestein, thurmhoch im warmen Grünlaub aufgeschichtet, voll Geklüfte und abenteuerlicher Steingebilde, die neue Kunststrase mit römischer Kühnheit am linken Ufer ausgemeisselt, der Glanz der Sonne, die beim Vollstrom nur kurz rauschenden Katarakten, endlich die Kühle aus den Felsenschlucht, wo die Ufer am engsten und höchsten — die langen Baumschatten und die Abendstille liessen einen schwer zu beschreibenden Eindruck in der Seele des vorübereilenden Wanderers zurück.

In Orsova blieben wir die Nacht und den anderen Tag (25. Juli) bis 5 Uhr Abends, um die Pässe zu ordnen und alles zum Uebertritt aus den kaiserlichen Staaten in das verpestete Türkenland gehörig vorzubereiten. Das nächste Dampfschiff lag aber noch zwei Stunden unterhalb bei Tschernez, gegenüber der serbischen Ortschaft Skela Cladova am walachischen Ufer, und wir mussten noch einmal auf eine Ruderbarke; aber diesmal war sie breit, bequem, luftig, in der Abendkühle und vom Kapitän selbst geleitet, der von der Skela heraufgekommen, um Ladung und Fremde aus den Händen der österreichischen Quarantaine-Beamten zu übernehmen.

Die türkische Festung Neu-Orsova, auf einer Insel mitten im Strom und in Ruinen, wie der Islam selbst, mahnt an das Eiland Philä in Nubien und sein zerfallenes Heiligthum. Beide Inseln sind ungefähr von gleicher Grösse, Nil wie Donau zwischen hohen Ufern zusammengedrängt; nur sieht man in Europa ringsumher Wald und Schatten, in Libyen Granit und verbranntes Gestein.

Eine Stunde unter Philä rauscht der Nil durch die Katarakten, eine Stunde unter Neu-Orsova braust der Ister durch die Schreckenspforte binnenländischer Abenteurer, durch das „eiserne Donauthor". Ein Felsen-Plateau, etwas mehr als eine Viertelstunde breit, mit zahnförmig über den Wasserspiegel hervorstechenden Spitzen, streicht schief über den Strom und bildet bei niedrigem Wasserstand eine schauerliche Katarakte mit Tosen, Wirbeln und furchtbarer, weithin hörbarer Brandung. In der Mitte und zu beiden Seiten des grausenvollen Zincken-Kammes hat Natur oder Kunst gleichsam drei Thore oder Ausgänge aus dem zackigen Steingewirr für kühne Schiffer aufgethan. Hier hat es vielleicht einiges Bedenken, und nicht ohne Bangigkeit sahen wir die ärmliche Barke mit reissender Schnelligkeit durch die Krümmungen der gähnenden Kantenlücke am walachischen Ufer in das stille Fahrwasser hinuntergleiten. Nach überstandener Gefahr versicherte dann freilich einer den andern, dass er durchaus nichts von Furcht empfunden habe. Wie am Nil, kann man auch hier zur Zeit des Hochwassers mit Hülfe von 50—60 Paar Ochsen kleinere Schiffe sogar stromaufwärts bringen. Zugleich endet aber auch bald unterhalb des Thores der romantische Charakter des Donauflusses und seiner Ufer. Von nun an wird das Land auf der walachischen Seite flach, traurig und trostlos, wenigstens für Leute, die aus Germanien kommen, wo man Wald und Berge liebt. Das serbische Ufer jedoch bleibt dem Charakter hügeliger und buschreicher Lieblichkeit bis an die Landesgränze im Timok-Delta ohne Unterbrechung treu. Tschernez selbst hat auch nur erst ein einziges europäisches Haus, worin der Arzt der Donaugesellschaft wohnt; das übrige sind aus Stroh, Schilf und Schlamm zusammengepappte Zigeunerhütten.

Morgens früh (26. Juli) ging es auf der „Pannonia" über die im Wasser begrabenen Pfeilerreste der Trajansbrücke und an der bulgarischen Grenzfestung Widdin vorbei, in 16 Stunden nach Rahova, wo wir vor Anker übernachteten; dann in 12 Stunden bis Giurgewo und dort in 19 nach Ibrail (Braila), wo man das drittemal vor Anker schlief. Von Ibrail nach Galacz ist nur eine Stunde Fahrzeit, und am 29. Juli Morgens wurde daselbst ans Land gestiegen, um die Ankunft des von Konstantinopel heraufschiffenden „Fer-

dinando Primo" abzuwarten. Galacz ist schon eine sehr
grosse Stadt, aber ganz aus Brettern und Koth zusammen-
geleimt, voll Grind, Staub und handeltreibenden Juden, bei
35⁰ Wärme und einem einzigen, ärmlichen Einkehrhaus nach
Art des Morgenlandes. Jedoch fängt man an Steinhäuser
zu bauen und die Strassen mit Hochpflaster zu versehen.
Auch Gasthöfe sind im Antrag und vielleicht noch in diesem
Jahre zu besserer Bewirthung der Fremden bereit. Die Rast
in diesem gesegneten Orte dauerte dritthalb lange Tage,
deren Last ich aber nach zufälliger Bekanntschaft und gastlicher Aufnahme im Hause des k. k. österreichischen Consuls, Hrn. v. Huber, eines kenntnissreichen und feingesitteten
Mannes, nur kurze Zeit zu ertragen hatte. Physisch und
geistig gelabt und mit neuen Empfehlungen versehen, kam
ich am 31. Juli Abends von der Hochstadt auf den Strand
herab und bezog mit nur noch zwei andern Fremden den
geräumigen Saal des „Ferdinando". Die grosse Masse der
Reisenden begnügte sich mit einem Platz auf dem Verdeck.
Die Nacht blieb man noch vor Anker, und am 1. August
schwamm das Boot nach eilfstündiger Fahrt um 3 Uhr Nachmittags durch die Donaumündung bei Suline in das schwarze
Meer hinaus. Der Strom ging voll und tief, und zu beiden
Seiten des Ausflusses sieht man neugebaute Häuser der Russen,
ein Kirchlein mit kuppelförmigem, hölzernem Glockenthurm
und einen Felberhain. An der Kapitänstafel assen wir Birnen
aus Trebizonde, erreichten nach einer stürmischen Nacht am
2. August Nachmittags 3 Uhr die Rhede von Varna, und
Tags darauf um 10 Uhr Morgens den Eingang des thracischen
Bosporus, und noch vor 12 Uhr Mittags rollte der Anker
auf Grund des 150 Fuss tiefen goldenen Horns zu Konstan-
tinopel_nieder. Die Summe der wirklichen Fahrzeit von Regensburg bis zum Landungsplatz, im Angesicht des grossherrlichen Serai, betrug nur 196 Stunden Zeit, d. i. 8¹/₆ Tag.
Abwechselnd mit der „Pannonia" geht die „Argo" alle 14
Tage einmal am türkischen Ufer bis Czernavoda, von
wo man Passagiere und Gut in acht Stunden Zeit, auf
Wagen nach Kostendschi an das Pontusufer bringt, so dass

schon öfters Reisende aus Wien am neunten Reisetag in Konstantinopel waren. Die eleganten Herren und Hofgelehrten im Hauptquartier Mark Aurels klagten zu ihrer Zeit bitterlich über die unästhetischen, langen, bretternen, grässlichen Gesichter der Donauanwohner von Lorch bis Vindobona. Was würden diese Verzärtelten heute sagen? Oberösterreich ist wie ein herrlich angebauter englischer Park und gerade das gemeine Volk im Allgemeinen von ausgezeichneter Wolgestalt. Der schlanke Wuchs, die feinen Züge und das frische Blut der Jugend beider Geschlechter unter dem Bürger- und Bauernvolk jener Gegend muss jeden Fremdling aufs freundlichste überraschen, während es in Europa Länder gibt, wo die besser genährten und sogenannten höheren Klassen der Bevölkerung nicht viel feiner aussehen als Zigeuner und Bärentreiber. Dazu rechne man noch den milden Sinn und die Rechtlichkeit, wovon ich schon früher, besonders aber diessmal in dreitägigem Aufenthalt wiederholte und auffallende Proben erfuhr, und man wird begreifen, dass ich den Unfall wenig bedauerte, der mich in diesem schönen Theile des eben so klug als glücklich regierten Oesterreichs einige Tage zurückgehalten hat. Dass ich einen der 32 Maximilianischen Festungsthürme, dann die „frommen Jesuiten-Väter" in ihrer romantischen Einöde auf dem Freien-Berge, ebenso den lieblichen Waldhügel ober dem Calvarienberge auf dem rechten und das wundervolle Pöstlin am linken Ufer der Donau besuchte, um das Panorama einer unvergleichlich schönen Landschaft zu betrachten, versteht sich ohnehin. Man hat seit Napoleons Fall und seit der Herrschaft der liberalen Ideen in Europa das aristokratische Oesterreich in sehr abweichendem Sinn beurtheilt, aber die Kritik beginnt allmählich zu verstummen, ja fast in das Gegentheil umzuschlagen, weil im Grund genommen der Erfolg die letzte und inappellable Instanz alles menschlichen Sinnens bildet. Heute, wo man sich in Europa zählt und ein Volk das andere misst und nebenher genau berechnet, wie weit Kraft und Wille reicht, darf sich Oesterreich rühmen, seiner Schweigsamkeit

ungeachtet in allen Künsten des Friedens wie des Krieges
mit den gewecktesten und verfeinertsten Nationen des Occidents auf gleicher Höhe zu sein.

An Pesth, das wir erst um Mitternacht erreichten und
um 4 Uhr Morgens wieder verliessen, wollen wir ohne Erinnerung vorüber ziehen, nicht etwa aus Mangel an Redestoff
— wir könnten ja ebenfalls Hammer plündern und hundertmal Gesagtes als Variante wiedergeben; — wir haben uns
aber nun einmal vorgenommen, dem Leser ohne Sykophanten-
kunst nur Selbstgesehenes und Selbstempfundenes in möglichst
treuem Bilde vorzumalen.

Desto reichern Stoff zu Betrachtungen höchst ernster
Natur böte auch bei nur mässiger Redseligkeit das alte
Bulgarenland, nicht so fast weil unser Fahrzeug in vier
Stationen der ganzen Länge nach von Widdin bis zur Donau-
mündung am nördlichen Rande dieses weiland berühmten
Slavenreichs vorüberstrich, oder dass irgend ein kirchlicher
Gährungsprocess das geplagte Christenvolk zwischen Balkan
und Donaustrom in Furcht und Hoffnungen bewegte wie
das deutsche Land. Nein, das wäre noch kein Grund, die
fliehende Skizze festzuhalten und noch innerhalb des Suline-
Thores im Laufe stillzustehen. Man weiss ja, dass wir den
Volksglauben aller Orten duldsam schonen und besonders
geistlichem Gewerbe überall mit Respekt aus dem Wege
gehen. Und hätte man im Gegensatz zur baumlosen, öden,
traurigen Humusfläche des Wlachen-Ufers das schwellende
Hügelland des Bulgarensitzes, die reichen Laubholzwälder
und hellgrünen Triften in der Nachbarschaft des lieblichen
Nicopolis beim Vorüberschiffen wahrgenommen, so wäre
auch dieser Landschaftsunterschied der beiden Uferstaaten
mit wenigen Worten anzudeuten ohne längern Aufenthalt.
Wahrheitsliebe zwänge sogar, beschränkend beizufügen, dass
auch dieser Zug bulgarischer Lieblichkeit mit Baumschatten
und quellenreicher Fülle schon um Rassova, wo sich der
Strom in rascher Wendung nördlich beugt, allmählich ganz
erstirbt und die melancholische Färbung des braunrothen,
völlig nackten, ausgetrockneten, trostlosen Erdreichs der

sogenannten Dobrudscha, weit eher die Nachbarschaft des todten Meeres als des „gastlichen" Pontus vermuthen liesse. Auf die Frage: welcher Ort unserer Wanderzüge in der Seele den meisten Trübsinn, die meiste Niedergeschlagenheit und Melancholie zurückgelassen, müsste man unbedingt bulgarisch Hirsova an der untern Donau nennen. Die nubische Wüste mit all ihren Schrecknissen schien uns weniger kläglich, ja Dank den phantastischen Schwingungen ihrer Terraingebilde, sogar noch romantisch ausgeschmückt, wenn neben das Bild des zwischen zwei konischen, von Frost und Sonnengluth röthlich versengten Hügeln eingekeilten Hirsova hingestellt. Castell und Städtchen haben die Russen im letzten Kriege, wie alle befestigten Uebergangsorte des rechten Stromufers, in vorsichtiger Berechnung abgebrochen, die Türken aber aus Indolenz nicht wieder aufgebaut. So weit das Auge reicht, nicht ein einziger Baum, nicht einmal ein verkrüppelter Strauch, nirgend Schatten, kein Labsal, und wir begriffen nicht, wie der Mensch in solcher Trübsal seine Hütte bauen mag. Selbst der Strom, als wäre er alt und müde vom langen Lauf, sinkt schlapp auseinander und wälzt schweigend zwischen gedehnten, kaum über den trüben Wasserspiegel steigenden, schilfverwachsenen Schlamm-Eilanden ohne Ungestüm und ohne Kraft die matte Fluth vorüber. Doppelt grauenvoll mussten in solcher Oede die wilden Reitervölker, die Hunnen, Avaren, Petschenegen und Mongolen für die verzagten Byzantiner sein, wenn sich ihre blut- und beutelüsternen Schwärme wolkenähnlich am Strome niederliessen und den Bosporus bedrohten. Hier vom Schicksal ereilt zu werden, wäre ein doppelt jammervolles Loos. Tomi, an dem man zwischen Suline und Varna vorüberschifft, ist nicht reizender, ja womöglich noch trauriger als die Landschaft um Hirsova, weil in Ovids Verbannungsort sogar die matte Felberweide und das düstere Grün des Donau-Schilfes fehlt,

Adspiceres nudos sine fronde, sine arbore campos.

Nur Schulgelehrte, denen die eigene Schattenlaube Mass für alle Zonen ist, können dem Sänger der „*Tristia*" Ver-

weichlichung und unmannhaften Sinn zum Vorwurf machen,
wenn er das Leben in der weltherrschenden Roma des
Cäsar Augustus entzückender und wünschenswerther als die
Seligkeit der Donaumündung und des Pontusstrandes fand.
Dass uns aber die dreitägige Rast im sommerheissen
Galacz ebenfalls das Recht verliehe, irgend ein Compendium
aufzuschlagen und den Leser übersichtlich mit der Geschichte
der beiderseitigen Uferstaaten Moldowlachia und Bulgarei,
vom Anbeginn der historischen Kenntniss bis zu dieser Stunde
heimzusuchen und insbesondere die Donau-Uebergänge von
Darius bis Diebitsch-Zabalkansky umständlich aufzu-
zählen, soll nach dem Exempel vielgepriesener Wanderbücher
hoffentlich von niemand bestritten werden. Gewiss könnten
wir mit nur etwas Unbarmherzigkeit zum wenigsten die Ueber-
gänge der Slavenvölker (vom 6. bis 9. Jahrhundert) und ihre
Einsiedelung auf byzantinischem Boden zusammenregistriren
und den Hartgläubigen unserer Zeit wie im Kaleidoskop vor-
überführen. Jedoch auf alle diese Rechte wollen wir verzichten, wollen alle diese Erinnerungen für uns selbst behalten und nur im Vorübereilen ein Wort über die Bulgaren-
festung Silistria und die Russen sagen. Wir sind zwar in
Silistria (Dorystolon und Dristra der Byzantiner) nicht
selbst ans Land gestiegen, haben aber seine Lage auf dem
waldigen, von tiefen Erdrissen umfurchten, reben- und gartenreichen Hügel am Einfluss des Dristrabaches in die Donau
deutlich genug gesehen. Auch der Nichtstratege muss in
Silistria ein von der Natur selbst erbautes und gleichsam
sich selbst schirmendes Bollwerk der Donauländer erkennen
und es den Russen gar nicht übel nehmen, wenn sie sich
bei Zeiten und wiederholt um diesen Punkt bemühten. Wären
sie nicht früher als unter Katharina II., wie man sich's gewöhnlich denkt, vor der Festung erschienen, und hätten sie
diese berühmte Vormauer des Türken-Sultanats nach unsäg-
lichen Anstrengungen wirklich in unsern Tagen (1829) zum
erstenmale in ihre Gewalt gebracht, so hätten wir nichts zu
erinnern gehabt und wären ohne Rückblick auf vergangene
Zeiten gegen Wind und Wellen an den traurigen Schilf-

eilanden des Donau-Delta vorüber in den Pontus hinaus ge-
schifft. Die Russen haben aber schon um 967 unserer Zeitrechnung, d. i. mehr als neunthalbhundert Jahre vor Diebitsch-
Zabalkansky Silistria und das ganze Bulgarenland bis an die
Hämuspässe in ihrer Gewalt gehabt. In Swätoslaw, dem
noch heidnischen Grossfürsten und ersten Eroberer Bulgariens,
spiegelt sich Natur und Schicksal des russischen Staats ur-
vorbildlich für alle Zeiten schon im Laufe des zehnten Jahrhunderts ab. Kaum gegründet durch die Scandinavierfamilie
Rurik (862), erkannte dieses grosse Slavenreich seine Weltbestimmung und sein Geschick und wälzte, wie von wildem
Instinkt getrieben, mit hartnäckiger Beharrlichkeit die Wellen
seiner Kraft nach Byzanz herab. Von Gross-Nowgorod ward
der Herrschersitz nach Kiew am Dnieper verlegt, um dem
Brennpunkt aller Slavensehnsucht, der Kaiserstadt (Tsarigrad)
im günstigen Augenblick näher zu sein. Diese frühzeitige
Standhaftigkeit der Russen-Politik ist um so mehr zu bewundern, da die ganze Nordküste des schwarzen Meeres mit
den Landschaften, die man heute Ukraine, Bessarabien und
Moldowlachia nennt, damals in der Gewalt des nomadischen
Reitervolks der Petschenegen standen, die den abenteurenden
Russen den Weg verlegten und allen unmittelbaren Verkehr
zwischen Konstantinopel und Kiew unmöglich machten. Man
weiss, dass die Russen dieser Hemmniss ungeachtet durch
kühne Benutzung der Fluss- und Küstenfahrt schon unter
Swätoslaws unmittelbaren Vorfahren (879—944) dreimal in
grosser Macht vor Byzanz erschienen und sich das viertemal
nur durch Bitten, Gold und Tribut des verzagten Imperators
besänftigen und an der Donaumündung zu Frieden und Freund-
schaft bewegen liessen. Aber ein Russenfürst, der leben will,
kann und konnte niemals ruhig bleiben. Swätoslaw fühlte
das Beengende seiner Stellung und drang mit gleicher Heftigkeit gegen Don, Kaukasus und Pontus Euxinus vor, bis ihn
die Thorheit des griechischen Hofes durch Uebersendung von
fünfzehn Centnern Goldes zu einem Angriffskrieg wider das
verhasste Bulgarenreich verlockte und somit das russische
Ungewitter herwärts auf die Gipfel des Hämus rief. Der

Grossfürst erschien mit 60,000 Mann Fussvolk an der Donaumündung, schiffte in unabsehbarem Zug den Strom herauf,
schlug die Bulgaren am Landungsplatz und nahm mit der
Festung Dristra (Silistria), wohin sich die Ueberwundenen
geflüchtet hatten, zugleich das ganze Reich in Besitz (967
n. Chr.). Das Schrecken über die raschen Erfolge der Russen
war so betäubend, dass man zu Konstantinopel eilig die
Festungswerke ausbesserte und sogar die Wurfmaschinen auf
die Mauer stellte, als wäre Swätoslaw mit seinen „thierisch-
ungestümen" Siegerschaaren schon vor dem goldenen Thore
aufgestellt. Ein Angriff der Petschenegen auf Kiew nöthigte
zwar den Grossfürsten mit einem Theil des Heeres heimzueilen, er gestand aber nach Vertreibung des Feindes in der
Bojaren-Versammlung ohne Scheu, „er wolle und könne nicht
mehr in Kiew bleiben, weil ihm der Aufenthalt in seiner
neuen Bulgarenresidenz Presslava (Prästhlava der Byzantiner
und Breslau der Deutschen) weit erfreulicher als in Kiew sei.
Aller Reichthum der Kunst und Natur fliesse in der bulgarischen Hauptstadt als im Mittelpunkt des Landes zusammen.
Griechenland sende Gold, Seidenstoffe, Wein und edle Früchte;
aus Böhmen und Ungarn bringe man Silber und Pferde, und
die Russen kämen mit Pelzwerk, Honig, Wachs und Sklaven."
Ueberhaupt meinte der barbarische, aber, wie es scheint, nicht
kurzsichtige Rurikfürst, nicht bloss Bulgarien, sondern
das ganze griechische Reich in Europa müsse sammt
Böhmen und Ungarn das Gesetz von den Russen
empfangen. Swätoslaw begnügte sich nicht mit Reden, er
handelte auch nachdruckvoll, stieg mit Macht über den un-
vertheidigten Hämus nach Thracien hinab und bestrafte den
Widerstand der halb griechischen, halb bulgarischen Bürgerschaft in Philippopel nach Eroberung der Stadt in slavisch-
wilder Grausamkeit durch Pfählung von 20,000 Männern,
gleichsam als wären es meineidige Rebellen wider gesetzliche
Obrigkeit. Zum Unglück für die Russen hatten sie es mit
einem Gegner zu thun, der zwar durch Kaisermord auf den
Thron gelangte, aber sonst ein ungemein gottesfürchtiger
Herr. ein höchst andächtiger Christ und nebenher kluger

Staatsmann und treflicher Stratege war. Johannes Tzimisces wollte sich anfangs die Russen auf dem Wege der Unterhandlung vom Halse schaffen und liess durch einen Gesandten dem Grossfürsten zu wissen thun, er möge nun, da er die vertragsmässige Entschädigung (15 Cent. Goldes) für seinen bulgarischen Heereszug erhalten habe, das Land räumen und wieder in sein angestammtes Reich nach Kiew zurückkehren, indem Bulgarien nicht den Russen, sondern von Alters her dem römischen Imperator von Byzanz gehöre. Aus der Antwort des Grossfürsten merkte Tzimisces freilich schnell, dass auf diplomatischem Wege mit den Russen nichts auszurichten sei und dass man diesem Volke mit andern Mitteln kommen müsse. Nur gegen Erlegung einer „sehr grossen Summe Goldes" und gegen baare Ablösung der Kriegsgefangenen sammt allen eroberten Städten, antwortete Swätoslaw, werde er das ihm so reizend scheinende Land verlassen: können oder wollen aber die „Römer" die verlangte Summe nicht zusammenbringen, so mögen sie selbst ungesäumt die europäischen Provinzen räumen, auf die sie ohnehin kein Recht hätten, und sich nach Asien zurückziehen; das sei die einzige und letzte Bedingung, von den Russen Frieden zu erhalten. Swätoslaw sandte nur eine Abtheilung des Heeres über den Hämus, hielt mit einer zweiten die Bulgaren-Residenz Prässlava in Zaum und lagerte mit dem Hauptcorps in dritter Linie bei Silistria (Dristra), wo zugleich die einzige Hoffnung im Unglück — die Fahrzeuge standen, die ihn und seine Kriegsgefährten aus der Heimat nach Bulgarien getragen hatten. Erst im fünften Jahre russischer Herrschaft im Lande, nachdem man mit abwechselndem Glücke diesseits der Gebirge gestritten hatte, zog endlich der Kaiser selbst zu Wasser und zu Lande wider Swätoslaw. Tzimisces drang unvermuthet durch die Pässe, stand wider alles Erwarten der sorglosen Russen vor Prässlava, nahm in Folge eines scharfen Gefechtes Stadt und Burg und rückte mit der ganzen Macht vor Silistria, wo die byzantinische Branderflotte zum Schrecken der Russen zugleich erschienen war. Nach sechs mörderischen Schlachten, die Swätoslaw seinem kaiserlichen Gegner im offenen Felde ausserhalb der Festung lieferte, war das russische Heer auf 22,000 Mann geschmolzen und die Hoffnung des Sieges aufgegeben. Schon nach dem fünften Gefecht beriethen sich die Russen, ob man fliehen oder kämpfend sterben soll? „Siegen oder rühmlich untergehen" (*ἢ νικῶντας ζῆν ἢ εὐκλεῶς τελευτᾷν*) war der einmüthige Beschluss, und man ging ungebrochenen Muthes zum letzten Gefecht hinaus, in welchem, wie in allen früheren, ein Seitenangriff von 13,000 geharnischten Lanzenreitern den lange zweifelhaften Sieg endlich, am Abend noch, zum Vortheil des kaiserlichen Heeres entschied. Bedenkt man, dass die Russen ohne Reiterei wie ohne Verbindung mit der Heimat waren und einem grossen Kapitän gegenüber standen, so brauchen sie sich der Capitulation von Silistria eben so wenig zu schämen, als ihre späten Urenkel über die Bedingnisse von Austerlitz zu erröthen haben. Swätoslaw verlangte Waffenstillstand und versprach, Bulgarien zu räumen und die Gefangenen ohne Lösegeld frei zu geben, wenn der Kaiser seinerseits gelobe, die Russen weder beim Aufbruch noch auf der Wasserfahrt durch seine Branderflotte zu beunruhigen, die nöthigen Lebensmittel für das besiegte Heer zu liefern und den Russen noch ferner den alten Handelsverkehr in Konstantinopel zu gestatten. Der Kaiser, der des Friedens bedurfte, willigte mit Freuden in Alles, und nach förmlichem Abschluss des Vertrags sahen sich beide Gegner ausserhalb der Festung am Donaustrom. Der Kaiser hielt mit seiner geharnischten Reitergarde am Ufer, der Grossfürst blieb auf der Ruderbank des Kahnes sitzen, in welchem er herausgekommen war; er sagte nur einige Worte über den Frieden und kehrte wieder in die Stadt zurück. Ein Augenzeuge, der byzantinische Hofdiacon Leo, hat die Scene beschrieben und der Nachwelt zugleich das Conterfei des Russenfürsten aufbewahrt. Swätoslaw war mittlerer Grösse und von zierlichem Ebenmass der Körpertheile: struppige Brauen, Eulenaugen, stumpfe Nase, Kinn ganz und Kopf bis auf je eine an den Schläfen herabhängende Locke glatt geschoren, die Oberlippe von dichten weitherabreichenden Barthaaren be-

schattet, kräftiger Nacken, breite Brust, Goldschmuck mit
Carbunkel zwischen zwei Perlen in dem einen Ohr, und endlich ein finsterer melancholisch-wilder Blick sind die übrigen
Züge im Bild des Ruriksohnes vor Silistria. Der Fürst trug
bei der Unterredung ein weisses Gewand, nicht schöner, aber
reinlicher als die Gefährten, und schwang beim Kommen und
Gehen das Ruder wie der gemeine Mann. Dieses Russen-
Epos vor Silistria ist vielleicht das lehrreichste Ueberbleibsel
der byzantinischen Geschichte. Der standhafte Muth und die
Todesverachtung, mit welcher das russische Fussvolk sechsmal hintereinander in das Treffen ging, erfüllte selbst die
siegenden Byzantiner mit Entsetzen. „Die Russen fliehen
nicht,“ sagte Leo Diaconus. [1] Die gigantischen Gestalten
und der wilde zornvolle Blick der Soldaten Swätoslaws haben
in der Bevölkerung Konstantinopels einen erblichen, unaus-
tilgbaren, heute noch lebenden Eindruck zurückgelassen.
„Das falbhaarige Geschlecht der Nordischen wird die Stadt
erobern,“ ist der bekannte und in der Hauptstadt des Orients
seit neunthalbhundert Jahren geglaubte Orakelspruch. Bei
den meisten Menschen verliert eine Drohung von so altem
Datum nur zu leicht ihr Gewicht; in keinem Falle aber hätte
man über zu grosse Eile der Verhängnisse zu klagen, wenn
Swätoslaws insolenter Spruch durch den Einzug der „falben
Krieger“ in Stambul am Ende doch noch eine Wahrheit
würde. Die Zeit, Vorsorge zu treffen, hat uns wahrhaft
eben so wenig als der stumme Fingerzeig gefehlt, wie noch
längerer Aufschub, wo nicht gänzliche Abwendung des byzan-
tischen Gerichts zu erzielen sei! Wer von den wiederholten
Byzanzbedrängungen durch die Rurikfürsten des 9. und 10.
Jahrhunderts auch nur die Scenen von Silistria kennt, hat
auch schon errathen, warum sie ohne Erfolg geblieben und
warum die verzagten Byzantiner nicht schon damals nordischer Kraft und scythischem Uebermuth erlegen sind. So
lange sich von Don und Wolga her nach der Reihe lebendige Völkerkeile zwischen Nowgorod oder, wenn man will,

[1] οἱ Ρῶς διαμάχονται, μὴ δόντες τὰ τὰ τοῖς ἐχθροῖς. VIII. 7.

zwischen Kiew und Konstantinopel hineinschoben und gleichsam den Weg verlegten, mussten selbst die heldenmüthigsten Anstrengungen der nordischen Ungethüme, auf byzantinischem Boden feste Sitze zu gewinnen, vergeblich sein. Zwischen den beiden Friedensschlüssen von Silistria (971) und Adrianopel (1829) sind 858 Jahre verflossen — langes und furchtbares Noviziat des russischen Volkes zum Eintritt in den traurigen Orden des byzantinischen Ritterthums. Dank dem Slavengenius, die Russen haben alle Proben überstanden, haben alle Vorbedingungen erfüllt und stehen heute als Gebieter und wohlbestallte Hausherren an derselben Donaumündung, durch welche Swätoslaw mit den Trümmern seiner Macht gleichsam bittweise und verstohlen hinausgezogen ist. Es sind zum Theil noch immer die Russen des Leo Diaconus, dieselbe Todesverachtung, dieselbe thierisch-wilde Unerschrockenheit im Gefecht, aber auch derselbe Geschmack für Beute, Raub und Gold, dieselbe unerträglich-übermüthige Tyrannenlaune (ἀκάθεκτος ὕβρις) und dieselbe stupide Grausamkeit in Herrschaft und Gewalt, wie einst im Bulgarenland.[1] Nur in einem Punkte sind es nicht mehr die Russen des Leo Diaconus, jene freiheitstolzen, ritterlich-soldatischen Männer, die wohl einen Führer in Krieg und Frieden, aber keinen Herrn und keine körperlichen Strafen duldeten. Nicht etwa blos der Edelmann war frei wie bei uns im Occident, bei den Russen gab es damals (10. Jahrhundert) schon einen freien Bürgerstand in den Städten und sogar freie Ackersleute, während im Westen Alles Knecht und hörig war. Leben, Freiheit oder Gold sühnten die Missethat, aber schlagen durfte Niemand einen freien russischen Mann. Nicht blos in persönlicher Würde, auch in Kunst, Sitte und Gewerbsamkeit standen die Bewohner von Kiew und Nowgorod höher als das germanische Abendland. Mit Vernunftgründen, nicht mit Peitschenhieben regierte man die

---

[1] Blos auf den Verdacht geheimer Abneigung liess der Grossfürst von den vornehmen Bulgaren 300 hinrichten, die übrigen aber ins Gefängniss werfen.

Russen des zehnten Seculums. Die Grossfürsten redeten öffentlich vor dem Volke über das Gemeine-Wesen: aus freiem Antriebe, mit Einsicht und Selbstkenntniss sollte das Volk die Befehle des Herrschers vollziehen. Freilich war man unter solchen Umständen damals weniger bequem und leicht Grossfürst von Kiew, als man heute Autokrat an der Newa ist. Swätoslaw selbst ist, wie bekannt, auch nicht mehr ganz derselbe geblieben, wie einst auf der Ruderbank vor Silistria. Swätoslaw hat inzwischen das Credo geändert und den Knebelbart etwas abgestutzt, er hat auch sonst die Toilette verschiedentlich verbessert und redet insbesondere nicht mehr so derbe und unverschämt, wie in der Bulgarenburg zu Prässlava. Swätoslaw hat zwar noch ganz dieselben Appetite für Byzantinisches, aber er gesteht es nicht mehr so offen ein, er leugnet es sogar und versichert seine Nachbarn hoch und theuer, Sebastopol und Suline seien von jeher das Aeusserste und Letzte gewesen, das er gewünscht und angestrebt; ein Mehreres wäre ihm sogar lästig, und er möchte es nicht einmal, selbst wenn er es haben könnte. Die Nachbarn glauben ihm dieses natürlich auf sein Wort, sintemal Swätoslaws Handlungen überall im schönsten Einklang mit dem Worte sind. Swätoslaw ist ja inzwischen, wie wir alle wissen, beim Gross-Chan zur Schule gegangen, hat schwere Zeiten erlebt, nebenher aber mancherlei profitirt, was ihm jetzt gut zu statten kommt. Ja, so weit geht Swätoslaw in Uneigennützigkeit, in Nächstenliebe und Sorge für öffentliches Wohl, für allgemeine Stille und Glückseligkeit in Europa und Asien, dass er misstrauische Nachbarsleute im Occident eigenhändig auf Mittel und Wege führte, wie sie ihm bei etwaiger — versteht sich, unwillkürlicher — Regung der alten slavischen Erbsünde mit Erfolg Widerpart halten und russischen Uebergriffen undurchbrechliche Dämme setzen könnten. „Ihr habt blos dem byzantinischen Türken-Imperator die Schiffe zu verbrennen und auf dem äussersten Punkte seines Reiches — aber ja recht weit von mir — ein kleines gräkoslavisches Fürstenthum mit unterbundenen Pulsen einzurichten, als kräftige Wehr gegen das Slaventhum, und ihr habt mich gelähmt für jetzt und immer. Nur von den Donauländern müsst ihr euch ferne halten und absonderlich den Gedanken, „durch Colonien oder Vorkehrungen noch ernsthafterer Natur von Westen her einen lebendigen Völkerdamm zwischen Russen und Byzantinern aufzubauen", als corrupte, eitle, unpraktische Chimäre deutscher Köpfe unterdrücken." — Dieser letzten Katechese hätte es nach dem Dafürhalten der meisten Kenner nicht einmal bedurft. Denn wer in Deutschland dächte in so milden Zeiten an „Vorkehrungen ernsthafterer Natur" in den Unter-Donauländern? wer an „lebendige Keile" oder auch nur an deutsche Colonien in bulgarisch Nicopoli, wo einst Bajesid die Europäer schmählich überwunden hat? Oder sichern nicht etwa Swätoslaws gottesfürchtige Gesinnungen und im schlimmsten Falle Klüber's Handbuch der neuesten Staatsverträge im Orient wie überall auf ewige Zeiten und ohne weitere Mühe Frieden und Sicherheit? Und versandet auch am Ende die Sulinemündung so ficht uns auch der Sand nicht an, wir bewahren unser Phlegma, graben den Kanal von Czernawoda und kommen nur um so schneller in den Bosporus.

Stambul hat sich seit unserer letzten Anwesenheit im Jahre 1833 nicht unbedeutend verschönert, man sieht gegen die Sitte früherer Zeit viele grosse, solide Gebäude und sogar gepflasterte Strassen, und in Pera schlägt das christliche Wesen mit Steinhäusern, Glockengeläute ohnehin jedes Jahr tiefere Wurzeln. Nur Galata unten am Berge hat seine schmutzige, bretterne Gestalt noch grossentheils bewahrt. Indessen hat dieses vielfach berüchtigte Stadtviertel dennoch ein für den Ort billiges und sicheres Unterkommen *(aquila negra)* nahe am Landungsplatz. Das Eigenthum ist in Galata und Pera bekanntlich so flüchtiger Natur und geht so leicht mit einseitiger Zustimmung von einem Besitzer zum andern über, dass der vorsichtige Fremdling seine Baarschaft am sichersten am Leibe trägt und in Privathäusern sich vor einer Wohnung zu ebener Erde hütet. In der Locanda zum schwarzen Adler sind die Augen des Gastwirths und seiner Untergebenen, einer ehrbaren Familie aus Triest, beständig offen, und der Reisende kann ruhig seiner Wege gehen. Auffallend durch kräftigen, derben Körperbau sind seit Sultan Mahmuds Reformen in Stambul nur noch die Gondoliere und die Derwische. Der Derwisch ist wohlgenährt, geht aufrecht, blickt entschieden und trotzig, weil er sich vor aller Neuerung sicher weiss und seine Macht über die grosse Masse kennt. Nichts gleicht aber auch der kühnen Ruhe, mit welcher besonders die Dreh-Derwische nach ihrem begeisterten Wochentanz durch die Gassen schreiten. Zu verwundern ist es nur, dass von den vielen europäischen Rathgebern der hohen Pforte noch keiner auf das Projekt verfiel, die Derwischklöster mit Einem Schlage in Kasernen zu verwandeln und ihren rüstigen Bewohnern die Flinte in die Hand zu geben, wie es einst mit den Waffen seines Zeitalters, in derselben Stadt und in demselben Lande Sultan Medschids Vorgänger, der christliche Imperator Konstantin Copronymus, bei allgemeiner Umwandlung der Institutionen des byzantinischen Reichs nicht ohne grossen Erfolg unternommen hat. Diess wäre der sicherste und schnellste Weg, dem Padischah ein kräftiges, gutgebildetes, schlagfertiges Heer zu schaffen. Nur will der türkische Derwisch allzeit gut genährt, gut gekleidet und vor allem gut und pünktlich besoldet sein, und in diesem Punkte fehlt es eben zu Konstantinopel in einem Grade, dass man letzthin einem Häuflein von 1600 Mann albanesischer Söldner, die man eines Lokaltumultes wegen mit Dampfbooten über Samsun nach Amasiah schickte, weder Kleid, noch Brod, noch Löhnung zu geben hatte. Die Widerspenstigen wichen nur der eidlichen Zusicherung eines Wesirs, dass man ihnen ungesäumt das Schuldige nachsenden, bei längerer Widersetzlichkeit aber sie sammt dem Schiffe im Hafen von Konstantinopel verbrennen werde.

Wer trübsinnige Eindrücke im erhabensten Stile liebt. der betrachte nur im Schein der Abendsonne die konstantinopolitanischen Stadtmauern vom goldenen Horn bis zum Marmormeer. Der riesige, über Thal und Höhen majestätisch ziehende Bau, das schwärzliche Gestein, die Oede, das dunkelgrüne Epheugeranke um halbeingestürzte Zinnen und Thürme, der Drang der Zeit, Noth und Verlassenheit der Gegenwart und die Erinnerung an Alles, was seit fünfzehn Jahrhunderten im Schoosse dieses ältesten Bollwerks der christlichen Welt geschehen, erfüllt das Gemüth des Wanderers mit Ernst und Melancholie. Erde und Thiere um Stambul, sagt man, seien von bewunderungswürdiger Güte und Sanftheit; man finde kein giftiges Thier, das Pferd schone den mitten auf dem Wege schlafenden Hund, und sogar der Falke niste friedlich mit der Turteltaube auf demselben Baum und suche seinen Raub anderswo(?), nur der Mensch sei in Stambul böse — ein hartes, aber vielleicht nicht ganz ungerechtes Wort, das die Begebenheiten der Stadt von Konstantin dem Grossen bis Sultan Abdul-Medschid Chan eher zu bekräftigen als zu widerlegen scheinen. Und vielleicht ist auch die Zeit nicht fern, die Lokalsage aufs neue durch die That bewährt zu sehen. Was die Byzantiner unter Anastasius und Andronicus I. waren, sind sie heute noch; das Glaubensbekenntniss macht keinen Unterschied.

Das eintönige, freudelose Leben der türkischen Städte, das mühevolle Ringen ihrer Bewohner von früh bis spät um ihr kärgliches Brod, das armselige Leben unter Schmutz, Lumpen und Ungeziefer erregt bei Leuten des Occidents ein schwer zu beschreibendes, langweiliges, peinliches Gefühl; man wird traurig und glaubt zusehends und schnell selbst zu verwildern und zurückzusinken. Da ist kein Buch, kein Studium, keine Rede, kein geistiger Genuss, keine politische Neugierde; Niemand schreibt, druckt und liest; dem Thiere gleich trachtet der Mensch nur, wie er den Hunger stille und sich und seine Brut vor den Griffen der überall lauernden Gewalt sicher stelle. Wie erhaben und durchlauchtig erscheint uns da Germanien in der Ferne mit seiner Literatur, seinem Wissen, seinem Dürsten und Ringen nach geistigen Gütern, nach Kenntniss, Wahrheit und Entdeckung. Deutschland ist wahrhaft eine Schule der Weisheit, der Sitz des Lebens und des einzigen, vernünftiger Geschöpfe würdigen Ruhmes!

Sie sehen, Türken und Langweile unter barbarischen Menschen stellen die Vorzüge unserer Heimat und vaterländischen Sitte in ein glänzenderes Licht und entzünden die Liebe nach den wahren Reichthümern des deutschen Lebens heisser und schneller als die stereotypen Hymnen Ihrer patriotischen Schmeichelredner. Oder soll wahre Vaterlandsliebe keinen Tadel, kein Epigramm ertragen und alle Zeit nur Dithyramben heischen? Ein Freund, der immer bewundert und Alles lobt, erregt am Ende Verdacht und Ueberdruss.

Ueber die schöne Lage von Stambul und die unübertrefflichen Reize des Bosporus hat man in Europa schon lange Alles gesagt und geschrieben, was sich in Prosa und Versen nur immer in der menschlichen Rede verkünden lässt. *Veni et ride!* kann man allein noch hinzusetzen. Ebenso darf man sich in Acht nehmen, den alten Streit, ob Konstantinopel oder Neapel den Vorzug verdiene, wieder anzuregen, seitdem ihn ein deutscher Baron eben so geistreich als unwiderleglich entschieden hat: *„Madame l'Ambassadrice, si Naples avait le Bospore, Naples l'emporterait sur Constantinople, et si Constantinople avait le Vésuve, Constantinople l'emporterait sur Naples."*

Freitag 7. August um 1 Uhr Nachmittags war die Abfahrt des prachtvollen „Stambul" nach Trapezunt bestimmt. Und nachdem ich Morgens in Bujukdere auf der k. k. Internuntiatur Pässe und Empfehlungen abgeholt und im Vorübergehen den neuhellenischen Stil „Περουκέρης τῆς νέας Μόδας" in Pera bewundert hatte, ging ich mit meinen Habseligkeiten gegen 11 Uhr an Bord, um den letzten und, wie ich besorgte, unruhigsten Theil meiner Wanderung anzutreten. Der Euxinische Pontus steht ja bei den Abendländern in so übelm Ruf, dass man sich selbst in der schönen Jahreszeit nicht ohne heimliches Grauen seinen Fluten anvertraut. Der „Stambul" aber ist das grösste und schönste Schiff der Compagnie, es hat nahe an 200 Fuss in der Länge, ist verhältnissmässig sehr breit, kräftig und doch mit einem Luxus ausgerüstet, der einem aus dem Binnenland kommenden Fremdling auch nach der Donaufahrt noch überraschend scheint. Auf dem ersten Platze waren nur zwei Passagiere

eingeschrieben, auf dem zweiten Einer, und 250 auf dem
dritten oder dem Verdeckplatze, wo bisweilen mehr als
600 Individuen mit ihrem Gepäcke unterzubringen sind. Im
Winkel links am Steuer sass auf ausgebreiteten Teppichen
das Harem eines vornehmen Türken mit schwarzen Eunuchen
und Sklavinnen weisser und schwarzer Farbe. Barrièren
und hölzerne Gitter trennen den Promenadeplatz der Europäer
des ersten Platzes, wo die Asiaten, auch wenn sie bezahlen
wollten, niemals zugelassen werden. Mekkapilger, mit dem
Dampfschiff von Alexandrien her, türkische Offiziere über
Samsun nach Diarbekr in Mesopotamien bestimmt, Beamte,
Negocianten, Perser, Armenier, anatolische Griechen, zerlumpte Gestalten neben parfümirten Muscadins aus Stambul,
harrten friedlich jeder auf seinem Platz, bis die Stunde kam.
Schon seit Tuldscha im Donau-Delta, wo die erste grosse
Türkenmasse eingestiegen ist, hörte man auf dem Schiffe
nur die Osmanli-Sprache, die hier Jedermann bis auf die
europäischen Matrosen herab weniger oder mehr versteht
und spricht. Von den in Asien wohnenden Musulmanen ver-
richteten mehrere mit grosser Inbrunst auf dem Verdeck ihr
fünfmaliges Gebet; von den in Europa wohnenden bemerkte
man die fromme Praxis nicht an einem einzigen. Beten
diese etwa im Herzen oder im stillen Kämmerlein, wie die
Christen, oder tödtet unsere Nähe und die Berührung mit
dem civilisirten Occident vielleicht auch bei den Türken das
religiöse Gefühl? Der Anker war endlich aus der Tiefe
geholt, die Lärmkanone gelöst, die Stiege aufgezogen, und
wie ein Ungethüm der Tiefe, eine lange, dunkelgraue Rauch-
wolke nach sich ziehend, schwamm der Prachtpalast aus
dem Mastenwalde des goldenen Hornes in die Strömung des
Bosporus hinaus. Die Riesenstadt mit ihren verwitterten
Thürmen, ihren bleigedeckten Tempelkuppeln, vergoldeten
Minarets und ihren Cypressenhainen, hochwellig über drei
Bergufer ausgegossen — goldene Brücke zwischen zwei Welt-
theilen — zog in langem Panorama an userm Blick vorüber. Ueber dem Seraï der Osmanlifürsten, seinen dunkeln
Gärten und dem Kaiserthor lag tiefes Schweigen. und am

Himmel hing, wie ein funkelnder Diamant. die Sonne in ihrer Mittagsglut.

Unter breitem Schattendach auf dem Verdeck vor dem sengenden Strahl geschirmt und angefächelt von der thauigen. mit der Flut musikalisch vom Pontus in die Windungen des Bosporus hereinsausenden Moscowiterluft, sahen wir ruhig auf das mühevolle Treiben der Konstantinopolitaner am Strande hin, wie sie keuchten, hämmerten, zimmerten und Zelte aufschlugen unterhalb des Pinienwaldes zur Hochzeitsfeier für die Tochter ihres verblichenen Fürsten am Abend osmanischer Herrlichkeit. Die Sorge für das Reich haben freundliche Nachbarn übernommen, und nicht ohne Ungeduld wartet Gog und Magog seit Jahren schon auf der andern Seite des Euxinus, ob man seine Hülfe nicht bald nöthig habe. um die verfallende Wirthschaft aufzurichten und die Rechnungen der bankerotten Osmanli auszugleichen. „Ach wie tapfer," meint Hadschi Baba, „wollten wir gegen diese garstigen Moskof kämpfen, wenn man nur nicht dabei umkäme!" Warum geht aber auch mehr als neun Monate im Jahre Luftstrom und Welle vom moskowitischen Strand nach Konstantinopel herab, wie eine *Tromba marina* das Wort des Czars zu verkünden? Wir aber stritten gegen diese naturgemässe Bewegung der Elemente mit der Kunst unserer Maschine und drangen siegreich Therapia, Bujukdere, das Russenlager, Amykus' alten Thron, Batterien, Schlösser, Felsenriffe und die langen Platanenwälder vorüber durch die Brandung des weiten Thores in die offene Fläche des Meeres hinaus. Nun ging es, fünf bis sechs Miglien von der schattigen Küste Anatoliens, im raschen Laufe wider Wind und Welle gegen den Orient. Das Mittagsmahl um 4 Uhr nahm man noch ohne widerliche Empfindung im Saale ein, der Thee um 8 Uhr Abends wurde von Manchem schon auf dem Verdeck getrunken. Denn im breiten Trichter zwischen den Donaumündungen und Cap Karambe in Anatolien brandet und wogt es beständig, und der seeungeübte Fremdling wird häufig gehindert. die Waldpracht der Küsten Kleinasiens mit ungetrübtem Sinn zu bewundern.

Glücklicherweise beginnen Hochgebirg und Dunkelwald erst
bei Heraklea, wo wir in Mondhelle vorüberschifften. Am
8. August um 9 Uhr Morgens hatten wir die Höhe von Amas-
sero (Amasra), dann an Laubhalden, Bächlein, romantischen Schluchten und Bergeinschnitten mit Dörfern und
Anbau vorüber, im Hintergrund die grosse paphlagonische
Waldwand, kamen wir gegen 3 Uhr, um das Vorgebirg
Karambe schiffend, wo es im Walde brannte, endlich in
ruhigeren Wasserspiegel. Wiederkehrende Esslust, Mondhelle und linde Abendlüfte entschädigten für die überstandene
Mühe des ersten Tages unserer Pontusfahrt. Sonntag am
9. August um 1 Uhr nach Mitternacht liefen wir in den
Hafen von Sinope ein. Die Neugierde trieb mich vom
Lager auf das Verdeck hinauf, um auch bei nur zweifelhaftem Sternenlicht nachzusehen, ob Hügel und Landenge
dieser Stadt wirklich das enthusiastische Lob verdienen,
welches ihnen Ahmed Ibn-Arabschah in seiner Geschichte
Timurs zollt? Die Hügel von Sinub, sagt er, seien lieblicher als die Nates der Huri im Paradies, und die Landenge
schlanker als die schlankeste Hüfte eines Jünglings. Europäer
im Dienste der Pforte, oder der Dampfschiffsgesellschaft, und
einige musulmanische Notabilitäten kamen an Bord, um die
grosse Neuigkeit zu vernehmen, dass sich das Unwetter
endlich gegen den rebellischen Satrapen von Aegypten zu-
sammenziehe und zum Ausbruch rüste. Nach einer halben
Stunde ging es wieder fort, an der Halys-Mündung vorbei
nach Samsun (Amisus), wo man eine volle Stunde (10 bis
11 Uhr) hielt, Passagiere auszuschiffen und andere einzunehmen. Die italienischen Aerzte der Stadt kamen und
erzählten, dass man zwei Tage vorher Dr. Baldi mit noch
einer türkischen Magistratsperson in einem Volkstumult zu
Amasia erschlagen, andere ausgetrieben habe, und dass
man überhaupt im Innern Anatoliens weder von Quarantäne
noch andern Neuerungen des Padischah etwas wissen wollte.

Hinter der Stadt (Amisus) erhebt sich das Erdreich sanft
zu einer lieblichen Halde, voll grosser Dörfer unter Bäumen,
Weingärten und Ackerfeld. Häuser von Stein mit rothem

Ziegeldach, weissem Kamin und andern Zeichen der Wohl-
häbigkeit täuschen den Wanderer; er glaubt, einen jener
gesegneten Himmelsstriche Europa's vor sich zu haben, wo
der Mensch unter dem Schirm gerechter Gewalten kummerlos
dem flüchtigen Traum des irdischen Daseins folgt und nicht
weiss, was Bedrängniss ist. Die Landschaft, so weit das
Auge reicht, ist in der That entzückend schön; stufenförmig,
üppig, weich, erhebt sich die Hügelkette zu einem Pracht-
theater voll Grün, Feld und Wald. Die hohe, halbzirkel-
förmige, thaldurchschnittene anatolische Wand, dunkelbelaubt
bis auf die Spitze, schliesst den Horizont; im Vordergrund
der endlose, grüne Pontus-Spiegel, aus dem die Sonnen-
scheibe wiederblitzt. Cirkassien sandte uns in der Mittagsglut seine erfrischend kühlen Lüfte, und das Gemüth war
heiter und wolkenlos wie das Firmament.

Die grosse waldichte Amazonen-Niederung vorüber-
streichend, waren wir um 6 Uhr Abends nur noch dreissig
Miglien von Kerasunt. Mattschimmernd sahen wir noch
das Abendgold auf der Schlossruine, den Dunkelwald ober-
halb, und am Scheitel des finstern Hochgebirgs die graue
Nebelhülle. Weit im Hintergrunde lag schon Bergnacht und
Waldeinsamkeit über dem langen Alpenzug des Tzanenlandes.
Vollmondschein, Sternenglanz, wundervolles Licht- und
Farbenspiel auf der spiegelhellen Wasserfläche, der milde
Hauch der Lüfte, der sanfte und dennoch reissende Flug des
Schiffes, das nahe Ziel und die melancholisch-süsse Erinnerung
an die Berge in Tirol gossen eine Ruhe, einen Frieden in
die Seele, wie ihn im Drange der täglichen Mühen, der
Begierden, des Ehrgeizes, der unduldsamen Andacht und der
rasenden Concepte europäischer Weltverbesserer unser Loos
so selten gönnt. Spät und ungern wich ich der Macht des
Schlummers, und beim Erwachen lag vor uns, im Morgengrau
verhüllt, weit über Felsenriffe, Schluchten, Berg und Thal
hingebreitet, halb in Epheu-, Baum- und Weinlaubwald
versteckt, das schöne Trapezunt.

II

Landung und erste Eindrücke in Trapezunt.

„Trabisonda!" rief es im Morgengrau des 10. August vom Verdeck des prachtvollen Stambul. Ich entsprang dem Lager, eilte hinauf und sah sie endlich vor mir, die langersehnte Comnenenstadt mit ihrem Namen voll Schmelz und Melodie. Der Flug des Kieles, das ungewisse Tageslicht, das anscheinend verworren und planlos über Klippen und Schluchten ausgegossene Häusermeer mit seinen, aus Baumdickicht hie und da herausblickenden grauen Zinnen gaben noch kein klares Bild; es lag vielmehr beim ersten Anblick etwas Geisterhaftes und melancholisch Unheimliches über dem halb im Morgenschlaf begrabenen, schweigsamen Trapezunt. Wir bogen um einen hohen felsigen Ufervorsprung, der uns die Stadt, ihre Bäume und ihre Gärten neuerdings verbarg, und liessen auf dem alten, zur Zeit des Kaiserthums und des genuesischen Handels Daphnus genannten, aber den Namen eines Hafens nicht verdienenden Landungsplatz um vier Uhr Morgens die Anker.[1] Weil es noch früh war und ich es für besser hielt, erst dann auf das Land zu gehen, wenn der ganze Tross kolchischer, armenischer und persischer Wanderer das Fahrzeug verlassen hätte, blieb ich mir selbst überlassen

---

[1] Δαφνοῦς, Δαφνοῦντος, wie Ὀποῦς, — οῦντος, Τραπεζοῦς, — οῦντος. Aus dem neugriechischen Nominativ Δαφνοῦντα machen die halbbarbarischen Sprachforscher in Trapezunt Διαφοῦνδα und leiten es mit bedeutender Selbstzufriedenheit über grammatischen Scharfsinn aus dem italienischen dar fondo her.

und in der heftigsten Gemüthsunruhe bis acht Uhr auf dem
Verdeck. War ich denn nicht ohne Begleiter, ja selbst ohne
Diener ganz allein mit meinem Reiseapparat, meinen Sorgen
und meinen Erinnerungen 600 deutsche Meilen von der
Heimat an der Küste des waldigen, unbekannten und von
ungastlichen Lasen und Turkmanen bewohnten Kolchis, im
Angesichte einer Stadt, wo Niemand meine Sprache redet
und die Leute nicht einmal den Namen des Landes kennen,
aus dem ich gekommen bin? Während der Fahrzeit geniesst
man freilich die nicht wohlfeilen Ehren und Zuvorkommen-
heiten eines Kajütenpassagiers. Allein kaum sind die Anker
gesunken und die Rechnungen abgethan, so ist auch das
Band schon zerrissen, und man wird sich plötzlich wieder
fremd, bevor man neue Verbindungen angeknüpft und das
Loos auf unbekanntem Boden gesichert hat. Die qualvollen
Gefühle einer solchen Zwischenperiode kennt man auf Reisen
im glücklichen Europa nicht, wo Sitte und Disciplin bei
mässigem Reichthum alle Wege ebnen und den Uebergang
in die fremdartigsten Lagen so fliessend und zwanglos machen.
Der Anblick der ärmlichen Hütten des von der Stadt durch
steile Ufer und einen steinigen Höhenzug gesonderten Hafen-
viertels vermehrten noch die Niedergeschlagenheit. Die
Schlossruine auf der rechten und die hohe plateauförmige
Bergkuppe auf der linken Seite der Rhede, mit einer aus
dem Gebüsche hervorschauenden byzantinischen Kirchen-
kuppel im kleinsten Massstabe konnten mich auch nicht
trösten, obgleich sich stellenweise die üppigste Vegetation
mit dichtbelaubten und ganz von Weinranken umschlungenen
Bäumen zeigte. Ein Anstrich von Wildheit und Ruin schien
über dieses abgeschlossene Segment des Kolchisstrandes ausgegossen, und ich sagte unwillkürlich zu mir selbst: Das
wären also die von Clavigo, von Eugenicus, von Bessarion so malerisch gepriesenen Herrlichkeiten von Trapezunt!
In der Beklommenheit fiel mir kaum ein, dass es auf der
Höhe und hinter dem Strandfelsen vielleicht prachtvolleren
und grossartigeren Anschein gewähre; das Vorgefühl, als
wären getäuschte Hoffnungen und leere Tabletten am Ende

die ganze Frucht des langen Weges und des nicht unbedeutenden Aufwandes, pressten die Brust zusammen. Wer wird mir in der turkomanischen und fanatisch unduldsamen Muhammedanerstadt Trabosan Nachrichten aus der christlichen Comnenenzeit zu geben wissen? Unter diesen peinlichen Betrachtungen waren die Empfehlungsschreiben aus Wien und Konstantinopel an den österreichischen Viceconsul, Herrn Cavaliere Ghersi, noch die einzige Beruhigung. Ohne diese Vorsicht, an ein europäisches Consulat wo möglich amtlich empfohlen zu sein, gehe ja kein Abendländer nach Trapezunt; er fände weder Unterkunft noch Schutz in der halbbarbarischen und civilisirtem Verkehr seit fast 400 Jahren entfremdeten Stadt, wo vor einem Europäer in den ersten Zeiten der Dampfschiffahrt selbst der christliche Einwohner noch die Flucht ergriff. Heute ist man freilich zahmer, aber eine erträgliche Einkehr, wie in andern Stapelplätzen der Levante, besteht hier dennoch nicht. Die Besorgnisse, wie mich etwa Herr Ghersi aufnehmen werde, waren überflüssig, ja thöricht; und doch ging ich nicht ohne Bewegung endlich um 9 Uhr ans Land und trug unter Vortritt eines Führers die Briefe in das Consulat. Vielleicht — dachte ich, in der Morgenschwüle den krummen Uferpfad hinansteigend — ist der Consul abwesend, vielleicht krank, vielleicht übel gelaunet und unfreundlich, vielleicht ein Feind der Deutschen und — Verächter der Literaten. Von alle dem fand sich an Herrn Ghersi gerade das Gegentheil. Herr Ghersi ist ein edler Genueser, ein Mann voll Humanität, Intelligenz und Herzensgüte, redet neben seiner italienischen Muttersprache geläufig französisch, russisch und türkisch und ist des Geschäftsdranges ungeachtet auch in der Literatur nicht fremd. Solche Eigenschaften haben in Trapezunt einen doppelten Werth, und Herr Ghersi begriff viel leichter als ein Anderer, was ich eigentlich in Kolchis suchte und welcherlei Dienste und Nachhülfe seinerseits meine Sache dem stupiden Fanatismus der türkischen Einwohnerschaft gegenüber am meisten bedürfe. Zu Galacz hatte ich zuerst gemerkt, welcher Grad von Innigkeit und

Fraternität überall zwischen den türkischen Obrigkeiten und
den österreichischen Consularbehörden herrsche. Wer in
einer stocktürkischen Stadt wie Trapezunt auf der Strasse
stille steht, ein Haus, eine Inschrift oder eine Mauer be-
tractet, beleidigt schon das öffentliche Gefühl und ist verdächtig. Wenn nun gar ein Christ in seiner Nationaltracht,
das Fernrohr in der Hand, Monate lang allein in dieser
fanatischen Osmanli-Herberge herumgeht, die abgelegensten
Winkel besucht, überall copirt, pinselt und Notizen sammelt,
ohne je insultirt zu werden, und sogar Zutritt in die allen
Giaur bisher verschlossenen Moscheen erhält, darf er sich
glücklich preisen, darf aber auch den mächtigen Schirm
nicht verkennen, den ein kaiserlich österreichischer Consul
zu gewähren vermag.

Die Wohnung ward in der Nachbarschaft beim katholisch-
armenischen Kaufmann Marim-Oglu eingerichtet, der,
gegen das Naturell seiner Race und ohne eine abendländische Sprache zu verstehen, doch ein warmer Freund
der Europäer und ihrer Sitten ist. Mit einem armenischen
Diener, den man mir ebenfalls besorgte, ging ich nach Besitznahme des Zimmers sogleich zum Hafen hinab, schaffte
die Effecten ans Land und war noch lange vor der Mittags-
stunde sammt Büchern, Landkarten, Papier und Apparat
aller Art luftig und bequem im geräumigen Saal einquartiert.
Der Mittagstisch war nach Sonnenuntergang im Consulat.
So hatte nun alle Noth vor der Hand ein Ende.

Herr Ghersi hat meine Sache zu der seinigen gemacht,
und wenn Stadt und Umgegend noch irgend etwas, sei es
Inschrift, sei es Dokument, Münze, Werk des Pinsels oder
des Meissels, aus dem Zeitalter der Gross-Comnenen hat,
so wird es ans Licht gezogen und ohne Rückhalt dem Fremdling überliefert. Moscheen, Citadelle, Festungsthürme und
die verborgensten Winkel der Gartenstadt sind auf des
Wesirs Befehl meinem Besuche offen. Unter den gegenwärtigen Umständen ist überhaupt im Orient kein Schutz
kräftiger und nachdrucksamer als der österreichische, weil
der Kaiser, wie es scheint, seine auswärtigen Stellvertreter

und Bediensteten mit Sorgfalt und entschiedenem Glücke
wählt, und dann weil die Türkei in ihrer Noth die Oesterreicher allein für eben so starke als gerechte und uneigennützige Freunde hält. Von Seite der andern Rathgeber
fürchtet man hinterher etwas weitläufige Rechnungen. „Moskof Seraji," sagte halblaut und mit scheuem Blick der
türkische Gondolier in Bujukdere, indem er auf das Hotel
des Herrn von Butenieff deutete.

Ohne Zweifel möchten Sie nun auch erfahren, wie viel
die ganze Reise von Regensburg bis hieher eigentlich gekostet hat. Ich wüsste es bei Pfennig und Heller, mag es
Ihnen aber so ganz ungeschmückt doch nicht eingestehen,
aus Furcht, Sie möchten die Auslage für meinen Stand und
meine Glücksgüter vielleicht für zu unverhältnissmässig halten
und mich am Ende gar der Verschwendung und der Weichlichkeit beschuldigen wider Natur und Ruhm der deutschen
Myrmidonen,

... parcumque genus, patiensque laborum.

Besitzt einer die Selbstverläugnung und die ascetischen
Tugenden des Pater G e r a m b oder hinlängliche Vertrautheit
mit republikanischem Schmutz und Grind, so begnügt er
sich überall mit dem letzten Platz, gibt wenig oder gar kein
B a c h s c h i s c h, setzt sich nirgend mit Aristipp zu Tisch
und geht nach seiner Art bequem, wenigstens in der schönen
Jahreszeit, wo man Tag und Nacht, ohne die Gesundheit
einzusetzen, auf dem Verdecke bleiben kann, mit Einhundert
Sechzig Gulden rhein. (d. i. im 24 fl. Fuss) von Regensburg
nach Trapezunt. Die Passagierfracht des letzten Platzes auf
besagter Strecke macht genau 112 fl. 18 kr. rhein., der Rest
wäre auf Zehrung und Trinkgeld umzuschlagen. Natürlich
wird vorausgesetzt, dass man nicht wochenlang in W i e n,
P e s t h, O r s o v a oder K o n s t a n t i n o p e l sitzen bleibe. Hat
aber einer das Bedürfniss, unter wohlgekleideten Menschen
zu sitzen, reichlich und gut zu essen, niedlich zu wohnen
und reinlich zu schlafen, sobald nicht mehr gelandet wird,
so nimmt er wenigstens von Regensburg bis Orsova unfehl-

bar den ersten Platz, was mit Ausschluss von Zehrung und
Trinkgeld 73 fl. rhein. macht. Hier ändert sich die Scene, die
Türkei beginnt, europäische Reisende sind selten und allzeit
in geringer Zahl, die Einheimischen, d. i. Serbier, Walachen,
Moldauer und andere Nachbarn des Morgenlandes, wollen nicht
viel bezahlen und bleiben stets in freier Luft. Von jetzt an
gibt es auch einen dritten oder Verdecksplatz, wo man
wahrhaft nur eine Kleinigkeit erlegt und für seine Nahrung
selber sorgt. Der uninteressanteste, matteste Theil der Donau-
reise ist die Strecke von Orsova bis Galacz. Von diesem
Ort aus steigt Grösse und Pracht des Fahrzeugs, Ueppigkeit der Verpflegung und Höhe des Preises für beides in
einem fort bis Trapezunt. Achtet aber einer das Geld geringe, und will er vom Leben überall das Beste geniessen,
so nimmt er auch hier noch den ersten Platz und bezahlt
von Orsova bis Galacz 48 fl., von Galacz bis Konstantinopel
66 fl. und von Konstantinopel bis Trapezunt gar 77 fl. rhein.
ohne Zehrung und andern Betrag. Summa der vollen Fracht
des ersten Platzes von Regensburg bis Trapezunt 264 fl.
rhein. Berechnet man Zehrung und unerlässliches Trinkgeld
nur zu 65 fl. rhein., so wäre der ganze Aufwand eines mit
aristokratischer Eleganz die Fahrt auf Donau und schwarzem
Meer, vom Punkt des Beginns der Dampfbootfahrt bis zum
Ende durchlaufenden Wanderers 329 fl. rhein., ohne Phantasie und Nebenausgabe. Von der Hausthür in München
jedoch bis zum Eintritt in das Zimmer zu Trapezunt rechne
der kluge und bequeme Mann immer auf eine Auslage
von 400 fl. rhein.

Hier endet die erste flüchtige Notiz über Trapezunt.
Ich habe sie unter Zerstreutheit und Sorgen aller Art, ge-
quält von unerträglicher Hitze, bald im Saale, bald am
Brunnen im Hof, bald im Hausgarten unter Lorbeer-, Oel-
und Weinlaubgebüschen noch ohne Schwung und Gährung
nur aus Sehnsucht, mit der Heimat zu verkehren, hinge-
schrieben. Eben jetzt da ich schliesse (24. August 2 Uhr
Nachmittags), braust und stürmt es gewaltig auf dem Pontus
(ich höre das Tosen der Gewässer), in den Gärten der Stadt.

in Wald und Gebirg; Regen rauscht in Strömen über die
rothen Ziegeldächer; Mensch, Thier und Pflanze athmet neues
Leben. Schon seit zwei Tagen verkündete flüchtiges Donner-
gerolle die Nähe der Wetterscheide oder, wie es in Trapezunt heisst, der schönen milden Jahreszeit, die erst im Januar
einem barschen, aber kurzen Winter die Herrschaft überlässt.

III.

Stadt und Weichbild von Trapezunt.

Wenn man vom Strande, wo die Barke landet, den
steilen Höhenzug erstiegen hat, tritt man auf einen weiten,
länglich viereckigen, grasbewachsenen und rings mit niedrigen,
halbverfallenen Wohnhäusern und Schoppen, mit Han, Bethaus, Brunn- und Gartengemäuer umgebenen Platz, der schon
zur Comnenenzeit den persischen Namen Meydan ميدان
trug und heute noch zur Niederlage aller nach Iran bestimmten europäischen Kaufmannsgüter, als Sammelplatz
sämmtlicher Maulthiertreiber des Orients und als Aufenthalts-
ort des von Schahin-Schah Mohammed neu ernannten persischen Consuls dient. Von hier aus laufen, wie von einem
gemeinschaftlichen Centrum, enge rohgepflasterte Steinwege
nach allen Richtungen durch die gartenreiche Vorstadt, links
bergan zu einer zweiten Platzterrasse mit Häusern, Korn-
feldern und Gärten, rechts hinab über die Steilseite des Grie-
chenviertels bis zum Meere, geradeaus an Gartenmauern,
Felsenpartien, Bazaren und gedrängten Häusermassen vorüber
gegen die Citadellenstadt oder das eigentliche Trapezus.
In dieser letzteren Richtung, wenige hundert Schritte vom
Meydan, war Marim-Oglu's Haus, durch die eintönig fortlaufende Strassenmauer, wie es in Trabisonda üblich ist,
vor dem Anblick der Vorübergehenden gesichert. Denn hier
wird die Gasse, die Bazare ausgenommen, nicht wie in
europäischen Städten unmittelbar durch die Häuserfronte gebildet, sondern durch leeres, corridorförmiges, sechs bis zehn

Fuss hohes Gemäuer, hinter welchem die rund abgeschlossenen Wohnungen isolirt, mit ihrem grasigen oder gepflasterten Hofraum, mit Ziehbrunnen und Baumgarten verborgen sind. Eine einzige Thüre durch die Klostermauer öffnet und schliesst das Familienheiligthum. So war nach Dikäarchos das alte Athen gebaut; nur hatte es wahrscheinlich die Gartenparadiese von Trabisonda nicht. In der Regel sind die Gassen zu Trapezunt nicht breiter als sechs bis acht Fuss, manchmal auch noch enger, aber bei aller Vernachlässigung durchweg mit vortrefflichem Material gepflastert und, wenn nicht auf beiden, doch wenigstens auf einer Seite mit schmalem Trottoir (Hochpfad) versehen; der tieferliegende, rinnenförmige Mittelweg ist für die Lastträger, für die Saumthiere, für das ablaufende Regenwasser oder für die lebendigen Bäche bestimmt, die nicht selten unversiegt über die Kiesel rauschen. Obgleich das Erdreich um Trapezunt steinig ist, quirlt doch überall theils salziges, theils süsses Wasser aus dem Boden hervor. In Kolchis streben sie nicht nach Symmetrie und architektonischer Eleganz der Aussenseite wie bei uns. Je melancholischer der Eindruck auf die Vorübergehenden, desto besser für den Besitzer. Man will allein sein, in Ruhe und Genuss. Zur Zeit der Comnenen und des grossen abendländischen Handelsverkehrs herrschte bei den Trapezuntiern zwar derselbe Stil und wurde seitdem weder in der Richtung noch in dem Masse der Gassen etwas geändert, aber die Häuser erhoben sich damals luftig und mit Pracht zwei und drei Stockwerke über das Erdgeschoss.[1] Heute sieht man weder in der Citadelle noch in der baumreichen Aussenstadt Bauten von mehr als einem Stockwerke; häufig sind es gar nur Erdgeschosse, so dass in mancher Strasse nichts als braune Ziegeldächer und rauchlose Schornsteine aus Schieferplatten — denn im Griechen- und Armenierviertel kochen sie wenig — hie und da auch ein stumpfes, weitmündiges Byzantinerthürmchen ohne Glocken, überall aber

---

[1] *Bessarion,* Ἐγκώμιον Τραπεζοῦντος.

Msc. S. Marc. Venet.

Baumwipfel, wiegende Cypressen, Feigenlaub, Epheu und Weinranken über das Gemäuer ragen. Aber die Lage der Stadt
selbst und das Wechselvolle ihrer Steilabhänge, ihrer felsigen
Vorsprünge, ihrer Thalrisse und terrassig ansteigenden Ebenen,
ihre Schatten und die erquickend vom Pontus heraufwehenden
Lüfte lassen den Gedanken an die melancholische Einförmig-
keit der trapezuntischen Architektur nicht lebendig werden.

Marim-Oglu's Haus war neu; er hatte es erst vor eilf
Jahren und zwar ganz im Geschmacke des Landes erbaut.
Vielleicht wäre auch mancher Leser neugierig zu erfahren,
welche Form ein wohlhabender Mann im kolchischen Lande
seiner Wohnung gibt, und wie es denn beim gewerbsamen
Marim-Oglu im Hofe innerhalb der Strassenmauer eigentlich
ausgesehen habe. Man denke sich den eingefriedigten Raum
als ein regelmässiges, ebenes Viereck, von dem sich die
Südseite mit dem schmalen Thor in der Mitte gegen die
Strassenmauer kehrt, die Nordseite sich gegen das schwarze
Meer hinwendet, die linke und rechte aber ebenfalls mauer-
haft vom anstossenden Nachbar abgeschlossen sind. Die nördliche gegen das Meer gekehrte Hülfte des Vierecks ist Garten,
die südliche der Art mit Bauwerk besetzt, dass an der Wand
links vom Eingang das neue Wohnhaus mit einem obern
Stock, an der Wand rechts ein blosses Erdgeschoss, im gepflasterten offenen Raum zwischen beiden aber ein marmor-
eingefasster Ziehbrunn mit zwei Feigenbäumen und einem
Granatbaum steht. Ein hölzernes Gitter mit zwei Eingängen
schloss den Hofraum vom Baumgarten ab. Das leerstehende
Erdgeschoss rechts ward mir als Wohnung überlassen; zwei
kleine Zimmer mit zerlöcherten Papierfenstern und ohne Einrichtung, aber gegen die kühlenden Seelüfte und die Garten-
schattenseite hingewendet, daneben ein für Trapezunt bequem
eingerichteter räumlicher Saal, der vier grosse Fenster mit
Glasscheiben und mit weissen und rothen Vorhängen, dann
einen italienischen Kamin, einen 18—20 Fuss langen rothen
Divan, neue Strohsessel, einen grossen, mit grünem Tuch be-
hängten Tisch und einen Boden von rothen Ziegeln nach
italienischer Sitte hatte. Der lange Divan, auf den man

Abends noch eine abgenähte Decke mit Leintuch und Kopfkissen legte, diente nach Landesbrauch zu nächtlicher Ruhe.
Von den Fenstern gingen zwei gegen die Südseite und die
hohe Strassenmauer, von der sie ein drei Schritte breiter
und mit zwölf Fuss hohen Maisstengeln bepflanzter Zwischen-
raum sonderte; die beiden andern mit der Thüre öffneten
sich gegen den Hof und das Hauptgebäude hin. Eine Haus-
fronte in gerader Linie wird man in Trapezunt nicht leicht
finden; gewöhnlich springt das Drittel der Fronte zugleich
mit der ganzen Dachlinie rechtwinklig weit über die Linie
hervor, wodurch eine breite, meistens estrich-gepflasterte
und durch den auf dünnen Holzsäulen ruhenden Dachvorsprung
sonnengeschützte luftige Halle vor den Zimmerfenstern entsteht. Hat das Gebäude auch noch ein oberes Gelass, wie
Marim-Oglu's Wohnhaus, so wiederholt sich diese Lauben-,
Halden- und Säulen-Oekonomie in unverbrüchlichem Ebenmass auf einer oder auf mehreren Seiten und wo möglich
rund um den ganzen Bau, was des Helldunkels und der
Kühle wegen den mit bunten Teppichen belegten Zimmern
des obern Stockes einen besondern Reiz gewährt. Die Augustsonne glüht abendlich von dem dunkelwaldigen Cap Joros
herüber, die Bäume im Garten werfen lange Schatten, und
im breiten Feigenlaub vor dem Fenster fächeln die Pontuslüfte.
Dass aber in Trapezunt weniger der Geschmack und die Kunst
als die Natur Gärtner sei, denkt sich der Leser ohnehin.
Die Zierblume, der Strauch, die Schlingpflanze, der hoch-
stämmige Baum wohnen hier neben dem Maisstengel, der
Gurke und dem vier Fuss langen essbaren Kürbis ohne Neid
in nachbarlicher Eintracht beisammen. Doch bemerkte ich
in Marim-Oglu's kleinem Garten unter den Bäumen vorzugsweise die Feige, die Quitte, den Pfirsich, die Kirsche, die
Orange, die Granate, die Limonie, die Maulbeere, die Pflaume,
die Olive und die Ulme, die in Kolchis besonders häufig und
prachtvoll wächst und bei den Eingebornen auf türkisch
Kara-agatsch, auf griechisch aber *Macrodendron,* d. i. Schwarz-
baum in beiden Sprachen, heisst. An des Dichters Vers,

Fraxinus in silvis pulcherrima, pinus in hortis,

hält man sich, wie Sie sehen, in Trapezunt nicht ganz genau.
Dagegen fehlt die Myrte, der Lorbeer, die Hagebutte, der
Rosenstrauch, besonders aber die Haselstaude, die Weinranke
und der Epheu mit einer in Europa unbekannten Fülle und
Ueppigkeit auf Bäumen und Gemäuer natürlich nicht. Doch
ist die Traube erst Anfangs September süss, während man
sie von Cypern schon Anfangs Juli zwei bis drei Pfund im
Gewicht nach Aegypten bringt. Mensch und Traube ist in
Kolchis straffer und herber als am Strande des verweich-
lichten Paphos.

Um mit der Familie Marim-Oglu gleich Anfangs in gutes
Verständniss zu kommen und die Last der Einquartierung
weniger fühlbar zu machen, trug die Gleichheit der Religion
wenigstens bei der Frau und den Kindern des Hauses am
meisten bei. Erstere war eine vorzüglich warme Katholikin,
und obgleich wir uns in den ersten Tagen theils wegen meiner
geringen Uebung, theils wegen der merklichen Härte des
kolchischen Türkendialekts nur wenig und langsam verstanden, nahm mich die eifrige Armenierin doch gewissermassen ins Examen, um zu erfahren, in welchem Credite
der Papst in meinem Geburtslande und folglich auch bei
dem neuen Hausgenossen stehe. „Die Kirche,“ sagte sie,
„ist ein Körper, der Körper könne aber nur ein Haupt
haben, und dieses Haupt sei der Papst von Rom, und folglich
der Irrthum der Urum (Griechen) und der Hajk (schisma-
tischen Armenier) um so unverzeihlicher, dass sie eine so
einfache Wahrheit nicht erkennen wollen.“ Sie denken wol,
dass ich in allen Punkten gleicher Meinung mit der guten
Frau Marim-Oglu gewesen bin und, so gut ich es vermochte,
auch ihren Syllogismus gepriesen und bewundert habe. Doch
liess sie durch die Söhne sorgfältig aufpassen, ob ich auch
Sonn- und Feiertage rechtzeitig in die katholische Messe
gehe, was ich des Aergernisses wegen beinahe drei Monate
lang nicht unterlassen durfte. Mit meiner Andacht zufrieden,
gab mir aber auch die sonst als ausserordentlich sparsam
geltende Signora nach dem ersten Sonntagskirchgang in der
Haushalle ein Gläschen Gebranntes mit Backwerk und hielt

wiederholt in manchem türkischen Harem der Citadellenstadt
Nachfrage über etwa noch im Innern der alten Gebäude er-
haltene Inschriften aus der Comnenenzeit.

Römisch-katholisch sind gegenwärtig in Trapezunt nicht
mehr als 90 Armenierfamilien, an welche sich 8 abendländische Consular- und Handelshäuser anschliessen und so mit
Domestiken und anderem Zubehör eine katholische Gemeinde
von etwas über 600 Seelen bilden, die ihr ewiges Heil und
ihre geistliche Sittenpolizei durch drei Priester ihrer Nation
besorgen lässt. Das neugebaute Gotteshaus, die Elementar-
schule und besonders die ungewöhnlich scharfe Zucht der
Jugend erwecken ein günstiges Vorurtheil einerseits für den
lebendigen Glauben der armenischen Commune und andererseits für die Energie ihres geistlichen Oberhirten. Dieser
letztere, selbst noch jung und der einzige Sohn eines reichen
Handelsmannes der Stadt, hat keine andere Leidenschaft als
die des geistlichen Regiments: er gehört in die Klasse jener
Menschen, die, um zu leben, für jeden Preis befehlen wollen,
aber auch wissen, dass Macht ohne geistiges Uebergewicht
überall auf unsicherm Grunde ruht. Umstände erlaubten
ihm nicht weiter als in die Krim und nach Konstantinopel
zu kommen, wo er die Weihen erhielt, Mechitaristen-Werke
kaufte und etwas italienisch lernte. Die Bekanntschaft mit
diesem Manne war von grossem Nutzen: Don Owanes
(Herr Johannes) besuchte mich täglich zur bestimmten Zeit,
wo wir dann vertragsmässig die erste halbe Stunde italienisch
und die andere türkisch redeten, damit für beide Contrahenten
gleicher Gewinn erwachse. Ich erfuhr bei dieser Gelegenheit
eine Menge Einzelheiten über die Kolchisstämme, über
Lasen, Tzanen, Chaldier, Urum und Hajk (Armenier),
über Familienleben und enges Geistermass in Trabisonda,
über die Frühlingsblüthenpracht und die unabsehbaren, über
Hügel und Vorberge hingegossenen Obst-, Ahorn- und Ulmen-
wälder der Nachbarschaft. Don Owanes weiss ganz gewiss,
dass Adam und Noah armenisch geredet haben, dass das
Paradies in Armenien war und die Armenier das erste und
älteste Volk der Erde seien. Nach dem wechselseitigen Un-

terricht ging Don Owanes häufig zu Marim-Oglus hinüber,
um auch dort etwas Lehre mit geistlichem Trost zu spenden
und hin und wieder auch eine Tasse Kaffee mit Süssigkeiten
anzunehmen. Jedesmal, wenn sich die alte Frau mit ihren
Kindern in Demuth näherte, um dem geistlichen Hirten die
Hand zu küssen, warf sich Don Owanes — ich sah es von
meinem Fenster aus — plötzlich in die Brust, zog den Kopf
zurück, schloss den Mund, blickte strenge und nahm mit
unnachahmlicher Gravität die ihm gebührende Huldigung
ein. In diesem Augenblick fühlte Don Owanes seine ganze
Macht und war auch vollständig belohnt für die vorausge-
gangene Entbehrung und sein aufgewendetes Geld. Am Ende
ging er langsam — denn Leute von Gewicht haben im Orient
niemals Eile — im weiten Ueberwurf und in schwarzer viereckiger Uhlanenmütze, die eine über Kopf und Schultern
fliessende Kreppmantille bedeckte, gravitätisch und in ge-
messenem Schritt über den Hofraum zum Thor hinaus. Man
hatte öfter Gelegenheit zu bemerken, dass christliche
Obrigkeit in der Levante, mit dem Gefühl des Machtbesitzes
nicht zufrieden, es für nöthig halten, ihrer Praxis auch bei
unterwürfigstem Entgegenkommen noch einen Beisatz von
Uebermuth und stolzer Bitterkeit zu geben, den die byzantinischen Scribenten ϑηριογνωμία, die Europäer aber in
vielleicht zu wörtlicher Uebertragung „Brutalität" zu nennen
pflegen.[1] Der Vorwurf dieser ϑηριογνωμία traf nicht nur
die Agenten der Gewalthaber von Byzanz und Trapezunt,
er traf die meisten Imperatoren selbst, namentlich den trapezuntischen Gross-Comnen Alexius III., der doch sonst Profession von christlicher Frömmigkeit und Milde machte.
Das volle Gewicht der Autorität ohne Gefahr für sich selbst
auf Wehrlose niederfallen zu lassen, scheint für levantinische
Christennaturen einen unwiderstehlichen Reiz zu haben. Ist
es ein Wunder, wenn die Gewaltigen daselbst nur höchst
ungerne Disciplin und Schranken dulden? Uebrigens ist es
bei den trapezuntischen Katholiken wie allenthalben, die

[1] Das französische „morgue" drückt den Begriff richtiger aus.

Leute möchten gerne zu jeder Zeit gut essen, und bie beiden
Geschlechter haben daselbst eine wesentlichen Hang, sich
gegenseitig zu gefallen. Aber gerade hierin erblickt Don
Owanes das grösste Hinderniss zur Seligkeit und zugleich
das eingreifendste Mittel, seine Herrschaft geltend zu machen.
Wie zu Czar Peters Zeiten der aller Reform widerstrebende
Russenclerus laut von der Kanzel rief: Gott sei höchlich
erbost und aufgebracht, weil Tabakdampf über Moskau liege,
ebenso eiferte auch Don Owanes neuerlichst mit grosser
Energie gegen die nach seiner Ansicht entschieden sündhafte
und Gott beleidigende Sitte der katholischen Mädchen und
Weiber von Trapezunt, ausser dem Kopfhaar auch noch die
Nägel an Händen und Füssen und sogar die Fingerspitzen
von innen mit Chna (nubisch Goldroth) zu färben. Einem
solchen Ansinnen des geistlichen Hirten widersetzte man
sich Anfangs mit Entschiedenheit und von allen Seiten, und
die in ihren theuersten Interessen bedrohten Katholikinnen
fragten sogar, warum man sie denn eigentlich hindern wolle,
interessant zu sein und ihre natürlichen Gaben durch
landesübliche Toilette fromm und gottgefällig zu vermehren
und auszulegen? Don Owanes musste zwar, um das Ganze
zu retten, zuletzt einige Zugeständnisse machen und gleichsam capituliren, hatte aber zur Zeit meiner Ankunft das
harte Verbot in der Hauptsache doch durchgesetzt. „Katholische Frauenzimmer, sobald sie das zehnte Lebensjahr
zurückgelegt, dürfen sich in Trapezunt wohl noch das Kopfhaar, aber nicht mehr die Nägel an Händen und Füssen
mit Chna bemalen. Kindern unter diesem Termin soll noch
beides gestattet sein." Das jüngste, ungemein wohlgebildete,
aber noch nicht achtjährige Töchterchen des Hauses machte
von der geistlichen Concession reichlichen Gebrauch und zeigte
sich regelmässig einmal des Tages beim fremden Gast in
vollem Schmuck zur Bewunderung, während doch die ältere
und schon verheirathete Schwester mit der Mutter des nubischen Schmuckes ganz entbehrte. Auf die Frage, warum
sie nicht auch wie das Kind die Nägel bemalen, antwortete
die andächtige Frau halb naiv, halb verdriesslich: *Keschisch*

koïvermes, „der Pfaffe erlaubt es nicht." Ganz im Gegensatze mit dem Islam, der die Künste des Putztisches mit
Allem, was die Sinne erwärmen und die Sympathie der
Geschlechter steigern kann, nachsichtsvoll behandelt oder
vielmehr zoologisch cultivirt und gleichsam gestütmässig zu
fördern erlaubt, verfolgt Christenthum im Allgemeinen und
der Katholicismus insbesondere das „Schöne" ($\tau\grave{o}\ \varkappa\alpha\lambda\acute{o}\nu$),
die Eleganz der Form und das irdisch Schwunghafte an Geist
und Körper überall mit unduldsamer Wuth.[1] Ertödtung der
Sinne, Demuth, Mass und Selbstbekämpfung liegen aber nicht
in unserer Natur. Wir seufzen unter dem Druck eines harten
Sittengesetzes und erdulden gewisse Uebel für weitaus-
sehenden ungewissen Lohn. Könnte man aber auch dem
mit sich selbst versöhnten sittenkampflosen Islam dieselben
Ansprüche auf Erhabenheit des Zieles, dieselben Aussichten
auf Ewigkeit des Bestandes zuerkennen, wie dem unerbittlichen, die menschliche Natur individuell und rastlos bekrie-
genden Evangelium? Die Antwort auf beide Fragen liegt
in Orosmann's Spruch:

Je sais que notre loi, favorable aux plaisirs,
Ouvre un champ sans limites à nos vaste désirs.[2]

Eben weil wir uns gegen das Joch der sittlichen Herrschaft
beständig auflehnen, es aber doch nicht zu zertrümmern ver-
mögen, bleibt die Kraft ewig frisch, aber auch Friede und
Vollendung von christlichem Gemüthe auf immer entrückt.
St. Gregorius Magnus vertilgt die Copien des Livius, St.
Chrysostomus aber beschützt die Komödien des Aristophanes.
Don Owanes, nicht zufrieden, die trapezuntische Frauentoilette

---

[1] In Tirol eifert der Clerus nicht blos gegen Kirmestanz und rauschende
Lustbarkeit, er verfolgt und verbietet auch das harmlose Lied, das Saitenspiel und die angeborne Munterkeit. Die Tiroler Buben sollen weder tanzen,
noch singen, noch Schwegelpfeife blasen, noch Spillhahnfedern auf die
Hüte stecken, noch lachen, noch lustig sein. Wir sollen aus Andacht unserer Alpennatur entsagen und aller Freude gram in pfäffischer Zucht beständig an die vier letzten Dinge denken.
[2] *Zaïre, Acte I, Scène 2.*

überwunden zu haben, zwingt sogar die Jungen seiner Heerde
zu einer Disciplin, die mit der Leichtigkeit unbärtiger Ephe-
ben anderer Christensekten in merklichem Contraste steht.
Das Hypersittsame, Misstrauische, Mürrische und Gezwungene
im Benehmen eines trapezuntischen Owanesschülers scheint
dem Europäer beim ersten Anblick, wenn nicht unschicklich,
doch nutzlos und beinahe unästhetisch, mag aber in einer
wesentlich türkischen Stadt, wie Trabosan, am Ende doch
hinlänglich zu rechtfertigen sein. Bis zum Sturze des alten
Systems und der Ausrottung der Janitscharen durch Sultan
Mahmud gaben die Osmanli von Trapezunt ihrem Sieger-
rechte eine solche Ausdehnung, dass sich kein unbärtiger
schmucker Rajasohn ohne Gefahr auf der Strasse sehen lassen
durfte. Tugendhafter ist der Türke heute nicht, aber an die
Stelle brutaler Gewalt ist jetzt die List der Verführung getreten, und das Uebel scheint jetzt schlimmer als früherhin.
Den Vorzug moroser Sittenpolizei und mönchisch-strenger
Zucht kann der armenischen Katholikengemeinde von Trapezunt Niemand streitig machen, und ihrem geistlichen Hirten
gebührt allein der Ruhm. Nebenher darf man aber auch
nicht vergessen, dass Don Owanes Heerde die kleinste und
folglich am leichtesten zu zügeln ist. In der Politik wie in
der Moral sind Minoritäten immer tugendhaft.

Ohne Zweifel möchte der Leser vor aller weiteren Beschreibung und Erörterung auch über das numerische Verhältniss der christlichen Bekenntnisse unter einander, so wie
dem muhammedanischen Theile der Bevölkerung gegenüber,
eine bestimmte Vorstellung erhalten. Genau bekannt ist hier,
wie im Orient überhaupt, nur die Zahl der Haushaltungen
und folglich der Häuser selbst, weil in der Regel jede Familie abgesondert unter eigenem Dache wohnt. Nach den
bewährtesten, hauptsächlich aus den Registern der Communen
gezogenen und vom gegenwärtigen Erzbischof Constantios bestätigten Ueberschlägen zählt Trapezunt (1840) beiläufig 5800
Wohnhäuser jeden Ranges und jeder Grösse mit eben so
vielen Familien, was im Ganzen eine stehende Bevölkerung
von höchstens 30- bis 33,000 Seelen gibt. Von diesen 5800

Familien treffen, mit Einschluss der Franken, auf die katholischen Armenier, wie schon oben bemerkt, nicht mehr als 98, auf die von Rom und Byzanz getrennten National-armenier beiläufig 300, auf die byzantinischen Griechen etwas über 400, auf die Türken aber gegen 5000, so dass sich in Trapezunt Christen und Muhammedaner wie 8:50 gegenüberstehen. Durch Einwanderungen aus den in Folge des Adrianopler Friedens an Russland überlassenen Gebiets-theilen um Kars und Achalziche erhielt die Türkenbevöl-kerung in Trabosan anfangs bedeutenden Zuwachs, verlor ihn aber bald wieder, weil die Emigranten den Neid der einsässigen Glaubensgenossen, die Steuern und Conscriptio-nen des Sultans und die nun auch in Trabosan geforderte Zähmung alttürkischen Uebermuthes noch weit unerträglicher fanden als die Herrschaft der zwar ungläubigen, aber klugen und gegen menschliche Gebrechlichkeiten nachsichtsvollen Moskowiter. Gleiche Abneigung, nicht nur von Seite der Türken, sondern auch der christlichen Griechen und Ar-menier, traf in den ersten Zeiten der pontischen Dampf-schifffahrt auch die Franken: „sie nehmen uns das Brod vom Munde weg," schrie Alles in Trapezunt. Zeit und mehr-jähriger Verkehr haben die Gemüther freilich näher gebracht, aber eine regelmässige Einsiedelung europäischer Colonisten, wie es z. B. in der gegenüberliegenden Krim fortwährend ge-schieht und eine öffentliche Stimme wiederholt dem über-völkerten Deutschland angerathen hat, wäre in Kolchis auf friedlichem Wege niemals durchzuführen. Obwohl die Waldungen über alle Vorstellung prachtvoll, der Boden fett, die Gebirge metallreich und die Bevölkerung überall geringe ist, entzündet in diesen unfreundlichen Kolchis-Leuten schon der blosse Gedanke, die ungenützten Segnungen einer über-schwenglichen Natur mit kunstreichen Fremdlingen zu theilen, eine Art von Wuth. „In wenig Jahren," heisst es, „würden diese Giaur mit Hülfe ihrer Arbeitsamkeit und grössern Ein-sicht die Eingebornen an Reichthum und folglich auch an Macht und Ansehen übertreffen, was man nicht dulden kann." Schon Prometheus warnt die aus Europa flüchtige Io vor

den metallschmiedenden Kolchiern: „sie seien unholde, an
Fremde sich nicht anschmiegende Menschen, vor denen man
sich hüten müsse,"

οὓς φυλάξασθαί σε χρή·
ἀνήμεροι γὰρ οὐδὲ πρόσπλατοι ξένοις·

Aeschyl. Prometh. r. 715.[1]

Die Iamben des Tragikers haben in gewisser Beziehung
auch noch heute ihre Geltung bewahrt. Der kolchische
Mensch hat ein schattiges Gesicht und eine tiefklingende
lautvolle Stimme; er gleicht gewissermassen dem Heimatlande voll Schwellungen und langgedehnter Laubholzwälder,
voll hallender Schluchten, voll dunkelgrün berankter Felsenvorsprünge und wundervoller Uferkrümmungen, die das Echo
wiedergeben. Vielleicht wird dem Leser selbst schon bange
ums Gemüth, und fragt er bedenklich, ob etwa wol bei
solchen Menschen über die Wissenschaft der Vergangenheit
und über die längst vergessene Zeit der Grosscomnenen so
bedeutendes zu erfahren sei, um Mühe und Aufwand einer
weiten Fahrt zu lohnen? Dass beim türkischen Theil der
Bevölkerung nichts und bei den Armeniern ungefähr eben-
soviel zu erwarten sei, war gleich anfangs klar. Alle Hoffnung ward auf die „Römer von Trapezunt," d. i. auf die
400 Familien byzantinischer Griechen gestellt, bei welchen
man doch traditionell fortgepflanzte Erinnerungen an die
Herrschaft ihres Volkes und ihres Glaubens, vielleicht Stadt-
und Mönchschroniken, Ueberbleibsel der kaiserlichen Bücher-
sammlung, Denkmäler und Fresken vermuthen durfte. Am
Ende — dachte ich in ausschweifender Phantasie — stehen
gar noch Reste des kaiserlichen Palastes, dessen Lage, Bau
und Einrichtung Cardinal Bessarion so reizend beschrieben
hat. Es waren aber nur Traumbilder, die schon nach dem
ersten Besuch in der erzbischöflichen Wohnung verschwunden
sind. Natürlich ist Constantios der Erzbischof kein Gelehrter; er ist im Gegentheile, wie man mir schon vorher

---

[1] So nach G. Hermann. D. H.

gesagt hatte, wo möglich noch beschränkter und unselbstän-
diger als es die griechischen Geistlichen überhaupt und die
von Trapezunt besonders sind. Dessen ungeachtet, oder
vielmehr gerade aus diesem Grunde habe ihn die Gemeinde
auf den Stuhl erhoben, „weil er sich etwas sagen lasse und
es nicht übel nehme, wenn ihn die weltlichen Municipal-
vorsteher auf Fehler in Verrichtung herkömmlicher Kirchen-
ceremonien aufmerksam machen." Freiherr von Droste-
Vischering hätte als Erzbischof von Trabisonda mit seinen
eigenen Schäflein die grösste Noth; Constantios aber lässt
sich in alle Formen drücken, hat in keiner Sache hartnäckige
Meinungen und gibt im Gemeinderath den Archonten allezeit
Recht. Dafür sind ihm diese ihrerseits verhülflich, die verfallene und im Laufe früherer Unordnungen erloschene
Autorität seines Sitzes über die rebellischen Kirchen im Gebirge, in Surmenä, in Of, in Lasistan, hinauf bis gegen
Ispir wieder herzustellen und sie in Person zu visitiren.
d. i. zum Vortheil der Metropole daselbst Gebühren und
milde Gaben einzuheben. Dafür sitzt aber auch Se. Heiligkeit den ganzen Tag fast bewegungslos wie eine indische
Pagode auf dem Divan der Haushalle und athmet die
kühlende Seeluft ein. Den Blick wirft Se. Heiligkeit bald
auf die unmittelbar am Fusse des Strandfelsens unter ihren
Augen im Meere herumplätschernde Jugend, bald in die
aufgeschlagene Apokalypse, schlürft dann zu gehöriger Zeit
eine Tasse schwarzen Kaffee's oder nippt ein Gläschen
Gebranntes, das ist Pfaffenmilch (γάλα τῶν Παπάδων).
wie es die griechischen Mönche in Jerusalem nennen. Bei
jedem Besuch fand ich die Apokalypse aufgeschlagen. und
zwar — wenn ich recht gesehen habe — jedesmal dieselbe
Seite, offenbarer Beweis, dass Se. Heiligkeit den geheimen
verschlungenen Sinn reiflich überdenkt und alle Oberfläch-
lichkeit der Meditation, alles Flüchtige der Lesung, wie sie
es bei uns zuweilen in den Zeitungsartikeln empfehlen, mit
Sorgfalt zu vermeiden sucht. Schon früher hatte ich öfter
Gelegenheit. an griechischen Prälaten eine ungewöhnlich
genaue Kunde der Civilverhältnisse sämmtlicher Familien

ihres unmittelbaren Sprengels zu bewundern. Woher, wie
stark, wie reich, wie erwerbfähig und wie warm für die
Kirche jede „römische" Haushaltung der Metropole sei, wusste
der Erzbischof auch in Trapezunt mit Sicherheit anzugeben.
Von den vortürkischen Bewohnern des christlichen Trabi-
sonda's, sagt er, wäre nicht eine einzige Familie mehr übrig
und die 400 der Gegenwart sämmtlich von den benachbarten
Ortschaften Platana, Surmenä, Of, Rhise, Tripoli,
Kerasunt, besonders aber aus der grossentheils christlich
gebliebenen Alpenlandschaft Chaldia nach und nach in die
Stadt gezogen. Auch habe sich das Andenken an die erste
Heimat, sowie an die Epoche der Einwanderung bei diesen
Familien überall durch Ueberlieferung von Vater auf Sohn
erhalten; jede Familie wisse, woher sie sei, allein keine
reiche über 200 Jahre Aufenthalts in Trabisonda hinauf.
Das erzbischöfliche Register und der Cathedralcodex gehe
gar nur bis auf das Jahr 1698 zurück, wo der damalige
Erzbischof Nectarius von der türkischen Regierung für sich
und seine Nachfolger die Erlaubniss auswirkte, den Sitz vom
elenden, selbst von den Gartenvorstädten durch Anhöhen
getrennten Marineflecken St. Philipp, wohin ihn der Eroberer
des trapezuntischen Reiches, Sultan Mohammed II. verbannt
hatte, auf seine gegenwärtige Stelle zu verlegen. Erst von
dieser Zeit an gebe der Codex das Verzeichniss der Oberhirten, das Jahr ihrer Wahl und ihres Todes, aber ohne
allen Beisatz über die Zeitereignisse. „Man war in beständiger Angst vor dem türkischen Yatagan, und Niemand
hat etwas aufgeschrieben." Ein kurzer Besuch in der Bücherkammer, wohin mich ein Diacon führte, belehrte hinlänglich,
dass der Prälat in Allem die Wahrheit sagte und für meine
Zwecke hier nichts zu finden sei. Die Entdeckung war
freilich keine tröstliche, ich dachte einen Augenblick an die
600 deutschen Meilen zwischen Trapezunt und München und
verliess ziemlich kleinlaut die Metropole, stieg wieder hinauf
zum Meydan-Plateau und überliess mich, im Garten wandelnd,
ernsthaften Betrachtungen über den Ausgang des Unternehmens.

Mit dem Abzuge des letzten Gross-Comnen und Kaisers
David I. aus der Burg seiner Väter (1462) hat auch die
Geschichte jenes Reiches ihr Ende erreicht. Allerdings war
mir nicht unbekannt, dass Mohammed II. nach Uebergabe
der Stadt die trapezuntische Bevölkerung in drei Theile
schied, deren erster mit allen Vornehmen und Vermöglichen
als Colonisten nach Konstantinopel wandern musste, der
zweite dem abziehenden Eroberungsheere als Sklaven an-
heimfiel und über ganz Anatolien zerstreut wurde, der dritte
und ärmste aber im abgetrennten Marineflecken wohnen
durfte, nachdem vorher aus allen drei Abtheilungen 800 der
schönsten und rüstigsten jungen Leute für die Janitscharen
ausgehoben und zum Islam genöthigt waren. Dass aber
auch diese kümmerlichen Reste verschwunden und von allen
Begebenheiten vor und nach der Katastrophe in dieser
grossen Stadt selbst das Gedächtniss erloschen, dass Alles
barbarisch, Alles neu und gleichsam erst von gestern sei,
hätte man doch nicht erwarten sollen. Wahrhaft, in der
Kunst zu erobern und das Erworbene in ihrem Sinn bleibend
einzurichten, haben es die alten Türkensultane zur Meisterschaft gebracht.

Bei manchem Leser könnte es vielleicht ein Lächeln
hervorrufen, wollte ich die Gemüthsbeengung eingestehen,
die ich in Folge der erzbischöflichen Mittheilungen über den
Stand der Dinge im weiland griechischen Trapezunt empfand.
Der Uebergang von den ausschweifendsten Hoffnungen zur
Verzagtheit ist seiner Natur nach ein kurzer, und ich mache
gar kein Geheimniss, alle Hoffnung irgend einer namhaften
Ausbeute schien mir im Augenblick verloren, ich merkte
sogar Anwandlungen von Heimweh und dachte, — kleinmüthig genug — nach Besichtigung der Stadt, der Burg und
der nächsten Umgebung wieder nach Stambul zurückzu-
schiffen und im Uebermass der Beklommenheit vielleicht
sogar den Besuch auf Hagion-Oros aufzugeben. Um das
Peinliche der Lage ganz zu fühlen, müsste einer auch wie
ich das Unglück haben, an die Aufhellung der politischen
Momente eines unbekannten romanhaften Schattenreiches

gleichsam als an seine Lebensaufgabe gefesselt zu sein und
in anscheinend vergeblichen Mühen auch noch die sauer
erworbenen Früchte frühern Fleisses zu verzehren. Selbst
den Dänen, deren Thema ich als Quelle aller gegenwärtigen
Noth erkannte, war ich von Herzen gram, verwünschte aber
vor Allem die pedantische und hartnäckige Gewissenhaftigkeit, die einer Schulfrage wegen nur einen deutschen Papier-
Iason aus dem innern Keltenlande bis nach Kolchis treiben
kann. Zu diesen Vorstellungen kamen mit dem Morgens
eingetroffenen Dampfboote auch noch politische Bedenken
ernsthafter Art. Es zog sich ja das Unwetter von allen
Seiten über dem Haupte Mohammed-Ali's zusammen, Herr
Thiers bedrohte den Occident, und in Deutschland feierten
sie wieder einmal die Saturnalien eines allergnädigst conces-
sionirten und polizeilich überwachten Volksfreiheits-Kanzlei-
Rheinlieds-Schwindels in amtlich vorgeschriebener Form.
Welche Möglichkeiten knüpften sich an diese Kunde! War
es unter solchen Umständen nicht gerathener, vor dem
sengenden Strahl der kolchischen Augustsonne zu fliehen
und auf kürzestem Wege heimzueilen, um dort nach Kräften
Herrn Thiers zu widerstehen? Aber die schöne Prinzessin
von Trebizonde, der kaiserliche Palast, der Marmorsaal mit
seiner vergoldeten Decke, die Ruinen verfallener Herrlichkeit,
die Waldpracht mit den verödeten Felsenburgen im Innern,
die breitblätterigen Haselstauden und die „langen" Trauben
von Kerasunt, das Alles sollte ich ungesehen verlassen und
verzagt wieder in den Occident entfliehen! Welche Qual!
Von Theodor Lazaropulos, einem jungen Chaldier, der Handel
trieb, aber als Herrn Ghersi's Schützling bei der Tafel den
Dienst im Consulat versehen half und das Recht mitzureden
hatte, erfuhr ich zufällig gerade an diesem Abend das Dasein
verschiedener Inschriften und Frescomalereien, Figuren und
Verzierungen auf den Festungsmauern, an Tempelwänden,
besonders in der obern Burg, und sogar mehrerer Diplome
aus der Comnenenzeit im Kloster Sumelas im Waldgebirge,
zwölf Stunden von Trapezunt. Auch Töpfe mit Silbermünzen
finde man häufig im Aufräumen des alten Häuserschuttes,

und Dr. Rutzeris habe deren eine Menge zusammengebracht, mit dem Bilde des Kaisers auf der einen und
St. Eugenius auf der andern Seite. Wie schwankend und im Grunde wenig versprechend
auch diese Sagen eines Einheimischen sein mochten, stärkten
sie für den Augenblick doch den sinkenden Muth und liehen
dem Vollmondschein einer trapezuntischen Sommernacht und
der hohen Felsenterrasse des Consulats neuen, aber melancholischen Reiz. Die Wohnungen sämmtlicher europäischer
Agenten liegen nahe beisammen im Griechenviertel, und wenn
auch Mister Heinrich Suter, der englische, und Mon-
sieur Outré, der französische Consul, über umfassendere
Räumlichkeiten und Gartenanlagen verfügen als Herr Ghersi,
übertrifft doch die kunstreiche, auf einem Steilfelsen vor den
Zimmerfenstern aufgemauerte und mit Brustlehne verwahrte
Plattform des austro-russischen Consulats, ihrer prachtvollen
Aussicht wegen, alle Herrlichkeiten der persischen Sensitiv-
Mimosen sammt dem Akaziengeranke aus Ghilan in den
Gärten der Rivalen. [1] Vom Strande geht es hier ohne Ueber-
gang rasch, felsicht und zerrissen den Berg hinan; die Ufer-
klippen, bald dammartig in die Brandung hinauslangend,
bald buchtenförmig eingeschnitten, geben dem Fahrzeug
überall Zuflucht zum Landen, und gewundene Pfade, wie zu
Amalfi und Jafa, führen nach allen Richtungen zu den zer-
streuten Wohnungen der Trapezuntier hinauf. Aber das
Ufergestein ist nicht schmucklos und ausgebrannt, wie bei
Tzimova und Monembasia in Griechenland. Hier strotzt
überall die Myrte, prangt die Nelke und der Granatenbusch.
rankt das Immergrün und die Weinrebe, duftet wilder
Thymian, drängt sich der Feigenbaum hervor aus allen Ritzen
und gedeiht ungepflegt der Oleander und der Lorbeerstrauch.
Wie viele Stunden, besonders während der Abwesenheit
Herrn Ghersi's in Erserum, habe ich etwa auf dieser Platt-
form zugebracht und gedankenvoll in den Pontus hinabge-

---

[1] „Gül-aschrim,“ sagt man mir, sei das persische Wort für sen-
sitiv-Mimose, die ich mit der Ghilan-Akazie in Trapezunt das erstemal
gesehen habe.

Fallmerayer, Fragm. a. d. Orient. 4

blickt, wie sich die Welle kräuselte und an der Klippe brach, wie die Barke vorüberstrich, wie der Istambol, das Pracht-schiff, hinter dem waldigen Vorgebirge Joros *(Hieron Oros)* hervorbrechend, die Rauchsäule gegen Trabisonda trieb! Von besonderer Wirkung war der Anblick des Nachts, wenn der Mond über den Waldschatten des Lasengebirges hangend sein melancholisches Licht auf den Pontus-Wasserspiegel goss und vom Strande herauf jenes dumpfmatte, nur Seeanwohnern zu erklärende Gemurmel der selbst in heiterster Stille vom Hauche der Abendlüfte in langen Schwingungen an das Land getriebenen und regelmässig wiederkehrenden Welle zum Ohre drang. Diese trapezuntischen Mondnachtsscenen hatten etwas Sorgenstillendes für das Gemüth, und ich meinte zuletzt, wenn ich auch mit leeren Mappen Kolchis verlassen müsste, im Grunde doch gewonnen zu haben. So leicht sind die Deutschen über den Verlust ihrer Glücksgüter und über ge-täuschte Hoffnungen zu trösten! Gebt ihnen etwas Mond-schein mit Wellengebrumm, und ihr mögt ihnen ruhig die Taschen leeren und Fesseln an die Arme legen. Leise An-klänge dieser unstillbaren, vielleicht erst durch das Christen-thum in den germanischen Herzen geweckten Sehnsucht und Schwärmerei findet man unter den Schriften des Alterthums eigentlich nur in den Gedichten des Virgilius. Nur dieser Sänger christlicher Sehnsucht hört das Rauschen des Laubes unter Corydons Fuss, sieht Corydons Bild im glatten Meeres-spiegel, *„cum placidum ventis staret mare“*, und versteht die Seelensprache der *„amica silentia lunae.“* Das Wildroman-tische der anatolischen Küstenländer am Pontus Euxinus wird seines Eindruckes auf deutsche Wanderer nie verfehlen. Wir lieben Waldeinsamkeit, Laubgehölze, dichtverwachsenes Ge-büsch, Berge, Bäche, Thalschluchten und Felsen-Gewinde neben wallendem Kornfeld — romantische Bilder, wie sie die Natur in wundervollen Mischungen nirgend so prachtvoll als in Kolchis gezeichnet hat.

Anatolien ist ein hohes, von wilden Gebirgsketten und traurigen, verbrannten, baumlosen Flächen durchstrichenes Tafelland, das südlich meistens steil und hart gegen das

Mittelmeer abfällt, im Norden aber sich stufenweise in einem
lang hingezogenen, vom Phasis bis Bithynien herausreichenden,
häufig von Querthalungen und tief eingeschnittenen Wasser-
rinnen durchbrochenen Waldgürtel von wechselnder Breite
und voll der seltsamsten Terrainbildungen und Verzackungen,
die auf Bau und Anlage der Wohnplätze der Menschen einen
wesentlichen Einfluss haben, zum Pontus Euxinus herabsenkt.
An den Mündungen grösserer Ströme, z. B. des Halys, des
Iris, wie des kleinen Pyxites bei Trapezunt gibt es zwar
Niederungen, sogenannte Flussdelta, die aber, wenn wir
nicht irren, zwischen dem Bosporus bei Konstantinopel und
dem imiretischen Phasis, sowohl klein als gross, gegen die
Gewohnheit der übrigen Länder mit wenigen Ausnahmen
unbewohnt und verlassen sind. Ueberall hat man zur Anlage
der Ortschaften steil oder sanft ansteigende Berghalden,
schroffe Vorsprünge, die Hüften schlank ins Meer heraus
laufender Erdzungen oder gewisse Stein- und Erdparallelo-
gramme gewählt, die man nur auf der Pontusküste von
Asia Minor findet.

Wir bitten den Leser, über den Ausdruck „Stein- und
Erdparallelogramm" nicht zu erschrecken und, wenn ihm
der geometrische Begriff weniger geläufig ist, dafür den
Ausdruck „länglich tafelförmiges Felsenplateau" zu setzen.
Denn nur durch klare Versinnlichung dieser sonderbaren
Erdgebilde kann man sich, ohne Trabesunda selbst zu besuchen, die romantische und für byzantinische Zeiten fast
unbezwingliche Lage der Stadt durch Worte verständlich
machen. Eben weil in den Nachrichten, die uns der Castilier
Clavigo (1401), der byzantinische Nomophylax Eugenicus
(1418) und Cardinal Bessarion, der geborne Trapezuntier
(1440), sämmtlich aus der ersten Hälfte des 15. Jahrhunderts
hinterlassen haben, dieses tafelförmige Plateau der alten
Citadellenstadt Trapezus nicht in deutlichen Umrissen und
in seinem wahren innern Zusammenhang mit dem grossartig, halbbogenförmig und scharf aufsteigenden Küstenlande
hingezeichnet ist, bleiben ihre Beschreibungen aller Eleganz
ungeachtet doch immer unverständlich. Tournefort (1701),

ob er gleich seinem Texte mit einem trefflichen Kupferstich
zu Hülfe kam, war im Ganzen doch nicht glücklicher
als seine Vorgänger, weil der ungünstige Standpunkt des
bildlichen Entwurfs den entscheidenden Zug — die scharf-
gemeisselten Kanten des Felsenparallelogramms — verbarg.
Wohl reden sie alle von einer trapezuntischen „Doppelburg"
und von tiefen Thaleinschnitten zu beiden Seiten der Festung.
Ob aber diese Thaleinschnitte an den beiden Lang- oder an
den beiden Schmalseiten des natürlichen Parallelogramms
gezogen sind, und wie dieses selbst aus dem Boden heraus-
wachse; ob es sich frei *en relief* und auf allen vier Seiten
unabhängig wie ein Cubus auf ebenem Terrain erhebe, oder
ob es der Länge nach gleichsam unfern dem Strande aus
den Flanken des hohen kolchischen Bergrandes fliesse und
mit einer Seite noch am Gebirge wie am Mutterstocke fest
hange und angewachsen sei, das Gebirge aber, im Halbkreise
hoch über Gartenvorstädte, Thalrisse, Parallelogramm und
Doppelburg ansteigend, luftig und frei wie ein weites Amphitheater hereinrage, hat keiner angegeben. Und doch bilden
vorzugsweise die beiden letzten Punkte das charakteristische
Merkmal der Lage von Trapezunt. Der Schluss, dass beim
Verwachsensein der südlichen Schmalseite mit dem Gebirge
die nördliche nothwendig dem kaum 1000 Schritte entfernten
Meere zugekehrt sein müsse und die Natur im Grunde nur
drei Seiten des trapezuntischen Tafelparallelogramms befestigt
und die vierte der Kunst überlassen habe, geht von selbst
hervor. Dessen ungeachtet ist dieses Plateau eine wundervolle Schöpfung wie Alamut, die Felsenburg der Assassinen
in Masanderan, oder wie jener Aornos der Macedonier
in Sogdh mit ihren Fruchtgärten, Quellströmen und Waldschatten, zu Lust und Sicherheit der Menschen wider feindliche Gewalt. Die Fläche des Citadellen-Parallelogramms
von Trapezunt ist aber nicht horizontal und durchaus tafel-
eben verlaufend, wie man vielleicht denken möchte; sie ist
vielmehr nach der Natur des umliegenden Terrains ebenfalls
gegen das Meer abstürzend und gleichsam in zwei Quartiere,
ein höheres und ein tieferes, von ungleicher Grösse und

ungleicher Höhe geschieden. Das höhere, unmittelbar aus
dem Berge herauswachsend, ist kleiner, aber bauchiger, steiler,
höckeriger und ragt über das tiefere, schmaler gestreckte,
aber längere, so weit empor, dass die von einem Rande
zum andern gezogene und beide Hälften von einander
innerlich abschliessende Quermauer an ihrer Wurzel noch
über die höchsten Gebäude der tiefern oder untern Citadelle
hinausragt, der kaiserliche Palast aber, der den Höhepunkt
dieses obern Quartieres einnahm, seinerseits eben so hoch
über die Zinnen der Quermauer und über die untere Festung
erhaben in das Meer hinunterblickte. Der Leser sieht wohl
selbst, dass diese obere, spitz zulaufende, höher gelegene
Hälfte des Naturparallelogramms die eigentliche Hochburg,
die Akropolis von Trabisonda bildet — links und rechts
durch tiefe Abgründe gesichert und nur im Zusammenhange
mit dem Gebirge schwach. Das ist die alte Doppelburg
von Trapezunt des Xenophon und des Justinian. Zum Glück
ist dieser Zusammenhang mit dem Berge so schmal, dass
der Isthmus zwischen dem Abgrunde zur Linken und dem
Abgrunde zur Rechten kaum zwanzig Schritte beträgt. Aber
der Boden hebt sich beinahe dicht vor der Bergmauer,
haldig und breit ausgreifend, über die Akropolis und bildet
den natürlichen Angriffspunkt für feindliche Gewalt. Die
Schlossmauer auf dieser Schmalseite ist freilich um so höher
und fester, da sie den unmittelbar dahinter liegenden
Palast der Gross-Comnenen schirmen musste. Hier haben die
Gothen, die Könige von Tiflis, der Seldschuke Alaeddin
Keikobad von Iconium, die Turkomanen-Emire und
Sultan Mohammed II. im Kriege gegen Trapezunt zuerst
den Sturm angelegt, aber auch Johannes, der vorletzte
Imperator, dicht an der innern Mauerseite einen freistehenden,
breit gedrückten, grotesk und hoch über die hohe Mauer
hinaufragenden Thurm zum Widerstande gegen das Geschick
aufgerichtet. Für den Schirm der beiden Langseiten des
Gesammtparallelogramms hat die Natur allerdings besser
gesorgt, da sich die tiefen Schluchten links und rechts als
hohle, steile und schattige Thäler zum Meer hinabziehen und

die Doppelburg vom Continent der gegenüberliegenden Gartenvorstädte mit ihren Hügeln, Erdrissen, Gärten und dichtbelaubten Gruppen trennen. Diese furchtbaren, von der
Natur selbst aufgethürmten Festungsgräben sind voll Dunkelgrün, voll Quellen, voll hochwüchsiger, zum Theil immergrüner Bäume, hoch über deren Wipfel in kühnem Bogen
die schmale Brücke hinüberspringt, ein romantischer Anblick,
wenn der Epheu blüht, das Wasser im Gebüsche rauscht
und die reife Traube überall unter dem Laube hervorblickt.
Besonders prachtvoll ist die Schlucht auf der Abendseite,
unmittelbar am rund aufgethürmten, baum- und quellenreichen Thalschlusse und am Fusse des buschbewachsenen
Burgfelsens, von dessen oberster Spitze, wenigstens 300 Fuss
senkrechter Höhe über dem Schattendunkel des Abgrundes,
der Comnenenpalast und die neun grossen, heute leeren
Bogenfenster des Kaisersaales in Doppelreihen niederschauen.
Hier ist die Schlossmauer zugleich Festungsmauer, die in
abenteuerlichen Zügen, alterbraun, verwittert und stellenweise ganz von Epheu zugedeckt, den Krümmungen, Senkungen, Hebungen und felsigen Ausspründgen des Tafelrandes
folgend, das alte Trapezus umschliesst. Den schönsten
Anblick jedoch gewährt es, wenn man diese grün berankte,
steil von der obern Burg zur untern herabsteigende Randmauer mit den schwarzen Thürmen im Abendschein von der
Brücke aus betrachtet, die auf der Westseite der Festung
über den romantischen Abgrund führt. Nur die Eingebornen,
besonders die Osmanli, können nicht begreifen, was da zu
bewundern sei. „Was stehst du denn stille? Was erblickst
du denn da oben?" fragte voll Verwunderung der feiste
knochige Subaschi von Trabosan, wenn er den Fremdling
wie in sich selbst versunken unbeweglich an der Brücken-
zinne fand. [1] Gerne möchte ich wissen, ob der nordische.
ob der civilisirte Mensch allein für Naturschönheiten empfänglich ist oder ob der Besitz etwa überall Gleichgültigkeit

---

[1] *Subaschi*, „Wasservorstand" ist im Türkischen der amtliche Ausdruck für „Unterpolizeichef."

erzeugt und wir täuschungsvoll ewig nur das verlangen und
bewundern, was uns ferne ist und was uns gebricht.
Schief zwischen hochwipfligen, durch Weinreben mit
einander verschlungenen Bäumen führt ein Weg aus der
Gartenvorstadt in die Schlucht hinab, wo der Bach, über
granitene Schnellen sprudelnd, unter der kurzen, aber hochgesprengten und geländerlosen Brücke in die romantisch gewundene Felsenvertiefung hinabrauscht und die aus immergrünem Buschwerk und Baumschlag stürzig herabgleitenden
Wasserfäden selbst in der Mittagsglut Schatten und Kühlung
unterhalten. Die Schönheit des Steilpfades aber, der sich
aus dem Hintergrunde der Schlucht durch üppiges Grün,
durch mächtigen Pflanzenwuchs felsicht und wasserreich zur
kleinen Plattform am Isthmus hinter der Burg hinaufwindet.
konnte Bessarion selbst im spätesten Alter und mitten
unter den Herrlichkeiten des römischen Purpurs nicht vergessen. Von der Höhe, aus dem Gestein, von den Thalwänden, überall sprudeln Quellen heraus und rauschen durch
Hochschatten, Myrten- und Lorbeergebüsch zum Bach in
die Thalschlucht nieder. Hoch vom grünberankten Felsen
schaut die Kaiserburg herab.
Innerhalb der Randmauer ist das Citadellen-Parallelogramm wegen des beschränkten Raumes zwar grossentheils
mit Bauwerken und Wohnungen überdeckt, doch fehlen auch
grüne Partien nicht, weil auch hier aus dem Boden reichlich
Wasser quillt, überall Brunnen plätschern, offene Kanäle
mitten durch die gepflasterten Strassen laufen und ein dichter
Strahl silberheller Flüssigkeit zum grossen Thor gegen die
Meerseite hinausstürzt. [1] In diese naturfeste Doppelburg flüchtete sich im Falle feindlichen Angriffs sämmtliche Einwohnerschaft der über die Gartenregion zu beiden Seiten der Thalschluchten ausgebreiteten Vorstädte. Die Häuser hatten zur
Comnenenzeit freilich, wie oben bemerkt, drei Stockwerke
und konnten einer grössern Volkszahl Unterkunft verschaffen

---

[1] Ὕδατορ ῥύακας καὶ κρουνοὶς ἐγχεσμένους ἐκ τῆς μεγάλης πόλης
τοῦ αἰγιαλοῦ.

Cod. msc. Mont. Atho.

als heute, wo die armselige Türkenarchitektur und Harem-
sitte Alles verwandelt hat. Aber um so furchtbarer waren
die Feuersbrünste in den engen Gassen mit hohen Fachwerk-
häusern und einer übereinander gehäuften Bevölkerung, wenn
der Feind vor den Thoren stand und die Flucht unmöglich
war. Auch zählt vielleicht keine Stadt des Orients verhältnissmässig so viele und so verheerende Brände, als Trapezunt während der unruhvollen Comnenenzeit. Um einem
Theil dieser Uebelstände zu begegnen, erweiterte Alexius II.
(1297—1330 n. Chr.) bei den wachsenden und wiederholten
Bedrängnissen des Reiches durch ein kolossales Unternehmen
die Citadellenstadt und mit ihr die Sicherheit seines Volkes.
Den leeren Raum zwischen dem alten Tafelfelsen (Parallelogramm) und dem Meeresufer füllte der benannte Gross-Comnen
mit einer dritten Citadelle aus, die ein für sich geschlossenes
Ganzes bildete und doch mit dem alten Bau zusammenhing.
Schroffheiten des Terrains waren abzutragen, Vertiefungen
auszufüllen und die Thalschlucht selbst zu erweitern, um genügenden Grund zu gewinnen. Der Neubau knüpfte sich
der Art an die dem Meere zugekehrte Schmalseite des
alten Parallelogramms, dass der Haupteingang, das sogenannte Wasserthor, mit seiner Hochlage, seinem Quellstrom
und seiner strengen Quermauer, statt am Ende, nun gleichsam mitten in der Festung stand. Da aber die neue Anlage
einer möglichst grossen Volksmenge Schirm gewähren sollte,
war es nicht genug, die Mauern an beiden Langseiten in
gleicher Enge wie das alte Parallelogramm bis zum Meere
hinabzuführen. Der kaiserliche Bauherr zog die westliche,
breit auseinandergehende und in der Sohle geebnete Thalschlucht bis zur halben Länge des alten Parallelogramms
herauf in den neuen Plan hinein. Nur auf der östlichen
Langseite, wo der Boden am Meere hin von Natur flacher
ist und zu allen Zeiten die grossen Bazare standen, ist die
neue Mauer eine geradlinige Fortsetzung der alten, mit Thürmen und niedrigem Vorwerk im byzantinischen Stil. Am
Strande aber läuft sie dann rechtwinklicht weit über die alte
Schmalseite hinaus bis zum hohen Aussenrand der westlichen

Schlucht, folgt ihrem Kamm mitten unter hohen Baumgruppen
und zieht sich im rechten Winkel an den Rand der hier wieder engen Thalschlucht, zur Brücke über den Abgrund herüber, wo zugleich starke Aussenwerke mit Streitthürmen und
Doppelthoren den Eingang hüten. Baumgärten mit luftigen
Türkenwohnungen und mächtig drängendem Gebüsch füllen
auf dieser Seite die Flachgräben der neuen Festung, und
eine halbzerstörte Inschrift über einem zugemauerten Pförtchen nennt das Jahr 1324 als die Epoche des vollendeten
Baues. Alexis II. nahm den Festungsplan von Konstantinopel
zum Muster: drei Mauern hinter einander, eine immer höher
als die andere, mit Zinnen und Thürmen von wechselnder
Form umschliessen das neue Werk. Nur hat sich um den
Comnenenbau in Trapezunt ein Dickicht von Feigen-, Cornel-
kirschen- und Steinobstbäumen, von Eschen, Ulmen, Mais,
Haselstauden, Massholder, Gartengebüschen aller Art und von
Wallnussstämmen ungeheuern Umfangs mit Schatten, Kühle
und Sommerstille romantisch herumgezogen, mit dem sich
Epheu und Schattenfülle von Byzanz nicht messen kann.
Drei abgesonderte Burgen, eine immer höher als die andere
und doch in einander verschlungen, bilden das wundervolle
Panorama von Trapezunt.

Beinahe einen vollen Monat verschob ich es, die oberste
Abtheilung des Tafelfelsens, die eigentliche Akropolis von
Trapezus und die Ueberbleibsel der alten Kaiserburg zu besuchen. Ich wollte die Täuschung, als wären für mich dort
noch unverhoffte, selbst meinem unmittelbaren Vorgänger
verborgen gebliebene Schätze, Gebilde, Inschriften, Bauwerke
für Aufklärung mittelalterlicher Romane und der comnenischen Geschichten aufzufinden, so lang als möglich lebendig
erhalten. Zwar hatte mich Hr. Zachariä wenige Monate
früher in Heidelberg versichert, der Palast sei zerstört und,
soviel er bemerkt habe, von historischen Ueberbleibseln
überall keine Spur. Ich nahm die Rede aber nicht so völlig
buchstäblich, als wäre Alles ganz und gar verschwunden;
ich meinte vielmehr in verzeihlicher Eitelkeit, wo ein flüchtig
vorübereilendes Juristenauge nichts gesehen habe, vermöge

Jemand nach vorausgegangenen speziellen Studien über den
Gegenstand und bei dem lebendigen Interesse für die Sache
immer noch Einiges zu entdecken, was über Zweifelhaftes
Licht verbreiten und Schwankendes befestigen könnte. Ich
wusste ja den Geschmack der comnenischen Fürsten für die
bildende Kunst, für Architektur und Malerei; besonders aber
hatte ich es auf den von Gold und Marmor strotzenden
Kaisersaal und seine Wandfresken abgesehen, die nach
Bessarion, der sie oft betrachtet hat, eine vollständige
Geschlechts-, Familien- und Geschichtsgallerie des regierenden Hauses vom Beginn des trapezuntischen Reiches bis in
die letzten Zeiten darstellte. Hat sie türkische Bilderscheu
auch mit Kalk übertüncht, wie die Kirchenfresken von
St. Sophia in Stambul oder von St. Sophia und St. Chrysocephalos in Trapezunt, so ist das Verborgene doch leicht
hervorzukratzen, und weiss Gott welch neuer Aufschluss für
das mystische Dunkel des kolchischen Romanenstaates ans
Licht zu bringen. Bogenfenster hatte ich ja von der Schlucht
herauf gesehen, von aussen zwar nur altes schwärzliches
Gestein, und durch die leeren Räume schienen die Wolken
durch; aber vielleicht ist es von innen besser bestellt, glän-
zender, farbiger, wie in den Königshallen des hundertthorigen
Thebens.

Wie dort Rameses, Amenophis und Scheschonk,
so prangen vielleicht hier noch wohlerhalten in kriegerischem
Schmuck, Seldschuken und Turkomanen vor sich hertreibend,
Andronicos Gidon, der Besieger Sultan Alaeddin Kei-
kobads von Iconium, Manuel I., der grosse Kapitän und
Alexius III., der Wiederhersteller des verfallenen Reichs,
der Kirchenheld, der Legenden-Imperator. Freilich ist die
Luft zu Medinet Habu und zu Karnak weniger ätzend,
und haben die Pharaonen ihre Bauten aus unvergänglicherem
Materiale aufgeführt, als die kunstsinnigen Comnenen von
Trapezunt, die Fürsten des waldigen Kolchis, des „Mosy-
nökenlandes"; aber die Zeit ist im Verhältniss wie fünf
zu dreissig, und hatte ich nicht in Kirchen und Kapellen der
Gartenvorstädte mancherlei Fresken und geistliche Malerei

aus der Kaiserperiode, und auf der Aussenwand der Hauptmoschee sogar die wohlerhaltenen Reste eines Musivgemäldes
der griechischen Panagia gesehen? Hätte mir Jemand durch
Erzählung der Wahrheit diese Träume verscheucht, wahrhaft
ich hätte ihm wenig Dank gewusst. Mit Bessarions Com-
nenenlob (Msc. Venet.) in der Hand, sass ich lange auf der
Plattform des hoch und steil über die griechische Gartenvorstadt hinaufragenden Bos-Depe (Grauhügels), wo man
die schönste Aussicht auf Trapezunt geniesst und zum Theil
selbst das Innere der obern Akropolis auf halbstündige Entfernung überschauen kann. Bald las ich die Schilderung des
Prachtbaues, wie er sich um die Mitte des 13.. Jahrhunderts
mit seiner hohen Treppe, seinen Seitenflügeln und Lufthallen,
seinen Marmorböden und vergoldeten Zimmerdecken und seinem Viersäulenpavillon, hoch auf dem Terrassendach über die
Giebel und Zinnen des schief absteigenden Parallelogramms
erhob; bald blickte ich auf die Burg hinüber, konnte aber
leider nichts als armseliges Hütten- und Bretterwerk türkischer Architektur erspähen. Da sank mir zuerst der Muth,
und ich stieg traurig wieder in die Stadt hinab. Erinnerungen
an Peyssonnels Nachrichten über Zerstörung der alten
Comnenenburg in Folge einheimischer Kriege der Türken von
Trapezunt während des 17. Jahrhunderts vermehrten die Unruhe, aber dem gewissenhaften, nüchternen Zachariä ganz
Recht zu geben, sträubte sich eitle Hoffnung noch immer,
bis ich endlich am 4. September den lange aufgesparten
Gang in die obere Citadelle that und den Gräuel der Ver-
heerung in seiner ganzen Ausdehnung übersah. Herr Ghersi
liess mich durch den Chaldier Theodoraki und Herrn Mir-
kowitsch, den Kanzler, zum Obersten der Kanoniere führen.
wo man zuerst um die Erlaubniss bitten musste, in die obere
Burg hinaufzugehen und die eigentliche Festung anzusehen.
Der Colonel war abwesend, hatte aber, den Fall voraus-
sehend, seinem vorzüglich begünstigten Diener den Auftrag
ertheilt, uns überall hinzubegleiten. uns selbst in die Moscheen
von St. Chrysocephalos und St. Eugenius einzuführen und
etwaige Bedenken der Gläubigen gehörig zu beschwichtigen.

Es war ein derber Türkenjunge im neuen Stil, d. i. er trug
eine Jacke mit engen zerrissenen Pantalons, trank Wein. und
nahm gerne Präsente, wie die Türken überhaupt und viele
andere Leute insbesondere. Wie einst in Babel, Ecbatana
und Jerusalem und unlängst noch in Stambul, war auch in
Trapezunt nach uraltem Brauch des Morgenlandes der Sitz
der Gewalt von den Unterthanen festungsgerecht abgeschieden,
weil die Gewalt im Orient ihren ersten Feind überall im
eigenen Volke sah. Man hat früher deutlich genug erinnert,
dass eine hohe, von Schlucht zu Schlucht der ganzen Breite
nach über das Parallelogramm laufende Quermauer den von
Natur scharf abhängenden obern Burghügel gegen den untern
abschliesse. Eine Doppelpforte, eine innere und eine äussere,
mit gekrümmtem Thorweg und eisenbeschlagenen Flügeln
öffnet den Aufgang zu dem amphitheatralisch ansteigenden
Palastrevier. Wir hatten nicht nöthig, auf dem alten Wege
zur Burg weit vorzuschreiten, um die letzte Täuschung zu
verscheuchen und mit ihr alle Hoffnung irgend eines historischen Fundes von Gewicht zu zerstören. Denke man sich
den Schmerz, Alles ist zerstört! Statt der einstigen Kaiser-
pracht, ihrer Leibwächter und Archonten hatte sich, wie es
scheint, gerade der ärmste Theil unter den einsässigen Türken-
kanonieren in der Akropolis niedergelassen und am untersten
Theile dicht an der Quermauer von Gestrüppe und Schlingpflanzen ruinenartig umschlungene Wohnungen aus den Trümmern alter Herrlichkeit errichtet. Wer in Famagosta auf
Cypern oder auf Hohenkorinth herumgewandert ist, hat
auch die Palastruine der Grosscomnenen von Trapezunt gesehen. Wie wäre da noch an die breite Treppe, an den
Freskensaal, an die „alte, gold- und edelsteingefüllte" Schatzkammer, [1] an das abgesonderte Bücherhaus, an die Speise-
halle, an den hohen Tetrastyl des kaiserlichen Geschäfts- und
Audienzpavillons, oder gar an das Brautgemach der unvergleichlichen Prinzessin Katharina von Trapezunt zu denken,
die durch den Ruhm ihrer Schönheit den Orient in Flammen

---

[1] خَزْنَة دِيرِينَهُ chazineh derineh bei Sead-eldin. Msc.

setzte und als Despina Katun mit Usun Hassan den
Thron von Persien bestieg? In Fetzen gehüllte Weiber osmanischer Kanoniere sahen hohläugig hinter vergitterten, nur
noch an einem Angel hangenden Fensterläden halbverfallener
Steinbaracken auf den neugierig herumspähenden Giaur herab.
Nur gegen Abend, gerade ober der Tiefschlucht, ist noch ein
Stück Schlossmauer und ein viereckiger Thurm, letzterer etwa
50 Fuss hoch und mit einem Bogenfenster auf jeder Seite.
unzerstört geblieben; selbst der gelblichte Anwurf hält noch
am Gemäuer, und am bemalten Thurmdachgesims ist blau,
orangegelb und roth an vielen Stellen noch deutlich zu erkennen. Ich sah durch das Fenster in den leeren Raum
hinein, da ein natürlicher Felsendamm, zu dem man auf gemeisselten Treppen hinaufsteigt, mit einem bizarr in Stein
ausgehauenen Durchgangsbogen wie ein Corridor durch diesen
Theil der Burg zum Thurm zieht. An dem Schlosswandrest
steht ebenfalls noch eine Linie von drei Doppelbogenfenstern
mit je einer Säule in der Mitte, so dass von den beiden, in
Würfeln ausgezahnten Halbbogen des Fensters je das eine
Ende auf dem schön verzierten Knauf der Mittelsäule ruht.
das Ganze aber von einem oben niedlich ausgeschweiften
Segment architektonisch umschlungen wird. Das Gemäuer
unterhalb der Fensterböschung zeigt würfelig hervorspringende
und schachbrettförmig sich berührende rohe Steinquadrate.
wie gewisse Bauten in Florenz aus der Ghibellinenzeit. Des
schmalen Zwingers zwischen diesem Schlossfragment und der
am Rande des Abgrundes hinlaufenden Zinnenmauer hat sich
die üppigste Vegetation bemächtigt: der Feigenbaum, die
Rebe, der Epheu, die Granate, die Esche und die Ulme
mit Schlingpflanzen und lieblichem Kolchisgesträuche aller
Art wuchern in der Oede ungestört, bewohnen das Gemäuer
und schauen durch Bogen und Corridore der verlassenen
Burg hinein. Der Wind blies herbstlich über die Ruine. und
der Wipfel einer hellgrünen Esche neigte sich wiederholt
und melancholisch in dieselbe Fensteröffnung, durch welche
einst der Grosscomnene stolz und sorgenvoll auf die Frühlings-
pracht seines Kaisersitzes niedersah. Unwillkürlich stellt das

ängstliche Gemüth Vergleiche an: Theben mit hundert Thoren,
Jerusalem, Balbek, Karthago, der palatinische Hügel und das
neue deutsche Athen mit seiner Säulenpracht und Herrlichkeit demselben Loos der Vergänglichkeit verfallen wie die
Kaiserburg in Trapezunt!

Έσσεται ημαρ οτ' αν ποτ' ολώλη Ίλιος ιρή,
και Πριάμος, και λαός ευμμελίω Πριάμοιο!

Der Blick zwischen den Zinnen der Stadtmauer und der
ausspringenden Halbthürme in die Tiefe hinab, wo der Bach
rauscht, in das Meer hinaus, oder auf die Schluchtenwand
gegenüber, wo Pfade, Steilabhänge, Gestein mit üppigem
Grün und luxuriantem Pflanzenwuchs, Gehöfte, kleine Dörfer,
Cypressenwald, lebendige Gartenzäune, isolirte Wohnungen,
unter Baumgärten voll Leben und Saft bis zur langgezogenen
Waldhöhe aufsteigend, in wundervollem Wechsel stehen, ist
von zauberhafter Wirkung auf das für Natureindrücke em-
pfängliche Gemüth. Aber die kolossalen Saalfenster unmittelbar über dem Abgrund, sind auch von innen nur schwärzliches Gestein ohne Schmuck, ohne Bild, ohne Schrift!

Auf der Hochterrasse des ungeformten, breitschulterigen,
ganz mit Epheu bedeckten Wartthurms an der südlichen
Mauerseite, wo sie mit dem *Planum inclinatum* des Berges
zusammenhängt, lag eine Feldschlange, und eine grössere
Kanone hatte sich weiter seitwärts, beide ohne Lafette und
von Rost zerfressen, halb im Schutt der Böschung eingesenkt.
Das war die ganze Artillerie der Hauptreichsfestung Trabosan.
Nebenan stand als Schildwache der unbärtige, milchweisse
Sohn eines erblichen Feuerwerkers, in bürgerlichem Gewande,
ohne alle Bewaffnung oder irgend ein kriegerisches Abzeichen
seines Standes, den Blick starr in das Gebirge gegen Gümisch-
Chane und Baiburd hinaufgerichtet, wo zur Zeit des letzten
Krieges Paskewitsch mit den Russen stand und Trapezunt
bedrohte. *Ne japarsyn, Toptschi? Ne bakarsyn?* (Was machst
du, Kanonier? Was schaust du da?) *Ne japaïm, daghlara
bakarym!* (Was werde ich machen; ich schaue eben gegen
die Berge!) *Ne car orada?* (Was gibts denn dort?) *Orada*

Moskof sinori getscher! (Dort läuft die russische Gränze!)
Amma schimdi Moskof gelmes. (Aber jetzt kommt der Russe
nicht.) *Ne bileïm! gelir gelmes, ben bakarym, sarar jok.* (Was
weiss ich? kommen, nicht kommen, ich schaue, schad't ja
nicht.) Von Unterricht und täglicher Uebung, wie man es in
Europa und seit dem Eintritt der preussischen Exerciermeister
auch in Stambul treibt, ist hier keine Rede. Ohne unsere
Plage haben sie in Trabisonda doch seit bald 400 Jahren den
Nutzen und den Besitz. So oft ich in der Folge heraufkam
und in Gedanken an die Vergangenheit auf der grosscomneni-
schen Palastruine herumwandelte, fand ich zwar immer die
waffenlose Schildwache in Civilkleidern am Thurme stehend,
aber auch immer dieselbe Verödung und dasselbe Schweigen,
wo einst des Festgepränges, der Freudenmahle und des Hoch-
zeitgesanges kein Ende war. Ueber diesen wechselvollen
Unbestand menschlicher Dinge empfindet der Osmanli keinen
Gram und antwortet auf die Frage, was sie gethan hätten,
wenn der Moskof-General damals vor Trabosan erschienen
wäre, ganz ruhig: *jardümüs Allahdan gelur.* (Unsere Hülfe
kommt von Gott.) Die Schwäche der Türken ist nur für sie
selbst ein Geheimniss, und im Allgemeinen glauben sie sogar
mit ihren kriegerischen Einrichtungen noch jetzt allen übrigen
Nationen voraus zu sein; — glücklicher Irrthum, wenn wir
noch Glaubenseifer und ritterlichen Sinn des 11. Jahrhunderts
hätten! Bis zur derben Lection, die ihnen Paskewitsch
gab, verleugnete sich auch das thörichte Selbstgefühl der
Osmanli von Trapezunt mitten unter ihrer Armseligkeit keinen
Augenblick. „Müssen schon wir selbst mit unsern Flinten
gegen diese Giaur marschiren und Ordnung schaffen," sagten
sie rühmend, als sich der Feind nach der Besitznahme Er-
serums den trapezuntischen Gränzen nahte. Aber zwischen
Baiburd und Gümisch-Chane durch den tapfern Bürzow
eines Bessern belehrt, kamen sie bald mit Verlust und Unordnung wieder in die Stadt zurück und wurden sogar von
ihren eigenen Weibern ausgelacht. Die Moskowiten waren
eben nicht wie die Griechen der byzantinischen Zeit, die
selbst ihr gnädigster Landesfürst, Kalo-Johannes, der vor-

letzte Grosscomnene, „Feigliuge, Verräther und Weiberseelen"
nannte. Seit jenem unglücklichen Gefechte von Baiburd kehrt
die trapezuntische Schlossschildwache den Blick unverwandt
nach jener Richtung hin.

Theater, Rennbahn und Belustigungsplätze der vortürkischen Epoche, wie sie der Nomophylax Eugenicus (15. Jahrh.)
schildert, sind vom Thurme herab auf der ansteigenden Berghalde ausserhalb des Schlosses noch deutlich zu unterscheiden,
obgleich von Mauerumfang, Portalen und Sitzreihen das Meiste
schon als Baumaterial verwendet ist und der Rest demselben
Schicksal folgen muss, wenn der aller Kunst und Gesellig-
keit widerstrebende Genius des Islam noch länger über dem
schönen Trapezus schwebt. Voll melancholischer Gedanken,
aber ohne alle antiquarische Ausbeute stiegen wir aus den
Burgruinen herab und gingen durch die Doppelthore der
Quermauer in die mittlere Citadelle zur grossen Moschee —
der ehemaligen Domkirche Chrysocephalos — herab. Der
Tempel steht gerade im Mittelpunkt, wo die vom Wasserthor durch die ganze Länge des Parallelogrammes in die
obere Burg führende Hauptstrasse die kürzere Querstrasse
zwischen den beiden Schluchten- oder Langseitenthoren durchschneidet. In der äusseren Oekonomie ist durch Verwandlung in ein mohammedanisches Bethaus keine Umgestaltung
eingetreten, ausgenommen dass hier, wie in allen dem Islam
verfallenen Christentempeln, der stumpfe Glockenthurm des
byzantinischen Baustiles dem schlanken Minaret von Mekka
weichen musste. Selbst die türkischen Wohnhäuser ziehen
sich gegenwärtig noch auf drei Seiten gleichsam altkloster-
förmig um den Tempelhof, dessen vierte Seite unmittelbar
vor dem Portal ein grösserer, schön gepflasterter Raum mit
laufendem Brunn und einer riesigen Platane schmückt, wie
zur Comnenenzeit. Wenn türkische Bilder-Unduldsamkeit
auch das obengenannte Musivgemälde der Aussenwand dicht
am Dache aus Unkunde des Gegenstandes oder aus Indolenz
verschonte, so hat doch weisse Kalktünche sämmtliche Fresken im Innern überdeckt und die dürre Koransnische Ikono-
stasie und Hochaltar des byzantinischen Christenthums ver-

drängt. Die Architektur ist höchst einfach, korrekt und im
Ganzen eine treue Kopie von St. Sophia in verjüngtem
Maassstabe, d. i. ein griechisches Kreuz mit vier gleichlangen
Balkenenden und einer Kuppel in der Mitte. Durch dünne
Marmorsäulen getragene Emporkirchen auf den drei Seiten
des Tempels fehlen hier eben so wenig als die mystische
Beleuchtung und der Fussboden von polirtem Gestein; nur
Kunst und Marmorpracht des Baumeisters aus Tralles sieht
man in Chrysocephalos nicht. Weil fränkische Toilette das
Ausziehen der Stiefel nicht gestattete, wurden Sacktücher
um die Sohlen gebunden und so ohne bedeutendes Aergerniss
der Gläubigen das Heiligthum betreten, aber nach kurzem
Umblick durch die entgegengesetzte Thüre wieder verlassen.
Anderswo, z. B. auf der syrischen Küste, in Saloniki, in
Stambul sind die Muselmanen nicht mehr von so feuriger
Andacht beseelt wie in Trabosan, wo Viele, mit dem frei-
täglichen Wochengebet nicht zufrieden, auch in der Zwischenzeit das Bedürfniss geistigen Verkehrs mit Allah empfinden.
Sie beteten an der Koransnische mit solcher Inbrunst und
blickten, wie aus einem Verzückungsrausch erwachend, mit
so hochmüthiger Frömmigkeit auf die Ungläubigen und ihren
Führer, dass uns längere Störung und viel neugieriges Herum-
sehen unanständig schien. Die Stimmung des türkischen
Volkes war damals so herabgedrückt und zahm, dass dieser
zu jeder andern Zeit in Trabosan für einen Europäer gefahr-
volle Akt des Moscheebesuches ohne allen Nachtheil, ja selbst
ohne die bei solchen Gelegenheiten lästige Neugierde des musel-
manischen Publikums friedlich von Statten ging. Der Metropolit St. Athanasius, Teufelsbanner und Legendenhistorikus
von Trapezunt (1600), lässt Kirche und Kloster zur Panagia
Chrysocephalos schon in den ersten Jahren des siegreichen
Christenthums durch Annibalianos, „Kaiser von Cappadocien und Schwager des grossen Konstantinus" (!), erbauen.
Wie in Iran alles gross- und alterthümliche Bauwerk dem
Helden Rustem, bei den Arabern dem jüdischen König
Suleiman, bei den Türken aber den Geistern (Dschin) zu-
geschrieben wird, so führt man bei den Byzantinern Alles

auf Konstantinus und seine Familie zurück. Bei den türkischen
Trapezuntiern heisst dieser uralte Tempel freilich nicht mehr
Chrysocephalos, sondern schlechtweg جامع كبويك *bojük
dschami*, „das grosse Bethaus", im Gegensatze der jämmer-
lichen Holz- und Kothbaracken mit Spitzthürmchen, die sich
der Islam nach Einnahme von Trabosan auf verschiedenen
Punkten der drei Citadellen sowohl als der weitläufigen Vorstädte in kunst- und schmuckloser Andacht gezimmert hat.
Die Tempel der überwundenen „Römer" durch Prachtbauten
zu übertreffen, wie zu Prusa, Adrianopel und Stambul,
dachten die Türken zu Trapezunt während fast 400jährigen
Besitzes niemals. Jetzo, wo das Verderben in der Nähe und
die Fäulniss überall sichtbar ist, erglühen sie auf einmal in
Frömmigkeit und bauen in der Gartenvorstadt östlich, wo
die grossen Bazare sind und weiland die mit Alleen ge-
schmückte Doppelreihe der genuesischen und venetianischen
Waarenmagazine stand, eine Moschee aus behauenem Gestein, ganz in stambulischem Geschmack mit hohen Fenstern
und Säulen, an Eleganz des Baustyles und an Grösse, so
viel man (1840) urtheilen konnte, noch über den Byzantiner-
bau von St. Chrysocephalos. Seitdem man Paskewitsch in
Baiburd gesehen hat, thun sie in Trabosan gewaltig fromm.
Denn zu gleicher Zeit erheben sich auch auf anderen Punkten
der Vorstädte, melancholisch zwischen Cypressen, geringere
Bethäuser mit Thürmchen, um den Glaubenseifer zu bethä-
tigen und Allahs Zorn von den Häuptern der Muselmanen
abzulenken. „Je mehr Wasser über den Körper abgegossen
wird, desto mehr Sünden von der Seele weggewaschen
werden, und je mehr Gotteshäuser man errichtet, desto stärker
und fester wird die Stadt." Diess ist ein Glaubensartikel
der mohammedanischen Völker, über den wir uns alles
Commentars enthalten. Bequem wäre es freilich, wenn man
das Verhängniss ohne eigene Kraftanstrengung durch ein
Exvoto versöhnen und die moskowitischen Feuerschlünde bloss
durch Andachten zum Schweigen bringen könnte. — Der
Leser ist wohl von selbst überzeugt, dass wir von der obrig-
keitlichen Erlaubniss, die Moscheen zu besuchen, keine zu

ausgebreitete Anwendung machten und folglich die Geduld
der trapezuntischen Zeloten auf keine zu harte Probe stellten.
Denn ausser Chrysocephalos sahen wir nur noch die unter
dem Namen „Neu-Freitag‟ (جمعه‎ ىك‎ *jeni dschuma*) bekannte alttrapezuntische Hof- und Klosterkirche St. Eugenius
an. Diese liegt in keiner der drei Citadellen, sondern jenseits der östlichen Festungsschlucht auf dem höchsten
Punkt der Vorstadt, der Comnenenburg gerade gegenüber,
gleichsam wie ein natürliches Bollwerk, von drei Seiten
durch Steilabhänge, Felsenwände und Tiefrisse voll romantischer Scenen, kleiner Wasserfälle, Baumgruppen und immergrünen Gerankes verwahrt und nur auf der Südseite mittelst
der breitansteigenden Schiefebene sich an das Gebirge hängend.
Das Gebäude ist zwar gleichfalls im obligaten Byzantiner-
styl, Kreuzform, mystisches Licht und Kuppel in der Mitte,
aber es ist viel kleiner und von innen noch weit nackter
und schmuckloser als Chrysocephalos, weil es lange Zeit
öde stand und erst vor kurzem inwendig getüncht und zum
Freitagsgebet eingerichtet wurde. Auch fehlt das Minaret
statt des weggebrochenen Glockenthurms, und das Haupt-
portal ist zugemauert. Ein gewaltiger Feigenbaum mit breitem
Blatte und einer Fülle der süssesten Früchte lehnt sich,
unter üppig grünendem Buschwerk hervorbrechend, an die
einst mit Fresken reich gezierte Fronte, gleichsam zum
Schirm der halbzerstörten Ueberbleibsel grosscomnenischer
Frömmigkeit und Kunst. Das Freskenfeld war giebelförmig
angelegt, Legende und Dogmatik oberhalb, und darunter
links und rechts vom Thore, so viel aus den noch nicht
herabgekratzten Fragmenten zu erkennen ist, die Bilder des
regierenden Kaiserhauses, mit Insignien und Inschrift, von
Alexius I., dem Gründer des Reiches, bis Alexius III., dem
allgemeinen Restaurator verfallenen Kirchenthums und besondern Schutzherrn des Gotteshauses zum heil. Eugenius. Die
Haselstaude, der Nussstrauch, die Feige, der Lorbeer, immer-
grünes Gestrüppe und die schön blühende *Azalea pontica* haben
das öde Viereck vor dem Portal mit der gleichfalls leeren,
dem aufsteigenden Felde zugekehrten Tempelseite als herren-

loses Eigenthum besetzt und geben dem alterlichen Gemäuer
des Tempels einen eignen melancholischen Reiz, besonders
wenn man von der Höhe herabsieht und die Sonne abendlich
in die gedrückten Halbbogenfenster der byzantinischen Kuppel
scheint. Statt des reichen klösterlichen Rundgebäudes aus der
Christenzeit heftet sich nur noch ein türkisches Häusersegment
mit hohen Holzhofthoren am Rande des Abhanges an die östliche Schmalseite des Heiligthums. Die einsame Lage des
Ortes, das Panorama der jenseits der Bachschlucht sich auf-
thürmenden Mauer der oberen Burg, die Kaiserfresken an
der buschbewachsenen Pforte lockten mich oft und wiederholt nach St. Eugenius hinauf; ich schob das Gebüsch weg,
stieg auf den Feigenbaum, erwartete stundenlang das an der
Wand vorrückende und in gehörigem Winkel einfallende
Sonnenlicht, um einzelne Reste der jeder Freske angefügten
Inschrift und die Wappendekorationen am Purpurkleid der
Gross-Comnenen zu erspähen. Wenn man von so grosser
Entfernung gekommen ist, achtet man auch kleinen Gewinn,

In tenui labor, at tenuis non gloria . . .

Mehrere Besuche blieben — wie ich glaubte — unbemerkt; endlich das vierte oder fünfte Mal stieg plötzlich ein
stattlich aussehender, noch ganz junger Mann in elegantem
Turban über die Trockenmauer des Vierecks und fragte in
etwas fremdklingendem Türkisch, aber gar nicht unfreundlich:
was ich hier suche und warum ich so oft hieher komme?
Ich war ganz allein und antwortete resolut: *Mesdschidün
düwarinda olan suretleri görmek itschün,* „um die Bilder auf
der Tempelwand anzusehen“, sei ich einige Mal heraufgekommen. Wie ich ihm aber auf die zweite Frage: ob
ich ein Moskowiter sei, über meine Nationalität Bescheid gegeben und mich als einen Njemetz ankündete, der aus
Neugierde in der Welt herumlaufe und Bücher schreibe,
ward er noch viel freundlicher und sagte, er selbst wäre
ein Tscherkesse und habe seinen im Kampfe mit den Russen
gefährlich verwundeten Bruder zu besserer Pflege nach Trabosan begleitet, werde aber, wenn die Kur vollendet, wieder

in das Heimatland zurückgehen, um wie alle seine Landsleute
für die Freiheit zu streiten. Mit weitläufiger Redseligkeit
ward dann erzählt, wie sie letzthin die russischen Kastelle
erstürmten und die Besatzungen niedermetzelten, wie sie
des russischen Blokadegeschwaders ungeachtet mittelst kleiner
Fahrzeuge und türkischer Volkssympathie — den Befehlen
des Padischahs und seines Wesirs in Trabosan zum Trotz —
mit dieser Stadt und andern Küstenpunkten Anatoliens immer
noch zeitweise verkehren und von daher Vorschub erhalten.
Es sei ja nicht weit herüber; vom Bos-Depe (Mithroshügel
ober St. Eugenius) könne man bei heiterem Wetter die
tscherkessischen Berge in langen blauen Streifen mit freiem
Auge am Horizont entdecken. „Hätte Tscherkessien — fuhr
er in der Rede fort — einen König und die Alleinherrschaft
eines einzigen Häuptlings, wie andere Nationen, wären wir
längst Knechte der Russen, weil ein Einziger viel leichter
zu bestechen und zu gewinnen sei. Um alle tscherkessischen
Stämme zu erkaufen, sei aber selbst der Czar von Moskovien nicht reich genug, und will sich auch ein Stamm, des
Krieges und der Verwüstungen müde, für sich allein auf
billige Bedingungen den Russen ergeben, so dulden es die
andern nicht, und das Recht jedes freien Mannes, bei den
öffentlichen Angelegenheiten mitzusprechen, hindere Ermattung und Friedensliebe einzelner Häuptlinge und entzünde
den Kampf jedes Jahr mit neuer Glut. Gar angenehm sei
unter solchen Umständen das Leben in Tscherkessien freilich
nicht, weil man im Innern die Eifersucht der eigenen Landsleute, an der Grenze aber zu Wasser und zu Lande die
Hinterlist der Russen zu bewachen habe." So viel verstand
ich aus der Rede des Mannes, dass ein Hauptmoment des
Tscherkessen-Widerstandes, ihrem eigenen Urtheile nach, auf
ihrer Regierungsform beruhe. Gleichen aber in Verabscheuung
des von andern Völkern mit so viel Eleganz getragenen Mos-
kowitenjoches alle Tscherkessen dem Exemplar von St. Eugenius in Trabosan, so hätte die Lösung der Aufgabe sogar für
Slavengeduld ihre Bedenklichkeit. Nur wird es manchem
Leser befremdend scheinen, wie etwa ein Kaukasier ohne

alles gelehrte Studium die Vortheile der republikanischen
Landesverfassung über eine monarchische in Beziehung auf
die öffentlichen Angelegenheiten mit so viel Richtigkeit und
Takt bezeichnen könne? Entweder — so sagt wahrscheinlich
hie und da ein ehrenhafter Literat des deutschen Volkes zu
sich selbst — entweder ist das Erzählte geradezu erdichtet,
oder der St. Eugenius-Tscherkesse hat durch eine sonderbare
Verkettung unbekannter Umstände, wenn auch nicht in Berlin
Philosophie gehört, doch sicher beim grossen Doctor Pixcatezin in Memphis Philologie studirt. Denn wie könnte er
sonst von Politik und weltlichem Regiment etwas wissen?
Als Deutscher war ich anfangs derselben Meinung und wollte
dem Zwischenredner schon die Frage vorlegen, ob und
warum er etwa auch in den „Persern" des Aeschylus,
V. 461, die gewöhnlich angenommene Lesart εὐαγῆ der Con-
jektur εὐαυγῇ vorzuziehen gedenke? Ich ging aber doch von
meiner Idee wieder ab, weil es mir schon öfter begegnet ist,
dass Leute, ohne Memphis gesehen und Pixcatezin gehört
zu haben, doch über die menschlichen Dinge im Allgemeinen
weit schärfer und verständiger urtheilen, als Staatsgelehrte
von Profession. Diess war aber auch die einzige, im Grunde
doch ungenügende Kunde, die ich in solcher Nähe des Schau-
platzes über den Stand des Tscherkessenkrieges sammeln
konnte. Der Czar hat befohlen, dass bei den Türken über
den Heldenmuth der Tscherkessen und über die Niederlage
seiner Feldherrn im Kaukasus Niemand öffentlich reden soll,
und der Ukas wird in Trabosan bei schwerer Ahndung in
Kraft erhalten! Nur einmal noch fragte mich ein zerlumpter
Islam-Patriot in einem abgelegenen Winkel der untersten
Citadelle, nachdem er vorher behutsam herumgeblickt, ob
es mit der Erstürmung der neun Russenkastelle durch die
„Tscherkess" wirklich seine Richtigkeit habe? Was ich vor
der Abreise aus Europa mit Angabe aller Nebenumstände
schon in den öffentlichen Blättern gelesen hatte, lief in Trapezunt, beinahe im Angesicht der blutgedüngten Kastelle selbst,
noch erst als unbestimmtes Gerücht herum. Am Ende wollte
der Eugenius-Tscherkesse auch noch die Gesinnungen der

Njemetz gegen die Moskof erfahren und fragte geradezu,
ob man bei uns die Russen liebe oder hasse. Sie können
sich wohl vorstellen, welche Antwort ich gab, und dass ich
durch Hervorhebung angebornen deutschen Widerwillens
gegen alles Moskowiterthum, sowie durch Beschreibung des
allgemeinen Enthusiasmus über die Erfolge seiner Landsleute Deutschland bedeutend in Kredit gesetzt. „Zur Zeit
‚Bunabarde's‘, erzählte ich ihm weiter, hätten im Lande
der Njemetz freilich ganz andere Gefühle geherrscht; damals habe man den Czar vergöttert, in Liedern besungen
und gleichsam angebetet, weil man seiner Hülfe bedürftig
war; jetzo aber ‚spucken wir ihm in den Bart‘, [1] weil wir
ihn hoffentlich nicht mehr nöthig haben." Auf die Frage,
welchen Lohn der Czar für die geleisteten Dienste von uns
erhielt, sagte ich, dass er eigentlich gar nichts empfangen
habe, im Gegentheil sei er nach Abwendung der Gefahr gebeten worden, mit seinen Leuten so schnell als möglich heim-
zugehen und sich nicht weiter um unsere Sache zu bemühen.
Aferim! Aferim! (Bravo! Bravo!) erwiderte der Tscherkesse.
Panslaven und Andere, denen Waffengeklirre so nahe am
Saume Europas schon unruhige Nächte macht, sehen und
urtheilen im kaukasischen Drama freilich nach ihrer besonderen Weise und wünschen, der Tumult möge schon des
bösen Exempels und des lieben Friedens wegen zu beider-
seitiger, besonders aber des Czars Zufriedenheit je eher je
lieber beschwichtiget werden: *„idque etiam adversus Britan-
niam profuturum, si Romana ubique arma, et velut e conspectu
libertas tolleretur."*
So geringe meine Fertigkeiten im Türkischen auch sein
mögen, thaten sie mir doch im erzählten Falle grosse Dienste.
Denn während ich mit dem Tscherkessen die ersten Erklärungen wechselte, war ein türkisches Frauenzimmer unbemerkt hinter der Tempelmauer hervorgehuscht und auf den
Feigenbaum gestiegen, in dessen nahestehendem Gebüsche
wir die Besprechung hielten. Der Tscherkesse bemerkte es

---

[1] Eigenthümliche Redensart der Morgenländer.

zuerst und ermahnte mich, nicht hinaufzusehen. Zugleich entfernten wir uns auf eine gewisse Strecke, und ich nahm — aus Achtung für die Landessitte — eine solche Stellung, dass ich den Feigenbaum nicht sehen konnte, bis der Tscherkesse die Beruhigung gab, das Weib sei vom Baume gestiegen und wieder hinter der Tempelmauer verschwunden. In Trapezunt, sagten die jungen Griechen, ist das mohammedanische Frauenzimmer ungewöhnlich neugierig und zu Zeiten sogar noch etwas mehr. Hätte man uns allein überrascht, oder hätte ich mich nicht vertheidigen können und Rechenschaft über mein Geschäft zu geben vermocht, was hätte da entstehen können?! Billig zu urtheilen hatte ich jedenfalls Unrecht, denn ich war über eine Mauer gestiegen und in geschlossene Räume eingedrungen.

St. Eugenius mit Kirche und Kloster dieses Namens spielt in der Geschichte von Trapezunt keine unwichtige Rolle. Ja, die Geschicke des romanhaften Imperiums knüpfen sich dem grössern Theile nach an das Heiligthum dieses, wenn wir recht urtheilen, in Europa noch nicht gekannten kolchischen Kalenderheros. Unabhängiges, freies Gemeindewesen und ein aus der Gemeinde selbst hervorgegangener Lokalheiliger von möglichst grossem Credit zeigen sich im byzantinischen Orient in allen Spiel- und Unterarten als das allein Bleibende und überall sich Wiederholende. Die Religion macht hierin keinen Unterschied. Tantah, das grosse mohammedanische Municipium im ägyptischen Delta, feiert Allahs Eifersucht und Mohammed-Ali's Tyrannei zum Trotz jährlich die Kirmes seines endemischen Bauernheiligen „Sayd", des wunderthätigen Schirmers armer Fellah gegen die Ungerechtigkeiten der Gewalt, mit demselben Festgepränge, mit Jahrmarkt, „Phantasie" und Pilgeraufzügen wie Thessalonika die drei Demetrius-Tage und Trapezunt das Doppelfest seines Stadthelden Eugenius. Kirchenfeste und ihre Feier waren aber in der byzantinischen Epoche, wo die Kirche den Staat vorstellte, die wichtigsten Obliegenheiten und Verrichtungen der öffentlichen Gewalt. Die höchsten geistlichen und weltlichen Beamten, ja die Imperatoren selbst,

mussten bei solchen Veranlassungen Schaugepränge voll langen und ermüdenden Ceremoniels veranstalten, besonders
aber Reden halten, worin man nicht selten ein vollständiges
Magazin der Zeitgeschichte und zugleich Kunde über die
wichtigsten Ereignisse und Anordnungen in Rücksicht auf
äussere Wohlfahrt und innere Verwaltung findet. Einen
Cyclus solcher Staats- und Festreden aus der zweiten Hälfte
des 14. Jahrhunderts habe ich — wie später zu erzählen ist —
auf dem Hagion-Oros aufgefunden. Ziel und Bewegungspunkt
aller grosscomnen'schen Staatsdiatriben ist unabänderlich
St. Eugenius, ein geborner Trapezuntier von gutem Hause,
zur Zeit des Imperators Diocletianus (281) und der allgemeinen Reaktion des alten Heidenkultus gegen die neue Lehre
des Evangeliums. Eugenius war heimlich Christ und that
mit zwei andern jungen Leuten aus benachbarten Bauerndörfern den ersten Schritt gegen die bestehende Staatsreligion,
indem sie die Bildsäule des Mithras auf dem vorzüglichsten
Lustorte der Stadtbewohner, auf dem lieblichen Hügel Mithrios
(heute Bos-Depe), bei nächtlicher Weile vom Sitz herab-
stürzten und ihren frommen Glaubenseifer — wie sich von selbst
versteht — mit dem Leben bezahlten. Zwar blieb sein Andenken nach dem Siege des Christenthums bei den Mitbürgern
hoch in Ehren, aber St. Eugenius war doch Jahrhunderte
lang nur gemeiner Stadttheiliger ohne auswärtigen Credit.
Erst mit Errichtung unabhängiger Herrschaft und kaiserlichen
Regiments in Trapezunt durch die aus Konstantinopel ver-
triebenen Comnenen rückte St. Eugenius in Glanz und Rang
zum Schirmherrn und himmlischen Vogt des neuen Imperiums
vor, erhielt durch Alexis I. einen prachtvollen Tempel mit
reich dotirtem Kloster, Jahrtag und Kirmesschmaus und glänzenden Weihgeschenken, besonders wenn Gefahr von Ikonium
her den Staat bedrohte, oder die Turkomanenhäuptlinge die
Grenzen der Trapezuntier ängstigten. Die Andacht ging so
weit, dass sich in Trapezunt fast die ganze männliche Bevölkerung „Eugenius" nannte und während der Kaiserperiode
keine Münze ohne sein Bild geprägt wurde. Auf den grösseren Münzen erscheint er als Pontifex, auf den kleineren

zu Pferd als Ritter mit Kreuz und Heiligenschein. In allen
Privat- und öffentlichen Nöthen war St. Eugenius Universal-
patron, und selbst die Literatur während der Kaiserzeit dreht
sich legendenmässig um diesen Mittelpunkt. Man sammelte,
forschte, trug schriftliche und mündliche Ueberlieferungen
aus den rückwärts liegenden Jahrhunderten zusammen und
hatte am Ende eine wohlbestellte, selbst die alltäglichsten
Scenen des bürgerlichen und mönchischen Lebens berührende
Eugeniusliteratur, aus welcher hie und da die sonder-
barsten Notizen über Geographie des Landes, über Handel
und Handelsstrassen, über Kleidung, über Witterung im Hochgebirge, über Waldstatistik, einheimische Dynasten und über
die Brutalitäten scythischer Garnisonen aus der Periode zu
erholen sind, wo diese Eindringlinge Thron und Heer von
Byzanz erfüllten. Die Hagion-Oros-Sammlung ist um so
schätzbarer, da bei den wiederholten Einäscherungen der
Stadt Trapezus, besonders des Klosters Eugenius, das Meiste
dieser Gattung dem Gedächtniss der Menschen entschwunden
ist. Die eigentliche Glanzperiode dieses kolchischen Heiligen
und seines Tempels schreibt sich indessen erst aus der Periode
Alexius' III. (1350—1390) her, der unter verzweifelten
Umständen in Beziehung auf innere und äussere Verhältnisse
die Regierung übernahm und in Wiedererweckung religiösen
Eifers durch glanzvollen Gottesdienst und vermehrte Kirchen-
feier noch den letzten Hoffnungsanker der fallenden Herrschaft erblickte. Man kann wohl denken, dass bei dieser
Restauration und Reichssühne der Stadt- und Landespatron
Eugenius um so mehr eine der ersten Rollen in der kaiserlichen Frömmigkeit und Munificenz spielen musste, da Kirche
und Kloster mit allen Herrlichkeiten während des vorausgegangenen Bürgerkrieges durch Feuer verwüstet wurden.
Alexius stellte Beides auf Kosten des Schatzes prachtvoll her
und machte, um die Gunst des grossen Schirmers um so
unfehlbarer zu gewinnen, seinen Tempel zur zweiten Hof-
kirche, wo er zuerst feierlich die kaiserliche Krone und später die Hand seiner Gemahlin Theodora, einer Prinzessin
aus dem zu Konstantinopel regierenden Hause Cantacuzenus,

empfing. Aber die Möglichkeit, die verlornen Städte und
Kastelle wieder zu gewinnen und den turkomanischen Bedrängnissen siegreich entgegenzutreten, war nach der frommen Vorstellung des Imperators nur durch engere Allianz
mit besagtem Heiligen bedingt, da er schon früher das grosse
ikonische Kriegsheer unter Alaeddin durch seine Wetter vernichtet hatte. Zu diesem Zwecke schien ausser dem Namens-
tage im Februar die Einführung eines neuen Festes zur Ge-
burtsfeier des heiligen Eugenius von besonderer Wirksamkeit.
Man wählte den Sonnenwendtag, die lieblichste Zeit unter
dem heitern Sonnenhimmel von Trapezunt. Der Hof, die
Clerisei und die Archonten mit allen Vornehmen und Andächtigen des Volkes versammelten sich auf dem von romantischen Scenen umgebenen Hügel Eugenius. Das Fest dauerte
die ganze Nacht, man sang Hymnen, schmauste bei Fackel-
schein zwischen silbernen und goldenen Leuchtern aus goldenem Geschirre, der Wein perlte in Bechern aus Krystall,
die Edelsteine blitzten, die ganze Pracht der kaiserlichen
Schatzkammer ward ausgelegt zum Ruhme des kolchischen
Patrones. Der Kaiser bestritt alle Kosten und gab zum
Schlusse den Archonten, den Priestern und besonders dem
Heiligen reiche Geschenke. Denke man sich die lauen Lüfte
einer Kolchisnacht, die von Wein und Andacht erwärmten
Gemüther, das nächtliche Lustwandeln durch Myrtenduft,
unter riesigen Baumschatten, in die tiefen Schluchten und
lorbeerbepflanzten Einöden in der Nähe des Heiligthums, das
Rauschen der kleinen Wasserstürze, das Flackern der heiligen
Lampen im Nachtdunkel, den Geisterschein der Burgzinnen
jenseits des Thales und das von den Höhlungen wiedertönende
Echo der geistlichen Gesänge, und sage man, ob es nicht —
Frömmigkeit abgerechnet — das Gastmahl jenes Königs von
Babel sei, der die goldenen Prunkgeschirre aus seinem Schatze
holen liess. Hat denn kein Leser in milder Juninacht, wenn
die Mondscheibe über Vallombrosa hing und Lichtwürmchen
in ungezählter Menge den nordischen Gast umschwärmten,
in die friedlichen Wellen des Arno geblickt? „Für alle geistigen und leiblichen Genüsse," sagt der kirchliche Bericht-

erstatter, „war bei dieser Nachtfestlichkeit vollauf gesorgt,
kaiserlich und prachtvoll."[1] Man muss die Oertlichkeit von
St. Eugenius selbst gesehen haben, besonders den felsen-
gewundenen Pfad zur innersten Thalsperre der Cascaden-
schlucht gewandelt sein, um den Reiz dieser geistlichen
Sommernacht-Saturnalien ganz zu empfinden. Die Bäume
sind wohl noch da, auch der Lorbeerstrauch und die glitzern-
den Wasserfäden im Gebüsch, aber heute ist es stumm auf
St. Eugeniushügel, und die nacht-leuchtende Kantharide kommt
allein zum Fest. Im Grunde blieben die Künste des frommen
Fürsten doch ohne Frucht. Den Trapezuntiern waren sie
zwar Epoche der Sommerfreuden, aber das Reich vermochten
sie nicht zu retten. Das Heilmittel gegen eingetretene Staaten-
fäulniss ist noch heute unentdeckt.

Hinter St. Eugenius hebt sich Terrain und Weg, anfangs
sanft geneigt und verloren, bald aber schroff ansteigend,
mit treppenartig aufgemauertem und ausgemeisseltem Heer-
pfade, auf das Plateau der Graukuppe (Bos-Depe), des
luftigsten und schönsten Punktes mit entzückender Fernsicht
in unmittelbarer Nähe der Stadt. Das ist der berühmte
Mithrashügel ($M\ell\vartheta\varrho\iota\varsigma$)[2] der trapezuntischen Staatslegenden
und Chroniken, der aber heute bei den Eingebornen, ob
Christ oder Mohammedaner, ohne Unterschied mit dem
türkischen Namen „Bos-Depe" بوز دپه, das ist „Grau-
hügel", bezeichnet wird. Der Mithrashügel trennt das halb-
ringförmige Becken, worin die Stadt liegt, mit ihrem Parallelogramm und ihren Gärten, vom Flussthale des Pyxites
oder Dejirmenderesi der Türken. Wenn er auf den
beiden Seiten, von der Stadt und von dem Thale herauf,
nur mit Mühe zu erklimmen ist, stürzt er dagegen auf der
dritten als lebendiges Gestein, wie die Martinswand bei
Innsbruck, senkrecht gegen das Meer und die am Fusse

---

[1] Ἑστίασιν πνευματικήν τε καὶ σωματικὴν πανδαισίαν.
　　　　　　　　　　　　　　　　　　　Msc. Mont. Atho.

[2] Der alte Name Mithros oder Mithrios kam erst durch meinen
Besuch in Trapezunt wieder in das Gedächtniss der christlichen Bewohner
zurück.

vorüberziehende Strasse ab. Mithros ist aber desswegen kein isolirter Kegel, da er gleich dem Citadellen-Parallelogramm auf seiner vierten Seite mit dem Gebirge verwachsen ist und die obere Strasse über die Höhe und dem Felsenkamm entlang zur Thalsohle des Flusses hinabführt. Die Höhe selbst ist eine blumige Aue, und in ihrer Mitte sind die Ruinen einer von den Türken zerstörten Kirche des Prodromus, um welche sich jetzo wie in der Comnenenzeit die Handelskaravanen von und nach Iran lagern. Hier athmet der Mensch gesunde Lüfte, und das Auge überschaut mit einem Blick die unten liegende Stadt und die unermessliche Wasserfläche bis in den innersten Winkel des Pontus, wo kaum kennbar am Horizont die blaue Linie des Kaukasus streift. Die *Azalea pontica*, die Steinnelke, die Myrte, der Lorbeerstrauch, wilder Rosmarin und Thymian bedecken allenthalben die Seitenabhänge, und auf halber Berghöhe unmittelbar ober der Gartenvorstadt erhebt sich das Frauenkloster zur „Gott-verhüllten Panagia" (*Παναγία Θεοσκέπαστος*), ärmliches Fach- und Hüttenwerk, Felsenkämmerchen, verwilderte Ge-müsegärten, Cypressen und eine kleine troglodytenartig in lebendigem Gestein ausgehauene Kirche mit zerstörter Fürsten-gruft und weggebrochenem Glockenthurm, amphitheatralisch hingelehnt an den Felsengrund, auch im Verfall noch schön. Die Klosterzellen stehen nicht, wie bei uns, in der Reihe mit Corridor und Viereck, sondern dorfartig über den Berg-abhang, über Höhlen, Stein und Geklüfte hingebaut, mit Gässchen, Durchgängen und leeren Räumen. Im Garten sah ich nur drei Cypressen, aber viele Feigenbäume und reichliches Epheugebüsche, Kohl, Haselstauden und Quitten ohne Symmetrie und Ordnung mitten im Steingeklüfte. Den ganzen Complex hat man durch eine hohe Mauer gesichert und eingefriedigt. Die Tempelgrotte selbst ist hier wie zu St. Sabas in der Nähe des todten Meeres oder zu Derr in Nubien, aber nur in grösserem Style, der Art ausge-meisselt, dass der Felsen als natürliches Dach weit über die Fronte hervorspringt und ein säulengestütztes Steinvestibulum mit Ruhebänken, mit einer Kapelle an der Seite und einer

Cypresse. im Vordergrunde, bildet. Im Innersten der Grotte, dicht am Altar, sintert Wasser aus dem Gestein und wird als Heiligthum in marmorbekleideter Vertiefung aufgesammelt. Das Licht fällt durch zwei Thüren und drei in der Vorderseite und in ungleicher Höhe angebrachte Fensteröffnungen herein und beleuchtet matt die byzantinischen Bilder des Iconostasiums und die halberloschenen Mauerfresken, die Alles überdecken. Das regierende Haus der Comnenen, wie aus den noch nicht vollständig verwischten, den Figuren angefügten Aufschriften jetzt noch zu erkennen ist, hat sich in mehreren Generationen, mit Inbegriff sämmtlicher Sprossen beiderlei Geschlechts, auf den Grottenwänden von Theoskepastos verewigt. Noch wichtiger aber ist die Aussenseite der Fronte, wo die Familie des Restaurators Alexius III. mit seiner Gemahlin Theodora, seiner Mutter Irene und der Prinzessin Eudocia, lebensgross und kaiserlich geschmückt, in Gesellschaft von Christus und der Panagia links und rechts am Eingange aufgetragen sind. Türkischer Muthwille hat diese Kaiserfresken zwar mehrere Male verunstaltet, rohe ärmliche Kunst sie aber jederzeit, im Vergleich der höheren und unverletzt erhaltenen, ärmlich und roh wieder hergestellt. Diess sind die Bilder und ihre Inschriften, von denen Tournefort (1701) zuerst geredet hat. Dem Vestibulum gegenüber und auf der Seite gegen die Stadt hinab steht jetzo noch auf hohen Substructionen und Gewölben die Ruine eines Prachtbaues, ein ausgebrannter Saal mit granitgefassten Fensterbogen und der reizendsten Aussicht über den grössern Theil der Stadt und des Citadellen-Parallelogramms, über das westliche Meersegment und die Waldpartie gegen das Vorgebirge Joros. Hier wehen in der Sommersonnenglut kühle Lüfte von der See herauf. Eine Nische, blau und roth bemalt, in der Seitenwand, gilt in der Klostertradition als Schah-Nischin (Kaisersitz) der Gross-Comnenen, für deren Lust- und Sommersitz man das Gebäude hält. Wie das Kloster St. Eugenius, hat man auch St. Theoskepastos, besonders in den einheimischen Fehden der Mohammedaner häufig als Citadelle benützt, bei welcher Veranlassung erst im Laufe des vorigen Jahrhunderts alle Pergamente, Goldbullen und schriftlichen Denkmäler des Klosters von der siegenden Türkenpartei ins Feuer geworfen wurden.

Nonnenklöster sind in der anatolischen Kirche wenigstens heutzutage nicht eigentlich Pflanzschulen der Heiligkeit und der freiwilligen Weltentsagung wie bei uns, sondern Zufluchtstätten für jene weiblichen Wesen, die in der Welt keine Versorgung finden. Unverheirathete Frauenzimmer eines gewissen Alters duldet man bei den levantinischen Christen nicht gerne in der Familie. Sie haben nur die Wahl zwischen Hochzeitkranz und Klosterzelle. Man kann wohl denken, dass sich da Niemand übereilt. Wenn die aus Kerasunt gebürtige Schaffnerin die Wahrheit sagte, so hat Theoskepastos ausser den eingefriedigten Baum- und Gemüsegärten keinerlei Grundbesitz und lebt ganz von dem eingebrachten Gut der Tugendheldinnen, von freiwilligen Geschenken der Gläubigen, vom Credit der Panagia und von der Händearbeit, da die Nonnen auch für die Häuser der reichen Türkenbege Flachs spinnen und wollene Socken stricken. Gegenwärtig zählt die heilige Gemeinde nur dreissig Individuen, die doch ein Gastzimmer im Stande halten und für ihr Seelenheil einen Beichtiger ernähren, der verehelicht ist und ausserhalb des heiligen Bezirkes wohnt. Ich machte zufällig die Bekanntschaft des Mannes, dessen Aeusseres vollständig dem byzantinischen Kirchenstyl entspricht: lang, mager, ausgedorrt, erdgelb, zottig, schmutzig, struppig, eine Art Vogelscheuche, welche Kirchengebete liest und die Nonnen von Sünden absolvirt. Während der letzten Stürme war Schatir-Oglu, ein reich begüterter Beg von Trabosan, vornehmster Wohlthäter und Schirmvogt der armen Geschöpfe gegen Noth und Fanatismus. Im Nonnenkloster auf der Mithroshalde zu Trapezunt bedauerte ich das erste Mal während der letzten Levantetour die Geschmeidigkeit meiner Mittel. Einige Säcke Mais, einige hundert Grusch hätten grosse Erleichterung und viele Freude gebracht. Sieben bis acht Mal kam ich der Inschriften und Fresken wegen hinauf, blieb stundenlang, copirte in der heiligen

Grotte und im Vestibulum, bewunderte die Aussicht, athmete
die reine Höhenluft und übergab der Vorsteherin nach jedem
Besuch eine Kleinigkeit, übersah aber das erste Mal die
„heilige Pförtnerin." In der Folge gab diese sorgfältiger
Acht und hielt, als ich wieder hinaus wollte, mit beiden
Händen und bedeutendem Blick die Thüre zu. Das war nun
verständlich, ich sah in die Steinzelle hinein, wo ein Wasser-
krug aus Thon und ein mottenzerfressener Schlafteppich die
ganze Einrichtung darstellte, und zwei Grusch türkisch
(15 kr. rh.) war von nun an jedes Mal die Bescherung der
jammervollen Troglodytin. Ein schöner Quittenapfel, noch
am Zweige hängend, erschien am Ende als Gegengeschenk.
Erzbischof Constantios, dem sein Rang keine andere Erholung gestattet, kommt oft in dieses Asyl „romanischer"
Tugend herauf, um sich mit den Nonnen gottselig zu unterreden, wo neben viel geistlichem Trost auch die irdische
Gabe nicht fehlt. Von diesem Höhenkloster, und zwar durch
eines der Granitfenster des ausgebrannten Saales, hat einst
Tournefort (1701) seine „Vue de Trébizonde" gezeichnet,
ein vollkommen ähnliches Bild, auf dem aber wegen der
Natur des Standpunktes weder das Citadellen-Parallelogramm,
noch die dreifache Burg, noch die romantischen Thalschluchten an beiden Seiten, noch die Erdrisse, Steintiefen
und Abhänge der Gartenvorstädte deutlich zu unterscheiden
sind. Nur eine Reliefkarte, wie sie unsere Zeit ausgedacht,
vermöchte das wahre Conterfei von Trabisonda darzustellen.
In welcher Weise liesse sich sonst das Tiefausgehöhlte, das
Schattige, das Romantisch-Wilde und Erhabene der beiden
Schluchten wiedergeben? Die Reize der westlichen, die sich
wie der Hintergrund einer Schaubühne nahe an der obern
Burg schliesst, haben wir hinlänglich gepriesen. Die östliche,
weniger schattenreiche, zieht sich wohl eine halbe Stunde
von der Stadt verengend in den Busen des Berges hinein.
Am Fusse des Mithros, bald auf gebahntem, bald auf aus-
gehauenem Pfade drang ich von St. Eugenius in die liebliche Einöde ohne Baum, aber grün, voll Mais- und Kürbis-
felder au der Halde. Ueberall Quellen im Gestein, kleine

Wasserstürze vom Berg herab, wundervolles Spielwerk der
Felsenbildung! Der Mittagshimmel hing wolkenlos über der
Enge, und ausser dem Plätschern des Wassers und dem
Gezirpe der Cicaden im Gebüsch war Alles still.
Ich möchte nur wissen und fragte mich selbst, während
ich auf der andern Seite des Bächleins wieder heraus- und
gegen die Schiefebene oberhalb der Kaiserburg zu den Ruinen
des Theaters hinaufbog, ob an dieser Stelle John Bull,
ob Jacques Bonhomme, ob ein Osmanli und Moskowiter dieselbe Gemüthsaufregung und schwärmerische Melancholie empfinden könnte, wie ein Deutscher, besonders der
Alpensohn? Leider vollenden Andere, während wir, irdischer
Noth vergessend, mit Einsamkeit und milden Tinten kolchischer Sommerlüfte buhlen, ihre politischen Rechenexempel
und legen der überraschten Welt ihr Facit hin. Vom
äussern Mauerumfang der Rennbahn und des Theaters stehen
noch zugleich mit einem Theile des Bogenthores sechs bis
acht Fuss hohe Reste in langen und zusammenhängenden
Strecken. Im Innern sah ich bloss Mais- und Kürbisfeld mit
fetten Oelbäumen und einem türkischen, aus den Trümmern
alter Gebäude aufgeführten Bauernhof in der Mitte. „Lange,‟
sagte der Eigenthümer des Gehöftes, „diente das alte Theatrum
der Giaur als Magazin, wo Jedermann nach Belieben Steine
und Baumaterial für die Stadtgebäude holte. Erst letzthin
habe man noch das abgebrannte „Mehkeme‟ (Gerichtshaus)
von Trabosan ganz aus dieser Ruine hergestellt.‟ Was
glückliche Wahl des Ortes und malerische Fernsicht betrifft,
gehören die öffentlichen Belustigungsplätze der Trapezunter
gewiss zu den reizendsten der griechischen Welt. Bildet,
vom Meer aus gerechnet, die unterste Citadelle — der Bau
des Gross-Comnen Alexius III. — die erste Stufe, die
Chrysocephalos-Citadelle die zweite, die obere oder die
Kaiserburg aber die dritte Stufe des trapezuntischen Pracht-
parallelogramms, so kann Theater und Rennbahn, als über
alle drei hinausragend, füglich als die vierte und schönste
gelten. Wo der Schlosshügel in schmaler Verkettung mit
dem Berg verwachsen ist, sieht man heute noch das von

den Türken zugemauerte Hofthor, durch welches einst die
Palastbewohner zu der luftigen, kaum eine Viertelstunde
entfernten Rennbahn hinaufzogen und von ihren Marmorsitzen
abwechselnd vor sich in gerader Senkung auf die obern
Stockwerke der Burg, links in die romantische, tief ausge-
höhlte Thalschlucht voll Schatten und Quellen hinabschauen,
über hohe Baumwipfel, Rebschlingen, riesige Nuss- und Oelbäume aber auf das buschige Gewirre des jenseitigen Thalrandes hinüberblicken oder die blaue Fläche des Pontus mit
dem Auge messen konnten. Tief unten zieht der Comnenenbau mit Thürmen, Zinnen, Epheu und Weinranken, vom
Thale her im rechten Winkel über die Höhe streichend,
zwischen Bäumen zum Strand hinab. Leider werden aber
nur wenige Leser dieses kolchische Landschaftsgemälde mit
jener inneren Wärme und Theilnahme betrachten, die allein
das Mühsal der Wanderung versüssen kann. Denn wer in
Europa kümmert sich heute noch um Trapezunt, um die
verblichene Herrlichkeit der Comnenen und ihre Theater-
pracht? In der eingestandenen Absicht, die alte Gross-
comnenenstadt mit ihrer Umgegend zu beschreiben, ist noch
kein Europäer nach Kolchis gekommen, und wer bürgt dafür,
dass sich der erste Versuch dieser Art nicht als eine miss-
lungene Spekulation auf Beifall und Geschmack des in
byzantinischen Dingen überhaupt nur wenig neugierigen
deutschen Publikums erweise? Verlangen, dass der Name
„Trabisonda“ für Jedermann melodisch klinge und posthumer
Enthusiasmus für die bezaubernde Prinzessin Katharina
Comnena nach vierhundert Jahren noch das kühle Europa
erwärme, wäre doch gar zu thöricht. Nur der Preis, den
die schöne Form des menschlichen Körpers, das Kunstgebilde
und das Gold bei dem europäischen Menschen aller Zeiten,
selbst in der Erinnerung nicht verlieren, sichert dem Citadellen-
Parallelogramm von Trapezunt auch im Ruin noch seinen
Werth. Und wird es Jemand tadeln, wenn ich Monate lang
dem romantischen Zuge nachhing und z. B. der kleinen, noch
von keinem Europäer entzifferten Inschrift auf der Bergseite des Kalo-Johannesthurms zu Liebe, in der Qual des

Durstes und der Tagesglut wiederholt und viele Stunden, das Fernrohr in der Hand, am Felsen sass, bis endlich der Lichtstrahl, im geeigneten Winkel einfallend, das Verständniss brachte? Ich muthe Niemanden zu, die Freude über meinen, die grossen Interessen der Welt freilich nicht unmittelbar berührenden Fund eines alten Mauerthurms zu theilen, an welchen sich übrigens das Andenken an eine jener Palastrevolutions- und dynastischen Mordscenen knüpft, die abendländischem Gefühle so widerlich sind, in byzantinisch frommen Ländern aber, wie es scheint, von jeher als stehende Praxis galten. Ungeduldig über das lange Leben und die übeln Launen seines kaiserlichen Vorgängers (Alexius IV.) stieg Kalo-Johannes als Rebell und Vatermörder auf den Thron, hat aber nachher die Werkzeuge seines Willens mit Abhauen der rechten Hand bestraft, „weil er ihnen nur den Vater gefangen zu nehmen, nicht aber zu tödten befohlen habe.‟ Ueber so viel Tugend waren die Trapezuntier des fünfzehnten Jahrhunderts (1446) höchlich erbaut und nannten ihren neuen Imperator den „Guten,‟ den „Wackern‟ Johannes. Zu Trapezunt hat sich der von ihm erbaute Thurm, in den Büchern der Europäer aber die Erinnerung seiner That erhalten.

Vielleicht noch öfter als zur Theaterruine und zum Bau des Kalo-Johannes ging ich nach St. Sophia, dem vielbesuchten und reizenden Belustigungsort der Trapezuntier zur Comnenenzeit, auf dem baum- und gartenreichen Hochufer, eine gute halbe Stunde von der westlichen Vorstadt entlegen. Der Weg selbst, an Cypressen und gewaltigen Nussbäumen, an Oelgärten, Brunnen und Kapellenträmmern längs der Strandhalde fortziehend, ladet durch natürliche Reize in der Morgenfrische und in der Abendkühle zum Lustwandeln ein. Was ich schon früher im Vergleich der beiden Festungsschluchten bemerkte, fand ich hier vollkommen bestätigt: das ganze Füllhorn ihrer Schöpfungsmacht hat die Natur über die Abendseite von Trapezunt ausgeschüttet. Fürwahr, ohne Gefühl müsste sein, wer die sanft ansteigende Uferlandschaft, die schwellenden Hügel, das Wiesengrün.

die milden Schwingungen der langen, Baum an Baum gedrängten, über Thal und Höhe ziehenden Laubgehölze ohne
Entzücken betrachten und ohne Linderung des inneren Sturms
die milden Lüfte athmen kann! Heiligthum und Mönche
fehlten an keinem byzantinischen Vergnügungsorte, aber das
Kloster von St. Sophia ist abgebrochen; Grundgemäuer mit
Bruchstücken eines Portales, Fries und Meisselwerk bezeugen
heute noch Umfang, Styl und Pracht. Die Kirche wird zwar
vom türkischen Bauernvolk der Umgegend als Bethaus
benützt, hat aber in ihrer ursprünglichen Gestalt durch
mohammedanischen Fanatismus weniger gelitten, als die
Kirchen in der Stadt. So weit die Hand des Menschen mit
Pinsel und Spitzhammer reicht, sind die Freskomalereien
freilich überall mit Kalk bedeckt oder weggekratzt, in den
höheren Theilen aber, besonders in den Kuppeln und Rund-
bogen, sind sie überall noch frisch und unverletzt. An der
Fronte ist ein Vestibulum angebracht, mit einem Säulen-
bogen auf jeder der drei freien Seiten, doch sind die Säulen-
paare dünn, und allzeit von ungleicher Ordnung. Hier sind
die Wandmalereien fast ganz verschwunden, die Mauern
durch Wachfeuer angeschwärzt, die Platten des Fussbodens
weggebrochen, der Frontbogen aber ward durch eine Kaffee-
und Wachstube verbaut für die Dorfkanoniere während der
Russenkriege. Einige Schritte von der Kirche entfernt, wie
das Baptisterium der Dome in Italien, steht dasselbe Gebäude im verjüngten Massstabe, d. i. eine Kuppel über dem
Durchschnittspunkt zweier gleichlangen Kreuzbalken mit
offenem Bogeneingang auf drei Seiten und mit der Apsis
auf der vierten. Das Ganze dieser niedlichen Halle ist ein
Freskenfeld, eine wahre Pöcile, mit einer Frische, Festig-
keit und Eleganz in Farbe und Richtigkeit der Zeichnung,
dergleichen man sich, Weniges auf Hagion-Oros ausgenommen,
nicht erinnert irgendwo in byzantinischen Ländern gesehen
zu haben. Die Kirchen der anatolischen Christen waren
eigentlich Bildergallerien für göttliche, und in Trapezunt,
wie es scheint, auch für dynastische Dinge. Ich möchte
wissen, ob das kaiserliche Haus der Comnenen auch vor

seiner Vertreibung aus Byzanz schon diesem Geschmacke
huldigte, oder ob es sich erst nach seiner Restauration in
Anatolien mit solch eifersüchtiger Angst ihren Unterthanen
nicht nur in Prachtsälen und weltlichen Gebäuden, sondern
selbst im mystischen Heiligthum der Religion als unmittelbarer Client und gleichsam als Tischgast und Altargenosse
der himmlischen Schaaren entgegenstellte. Gott und der
Imperator sollten in Gebet und Vorstellung des gläubigen
Volkes allzeit vereint und verbündet erscheinen, und so
wenig sich der Mensch in seinem Frevel an die Gottheit
wagt, eben so unantastbar soll ihm der Thron der Comnenen
sein! Erst in St. Sophia kam ich zu vollem Verständniss
dieser byzantinischen Reichspraxis. Aber eben weil diese
kaiserlichen Tempelfresken überall die untere Stelle ein-
nahmen und sich gleichsam den Blicken der Betenden auf-
drängten, traf sie die Hand des Fanatismus auch überall
zuerst und am kräftigsten.

Die Verzierungen des Giebelfeldes und des um die ganze
Aussenseite herumlaufenden Tempelfrieses, Weinlaub und
Trauben, apokalyptische Thiere, biblische Figuren, Arabesken,
Schnörkelwerk, besonders Taubenpaare, mit Symmetrie und
Sorgfalt in Hautrelief ausgeführt, könnten selbst kundige
Architekten lange und nützlich besichtigen. Der stumpfe,
weitmündige, etwa 120 Fuss hohe Glockenthurm steht zwölf
Schritte von der Kirche entfernt, ganz isolirt am Rande des
Uferabhanges. Die Form ist viereckig, die Steintreppe aber,
die zu dem 20 Fuss über der Grundfläche angebrachten
Eingange hinaufführte, halb weggebrochen. Mit Hülfe einer
von türkischen Dorfjungen hergebrachten Baumleiter der
rohesten Art konnte ich die Thüre erreichen und kam unmittelbar in eine Freskenkammer, die auf drei Seiten hell
erleuchtet war, auf der vierten aber einen apsisähnlichen
Aussprung mit drei kleinen Lichtöffnungen hatte und gleichsam ein Tempelchen in verjüngtem Masse vorstellte. Die
Bilder selbst sind hier nur kirchlicher Gattung, insbesondere
aber die Figuren verstorbener Klostergeistlichen zahlreich
und, wie eine am Fensterbogen angemalte Jahrzahl besagt,

um 6941 der byzantinischen Zeitrechnung (1433 n. Chr.) aufgetragen. Dagegen erkennt man auf dem hoch umrandeten,
aber halb zerstörten und verwitterten Freskenfeld der Aussenseite des Thurms unterhalb des Apsisaussprunges noch
deutlich drei Figuren in Diadem und kaiserlichen Gewändern
mit erklärenden Inschriften zur Seite, von denen aber nur
einzelne Worte, aber kein einziger Personenname dem Wetter
und dem Spitzhammer entronnen sind. [1] Auf einem be-
hauenen Sandstein, wenige Fuss über der Grundfläche, sieht
man deutlich und tief eingegraben die byzantinische Jahrzahl
ϛϡλέ, 6935, d. i. 1427 unserer Zeitrechnung, und vielleicht gründet der berühmte französische Asiaminor-Forscher
Texier gerade auf diesen Umstand seine Meinung, dass
der steinerne Glockenthurm von St. Sophia jünger als die
nebenanstehende Kirche sei. Eine kindische Lokalsage misst,
durch die Gleichheit der Benennung verleitet, die Erbauung
von St. Sophia zu Byzanz und St. Sophia zu Trapezunt
demselben Meister bei, während letzeres offenbar eine
Schöpfung der Grosscomnenen und zwar aus den ersten Zeiten
des Imperiums ist. Das in der Form des einfachen Adlers
am Giebelfeld und auf der Aussenseite der Apsis in grossem
Massstabe und nicht ohne Eleganz eingehauene Reichswappen
von Trapezunt liefert den sichersten Beweis. Im Schilde
des byzantinischen Reiches, wie bekannt, war der Doppeladler (Ost-Rom und West-Rom); die Grosscomnenen von
Trapezunt, als Imperatoren von „ganz Anatolien," wählten
den aufrechtstehenden einfachen Adler mit ausgebreiteten
Flügeln, als Sinnbild ihrer Ansprüche und ihrer Macht. An
verschiedenen Stellen der neuen, von Alexius II. erbauten
Citadellenmauer ist auf polirten Steintafeln eingemeisselt der
einfache Adler, bald allein, bald von ruhenden Löwen begleitet, als Wächter und Hort von Trapezunt zu sehen.
Dieselben Zeichen, in Gold gestickt, sind, wie die Thier-

---

[1] Μέγας, Αὐτοκράτωρ, Κομνηνὸς, Ἀνατολῆς, Κύρ u. s. w. verrathen hinlänglich, was da ursprünglich zu sehen war.

gestalten auf Orestes' Kleid,[1] im Purpurgewande und in den
rothen Halbstiefeln der Kaiserfresken eingewebt. Nur wenn
sich ein Grosscomnen als orthodoxer Imperator von Byzanz
gerirte, wie Johannes Comnenus II. (1279—1297), erscheint am Gewande auch der Doppeladler als Zeichen der
Herrschaft über beide Continente. Eine feingestochene,
unterhalb des von den Türken muthwillig verunstalteten
Wappenschildes der Tempelmauer angebrachte Grabschrift
trägt die Jahrzahl 6801 byzantinischer Aera, d. i. 1293
n. Chr., als Todesjahr des Weihmönches Gerasimus.[2]
Demnach ward Kirche und Kloster zu St. Sophia bei Trapezunt nicht früher als 1204, aber auch nicht später als 1293
christlicher Zeitrechnung erbaut. Die türkischen Bauern des
Dorfes und der umliegenden Gehöfte sind seit den Zeiten
der Eroberung in den Rollen der Küstenkanoniere eingeschrieben und in dieser Eigenschaft auch vom Aerar bezahlt.
Für den gemeinen Mann beträgt der Sold freilich nur zehn
Grusch türkisch, d. i. einen Conventionsgulden des Monats
oder sechs Theresienthaler des Jahres, wie ich von einem
erwachsenen Jungen des Orts hörte. Aber auch für diese
Kleinigkeit sind die armen Leute besorgt, wenn das von
Sultan Mahmud neubegründete Soldaten- und Conscriptions-
wesen erstarken sollte. Kanoniere aus Stambul, meinte er,
kommen zuletzt auch in die Provinzen und verdrängen die
alten landsässigen Milizen überall aus Dienst und Brod. Der
Türk will nicht nur keine Abgaben zahlen, er verlangt von
der Regierung noch Jahrgehalt als Preis des Gehorsams
und der Hut ihres errungenen Guts. Die nämlichen Staatsbegriffe und grossartigen Anmassungen haben sich auch der
Unterthanen des Königs Otto bemächtiget und die Regierung
des griechischen Reiches in Schwierigkeiten verwickelt, die

---

[1] ἰδοὺ δ᾽ ὕφασμα τοῦτο, σῆς ἔργον χερός,
σπάθης τε πληγάς, εἰς δὲ θηρίων γραφήν.

Aeschyl. Cho·ph. v. 231.

(θήρειον γραφήν... G. Hermannus. D. II.)

[2] Κατὰ τὸν πρῶτον μάϊον..... ἐκοιμήθη ὁ δοῦλος τοῦ θεοῦ Ἱερά-
διμος ἱερομόναχος ὁ Βραν.... ϛωά.

man in Europa nicht kannte und nicht zu berechnen verstand. Pfaffe, Palikar, Kapitän und Archont betrachtet sich als selbstmächtigen Eroberer des Landes, das gemeine Volk aber als seine Raya und die Kassen der pedantischen Lateiner als zinspflichtiges Eigenthum. Wenn aber eine angehende Regierung Jedermann und das Interesse Aller gegen sich hat und ihre Werkzeuge doch nur aus der Schaar dieser Gegner und Missvergnügten wählen muss, so ist ihre Stellung sicherlich wenig beneidenswerth und ihr Wille auch selten gut vollzogen.

IV.

Der immergrüne Buschwald von Kolchis und das Höhlenkloster Sumelas.

Gegen meine frühere Gewohnheit mit dem ersten Satz sogleich *in medias res* hineinzuspringen, schicke ich dieses Mal ein kleines Präambulum dem Fragment voran. Wie sollte man auch seine Rolle verleugnen und ohne Entschuldigung mit einer gemeinen Agogiaten-Scene vor dem geehrten Publikum erscheinen, das zu Anfang allzeit nur Gewichtiges sehen will? „*On ne flatte que le pouvoir,*" sagen die politischen Roués, und ich als ächter Poplicola und Leser-Courtisan (in Deutschland von jeher ein ungemein ergiebiges und einträgliches Gewerbe) buhle aus demselben Grunde nur um Beifall und Gunst der Vielen, d. i. der Geist- und Geschmackvollen, deren Zahl und Bedeutung — was man auch immer am Wolchow und am Ilissus gegen uns sagen mag — im deutschen Volke jetzt schon überwiegend ist und sichtlich mit jedem Jahre wächst. Denn bei uns wie in Japan liest auch schon der Mittelsmann und findet, sonderbar genug, dass ein mit Sorgfalt, Freimuth und Ebenmass gebauter Satz, sobald er auch Gedanken hat, viel schöner klinge als die erbauliche, aber ungebürstete und vertraulich-leere Rhapsodie. Um den Ruhm eleganter Form und reicher Composition zu spenden, ist aber selbst der gewaltigste Potentat nicht stark genug. Das vermag allein das Publikum. Wer diesem Idole opfert und nach dem Lob der Bedachtsamkeit, der guten Wahl und des kräftigen Gedankens strebt, wird doch nicht zu tadeln sein? Daher aber

auch dieses Mal die viele Sorge und die grosse Aengstlich-
keit des Wanderheldens. Denn abgesehen von der unscheinbaren Eingangsscene, ist vielleicht die Erzählung überhaupt
nicht werth, vor die Elite der deutschen Lesewelt zu treten.
Welcher Verständige z. B. möchte wohl Aug und Sinn von
saftstrotzenden, nicht breitgetretenen, sondern energisch-
gedrängten und frischgefärbten Privatartikeln aus Berlin über
Pommer'sche Provinzialverhandlung, *Code pénal* und Nach-
druck weglenken und auf eintägigen Pilgerritt von Trapezunt
zu dem Heiligthum der kolchischen Melasgrotte — sei es
auch der Amarantenwald — hinüberwenden! Ein Opus in
Octav ertrüge neben der bessern auch die schwächere Partie,
aber das Journal greift überall nur nach dem, was neu,
schwungvoll, belehrend und angenehm zugleich. Neu ist es
vielleicht, was ich sage, aber ein Hagion-Oros ist es nicht.
Doch hat Europa an byzantinischen Landschafts- und Sitten-
bildern überhaupt noch keinen Ueberfluss, und namentlich
wird eine genügende, aus Localansichten hervorgehende
Schilderung des Höhlenklosters Sumelas erst hier zum
erstenmal gegeben. Von den beiden Europäern, die es bis
jetzt besuchten, war Herr Dr. Zachariä von Lingenthal
(1838) der erste. Hr. Zachariä blieb aber nur wenige Stunden
in der Grotte und gedenkt ihrer auch nur so flüchtig im
Reisebuche, dass der Treue ungeachtet sein Schattenriss im
Sinn der Zeitgenossen doch nicht haften kann. Hr. Zachariä
reiste für oströmische Justiz, weniger um sein Auge an
Rhododendron und *Azalea Pontica* zu weiden, als um Varianten aufzusuchen für die Basiliken und für den Armeno-
pulos.[1] Ich aber streifte als Abenteurer frei und sorglos durch
die Länder von Byzanz; mich entzückt der Wald, die sanfte

[1] Mit dieser Bemerkung will man dem anderweitig trefflichen und lehr-
reichen Inhalte des benannten Reisewerkes in keiner Weise zu nahe treten.
Wenn sich der Verfasser in seiner Darstellung überall der Kürze und Nüchternheit befleisst, aber die Wahrheit stets zur Seite hat, so ist es für den
Leser nur Gewinn. Uebrigens begreift man, dass sich Herr von Zachariä
in unmittelbarer Nachbarschaft des geschwornen Feindes aller „Rhetorik
Sophistik und Phrasenmalerei" schon des lieben Friedens wegen Gedanken-
wärme und Redeschwung versagen musste.

Schwellung des Höhenzugs, der immergrüne Busch, selbst
Noth und Entbehrung sind für mich Genuss. Wo Andere
eilen, bleibe ich liegen, horche auf den dumpf und regelmässig wiederkehrenden Wellenschlag der Pontus-Sunde und
betrachte noch weit lieber als alte Pergamente die Menschen
und ihre Sitten.

„Nein, mit solchen Thieren reise ich nicht, man muss
andere bestellen, und überdiess sehe ich nur drei; wo ist
das vierte für den Sohn des Hauses, der uns ebenfalls zur
Panagia ins Gebirge folgen wird?" Mit diesem Gruss empfing
ich die beiden Begleiter Theodor und Basili, als sie am
8. September Morgens drei schmächtige, abgetriebene und
von langem Fasten entkräftete Lastpferdchen zur Pilgerfahrt
nach dem Melasberg in den Hof hereinbrachten und die
armen Thiere sogleich mit Heisshunger über das zwischen
den Steinen hervorsprossende Gras herfielen. „Die Pferde",
meinte Theodor, „seien gar nicht schlecht, ja die billigsten
und besten, die er zu dieser Zeit mit allem Fleisse und aller
Sorgfalt für meinen Dienst in Trabisonda finden konnte; an
ein viertes für den armenischen Jungen wäre jetzt gar nicht
zu denken, und man dürfe sich nur Glück wünschen, so
weit gekommen zu sein." An all dem Gerede war natürlich
kein wahres Wort, wie ich es wohl selbst fühlte und zugleich auf den betrübten Gesichtern des nebenan stehenden
und der Verhandlung stumm zusehenden Marim-Oghlu und
seiner andächtigen Mutter las. Miethpferde der derbsten und
kräftigsten Gattung, zu zehn Grusch (2½ Francs) per Tag,
gab es besonders unter den Moslim und christlichen Armeniern der Stadt und Umgegend in Ueberfluss. Trabisonda
lebt ja vom Verkehr, und jeder Bauer, der Feuerung oder
Lebensmittel zu Markte bringt, tritt ohne viel Unterhandeln
und Zeitverlust mit etwas Brod in der Tasche die auf drei
Tage berechnete Sumela-Wanderung an. Theodor, verschmitzt
wie alle seines Glaubens und seines Geschlechtes, wollte
beim Handel etwas verdienen. Nicht alle Tage, mochte er
denken, kommt ein Nemtzios nach Trabosan und reitet ins
Gebirg hinauf, um alte Pergamente anzusehen. Wahrschein-

lich hat er die elenden Rosse um halben Miethpreis gedungen, mir aber wie billig das Ganze angerechnet und den
Profit mit seinem Freunde Basili, dem Unterlehrer und nebenher Küchendiener im Consulat, brüderlich getheilt. Damals
konnte ich mir noch nicht helfen, lernte aber später zu Larissa in Thessalien bei ähnlicher Veranlassung griechische
Agogiaten-Praxis, leider zu spät, besser kennen. Der Türke
und der Armenier behandelt seine Lastthiere ungefähr wie
der Deutsche, füttert reichlich und nimmt aber auch gewöhnlich höhern Lohn als der Grieche, der, um die Nebenbuhler aus Verdienst und Concurrenz zu drängen, nicht nur
selbst nichts isst, sondern auch sein Pferd bei strenger Arbeit
zum Fasten zwingt. Was sollte ich aber thun? Es waren
des Consuls Leute; Hr. Ghersi hatte eleganten Reitzeug,
der Erzbischof eine geistliche Ermahnung an den Kloster-
vorstand und der erste Archont der griechischen Commune
noch ein besonderes warmes Empfehlungsschreiben an die
für türkisch geltenden Mönche des Wallfahrttempels mit-
gegeben. Die Zeit verrann, ein Strahl der Morgensonne blitzte
schon im Epheuthau der Mauerwand, der Tag zur Reise war
ja festgesetzt und das Gemüth in einer Stimmung und Wanderlust, die sich ohne gefährliche Störung des innern Friedens nicht bekämpfen liess. Nur der junge Marim-Oghlu
grämte mich; es war gleichsam sein erster Flug aus dem
väterlichen Hause; o die Freude! Der lange Ritt, und zwar
mit einem Franken zum grossen Heiligthum; die schönen
Wälder, die heiligen Mönche, das wundervolle Bild! Das
alles soll verloren sein! Es war dem Jungen nur um den
Ablass und die geistlichen Gnaden, die er fromm gesinnt
für sich und seine Mutter gratis gewinnen sollte. Ich tröstete
so gut als möglich, er sollte auf meine Rechnung selbst um
ein Lastthier sehen und nacheilen, ich bezahle Alles. Und
so ritten wir gleichwohl, von drei Agogiaten zu Fuss begleitet, auf den hungrigen Thieren zum Thor hinaus gegen
den Meydau (Platz), auf dem breiten Stiegenweg der
Klosterhalde zur Hochebene des Bos-Depe hinauf, wenig
mehr als eine gute halbe Stunde von der Stadt. An der

Ruine des Johanniskirchleins hielten wir kurze Rast und genossen der wundervollen Fernsicht. Tief unten am Fusse der Kuppe lag die Stadt; Trabisonda schien noch ausgestorben; nur einzelne Gruppen verhüllter Türkenweiber wallten vom Brunnen kommend mit antiken Wasserkrügen auf dem Kopf, langsam ihren Hütten zu. Vor uns lag der Pontus spiegelglatt, und im Wipfel der langen Klostercypresse spielte noch — wir sahen es deutlich — der kühle Morgenhauch, der schon im nächsten Augenblick dem hinter Ispir heraufsteigenden Glutgestirn des Tages wich. Schon im Begriffe fortzuziehen, blickten wir noch einmal nach der Prachtscene um und sahen, wie zuerst eine graulicht-düstere Rauchsäule und bald nachher der Istambol selbst hinter dem Waldvorgebirge Joros (Hieron Oros) hervorbrach und in ruhiger Majestät entschieden und kraftvoll, wie der charakterfeste Mann durch das Leben geht, das lange Segment der Trabesunda-Bucht durchstrich. Ach, es kommt vom Occident, vielleicht mit freudiger, vielleicht mit unheilvoller Kunde aus dem theuren Heimatlande! Der europäische Leser in seiner Uebersättigung und Salonsbequemlichkeit wird sich nur mit Mühe erklären, welche Freude, welche Ruhe ich beim Anblick des wundervollen Automaten aus Byzanz empfand. War es nicht die Brücke, der sarke sichere Damm, durch welchen hochherziger Magyarensinn das entlegene Kolchis dem innersten Winkel Germaniens nahe bringt? Wer den schwimmenden Dampfpalast gegen den Molo von Triest, Livorno oder Neapel steuern sieht, den ergreift es nicht so mächtig, als wenn er dasselbe Schauspiel von der Höhe des Tafelberges von Trapezunt erblickt. Ich fühlte mich der Heimat näher, ich wich nicht von der Stelle, warf dem freundlichen Argo-Boten Grüsse zu, die er einladend durch Blick und Zeichen gleichsam zu erwidern schien: „Was eilest du? Du fliehst vor deinem Glück! Ach Hüon, Hüon komm zurück!" Doch wir gehorchten dem Rufe nicht. Musste ich nicht in das Waldrevier der Kolchier, zur Panagia des Melasberges hinauf, um den Preis der Wanderschaft, das Vliess meines Argonautenzuges abzuholen? Das Schiff verschwand hinter

dem Castell, und wir kehrten schwereren Herzens das Antlitz
dem Gebirge zu. Die luftige Höhe Bos-Depe und ihren Zusammenhang mit der Thalseite des Pyxites haben wir —
der freundliche Leser erinnert sich vielleicht — im vorausgehenden Fragment geschildert. Nach einer Stunde Rittes
ungefähr kamen wir zu einem muldenförmig eingesenkten
Fettgrund, den man hier wie dergleichen überall in byzantinischen Ländern Mesarea nennt. Im Tiefpunkte der Mulde
sieht man deutlich die Spuren einer ausgetrockneten Süss-
wassersammlung, zur Comnenenzeit wie jetzt noch unter dem
Namen Skylolimni (Hundssee) bekannt. Das Gefilde strotzt
in üppiger Fülle, Maisstengel über zwölf Fuss hoch, Kräuterwiesen mit Iris von seltener Pracht: am Hügel, am Wege,
am Muldenrande, am Felsgehänge der Boden überall von
dichtgedrängtem, breitblätterigem, hellgrünem Strauchwerk
umsponnen und auf der Höhe rechts ein türkisches Herrenhaus, ein Landedelsitz, heiter und einsam zwischen Bäumen
an die Halde hingelehnt. Die Weinrebe, unten bei der Stadt
noch kärglich gezähmt und mit dem Messer in Schranken
gehalten, ist hier aller Zucht entwachsen; hier sah ich sie
zum ersten Mal wild; mit kleinbeerigen Trauben behangen,
kriecht sie über Felsen, steigt auf die Bäume hinauf, schwingt
sich, wie die Lianen auf Hagion-Oros, in kunstlosen Guir-
landen über den Erdspalt und wuchert ungebändigten Trie-
bes noch mitten im Dornbusch. Aber sie buhlt umsonst, Niemand streckt bei der Fülle süsser Trauben die Hand nach
ihren Früchten aus. Das Herbe, das Zuchtlose verschmäht
der Mensch überall, in der Rede wie im Genuss. Kommt
aber der Wanderer aus der Einsenkung von Skylolimni auf
die Steinhöhe des entgegenstehenden Muldenrandes, thut sich
auf einmal eine unvermuthete Scene auf: das tiefausge-
schnittene, die Gebirgslinie im rechten Winkel durchbrechende,
sechs Stunden lange Pyxitesthal mit seiner hellgrünen Flach-
sohle und dem zwischen dunkelbelaubten, kräftig geschwungenen Seitenwänden perspectivisch leuchtenden Silberband des
Waldstromes in der Mitte, erscheint wie durch Zauberschlag
plötzlich vor dem Blick. Die Thalwand ist steil, man sieht,

wie sich links weit unten die Wasser durch Baumreihen
und Gebüsche wälzen, hört aber wegen der Höhe des Standpunktes das Rauschen ihrer Strömung nicht. Die immergrüne, selbst von gefühllosen Osmanli gepriesene Waldzone
der Kolchier lag vor uns, und was sich die Phantasie in
jugendlicher Schwärmerei so oft vorgezaubert hatte, zog sich
nun in weit schönerer Wirklichkeit zu beiden Seiten des
Querthales dunkel und schweigend in unbekannte Ferne auseinander. Vom Strande, wo der wasserreiche Thalbach in
den Pontus mündet, waren wir in gerader Linie kaum erst
eine Stunde Weges entfernt und sollten denselben Tag noch
bis nahe an seine Quellen in der geheimnissvollen Oede des
Melasberges wohl zehn gute Stunden von Trapezunt hin.auf-
dringen. Vom Standpunkt der schönen Aussicht führt der
Weg über einen Felsenkamm bald in treppenartig eingehauenen Stufen, bald an furchtbaren Abgründen am Drachenbrunn vorüber zur Thalsohle hinab. [1]

Wir litten empfindlich von der Hitze und lagerten etwa
nach dreistündigem Ritte seitwärts vom Wege auf einer
grasreichen buschbewachseneu Aue nahe am Bach unmittelbar am Eingang in die Waldzone, wo es lieblich kühle vom
Thal herausfächelte und die Schatten dichtbelaubter Bäume
die Glut der Sonne mässigten. . Die Thiere, von der Last
befreit, suchten sich die Nahrung selbst, für die Gesellschaft
aber bereitete der Chaldier Theodor aus den mitgenommenen
Vorräthen mitten im Gebüsch den Morgentrunk. Der Ort
schien besonders reizend : von beiden Thalwänden rauschte
es silberrein über Felsen aus Laubwald und dunkeln Schluchten mit Gemurmel in den Pyxites herab; der Nussbaum, die
Eiche, die Esche, die Eller,[2] die Platane, der Tamariskenstrauch
und besonders Ulmen voll zahmer Weinreben bedeckten beide

---

[1] Nach der einheimischen Sage soll der Gründer des trapezuntischen
Reiches, wie der Johanniter auf Rhodus, ein grausenhaftes Ungethüm mit
Hülfe der Panagia an diesem Brunnen überwunden haben. Daher der
Name Drachenbrunn (Ϙρακοντοπηγάδη) bis auf diesen Tag geblieben ist.

[2] Κλήθρη nach ionischer Form, was aber in Trapezunt gegen die Regel
neugriechischer Rede Klethri, nicht Klithri gesprochen wird.

Ufer, und im Hintergrunde stand eine bewohnte Burg mit
Wartthurm, hölzernen Lufthallen und Mauerwerk, mitten
unter bebauten Gründen, auf hohem Waldhügel zur Hut des
Thales. Riesenhaft über die ganze Scene ragten die schatten-
und wasserreichen Laubholzwälder der immergrünen Zone
herab. Eine Waldkuppe von wundervoller Schwellung hatte
von ferne schon das Auge entzückt: ein dunkles Vliess von
Ahorn- und Ulmenlaub wallte dicht und ohne Lücke über
die breite Wölbung von der Thalmatte hinauf bis zum schön-
gezogenen Gipfel. Bergkuppen solcher Formen begegnen uns
in Europa nicht. Das sind „die langen Wälder und die lieblich
geschwellten Höhenzüge“ des Byzantiners Eugenicus. [1]
Wie Andere die Schöpfungen der Kunst und der menschlichen Eitelkeit mit Worten rühmen, so preise ich die unvergängliche Pracht und die ewigschönen Meisterwerke der
Natur. Vor gefühlvollen Lesern werde ich nicht zu erröthen
haben, wenn ich statt fortzueilen länger, als es europäische
Ungeduld erträgt, bei dieser schön geschwungenen Kuppe der
Amaranten verweile und ihren in Europa unbekannten Ruhm
verkünde. Sollten geringe Zeilen wie diese bis auf die Nachwelt kommen und sollte das Schicksal je einen Wanderer
deutschen Blutes an den Pyxites bringen, so möge er daselbst
meiner Rede gedenken, wie ich jetzt den Zeitgenossen die
längst vergessenen Namen Clavigo und Eugenicus ins
Gedächtniss rufe. Auch soll er die Mühe eines kleinen Umweges zum Flussübergang nicht verschmähen und tiefer in
das schweigsame Dunkel des unentheiligten Waldes dringen.
Welcher Flor! Welcher Pflanzentrieb! Welche Lianenpracht!
Wie reich und krystallhelle es überall aus dem Boden quillt!

Hic gelidi fontes, hic mollia prata, Lycori!
Hic nemus: hic ipso tecum consumerer aevo.

Die gelbe *Azalea Pontica* und das Purpur-Rhododendron
erfüllten, obwohl verblüht, die Luft mit Wohlgeruch und

---

[1] Δρυμῶνες μακροὶ καὶ βουνῶν ἡμερωτάτων ὄγκοι. — *Choshoghlan*
(Schön-Junge) ist die türkische Benennung dieser schönsten Laubkuppe
des immergrünen Waldes.

bildeten mitten unter den schlanken, glattrindigen, hochstämmigen Riesen des Waldes zugleich ein mächtig wucherndes
und undurchdringliches Unterholz voll Lieblichkeit, voll Duft
und Farbenschmelz. Hier ist der Gartenschmuck der Natur
noch unverwüstet. Der Buchs, bei uns ein verzwergter Zier-
busch, schmückt als immergrüner Baum den Wald. Ein-
stündiges Verweilen in der Einsamkeit und Stille des kolchischen Waldes hebt die Seele höher und spricht beredter
zum Herzen, als hundert fromme, aber langweilige Katechesen
im Occident. Wasser und Waldschatten des „Chosch-
Oghlan" werden selbst von den Osmanli in Trabosan gepriesen, und die christlichen Bewohner der Stadt und Umgegend — wie die Begleiter erzählten — freuen sich jedes
Jahr auf das Fest Mariä Himmelfahrt (15. August), an welchem
Andacht und Lustbarkeit der Kirmes und Volksversammlung
bei der „Panagia des Thales ($\dot{\eta}$ Παναγία τῆς κοιλάδος)"
hinter der Waldkette wenigstens auf einige Stunden die
Knechtschaft ihres Glaubens und die Schmach verlorner Herrschaft vergessen lehren.

Erquickt und neugestärkt wollten wir die liebliche Stelle
verlassen, als der junge Marim-Oghlu zu sichtlichem Verdruss
meiner griechischen Begleiter auf einem flinken Pferd und
in Begleitung des armenischen Agogiaten die Strasse herab-
kam und, besser beritten als wir Uebrigen, die aus sechs
Individuen bestehende Sumelas-Karavane noch um zwei vermehrte. [1]

Bis zum Dorfe Dschevisluk, wo wir nach der Mittags-
stunde eintrafen, rechnet man sechs gute Wegstunden oder
zwei türkische Poststationen (Mensil) von der Küste, und doch
findet man auf der langen Strecke nur ein ärmliches Dorf

---

[1] Das rechtwinklig — wie oben bemerkt — den kolchischen Berggürtel
durchbrechende Pixitesthal bildet die Hauptkaravanenstrasse zwischen Tre-
bisond und dem Euphratstrom bei Erserum und Ersendschan. Obwohl
stellenweise schmal und roh gepflastert, duldet der Weg doch kein Fuhr-
werk, und die Waaren von und nach Hocharmenien werden auf Lastthieren
geschleppt, deren lange Züge und mancherlei Bedürfnisse die vorzüglichste
Nahrungsquelle der dünngesäeten Bevölkerung des Gebirges sind.

von Schmiede- und Bäckerhütten zum Gebrauch der Waaren-
führer. Ein heller, von der schönen Chosch-Oghlanschlucht
herabrauschender Bach fällt hier in den Pyxites, und eine
schmale holzgedeckte Brücke führt über den Strom gegen
die Schlucht hinauf. Wir selbst ritten noch am linken Ufer
fort bis ungefähr eine Stunde vor Dschevisluk, wo den Wan-
derern eine Steinbrücke auf die andere Seite des tiefen, im
verengten Thale von röthlichen Uferfelsen zusammengedräng-
ten Wassers bringt. Trachyt und Basaltgestein in Säulenform
brachen überall zwischen Buschwerk und Baumschlag zu Tage,
und nicht ohne Verwunderung über die sonderbaren Gebilde
sahen wir auf dem anderen (linken) Ufer kurz vor Karydia
eine über vierhundert Fuss hohe steile Felsenwand ganz von
regelmässig und im schönsten Ebenmasse übereinander ge-
schichteten Lagen dünn-geschnittener Basaltsäulen aufgethürmt.
Dicht am Fusse dieses kolchischen Säulenspieles strömt der
Bach vorüber. Die Spaltung des Thales läuft von Nord nach
Süd, und die Mittagssonne brannte in der Enge mit verdoppelter Glut, bis uns endlich das romantisch gelegene Karydia
(Dschevisluk) inmitten seiner Wasser, seiner Schatten und
seiner sommerlichen Lüfte Labsal und Erquickung schuf. [1]

Karydia ist das Koblenz von Kolchis, ein Centralpunkt
und Trivium im grossartigsten Massstabe, in welchem gewissermassen drei streng geschiedene und scharf ausge-
prägte Thalungen mit ihren vier- bis fünftausend Fuss hohen
waldbekränzten Wänden und zwei krystallhellen Wasserströmen zusammenlaufen. Denn eigentlich endet das Pyxitesthal, durch welches wir von Trapezunt hereingekommen
sind, in Karydia oder geht vielmehr sich spaltend in zwei

[1] Den Leser soll es nicht beirren, wenn man die oben mit Dschevisluk bezeichnete Ortschaft auf einmal Karydia nennt. Ersteres ist nur
die türkische Uebersetzung des letzteren, da Καρύδιον und جویز dschevis
dieselbe Bedeutung haben, لق luk aber dem iranischen stan und dem deutschen Suffixum heim entspricht. Den griechischen Namen kennt nur der
Christ des Landes, den türkischen aber Jedermann. Auf deutsch würde
man den Ort „Nussheim"; auf italienisch Noceria und Nucetum auf lateinisch nennen.

Nebenthäler auseinander, die mit der Wurzellinie stumpfe
Winkel bilden. Linker Hand öffnet sich breitmündig und
flachsohlig das eigentliche Nussbaumthal mit seinem wasserreichen Bach, rechts dagegen engschluchtig und dicht verwachsen das Thal von Matschuka. [1]
In so ferne Schatten und Fülle strömenden Wassers zu
den vorzüglichsten Reizen einer Landschaft gehören, hat die
romantisch-liebliche Landschaft um Karydia einen merklichen
Vortheil selbst über Trebizond, von welchem der sanftfliess-
sende Pyxites durch den vorspringenden Strandfelsen der
Mithraskuppe über eine halbe Wegstunde entfernt ist. Besonders malerisch liegt dem Dorf Dschevisluk gegenüber,
hoch ober der waldigen Eingangsschlucht ins Matschukathal,
auf der Spitze eines von der Berghalde herausspringenden
laubbekränzten Promontoriums ein türkisches Herrenhaus,
weitläufiges Gehöfte und antiker Sitz eines weiland unabhängigen Landedelmannes oder Dere-Beg, wie man vor
Sultan Mahmuds Reformen diese reichen und die untern
Volksklassen auf eigene Rechnung plündernden Feudalherrn
Kleinasiens nannte. Die Aussicht von dieser luftigen Höhe
über die Thäler ist weit und entzückend. Söller, von dünnen
Holzsäulen getragene weite Lufthallen und zahnig ausgezackte

---

[1] Der Name Pyxites ist heute vergessen, und das schöne Thal hat
nur die türkische Benennung Dejirmenderesi, das ist Mühlthal,
Mühlbach, von *dejirmen* (کرمن) die Mühle und *dere* دره Thal
oder Bach. Zur Zeit des christlichen Imperiums, und zwar im vierzehnten
Jahrhundert, bestand noch der alte griechische Name, wie unter andern
aus einer Stelle im Reisebericht des oft gerühmten *Gonçales Clavigo* (1404)
erhellt: *e este dia fueron dormir acerca de un rio que ha nombre Pechix,
en una iglesia yerma que onde estaba.* Clavigo ging von Karydia rechts
in die Matschukaschlucht zum Kastell Zigana, welches laut zuverlässiger
im Lande selbst erhobener Berichte eines Augenzeugen heute noch unter
dem alten Namen besteht. Die verworrenen und höchst unkritischen Ausgaben der Periplen des Pontus Euxinus versetzen den Pyxites weit östlich
nach Lasistan in die Nähe des von den Alten Bathys genannten Tschorak-
Su in Guriel. Wollte man „Pyxitesthal" wie Karydia ebenfalls ins Türkische
übersetzen, so wäre es Tschimschirderesi چمشیردرسی oder
vulgär ausgesprochen Schimschirderesi.

Thurmzinnen schauten zwischen Gruppen hochstämmiger Ulmen auf die unten vorüberreitenden Fremdlinge herab. Diese kolchischen D e r e - B e g e waren nicht etwa Edelleute, die während der schlimmen Jahreszeit in Städten wohnten und nur den Sommer über auf ihren Landgütern sassen. Sie waren Territorialherren mit Souveränitätsrechten über ihre Erbdistrikte und bildeten von Geburt aus die Opposition gegen Einfluss, Uebergriffe und Erstarkung irgend einer, sei es zu Ikonium, zu Trabosan oder zu Stambul wirkenden Centralgewalt Anatoliens. Sie hatten nach Zerstörung des trapezuntischen Reiches mit den Gütern und Burgen auch die Rechte und die politischen Grundsätze jener turbulenten A r c h o n t e n übernommen, deren verrätherischer und meuterischer Sinn eine so traurige Rolle in der Chronik von Trabisonda spielt. Nicht alle wohnten so lieblich wie der „Thalfürst" ober Dschevisluk. In den unzugänglichsten Stellen des Gebirges auf Felsenspitzen, am Rande hoher Steilwände und gähnender Risse hatten sie sich Kastelle aus Stein erbaut mit gewölbten Thorgängen und eisenbeschlagenen Pforten, zu denen ein schmaler, im Felsen ausgehauener Schlangenpfad oder häufig eine dünne, über den Abgrund gespannte Brücke aus Weinreben führte. Viele dieser kolchischen Archontensitze hat die Hand der Osmanli bei der Einnahme des Landes gebrochen, andere hat die veränderte Sitte der Zeit verödet und ihre dachlosen Verliesse und das gelblicht verwitterte Gemäuer der wuchernden Brut immergrüner Lianen zur Wohnung überlassen. Am untern Pyxites, zwischen Trabosan und Dschevisluk, sahen wir keine Ruine dieser Art; erst wie wir von letztgenanntem Orte links ausbeugend in das „Nussbaumthal" hineinritten, begegneten uns zu nicht geringer Ueberraschung diese melancholischen Zeugen kolchischer Vergangenheit. Isolirte Rundthürme und Burgtrümmer mitten im Gehölze der waldigen Steilhalde, bald auf buschichten Vorsprüngen, bald auf abgeglätteten und nur gleichsam mit Flügeln zu erklimmenden, oben spitz zusammenlaufenden Felsennadeln mit unbegreiflicher Kühnheit hingezaubert, machen im schweigsamen lieblich-öden Thale

voll wilder Oelbäume und Weinranken mit Epheu, voll Azaleen, Feigenstauden und kolossalen Nussbäumen auf europäische Gemüther einen süss-schwärmerischen, heimatlichen,
Leuten ohne Gefühl nicht zu erklärenden Eindruck. Man
glaubt sich plötzlich unter die gebräunten Kastellruinen eines
rhätischen Alpenthales versetzt, und wer seit Ulysses' Irr-
fahrten hätte ohne Melancholie der fernen Heimat und ihrer
waldgeschmückten Berge gedacht! Das Thal selbst, in der
Sohle eng und flach, in den Seitenwänden aber kühn aufsteigend, ist voll romantischer Scenen; Laubwald mit immergrünem Gestrüppe überdeckt bis zur Region des Nadelholzes
und der kahlen Alpenweiden hinauf den Waldrand, an welchem
die Ruinen sind und der Weg vorüberführt, während auf
der Seite gegenüber Basaltriffe mit wundervollem, von der
Natur selbst im Geschmacke eines gothischen Tempels ausgemeisseltem Gethürme, mit Schnörkelei und Höhlenwerk
mitten unter Buschgrün zu Tage stehen. In einer niedrigen
Felsenwand, an deren Fuss der Bach vorüberrauscht, hat
man etwa achtzehn Fuss ober der Wasserfläche eine senkrecht eingemuldete Vertiefung von unten bis oben durch
künstliches Mauerwerk geschlossen und als Klause für einen
Weltüberwinder eingerichtet. Der innere Raum soll bei einer
Länge und Höhe von zehn Fuss nicht mehr als drei Fuss
Breite haben. Drei schmale Fensteröffnungen in der Mauer
lassen das Tageslicht hinein, und statt des Zugangs sind leiter-
artige Einschnitte im senkrechten Gestein angebracht, die nur
mit Hülfe eines oben befestigten Strickes zu erklimmen waren.
Die unterste Leiterstaffel bespült den Pyxitesbach und schloss
den büssenden Troglodyten von der Welt und ihren Ver-
derbnissen aus. Sehen konnte der Klausner durch die
schmalen Fensterritzen, wie die Weltleute jenseits des Baches
vorüberwallten zum Gnadenbild der Panagia von Sumelas,
aber reden konnte er mit ihnen nicht, weil das Wasser dazwischen rauschte. Gegenwärtig hält sich Niemand in Kolchis
für einen so grossen Sünder, um solcher Busse bedürftig zu
sein. Die Klause des Nussbaumthales steht schon lange leer.
Ermattet vom langen Ritt kehrten wir, um die Mittags-

ruhe zu halten und das frugale Mahl zu nehmen, dieser Tugendwohnung gegenüber in einer Hütte am Wege ein. Der Wirth war ein Landsmann unserer Agogiaten, hatte ganz die schattige Miene der Kolchier und redete neben dem landüblichen Türkisch auch noch das Matschuka-Griechisch des Gebirges. Auf die Frage, was es zu essen gebe, kam die trostreiche Antwort: ἔχομεν ἀπ' ὅλα, „bei ihm finde man Alles." „Habt ihr Eier?" Nein! „Habt ihr Wein?" Nein. „Habt ihr frisches Fleisch?" Nein. „Habt ihr vielleicht Geräuchertes?" Nein. „Was habt ihr denn in eurer Hütte?" Wir haben Zwiebel, Brod, Salz und Branntwein! Das Brod aus Mais und Sorghum-Mehl war veilchenblau; wir assen es aber doch und verschmähten in der Noth sogar den kolchischen Raki nicht. Am Ende entdeckten wir noch in einem verwilderten Gartenbeet einige Gurken, die uns im Hunger grosse Dienste thaten. Wir füllten zweimal eine tüchtige Schale mit Gurkensalat, assen das blaue Brod dazu und bereiteten zum Schlusse den Kaffee. In der Zwischenzeit suchten die Pferde, ebenso klug als die Menschen, wie zur Morgenrast ihre Kost auf gemeinem Weideplatz am Weg und tranken ohne Sorge ihrer Führer aus dem Brunnentrog. Man kann es nicht oft genug wiederholen, der byzantinische Grieche ist in Allem das Gegentheil von uns, er ist hart gegen sich und gefühllos gegen den Nebenmenschen wie gegen das Thier. Erwerben und besitzen, ohne zu geniessen, ist seine grösste Lust.

Nach einstündigem Ritt von der Hütte, im Ganzen zwei Wegstunden von Dschevisluk, schloss wieder ein hohes, querüber laufendes steiles Waldgebirge das Nussbaumthal, oder spaltete es vielmehr auch hier in zwei, wieder in stumpfen Winkeln links und rechts aus einander laufende Seitenschluchten von ganz entgegengesetztem Charakter. Obgleich das Nussbaumthal schon enger, tiefer eingerandet und romantisch einsamer schien, als der grosse Bergspalt von der Pyxytesmündung bis Dschevisluk, so war doch, wenige Unebenheiten ausgenommen, die Sohle beider in der Hauptsache eben verlaufend und drang aus der heitern und in die Ferne schimmernden Wasserströmung überall jenes gleichförmige

und melancholisch-liebliche Rauschen hervor, welches der
Lyrik so viele Bilder, dem schwärmerischen Gemüthe der
Deutschen aber so wehmüthige Empfindungen leiht. Aus
den Seitenschluchten, vor deren waldverschlossener Mündung
wir bald nach vier Uhr Nachmittags erschienen, toste es,
besonders links von uns, über Katarakten und Rollgestein
des tiefeingeschnittenen Bettes herabsprudelnd, wild und
geheimnissvoll in das Nussthal heraus. Eine Steinbrücke ohne
Geländer schwingt sich an der Wegscheide hoch in weitem
Spitzbogen über das Flussbett, und von der Halde des jenseitigen Thalrandes sieht ein Dorf mit niedrigen, flachbedach-
ten und halb im Boden vergrabenen Steinhütten, wie sie
Xenophon im kolchischen Gebirge beschreibt, in das Thal
herab. Wir gingen aber nicht über die Brücke, blickten aber
auch nicht ohne geheimes Grauen in die langgestreckte, eng-
spaltige Waldschlucht zur linken Hand, deren dunkelbeklei-
dete Wände weit über die Baumregion, im Ganzen vielleicht
über fünftausend Fuss in die Lüfte ragten. Im innersten
Winkel dieser romantischen Waldöde, unfern der Doppel-
quelle des Buxbaches, drei bis vier Wegstunden vom Eingange, wo wir standen, ist das Höhlenkloster der Panagia
von Sumelas. Die Luft hatte schon abendliche Tinten. Das
Thal ist wenigstens über die Hälfte hinein gleichsam ohne
Sohle, und der Weg führt zuerst in kühnem Schwung durch
die üppig wuchernde Laubvegetation der Seitenhalde bis zur
Grenze des Nadelholzes hinauf, dann an Kapellen und furchtbaren Abgründen endlich haldeabwärts bis in den Tiefgrund
der innern Schlucht, wo eine gedeckte Holzbrücke über den
zwischen Granitblöcken herabschäumenden Bach zu einem
schmalen Reitwege hinüberführt, auf dem man in steilen
Windungen und wiederholten Bachübergängen zum Fuss der
Klosterfelsenwand gelangt. Dieser Weg über die Steilhalde
und besonders durch die Tiefschlucht ist sorgfältiger Zeichnung
werth; die Partie gehört vielleicht zu den reizendsten und
vorzugsweise romantischen der Waldzone von Kolchis. Die
Engschlucht überhaupt schien uns noch weit schattiger und
wasserreicher als die Aussenregion, und einen kolchischen

Obst- und Laubwald in primitiver Pracht haben wir eigentlich hier das erstemal gesehen. Wir sind durch ein Paradies
gewandelt, und abendliche Sommerluft fächelte aus dichtver-
wachsenem Geschlinge uns die Wohlgerüche der *Azalea Pontica*
entgegen. Wie auf Hagion-Oros zieht sich der Weg über
Gestein und Sturzabhänge in wucherndem Gebüsch, oft in
Felsen ausgehauen, oft unter dem Laubdach überhängender
Bäume und immergrüner Schlingpflanzen in langen Windungen durch das Laubmeer der Thalwand hinauf. Welche
Pracht, wenn sich die Blüthendecke zur Frühlingszeit über
die Bäume legt, wenn fragranter Azalea- und Rhododendron-
duft die Lüfte schwängert, die Bienen summen, die Bäche
rauschen und tief aus dem rankenumschlungenen Felsenbett
das Tosen des Pyxites musikalisch durch die blüthenbeschnei-
ten Wälder dringt! Welche Ernte, welcher Genuss für einen
Grisebach! Denn hier wie auf Hagion-Oros und überall im
Wald der milden Zone macht das Unterholz, der Busch,
die Schlingpflanze, die Schattenblume den grössten Reiz. Die
Myrte und den Lorbeer sah ich wohl, auch *Hypericum*
mit der „brennend gelben Blume" erkannte ich im Vorüber-
reiten, erinnere mich aber nicht, dem schönsten Schmuck der
Athosöde, *Arbutus Unedo* und *Andrachne*, begegnet zu sein.
An ihrer Stelle hat die Natur die zwei oft genannten, die
Sinne entzückenden, mit unglaublicher Dichtigkeit und Fülle
aus dem Boden strotzenden, alles nebenbuhlerische Gebüsch
überwuchernden und mit einer in Europa nicht geahnten
Blüthenfülle geschmückten Stauden der Azalea und des
Rhododendron eingepflanzt. Die Haselstaude und die Weinranke scheinen hier daheim zu sein; Feigen-, Nuss-, Birn-
und Apfelbäume mit Massholder, Cranion (so nennt man in
Trapezunt das altgriechische *Κράνον*, der Hartriegel), Mispeln,
Eschen, Grüneichen, Ulmen, Buchen, baumhoher Bux und
riesig dicke Platanen leben hier ohne Neid und dicht gedrängt im vollsten Trieb. Weder fehlt hier je in der Mittagsglut für die Glockenblume der Schatten, noch der Brunn am
Weg für müde Wanderer, noch für die Kräuterwiese der
perenne Bach. Wo sich der aufsteigende Pfad von seinem

höchsten Punkt wieder schief gegen den innern Thalgrund hinunterneigt, ist eine länglichte, dünn eingeschnittene Steilschlucht, zu deren Schmückung die Natur ihre ganze Kraft aufgeboten hat; nirgend ist die Belaubung dunkler, das Gehölze dichtverwachsener, der Fruchtwald mannigfaltiger, die Buschvegetation strotzender, nirgend schleicht die Weinranke üppiger und hartnäckiger über Mispeln, Feigen-, Birn- und Waldäpfelbäume, nirgend murmelt Brunn und Bächlein lieblicher als in dieser schönen Schlucht. Wir streiften an die Region des Nadelholzes, und die schöne hellgrüne Tanne erschien jenseits des Baches mitten im Dickicht des üppigsten Buchen-, Hasel- und Ulmenwaldes. Senkrecht ober uns war ein kolchischer Einödhof aus Holz gezimmert mitten im Wiesengrund; auf felsichtem Waldaussprung tief unter uns lag ein zweiter mit glattem Schindeldach und einem Kürbisfeld vor der Thüre. Schnitter, Männer und Weiber, mit der Sichel in der Hand und dem Heubündel auf dem Rücken — eine Bergscene aus Schalders in Tirol — begegneten uns von den Wiesen kommend mitten im Gehölz. Statt des Rockes hatten die Weiber von vorne und von rückwärts wohlgefaltete türkisch-rothe Schürzen umgebunden, und zwischen beiden Schenkelseiten guckte das weisse Pantalon hervor. Ist das alte Kolchistoilette aus der Zeit, wo Xenophon mit den Zehntausend durch diese Gebirge zog? Sie grüssten auf griechisch, waren Christen und dienten der Patronin ihres Thales, der Panagia von Sumelas. In byzantinischen Ländern, besonders wo sie vor den Europäern sicher sind, plagt man die Leute nicht viel mit Tabellen, mit A B C und langen Katechesen. Fasten und die Lateiner hassen ist für den grossen Haufen die ganze Religion. Und doch meinten wir, die halbverfallene, von einem über den Abgrund hinausragenden Felsen links am Wege aus Ulmendickicht und hellgrünem Gebüsch herabschauende Rundkapelle sei in dieser Einöde eine Bürgschaft allgemeiner Christenliebe, sanfter Menschlicheit. und die „*Mater amabilis*" im Ulmendickicht müsse allen Vorübergehenden mildern Sinn verleihen.

Im Laube säuselte es schon abendlich, die Bäume warfen

lange Schatten, und noch zog es sich endlos zwischen den
beiden Waldwänden in das Thal hinein. Doch kamen wir
noch bei gutem Lichte die grosse Tiefschlucht zum Pyxites
hinab, um daselbst einen Pflanzentrieb zu bewundern, wie
ihn gewiss kein Mensch in Europa je gesehen hat und mit
dem sich von den uns bekannten Strichen nur der Hagion-
Oros messen kann. Es wird den Leser ermüden, wenn wir
nach wiederholten Lobreden auf die Kolchisvegetation noch
einmal vom Riesenwuchs der Nuss- und Kastanienbäume, von
der ungewohnten Buchen-, Ulmen- und Platanenpracht noch
einmal, und zwar in gesteigertem Accent von der luxurianten
Fülle des oftgepriesenen Pontusschmuckes der Azalea und
des Rhododendron, von der saftigen Ueppigkeit des fett-
grünen Lorbeerstrauchs, der Myrte mit dickem Schaft, des
wucherischen Laubwerks aller Art in dieser zaubervollen
Wildniss reden. Und doch drängt sich das Wort aus der
Brust. Der Pyxites brauste dumpf über Katarakten, Schnellen
und niedere Sturzfälle, zwischen Granitblöcken, dichtem Laub-
gewirre und geilem, selbst das Rinnsal überwucherndem und
beengendem Geschlinge mühevoll sich hinauswindend, die
lange Schlucht hinab. Von den beiden Seitenwänden plätscher-
ten die Alpenbäche durch Busch und Gehölze in langen
Streifen und in kurzen, beinahe regelmässigen Zwischenräumen in den Pyxites hinab. In dieser romantischen Oede über-
fiel uns die Nacht, und plötzlich — wir beugten um einen
dunkelbewaldeten Felsensprung — schaute die Vollmond-
scheibe vom nahen Alpeneinschnitt des innersten Thalwinkels
zwischen hohen Ulmen und Riesenkastanien durchscheinend
in die Tiefe herab. Wir erschraken beinahe wie vor einer
geheimnissvollen Lichtgestalt einer andern Welt. So riesig
dünkte uns das Antlitz, so bedeutungsvoll der Luna Blick!
Aber bald war das Thal so enge, der Wald so düsterbelaubt,
das Gebirge beiderseits so hoch, dass die Lichtscheibe eben
so plötzlich, als sie uns erschienen war, wieder verschwand
und wir uns nur mühevoll im Nachtdunkel über gedeckte
Brücken, Seitenbäche, Felsenvorsprünge und Krümmungen
des Pfades grossentheils zu Fusse durchwanden, bis wir aus

der Thalnacht hoch über uns in der gewaltigen Höhle einer
senkrechten Felsenwand, vom Monde hell erleuchtet, das
unersteiglich scheinende Kloster der Panagia erblickten. Man
denke sich die Scene, das Abgeschiedene im innersten Winkel der grünen Schlucht, die steilen, mit geringer Spaltung
rasch ansteigenden, wenigstens sechsthalb tausend Fuss hohen
Waldwände, eine riesige Vegetation, voll Laub, voll Bäche,
die Silberfäden der Alpenkatarakten im Mondlicht aus dem
Laube glitzernd, unten der rauschende Bach, stille Waldeinsamkeit, ein milder Septemberabend, stundenweit keine menschliche Wohnung, oben auf der Grenzscheide zwischen Laubholz und Nadelwald, mitten in der grünen Bergseite, in Form
eines aufrechtstehenden Parallelogramms, eine senkrecht ab-
geglättete, aus dem Waldgrün herausspringende Felsenwand
mit einer halbkreisförmigen Höhle in der Mitte; oberhalb der
Wand, sowie unterhalb und zu beiden Seiten, rechts und
links Alles mit Wald und Grün bedeckt. Wir standen voll
Verwunderung still und schwiegen. Aber erschöpft von Hunger und Ermüdung, und zugleich übermannt vom Gefühle,
glaubten wir diesen Abend nicht mehr die Felsenhöhe zu
erklimmen. Das fabelhafte Mondlicht täuschte über die wahre
Entfernung. Gerne wären wir in der Schlucht geblieben. Es
rauschte wohl der Bach, und der falbe Schein des Mondes
stieg geisterhaft den Wald herab; aber nirgend eine Hütte!
nirgend eine Labung! Voll Sehnsucht noch einmal zum
gastlichen Bauwerk der Grotte hinaufblickend, setzten wir
uns nach kurzer Rast zur letzten Mühe in Bewegung. Der
Pfad aus den Nachtschatten der Tiefe führt durch dichtes
Gehölze von Ulmen und Haselstauden in spitzwinklichten
Mäandern wohl dreiviertel Stunden (mit erschöpften Pferden)
bis zu gleicher Höhe mit dem Höhlengrund auf eine kleine
Ebene, wo eine Kapelle und auch gemauerte Stallung für
die Lastthiere und ihre Treiber sind. Auf halber Höhe kam
uns das Mondlicht entgegen, und wir sahen zugleich die helle
Scheibe in ruhiger Majestät über dem Walde hängen. Sei
es Täuschung, sei es Wirklichkeit, der Anblick der Licht-
kugel wirkte elektrisch auf die Nerven und mehrte die Kraft

zur Besiegung der letzten Hindernisse! Nach acht Uhr Abends
waren wir am Ziel des Tages und erwarteten vor den
Stallungen der Kapelle auf einem Steine sitzend die Antwort
aus der Klosterfestung. Wir hatten schon am Fusse des Berges
einen Agogiaten mit den Empfehlungsschreiben voraus-
geschickt, um den Vätern der Grotte unsere Ankunft zu
melden. Der Bote aber, wie wir jetzt erst merkten, hatte
sich gefürchtet, allein den Buschwald hinaufzugehen, und war
nur wenige Minuten früher als wir bei der Pforte angekommen. Endlich erschien er mit der nicht gar freundlich klingenden Nachricht, „wir können hinaufkommen, wir werden
noch eingelassen." Obwohl der Mond das Thal hell beschien
und wir dicht an der Grotte waren, konnten wir sie doch
nicht sehen, weil sie der vorspringende Felsenrand verbarg.
Eine tragbare Stiege aus zwei breiten und langen Baum-
stämmen mit Querstufen und Holzgeländer führt über einen
tiefen Riss von der kleinen Stallfläche zu dem nur vier Fuss
hohen, engen und mit Eisen beschlagenen Pförtchen am
Rande des Felsenparallelogramms hinauf, und von dort erst
geht es wieder auf einer Steintreppe von mehr als dreissig
Stufen auf die Grundfläche der Grotte und zu den Wohnungen der Mönche hinab. Der Mond hatte uns, wie es scheint,
durch sein Licht bedeutend gestärkt, denn aus der schnellen
Bewegung der Schatten unserer Körper auf der Basaltwand
merkte ich, dass wir noch rüstig zum Thore des Labsales
hinanstiegen. Die Eisenpforte öffnete sich aber kaum eine
Spanne breit, und der Thürhüter rief halblaut und schüchtern
heraus, wir möchten ihm zuerst die Waffen übergeben. —
„Wir seien friedliche Pilger zur Panagia und trügen keine
Waffen." Dann liess er uns ein und schob dicht hinter uns
wieder den Eisenriegel vor.
  Innerhalb des niedrigen Pfortenbogens war eine Plattform von etwa drei Schritten ins Gevierte ausgehauen und
mit einer gemauerten Brustlehne gegen den Abgrund verwahrt. Da schwebten wir nun gleichsam in der Luft; hinter
uns die verriegelte Eisenthüre mit der beweglichen Holztreppe
ausserhalb, vor uns die ebenfalls im lebendigen Gestein aus-

gemeisselte Grottenstiege, rechts die bodenlose Tiefe und links
die steile Felsenwand des Parallelogramms mit zwei ebenfalls
künstlich eingehöhlten Kammern für den Thürhüter, der seine
Station weder bei Tag noch bei Nacht verlassen durfte. Er
gab uns ein dünnes Kerzenlicht in die Hand und wies uns
schweigend die hohe Steintreppe hinab auf den Grottengrund.
Unten kam uns Niemand entgegen, das Wachslicht erlosch,
und der Mond warf nur einen matten Schein in die Höhle,
weil die Gebäude am Rand die Strahlen aufhielten. Wir
sahen ein weissgespültes Wasserbecken und hörten den von
der Höhe fallenden reichen Brunnenquell niederplätschern.
gingen an der Kirche vorüber, einen freistehenden natürlichen Thorbogen hindurch und eine gedeckte Holztreppe
hinauf, um etwa in die Abtei zu gelangen und Quartier zu
begehren. Denn offenbar hatte man unsere Empfehlungs-
briefe den Vorständen entweder nicht überantwortet, oder
sie waren von den schlaftrunkenen Vätern in ihrer mönchischen Indolenz nicht gelesen worden. Man hielt uns für eine
gewöhnliche Karavane pilgernder Orthodoxen aus Trapezunda
und folglich keiner besondern Aufmerksamkeit werth. Meine
Begleiter, obgleich nicht das erstemal in Sumelas, wussten
keinen Bescheid, und wir stolperten, da wir weder Abt, noch
Licht, noch Aufnahme fanden, wieder im Dunkeln die Holzstiege in den Hofraum hinab, wo uns endlich ein Mönch entgegenkam. „Ist denn gar Niemand hier, der uns ein Zimmer
wiese?" Auf diese Rede eines der Begleiter sagte der Mönch
ziemlich unfreundlich: „Wenn man so spät noch die Leute
belästiget, hat man kein Recht zu pochen." — „Nein, nein,
wir pochen nicht, wir bitten nur höflich um ein Nachtquartier." — „Das ist was Anderes; wenn ihr so redet, wird
man euch gleich eine Unterkunft verschaffen." Das Wort
„Franke" hätte die Sache schneller zu Ende gebracht, weil
man in griechischen Klöstern mit diesem Wort gewöhnlich
noch den Begriff billiger Erkenntlichkeit für den verursachten
Aufwand verbindet. Die Gefährten waren zu einfältig, es
vorzubringen, und ich sagte keine Silbe, weil ich die Art
und Weise kennen wollte, wie sich dieses byzantinische Volk

unter sich selbst behandelt. Das länglicht viereckige geräumige Zimmer, in welches man uns sogleich führte, hatte eine gewölbte Decke, einen mit Röhricht und bunten Teppichen belegten Estrichboden, einen italienischen Kamin, Ruhekissen an den Seitenwänden des erhöhten Raumes und zwei Rundfenster mit Eisengittern und Läden von demselben Metall. Vor den Fenstern und unmittelbar über der grausigen Tiefe hing ein Söller von Holz, halb in Schatten gehüllt, halb vom Mond erhellt. Bald knitterte die Flamme im Kamin, von dürrem Birnbaum genährt, und aus dem Wandschrank holte der dienende Laienbruder Matrazen hervor und legte zierlich abgenähte Decken darauf. In die Mitte hatte er einen grossen Leuchter gestellt und zugleich die Oellampe in der Nische angezündet, nachdem er vorher die eisernen Läden geschlossen hatte. Zum Nachtessen brachte er, was man in Eile haben konnte: ein warmes Bohnengericht, Vegetabilien, weichen Ziegenkäse mit Honig und frische aromatische Alpenbutter von vorzüglichem Geschmacke, Brod und Wein erster Qualität. Wir fühlten uns ganz behaglich, vom Kamin strömte eine milde Wärme aus, und erquickt durch Speise und Trank dachten wir nach den Mühsalen des Tages nur an die Seligkeiten des Schlafes auf der wohlgefüllten Unterlage.

Wir hatten zum Theil schon unsere Ruhestellen eingenommen, als die Zimmerthüre aufging und ein Mönch eintrat, der sich als Dolmetsch des Klosters ankündete und die Fremden begrüssen wollte. Wie wir gleich merkten, hatte der dienende Bruder aus Anzug, Accent und Redeweise bald erkannt, dass von den vier Fremden wenigstens einer kein „Romäos" sei. Der Dolmetsch oder Conventmagister sollte der Sache auf den Grund kommen, was ihm auch, ohne dass er eine direkte Frage that, in kurzer Zeit auf das Beste gelungen ist. Man sagte ihm ja bald genug, woher man komme und was man eigentlich in Sumelas suche. Er selbst war ein „Kosmogyrismenos",[1] hatte Russland besucht und im Gefolge eines moskowitischen Knäs einen

[1] Diess ist einer, der sich in der Welt herumgetrieben.

grossen Theil von Europa gesehen. Doch schien er ausser
dem Türkischen keine fremde Sprache zu verstehen. Obwohl
der Mann freundlich war und die Rede mit Leuten von einiger Weltkenntniss und Lebenserfahrung allzeit angenehm und
nützlich ist, nahmen wir es doch nicht übel, dass er sich
nach einer Weile empfahl und höflich grüssend das Zimmer
verliess. Hiemit, glaubten wir, sollten die Prüfungen des
Tages endlich geschlossen sein; aber die Hoffnung war eitel,
noch waren wir nicht zu Ende; denn die Thüre that sich
wieder auf und zu unserer nicht geringen Verlegenheit traten
drei Väter herein, von denen sich der eine als Abt (Igumenos) des Klosters ankündete, der andere aber, von imposan-
terem Wuchs und herrischem Ansehen, dem Abt mit der
Bemerkung in die Rede fiel, „sie hätten gehört, es seien
Franken in Mütze ($\varphi\rho\dot\alpha\gamma\varkappa o\iota$ $\mu\dot\epsilon$ $\tau\dot o$ $\varphi\dot\epsilon\sigma\iota$) in die Grotte gekommen, und sie wollten sich höflich über die Mangelhaftig-
keit des ersten Empfanges entschuldigen, es habe da ein
Irrthum obgewaltet, man habe Befehle ertheilt, dass es uns
an nichts gebrechen soll, was ihre geringe Gelegenheit und
ihre arme Behausung zu bieten vermöge, und sie kämen
jetzt, Willkomm zu sagen und den Abend in Gesellschaft
und Gesprächen mit uns zuzubringen." Voll Schrecken über
dieses mönchische Programm standen wir vom Lager auf,
erwiderten den Gruss und versicherten die heiligen Väter,
dass es uns an nichts gebreche, man habe uns ja wohnlich
untergebracht und kräftig bewirthet, und ihre Heiligkeiten
möchten nur die unvollkommene Toilette entschuldigen, in
welcher wir so vornehmen Besuch empfingen; wir hätten es
uns aus Mattigkeit und gänzlicher Erschöpfung bei Zeiten
bequem gemacht. Die von der geist- und ideenlosen Langweile ihres Einödelebens gepeinigten Erzpriester wollten aber
auf das (vermeintliche) Vergnügen, sich mit einem weit herkommenden Fremdling zu unterhalten, nicht so leichten Kaufes verzichten, liessen sich an den Wandkissen in der Reihe
nieder und eröffneten ohne alle Barmherzigkeit den Dialog.
Aus der morgenländischen Adoration, mit welcher die Begleiter aus Trapezunt die Paschafigur begrüssten, merkte ich

wohl, dass es ein Mann von bedeutendem Range sei. Es
war — um den Leser nicht lange in Ungewissheit zu lassen —
der griechische Bischof von Samokóvo in Bulgarien, der
als Exulant seit mehreren Jahren in der Grotte lebte und
eben damals die beste Aussicht hatte, entweder durch Resti-
tution seines vorigen Sitzes oder Verleihung eines andern von
gleichem Ertrage endlich die Frucht langer Unterhandlungen
und bedeutender Kosten einzuernten. Wahrscheinlich sehen
andächtige Leser im exilirten Bischof einen Märtyrer seines
Glaubens, einen Heros unerschrockenen Bekenntnisses und
hartnäckigen Festhaltens an den geistlichen Immunitäten seines Standes und seiner Kirche, ein Opfer türkischer Brutalität und muhammedanischen Christenhasses. Ach nein! Der
Bischof hatte das Fastenmandat gebrochen, hatte zum Entsetzen seiner frommen Schäflein an Mittwochen und Freitagen
Fleisch gegessen, ward von seinen eigenen Leuten verrathen,
vor das Patriarchat nach Stambul citirt und hauptsächlich
auf Betrieb seines persönlichen Feindes, des weltlichen Oberlogotheten der „grossen Kirche", seines geistlichen Paschaliks entsetzt und nach Sumelas in Kolchis verbannt, um daselbst für seine „gottlosen Frevel" Busse zu thun. Das alles
hat er freilich nicht selbst erzählt, obgleich er zu verstehen
gab, dass er den ungerechten und gehässigen Manipulationen
des Oberlogotheten seinen unfreiwilligen Aufenthalt in der
Grotte verdanke. Ungläubiges Nichtachten der strengen
Kirchenzucht scheint bei der hohen Priesterschaft des byzantinischen Bekenntnisses nicht selten zu sein. Auf Hagion-
Oros, hörten wir, mangle es an Pönitenten dieser Art so zu
sagen niemals. Die Mitra mit ihren weltlichen Erträgnissen
und Genüssen ist im Byzantinischen die gefährlichste Klippe
des Glaubens und der Kirchenzucht. Einige behaupten sogar
— was ich aber nicht so leicht annehmen möchte — in der
byzantinischen Hierarchie im Allgemeinen dränge sich nach
Erklimmung des obersten Gipfels priesterlichen Ehrgeizes
häufig das Gefühl des Ungenügenden, des Leeren, des Nich-
tigen ihrer geistlichen Bestrebung und ihrer dogmatischen
Architektur mit solcher Gewalt hervor, dass feiner Sensua-

lismus und grobkörniger Unglaube der Schule Epikurs als
Normalgeistesstand des anatolischen Episkopates gelten soll.
Dass man aber um jeden Preis dem Eindringen dieser epiku-
räischen Pest in die untern Volksklassen wehren müsse, lehrt
sie der Instinct ihres geistlichen Gewerbes, das im Orient
weit mehr noch als im Abendland seine Wurzel in der Meinung des grossen Haufens hat. Denn wie der grosse Haufe
nicht mehr glaubt, dass strenges Fasten während siebenthalb Monaten des Jahres der einzige Weg zur Seligkeit ist,
geht alle byzantinische Herrlichkeit in Trümmer. Sultan und
Patriarch haben gleiches Interesse, die alte Praxis von Byzanz
aufrecht zu erhalten und dauerhaft zu befestigen. Wirklich
ist hier die Kirche in ihrer äusserlichen Erscheinung nichts
anderes als die Gehülfin der weltlichen Macht, das ist des
türkischen Gouvernements, um das christliche Volk einzu-
schläfern und in Compagnie zu verhältnissmässigem Antheile
auszubeuten. Der aller menschlichen Natur inwohnende Neid
der Kleinen gegen die Grossen und der Bedrängten gegen
die Beglückten ist in dieser polizeilichen Ueberwachung des
Episkopats der eifrigste Bundesgenosse des ökumenischen
Patriarchen. Denn das gemeine Volk bildet überall die beste
Controle seiner geistlichen Oberhirten, denen es nur um den
Preis gemeinsamer Leiden und Entsagung ihre Geldsucht,
ihre Macht und ihr insolentes Glück verzeiht. Daher das
wohlbegründete und nicht zu erschütternde Ansehen der
Hagion-Oros-Mönche durch die ganze anatolische Welt, weil
die guten Väter bei allem Reichthum der Gemeinde einzeln
doch nur von Noth, Arbeit und Entsagung leben. Nach
Körper-Constitution und Ideengang zu urtheilen, mochte
man im hochwürdigsten Grotten-Exulanten freilich weit
leichter einen stürmischen Bimbaschi des Sultans von Stambul als einen demüthigen Streiter der Kirche Christi erkennen. Er ist ein Inselgrieche aus Leros und — wie er
uns erzählte — noch jung auf den Episkopalthron von Samokóvo gekommen, obwohl er von beiden Landessprachen
seiner Diöcese, der bulgarischen und türkischen. nicht die
geringste Kenntniss hatte. Dieser Mangel ward durch vor-

theilhaften Wuchs mehr als aufgewogen, und die Summen hatte er auch zusammengebracht, um den Pachtschilling der bulgarischen Bischofstiara zu erlegen. Er gestand uns aufrichtig die Verlegenheiten, die er in seiner doppelten Eigenschaft als oberster Seelenhirt und erste Magistratsperson einer Bevölkerung, deren Rede er nicht verstand, in der ersten Zeit seiner Amtsführung täglich empfinden musste. Als Civilrichter und Polizeichef musste er mit Türken im Divan und mit bulgarischen Archonten im Municipalausschuss sitzen, ohne von den Verhandlungen und Geschäften ein Wort zu verstehen. Ehrgeiz und Herrschsucht waren aber gute Lehrmeister, und in Kurzem redete er beide Sprachen — versteht sich in vulgärem Styl, und ohne sie zu lesen und zu schreiben — mit hinlänglicher Fertigkeit, hat aber, wie es schien, dabei seine eigene grossentheils vergessen. Beinahe in jedem Satz war ein türkischer Terminus mit griechischer Declination eingeflochten. Samokóvo, sagte er, liege an der Steilseite eines tiefen Bergkessels seitwärts von der grossen Heerstrasse zwischen Philippopolis und Sophia; die Stadt sei gepflastert, wasserreich, und mehrere Bäche laufen vom Gebirge herab durch die einzelnen „μαχάλλια καὶ παξρεύουν τὰ σωκάκια,“ das ist durch einzelne Stadtviertel und reinigen die Gassen. [1] Auch die Eisenschmelzen, den Metallreichthum, die Betriebsamkeit und besonders den religiösen Sinn seiner bulgarischen Samokóvo-Schäflein rühmte und pries er an, aber nicht ohne Beklommenheit über den Verlust der „reichen Geschenke und Gaben“, durch welche sie bei Gelegenheit der Feste und geistlichen Visiten des Oberhirten ihre Frömmigkeit und Gottesfurcht bewährten. Die Langweile des trägen engen Grottenlebens drückte den Mann mit doppeltem Gewicht, da er zu weltlicher Rührsamkeit, zu That und Herrschaft wie geboren schien. „Auch habe er bereits über zweitausend Grusch (über 200 Gulden Münze) an Briefgeld und Botenlohn nach Trabesunda und Konstantinopel ausgelegt, um seine Feinde zu versöhnen, um seinen türkischen Patron in Bewegung zu setzen

[1] Mahalla heisst im Türkischen das Viertel und Sokak die Gasse.

und eudlich Freiheit und geistliches Regiment wieder zu erhalten." Man kann wohl denken, dass es auch an Fragen
über unsere Zustände, über religiöse Verhältnisse, und besonders über den Geschäfts- und Wirkungskreis unserer Hohen-
priester nicht gebrach. Die Gelegenheit war gar zu schön,
auf Kosten griechischer Episkopal-Ignoranz und weltlicher
Geschäftigkeit die Tugenden unserer lateinischen Kirchenfürsten anzupreisen, ihr profundes Wissen, ihren heiligen
Wandel, ihre Verachtung irdischen Pompes, ihr versöhnliches
Wesen und besonders ihren Abscheu gegen jegliches Ein-
mengen und Uebergreifen in weltliche und mit dem Seelenheil nicht unmittelbar zusammenhängende Dinge ins glänzendste Licht zu stellen. Der Mann sah mich ganz verwun-
dert, ja etwas ungläubig an und fragte am Ende, ob bei
den Franken die Bischöfe wirklich am weltlichen Regimente,
z. B. an Handhabung der Strassenpolizei, an Schlichtung von
Processen, an Einregistrirung von Kauf und Verkauf, besonders aber bei Umlegung, Einhebung, Verrechnung und
Ablieferung der Steuern an die öffentlichen Kassen keinen
Antheil nehmen und nicht mit den Grossen des Landes Divan
halten? Auf die Verneinung aller dieser Fragen meinte er,
um das Leben eines lateinischen Episkopus müsse es etwas
Trübseliges und höchst Langweiliges sein, da er nicht wüsste,
wie man an ihrer Stelle den langen Tag herumzubringen
vermöge. — „Gebet, Kasteiung und geistliche Sorgen für
Aufrechthaltung der von beständigen Gefahren bedrohten
Orthodoxie sammt Abwendung himmlischer Strafgerichte vom
sündhaften Frankistan seien bei reichlichem und gesichertem
Einkommen für die Enthebung von weltlichen Geschäften
voller Ersatz." Nur konnte der Bischof von Samokóvo so
wenig als irgend ein anderer byzantinischer Christ diese
Scheidung der Kirche vom weltlichen Polizeistaat begreifen.
„Wie man denn eigentlich praktisch in zwei Gewalten trennen könne, was dem grossen Haufen gegenüber doch ein
und dasselbe Interesse zu verfechten habe, und ob denn nicht
die Macht eine ungetheilte sein müsse?" Uebrigens habe er
schon zu Samokóvo von Leuten seiner Diöcese, die des

Handels wegen in Deutschland waren, öfter gehört, dass es
im Frankenland von Philosophen wimmle, einem „pestilen-
zialischen Geschlechte", das durch seine Hirngespinnste die
Menschen bethöre und zuletzt die Dinge noch so weit treibe,
dass Niemand mehr etwas glaube und Niemand mehr etwas
an die Kirche bezahlen wolle. Denken und Ruhe, meinte
er, können neben einander nicht bestehen. In den Ländern
der Orthodoxen des Orients sei in diesem Punkte lange schon
Alles geordnet und keine weitere Discussion geduldet. Dass
man aber uns Franken diesen Denk- und Syllogismusteufel
noch nicht ausgetrieben habe, sei offenbar die Folge der
beiden getrennten und Separat-Interessen verfolgenden Gewalten." Etwas aufgeregt durch diese Wendung des Ge-
spräches, versuchte ich in Kürze den Bildungsgang des Occidents politisch und kirchlich im Gegensatze mit der Geschichte
des byzantinischen Reiches auseinanderzusetzen, glaube aber
nicht, dass der Stockbyzantiner viel davon begriffen habe.
Mit unserem Schul- und Kunstgalimatias wäre bei Leuten
ohne geistige Palästra, ohne Studium, Lectüre und Wissenschaft ohnehin nichts auszurichten. Doch kamen diesen Abend
und den folgenden eine Menge neuer Ideen über den Occident
in die Grotte von Sumelas. Der Klosterabt sagte so wenig
als des Bischofs Diakon ein Wort, beide hörten dem Collo-
quium schweigend zu. Erst um Mitternacht merkte der gute
Prälat, dass seinen Interlocutor der Schlaf übermanne und
endlich die armen Fremdlinge vielleicht der Ruhe bedürfen.
Sie entschuldigten ihren langen Besuch und gingen mit freund-
lichem Grusse zur Thüre hinaus und in ihre Zellen zurück.

Nach vier Stunden des süssesten Schlummers kam der
unbarmherzige Laienbruder schon wieder und weckte uns in
den Gottesdienst: „wir möchten nur schnell aufstehen, die
Liturgie beginne schon." Meine Begleiter, die eifrigen Christen, erhoben sich augenblicklich, ich zögerte aber bis zur
dritten Mahnung und kam endlich auch in die Kapelle, wo
man schon seit länger als einer Stunde psalmodirte. Andacht,
ich gestehe es aufrichtig, trieb mich damals nicht vom Lager;
ich ging hauptsächlich aus Furcht, die Grottenleute möchten

mich für einen „Philosophen“, das ist freidenkerischen Verächter ihrer wunderbaren Panagia halten und mir dann in
mönchischer Tücke den Zutritt zu den literarischen Schätzen
verweigern. Um es nur frei zu gestehen, wir Franken gelten
in der Levante, bei Muhammedanern nicht weniger wie bei
den griechischen Christen, für Leute ohne allen religiösen
Glauben und besonders von höchst unreinen schmutzigen
Sitten. Um diese falsche Ansicht möglichst zu widerlegen,
hielt ich gläubig bis zum Ende aus und steckte sogar nach
griechischem Brauch ein Paar Dünnlichter an, wofür aber
statt zwei Para deren hundertzwanzig (drei Grusch oder
sechs Silbergroschen) in blanker Münze auf den Teller fielen
und den geldgierigen Mönchen bedeutende Gluten innerer
Andacht verriethen. Handel und Gottesdienst gehen im
Byzantinischen, wie man weiss, immer Hand in Hand. Es
war heller Tag, wie wir aus dem dumpfen, von unzähligen
Lichtern erhellten Grottentempel traten, dessen Form und
Bau wir jetzt nur im Vorbeigehen mit einem Blick übersehen konnten. Wir mussten vorerst dem Abt und dem
Bischof unsern Besuch abstatten und das gestern Abend nur
oberflächlich berührte Petitum in bester Form vor dem Aus-
schuss der heiligen Gemeinde stellen. Man präsentirte Raki,
Kaffee und Süssigkeiten, entschuldigte sich aber voraus über
den Mangel an Büchern, Handschriften und Goldbullen; „es
möge früher an dergleichen Dingen grösserer Ueberfluss gewesen sein, aber in zweimaliger Einäscherung des Klosters
sei bis auf unbedeutende Reste Alles zu Grunde gegangen
und namentlich von den Goldbullen nur eine, allerdings die
wichtigste mit dem Rechtstitel ihrer Besitzungen und Privilegien erhalten worden. Die Bücher und Handschriften seien
in einer Felsenkammer oder dem Tempeldach aufbewahrt,
und es stehe ihrer Durchsicht kein Hinderniss entgegen; die
Goldbulle aber sei im Innern der Kapelle selbst hinterlegt
und dürfe ohne Zustimmung des Gemeinderathes weder her-
vorgeholt noch Jemanden gewiesen werden. Er sehe zwar
nicht ein, was mir die Ansicht des besagten Dokuments
nützen könne und wie man überhaupt solcher Dinge wegen

so weite Reisen unternehmen möge. Indessen wolle er unser
Begehren der eben einberufenen Versammlung vorlegen, wir
möchten nur in der Zwischenzeit das Kloster und die Kirche
näher besehen, und man werde uns das Conclusum später zu
wissen thun." Wie man sieht, haben zweistündige Morgen-
andacht und die hundertzwanzig Para des Opfertellers unserer
Sache keinen besondern Vorschub geleistet. Obgleich im
Schreiben des ersten Archonten ausdrücklich stand: μὴν
ὑποπτεύεσθε, „habet keinen Verdacht", schien das Verlangen, ihren Hauptbesitztitel einzusehen, doch eben so in-
discret als gefährlich. Kolchischen Ignoranten den wissenschaftlichen Gebrauch einer alten Urkunde begreiflich zu
machen, war vergebliches Bemühen. „Von solchen Dingen
nicht reden," meinten sie, „wäre immer am sichersten."

Der Bischof empfing uns mit denselben Ehren wie der
Abt und wollte uns in Person als Führer dienen, um die
Merkwürdigkeiten des Grottentempels zu erklären. Die
Wohnung des heiligen Despoten hatte etwas Idyllenhaftes.
Man gab ihm das obere Stockwerk des Hauptgebäudes un-
mittelbar über den Zimmern des Abts; eine holzgetäfelte
Wohnstube mit zwei Alkoven für sich und ein kleineres
Zimmer mit eigenem Eingang für den Diakon. Die Fronte
mit den Fenstern sah in die Tiefe hinab, und ein Holzsöller
lief auf drei Seiten an Thür und Fensterbogen vorüber um
den Bau herum, wie unterhalb vor der Wohnung des Igumenos. Ein Oratorium am Seitenende fehlte natürlich nicht,
Alles von leichtem Fachwerk und mit Nussbaumholz bekleidet.
Ueber die Söller springt das Dach hervor, auf dünne Säulen
gestützt zum Schirm wider Regen und Sonnenstrahl. Hier
ist Schatten und Kühlung den ganzen Tag. Wie die abendlichen Lüfte fächeln! Wie tief unten der Pyxites weiss schäu-
mend über die buschigen Klippen fällt und die Cascaden-
bäche gegenüber im Sonnengold von der laubbewaldeten
Bergwand niederrauschen! Wer empfindsam ist und die Einsamkeit ertragen kann, müsste hier zufrieden und glücklich
sein. Wie gerne hätte aber der Bischof von Samokóvo diese
wundervollen Scenen einer ewig frischen Natur, diese Sturz-

büche und Rhododendronblüthen um das Gezänke einer gräco-
türkischen Municipalberathung hingegeben! Wenn der Leser
unter dem Ausdruck „Grotte, Höhle"
eine in Krümmungen und Wendungen tief in die Felsenwand
hineindringende Vertiefung versteht, wäre die Vorstellung
des Sumelasklosters eine irrige. Es ist vielmehr eine Nische
oder Felsenblende in kolossalem Masse von vierzig bis fünfzig Fuss Höhe, etwa hundertzwanzig Fuss Länge, mit wand-
artig gemeisseltem Hintergrund und nirgends über
sechsunddreissig Fuss Tiefe. Auch das stolze und kraftvolle
Mauerwerk der Hagion-Oros-Klöster ist hier nicht zu sehen:
auf Steinterrassen und gewölbten Grundzimmern hat man
ohne Plan und Ordnung hölzerne Bauernstuben mit Schindeldach und Söllern über der Tiefe aufgerichtet, nach Ungleichheit der Grottenkante, die einen hoch, die anderen tief und
durch Holzstiegen oder Steintreppen und einen im Feisen
gehauenen Thorweg mit einander verbunden. Von der lebendigen Höhlendecke sickert Quellwasser langsam, aber perenn
in ein Marmorbecken herab, zur Noth für den Gebrauch der
heiligen Gemeinde hinlänglich und ausser Bereich feindlicher
Gewalt. In der neuesten Zeit hat aber die Wohlthätigkeit
eines Bürgers von Trapezunt eine reiche Alpenquelle künstlich in die Grotte hineingeleitet und durch das abfliessende
Wasser eine neue Katarakte in langem Silberfaden über den
Abgrund gebildet. Wie bei den nubischen Felsentempeln
bildet eine in die Wand des Hintergrundes hineingemeisselte
viereckige Höhlung das Schiff der Klosterkirche, an der man
nur die Apsis (das Halbrund des Presbyteriums) mit einem
kleinen Kuppelthürmchen künstlich angebaut, so dass die
Andächtigen das Antlitz nicht dem Innern der Nische, wie
zu Ybsambol, sondern der Mündung und der gegenüberliegenden Bergwand zuwenden und die Sonne durch das
matte Glas der byzantinischen Fenster bricht. Das Innere
des Schiffes ist auch bei hellem Tage ohne künstliche Beleuchtung dunkel, und die alten Fresken auf der rauchigen
staubkrustigen Tempelwand, im zierlichen Styl des 14. Jahrhunderts (1360 n. Chr.) ausgeführt, waren den frommen

Vätern selbst eine Neuigkeit; wir haben sie bei dieser Gelegenheit zuerst entdeckt. Alexius III., sein Sohn Manuel III.
und der im Frauenkloster Theoskepastos begrabene Bastard
Andronicus sind als Wohlthäter und Restauratoren zierlich
und mit Inschriften zur Seite, in Lebensgrösse und mit lebendigen Farben dargestellt. [1] Wenn die Abbildung des Höhlenklosters neben dem Bilde Manuels seinem damaligen Zustande
wirklich gleicht, war es freilich prachtvoller als gegenwärtig.
Der Bischof verlor über das lange Verweilen bei den trapezuntischen Fresken die Geduld und meinte, wenn ich solche
Dinge liebe, könne er mir Besseres zeigen: das vom Evan-
gelisten Sanct Lukas eigenhändig gemalte Conterfei der Panagia und den Cyclus neutestamentarischer Darstellungen auf
der Aussenseite des Halbrundes. Letztere waren ein ekelhaftes
rohes Gepinsel dürrer Byzantiner Heiligen und des struppigen
abgemagerten Salvators in cappadocischem Kirchenstyl, widerlich und peinlich anzusehen. Der Anblick dieser Fratzen und
die langen Auslegungen des Bischofs waren gleich unerträglich, und ich bat, er möge uns doch endlich zum wunder-
wirkenden Conterfei der Panagia bringen. Man brannte zwei
neue Lichter an und holte das Bild aus dem Adyton hervor.
Ich erschrak nicht wenig über Sanct Lukas' Künstlertalent.
Ein byzantinisches Farbengekleckse auf Holz, im gewöhnlichen Mönchsstyl, ungefähr eine Spanne hoch und durch
die unzähligen Huldigungen der Andächtigen fast bis zur
Unkenntlichkeit entstellt, würde, mit Verlaub zu sagen, bei
unsern Kunstrichtern nicht ohne grosse Mühe als Produkt der
schönen Zeit griechischen Geschmackes gelten. „Hierin,"
meinten die Mönche, „liege aber der stärkste Beweis für die
Aechtheit des Werkes und sein hohes Alterthum." Eine
silberne Einfassung in getriebener Arbeit, von einem trapezuntischen Meister des siebzehnten Jahrhunderts verfertigt,
schmückt das Palladium von Sumela. Man kann wohl denken,
dass wir uns in Gegenwart der Mönche weder laute Zweifel,

---

[1] Die groteske Dankbarkeit damaliger Mönche liess den frühverstor-
benen Bastard gegen den Wortlaut der Chronik als Imperator im kaiserlichen Diademe glänzen.

noch sonst eine unschickliche Bemerkung über das Bild erlaubten. Die Grotte lebt ja vom Credit dieses Gemäldes, eigentlich der „Heuschrecken-Madonna" zum Schutz der umliegenden Landschaften Anatoliens wider das gefährliche Insekt, aber auch der Helferin wider Fieber, Unfruchtbarkeit und Noth und Bedrängnisse aller Art für Christen und Muhammedaner ohne Unterschied. Aus ganz Kolchis, aus Paphlagonien, Cappadocien und Armenien kommen Pilger, oft in Karavanen, zur Mirjem-ana (Mutter Maria) im Gebirge, beten an und bringen Opfer dar. Wir selbst sahen am zweiten Morgen, wie drei türkische Weiber aus dem zwölf Stunden entlegenen Baiburd, von ihren Anverwandten begleitet, tief verhüllt beim Frühgottesdienst vor dem Ikonostasium der Klosterkirche auf dem Boden sassen, um in ihrem Anliegen unter Beistand der psallirenden Mönche die Fürsprache der Mirjem-ana beim Herrn des Weltalls zu erlangen. Während der geheimnissvollen Verwandlung der Substanzen und während der Procession des Sakramentes wurden die „Ungläubigen" jedesmal durch einen Mönch hinausgeführt, das Evangelium aber ward noch besonders, und zwar im feierlichsten Accent, zwischen zwei brennenden Wachskerzen über den Häuptern der sitzenden Muhammedanerinnen abgelesen. Der Bischof glaubte aber zu bemerken, dass die türkischen Weiber, ihrer Verhüllung und ihrer Nöthen ungeachtet, gar zu aufmerksam nach den derben Klosterbrüdern schielten, und rief ihnen mitten unter der feierlichen Handlung mit strafenden Worten laut vom Sitze herüber: „Schlaget die Augen nieder! Schauet nicht die Männer an!"

Von den sechzig durch Sanct Lukas gemalten Bildern der seligsten Jungfrau sind nach dem frommen Glauben der morgenländischen Kirche nur drei Originale bis auf unsere Zeit gekommen, aber natürlicher Weise alle drei auf dem Gebiete der griechischen Orthodoxen aufbewahrt. Das erste und berühmteste wird im grossen Höhlenkloster ($M\acute{\epsilon}\gamma\alpha$ $\Sigma\pi\acute{\eta}\lambda\alpha\iota\sigma\nu$) auf Morea gezeigt, Kloster Kikkos auf Cypern hat das zweite, das dritte aber und zwar die Lieblingsarbeit, die der heilige Maler auf seinem irdischen Wandel beständig

mit sich herumtrug, ist eben die wundervolle „Heuschrecken-
Madonna" von Sumelas, der luftigen und schönen Einöde
des kolchischen Amarantenwaldes. Die Legende erzählt ausführlich, wie dieses kostbare Ueberbleibsel aus der ersten
Zeit des Christenthums durch besondere Fügung Gottes allen
Zufällen glücklich entrann, wie es nach St. Lukas' Hin-
scheiden zu Theben in Böotien von seinen Erben nach Athen
gebracht und daselbst bis zum vollständigen Siege des Christenthums unter Theodosius nicht ohne viele und bedeutende Mirakel in einem besonderen Gotteshause hinterlegt und von der
gläubigen Gemeinde der Theseusstadt als der kräftigste Talisman gelobt und gepriesen wurde. Aber um die Zeit des benannten Imperators verliess das Bild ohne menschliches Zuthun seine Tempelwohnung an der Akropolis und wanderte,
von Engeln getragen, durch die Wolkenhöhe morgenwärts
bis in die liebliche Waldeinsamkeit ober Trapezunt, hatte
aber vorher zwei fromme Jünglinge, Sophronios und Bar-
nabas von Athen zu gleicher Wanderschaft nach Kolchis
eingeladen. Mystischem Zuge folgend entdeckten die beiden
Athenäer an den Quellen des Pyxites, mitten unter Laubwald und Wasserfällen, ferne von aller menschlichen Wohnung, die hohe Felsengrotte und auf einem Steine ruhend
das entflohene Bild. Die Grotte ward erweitert, eine Kapelle
hineingebaut und Hütten errichtet für die beiden Einsiedler
aus Athen. Das war, sagt die Legende, der Anfang des
Höhlenklosters der Panagia von Sumelas, das bald an Grösse,
Reichthum und Mirakeln wuchs. Keine Gegend in der Welt
eignet sich aber auch besser zu einer Wallfahrtsstätte und
zu gläubiger Stimmung des Gemüthes, als diese ewiggrüne
und zaubervolle Wildniss am kolchischen Melasberge. [1]
Indessen sind, wie der verständige Leser wohl selbst
merkt, diese Nachrichten über erste Begründung und frühere
Schicksale des Höhlenklosters nur unbeglaubigte Sagen und

---

[1] Τὸ ὄρος τοῦ Μελᾶ. Sonderbar genug heisst das innerste Gebirge
im Sellrainthale in Tirol ebenfalls Melas. Die beiden ohne Unterschied
gebrauchten Formen Melas und Sumelas entsprechen dem Doppelnamen
Meru und Sumeru des indischen Götterberges.

fabelhafter Legendenkram. Zuverlässiges beginnt erst um die
Mitte des vierzehnten Jahrhunderts. Vorher war es der festen
Lage ungeachtet öfter feindlicher Gewalt erlegen, verbrannt,
Generationen lang verlassen, bald durch Privatwohlthäter,
bald auf gemeine Kosten des byzantinischen Lokalregiments
in Trapezus wieder hergestellt, bis es endlich durch den
frommen Grosscomnen Alexius III. (1360) gleichsam von
neuem aufgebaut, finanziell gemehrt und in Rechten und Besitz legal und bleibend geordnet wurde. Das Wunderbild
hatte unter diesen Umständen freilich auch seine Schicksale.
Im zwölften Jahrhundert brachen die Turkmanen ein, verbrannten Gotteshaus und Kloster und wollten vor Allem
St. Lukas' Pinselwerk vernichten. Sie warfen es ins Feuer,
aber wie es in solchen Fällen allzeit geschehen ist, das Feuer
brannte nicht; sie zerhackten es, konnten es aber nicht zerstören; nur zeigte mir der Bischof noch die Wunde von der
turkmanischen Streitaxt im Gesichte des Bildes; zuletzt warfen
sie es ins Wasser (natürlich in den Pyxites), aber das Wasser
trug es nicht fort, und am Ende haben es fromme Leute wieder
herausgezogen und von neuem in die Grotte gebracht, wo es
alle Stürme Anatoliens überlebend jetzt noch in Nöthen der
benachbarten Völkerstämme hülfreich wirkt und durch ungeschwächten Credit neben der Fülle geistlicher Gnaden den
Mönchen gutes Gewerbe und reichliche Nahrung schafft. Allein
die Grottenleute in ihrem frommen und verständigen Sinn begnügen sich nicht mit segenvoller Beglückung von Kolchis und
ihrer nächsten Umgebung, sie möchten auch den entferntesten
Völkern anatolischen Bekenntnisses ohne Kosten und Mühe
langer Pilgerschaft zum vollen Genusse der mystischen Schätze
verhelfen. Klosterbrüder, mit rohen Kopien des Mirakelbildes
versehen, betteln und streifen durch ganz Kleinasien, durch
Russland und die Donaufürstenthümer, um geistliche Sumelas-
gnaden gegen klingende Münze einzutauschen. Ein solcher
Geldmönch ward einige Jahre vor meiner Ankunft zu Cäsarea
in Cappadocien ermordet und ausgeplündert: der Mann hatte
40,000 türkische Grusch (10,000 Franken) zusammengebracht
und wollte nun die reiche Ernte durch Anatolien bettelnd in

die gottgesegnete Höhle bringen. Den grösseren Theil des
geraubten Gutes erhielt man nach langen Unterhandlungen
während meines Aufenthaltes in Trapezunt zurück.
Ungleich weniger Profit als St. Lukas' Malerei gewährt ein
Stück Holz vom Kreuze Christi. Dieses kostbare Ueberbleibsel
hat der Grosscomnen Manuel III. (1390—1420) aus der kaiserlichen Schatzkammer nach Sumela geschenkt, wie auf dem
Silberschrein der Einfassung in sechs jambischen Trimetern
geschrieben steht. Jeden ersten Monatstag wird mit diesem gesegneten Holze Wasser geweiht und gegen mässige Vergütung
an die Gläubigen überlassen, vertheilt oder ausgesprengt.

Nach dieser Musterung der geistlichen Schätze und der
Lage des Klosters im Allgemeinen gingen wir mit dem Bischofe
in seine Wohnung hinauf, in welcher bald nachher der Abt
in Gesellschaft zweier Mönche mit der Goldbulle Alexius' III.
erschien. „Da sei nun der schwarz, roth und blau über-
schriebene Fetzen, dem zu Liebe ich so weit hergekommen
sei und so viel Geld versplittert habe!" Es war das erste
Dokument dieser Art, welches mir je zu Gesicht gekommen,
und die Väter konnten die Hast nicht begreifen, mit der ich
es aufrollte, die sechs Zoll hohen Porträte des Imperators
und seiner Gemahlin Theodora, in schönster Farbenpracht,
mit Diadem und Purpurkleid, betrachtete und den in kalli-
graphischen Schnörkeleien wunderbar verschlungenen Text
zu lesen versuchte. Die Rolle bestand aus Seidenpapier und
hatte etwas über einen Fuss in der Breite, aber achtzehn
bis zwanzig Fuss in der Länge. Die beweglichen Goldsiegel
unterhalb der fürstlichen Bilder waren, man weiss nicht seit
wann, verschwunden, zwischen den Zeilen weite Räume und
die Accente besonders lang und deutlich ausgedrückt. Und
doch hatte die Lesung solche Schwierigkeiten, dass zum Ent-
ziffern und Kopiren der Satzbildungen oder Zeilen der Bulle
wohl fünf bis sechs Tage nöthig schienen. Zum Glück lag
aber eine von den vier Patriarchen des Orients und anderen
Kirchenfürsten eigenhändig beglaubigte Doppelkopie in gewöhnlicher Cursivschrift bei; aber die Mönche gönnten kaum
die Zeit, den Inhalt nur flüchtig durchzusehen, und wie ich

erst noch Miene machte, die vidimirte Kopie mit dem Original
zu vergleichen, verloren sie beinahe die Geduld und wurden
am Ende noch anzüglich über die „sonderbaren Launen der
Franken", die auf solche alte Papiere unverhältnissmässigen
Werth legen. Ich gab dem Abt die Bulle zurück und sagte
ganz ruhig, aber auf türkisch: *Kara basch ne süjlersin senün
aklün dairesinden tschikti firenk semtlerinde bu schei hem ekmek
hem ikram verir,* [1] das ist „Mönch, was redest du? Du bist
nicht recht bei Trost! In den Frankenländern verschaffen uns
solche Dinge Brod und Ehren." Eine leichte Röthe flog dem
Abt über das Gesicht, und die Sitzung hatte für diessmal ein
Ende. „Nachmittag wolle er mich in die Bücherkammer
führen." Die erste Neugierde war befriedigt, aber weiter
noch nichts gewonnen, und voraussichtlich bedurfte es neuer
Instanzen und verlängerten Aufenthalts in der Grotte, bis die
tückischen, rohen und von allerlei Verdachtsgründen bethör-
ten Mönche eine Abschrift ihrer Goldbulle zu nehmen erlaubten. Wir beriethen uns gemeinschaftlich über die Mittel,
die faulen und böswilligen Schwarzköpfe zu unseren Gunsten
zu stimmen, hatten aber nur geringe Hoffnung. Eine Verhandlung über den wichtigsten Gegenstand der Staatspolitik
mit dem Pfortenministerium zu Stambol erfordert kaum grösseren Aufwand von Geduld und Kunst als unsere jämmer-
liche Angelegenheit in Sumelas, weil die morgenländische
Procedur im Kleinen wie im Grossen auf derselben Maxime
beruht: absolute Unthätigkeit und unbedingtes Verneinen
jedes Petitums. Diese Kunst versteht hier Jedermann, und
der Europäer mit seiner Hast, seinem enthusiastischen Erfassen eines Gedankens, seiner civilisirten Eitelkeit und seinem
Gemüthe ist unter diesen Leuten allenthalben im Nachtheil.
Indessen meldeten wir uns nach der Mönchssiesta in der Abtei,
fanden aber den Vorhang vor der Thür herabgelassen, zum
Zeichen, dass der Igumenos noch schlafe. Erst das drittemal war das Velum aufgerollt und liess uns der Kammer-

---

[1] Wörtlich übersetzt würde der erste Satz folgender Weise lauten:
„Schwarzkopf, was redest du? dein Verstand ist aus seinem Ringe hinaus-
gesprungen."

diener ein, aber es dauerte lange, bis wir den gähnenden
Abt in Bewegung brachten. In der Steinwand neben der
Kapelle, etwa zwölf Fuss über der Grundfläche, ist eine geräumige Kammer künstlich ausgehöhlt, fensterlos und nur
mit einer eisenbeschlagenen Thüre verschlossen, zu der man
auf einer tragbaren Leiter hinaufsteigt. Hier war die Klosterbibliothek. Erst oben auf der Leiter bemerkte der Abt, dass
er in der Schlaftrunkenheit den Schlüssel vergessen hatte;
er wendete sich um und warf uns einen Blick zu, der vernehmlich sagte: Seht nur, welche Last ich euretwegen habe.
Zugleich befahl er in stummer Geberde einem vorübergehenden Klosterbruder, den Schlüssel zu bringen, sagte aber in
der Zwischenzeit selbst auf unsere höflichste Entschuldigung
kein Wort. Wir wollten aber nun einmal fein und diplo-
matisch sein und ertrugen das rohe Benehmen des kolchischen Mönches mit Resignation. Wie die Thüre offen war,
setzte er sich verdriesslich auf die hölzerne Truhe mitten in
der Kammer und sah schweigend zu, wie wir von den zerstreut auf dem Boden herumliegenden Handschriften eine nach
der andern aufhoben und wieder auf die Seite legten. Im
Ganzen zählten wir nahe an zweihundert Bände, grössten-
theils Druckschriften aus Europa, für uns ohne Werth; aber
auch die wenigen Manuscripte waren nicht von Belang, und
von historischen Compositionen aus der Kaiserzeit, um die
es uns hauptsächlich zu thun war, überall keine Spur. Unwillen, Verdruss und Reue über vergebliche Arbeit und verlorne Mühe hätten beinahe das Gleichgewicht deutschen
Phlegmas gestört. „Lebt ihr denn ganz und gar nur wie
die vierfüssigen Thiere in Mastung und Gebrüll, ohne alle
Neugierde, ohne alle Forschung, was früher war und welche
Schicksale eure Grotte und das weiland christliche Land der
Trapezuntier hatte?“ Der Abt nahm diese Frage gar nicht
übel, öffnete die Truhe, hob eine ungebundene Druckschrift
in Quarto heraus und gab sie mir als Xenium mit der Bemerkung, hier sei Alles beisammen, was man von alten
Zeiten her und aus jetzt nicht mehr vorfindigen Codices über
das trapezuntische Reich und das heilige Kloster wisse. Voll

Neugierde, was etwa der Inhalt sei, machten wir der frucht-
losen Bücherschau ein Ende und begleiteten den Abt in seine
Wohnung, um dann allein und ungestört die Kunst sumelio-
tischer Historiographie zu untersuchen. Die Analyse dieses
vor etwa siebzig Jahren zum Gebrauch der Brüder verfassten Kirchen- und Wallfahrtsbuches gehört nicht hieher. Nur
war es eine höchst angenehme Ueberraschung, darin den
correkten und von einem Athosmönch mit grosser Sorgfalt
veranstalteten Abdruck der langen Goldbulle zu finden, von
deren Original uns der Unverstand der Grottenleute kaum
eine flüchtige Durchsicht gestatten wollte. In der Hauptsache
war es so viel, als wenn wir die Urschrift selbst abgeschrie-
ben hätten — eine wesentliche Förderung unserer Zwecke —
ohne der zerstreuten Notizen, Citate und Sittenzüge der
mönchischen Compilation zu gedenken. Längerer Aufenthalt
schien jetzt nutzlos, und wir beschlossen, am andern Morgen
nach dem Gottesdienst die Grotte zu verlassen und mit unserer Beute und unseren Erinnerungen wieder nach Trapezunt
zurück zu reiten. Schon um Mittag waren feuchte Nebeldünste
vom schwarzen Meere her in die Berge gezogen und hatten sich
regenträufelnd über die Schlucht gelegt. Mit dem Lichte war
zugleich ein grosser Theil des Waldzaubers verschwunden, und
was uns am Morgen noch so reizend schien, flösste uns Abends
die tiefste Schwermuth ein. Die kalte Atmosphäre, die Berg-
enge und selbst der fahle nassgrüne Tagesschimmer gaben jetzt
der Klosternische etwas Unheimliches und Gemüthbedrückendes.
Ja das Loos eines europäisch gesitteten Menschen, in diese Oede
und besonders unter d i e s e Menschen verbannt zu sein, schien
uns — o des wankelmüthigen Sinnes — nur mit den Qualen
des gefesselten Prometheus zu vergleichen! Wir glaubten uns
wirklich an das Ende der Welt, in das unwirthliche Felsen-
geklüfte des scythischen Kaukasus verbannt,

Χϑονὸς μὲν εἰς τηλουρὸν ἥκομεν πέδον,
Σκύϑην ἐς οἶμον, ἄβατον εἰς ἐρημίαν.

Aber mehr noch als die Oede und die frostigen Lüfte
flössten uns die Bewohner der Höhle und ihr unhospitaler

Sinn peinliche Empfinduugen ein. Die Mönche von Sumela
stehen eben so weit in der Grossartigkeit der äussern Erscheinung als in der Menschenfreundlichkeit, im feinen Ton
und besonders in der strengen Zucht und im sittlichen An-
stande hinter den Hagion-Oros-Vätern zurück. Sumelas ist
ein freies Kloster mit jährlicher Vorstandswahl und — wie
es scheint — mit wenig geordneter und laxer Disciplin. Ein
Wort des exilirten Bischofs, das man im Orient, ohne Arges
zu denken, in bester Gesellschaft spricht, bei uns aber mit
Schicklichkeit nicht übersetzen darf, beschrieb deutlich genug,
wie diese kolchischen Waldbrüder und Küster der engelreinen
Panagia das Einsiedlerleben am Pyxites verstehen. [1]
Zu meiner Zeit waren gegen dreissig Brüder eingeschrieben, grossentheils aus den Provinzen Chaldia, Cheriane
und den umliegenden Hochthälern der alten Makronen gebürtig, Leute mit viereckigem Mund, viereckigem Kinn und
knochigem grazienlosem Körperbau ohne alle Amönität des
Geistes; ungehobeltes Volk einer grossen Bauernwirthschaft,
das sich nicht einmal in der Kleidung vom gemeinen Haufen
unterschied. Die Wenigsten trugen ihre obligate schwarze
Mörsermütze und den faltigen Ueberwurf; das rothe Fes, die
weisse Filzkappe der Turkmanen mit schwarzem Turban,
weite Pantalons aus farbigem Zeug und eine Art Paletotsack
aus blauem Tuch nach Geschmack und Vermögen, aber un-
sauber und grindig, sahen wir selbst beim Gottesdienst. Eine
sogenannte Trapeza oder gemeinschaftlicher Speisesaal, wenigstens für feierliche Gelegenheiten, besteht auf Sumelas
nicht, jeder lebt für sich, isst auf seiner Stube, oft zwei,
drei in gemeinschaftlicher Oekonomie, sehen sich nur im
Rathszimmer und am Psalmenchor. Aber wie? denkt hier
etwa ein frommer Leser, gibt es denn an diesen Dienern
Gottes und der Panagia von Sumelas gar nichts Gutes anzurühmen? Sollen wir immer nur von ihrer Ungeschliffenheit,
Ungastlichkeit und Unwissenheit, von ihren Tücken, ihrer

---

[1] „Es ist wahr,“ sagte der derbe Despotis, „diese Mönche essen keine
gekochten Fleischspeisen, ὀμμὰ τρῶι κρέας ἄψητον.“ — Das ist ächt
anatolisch orthodoxer Tempelwitz!

Unempfindlichkeit für die Naturschönheiten der Waldöde, ihrem Mangel an Einheit, Disciplin und Sitten hören? — Ach nein! Wir sind nicht parteiisch, wir sehen auch das Gute und bekennen gerne, dass die Sumelaväter — sei es Frucht der Uebung oder der Alpenlüfte — insgesammt vortreffliche Lungen haben. Ein Mönch, noch jung, lang, hager und mit einem täuschenden Fuchsgesicht, wiederholte beim Frühgottesdienst — wir zählten genau — zwanzigmal, ohne Athem zu schöpfen oder abzusetzen, sein Kyrie eleyson. Wo hätten lateinische Mönchslungen des Occidents auch bei aller Nachhaltigkeit und Anfeuchtung solche Energie?

Die zweite Nacht war erquickender und ungestörter als die erste, weil der Reiz der Neuheit beiderseits gesättigt und wir insbesondere mit den Früchten der Pilgerschaft nicht ganz unzufrieden waren. Am dritten Tage früh nach dem Offizium begrüssten wir den Abt und den Bischof, vertheilten für die sehr mässige Bewirthung auch sehr mässige Geschenke und verliessen noch vor sieben Uhr die Grotte mit etwas veränderten Gesinnungen, als wir gekommen waren. Noch ein Tag länger hätte den Krieg gebracht; beide Parteien waren gespannt, und der Franke mit dem Byzantiner kann ohne Selbstverleugnung nur kurze Zeit in Frieden leben. Die eiserne Pforte schloss sich hinter uns, und wir eilten fröhlichen Muthes über die Baumstiege zur St. Barbara-Kapelle und den Stallungen herab, wo wir die Agogiaten mit den noch immer erschöpften Pferden fanden. In zwanzig Minuten raschen Ganges auf schön gebahntem Pfade durchs Haselgebüsch waren wir wieder an der Brücke des Pyxites, wo uns ein andächtiger Client noch einmal das Bild der Panagia Hodegetria gegen kleinen Lohn zum Abschied entgegenhielt. Die Sonne rang mit den wässerigen Pontusnebeln, wir aber blickten aus der Tiefe noch einmal hinauf zur romantischen Klause in der Felsenwand und ritten voll Gedanken über den uns Europäern überall feindseligen Genius von Byzanz auf dem vorigen Wege nach Trapezunt zurück.

V.

Küstenfahrt nach Kerasunt.

Das melancholische *Colchicum autumnale* — die Herbst-
zeitlose mit der Safranblüthe — und der Spätflor der gelben
Amaryllis am Strandriff bei Calanoma mahnten nicht
weniger dringend als die ausgedorrten Maisstengel und die
herbstlichfahlen Blätter der Gartenbäume an den flüchtigen
Sommer, an das Herannahen der Pontusstürme und an die
Nothwendigkeit der Heimkehr in das Winterlager am Bos-
porus. Zwei volle Monate waren seit meiner Ankunft in
Kolchis vergangen; ich hatte die Hauptstadt und ihre nächste
Umgebung mit einer Sorgfalt und Ausdauer untersucht, wie
kein anderer vor mir; ich war eine starke Tagreise weit in
das Innere gedrungen und wiederholt und mit erneuter Lust
über die „sanften Schwellungen", durch das immergrüne
Gestrüpp der waldigen Höhenzüge innerhalb der malerischen
Curve von Trapezunt gestreift; ich hatte die Mappe mit
Umrissen gefüllt, die Phantasie mit neuen Eindrücken geschwängert und dem Gemüthe zugleich eine Fülle vorhin
nicht gekannter Genüsse bereitet. Aber ich hatte von
den geschichtlich berühmten Städten des grosscomnen'schen
Reiches Trabisonda allein gesehen. Tripolis und besonders das kirschenreiche Kerasunt lagen freilich im Sinne,
aber bis zu letzterem, sagte man mir, betrage die Entfernung
von Trapezunt zu Lande sechsunddreissig gutgezählte Stunden,
was einen bedeutendern Aufwand von Zeit und Geld zu
fordern schien, als jetzt noch zu leisten räthlich war. Die

kurzen Tage, die Herbstregen, die angeschwollenen Wald-
ströme und die wilden ungastlichen Sitten der von Fremden
nur selten besuchten Kolchier dieses Strandes waren ver-
stärkte Gründe, des Unternehmens nicht weiter zu gedenken.
Der Seeweg hätte allerdings die meisten dieser Unbequem-
lichkeiten entfernt, aber das Dampfschiff legt zwischen
Trabisonda und Konstantinopel nur bei Samsun und Sinope
an, und ein eigenes Fahrzeug zu miethen, an der Küste
hinzutsreichen und zu landen, wo und wann es gefiele, wie
einst Clavigo (1403), Tournefort (1701) und unlängst
(1836) Hamilton, die unter mächtigem Schirm und mit
grossen Zuthaten ausgerüstet nach Kolchis kamen, wäre für
Untersuchungen meiner Art allerdings der bequemste und
geeignetste Weg, fiel aber leider zu weit über die Grenzen
eines Reisenden hinaus, der nur seinen geringen Privat-
sparpfennig in der Tasche fand. Ich hatte nämlich, ohne
nur Jemand zu fragen, Alles nach den Preisen der Schiffe
am Nil, an der phönicischen Küste und im ägäischen Meere
berechnet und in Folge dieses Calcüls dem Wunsche, nach
Kerasunt zu gehen, schon längst entsagt. Die Papiere mit
einem Theil der Effekten waren bereits gepackt, auch
Abschiedsbesuche waren schon gemacht, und drei Tage später
wollte ich die Rhede von Trapezunt verlassen, als die zufällige Bemerkung des früher beregten Don Ovanes, „es
gehen jede Woche öfters Barken nach Kerasunt und von
dort nach Trabosan zurück, und die Person zahle nicht über
zehn Grusch (1 Gulden C. M.) an Fracht,“ der Sache eine
andere Wendung gab. Ich machte mir selbst die grössten
Vorwürfe über die versäumte Gelegenheit, Pontisch-Tripoli,
die malerischen Küstenorte, die zweite Hauptstadt des
Reiches und ihr festes Schloss und die prachtvolle Waldregion des Strandes um geringes Geld und mit leichter Mühe
zu sehen. Welche Sorglosigkeit! Voll Unruhe, Reue und
Verlangen, das Versäumte nachzuholen und die romantische
„Kirschenstadt“ zu betreten, aber auch verführt durch den
wolkenlosen Himmel und die gesunden Morgenlüfte —
    O matutini rores auraeque salubres! —

gab ich plötzlich, wie Cüstine an der Newa, den Gedanken
an die Heimkehr auf und beschloss zuvor noch das Wage-
stück nach Kerasunt zu unternehmen, und zwar auf eigener
Barke zu grösserer Ehre und Bequemlichkeit. Denn für
einen Franken, meinte das spekulirende Publikum von
Trapezunt, schicke es sich nicht, unter dem Haufen gemeiner
Geschäftsleute und für wenige Grusch nach Kerasunt zu
fahren, auch sei gerade jetzo nichts von den gewöhnlichen
Küstenfahrzeugen zu vernehmen. Ich verstand wohl, was
man wollte, und fragte, wie viel etwa ein türkischer Fähr-
mann für die Mühe verlangen könnte? Unter 300 Grusch
(30 Gulden C. M.), hiess es, würde wohl nichts zu erlangen
sein, da diesen Preis Jedermann bezahle. Don Ovanes indessen versicherte insgeheim, die Taxe für einen Einheimischen übersteige auch in solchen Fällen nicht 60 Grusch.
Don Ovanes war nicht nur ein eifriger Seelenhirt, Don
Ovanes kannte auch die Preise irdischer Dinge mit derselben
Genauigkeit und mit demselben praktischen Blick und christlichen Sinn, mit dem er das Himmlische bemass. Mit Unterhandeln, neuen Bedenken und Zweifeln waren zwei schöne
Tage verloren, am dritten trübte sich das glänzende Himmel-
blau und mit ihm der entschlossene Muth. Eine offene
Barke! Das unheimliche schwarze Meer! Die späte Zeit!
Wäre es nicht räthlicher, das Vorhaben dennoch aufzu-
schieben? Vielleicht treiben mich Unruhe und Verlangen nach
frischen Eindrücken noch einmal ins kolchische Land, vielleicht komme ich dann besser ausgerüstet, vielleicht gar zur
Maiblüthe- oder Kirschenzeit und streiche dann mit Gemächlichkeit und Eleganz an der romantisch bewaldeten und
lieblich geschwungenen Küste noch über Kerasunt hinaus,
bis gegen Unieh und den waldreichen Erz-Distrikt Chalybia?
Herr v. Ghersi war klüger und rieth, nicht zu verschieben,
was jetzt so leicht zu vollbringen sei; es wäre überhaupt
verständiger, ein paar Wochen länger im Pontus zu bleiben,
als auf nochmalige Wiederkehr aus so grosser Entfernung
seinen Plan zu stellen. Zugleich ward eilig für einen
türkischen Reiseschein, für einen gräco-türkisch redenden

Diener und für eine Barke gesorgt, die ich nur mit 170 Grusch
(17 Gulden C. M.) für die ganze Tour zu bezahlen hatte.
Am andern Mittag (8. Oktober) war Alles in Ordnung, aber
im Augenblick der Abreise schlug das Wetter um, der
Wind war entgegen, der Himmel düster, das Meer stürmisch,
es regnete die ganze Nacht und auch noch am Morgen in
Strömen und ohne Pause: Was soll aus der Reise werden?
Doch war das Meer schon in der Frühe des andern Tages
minder bewegt, und bis wieder Mittag kam, blies der Wind
vom Phasis her, flohen die Wolken und hing die Herbst-
sonne wieder klar und warm über dem Wasserspiegel. Wir
eilten mit unserem kleinen Vorrath an Brod, Wein, Oliven
und kalter Küche vom Consulat den Felsenpfad hinab zum
Riff, wo die Felucke hielt, und strichen, von leisem Hauch
aus Ost getrieben, nach ein Uhr wohlgemuth an der Citadelle
von Trabosan vorüber gegen Kerasus. Die Eile, mit der
wir zu Schiffe gingen, ersparte uns die Kosten eines türkischen
Kawasses, den uns der Pascha zu grösserer Sicherheit als
Begleiter zugedacht. Die Felucke hatte zwar einen beweglichen kurzen Mast mit einem Segel, aber kein Verdeck,
es war gleichsam ein offenes Fischerboot mit vier Türken,
die zusammen sechs Ruder führten, zugleich aber auch so
beschränkt, dass ich mit dem einzigen Diener kaum genügend
unterkam. An Bewegung war da nicht zu denken; wir
mussten ruhig auf einem Punkte liegen oder sitzen bis ans
Ziel, was im Vergleiche mit den weiten Sälen und luftigen
Promenaden der Dampfverdecke doppelt lästig schien. Zu
beiden Seiten war das Bodenlose nahe am Gesicht, und jedesmal ergriff mich heimliches Grauen, wenn ich über den
schmalen Rand in den Schaum des dunkelgrünen Wassers
blickte. Wir waren der Macht des Zufalls heimgegeben,
und in Sachen des Zufalls darf man doch misstrauisch und
skeptisch sein? Drohendes Gewölke hing zwar jetzt schon
unbeweglich über dem Waldgebirg am Rande des Horizonts,
aber so lange die Sonne schien, und der Wind, wenn auch
schwach, doch günstig aus Osten blies, konnte selbst der
Binnenländer und unvertraute Gast des Pontus noch ruhig

sein. Wie wir aber der Golfsehne folgend gegen sechs Uhr Abends an das andere Ende der trapezuntischen Curve und in die Nähe des schroffen, buschbewachsenen, wilden Vorgebirges Hieron-Oros kamen, die Sonne sank und die Schatten fielen und die Wolken ober dem Walde sich in Bewegung setzten und langsam gegen die See heruntersstiegen, ergriffen allmählich bangere Gefühle das Gemüth. Wir sahen vorüberstenernd die Steilwände, die schwarzen Hohlschluchten, die Giessbäche und die Wälder des langgezogenen Strandgebirges in zweifelhaftem Licht. Das einbrechende Dunkel lieh den Bergen riesenhaftes Mass, und trüb umflort hing hinter uns am Firmament der Mond. Um Mitternacht war das Gewölke bis zum Wasserspiegel herabgesunken, die Atmosphäre eingehüllt, der Wind ermattet, bald entgegen und aus Westen blasend, unter der Wasserfläche hallte es dumpf und langdröhnend im Berggeklüfte, und die widerliche aus frühern Zeiten wohl verstandene Bewegung der Wasserfläche verrieth Südluft und nahen Aufruhr der Elemente.

Tum sonus auditur gravior, ...
Frigidus ut quondam silvis immurmurat Auster,
Ut mare sollicitum stridet refluentibus undis.

Keiner sagte ein Wort. Die Schrecknisse des ungastlichen Meeres, die Nacht, selbst das unbekannte Ziel, das Bodenlose unterhalb, die gigantischen Schatten auf der Landseite, die ungewisse, trostlose Leere auf der Wasserfläche, und vom Tanais her die Fluth schwarzen Gewölkes mit graulichtem Rande eingefasst, der gebrechliche Kahn, der verdoppelte weit ausgeholte Ruderschlag und auf einmal der taktmässig und dumpf tönende Gebetsruf der sonst allzeit stummen Osmanli: *Alláh kuwwét versin! Alláh kuwwét versin!* (Gott verleihe Stärke) steigerten die Angst und gaben zweifelhafte Gedanken: „Bricht der Sturm los, so muss uns die erste Welle verschlingen, oder sie schleudert den Kahn gegen das Felsenriff! Wäre ich doch in Trapezunt geblieben, oder hätte ich nur ein grösseres Fahrzeug gemiethet! Ach

die unzeitige Sparsamkeit! Und was findest du am Ende zu
Kerasus? Etwa eine verwitterte Inschrift, leere Mönchereien,
vielleicht auch gar nichts, und um so ärmlichen Preis hast
du Alles auf das Spiel gesetzt!" Zwei volle Stunden dauerte
die Ungewissheit und die Qual. Um zwei Uhr Morgens fiel
Regen, die Luft wurde eisig kalt, wir hatten weder Dach
noch Licht, noch konnten wir uns von der Stelle rühren,
und der Wind blies uns neben dem Pontusgischt auch noch
den Regen ins Gesicht. Die Lage war unbequem und in
keinem Falle beneidenswerth. Ich hörte die Brandung am
nahen Riff, das *Alláh kurwét versin* tönte immer fort, bis.
aller Beängstigung ungeachtet, endlich Mattigkeit und Schlaf
ihr Recht geltend machten. Der Abgrund hat sich nicht
aufgethan, und wie der Morgen graute, waren wir im
Hafen von Tripoli. Das Bild jener nächtlichen Pontusfahrt
blieb dem Gedächtniss wohl eingeprägt. Durchnässt und
halb erstarrt vor Kälte. schlaftrunken und etwas aufgeregt
durch die Scene, gingen wir ins nächste Kaffeehaus am
Strande, um auszuruhen, denn auch die Fährmänner, obwohl
von erprobter Kraft, bedurften nach zwölfstündigem an-
haltendem Ruderschlag der Rast. Nur mit grosser Mühe
hatten sie den Kahn gegen Wind und Welle um das
„schwarze Vorgebirge" herumgebracht. — Das Alles — ich
weiss es wohl — lässt den Leser kalt. Höchstens ruft man
aus: „Was ist da zu klagen und wichtig zu thun? Er ist
dabei ja doch nicht umgekommen, nicht einmal die Barke
ward zerschellt! Und überhaupt: *„Que diable est-il allé faire
dans la mer noire?"* Wie kann er aber auch von München
weglaufen, um in Oktobernächten auf einem Fischerkahn
im schwarzen Meere herumzustreifen? Warum nimmt er
nicht wenigstens einen Dreimaster zu grösserer Sicherheit?"
Diese Vorsichtigen bedenken nicht, dass man um wöchentlich
sechs Dukaten im schwarzen Meere noch keinen Dreimaster
miethen kann. Auch glaube ich gerne, dass es für den
homme blasé allerdings abenteuerlicher und wirkungsvoller
klänge, wenn ich erst nach Zertrümmerung des Fahrzeuges
im nächtlichen Sturm auf einer Planke neun Tage lang wie

Ulysses von Wind und Strömung fortgetrieben nach Kerasunt
gekommen wäre. Mir selbst aber genügte das Mass der
überstandenen Noth, so wie die Sorge und der Gewinn.
Viele werden nach solchen Widerwärtigkeiten kleinmüthig,
andere aufrührerisch und trotzig, wie die Kainiten Byrons
in der Wasserfluth. Uns blieb das Gleichgewicht im Grunde
auch hier ungestört.
Zum Glück für die erschöpften Ankömmlinge war das
Kaffeehaus bei unserem Eintritte schon in voller Thätigkeit;
ein alter finsterblickender Osmanli verrichtete eben mit Inbrunst sein Morgengebet, während ein anderer am Kohlenfeuer den Labetrunk bereitete und den allmählich eintretenden
Gästen reichte. Die Morgenländer sind ein frühaufstehendes
Geschlecht, und als langschlafender Occidentale hatte ich
nicht ohne Verwunderung gesehen, wie sich der kaum
sechzehnjährige Sohn des Agha von Tripoli um diese Stunde
schon weit unterhalb des Herrenhauses am Landungsplatze
zu schaffen machte. Ein paar Tassen vom heissen Getränke
und die Wärme am Kohlenfeuer hatte nach weniger als
einstündigem Ausruhen am Divan das Gleichgewicht der
Kräfte wieder hergestellt, und der Diener war mit dem Vor-
weis ins Schloss gegangen wegen der Weiterreise. Nur der
alte Türke blickte mich seitwärts und wildscheu an, als
wäre irgend ein Ungethüm in sein Haus gekommen. „Es
ist ein Giaur aus Firingistan,“ sagte er dann zum Nachbar,
in der Meinung, ich verstehe es nicht, „kommt von Trabosan
und ist diese Nacht aus grosser Gefahr entronnen, und doch
betet er nicht. *Hakk giaur dür Allahi bilmez*, fürwahr ein
Ungläubiger ist er, kennt Allah nicht!“ Noch hatte ich
nichts geredet, aber auf dieses Wort rief ich dem alten
Eiferer hinüber: „Mach deine Zunge nicht gar zu lange, ich
reise mit des Wesirs Erlaubniss und verstehe Alles, was du
sagst.“ — „*Sarar yok*, schadet nicht,“ erwiederte er etwas
weniger ungeschlacht und sah den Redenden genauer an,
weil inzwischen etwas mehr Tageslicht durch das zerrissene
Fensterpapier in die Stube drang, „aber ist es nicht so, hat
dich nicht Allah aus Gefahren gerettet, und du betest

/

nicht?" — „Du bist im Irrthum, ich bete so gut wie du, aber heimlich und im Herzen, wie es unser „Buch" das Evangelium *(el-indschil)* befiehlt." Zum Glück unterbrach ein mit dem Diener eintretender Kawass des Begs von Tripoli den türkischen Dialog. „Der Beg sei zwar abwesend in den Kupfergruben, aber der Stellvertreter wünsche den ihm empfohlenen Fremden aus Firingistan zu sehen." Der Morgengruss war freundlich, aber kurz; diese Leute sind überhaupt zu ideenlos, und nach einer solchen Nacht ist man auch nicht sonderlich gesprächig und aufgelegt. Doch gab es im neugebauten Konak sogar zwei Strohsessel zum Gebrauch für Franken, auch ein Frühstück ward theilnehmend angeboten, die theure Ehre aber unter Vorwand von Seekrankheit und Eile höflichst abgelehnt. Doch ein Teller aromatisch duftender Birnen ward nicht zurückgewiesen und wurde mit einem mässigen Geschenk an die Diener honorirt. Die Erlaubniss, im Orte herumzugehen und die Gegend anzusehen, fand keine Schwierigkeit, und der Kawass ging als Beschützer mit. In diesem Winkel von Kolchis ist der Europäer noch eine grosse Seltenheit, und einen Deutschen hatte in Pontisch-Tripoli bei Menschengedenken noch Niemand gesehen. Zum Glück war die lästige Neugierde im kleinen Städtchen bald erschöpft, denn zu sehen ist in Tripoli nichts als die romantische Umrahmung, die natürlich schöne Lage, die wir auf der Rückkehr von Kerasunt bei günstigerer Beleuchtung und freierem Sinn noch weit entzückender als auf der Hinreise gefunden haben. Mit welchem Gefühl der Ruhe und der Selbstgefälligkeit wir von den dichtbebuschten Waldhöhen auf den Wasserspiegel niederblickten! Mit welchem Auge wir die Vorgebirge im Osten massen, wo die Elemente verwichene Nacht riesig, finster umhüllt und drohend wie die Eumeniden an uns vorüberzogen! Jetzt gefiel selbst dem Himmel unsere Fröhlichkeit; die Wolken theilten sich, das tiefste Azurblau erschien am Firmament ober der Waldpyramide, und ein frischer Hauch vom Phasis her trieb die Barke schon um acht Uhr Morgens wieder aus dem Hafen von Tripoli. In gerader Linie hatten wir nicht

mehr als zehn Stunden nach Kerasus und hofften bei mässiger
Gunst der Elemente noch vor der Abendzeit ans Ziel zu
kommen. Doch gegen Mittag, am Cap Zephyrium, erstarb
die Macht des Windes, die Segel sanken ein, und die Arm-
sehnen der Osmanli waren ohne Schwung. Allah hatte noch
keine Kraft verliehen. Indessen sahen wir im Nebelgrau der
Ferne die Burgruine und bald auch die von der stumpfen
Kegelspitze steil zum Strand herabziehende Schlossmauer von
Kerasus. Aber ein Dämon hielt die Barke fest, bis ein
Nordost vom Tanais her um die zweite Stunde von neuem,
aber mit wilder Kraft in die Segel blies und das Fahrzeug
in raschem Flug dem ersehnten Ziele entgegentrieb. Mitten
im Laufe, nur drei Miglien von Kerasunt, erhebt sich ein
kleines Eiland über den Wasserspiegel, schwarzes vulkanisches
Gestein mit steilem Riff, öde, von mannshohem Buschwerk,
Brombeergesträuche und Lorbeer dicht verwachsen. Wie
Säulengänge und Tempelgemäuer die ganze Insel Philä, so
füllen Ueberreste eines byzantinischen Klosters den ganzen
Raum der Insel „Aretias.“ Wie dort die mächtigen Pylonen,
so ragt hier ein breiter hoher Steinthurm ohne Dach, mit
leeren Fensteröffnungen und Vertheidigungslücken, aber
dicht von Immergrün umsponnen, aus dem Gestrüpp hervor.
Der Anblick war lockend! Wie sollte ein Deutscher vor
den träumerischen Bildern, „Einsamkeit, Eiland und Ruine“
gleichgültig vorübereilen. Der Wind blies heftig, und schwarzes
Gewölke legte sich regendrohend über Kerasunt, doch trieb
ein leiser Zug am Steuer die Barke an den Inselstrand,
vielleicht an derselben Stelle, wo einst die Argonauten
landeten. Wie das Eiland heute verlassen ist, fand es auch
schon Jason unbewohnt, und wie damals ein Stein-Sacellum
des Kriegsgottes, schmückt es heute mitten im grünen Busch
der byzantinische Klosterthurm. [1]

---

[1] Der Name Aretias gehört dem Alterthume und findet sich zum
letztenmale im Periplus des Arrian. Im Lande selbst, wie ich von einem
kerasuntischen Didascalos vernahm, wird das Eiland jetzt Aranitis genannt, was der byzantinischen Epoche angehört und durch eine bisher
nicht gekannte Stelle der Chronik des Panaretos vollkommen bestätigt

Bleibende Wohnstätte fand hier der Mensch nur in der
Zeit des Christenthums, „wo sich Mönche unter dem Schirm
der erbarmenden Liebe" in dieser luftigen Einsamkeit nieder-
liessen, bis nach dem Fall des Grosscomnenen-Staates die
Oede wiederkehrte. Keine Inschrift, kein Zeichen verrieth
die Vergangenheit; wir streiften durch das verschlungene
Gebüsch, sahen zum blühenden Immergrün der leeren
Fensterbogen hinauf und eilten wieder zum Strande hinab.
Der schroffe, mittelst einer breiten Niederung mit dem
Continent verbundene Kegelberg von Kerasus mit dem Burg-
gemäuer auf der Spitze stand nahe vor uns, und der Sammler
schwarzer Gewitterwolken, der Wind vom Tanais, trieb uns
raschen Laufes um die ausspringende Rundung des Vorgebirges auf den westlichen Landungsplatz zum willkommnen
Ziel der Kolchisfahrt. Vor 26 Stunden hatten wir Trapezunt
verlassen, hatten zu Tripoli dreistündige Rast gepflogen und
stiegen nun nach fast 24stündigen Schiffersorgen Sonnabend
den 10. Oktober noch vor vier Uhr Nachmittags bei trüber
abendlicher Luft in der flacheingekrümmten Hafenbucht der
„Kirschenstadt" aufs Land. Der erste Laut menschlicher
Stimme, welche ich in Kerasunt vernahm, war Klageruf über
türkische Härte und Unerbittlichkeit im Steuersammeln.
„Μᾶς σκοτώνουν, μᾶς κάμνουν τυραννίας, sie tyrannisiren, sie erwürgen uns," sagte schwatzhaft nach kurzem
Gruss im geräumigen Einkehrhaus am Landungsplatze etwas
halblaut ein kerasuntischer Christ und erzählte in langem
Dialog, während der Diener den Reiseschein zum Agha in

wird. Das Inselkloster war „der Erbarmerin". τῇ ἐλεούσῃ, geweiht und
schon um die Mitte des vierzehnten Jahrhunderts von türkischen Freibeuter-
barken hart bedrängt: Μηνὶ Νοεμβρίῳ ιβ᾽, Ἰνδικτ᾽ ς᾽ ἔτους ϛωοε᾽. ἐξῆλθεν
ὁ Μητροπολίτης, κῦρ Ἰωσήφ. ἐκ τοῦ θρόνου τῆς Τραπεζοῦντος, καὶ ἀπῆλθεν ἐν τῇ μονῇ τῆς Ἐλεούσης. Καὶ περὶ τὰς ιθ᾽ τοῦ Ἰουλίου μηνός, τοῦ
αὐτοῦ ϛωοε᾽ ἔτους, ἀπῆλθεν εἰς τὴν Κωνσταντινούπολιν διὰ τὸ κοινὸν
ὃ ἐποίησαν τὰ ἀζάτικα Παραθαλάσσια τοῖς Ἀραμιώτας.
Panaret. Mss. ad. an 1367.
Die ganze Summe der historisch-philologischen Gelehrsamkeit des
Occidents wäre ohne die in Kolchis selbst erholte mündliche Ueberlieferung
unvermögend, den wahren Sinn dieser abgerissenen Sätze herzustellen.

die untere Citadelle trug, was und wie viel der christliche
Raja von der türkischen Verwaltung, trotz der neuen Ordnung und gegen alles Gesetz, in dieser Gegend noch erdulden
müsse. Es war eben Steuerziel, und schon in Tripoli war
der Jammer los. Bei den Türken nimmt man es in solchen
Gelegenheiten freilich etwas genau, aber auch der Grieche —
man weiss es ja — nennt jede öffentliche Schatzung, jede
Gabe, jede Leistung an die Staatsgewalt in Kolchis wie in
Morea „Tyrannei". Der Mann verschwendete seine Beredsamkeit zu ungeeigneter Zeit, das Verlangen nach Ruhe und
Labsal mit wohnlicher Unterkunft gestattete im Augenblick
nur höchst unvollkommnen Antheil an den Finanzbedräng-
nissen der kerasuntischen Steuerpflichtigen zu nehmen. Der
Agha liess uns im Hause seines Wechslers, des angesehensten
Griechen des Ortes, Quartier anweisen, und der freundliche
Mann kam selbst an den Strand herab, um die Fremdlinge
unter sein gastliches Dach zu führen. Herr Georg Konstantides Katzanoghlu besorgte die Geldgeschäfte des Statthalters von „Kerasun", verrechnete die Steuern und redete
auch in den Angelegenheiten seiner eigenen Glaubensgenossen
das erste Wort. Früher hatte er Seehandel getrieben und
kannte alle Produkte der Pontusländer und alle Häfen des
schwarzen Meeres, besonders aber Odessa und Taganrog,
auf das vollkommenste. Für einen Kolchier hat Herr Konstantides bedeutende Weltkenntniss gesammelt, desswegen
aber doch seine anatolischen Sitten nicht abgelegt. Die
weiblichen Bewohner des Hauses blieben während des mehr-
tägigen Aufenthalts des fränkischen Gastes unsichtbar; nur
die beiden Knaben, wovon der eine Elevtheros hiess, erschienen, um bei der fröhlichen und reichlich besetzten
Mahlzeit in strenger Ehrfurcht und Disciplin wie die armenischen Jungen des Xenophon Schenkendienst zu thun. Die
Unterhaltung, wie in solchen Fällen gewöhnlich, war en-
cyclopädischer Natur und erging sich über Scenen der Natur
mit gleicher Wissbegierde wie über die Wetter der Politik,
deren neueste Blitze gegen den Pascha von „Megalo-Misiri"
wir zuerst in Kerasunt verkündeten. Man lebt hier von

aller Welt abgeschieden in idyllischer Unwissenheit der Menschen und der Dinge; ja Sie werden es kaum glauben, nicht einmal die Berliner Jahrbücher für Wissenschaft und Kunst lesen sie zu Kerasus. Das wäre zwar noch zu verzeihen, wenn sie nur wenigstens die A ... ger Postzeitung hielten, um durch die warmen und gründlichen Gedanken politischer Exorcisten den in Kolchis stark grassirenden Dämon der Slavomanie auszutreiben! Der unbedeutendste Fremdling, wenn er einige Kunde der Zeiten besitzt und seinen Vorrath freundlich und vernehmlich mitzutheilen vermag, ist in der stillstehenden Gedankenwelt von Kerasus ein epochemachendes Ereigniss, gleichsam ein Meteor, das auch nach seinem Verschwinden noch lange die Zunge und die Phantasie der Menschen bewegt. Während der drei Tage unseres Aufenthaltes war es in Katzanoghlu's Hause niemals leer, und man hielt es für eine grosse Gunst, an Gespräch und Mahlzeit Theil zu nehmen, was natürlich nur den nächsten Anverwandten und dem jungen Didaskalos als künftigen Schwiegersohn vorbehalten war. „Glaube nicht," sagte Herr Konstantides, „Kerasun sei allzeit so klein und so ärmlich bevölkert gewesen wie gegenwärtig, wo man kaum 700 Häuser und darunter nur etwa 200 griechische zählt, während die Türken bei der Uebergabe der Stadt (1462) 17,000 Wohnhäuser und 33,000 männliche, Kopfsteuer zahlende Einwohner von eilf Jahren und darüber fanden und in ihre Register eintrugen." Auf die Frage, wie er all das wissen könne, erzählte Herr Konstantides, dass er vor einigen Jahren als Abgeordneter mit anderen seiner christlichen Mitbürger nach Konstantinopel gekommen sei, um daselbst unter Bezugnahme auf die von Sultan Mohammed II. bewilligten Capitulationspunkte beim Divan gegen Bedrückung und vertragswidrige Erhöhung des Kopfgeldes Bittschriften einzureichen. Der Divan habe dann im Kütük oder Defter-Chane nachsuchen lassen, wo man das Original der Capitulation mit obiger Angabe der Häuser und der Bevölkerung noch gefunden und dem Bittsteller gegen Erlegung von Gebühren die bezügliche Stelle im

Auszug mitgetheilt habe. Sei es, dass sich obige Angaben
nicht auf den Mauerumfang von Kerasus, sondern auf den
ganzen Distrikt beziehen, oder sich die Zahlen im Munde
des Berichterstatters vergrössert und in der dreijährigen
Zwischenzeit unvermerkt und gleichsam von selbst zur ausschweifenden Höhe morgenländischer Begriffe gesteigert haben,
so ist doch die Kunde, dass solche Notizen im türkischen
Reichsarchiv verborgen seien, eine Entdeckung von einiger
Wichtigkeit. Man kann wohl denken, dass auch über andere
Städte und Provinzen der zertrümmerten Monarchie von
Byzanz im Kütük oder Steuerregister von Stambul statistische
Angaben von solchem Belang zu finden und nur auf diesem,
noch von Niemand betretenen Wege für die Geschichte des
östlichen Imperiums und für den wahren Charakter anatolisch-
griechischer Reichsverwaltung neue und gründliche Auf-
schlüsse zu erheben wären. Ich hatte später während eines
längern Aufenthalts in Konstantinopel eine Reihe Fragen
in besagtem Sinne aufgestellt, um sie dem Defter-Efendi
vorzulegen, als der Sturz Reschid-Pascha's und der wieder-
erwachte Fanatismus alle Schritte dieser Art unmöglich
machten. Aus mündlichen Ueberlieferungen und besonders
aus der im letzten Janitscharentumult verbrannten Haus-
chronik einer von den Kerasuntiern des fünfzehnten Jahrhunderts herstammenden Didaskalos-Familie erzählte Herr
Konstantides, wie die Türken auf dem Wege der Gewalt
und gegen den geschlossenen Vertrag Häuser und Grundstücke der christlichen Bürger an sich gerissen, wie sich die
Bege in einheimischen Fehden untereinander zerfleischt und
das grosse schöne Kerasunt verwüstet haben, wobei die alte
Bevölkerung theils verkommen, grossentheils aber sich auf
die Nordseite des schwarzen Meeres ins Land der Moskowiter
und des Tatarenchans der Krim geflüchtet habe. „Es waren
Zeiten, wo kein Christ in Kerasunt wohnte." Die Regierung
in Stambul konnte oder wollte sie nicht schützen, weil die
Türken im Allgemeinen wohl wissen, dass grosse Massen
christlicher Unterthanen auf einem Punkte dem Ansehen
des Islam allzeit Gefahr bringen und zwischen Siegern und

Besiegten bei feindlichem Dogma kein Verständniss und inneres Verschmelzen möglich sei. Um ihrer Herrschaft Bestand zu geben, mussten sich die Türken nothgedrungen an eine Praxis halten, welche heute die Russen aus demselben Grunde und wahrscheinlich auch mit derselben Wirkung in der Krim, in Polen und am baltischen Meere geltend machen. Mit der sogenannten Gefühls- oder Romanpolitik getrauten sich Sultane und Czare keine Herrschaft zu gründen; diese Kunst, scheint es, haben sie vorzugsweise dem Occident anheimgestellt. Wollt ihr nicht unerbittlich sein, so seid wenigstens intelligent und gerecht. Und eben weil man „auf dem grünen Eiland Erin" weder das eine, noch das andere in vollem Masse gewesen ist, hat man sich selbst Verlegenheiten bereitet, während das Sultanat nach halbtausendjährigem Bestand trotz seiner Ohnmacht über die christlichen Raja noch immer Recht behalten hat. .

In Kerasunt drängte sich aber die zähe Natur der Griechen nach jeder Katastrophe immer wieder von neuem ein, die alten Herren des Bodens kamen als Hintersassen, als Schiffer, Krämer, Schreiber, Spekulanten und Mäckler in die Stadt zurück, schafften den turbulenten Agha Geld und liehen Wüstlingen auf Pfänder. Sogar das bei der Uebergabe zugestandene Recht, auch innerhalb der Citadelle zu wohnen, wird bis auf den heutigen Tag geübt. Nur die heimatliche Erde, die Oel- und die Kirschbaumwälder und die rebenumschlungenen Ulmen ihrer lieblichen Küstenhügel den Eindringlingen zu entreissen, vermochte bis jetzt weder List noch Geduld. Dieses letzte und wichtigste Ziel — das fühlen die kerasuntischen Griechen wohl — sei nur mit Hülfe glaubensverwandter und mächtiger Freunde von aussen zu erringen. Um 1829, als Paskewitsch im trapezuntischen Gebirge stand, schien die Hoffnung nahe, und Herr Konstantides erzählte nicht ohne etwas Selbstgefälligkeit, wie sich die früher so brutalen Bege und Agha der Osmanli, bei nicht mehr bezweifelter Ankunft der Russen, der Patrocinanz griechischer Kerasuntprimaten dringlich empfohlen haben. Der Friede von Adrianopel mahnte aber neuerdings und auf unbestimmte

Zeit zur Geduld und gab den Türken ihren vorigen Uebermuth. Als Geschäftsmann des Statthalters redete Herr Konstantides mit grosser Mässigung und beschränkte seine Rede
klug auf Erzählung des Vergangenen, ohne sich nach Art
unerfahrener und vom Gefühl bemeisterter Menschen thörichten Berechnungen hinzugeben. Es fiel überhaupt den ganzen
Abend und ungeachtet nicht versäumter Libationen mit dem
hellrothen, leichten und angenehm säuerlichen Gewächs der
kerasuntischen Rebe doch kein Wort, welches ein loyaler
Diener des Padischah nicht hätte verantworten können. Wie
in allen Dingen richtiges Mass zu loben ist, so scheint es
besonders in der Rede schön, und man muss nur beklagen,
dass ein so grosses Gut meistens nur durch bittere und wiederholte Täuschungen und durch harte Erfahrungen zu erlangen ist. Doch ohne Kampf und Entbehrung ist auch kein
Genuss. Jenen Abend vereinte sich aber auch Vieles, um
uns in besonders heitere Laune zu versetzen: ein schwarzes
Wetter zog nächtlich über Kerasunt, der Regen fiel in Strömen, wir hörten das Meer tief unten am Felsen rauschen,
und vom hohen Küstenwald herüber leuchteten die Blitze
matt durch das ölgetränkte Fensterpapier. Wir verglichen
unser gegenwärtiges Loos mit dem jüngstvergangenen, die
freundliche mit Holz und Schnitzwerk ausgetäfelte Stube,
die Teppiche, die Ruhekissen, den reichlich besetzten Tisch,
besonders aber das Gefühl der Sicherheit und des glücklich
erreichten äussersten Zieles der Kolchisfahrt mit der Noth
und den Bedenklichkeiten der vorigen Nacht am schwarzen
Vorgebirge. Desswegen glaube der Leser aber nicht, wir
hätten vor Ueberschwänglichkeit der Gefühle nur etwa an
La Bruyère's meisterhafte Charakterschilderungen der Freude,
der Besorgniss, der Hoffnung oder gar nur an die psychologischen Schemen des Weltweisen *** gedacht. Ach nein!
Wir empfanden lebhafter als je, dass „das Nichtseiende nicht
das Seiende, aber das Seiende sein könnende, und darum das
Seinkönnende und eben daher doch erst A + B + C das
Existirende sei.“ — Niemals empfanden wir so lebhaft, wie
salbungsvoll und von antediluvianischem Geist und Witz

übersprühend die Lesungen des weisen Uest-Köj und seiner
gleichgestimmten andächtigen Mitgesellen auf der Grossdorf-
schule zu Derwischabad sind. Ach, dieses Labsal allein
mangelte dem kerasuntischen Abendglück! Wir sind auf unsern Wanderungen wiederholt nach
Derwischabad gekommen, versteht sich jedesmal aus Sehn-
sucht nach den weisen Sprüchen der frommpolternden Ulema,
für die wir von jeher so parteiische Vorliebe und so warme
Sympathie empfunden haben. Auch kränkt es uns herzinnig-
lich, dass so viel andächtiges Wissen und dogmatisches Heiligthum nicht bessere Früchte bringt und in der Welt nicht
gläubiger anerkannt und lauter gepriesen wird. Denn leider
kennt man diese Derwischabad-Tugend- und Weisheitschule
(der klugen und verständigen Scheiche unbeschadet sei es
gesagt) in ihrer wissen- und sittenrestaurirenden Wirksamkeit schon am nahen Thor nicht mehr. Könnte unter diesen
Umständen die naturgeschichtliche Bemerkung, „dass zu
Kerasunt in Kolchis wie zu Tentyra in Aegypten das
Hausgeflügel viel grösser und weit geschmackvoller als im
übrigen Lande sei", dem Uebel nicht einigermassen steuern
und der Derwischabad-Wahrheit mit demselben Rechte und
in demselben innern Zusammenhange Vorschub leisten, wie
neulich die lange Zeile frommer Opferstöcke in der Stadt
des Cingetorix? Wir sind, Gottlob, nicht umsonst in
fremde Zonen hinausgewandert und denken auch im Freu-
dentaumel an Mehrung der Wissenschaft und an Erhöhung
des Levitenglanzes, der uns schon so viel Gewinn gebracht.
Es dröhnte und wetterte draussen noch immer, als wir endlich allein waren und auf baumwollegefülltem Lager, mit
Seide zugedeckt, uns den lange entbehrten Süssigkeiten des
Schlummers überliessen.

Am andern Morgen benützten wir nach dem Frühgottesdienst eine sonnenwarme Pause des Wettersturmes, um von
der Spitze des Citadellenhügels das Panorama von Kerasunt
zu betrachten. Die Erlaubniss ward vom Statthalter gerne
bewilligt; „es sei uns unverwehrt zu gehen, wohin wir wollen,
und anzusehen, was und wie viel uns beliebt." Kirche und

Schulzimmer zeigte uns Herr Konstantides in eigener Person
und empfahl die weitere Führung der Gäste, während er
selbst zum Steuergeschäfte ging, seinem Schwager und dem
jungen Didaskalos, welcher das bei den Türken für „Hohl-
ziegel, Dachziegel" gebrauchte Kiremid ohne Verlegenheit
für ein dem türkischen Sprachstamme ursprünglich angehöriges Wort erklärte, während es doch nur das altgriechische
κεραμῖτις, die „Töpfererde", oder das byzantinische Dimi-
nutiv κεραμίδι, der „Dachziegel" ist. Auf meine Bemerkung
hierüber antwortete der Didaskalos: „Was wollt ihr? Wir
sind im Herzen verwundet (εἶμεν πληγωμένοι εἰς τὴν
καρδίαν), wie sollen wir türkisch und hellenisch unterscheiden können?" Hier — das sieht der Leser wohl selbst —
war nicht viel Hoffnung, über die geschichtliche Vergangenheit des Landes irgend etwas Gründliches zu erfahren. Doch
fragte ich noch, ob sich in gemeiner Volksrede die Ausdrücke
οἶνος und ἄρτος fänden? „Im Orte nicht, aber im Gebirge
seien sie noch üblich," erwiederte der Didaskalos ebenso
eitel und unkundig wie auf die erste Frage. „Im Gebirge"
('ς τὰ βουνὰ, daghlarda) ist die bei muhammedanischen
Morgenländern gleichmässig und stereotyp lautende Antwort
auf alle ihren Wissenskreis überspringende Fragen der Europäer. Eigene Erinnerung und eigenes Auge mussten in der
„Kirschenstadt" mehr als irgendwo unsere besten Führer
sein. Ein Rundblick von der Höhe des abgestumpften Kegelberges malte uns schneller und vollkommner als hundert
ungelenke Worte das Bild von Kerasunt. Dass die kolchische
Küste nicht flach ist oder kahl, wie der Deltastrand, sondern
rasch aus dem Wasser steigt und dunkle Wälder trägt, ist
dem Leser schon aus frühern Bemerkungen nicht mehr unbekannt. Der Verlauf der Küste ist aber auch kein linearer,
wie das Land am phönicischen Libanon; sie bildet vielmehr
eine zusammenhängende Kette und ein ungleiches Gemische
bald weitmündiger und flacher, bald enggeschlossener und
tiefeingeschnittener Hohlbusen, auf deren vorspringenden
Sehnenenden häufig Kastelle, ummauerte Orte oder Ruinen
mit steil abstürzenden Vorgebirgen dem Steuermanne der

Küstenbarken als Richtungspunkte dienen. Diese in ungleichen Abständen auf einander folgenden, bald scharf zugespitzten, bald langgedehnten, bald lieblich gerundetèn, allzeit aber reich mit Laub und Grüngestrüpp bedeckten Vorsprünge verleihen der Pontusküste ihren eigenthümlichen und durch den Wechsel selbst stets erneuten Reiz. Auf einem dieser waldigen und hornförmig zwischen zwei Hohlbusen weiter als gewöhnlich hinausspringenden Strandzacken — dem sechsten von Trabisonda her — hat man das liebliche Kerasunt gebaut; doch mit dem eigenthümlichen Unterschiede, dass die Stadt nicht auf dem Promontorium selbst wie etwa Tripoli und Coralla, sondern auf einem von der Wurzel des Vorgebirges ins Meer hinausstreichenden, kaum zwanzig Minuten langen und auf beiden Seiten eingebauchten Isthmus steht, an dessen Ende sich rund, kühn und voll wie auf Hagion-Oros eine kegelförmige, oben abgeplattete Steinkuppe aus dem Wasser in die Lüfte schwingt. Eine Lage Fruchterde mit Baumwuchs und Gebüsch deckt den Felsenkern des Hügels bis zur Plattform und der verlassenen Kastellruine der Byzantiner hinauf. Nur auf der Seite gegen die Stadt und den Isthmus tritt das Gestein sparsam begrünt und fast in steiler Senkung hervor. An vielen Orten quillt Wasser aus dem Seitengeklüfte, doch in der Schlossruine selbst waren die Cisternen sämmtlich ausgetrocknet.

Antik ist in und um Kerasus nichts als der Mauerwall, der den gangbaren Theil der konischen Steinkuppe von Stadt und Isthmus trennt und gleichsam in eine weite Akropolis mit zerstreuten Häusergruppen, grünen Steilseiten und Baumgärten verwandelt. Er beginnt am Strandfelsen in der Nähe des westlichen Landungsplatzes, zieht in gerader Linie über den Bergkegel zum Kastell der Plattform hinauf, steigt auf der Ostseite in gleicher Structur, aber stellenweise demolirt, wieder bis zum entgegengesetzten Hafen hinab und gewährt besonders auf der Westseite durch das Gigantische seiner Grundlagen, durch das Gleichmass seiner ungeheuern Quaderstücke und durch die in regelmässigen Distanzen eingeschobenen, jetzt halbzerstörten stumpfen Viereckthürme einen der grossartigsten Anblicke der Euxinusküste. Nach Hamilton, der kurze Zeit vor mir Kerasunt besuchte, sind die Mauer- blöcke eine dunkelgrüne vulkanische Breccia, die am Orte selbst dicht an der Wasserfläche zum Bau des alten Werkes gebrochen wurde. An den beiden Endpunkten des Walles sind als die einzigen Zugänge in das Castrum Thorwege an- gebracht, und besonders auf dem hochliegenden westlichen die Mauern jetzt noch mit grosser Sorgfalt bestellt; unterhalb, wo ein kleiner Hafen, ist die Wall-Linie sogar doppelt und der Felsen stellenweise senkrecht abgemeisselt, um feindlichen Schiffen das Landen zu verwehren. Hoch über dieser kleinen Barkenlände steht eine Gruppe Christenwohnungen und mitten darunter Constantides' Haus, von dem man, ohne den langen Umschweif durch den Thorweg, in die unterhalb liegende Stadt auf einer im Gestein künstlich eingehauenen Treppe zum Strand hinuntersteigen kann. Wir folgten dem Wall in seiner ganzen Ausdehnung von der Tiefe hinauf zum ver- lassenen Kastell auf der Plattform, und auf der Ostseite wie- der zum Meer hinab, wo das hohe Riff und die Steilsenkung des Hügels künstliche Schutzwehr entbehrlicher macht. Ein Bogenthor und ein hoher mit Epheu dicht umsponnener Thurm hüten den schmalen Eingang, an dem wir wie auf der Westseite des Kegels einen kleinen Barkenhafen mit romantisch über Gestein und Buschwerk zerstreuten Woh- nungen der Kerasuntier fanden. Ein Pfäfflein hatte eben Holz gekauft und trug es mit Hülfe seiner Tochter eigenhändig aus dem Fahrzeug in die bescheidene Hütte hinauf. Aus dem Gesagten kann sich vielleicht der Leser selbst ein hin- länglich klares Bild, und zu deutlicher Versinnlichung der Worte gleichsam einen Schattenriss des konischen Schloss- hügels und seines über den Kamm streichenden Mauerwalles entwerfen. Der Isthmus selbst, an dessen östlicher Bucht wir jetzo standen, ist nur zehn Minuten breit, und doch konnten wir die westliche Bucht und ihre Häusergruppe von unserem Standpunkte nicht mehr sehen, weil sich der Boden des Isthmus von beiden Buchten in sanfter Schwellung gegen die Mitte hebt und eine fortlaufende Sattelhöhe voll Grün,

voll rankenden Gebüsches, eingefriedigter Gärten mit Sommer-
thürmchen, sprudelnder Wasserquellen und Fruchtbäumen
bildet, gewiss ein zaubervoller Anblick zur Blüthezeit, wenn
milde Frühlingslüfte in lauer Strömung wie durch ein breites
Thor zwischen dem hohen Küstenlande und dem Festungs-
hügel vorüberstreichen. Besonders malerisch ist die Scene,
wenn man seine Stellung etwas seitwärts von Kerasunt in
der Richtung gegen St. Basili und das alte Kotyoros auf
einem Küstenhügel nimmt; man übersieht hier beide Meere,
die getrennten Häusergruppen beider Hafenviertel, den dunkeln über die Höhe streichenden Mauerwall, den sanft geschwellten Isthmus und die mit Haselstaudenpflanzungen,
Maulbeer- und wilden Kirschbaumwaldungen dicht verwachsenen Uferhöhen mit einem Blicke. Das Bild erinnert an
Sinope, dessen ebenfalls doppelt eingebauchter Isthmus
zwar schmaler und niedriger als der von Kerasus, aber viermal länger ist und am äussersten Punkte nicht einen rasch
anstrebenden Steinkegel, sondern zwei gleichgrosse, über die
schlanke Isthmushüfte beiderseits üppig hinauswuchernde, gartenreiche, lieblich geschwellte Hemisphären hat. Kerasus
ist gedrängt und wildromantisch, Sinope zierlich gestreckt,
weich und schön. Doch steht das niedrige und vielleicht
weniger reich bewaldete Küstenland bei Sinope an natürlichem
Reize hinter dem terrassig aufgeschwungenen, malerisch gebrochenen und mit dichtem Pflanzenwuchs überschatteten
quellenreichen Strand von Kerasus zurück. Auf den sanften
Abhängen dieser Waldkuppen gegenüber von Kerasunt sahen
wir zuerst regelmässig eingefriedigte Gärten von Haselstauden,
die ihren türkischen Eigenthümern in guten Jahren bis an
20,000 Centner Nüsse geben, von denen man drei Sorten
unterscheidet und die beste damals im Handel mit 30 Grusch,
d. i. etwa drei Gulden Conventionsmünze, bezahlen musste.
Die Preise wechseln, steigen und fallen wie bei der Frucht
des Halms, und Stambol mit Odessa ist nach Herrn Konstantides' Versicherung für die gesuchte kerasuntische Haselnuss
der beste Markt. Auch Wein wird nach russischen Häfen
ausgeführt, denn im Walde sind alle hohen Bäume von

Reben umschlungen und Monate lang mit reifen Trauben
überhangen, die von den Christen des Ortes im Herbste
gekauft, gekeltert und verhandelt werden. Jedoch wird die
wilde Kraft der Natur weder am Fruchtbaum, noch an der
Weinrebe durch die Kunst gezähmt. Unter den neueren Geographen und Geschichtsauslegern
wird noch immer gestritten, ob die von den Eingebornen
heute Kiresun (Kerasunda) genannte Ortschaft wirklich
das Kerasus des Xenophon oder nicht vielmehr das nach
dem Grossvater des Mithridates benannte Pharnacia des
Strabo und seiner Nachgänger sei. Die zwölf oder dreizehn
Angaben der Alten über Namen, Lage und gegenseitige
Entfernung der pontischen Ortschaften sind durch Widersprüche, Lücken und offenbare Irrthümer unausgleichbar entstellt und für uns ohne alle Belehrung, weil schon im Alterthum einer den andern ausschrieb und die Wenigsten selbst
in das Land gekommen und diese noch in ihren Aufschreibungen verworren und unverlässig sind. Dass sehr
viele Städte Kleinasiens im Zeitraum zwischen Alexander
von Macedonien und dem Imperator Justinian in Folge von
Sieg, Restauration und Schmeichelei zwei und sogar drei
verschiedene Namen nach einander oder neben einander
führten, ist bekannt genug. Man vergesse aber nicht, dass
neben den neuen amtlichen im Verkehr der Einwohner
unter einander der ursprünglich alte Namen immer fortbestand und die erstere gewöhnlich oder wenigstens so lange
überlebte, als sich Reste der ursprünglichen Bevölkerung
erhielten. Kerasus konnte in amtlichem Style lange
Pharnacia heissen, aber das alte Wort kehrte am Ende
immer wieder und ist bis auf den heutigen Tag geblieben.
Diese einfache Wahrheit wurde in unserer Zeit von den
beiden Engländern Dr. Cramer und Hamilton auf den
Grund hin bestritten, dass Xenophon mit seinen zehntausend
Griechen unmöglich in drei Tagen (τριταῖοι) die 36 Küsten-
wegstunden voll ungangbarer Stellen von Trapezus nach
Kerasus zurücklegen konnte. Ergo sei Xenophons Κερασοῦς
näher bei ersterer Stadt, und zwar an dem heute noch von

den türkisch redenden Einwohnern Kerasun-Deresi genannten Bach zwischen den Vorgebirgen Hieron-Oros
(Joros) und Kereli, etwa zehn Stunden von Trapezunt zu
suchen. In der That nennt auch der Periplus des Anonymus
in besagter Gegend Bach und Stadt Kerasus. Daraus folgt
aber nicht, dass im Lande des Kirschbaumes dieser Ortsname
nur einmal vorkommen und eine zweite Stadt am Isthmus
der romantischen Kirschwaldhügel nicht auch noch Kerasus
heissen dürfte. Nach Xenophon war die Stadt von Bedeutung
und lag hart am Meere. [1] Um die Mündung des Kerasun-
Deresi ist aber nicht die geringste Spur alter Bauwerke zu
entdecken, ja der flache und den Ueberschwemmungen der
Gebirgswasser ausgesetzte Boden hätte sich nach kolchischer
Praxis zu einer Anlage nie geeignet. Das stärkste Argument
für ihre Meinung entnehmen aber die Kritiker aus der angeb-
lichen Unmöglichkeit, ein Heer von 10,000 Mann mit dem
langen Geschleppe des Trosses durch Engpässe und Steilwege,
wo stellenweise nur Mann hinter Mann ziehen konnte, in so
kurzer Zeit so weit zu führen. Dagegen ist aber einzuwenden, dass sich bei der Musterung zu Kerasus im griechischen
Heere nicht mehr 10.000, sondern nur 8600 Mann unter
Waffen fanden. Auch hat nicht der ganze Haufen den Weg
zu Lande gemacht, da man vor dem Abzug aus Trapezunt
alle Männer über vierzig Jahre zugleich mit den Kranken,
den Weibern, den Kindern und allem entbehrlichen Geräthe
auf Schiffe brachte und zur See nach Kerasus schickte.
während die rüstige junge Mannschaft nebenher bequem und
leicht am Strande zog. Xenophon bemerkt ausdrücklich,
dass die Eingebornen, um der Gäste so schnell als möglich
loszuwerden, die Wege ausgebessert und geglättet haben. [2]
Wir fechten die Auffindung und glückliche Anwendung des
Periplus auf das heutige Kerasun-Deresi nicht im geringsten an, zollen vielmehr den beiden tüchtigen Kolchiswande-
rern das gehörige Lob. Auch legen wir auf das Nichtdasein

---

[1] . . εἰς Κερασοῦντα τριταῖοι, πόλιν Ἑλληνίδα, ἐπὶ τῇ θαλάσσῃ
Anab V, 3.

[2] Ἡ δὲ ὁδὸς ὡδοποιημένη ἦν. Anabas. V, 3.

kerasuntischer Ruinen am Heerweg und an der Fluss-
mündung kein übergrosses Gewicht, da der Ort Bächlein
aufwärts im Kirschenhaine oder seitwärts auf einer Uferhöhe
liegen konnte; nur für Bestand und Namen eines grössern
und berühmtern Kerasus auf demselben Küstenstrich erkenne
ich hierin kein Hinderniss. Eine antike Inschrift hätte die
Sache leicht und schnell entschieden. Wir durchstrichen
aber vergeblich die verborgensten Winkel der Ruine; weder
das Wallthor, noch die Hafenmauer, noch die stumpfen
Quaderthürme zeigten die geringste Spur. Die Frage, wer
den Wall gebaut und das hohe Thor aufgerichtet hat, muss
für immer ohne Antwort bleiben. Die alten Kerasuntier,
scheint es, kümmerten sich nicht sonderlich um Schrift und
Nachwelt; sie kelterten Wein, trieben die Ziegenheerde in
den Wald und hatten nicht umsonst einen Satyr mit Fackel
und Schäferkelle als Sinnbild auf der Münze. Wenn der
Castilier Clavigo die amphitheatralische Lage, den Umfang,
die Gärten und die Bäume von „Guirisonda" pries, so wusste
der bayerische Ritterknappe Schiltberger, der um dieselbe
Zeit (1403), d. i. vierhundertsiebenunddreissig Jahre vor dem
zweiten Süddeutschen, mit Timurs Heer nach „Kuresa" gekommen war, auch nichts besseres anzurühmen, als dass es
„ein von Griechen bewohntes und an Weinwachs fruchtbares
Land" sei. [1] Wenn wir auch das europäische Wissen über
Kerasunt durch keine unbekannte Notiz zu bereichern vermögen, so haben wir doch vielleicht den Charakter der Landschaft und die Lage des Ortes mit grösserer Sorgfalt als die
wenigen Vorgänger aus der mittlern und neuern Zeit gezeichnet, so dass sich der Leser mit dem Griffel in der Hand
die Umrisse der schönen Oertlichkeit ohne Mühe selbst entwerfen kann.

In der Frühe des vierten Tages assen wir noch mit
Herrn Konstantides das Morgenbrod, grüssten den gastlichen
Mann, beschenkten die beiden Knaben mit ihrem Gehülfen

---

[1] Schiltbergers Reisen, herausg. von A. J. Penzel. München 1813. S. 86.
(Vgl. die Note Fallmerayers zur Ausgabe Schiltbergers nach der Heidel-
berger Handschrift von K. Fr. Neumann. München 1859. S. 96. D. H.)

und stiegen in Begleitung der ganzen männlichen Haus-
genossenschaft, überfliessend von gegenseitiger Achtung und
Zufriedenheit, die Steintreppe zur kleinen Felsenbucht unterhalb der Wohnung hinab, wo das Fahrzeug mit aufgestelltem
Mast und luftigem Wimpel schon lange unserer harrte. Ge-
witter hatten die Luft gekühlt, und um acht Uhr Morgens
trieb uns eine frische Strömung reissend um den Citadellen-
kegel dicht am Lorbeer-Eiland vorüber in der Richtung
gegen Tripoli. Die Landschaft bot eine eigenthümliche
Scene, und das Jahr hatte indessen sichtbar einen Schritt
gegen den Spätherbst gethan. Hinter den amphitheatralisch
vom Meer aufsteigenden Waldgürteln ragten die langgezogenen
Hochalpen der Tzanen mit frisch gefallenem Schnee herüber;
unterhalb der weissen Decke sah man das melancholische,
kahle, baumlose Schmutziggelb der tzanischen Gebirge;
unter diesem das kalte düstere Grün der Nadelwaldungen;
noch tiefer das heitere Laubholz in hellen dichten Waldungen;
dann die immergrüne Busch-Zone, und in unterster Linie
des Landschaftsgemäldes die bläuliche Pontus-Flut, ein
anziehendes Farbenspiel, in welches die Sonne herbstlich blitzte. Der Kahn strich lustig über die Bogensehne
des Golfes zum Kap Zephyrium, wo die Osmanli wegen
eingetretenen Gegenwindes zum Ruder griffen, bis wir
endlich um drei Uhr Nachmittags nicht ohne Mühe die Bucht
von Tripoli erreichten. Um in den kleinen Hafen einzulaufen,
schifft man, von Kerasunt kommend, um ein scharf in das
Meer hinausgestrecktes Promontorium, vor dessen äusserster
Spitze zwei hohe Felsenklippen insularisch aus der Tiefe
steigen, aber bei glattem Wasserspiegel für kleine Fahrzeuge
noch hinlänglich weite Durchfahrt offen lassen. Das Meer
war rund umher soviel als unbewegt; nur an den Klippen —
wir sahen es von weitem — warf es hohe Wellen in die
Enge hinein. Und doch waren die der langen Arbeit müden
Schiffer und wir selbst zu träge, den Kahn in sicherem Bogen
ausserhalb der Brandung herumzuführen. Wir wählten
mechanisch den kürzern Weg, weil es die Welle in regelmässigem Takte hob und niederschellte und wir dem Schlag

durch Geschwindigkeit zu entrinnen hofften. Ganz gelang
es indess nicht. Die Wendung hatten wir zwar gemacht,
aber die Welle lief uns nach, ich blickte um und sah, wie
sich der haushohe schmutziggelbe Gischt eilend gegen die
Barke wälzte; die Türken schrieen, die Leute am Ufer
standen still und sahen wie versteinert dem Schauspiel zu;
der Kahn verschwand, aber tauchte wieder auf, weil ihn
nur der Saum der Welle und nicht die volle Wucht getroffen hatte. „Allah," sagte der Oberfährmann halb zürnend,
halb erschrocken, „ich habe Auftrag, diesen Mann gesund
nach Trabosan zurückzubringen, warum sind wir nicht
ausserhalb herumgerudert!" Doch kamen wir mit dem
Schrecken davon und stiegen, wohl durchnässt und von der
unerwarteten Gefahr etwas überrascht, wenige Minuten später
unversehrt ans Land, gingen aber nicht mehr, wie auf der
Hinfahrt, in die zerlumpte Kaffeehütte des fanatisch blickenden Osmanli; ein viel schöneres, höher am Steilabhang neu
erbautes Einkehrhaus mit hohen luftigen Räumen und zum
Theil mit Fensterscheiben schien eine bessere Wahl. Man
gab uns ein apartes Zimmer mit Getäfel, hölzernem Fussboden und Ruhebetten, und was für uns von besonderm
Werth, die Wirthschaft wurde auf Rechnung eines eingebornen Christen geführt, der zugleich die Stelle eines Haus-
und Hofmeisters beim Agha von Tripoli versah. Es war
noch früh am Nachmittag, der Himmel wolkenlos, aber der
Ostwind — diessmal nicht unerwünscht — der Fahrt nach
Trapezunt entgegen. Wir fanden uns vortrefflich einquartiert
und blieben gerne in Tripoli, um mit Bequemlichkeit und
Ruhe die Pracht der Umgebung anzusehen. Wenn die
empfindsamen Bewohner des traurigen Spree-Revieres, sobald
sie auf der Akropolis von Athen das verwitterte Burggestein
zu ihren Füssen und in der Ferne den kahlen Hymettus,
die ausgebrannte Steinfläche von Attika, die abgeschälte
geschmolzene Felsenklippe Salamis, die Staubwolken der
Theseusstadt, den dürren, baumlosen, kalkigen Piräeusstrand
und die verkrüppelten Oelbäume am Cephissus sehen, schon
über die Schönheit dieser Landschaft in dithyrambischer

Begeisterung erglühen und durch ihre warmen Bilder das kunstsinnige Publikum der grossen Stadt entzücken: welche Worte müssten diese schwärmerischen Seelen ihrem Gefühle leihen, hätten sie mit uns die wundervollen Scenen des schattigen Tripolis umwandelt? Grosse Erinnerungen ziehen freilich auf der Akropolis im Geiste vorüber, aber schöne Bilder vor dem Auge nicht. Die langen, waldbedeckten, von Tiefthälern und reissenden Wasserströmen senkrecht durchbrochenen Berggürtel, einer immer höher als der andere und parallel mit der Küste den weiten Raum zwischen dem Pontusstreif und dem Tafelland Armeniens füllend, erscheinen nirgend so klar wie um Tripoli. An die Stirnseite' des ersten Gürtels hat die Natur eine deutlich vorspringende breitgedrückte Laubwaldpyramide mit stumpfer Spitze hingedrückt, und in einer entzückend grünen, quellreichen, dreigetheilten Blende dieser Laubpyramide, mitten unter Gebüsch ober dem Wasserspiegel hängt Tripoli. Zu beiden Seiten der Stadt weicht das Land in weitem Bogen und in gleichem Mass zurück, ostwärts aber, weniger als eine Stunde von dem Ort, zieht ein romantisch wildes Thal mit vollem Strom aus dem Hochgebirg herab. Das ist in der heutigen Redeweise der „Bach von Tripoli," der von „Silberhaus" *(Gümüsch-Chane)* nahe an der armenischen Grenze kommt und weiland auch an seiner Mündung jetzt verlassene Silbergruben bespülte. Auf dem Steinpfade über Risse und Hügel wanderten wir voll Entzücken durch dicht verschlungenes, mächtig wucherndes Laubgehölze und langes Gebüsch von Haselstauden zum Bach hinein. Wie es da mächtig, tief und voll aus dunkelbewaldetem Thale zwischen Geschlinge und grün umsponnenem Felsengewirre niederrauschte! Etwa zwei bis drei Stunden stromaufwärts, auf einem Steilfelsen mitten im Wald und gleichsam senkrecht ober dem Wasser schwebend, sah man deutlich ein verlassenes und, wie die Begleiter sagten, in lebendigem Gestein ausgehauenes Kastell, das sie Petra nannten. Hier ist ohne Zweifel das aus der Chronik des Panaretos und aus dem Feldzuge der Trapezuntier gegen die Tzanen (1380 n. Chr.)

wohlbekannte Petroma, welches einer Abtheilung von 600
Mann als Stützpunkt diente. [1] Dadurch ist auch die Lage
des Baches Philobonites, dessen Lauf bei derselben Veranlassung eine zweite Abtheilung des grosscomnen'schen
Heeres folgte, in der Nähe des schwarzen Vorgebirges und
im Bereiche derselben, mit Schatten, Wasserströmen, Thaleinschnitten und buschbewachsenen Promontorien so romantisch geschmückten Ufercurve ausgemittelt.

Zu Clavigo's Zeiten (1400) war Tripolis noch eine grosse
Stadt, [2] heute zählt es kaum 500 unter Baumgruppen und
Buschwerk zerstreute, an Klippen hingehängte, in Einsenkungen versteckte und nur in der ärmlichen Marktgasse
zusammenhängende Wohnhäuser, worunter etwa 100 christliche sind. Der Boden hebt sich gleich am Rande des
Wassers, und ausser dem kaum vollendeten weitläufigen
Konak des Agha und den beiden Kastellfelsen in der Hafenbucht verkündet nichts mehr das Andenken einer alten
grossen Stadt. Das grössere dieser Kastelle, auf der Höhe
eines isolirten, mit dem Strande mittelst eines schmalen,
nicht allzeit wasserfreien Naturdammes zusammenhängenden,
buschbewachsenen Steinkegels erbaut und schon beim ältern
Plinius genannt, [3] lud unsere Neugierde zu näherer Betrachtung ein. Wir stiegen den gewundenen Pfad hinan,
aber melancholische Oede begegnete uns überall, grünes
Gestrüppe wucherte in das Thor hinein, und in der verlassenen
Schlosskapelle hatte eine Ziege ihren Wohnplatz aufgeschlagen. Die Frage, wann und durch wen etwa das Kastell
zuerst erbaut wurde, fällt nur einem Europäer ein, der
Morgenländer denkt an solche Dinge gar nicht; ja er verlangt es nicht einmal zu wissen, weil Zukunft und Vergangenheit gleichmässig ausserhalb des Kreises seiner Vor-

---

[1] Ἐποίησεν τὸ φωσάτον μεριδας β', τοὺς μὲν πεζοὺς ὡσεὶ χ' ἔστειλεν
ἀπὸ τὸ Πέτρωμα. *Panaret. ad ann.* 1380 *p. Chr.*

[2] *E a hora de medio dia fueron en par de una gran villa que era eso
mismo poblada al mar, que ha nombre Tripil, y esta tierra es del Empe-
rador de Trapisonda. Itinerar. pag. 82.*

[3] *Tripolis castellum et fluvius. Hist. nat. VI. 4.*

stellungen liegen und für ihn die Gegenwart Alles ist. Freilich erspart er sich zum Ersatz verlorner Erkenntnisslust auch den Schmerz und die Demüthigung unbefriedigter Wissbegierde, die uns andere im Lande der „Kimbilir“ und „ποῖος τὸ ξεύρει“ so häufig treffen.[1] Umsonst sah ich um irgend ein erklärendes Zeichen, sei es auch nur eine Jahrzahl, ein Name, ein Sinnbild, im öden Bauwerk um. Voll warmer Eindrücke, aber ohne grammatische Belehrung stiegen wir die Windungen wieder hinab und gingen nach mehr als dreistündiger Wanderung durch Klippen und Buschwald wieder in die Wohnung zurück. Die Abendlüfte säuselten im Laub und trieben weite Halbbogen in gleichen Abständen über den glatten Wasserspiegel der Hafenbucht. Das vom Konak des Agha herabgeschickte, reichlich und geschmackvoll bereitete Abendessen ward in Gesellschaft des Haushofmeisters nicht ohne merkliches Behagen verzehrt. Zwar machte der noch junge und stattliche Wechsler die Honneurs des Tisches mit Anstand und Grazie, aber seiner Rede fehlte die Erfahrung, der Umfang, die Praxis und die Weltkunde in umfassenderem Styl, wie wir sie am Saraf von Kerasunt gefunden haben. Doch kannte er den Landweg von Tripoli nach Trapezunt, die Vorgebirge, die Ortschaften, an denen man vorüber muss, wenigstens so weit das Steuergebiet seines Agha reichte, ganz genau. Der Byzantiner Chalkokondylas erzählt von einer schimpflichen Niederlage, welche die Trapezuntier unter dem Grosscomnen Kalo-Johannes durch den Scheich von Ardebil in einem „Meliares“ genannten Engpass vorwärts von Kordyla gegen Tripoli erlitten haben. Diese isolirte, von Niemand erklärte Stelle des Byzantiners durch einen ächten Commentar zu erläutern und den Schauplatz jenes folgenreichen Ereignisses durch eigene Ansicht auszumitteln, war mein besonderes Augenmerk. „Ob er nicht ein Derbend (ἕνα δερβένι, bir derbend) mit Namen Meliares kenne?“ — „Hart ober dem Vorgebirge Kereli, etwa acht Stunden von Tripoli,“ sagte er, „führe der Weg durch

---

[1] Der türkische und griechische Ausdruck: „Wer weiss das?“

ein sehr langes und zugleich so schmales Derbend,[1] dass kaum für einen Menschen Raum genug zum Durchkommen übrig sei." Wir zogen auch noch den Oberfährmann nebst mehreren Eingebornen zu Rathe, und Alle bestätigten das Dasein eines Engpfades in besagter Gegend; nur die trapezuntischen Orte Meliares und Kordyla kannte Niemand mehr. Der Entschluss ward rasch gefasst; am Kap Kereli, dem Koralla der Trapezuntier, sollte gelandet, das romantische Wald- und Felsenrevier der Küste näher geprüft und wo möglich durch die grosse Klause zu Fuss nach Buyukliman (Grosshafen) hinabgewandelt werden, wo uns die Barke zu erwarten habe. Müde vom langen Tagewerk und bereit, mit dem ersten günstigen Lufthauch die Segel aufzuspannen, überliessen wir uns einem kurzen, aber erquickenden Schlummer, und bald nach ein Uhr Morgens strichen wir schon eilenden Kieles über den Golf von Tripoli. Die Nacht war entzückend, die Schöpfung in tiefer Ruhe, nur das Mondlicht perlte, hüpfte, spielte zaubervoll auf der glatten Spiegelfläche, und in das Segel blies mit frischem Hauch vom Waldgebirg herab die Morgenluft. „Schimdi tschibúk doldurún, jetzt stopfet die Pfeifen," sagte der Oberfährmann zu seinen Osmanli. Die Atmosphäre war so durchsichtig, und die Mondscheibe hing so günstig über dem Waldsaum, dass die Fährmänner sogar weit oben im Gehölze das Felsenschloss Petra-Kaleh im Vorüberfahren 'erblicken wollten. Die Scene war von grosser Wirkung. Nach zwei Stunden kräftiger Fahrt steuerten wir

.... tacitae per amica silentia lunae

um das schwarze Vorgebirge, und die Morgenröthe fand uns in der kleinen Bucht des weit herausspringenden Strandfelsens von Kereli. Kloster und Kastell ist Ruine, Alles fanden wir verlassen und unbewohnt. Ein stumpfer Quadratthurm ohne Dach, wie auf der Burg von Trabisonda, gehört mit dem anstossenden Schlossgemäuer ohne Zweifel noch dem

---

[1] Thorband, Thorpass.

Koralla der Grosscomnenen an. Grünes Gestrüppe mit einer
üppigen Brut von Schlingpflanzen war in die leeren Räume
eingezogen, und die Morgensonne blickte melancholisch auf
das verwitterte Gestein. Ein Lichtbild, in diesem Augenblick
erfasst, wenn es auch die Spielarten der einfallenden Helle
darzustellen vermöchte, liesse einen tiefen Eindruck in der
Seele zurück. In solchen Scenen erkennt und fühlt der
Mensch sein Loos. Bin ich so weit über Continente und
Meere hergekommen, um auf kolchischen Ruinen der Kürze
des eigenen Daseins und der unerbittlichen Gewalt der Zeit
zu gedenken!

Der Reitweg zur Klause des Meliares zog fast senkrecht
ober unserem Standpunkt durch Felsen und Gebüsch vorüber.
Der Versuch, in kürzester Richtung hinaufzuklettern, wollte
nicht gelingen, und wir mussten uns zu einem beträchtlichen
Umschweif landeinwärts gegen den Bach Aïjenesin[1] entschliessen, bis wir endlich mit vieler Anstrengung durch eine
liebliche Felsenschlucht voll Azaleen, voll strotzenden Buschwerkes, voll Baumschatten und Kühle auf die ersehnte Höhe
kamen. Vorsichtshalber hatten wir einen der türkischen
Fährmänner gegen Zusicherung aparten Lohnes als Begleiter
mit uns genommen. Von einer entzückenden Waldscene
umgeben, fanden wir die Mühe reichlich belohnt. Wir
konnten das Auge nicht sättigen weder an der strotzenden
Fülle des Buschwerkes, noch am schlanken Wuchs der hochstämmigen Laub- und Fruchtbäume, die unbewältigt von der
verwüstenden Menschenhand in langen Wäldern die Hügel
überdeckten, die Wände der tiefeingerissenen Grünschluchten
bekleideten und auf fettem, wohlgenährtem, mit Regen und

---

[1] *Ai-jenesin deresi*, d. i. „Thalbach des heil. Eugenius" in der heutigen Osmanli-Landessprache. Es ist das Ἅγιος Εὐγένιος der Griechen und
San-Uigenj der Seekarten des Mittelalters. (Freunde geographischer
Wissenschaft, welchen um eine genaue Kunde jenes alt-merkwürdigen
Küstenlandes zu thun ist, sei es gestattet, auf meine Denkschrift hin-
zuweisen, welche 1864 in den Abhandlungen der bayerischen Akademie
d. W. erschienen ist unter dem Titel: Der Periplus des Pontus Euxinus.
Nach Münchener Handschriften. Mit einer Karte. Man wird dort im Commentar Fallmerayers Aufklärungen nicht vermissen. A. d. H.)

Quellen reich getränktem Boden überall mit dem Rhododendron, der Weinrebe, dem Lorbeer und der unvergleichlichen *Arbutus Andrachne* um die Herrschaft rangen. Wir rasteten lange an einer Quelle auf weichem schattigem Grase im Gehölze und blickten voll Seligkeit zwischen dichtbelaubten Baumschlag in die spiegelglatte blaue See hinab,

> *Muscosi fontes et somno mollior herba,*
> *Et quae vos viridis tegit arbutus umbra . . .* ·

Obwohl die Landschaft mit jeder Wendung des Pfades neue Reize bot, zogen wir doch aus Furcht, selbst das grüne Bilderspiel der Natur könnte sich am Ende noch erschöpfen, ungerne und langsam gegen die Höhe ober Kereli heraus, wo sich der Weg in weitem Bogen um das Promontorium krümmt. Hier war die Enge, von der uns der Saraf in Tripoli geredet hat. Links stürzte es fast senkrecht in das Meer hinab, und zwei Menschen konnten nicht nebeneinander gehen. Doch ward durch überhangendes, selbst das Gestein überwucherndes und den Abgrund verhüllendes Gebüsch das Grauen der Tiefe gemildert. Unmittelbar nach dem gefährlichen Durchgang senkt sich der Reitweg in eine bis zum nächsten Vorgebirg fortlaufende und beiderseits von romantisch wildem und malerisch grünem Steinwall geschirmte Langschlucht hinein, deren Ausgang am genannten Kap durch ein Querthor und ein verlassenes alttrapezuntisches Kastell (Kaledschik) geschlossen ist. Das ist die Klause des Chalkokondylas, der sogenannte Engpass Meliares, dessen sich einst der Scheich von Ardebil zum Nachtheil des Herzogs von Chaldia und des trapezuntischen Heers bemächtigt hat. [1]

---

[1] Ὁ γὰρ Ζύχης Ἀρταβίλης κατέσχε τὴν τοῦ Μελιάδος λεγομένην τοποθεσίαν, προλαβόμενος τὴν κλεισούραν ταύτην τοῦ Μελιάδος τὸ Καπάνιον λεγόμενον. (Das byzantinische τὸ Καπάνιον fehlt im Glossar DuCange's und ist ohne Zweifel auf das türkische *kapanmak*, „geschlossen sein,“ zurückzuführen.) Ἐλθόντες τοίνυν οἱ τοῦ Παντεβάστου καὶ αὐτὸς εἶδον τὸν Ζύχην προκατέχοντα τὴν κλεισούραν τοῦ Καπανίου. (*Chalcocond. IX. p. 464 ed. Bonn.* D. H.)

Den Platz des christlichen Schlossherrn von Meliares hat ein türkischer Dere-Beg aus der Familie Usun-Oghlu eingenommen, zwischen dessen Konak und einer mit lichten traubenbehangenen Erlbäumen geschmückten Hügelreihe der Reitweg in sanftem Abhang zur hölzernen Dachbrücke des Aksaderesi und eine kurze Strecke weiter zum Landungsplatze Boyük-liman hinunter führt, wo die auf den Strand gezogene Barke schon lange unserer Ankunft harrte. — Obwohl die Entfernung von hier zum Kap Kereli, wo wir Morgens das Fahrzeug verliessen, weniger als zwei Wegstunden beträgt, hatten wir doch mehr a's vier gebraucht, theils wegen des Umweges und der Mühsal, den Reitweg zu erklimmen, theils wegen freiwilliger schwärmerischer Zögerung im schönen Lustreviere. Die Quellen im hellgrünen Gebüsch, der Blick ins Meer hinab, die romantisch wilde Klause und der Schattenwald legten dem Schritte zauberische Fesseln an; auch hatten Usun-Oghlu's Leute die Ermatteten mit Trauben vom Erlbaum gelabt. Boyük-liman ist nur ein einzeln stehendes Haus mit einer Reihe Marktbuden, wo wir Kaffee tranken und Früchte. Trauben, Nüsse und Birnen in die Barke nahmen. Die Ortschaft selbst, wo die Eigenthümer der Gegend wohnen, liegt eine halbe Stunde weiter östlich und trägt den weder zum griechischen, noch zum türkischen Sprachstamm gehörigen Namen Fol. Wir erkannten in diesem Fol das Viopoli der abendländischen Euxinus-Fahrer des Mittelalters. Clavigo kam (1402) von Tripoli in wenig Stunden zum Kastell Corila, und Nachmittags mit günstigem Winde zu einem andern ummauerten Ort, genannt Viopoli, wo man die Nacht vor Anker blieb. [1] Der volle Name hiess im Alterthume Liviopolis und wird unseres Wissens nur im Plinius, und zwar mit dem richtigen Beisatze gefunden, dass es an keinem Flusse liege *sine fluvio Liviopolis*. In

---

[1] *E en poca de hora fueron en un castillo que es junto con el mar, que ha nombre Corila, e non quisieron tomar que lo en e.los lugares, por quanto avia buen tiempo: e a hora de visperas fueron en un castillo que ha nombre Viopoli, e tomaron alli puerto, e estovieron esta noche. Itinerar, p. 52.*

der That sind die nächsten Bäche K e r a s u n und A k s a
beiderseits ungefähr eine Stunde vom alten Viopoli (Fol)
entlegen. Wir strichen mit schwachem Winde dicht an der
Küste fort und genossen mühelos des Anblickes der immergrünen Buschhügel am Bach Kerasun. Gegen zwölf Uhr
hatten wir Kap Hieron-Oros erreicht und legten mit andern
Gefühlen, als wir vor sechs Tagen bei nächtlicher Vorüber-
fahrt auf eben dieser Stelle empfanden, am Delta einer malerisch schönen Felsenbucht, I n d s c h i r - l i m a n (Feigenhafen)
genannt, das Fahrzeug zur Mittagsruhe ans Land. Es war
kein Tiefwasser, es war flacher Strand. Die kolchischen
Osmanli nahmen das Segel ab, hoben den Mastbaum aus
und zogen, wie die Gefährten des Ulysses, den Kahn auf
das sandige Ufer, auf dem sie im Schatten der überhängen-
den Waldgebirge ihre Schifferkost verzehrten und sich dem
Schlummer überliessen. Das Delta war aber zwischen zwei
hohen, schroffen, felsig zerrissenen, mit hellgrünem Wald
und Buschwerk dicht verwachsenen und an der Hypotenuse
nicht über 300 Schritte von einander entfernten Steilseiten
so lieblich eingekeilt, dass an diesem auserwählten Orte selbst
um Mittag noch Schatten und Kühlung herrschte. Seitwärts
an der Buschwand war ein Brunnen des hellsten Wassers,
und neben dem Brunnen stand ein Oelbaum mit fettem lang-
gezüngeltem Blatt, im Hintergrunde aber in dichtem Waldschatten ein isolirtes Haus. Doch war das Dreieck am Spitz-
winkel nicht geschlossen; ein Bergspalt, dunkel, schmal und
tief eingeschnitten, drängt sich zwischen den beiden in Gestalt runder, abgeplatteter Waldkegel hoch aufgethürmten
Seitenwänden in das Gebirg hinein, zugleich Rinnsal eines
perennen Bachs und Sitz einer selbst in Kolchis kolossalen
Vegetation. Nach dem fröhlichen Mahle am Brunnen ging
ich während der langen Rast der Schiffer in den hohen
Schattenspalt und sah gegen das Meer heraus. Das schmale
Segment der blauen Fluth glitzerte wie ein fernestehender
Zauberspiegel in wundervollem Schein. Nachher stieg ich
beiderseits auf die waldigen Vorgebirge hinauf und wanderte
zuerst gegen das nur eine halbe Stunde rückwärts entfernte

Kap Hieron-Oros; dann rückwärts in der Richtung gegen
Ak-Kalah durch das wildschöne Buschrevier, über belaubte
Risse, durch dichte Obstwälder aus Maulbeer-, Kastanien-,
Aepfel-, Birn-, Kirsch- und Feigenbäumen, mit Ulmen, Eichen,
Ahorn und riesenhaftem Rebgeschlinge, mit undurchdring-
lichem Kurzholz vom schöngerindeten *Arbutus Andrachne,*
von Lorbeer, Corylus, immergrünem Cistus und dem so
oft gepriesenen und allzeit schönen Azalea- und Rhododendron-
busch wundervoll geschmückt. Dazu noch der blaue Sonnenhimmel, die spiegelnde Wasserfläche und lianenumschlungene
Ruinen im Gehölz! Wir fragen den Leser, ob das nicht entzückend ist und wie sich etwa die dünngebürsteten Boschetti
Italiens oder gar das abgeschälte kalkige Griechenland mit
der Pracht solcher Wälder messen könne? In Kolchis regiert
noch der Pflanzenwuchs, nicht der Mensch, und die zerstörenden Bedürfnisse der Kultur sind noch nicht bis an diesen
beglückten Himmelsstrich gedrungen. Wandert durch den
immergrünen Buschwald um Indschir-liman, und Rousseau's
Philosophie hört auf, bizarr zu sein. Ob man sich bei dieser
Scene viel nach Deutschland sehnt, und nach seiner weisen
Praxis, seiner Dänen-, Elbe-, Mauth-, Sundflotten-Energie,
seiner andächtigen Langweile und seinem melancholischen
Fichtenwald Verlangen trägt?! Selbst die kolchische Pflanzenwelt klagt uns des Kleinmuths, der Weichlichkeit und des
verzagten Sinnes an! Der Ruf des Fährmanns scholl durch
das hohle Berggeklüfte und rief den Wanderer aus Schwärmerei und Wald an den Strand zurück. Sie zogen die Unterlage weg, schoben das Fahrzeug in die Fluth hinab, setzten
den Mastbaum ein, hingen das Segel auf und setzten die
Ruder an, weil nur laue Winde in die Wimpel wehten,
Vorgebirg an Vorgebirg, felsicht, reich bebuscht, scharf in
die See abstürzend und durch kleine bebaute Flächen mit
Einzelhöfen und tief eingeschnittenen Waldungen wildromantisch abgeschieden, strich am Kahn vorüber, bis endlich
Ak-Kalah (Weissenburg), weiland Kloster und Kastell
Kordyle, durch seine wildschöne Lage auf schattigem
Felsenvorsprung den Lauf des Fahrzeugs hemmte und zum

Genuss der Waldkühle und der schönen Aussicht lud. Wir stiegen zwischen einer Fülle von Lentiscusgestrüpp und zahmen Oelbäumen das Vorgebirg hinauf, verweilten aber nur kurze Zeit auf der Höhe, denn die „Weissenburg" ist menschenleer und bei den lafettenlosen Kanonen nicht einmal eine Wache aufgestellt. Die Sorge, diesen uralten Landungsplatz der Curve von Trapezus zu schirmen, liegt, wie zu St. Sophia, den mohammedanischen Bewohnern der umliegenden Holzhütten ob. Ein Meierhof dieses lieblichen Strandes sah einst die Katastrophe Alexius' IV. durch seinen herrschsüchtigen Sohn Kalo-Johannes, den Gross-Comnen und vorletzten Imperator von Trapezunt. [1] Vom Uferfelsen vor dem Schlosse

[1] Nach trapezuntischer Sitte war Kalo-Johannes als Erstgeborner zwar Mitregent und sass bei feierlichen Handlungen in gleichem Schmuck neben dem kaiserlichen Vater auf dem Thron. Das war aber dem „Schönen-Johann" zu wenig. Der ehrgeizige Erbe fühlte Kraft und Herrschergabe genug, das Reichsgeschäft allein zu besorgen, und der Verdacht geheimen Liebesverständnisses seiner leiblichen Mutter, einer cantacuzenischen Prinzessin aus Byzanz, mit dem Schatzmeister des Reichs sollte dem jungen Bösewicht als Werkzeug zur Stillung seiner Herrschbegierde dienen. Kalo-Johannes eiferte mit solcher Wärme für häusliche Tugend und strenge Sittlichkeit, dass er, nicht zufrieden, den Schatzmeister eigenhändig zu tödten, der Familienehre wegen auch Mutter und Vater im Palast erdrosselt hätte, wären nicht die Archonten noch zu rechter Zeit ins Mittel getreten. Für eine solche That gibt es keine Sühne, und Kalo-Johannes entging dem väterlichen Zorn durch die Flucht an den Hof des Königs von Tiflis, der dem flüchtigen Vatermörder in Hoffnung besserer Zeiten die Tochter zur Ehe gab. Aber Kalo-Johannes hatte, was man in Italien die *rabbia papale* nennt, er konnte Privatstand und Verbannung nicht ertragen und wollte um jeden Preis als Herrscher auf der romantisch schönen Burg von Trabisunda wohnen. Zu Caffa in der Krim, wohin er von Tiflis gezogen war, bemannte er zwei Kriegsschiffe mit genuesischen Abenteurern und besetzte das feste Kloster Kordyle (Ak-Kale der Türken) in Angesicht von Trapezunt. Für Einverständnisse unter den Hofarchonten und selbst unter den Leibwachen des Grosscomnen ward schon früher gesorgt, und wie der alte Grosscomnen seinem rebellischen Sohne gegenüber am Meierhof lagerte, öffneten die bestochenen Wächter den ausgesandten Meuchelmördern Nachts den Eingang, und der unglückliche Gebieter ward inmitten seines Heeres im Schlaf ermordet. Kalo-Johannes wollte zwar nur die Gefangennehmung, nicht den Tod des Vaters befohlen haben und bestrafte den einen Sendling durch Handabhauen, den andern durch Blendung für ihre Frevelthat.

trägt der Blick quer über den Golf nach Trapezunt hinüber, und die Bäume neben uns warfen ihre Schatten lang und abendlich in die Fluth hinab. Wir aber steuerten an den myrtenreichen, sanftanlaufenden und mit ländlichem Gehöfte idyllisch geschmückten Küstenhügeln bis in den Mittelpunkt der Golfkrümmung zum schön gelegenen Städtchen Platana hinein und zogen vor fünf Uhr Abends das Fahrzeug noch einmal ans Land. Dieser Ort, der im Munde des Volkes wahrscheinlich seit Urzeiten diesen Namen trägt, ist von Trapezunt nur etwas über vier Stunden entfernt und ward im classischen Alterthum auch Hermonassa genannt, wie aus Strabo und dem Periplus des Arrian zu ersehen, oder vielmehr aus den Entfernungen von bestimmten Küstenpunkten zu berechnen ist. Die Platane wächst in der Umgegend, besonders am Bach von Kalanoma auf der Seite gegen Trabosan, mit unvergleichlicher Pracht und die milden Hügel des Weichbildes sind ein zusammenhängender Wald fettstämmiger Oelbäume, zu denen sich in gleicher Ueppigkeit die Feige und die Weinrebe gesellt. Lebendige Zäune und Einfriedigungen aus Maulbeerbäumen und Ulmen, um die sich in dieser Jahreszeit das traubenvolle Geranke der Reben schlingt, sahen wir nirgend mit so viel Geschmack und Ordnung angepflanzt wie um Platana. Von seinen vierthalbhundert, dorfartig über Thal und Hügel zerstreuten Wohnungen sollen nur etwa 140 christliche sein, die sich mit Pacht, Kleinhandel, Wucher und besonders mit Geschäften in Wein und Oel zu behelfen suchen. Die Luft ist hier milder als selbst im nahen Trapezus, weil Kap Hieron-Oros den Golf vor rauhem Nordwest bewahrt; an Wein, Oel, Tabak und Mais herrscht Ueberfluss, so dass der Mensch, wenn er nur physische und keine edleren Bedürfnisse hätte, in Platana vollkommen glücklich wäre. Etwa eine Stunde verweilten wir in dieser reizenden Uferlandschaft,

Allein wer wüsste nicht aus näher liegenden Ereignissen ähnlicher Art, wie man solche Befehle von jeher gemeint und verstanden hat? Kalo-Johannes baute dem erschlagenen Vater ein prachtvolles Grabmal in der Domkirche der Panagia Chrysocephalos und bestieg ohne Gewissensangst als Vatermörder den blutbefleckten Thron.

deren milde Tinten im abendlichen Licht um so inniger zur
Seele drangen, als die Dunkelschatten der Thalrisse und Hoch-
waldberge im Hintergrund mit jeder Minute dichter wurden.
Um den Leser vor der irrthümlichen Meinung zu bewahren,
als könnte etwa der Mensch, aller irdischen Noth entrückt,
in Kolchis bloss von Waldentzücken und Bewunderung des
Rhododendrons leben, wird hier auch vorübergehend eingestanden, dass wir nicht ohne erquickende Abendkost aus
Platana gewichen sind. Ausser der kalten Küche am Brunnen von Indschir-liman waren wir seit Tripoli ohne Nahrung
geblieben, was Wunder also, wenn wir den warmen Eier-
speisen, dem leichten Wein und den pflaumengrossen Oliven
eines orthodoxen Magazins die gehörigen Ehren erwiesen
haben? In der Freude der glücklichen Fahrt und des nahen
Zieles ward auch der Fährmänner gedacht, und bei sinkendem Tage rauschte die Barke mit Kraft an den Platanen von
Kalanoma vorüber gegen Trapezunt. Der Strand war bald
in Nachtdunkel gehüllt, und nur zwischen den obersten Bäumen des Bergwaldkammes schien noch der lichte, heitere
Abend durch; denn hinter dem Bergwaldkamm stieg langsam
der Mond herauf und schüttete endlich die volle Garbe seines
Zauberlichtes auf den Wasserspiegel des Golfs herab. Zugleich wehte es frisch vom Lande her, das Meer glitzerte,
und im Uferbusch sah man die Schatten hüpfen. Gerne wäre
ich jene Nacht bis an den Phasis fortgeschifft, und viel zu
früh für das schwärmende Gefühl legte sich der Kahn schon
um neun Uhr Abends dicht unter der Consularterrasse in der
Gartenvorstadt von Trapezunt ans Felsenriff.

VI.

Sitten, Gebräuche, Lebensweise. Verwaltung und öffentliche
Zustände des Landes Trapezunt.

Dass die Landschaft Trabosan ein schönes Wald-
und Buschrevier, voll Schatten, voll frischer Bäche und malerisch grünen Gesteines sei und beim ersten Anblick den
Fremdling entzücken könne, glaubt der Leser nach Ansicht
der zwar matten und das Gefühlte nur höchst unvollkommen
darstellenden, aber doch allenthalben aus unmittelbarer Anschauung geflossenen Wanderscenen ohne Mühe. Schwärmerische Gefühlsregungen sind aber flüchtiger Natur, und mit
den Bedürfnissen des Menschen drängen sich andere
Fragen auf. Gar zu gerne möchte vielleicht der intelligente
Europäer wissen, wie eigentlich der Mensch im idyllenhaften
Kolchis lebe; wie man in Trepezus verwalte, Steuer nehme
und Gerechtigkeit pflege; wer den Boden besitze; welche
Nahrungsmittel die Erde freiwillig gebe und welche ihr Ar-
beit und Industrie entlocken; ob der Mensch im schönen
Trapezunt überhaupt glücklicher als unter andern Himmels-
strichen sei, oder ob er die gleiche Summe von Qual und
Sorge und täglicher Bedrängnisse zu erdulden habe wie sein
Schicksalsgenosse im Occident; insbesondere ob man dort
auch wider die Landplage des Pauperismus, der proletarischen
Uebervölkerung, des zum Atom parcellirten Eigenthums, der
spekulirenden Andacht und der langweiligen Broschüren des
Abbé Combalot zu kämpfen habe? In Trabosan — vielen
Europäern eine tröstliche Kunde — schreibt, druckt und
liest man nichts. Hier wird geschwiegen oder gehan-

delt. Daher der schnelle Verdacht und die nie schlummernde
Sorge der Gewalt. Dass es bei den alten Besitzern des trapezuntischen Bodens nicht zum Handeln komme, war und
ist jetzt noch die hauptsächlichste Aufgabe des türkischen
Regiments. In Anatolien — diese Gerechtigkeit gebührt den
Osmanli — haben sie ihre Aufgabe musterhaft und bleibend, ⸗
folglich unendlich vollständiger und wirksamer als die „Sachsen" in Irland gelöst. Armuth, Unwissenheit und gesetzliche
Schmach der Ueberwundenen sind die vorzüglichsten Instrumente türkischen Uebergewichts. In Kolchis und im Innern
Kleinasiens ist es wahrhaft eine Infamie, Christ zu sein, und
die erste Tugend unseres Glaubens, die Demuth und Selbstverleugnung zu üben, findet der hochmüthige Europäer in
diesen Landschaften die beste Gelegenheit. Das Christenthum
ist hier so vollständig besiegt und geknickt, dass an ein
Wiederaufleben von innen heraus unter keinerlei Umständen
zu denken ist. Es ist die Religion der Vorstädte und schmutzigen schlechten Winkel, während alles Volk in der Citadelle,
in den höher und zierlich gelegenen Stadttheilen und in den
Landsitzen türkisch redet und den Islam bekennt. Zu diesen
Privilegien der Ehrenhaftigkeit, des Reichthums und der
Macht gesellt sich in Anatolien auch noch das numerische
Uebergewicht der Mohammedaner über die Anhänger Christi
in einem solchen Grade, dass letzteren selbst die Hoffnung
zur Freiheit entschwunden und die Rache allein im Herzen
geblieben ist. Wer die Rache am Geschlechte Osmans vollzieht, ist der legitime von Gott selbst auserwählte Herr dieses
Himmelsstrichs. Einer Zeit wie der unsrigen muss die Staatsklugheit, mit welcher das aller Verbesserung feindselige
Türkenvolk seiner Herrschaft eine so dauerhafte Grundlage
zu geben vermochte, als ein höchlich zu beachtendes und
besonders respektables Phänomen erscheinen. Als sich Trapezunt an die Türken ergab, hatte das Land eine zahlreiche
Christenbevölkerung, eine Reihe wohlbefestigter Städte und
Citadellen längs der Küste, einen reichen, mächtigen, auf
unzugänglichen Burgen einsässigen Feudaladel und einen unbesiegbaren Widerwillen gegen den Islam. Hätte man da-

mals Freiheit und Eigenthum der Ueberwundenen geachtet.
wie stünde es etwa heute um türkische Herrschaft in Kolchis?
Das Verfahren des Sultans war einfach, energisch, sicher,
aber christlicher und überhaupt menschlicher Sitte wider-
strebend. Die drei Citadellen von Trabosan sammt den weitläufigen Bazaren und Gartenvorstädten wurden von der christlichen Bevölkerung völlig gesäubert. Das regierende Haus
ward nach Thracien versetzt und später in den männlichen
Individuen ausgerottet. Von den christlichen Bewohnern der
Hauptstadt aber hob man, wie zum Theil schon früher
angemerkt, zuerst die schönsten und rüstigsten jungen Leute
zum Kammerdienst des Sultans aus, schrieb dann achthundert Knaben als künftige Janitscharen ein und theilte die
Uebrigen in drei Klassen. Die erste, aus den vornehmsten
und Reichsten bestehend, wanderte als Kern der neuen Bevölkerung in den Fanar nach Konstantinopel; [1] die zweite
wurde als Sklave unter das Heer vertheilt; der dritten aber,
d. i. den besitzlosen Proletariern und der Hefe des Volkes
ward die abgesonderte Vorstadt der Marine als Wohnsitz
angewiesen. Dagegen wurden in der obersten Citadelle, wo
die Kaiserburg mit den Häusern der vornehmsten Archonten
stand, eine Compagnie Artilleristen, in den beiden untern
aber 12,000 Asaben, d. i. ledige, auf Kriegesdauer von den
türkischen Gemeinden gestellte Milizen angesiedelt, als deren
Nachkommen die heutige Türkenbevölkerung von Trabosan zu
betrachten ist. [2] In gleichem Sinne ward in den übrigen Städten
und Festungen des Reichs verfahren, besonders aber nach Austreibung sämmtlicher Geschlechter der Archonten und Feudal-
herren überall im verlassenen Gute ein Türke eingesetzt.

Der Sultan blieb fast ein Jahr in Trabosan und ging
nicht eher an den Bosporus zurück, als bis alle seine An-

---

[1] Die Callimachi, die Murusi etc. kamen um jene Zeit aus Kolchis
an den Bosporus. Die in Stambul einsässigen Archonten wurden als un-
verbesserliche Intriguanten vom Sieger in Masse niedergemetzelt oder
flohen in entlegene Himmelsstriche.

[2] Die kaiserliche Burg war drei Generationen hindurch Sitz des türkischen Thronfolgers.

orduungen im eroberten Lande vollzogen waren. Nur drei
Mönchsklöster und einige christlich gebliebene Dörfer im
Innern fanden Mittel, ihren Grundbesitz zu retten; an der
Küste aber und in den fruchtbarsten Gegenden überhaupt
ging alles Landeigenthum in türkische Hände über. Solche
Handlungen tyrannischer Uebertretung der Verträge würde
die öffentliche Meinung heutzutage wo nicht ganz unmöglich
machen, doch wenigstens durch allgemeine Verwerfung brand-
marken und als Grundlage künftiger Reaktion benützen.
Damals (1462) gab es aber den Türken gegenüber in Europa
noch keine öffentliche Meinung, oder sie bestand vielmehr
in Zittern und äusserte sich durch Litaneien, die einem unter
Thränen und Verzweiflung aus dem väterlichen Boden weg-
gerissenen Christenvolke freilich wenig nützten. Aus dem
romanhaften Imperium Trabesunda ward in solcher Weise
ein türkisches Paschalik Trabosan, das mit Ausnahme der
Westgränze auch nach seiner Verwandlung den Umfang
behielt, den es zur Zeit des letzten Grosscomnenen hatte.
Das Vorgebirge Jasonium ward Gränzpunkt gegen Amasia,
so dass Unich (Oinäum oder Oenoë der Griechen) nicht
mehr dem Begler-Beg von Trabosan gehorchte. Wie dieser
Burg und Machtansprüche der Grosscomnenen, so hatten
türkische Dere-Bege (Thalfürsten) mit den Schlössern und
Edelsitzen auch die Unbotmässigkeit der christlichen Feudalarchonten übernommen. Das Institut der Dere-Bege, ein altes
Erbtheil der Seldschuken von Ikonium, hat in Kleinasien
seine vollständigste Ausbildung erhalten und vielleicht mehr als
irgend eine Staatseinrichtung zur Verbreitung und Befestigung
türkischer Nationalität beigetragen. Die Osmanli haben wesentliche Vorurtheile gegen die Allesregiererei und gegen
mathematisches Centralisiren der Gewalt. Wenn in einer
grossen Monarchie, sagen die Osmanli — natürlich mit Unrecht — Einer allein Alles thun will, so sei das eben so viel,
als wenn der Führer eines grossen Heeres alle untergeordneten Stellen selbst versehen wollte. Die Lehenspflicht in
Kriegszeiten leisteten diese anatolischen Erbfürsten mit grosser
Pünktlichkeit, auch in Abtragung des festgesetzten, freilich

sehr mässigen Tributes an den Padischah blieben sie nicht leicht zurück, gerirten sich aber, was die innere Verwaltung der Territorien betrifft, als unabhängige Gebieter. denen Niemand etwas einzureden hat. Da es ihren eigenen Vortheil galt und der Gewinn in ihre Taschen fiel, bewirthschafteten sie die Ländereien mit der grössten Sorgfalt, und viele dieser Dere-Bege, z. B. Tschappan-Oghlu von Jüs-katt, sammelten unerhörte Reichthümer mit wohlbegründeter Macht, bis endlich in unsern Tagen Sultan Mahmud den fetten Segen der Thalfürsten in seine Koffer zu leiten beschloss und alle erbliche Gewalt ausser der seinigen im Reiche Osmans für erloschen erklärte. Die Idee war eine christliche und folglich bei den Türken nicht beliebt. Auch könnte man fragen, ob die Monarchie durch diese neue Verfügung an Stärke nach aussen und im Innern an Glückseligkeit und Reichthum merklich gewonnen habe? Statt des patriarchalischen Regiments im Lande geborner und aufgewachsener Stammhäuptlinge kamen räuberische Satrapen aus Stambul, um den Kaufschilling ihres Amtes in kürzester Frist mit Wucher einzutreiben. Mahmud hetzte mit türkischer Arglist einen Dere-Beg wider den andern und machte begreiflicherweise bei den grössten und reichsten, als den schuldvollsten und gefährlichsten Gegnern kaiserlicher Allgewalt, den Anfang seines Rachezugs. In der Hoffnung, die eigene Existenz zu retten, liess sich Suleiman, Dere-Beg von Dschanik, gegen den gewaltigen Tschappan-Oghlu brauchen und löste die Aufgabe zu voller Zufriedenheit des Padischah. Und was noch mehr, der Sultan hielt sein Wort; denn Suleiman blieb unter billigen Leistungen im Besitz des reichen Guts der Vorfahren und vererbte es sogar unverkümmert an seinen Sohn Osman-Pascha, dem man im Drange der Umstände auch noch das anstossende grosse Paschalik Trabosan zu verwalten überliess. So geschah es durch ein sonderbares Spiel der Umstände, dass sich mit Ausnahme der früh verlorenen Fürstenthümer Heraklea und Sinope die Monarchie der Grosscomnenen in der ganzen Ausdehnung zwischen Amisus (Samsun) und dem Bathysflusse (Tschorak-Su) 360 Jahre nach ihrer Zer-

splitterung in der Familie eines turkomanischen Stammhäupt-
lings und Nachfolgers der Feudalarchonten wieder vereinigt
fand. Immanente Verhältnisse haben unter gewissen Himmels-
strichen in letzter Instanz noch jedesmal über die Kraft des
Menschen triumphirt. Das Ansehen des neuen Grosscomnenen
scheint bereits so fest begründet, dass nach dem unlängst
erfolgten Tode Osman-Pascha's nicht nur das Erbgut, sondern
auch das Paschalik auf ein Mitglied der Familie überging.
Sogar den Wechsel der Residenz hatte der neue Fürst von
Trabosan mit seinen christlichen Vorgängern gemein. Denn
gleichwie die Grosscomnenen bald auf der Akropolis zu
Trapezunt, bald auf der Burg zu Limnia oder Kerasunt Hof
hielten, wohnte auch Osman-Pascha abwechselnd in seinen
Stammschlössern zu Tscharschambeh am Iris und im neugebauten Konak zu Trabosan, wo ich den alten Dere-Beg
(Herbst 1840) öfter gesehen habe.

Weil aber in Literatur und Politik dieses Landstriches
selten Erwähnung geschieht, dürfte vielleicht mancher Leser
fragen, wo und was für ein Land D s c h a n i k sei? Dschanik
ist der fetterdige, hügelreiche Küstenstrich zwischen Kap
Jasonium (Vona) und der Stadt Amisus (Samsun), im Süden
von einer halbzirkelförmig eingebogenen, von Strand zu
Strand laufenden, wald- und metallreichen Bergkette abgeschlossen und in der Mitte vom fischreichen tiefen I r i s
(Jeschil-Irmak, d. i. Grünbach) durchströmt. Dschanik ist das
Land der fabelhaften Amazonen, deren Andenken sich beim
Volke im Bergnamen M a s u n - D a g, Amazonenberg *Αμαζόνια
ὄρη*, bis zu dieser Stunde erhalten hat. Auch Ortschaft und
Flüsschen T h e r m e sind keine leere Anspielung auf T h e r-
m o d o n und T h e m i s k y r a des Alterthums. Ein Park von
Frucht und Laubwald mit Buschwerk und langen Windungen
wilder Reben zieht sich unübersehbar von der Küste ins
Gebirge hinein. Pflanze und Thier strotzt in Dschanik noch
üppiger und vollkommener als in Trabosan. Schon im zwölf
Stunden rückwärts liegenden Kerasunt hat man diese steigende Fülle am zahmen Geflügel bemerkt. Hanf, Flachs,
Mais, Tabak und Seide erzeugt das schöne Land in Ueber-

fluss und in der grössten Vollkommenheit. Aber Alles, Boden, Wald, Wild, Heerde und Frucht in Dschanik gehört dem Dere-Beg. Die Zahl seiner Landgüter übersteigt dreihundert, und jedes soll ihm jährlich zwischen 25,000 und 30,000 Grusch (2500—3000 Gulden C. M.) an Pachtgeld tragen. Das Monopol der Tabakpflanze allein, von welcher sehr viel im Trapezuntischen, die grösste Menge aber im flachern Erblande und besonders um die Halysmündung wächst, gibt dem Pascha nach Angabe der Hausbeamten jedes Jahr vierthalb Millionen Grusch (350,000 fl. C. M.) Gewinn, von dem nur die halbe Million als Pachtschilling nach Stambul geht, der Rest aber in seine Koffer fällt. Leuten von einiger Vorliebe für Geld und Gewalt müsste die Stelle eines kaiserlichen Statthalters von Dschanik und Trabosan als ein höchlich wünschenswerthes Gut erscheinen. Beide Provinzen sind beim Fiskus auf eine bestimmte und wohl zu erschwingende Summe in Geld und Naturalien angelegt, die der Statthalter jährlich an das Hoflager zu senden hat, während Einhebung des Gesetzlichen, sowie Besteuerung der Einwohner überhaupt im weitesten Sinne der eigenen Ansicht und Geschicklichkeit des Pascha überlassen bleibt. Welch ein Feld für Thätigkeit und Profit! Osman-Pascha ernennt und bezahlt sämmtliche Verwaltungsbehörden der Provinz, gibt und nimmt, wem und wie viel er will, und erhebt nach übereinstimmenden Schätzungen im Lande beiläufig viermal so viel, als er an den Fiscus schickt. Daher aber auch das Wehklagen der Christen von Tripolis und Kerasunt über „tyrannische" Bedrückung, daher die Bittgesuche und Berufungen auf alte Verträge seitens der kolchischen Griechen beim Divan zu Stambul, daher das Murren und Grollen der weiland steuerfreien Osmanli in Trabosan und der offene Trotz der Tzanen im Waldgebirge. Im Kolchischen machen die Leute hie und da noch Schwierigkeiten, wenn man ihnen die Tasche leert. Der alte Turkomanen-Dere-Beg lebt unter diesen Umständen mit königlichem Aufwand und legt dennoch jedes Jahr bei drei Millionen Grusch (300,000 fl. C. M.) als reines Ersparniss in seinen Schatz zurück.

Diese Nachweise über Haushalt und spekulative Verwaltungspraxis des Erbfürsten von Dschanik sind ganz gleichlautend mit Hamiltons Angaben über denselben Gegenstand. [1] Der Leser soll sich über diese Gleichförmigkeit nicht verwundern und in dem einen nicht eine leere Copie des andern erblicken. Hr. Hamilton und ich haben beide aus derselben Quelle, aus den mündlichen Mittheilungen des Dr. Giovanni Rutzeri, des klugen Leibarztes beim alten Dere-Beg, geschöpft. Hr. Rutzeri kannte die Verhältnisse seines Gebieters, bei dem er länger als zwanzig Jahre in Diensten stand, ganz genau und starb während meiner Anwesenheit in Trapezunt mit Hinterlassung eines bedeutenden Vermögens, einer numismatischen Bibliothek (Mionnet) und einer schönen Münzensammlung, die er sich zu Anapa in Tscherkessien gebildet hatte. Denn zur Zeit, als Paskewitsch vom Kaukasus her das türkische Reich erschütterte, war Osman-Dschaniklü Pascha von Anapa. Hr. Hamilton traf diesen unterrichteten Mann auf dem Schlosse zu Tscharschambeh am Iris (Jeschil Irmak), ich aber vier Jahre später (1840) in seinem eigenen Hause zu Trabosan. Ein anderer in Diensten von Osmans Bruder Abdallah-Beg stehender deutscher Arzt, der gut türkisch gelernt und bedeutende Reisen in Asia-Minor gemacht hatte, bestätigte Herrn Hamilton zu Amisus die Reden und Angaben Giovanni's über die unermesslichen Reichthümer des Dere-Beg in allen Theilen und machte auch noch andere kluge Bemerkungen über den Charakter der Türken im Allgemeinen und Osman Pascha's insbesondere. Zudem hörte ich von einem trapezuntischen Türken, der sich aus Andacht zum Orden der Derwische zählte, aber nebenher grosse Reichthümer besass und wöchentlich zwei bis dreimal zum Abendbesuch in das Consulat des Hrn. v. Ghersi kam und heimlich Wein trank, ungefähr dieselben Bemerkungen über den Muschir von Trabosan, aber häufig mit dem spöttischen Beisatze: *Dschaniklür dür, Turkmen dür,* „er ist ein

---

[1] Vgl. *Hamilton, Researches in Asia Minor, Pontus and Armenia. Vol. I. p.* 242, 282, 292. *London 1842.*

Tzane, er ist ein Turkman." Turkman und Tzane gelten sogar bei den Osmanli für grobe, unverständige, thierische und ungesittete Leute. Auch gestand Dr. Giovanni aufrichtig, wie viel er von der Rohheit und den brutal-despotischen Launen des Dere-Beg in Anapa zu leiden hatte. Osman-Pascha war klein von Statur, dick, vertrakten Wuchses, alt und in der neuen halb europäischen Affentracht doppelt hässlich. Aber der Mann war vielleicht witzig, heiter, am Ende gar noch ein Schöngeist und gab als turkomanischer Mäcenas den Local-poeten von Trabosan reiche Geschenke oder doch einträg-liche Stellen und gute Abendessen zur Vermehrung der Wissenschaft? Niemand in Trapezunt wusste irgend etwas von dergleichen Mäcenatenstreichen oder hatte von irgend einem Witzworte Sr. Hoheit des Begler-Begs gehört. Was macht denn aber Osman-Pascha mit den vollen Truhen? Spekulirt er etwa auf Lufteisenbahnen, oder beschützt er am Ende gar noch die kolchischen Philosophen, was bei dem aufs Praktische gerichteten Sinne der Turkomanen und bei der anerkannten Nützlichkeit spekulativer Systeme in Förderung materieller Völker-Wohlfahrt leicht denkbar schien! Ich kam öfter in den Konak und sah fleissig am Divan um, ob nicht irgend etwas von einem phrenologischen Journal aus Paris, oder doch wenigstens von den „Ideen und Bildern" des berühmten Greverus zu entdecken sei. Denn sind „Ideen" wirklich, wie es in Platons Dialogen steht, aller Weltweisheit Unterlage, so ist Hr. Greverus von Oldenburg offenbar der grösste jetzt lebende Philosoph im deutschen Lande. Denn während Andere über Ideen nur brüten oder höchstens in Ideen träumen und nachtwandeln, macht Hr. Greverus grosse Reisen zu Wasser und zu Lande und trinkt sogar griechische Abendluft in „Ideen und Bildern," deren Ruhm gewiss nach Trabosan gedrungen wäre, wenn in diesem romantischen Lande Philosophie überhaupt einen Anklang fände. Mit Osman-Pascha war aber in solchen Dingen — das sah ich schnell — eben so wenig zu reden als mit seinem legitimen Sohn und Erben, der vollends mit Blödsinn ge-schlagen ist. So oft ich die üppige Wohnung und das in-

solente Glück des alten hässlichen Turkomanen sah, fiel mir
jedesmal das Epitaphium in Petronius ein:

Sestertium Reliquit Trecenties ·
Nec Unquam Philosophum Audivit. [1]

Entweder ist Reichthum, Macht und Glück, oder ist das,
was der Mensch „Weisheit" nennt, eine blosse Ironie.
Etwas gesprächiger als der Pascha war der zufällig an-
wesende Polizeivorstand, jener knochige, feiste Türke, von
welchem schon früher die Rede ging. Dieser that allerlei
Fragen über die Nachtordnung unserer Städte, unter andern,
ob es wahr sei, dass man bei den „Feringi" die ganze Nacht
mit Tumult und Geschrei in den Schenken zeche und mit
Verübung gröblichen Unsinnes vermummt durch die Strassen
laufe und gleichsam *canum more* mit einander Bekanntschaft
mache? Fragen solcher Natur und noch weit schlimmere,
die ich in der Türkei öfter hören musste, zeigen deutlich
genug, in welchem Lichte wir Christen den strenge disciplinirten Osmanli erscheinen. Zum Unglück finden Apo-
logien und mildernde Erklärungen abendländischer Sitte bei
den stöckischen Türken überall nur geringen, häufig sogar
keinen Glauben. Um mich gewissermassen zu rächen, fragte
ich den Subaschi hinterlistig, an was man in Trabosan zuerst
denke, wenn irgendwo Feuer ausbreche? *„Soyündürmek,"*
„ans Löschen" war die schnelle Antwort des Subaschi.
„Janlisch, Efendim, tschok janlisch!" „Gefehlt, mein Herr, weit
gefehlt!" In den von andächtigen Softas [2] aufgeschriebenen
Ueberlieferungen und Kathedersprüchen des grossen Scheichs
Uestköji von Derwischabad heisst es im Kapitel über Feuersbrünste *(yanghin,* ausdrücklich: „Wenn es brennt, soll man
nicht zuerst ans Löschen denken, sondern vor Allem fragen,
wo es brenne?" Hiemit war der feiste Subaschi geschlagen

---

[1] Er hat dreissig Millionen hinterlassen und niemals bei... Philosophie
gehört.

[2] S o f t a, eigentlich „S o c h t e-, d. i. der Gebrannte, bedeutet soviel
als „Schüler, Student."

und fand in der ersten Ueberraschuug kein Wort der Erwiederung. Der alte Dere-Beg, mit den Korallen spielend,
rief voll Erstaunen über Uestköji's transoxanischen Scharfsinn
sein langgedehntes „Maasch Allah.“ Nur der Kadi, welcher
sich ebenfalls eingefunden, unterbrach die Stille mit der
Bemerkung: Er habe zwar immer gehört, die Usbeken-
Scheiche seien von Profession erstaunlich fromme und orthodoxe Sunniten; dass sich aber jene Gläubigen auch in Weisheit, Begriff und Witz auf solche Höhe geschwungen hätten
wie der gepriesene Scheich Uestköji von Derwischabad, sei
ihm selbst eine Neuigkeit.

Wenn der neue Dynast von Trabosan weder die Dichter
noch die Philosophen durch seine Reichthümer erwärmt und
unterstützt, was macht er denn mit den ersparten Summen?
Legt er sie vielleicht im Handel oder in Förderung gewinnreicher Unternehmungen an, oder leiht er auf Zinsen wie
Husein-Pascha von Widdin? Oder verschleudert er seine
übrigen Millionen in staatswirthschaftlichen Experimenten
wie Mehemed-Ali von Aegypten? Nichts von alle dem:
Osman ist ächter Türke oder Tzane und frei von aller Spekulation. Das Geld ruht unbenützt in Kisten, deren Zahl mit
jedem Jahre wächst, die aber für das Allgemeine wie für
ihn selbst verloren sind. Einen weitläufigen Konak (Palast)
hat er sich zu Tscharschambeh im väterlichen Erblande
gebaut, den ich aber nicht gesehen habe. Der Konak zu
Trabosan ist zwar ebenfalls neu, aber nicht mehr in der
Akropolis wie der Comnenenpalast, sondern dicht am Thore
der zweiten Citadelle, wo die Justinianäische Inschrift, mit
der Fronte gegen das Meer und die kühlenden Lüfte ganz
im Charakter der kolchischen Architektur gebaut. Das
Terrain ist *Planum inclinatum*, und das Gebäude selbst ein
auf der vierten Seite nur durch eine Gartenmauer geschlossenes Parallelogramm mit hölzernen Söllern und Stiegen
auf den drei Innerseiten und mit weitläufigem leeren Raum
in der Mitte. Obwohl einstöckig, ist es doch so hoch, dass
die Reihe der Wohnzimmer über die rechterseits als Grundlage dienende Festungsmauer und über die Baumschlucht

unter ihr romantisch schön und luftig hinausragt. Weder
Schildwache, noch Schranzen, noch äusserer Pomp verkünden,
dass in diesem Hause ein mächtiger Gebieter und einer der
reichsten Besitzer Anatoliens wohnt. Die *ultima ratio* seiner
exekutiven Gewalt beruht auf einer Schaar mit Janitscharen-
flinten ohne Bajonnet bewaffneter und bürgerlich gekleideter
Söldner, die der Pascha ebenfalls auf eigene Rechnung wirbt
und unterhält. Von diesen sah ich ein einziges Mal etwa
ein Dutzend ohne allen militärischen Apparat, ohne Trommel,
ohne Disciplin wie ein Haufe bewaffneter Bauern, durch
eine Seitenpforte des Palastes gegen das Gebirge hinaufziehen,
wo ein türkisches Dorf die Bezahlung der Abgaben ver-
weigerte. Ein Artillerie-Oberst, der als frommer Musulman
Wasser trinkt und seine fünf Gebetzeiten pünktlich hält,
aber weder Kanonen noch Kanoniere hat, ist im Reiche der
Comnenen der einzige uniformirte Repräsentant der neuen
Kriegsordnung von Stambul. In der öffentlichen Meinung zu
Trabosan gilt noch das islamitische Volk als bewaffnete
Macht und Hüter der *Salus publica,* der Padischah dagegen
noch immer nur als Feldherr und Commiliton der Gläubigen
gegen das Giaurthum. Kann man es diesen Leuten übel
nehmen, wenn sie sich nur langsam zur Höhe der kosmo-
politischen Ideen Reschid-Pascha's erschwingen und die
Emancipation der christlichen Parias sammt allen fränkischen
Neuerungen Sultan Mahmuds laut verdammen? Wie sauer
wird es nicht den Christen in Europa und Amerika, der
Negerbevölkerung, den Juden und den Irländern volle Rechts-
gleichheit zuzugestehen? Die Idee, dass der „abgeschmackte“
Cult christlicher Raja mit der reinen Praxis des Islam, dass
„Götzendiener“ und Einheitsbekenner beim Padischah von
nun an gleiche Vorzüge und Ehre geniessen, gleichsam ein
Volk und einen Körper bilden sollen, hat in Trabosan noch
etwas Unbegreifliches, Monströses und Unerträgliches. Solche
Güter ohne Nothwendigkeit gleichsam *gratis* an Schwache
verschenken, ist nach der Meinung des Kadi die grösste
aller Thorheiten. „Um glücklich zu sein, muss ich Andere
leiden sehen,“ sagte der türkische Philosoph, „das sei das

uralte Gesetz des Egoismus *benlik)*, das vermuthlich auch
in Feringistan einige Geltung habe." Wenn in Folge der
neuen Ordnung die christlichen Raja zu Konstantinopel die
Symbole ihres Glaubens bei Leichenbegängnissen unbehindert,
sogar in den belebtesten und von Moslimen wimmelnden
Quartieren entwickeln und zur Schau tragen dürfen, so konnte
man von der fanatischen Eifersucht der Türken zu Trabosan
diesen Beweis nachgiebiger Duldsamkeit noch nicht erhalten.
Ich sah mehrere Begräbnisse armenischer und griechischer
Christen, es fehlte nicht an Sang und Pomp, man führte
den Zug durch die Bazare zur Zeit des gedrängtesten Verkehrs; aber das dem Aufzuge vorgetragene hohe Kreuz aus
Silber war jedesmal mit einem dichten golddurchwirkten
Flor bedeckt, weil die Ungläubigen den Anblick des Zeichens
der politischen Schmach und der mystischen Welterlösung,
ohne in blinde Wuth zu fallen, nicht ertragen könnten.

Im Punkte religiöser Uebung und Disciplin ist die
türkische Bevölkerung Kleinasiens, so weit ich sie zu be-
obachten Gelegenheit hatte, überall zum Ungehorsam, ja zu
offenem Widerstand gegen die Regierung bereit. Der Padischah müsste, wie ein zweiter Kopronymus, mit einem
Heere von Provinz zu Provinz ziehen und, das Henkerbeil
in der Hand, seinen christlichen Unterthanen die religiöse
Emancipation erzwingen. Aber auch das würde ohne bleibende
Wirkung sein. Nichts hat hier feste lebendige Wurzeln als
die Religion; sie ist Politik, Leben und tägliche Gewohnheit.
Und dass der Eifer bei den Moslimen lebendig bleibe oder
im Verkehr mit Giauren nicht etwa lauer werde, wird durch
fanatische Derwische reichlich gesorgt und vorgebaut. Besonders emsig besuchen sie — ich sah es oft genug — die
zahlreichen Wachtstuben von Stambul, um die ohnehin
fanatischen Soldaten noch mehr im Glauben zu stärken, so
dass der Sultan im Falle antinationaler, d. i. antireligiöser
Bestrebungen vielleicht nicht einmal auf die eigenen Truppen
zählen könnte. Von einem gewissen Punkte angefangen,
ist das Volk in der Türkei souverän, weil sich die Regierung vor seinem Willen fürchten und beugen muss. In

Trabosan hat es noch keine Noth und brauchen die Der-
wische sich nicht viel zu bemühen. Doch ist man bei aller
Härte noch so billig, den eigenen Drang auch am christlichen
Raja gewissermassen zu ehren. An bestimmten Tagen der
Sommerzeit dürfen sich die Christen bei abgelegenen Gottes-
häusern, oft auch nur in Ruinen, ferne von moslimischen
Wohnungen versammeln, eine Nacht und einen Tag erlaubt
das Gesetz; dürfen dort Gottesdienst halten, psalliren, trinken,
Handel treiben, ihr Loos bejammern und tanzen, so viel sie
wollen, kein Musulman darf sich beim Feste blicken lassen.
Im romantischen Buschwalde von Kolchis haben diese Volks-
feste doppelten Reiz. Die Kerasuntier feiern es um Georgi
und wählen die dritthalb Stunden von der Stadt mitten im
Laubgehölze einsam auf schattiger brunnreicher Höhe gelegene Kapelle dieses Heiligen als Tummelplatz ihrer Andacht
und ihrer Freude. Am Vorabend zieht man aus, campirt
in der Nacht, errichtet Hütten, rüstet auf den folgenden
Tag und wandert Abends heim mit grünen Zweigen und
freudestrahlendem Gesicht. Für den Trapezuntier sind der
29. Mai und der 15. August in den beiden Ortschaften
St. Konstantin und „Panagia" des Thales" zur Sommerlust
bestimmt. Auf denselben Tag Mariä Himmelfahrt fällt auch
das grosse mehrtägige Waldfest im Kloster Sumelas, dem
gemeinsamen Heiligthum aller orthodoxen Christen der Pontusländer. Der Spruch im Hohenliede: „Veni dilecte mi, egre-
diamur in agrum, commoremur in villis" ist zu Trapezunt
gewissermassen das Unterscheidungszeichen zwischen Christenthum und Islam. Der schwerfällige ernsthafte Osmanli arbeitet
ohne Feiertag die ganze Woche und kennt keine Erholung
als ruhiges Sitzen bei den Seinigen in der Hütte. Der
Grieche ist voll Bewegung und voll Begier nach rauschender
Lustbarkeit; Landpartien in das Pyxitesthal, nach Chotz-
Limasia, nach St. Dimitri und auf die luftigen Höhen hinter
dem Bos-Depe sind bei den vielen Kirchenfesten und Ruhe-
tagen stereotyper Gedanke, besonders des jüngern Theiles
der Bevölkerung. Dass es aber bei dieser Vergnügungs- und
Wanderlust immer nur auf sündhafte Berechnungen ab-

gesehen sei, wie die Türken meinen, ist eines der vielen Vorurtheile der Ungläubigen gegen ihre christlichen Unterthanen.
Wenn es bei den Türken *intra muros* auch so ehrenfest und
strenge gehalten würde wie ausserhalb, könnten sie freilich
auf die leichtfertigen und ausschweifenden Völker der Christenheit mit Recht das Gewicht ihrer Verachtung niederfallen
lassen. Wer bei sinkender Sonne durch türkische Quartiere
wandert, glaubt sich in einem Karthäuserkloster; kein Gesang,
kein Laut, kein Flötenton; Niemand lacht oder redet laut,
ja selbst der Tritt ist leise, um ja nicht die überall auf
Strafe und Schaden lauernde Gewalt zu wecken und heraus
zu fordern. Auch ist in der That nichts melancholischer
als eine Türkenstadt, und besonders Trabosan mit seinen
schattigen Thalrissen und seinem leeren Gartengemäuer.
Eine Ausnahme von dieser Trübsal in Permanehz macht nur
das Hochzeitfest, das zu Trabosan durch Länge, Pracht und
Aufwand für die Langweile des ganzen Lebens entschädigen
und rächen muss.

Ein reicher Agha, dessen prächtiger Konak unterhalb
unserer Wohnung auf niedrigem ins Meer hinausspringendem
Felsen stand, feierte während meines Aufenthaltes in Trabosan die Vermählung seines ältesten Sohnes. Die Braut
war ebenfalls reich und wohnte in Tripoli. Aber einen vollen
Mondlauf vor ihrem Erscheinen verkündeten Raketen, Feuerwerk und Mahlzeit nach jedem Sonnenuntergang das häusliche Fest und das kommende Glück. Am letzten Nachmittag
kam sie selbst, auf einem Maulthier reitend, im Geleite zahlreicher Verwandtschaft und mit einem langen Train Kupfergeschirre und anderes Gut tragender Lastthiere den Berg
herab. ¹ Die ganze Stadt war in Bewegung, die Weiber

---

¹ Kupfergeschirre der mannigfaltigsten Art darf in Trapezunt bei
keiner Aussteuer fehlen. Selbst arme Familien geben es mit. Kupfer ist
der vorzüglichste Erzreichthum des botanisch so schön geschmückten Landes
Trabosan. Kupfer, in Barren gegossen und zu Geräthschaften verarbeitet,
wird in unglaublicher Menge ausgeführt, und die Bazare der Kupferschmiede
sind in allen kolchischen Küstenorten am meisten belebt. Wie Altai und
Ural, scheint auch das kolchische Gebirge selbst bis zur See herab mit

sahen von Söllern und Gartenmauern herab, die Männer
füllten die Strassen, zogen mit Flinten der Beglückten entgegen und feuerten in die Luft, selbst dem dürftigen Giaur
ward Labung gereicht und das Feuerwerk mit verdoppelter
Dichtigkeit und funkenreicherem Geknister abgebrannt. Am
folgenden Abend war aber im Konak des Agha wieder Alles
stumm. Eine so nachhaltige Zurschaustellung des häuslichen
Glückes erlaubt dem Christen von Trabosan, auch wenn er
das Vermögen hätte, schon seine politische Stellung nicht.
Dagegen war es bis auf die letzten Jahre Sitte, für den
Hochzeitschmaus acht volle Tage aufzuwenden. Die Neu-
vermählten sowohl als die zahlreich geladenen Gäste erschöpfen in thörichter Eifersucht nicht selten die ohnehin
nur geringen Mittel auf mehrere Jahre voraus, um an Aufwand, Fülle und Verschwendung hinter Andern nicht zurück-
zubleiben. Man schmauste Tag und Nacht, der Wein ist in
Kolchis leicht zu haben, und die Gäste lieferten in die Wette;
man ass und trank wie die Schlemmer bei Quartilla's Mahl,
bis der Schlaf die Zechenden übermannte; man schlummerte
neben dem Tische, auf der Flur, auf dem Söller, und mit
dem Morgen begann das alte Spiel, bis die übliche Frist in
Saus und Braus vorüber war. Natürlich blieb es nicht beim
Schmaus allein, man hatte auch Musik und Tanz und weltliche Gedanken, und zwar wie Don Ovanes meinte, zum
grössten Nachtheil des Seelenheils und der — Finanzen.
Don Ovanes sieht überall auf das Verständige und meint,
drei Tage, mit Essen und Trinken hingebracht, könnten auch
schon genügen, um sich der Gabe Gottes und der geistlichen
Gnaden des neuen Standes zu erfreuen. Wie früher die
Abschaffung des Nubischgoldroths, focht Don Ovanes auch
die Beschränkung der Hochzeitfeier auf drei Tage zuerst
bei seiner eigenen Gemeinde und dann auf dem Wege der

reichen Metalladern geschwängert zu sein. Kunst und Golddurst der Europäer fände hier noch immer reiche Nahrung, obgleich die einheimischen
Grubenherren die Gold- und Silberadern, wenigstens im Hauptbergwerks-
Distrikt Gümüsch-chane beinahe für erschöpft erklären. Kupfer dagegen
findet man noch überall in unerschöpflicher Fülle.

Unterhandlung auch bei den Nationalarmeniern (die nur an
Eine Natur in Christo glauben) und bei den orthodoxen
Griechen siegreich durch. Die Weiber waren zwar auch
diesmal in der Opposition, konnten aber gegen Don Ovanes
hier eben so wenig bestehen als einst im Streite über das
Zehen- und Fingerbemalen. Ich fragte junge Weiber, wie
sie einem so heilsamen Antrage des Don Ovanes so hartnäckig widerstreben konnten? Sie sagten mir: „Zwischen
den Sorgen und Entbehrungen der Kindheit und den noch
grösseren Sorgen und Entbehrungen des ehelichen Lebens
sei die achttägige Hochzeitfeier die einzige Periode der
Heiterkeit, des Ueberflusses und der Fülle, die vorher nie
war und später nicht mehr sein wird; und nun hat uns Don
Ovanes, das Pfäfflein, auch diese ohnehin kurze Freude
noch mehr verkürzt." Von Raketen und Feuerwerk wird
ohnehin nicht geredet, denn die laute Freude ist hier ein
Privilegium der Gewalt.

Wenn Sparsamkeit nach dem Ausspruche der Moralisten
die Mutter aller Tugenden und des wahren häuslichen Glückes
ist, so könnten die Christen von Trabosan, besonders die
armenische Abtheilung, uns Abendländern unbedenklich als
Muster und unerreichbare Ideale gelten. Denn was man bei
uns Essen und Leben heisst und in der Regel als das wesent-
lichste Geschäft des Tages betrachtet, ist dort nur Nebensache. Ich war lange genug unter diesen Leuten und gab
auf ihr Thun fleissig Acht. Man ist in Trabosan nur auf Erwerb, nicht auf Genuss bedacht, und besonders die Weiber
ringen wetteifernd um den Ruhm der Aufwandlosigkeit und
des grössern Besitzes. Wie oft sagte mir die alte Frau
Marin-Oghlu auf meine Frage, wann sie etwa einmal ihren
Kindern etwas Warmes koche: „Wir essen nicht, wir trinken
nicht, wir verschwenden unser Erworbenes nicht wie die
Nachbarin N. N., wo man immer Hunger hat; aber alle
Kästen habe ich voll, *bin bin schei dolab itschinde car*, tausend
und tausend Sachen liegen bei mir im Schrank." In den
wenigsten Häusern wird Feuer angezündet, und von einer
regelmässigen Essenszeit wie in Europa ist hier nichts be-

kannt. Paradiesäpfel in Oel geschmort oder Weinlaub mit
Reis gefüllt ist zu Trabosan schon eine bedeutende Mahlzeit,
Hammelfleisch oder Fisch aber ein unverzeihlicher Luxus,
dessen man sich im wohlhabenden Hause Marim-Oghlus in
drei Monaten nicht fünfmal schuldig machte. Dafür sind
aber auch die ekelhaften Scenen europäischer Völlerei hier
gänzlich unbekannt. Die Früchte der Jahreszeit: Kirschen,
Gurken, Melonen, Birnen, Pflaumen, Trauben, Oliven etc.
mit Brod sättigen diese genügsamen Leute und besonders
die Weiber, die im Byzantinischen den Männern „nichts
kosten." Reiche Handelsleute sitzen den ganzen Tag im
Bazar und lassen sich vom nächsten türkischen Küchen-
schoppen um fünf Pfennige Schaschlik (kleine Stückchen
gebratenen Hammelfleisches) oder um einen Silbergroschen
Gösleme (in Fett gebackene Kuchen mit Honig und Käse)
als Nahrung bringen. Und doch ist der menschliche Körper
zu Trabosan im Allgemeinen stattlich und von dauerhafter
Gesundheit. Die Türken als Herren des Landes, und besonders die reichen Aghas mit weitläufigem Grundbesitz,
halten dagegen jeden Tag nach Untergang der Sonne ihr
festgesetztes Mahl, bei welchem die vier Hauptelemente
türkischer Kochkunst: das Hammelfleisch, der Fisch, der
Reis und das Grünzeug, jederzeit die erste Rolle spielen.
Wegen des Reichthums an Honig sind süsse Speisen besonders im Schwunge. Frau Marim-Oghlu, die viel in
türkische Häuser geht, nannte und beschrieb mir eine Menge,
von der ich aber nur Halwah und Chadaïf wegen ihres
vorzüglichen Wohlgeschmacks in ihren Bestandtheilen kennen
lernte. Beide sind Lieblingsgerichte der Osmanli und erscheinen bei feierlichen Veranlassungen in der Familie und
öffentlich im Bazar.

So oft sich nämlich der Hausstand des Padischah ver-
mehrt, was beim wohlbesetzten Harem besonders im ersten
Jahr der Herrschaft Abdül-Medschids wiederholt und in kurzen
Fristen geschah, werden in den Festungen des ganzen Reiches
Kanonen gelöst und Beleuchtungen angesagt. Während meines
Aufenthaltes in Trabosan fand die Scene dreimal in einem

Monat statt. Doch hält man es dabei nicht wie im Abendlande. Die Fenster der Privatwohnungen beleuchten, wäre
gegen alle Sitte und sogar eine Beleidigung des Anstandes;
auch würde es schon wegen der Architektur, wegen des
Schutz- und Gartengemäuers und der von der Aussenseite
abgekehrten Fenster nur bei wenigen Gebäuden der Citadellen
möglich sein. Nur die Buden zu beiden Seiten der Bazar-
strassen sind illuminirt, die übrigen Strassen bleiben dunkel.
Grosse, ölgefüllte, traubenförmige Glaslampen hängen in
Reihen oder Figuren in den offenen und wohlgefüllten Magazinen, und mitten im leuchtenden Flitter und Halbdunkel
jeder Bude sitzen grossnasige Osmanli in fliessenden Gewändern und weissen Musselinturbanen stumm wie Götzenbilder und essen Chadaïf, Halwah, Pilav und gebratene
Schöpsenkeulen, unbekümmert um das vorüberströmende Ge-
dränge neugieriger Gaffer, demüthiger Raja und schäbig gekleideter Firengis. Die Türken sind sich immer ihrer Würde
bewusst und vergessen auch keinen Augenblick, dass sie die
Herren sind. Der erste Schritt, die Herrschaft zu untergraben,
wäre nach ihrer Meinung geselliges Vermischen und freundlicher Verkehr des Obern mit dem Unterthan.

Dieses äusserlich so sittsame nnd pharisäisch gerechte,
innerlich aber so corrupte Volk ist überzeugt, dass es weder
politisches Uebergewicht noch Reinheit seiner Glaubensdisciplin
so lange erhalten hätte, wenn der Verkehr zwischen Giaur
und Moslim freigegeben und die Schranken weggehoben wären.
Christliche Sitte und Liederlichkeit hat in ihren Augen etwas
so Auflösendes, etwas so Verführerisches und Bethörendes,
dass sich aller Ernst des Islam in freier Berührung mit diesem
Gift nicht zu behaupten vermöchte, und in kurzer Zeit aus
der Vermischung der beiden Faktoren und durch Vermittlung
der Weiber ein neues Glaubens- und Staatselement erwachsen
müsste. In wie ferne die türkischen Philosophen — denn
auch in der Türkei findet man Leute, die denken und räson-
niren — hierin richtig oder unrichtig spekuliren, werden ihre
deutschen Amts- und Weisheitsgenossen, noch besser aber
die Eiferer zu beurtheilen wissen, die jetzo in Deutschland

mit solcher Wuth gegen die gemischten Ehen zu Felde ziehen.
Jedoch ist hiebei nicht zu übersehen, dass man sich durch
dieselben exclusiven Praktiken bei uns die Gunst des Himmels und das ewige Seelenheil, in der Türkei aber einge-
standenermassen nur die weltliche Herrschaft und den irdischen Genuss sichern will. Man denkt durch diese Bemerkung
Niemand zu kränken und nichts zu tadeln; man deutet nur
auf das sonderbare Phänomen, wie zwei in Dogma und Disciplin so feindselige Kirchen, römisches Christenthum und
Islam, doch instinktmässig auf demselben Wege dasselbe Ziel
verfolgen. Beide erkennen in der Bewältigung des Weibes
den Schlussstein ihres Systems. Der Unterschied liegt nur
in der Form, da der Islam materiell durch Bevormundung
und blinde Gewalt, der , Katholicismus aber geistig durch
Emancipation und freie Ueberredung wirkt. Die unerbitt-
liche Entschiedenheit, mit der man beiderseits verfährt, kann
nur lauwarme Geister beirren, die den Zweck ohne die Mittel
wollen. „Man kann uns niedermetzeln, unterjochen, aus-
rotten, das Weib geben wir aber niemals frei: das ist
der Islam und unsere Nationalität." Diese Phrase eines
Türken, mit dem ich mich ohne Prahlerei einer wahren
„entente cordiale" rühmen kann, ist von grösserem Gewicht.
als mancher leichtfertige und oberflächliche Staatsadept vielleicht vermuthen kann.

Unter solchen Umständen wird auch der christliche Leser
die Vorsichtsmassregeln begreifen, durch die sich der Osmanli
des Weibes zu versichern strebt. In Kolchis insbesondere
herrscht in diesem Punkt noch die alte Zucht und wird es
in Allem noch viel straffer und finsterer gehalten als in
Stambul, in Saloniki oder gar in Smyrna. Und doch — o
des Schicksals! — und doch wird der ernste Moslem auch
in Trabosan vom Weibe betrogen und zwar — wenn sich
die christlichen Giaurjungen nicht fälschlich und verrätherisch
rühmen — stark, sehr stark betrogen. Denn die türkischen Weiber dieser Stadt sind wesentlich kosmopolitischer
Gesinnung und durchaus warme Anhängerinnen von Sultan
Mahmuds Reform, insbesondere aber der Constitution von

Gül-Hane, die allen Bewohnern der Monarchie gleiche politische Rechte zuerkennt und folglich Verkehr und Wahl der Geschlechter von Rechtswegen frei und offen gibt wie in der Christenheit. „L'amour égale tout" ist vorläufig der erste Satz aus der Giaur-Literatur, dem die Türkinnen von Trabosan ihre Anerkennung und Bestätigung gewährt haben. Zwar üben die Türken ihrerseits ein empfindliches Wiedervergeltungsrecht, das sich jedoch nicht näher bezeichnen lässt. Seitdem Paskewitsch die trapezuntischen Männer zu Baiburd schmählich überwunden und in die Flucht getrieben, sollen die Weiber für die russischen Glaubensgenossen ihrer Stadt womöglich noch wärmere Gefühle nähren als früherhin. Das Weib, scheint es, achtet in Trabosan wie allenthalben nur das Heldenmüthige und das Mannhafte, oder folgt, wie Petronius meint, allzeit dem Stärkern „sequitur fortiorem." Doch tritt die Unordnung zu Trabosan nirgends auf die Oberfläche wie in der Christenheit, und wer die moralischen Zustände von Trabosan nur nach der äussern Erscheinung beurtheilt, würde nicht lange bedenken, wem der Preis der Sittsamkeit und guten Zucht gebühre. Mylord C... z. B. müsste in Trabosan erst noch seine Schule machen. Wesentliche Vorbedingung des Gefallens ist aber in Trapezunt goldfarbiges Haar, und meine Verwunderung über das sonderbare Spiel der Natur war nicht geringe, denn das ganze gefallsüchtige Geschlecht zu Trabosan, alt, jung, christlich oder Moslim, trägt das Haupt mit diesem röthlich schimmernden Schmuck geziert. Am Ende hörte ich freilich, dass die Kunst ins Mittel tritt und dieselbe Pflanze aus Nubien, die im Prozess des Zehen- und Fingerfärbens eine so bedeutende Rolle spielte, in der trapezuntischen Toilette auch dieses Wunder wirkt. Das Chna (von den Europäern gewöhnlich Kenna gesprochen) ist nicht der unbedeutendste Einfuhrartikel und auch der bedeutenden Nachfrage ungeachtet der Preis zum grössten Glück der kolchischen Medeen niedrig genug gestellt. So verkehrt und sinnlos der türkische Fiscus im Allgemeinen wirkt, verschont er doch Gegenstände, die zum Bedarf und Schmuck osmanischen Lebens gehören, mit Plackerei und Eingangstaxen. So bezahlt

z. B. das türkischer Lebensweise besonders congeniale russische Pelzwerk zu Stambul (1841) keine Gebühr und kostet kaum die Hälfte von dem, was man in Deutschland bezahlt. „Da seht ihr," werden die europäischen Lobredner türkischer Finanzwege und David Urquhart Esq. an ihrer Spitze ausrufen. „Da seht ihr, wie klug und weise die Osmanli in ihrer öffentlichen Wirthschaft sind!" Befördern aber die weisen Osmanli durch ihre fiscalischen Verordnungen auch das allgemeine Wohl, oder hat nur engherziger Vortheil privilegirter Klassen, hat Eigennutz und Monopol ihren Tarif dictirt? Wie behandelt man den Bodenreichthum von Kolchis, das Rohprodukt und seine Verwerthung? Das edelste Erzeugniss des trapezuntischen Landes ist die Seide. Der Maulbeerbaum bildet ja Wälder, und die drei Hauptstapelorte des Seidenhandels, Tripoli, Kerasunt und Unieh geben Zeugniss von der Menge und Feinheit des Produkts. [1] Diese Waare allein könnte Kolchis bereichern und den Einwohnern die Mittel verschaffen, alle Bedürfnisse der Bequemlichkeit und des verständigen Luxus zu befriedigen, wenn die Verwaltung die Kultur der Seide, anstatt sie gleichsam mit einer Strafe zu belegen, durch weise Gesetze schirmen und fördern wollte. Die Oke (2 1/4 Pfund) Seide ward zu meiner Zeit (1840) den Producenten nur mit 105—110 Grusch bezahlt, und von dieser Summe fielen nach dem Kurs je 22 Grusch, das ist zwei Gulden Conventionsmünze, dem Fiscus zu. Der Verkauf selbst ist Monopol des Dere-Beg, wie der Handel mit Tabak, der ebenfalls in grosser Menge und vorzüglicher Güte im ganzen Küstenstrich gewonnen wird. Wie der Leser sieht, haben wir nicht bloss auf alte Inschriften und schöne Waldscenen Jagd gemacht, wir haben auch umgesehen und nachgefragt, was das Land Nützliches hervorbringe und wie die Kolchier die wohlthätigen Gaben der Natur zu benützen wissen.

---

[1] Zu Tripoli werden verhältnissmässig die wenigsten Geschäfte gemacht, mehr oder eigentlich sehr viel wird in Kerasunt producirt und umgesetzt, am meisten aber und am gewinnreichsten auf dem Bazar von Unieh verkehrt.

Eine nicht weniger reiche Quelle trapezuntischer Glückseligkeit wären unter besseren Umständen Hanf und Flachs,
welche in den feuchten Niederungen und wasserreichen Thalungen von Kolchis zu einer in Deutschland ungekannten
Höhe und Ueppigkeit emporschiessen. Nach altem Brauche
müssen aber von erstgenannter Pflanze jährlich an die
40,000 Centner *in natura* an die kaiserlichen Arsenale gegen
willkürlich festgesetzte Preise geliefert werden. Bis ein solches
Quantum aufgebracht und nebenher subalterne Habsucht überall gestillt und befriedigt ist, was bleibt dem Grundbesitzer
noch zum eigenen Vortheil übrig? „*Trabosan besi*, Leinwand
von Trabosan" dagegen ist ein Ausdruck, den jeder aufmerk-
same Europäer in allen Bazaren und Besestanen des Morgenlandes, nicht etwa bloss zu Stambul, Saloniki, Prusa und
Smyrna, sondern auch zu Haleb, Kahira und Bagdad hören
kann. Wer hätte nicht die eleganten Flachshemden mit
weiten kurzen Aermeln an den Gondolieren des Bosporus
gesehen und zugleich die Scala vom seidengleichen Leinwand-
vliess der kaiserlichen Triremenführer bis zum groben Ge-
flechte des gemeinen Sackträgers durchgezählt? Das ist Alles
„*Trabosan besi*, Leinwand von Trapezunt." [1] Selbst auf den
entlegenen Küsten der Berberei habe man bis zum Fall von
Algier Hemden aus Trabosan getragen. In allen Küstenorten
wird gewoben; aber wie zu Hadschi Chalfa's Zeiten sind die
meisten Stühle auch heute noch im schönen, milden, pome-
ranzenreichen R i s e h und auf den im Haselstaudengebüsch
zerstreuten Dörfern der Umgegend östlich von Trapezunt. [2]

---

[1] بِز *bes*, „Leinwand," daher بِزِسْتَان *besestan*, eigentlich der Ort,
wo Leinwand in grossen Massen verkäuflich ist; Leinwandmarkt wird aber
von gemeinen Leuten häufig *bedesten* gesprochen. بَزَّاز *bessas* heisst, wer
mit solchen Stoffen handelt und بَزَّازِسْتَان *bessasistan*, *vulgo besesten*
der Ort, wo solche Verkäufer sitzen, und dann überhaupt der grosse Marktplatz in jeder wichtigen Stadt.

[2] رِبْرَه بُرِى مَشْهُور دُر *Riseh besi meschhur dür*, „die Leinwand von Riseh ist berühmt." *Msc. Vindobon*

Aus Leinsamen wird Oel gepresst, um die türkischen Häuser anzustreichen. Stambul mit seiner unermesslichen Holzarchitektur und seinen Feuersbrünsten ist für diesen Bedarf allein schon den Kolchiern zinspflichtig. Wachs, Wein und Honig sind zwar uralte Reichthümer des immergrünen Buschwaldes, [1] aber wie der Frucht der Rebe, fehlt auch der süssen Ernte des kolchischen Bienenkorbes Sorge und Zucht der Kunst. Beide folgen unbekümmert um Osman-Paschas Macht ihrem wilden Freiheitstriebe; die Biene summt und schwärmt im blüthenvollen Gehölze, die Rebe steigt über den Gipfel der hochstämmigen Ulme, des dunkelgrünen Ahorn, des riesenhaften Nussbaums hinauf und breitet sich in langen schattenvollen Schwingen über das Laubdach aus. [2] Die Gurken- und Kürbisstaude schleicht der Rebe nach, und im Herbste strotzen ihre wunderlichen ellenlangen Gebilde mit der Fülle reifer Trauben unter demselben Laub hervor. Pflanzen, die in Europa demüthig auf der Erde kriechen, klimmen in Kolchis hochmüthig auf die Bäume hinan. Bis hundert Oken (200—250 Pfund) Trauben gibt in guten Jahren zu Kerasunt der Rebstock eines einzigen Baumes; aber nur selten und nicht regelmässig, einige sagen alle fünf bis sechs Jahre, zähmt das Winzermesser den geilen Trieb. Auch fällt es in Kolchis Niemanden ein, zur rechten Zeit das Weinlaub von der Traube wegzubrechen *(pampinare)*, um die Schatten zu mindern und dem Sonnenstrahl zu Mehrung des Umfanges und der Süssigkeit der Traube den Zugang aufzuthun. Geringe Mühe brächte reichen Lohn, aber Niemand wagt oder denkt an eine Neuerung im alten Schlendrian. „Es ist Landesbrauch, es war allzeit so, was nützt es? die Trauben wachsen doch," antwortete man auf meine Fragen und Mahnungen im Winzerwesen. Soviel ich merkte, würde ein unerklärlicher Fanatismus der Eingebornen irgend eine Abweichung vom alten Styl in grösserem Massstab nicht einmal am Lands-

---

[1] Μελιττῶν φιλεργία δὶ εὐνομίαν πολλαχῆ τὸ κηρίον συναγγνῦσι. *Eugenic. Msc.*

[2] Das ist die ἄμπελος ἀνηρτημένη des Eugenicus.

mann und Nachbar dulden. Niemand soll sich privatim durch
höhern Schwung über die Linie des gemeinsamen Glückes
und Genusses erheben! Und doch machten gutmüthige Staatsphilosophen des Occidents ernstliche Anträge, deutsche Pflanz-
völker in das menschenleere Kolchis zu senden, um durch
deutsche Rührsamkeit und Intelligenz bei den trägen Eingebornen Geschmack an Thätigkeit und Reichthum zu wecken!
„Ob wir gleich mehr Boden besitzen, als wir anzubauen vermögen, würden wir die rührigen und klugen Franken doch
nicht friedlich neben uns dulden, weil sie uns in kurzer Zeit
an Reichthum und Macht übertreffen würden," sagte, wie
schon früher bemerkt, ein Eingeborner, mit dem ich die
Sache wiederholt beredet habe. [1] Sicherlich aber brächte
deutsche Betriebsamkeit die kolchische Traube um einen
Monat früher zur Reife, da man jetzt erst gegen die Mitte
Septembers das erquickende Labsal in Trabosan geniesst.
Die Hauptweinlese aber, sagte man mir, beginne vollends
erst um Weihnachten und dauere tief in den Januar hinein;
sogar bis zum Beginne des Frühlings sehe man noch Trauben an den Bäumen hängen. An der phönicischen Küste
hatte man uns ebenfalls um Neujahr noch frische Trauben
vom Rebstock des Libanon gebracht, und wenn sie in Kolchis bis zu Ende März noch zu finden sind, das Eiland Cypern
aber Ende Juni, wie wir es selbst gesehen, schon wieder
neue bringt, so könnte ein wandernder Liebhaber dieser ge-
sündesten aller Früchte sie fast das ganze Jahr frisch vom
Stocke pflücken. Die Stufenlage des Bodens ist es nicht
allein, die den langen Genuss verschafft; es gibt im Orient
eine Gattung Reben, an welchen die Frucht nach Art des

[1] Leute, die Ueberfluss an Ackerland besitzen, vermögen natürlich
den Preis der Kartoffelpflanze noch nicht zu erkennen; auch ist diese wohl-
thätige Frucht in Kolchis nur dem Namen nach bekannt und als Produkt
der Christenheit mit Verachtung angesehen. Unter den Cerealien ernten
sie Mais, gewöhnliches Brodkorn, besonders aber Gerste in grosser Menge.
An Reis aber, wie ich hörte, wird noch nicht einmal die Hälfte des einheimischen Bedarfs gewonnen, obwohl häufige Delta-Niederungen und
Ueberfluss an Feuchtigkeit zur Kultur dieses erst durch die Türken nach
Kolchis verpflanzten indischen Gewächses einladen.

Citronenbaums in allen Stufen des Wachsthums von der
Blüthe bis zur vollen Reife zu gleicher Zeit zu sehen ist.
Diese Wunderrebe kennt man im Morgenland allgemein unter
dem türkischen Namen *jediveren*, d. i. Siebengebend. Der
Weinstock von Tripoli, die Kirsche von Kerasus, der Birn-
und Maulbeerbaum von Dschanik, der Haselstrauch von
Keschab, [1] der Nussbaum von Karydia, die Pomeranze von
Riseh, der Granatapfel [2] von Unieh, die Feige von Trabosan
und die Olive von Platana sind selbst im Munde der Kolchier
gepriesen, nicht etwa als wären diese Früchte kein Gemeingut des ganzen Busch- und Küstenwaldes, sondern weil sie
durch besonders glückliche Mischung der Luft- und Boden-
theile in benannten Orten in der grössten Vollkommenheit
zu Tage kommen. Kirschen von verschiedener Farbe und
Grösse, wilde und veredelte, zählt man allein gegen fünf-

---

[1] Keschab ist ein Dorf unweit Riseh inmitten eines unabsehbaren
Strauchwaldes von Haselnuss, die an Süssigkeit und Grösse selbst die be-
lobte Frucht dieser Staude um Kerasunt übertreffen soll und in grossen
Ladungen nach Stambul und Odessa geht. Wer correct griechisch redet,
nennt die Frucht des Corylus Λεπτοκάρυον, aber *vulgo* gibt man ihr
in Kolchis den türkischen Namen „*Fonduk*." فندق z. B. كشاب
فندقى „*keschab fonduki*." Haselnuss von Keschab.

[2] Der Granatapfel (نار *nar*) mit seiner lieblichen mildrothen Blüthe
wächst bei allen Ortschaften der Küste und noch eine Strecke in den Buschwald hinauf, gleichsam als gemeiner Feld- und Gartenbaum ohne Pflege.
Doch findet man ihn wegen des Nutzens häufig in Gruppen angepflanzt und
eingefriedigt. Die Frucht wird gekeltert und der Saft (ناردنك *nardenk*)
in Tonnen und Krügen zu ungeheuern Quantitäten ausgeführt. Granaten-
saft ist Hauptbestandtheil des unter der arabischen Benennung: „Scherbet" auch im Occident bekannten kühlenden Getränkes, welches in islamitischen Ländern die Stelle des Weines vertritt. Obwohl jeder Leser das
Wort „Scherbet" im Sinne hat, und nicht wenige das Labsal vielleicht in
Kahira, im Schatten der rauschenden Gartenbäche von Damaskus, oder in
den reizenden Sommerlauben des Bosporus selbst getrunken haben, käme
doch mancher durch die Frage in Verlegenheit, was eigentlich Scherbet
für ein Getränke sei? Scherbet ist eine Limonade aus Fruchtsaft (gewöhnlich Granaten), Citronensäure und Zucker. شرب schürb heisst im Arabischen „trinken." daher شربت scherbet das „Getränke." auch „Medicin, Purgativ."

zehn Gattungen, und der Anblick solcher Kirschwälder im
bunten Schmuck der Blüthezeit soll entzückend sein. Der
Pomeranzenbaum jedoch erträgt jetzt eigentlich nur noch die
milden Lüfte der Riseh-Niederung und begehrt wie die Citrone
zu Trabosan während des Winters schon besondere Pflege.
Zur Comnenenzeit, wie aus dem Byzantiner Eugenicus zu
entnehmen, wuchs dieser edle Baum mit der weissen duftenden Blüthe und dem warmgrünen Laube noch im kalten
Boden ausserhalb der Stadt, besonders am lieblichen Strand
gegen Sanct-Sophia und Kalanoma hinaus. [1] Heute ist es
Luxuspflanze wie am Bosporus. In der Nähe türkischer
Städte verliert selbst die Luft ihre Milde und der Boden
seine Fruchtbarkeit. Jedoch hat sich das Andenken an „zauberische Gärten" mit goldenen Früchten, voll Schatten und
Brunnen auf den sanften Hügelschwellungen westlich von der
Stadt unter der türkischen Stadtbevölkerung durch die Sage
fortgepflanzt und bis auf den heutigen Tag erhalten. [2] Indessen bringen rauhe Winterstürme nicht selten den Schnee
sogar in die steingepflasterten Strassen von Trapezunt herab,
aber sein Dasein ist kurz, weil sich am Kolchisstrande nur
das Grün der Myrte, des Lorbeers, des Cistus, der Cornel-
kirsche, des Rosenbaums und der langwipfligen Cypresse mit
dem schattenreichen Laubwerk der Citadellenschluchten unvergänglichen Lebens erfreut. Wie prachtvoll ist doch der
Anblick dieser Küsten, wenn man die unabsehbaren, sogar
starre Byzantiner und für Naturschönheiten nicht allzeit em-
pfindliche Osmanli hinreissenden Schwellungen immergrüner

---

[1] *Αἱ κιτρίαι δὲ καὶ δι ἔτους ὀργῶσαι τῷ τῆς ἄνθης εὐώδει καὶ λευκῷ,
καὶ τῷ τῶν φύλλων καὶ πτόρθων χλοερῷ τὸ τοῦ καρποῦ κιρρὸν ξυμμερί-
ζουσαι, καὶ ξένην θέαν καὶ τέρψιν καὶ κάλλος ἄφατον ἀπεργαζόμεναι.*
Eugen. Msc.

[2] Ohne Zweifel ist auch folgende Stelle im Roman *Calloandro fedele*
(*Bassano 1782*) auf die Pracht der trapezuntischen Kaiserparke zwischen
Sanct-Sophia und Kalanoma zu beziehen: *Tutto ciò, che di vago e dilette-
vole l'arte e la natura accopiate insieme suppian produrre, ritrovasi in un
luogo poche miglie lontano da Trabisonda, chiamato il Paradiso terrestre,
dove quegli Imperadori sogliono sovente andare a diporto. Part. I. lib. 1,
p. 62.*

Laubwaldungen, wenn man die Wasserfälle, den Blumen-
schmuck, das helle Grün der Triften und das kühle Fächeln
kolchischer Sommerlüfte mit den baumlosen Kreidefelsen der
Provence und dem kalkgeschwängerten Gluthauch des abge-
holzten und ausgedorrten Hellas vergleicht! Nur ein Gedanke
trübt die Lust: wie, wenn sich endlich der Wirbelwind „fort-
schreitender Kultur," wenn sich europäische Mechanik mit
Zimmeraxt und Feueressen auf die noch unbewältigten Para-
deise der Kolchier legt! Wahrhaft, es wäre eine neue Minderung der ohnehin schon zu beschränkten Summe irdischen
Trostes, irdischer Seligkeit!

Heu cadit in quemquam tantum scelus! heu tua nobis
Paene simul tecum solatia rapta, Menalca!

Vielleicht fragt nach Aeonen ein neugieriger Leser, wo die
δρυμῶνες μαχροί, wo die *„bipayán Ormanleri"* (die endlosen Wälder) der Trapezuntier seien?[1]

Vielleicht weiss es mir die Nachwelt Dank, wenn ich
das reizende Gemälde noch in der vollen Herrlichkeit zu erfassen und durch die leider nur schwache und unvollkommene
Kunst des Wortes in bleibende Formen zu giessen beflissen
bin. Berühmt und gepriesen war der „unverwelkliche Busch-

---

[1] بى بپايان اورمانلرى *bi payan ormanleri*, das ist „Wälder
ohne Ende," ein Ausdruck Hadschi-Chalfa's, wie das oftbelobte δρυμῶνες
μαχροί „lange Eichenwälder", „Waldungen" überhaupt, dem Xomophylax
Eugenicus angehört. Auffallend bleibt es immer, wenn christliche Mönche
und mekkapilgernde Türken über die Schönheit einer Landschaft in Bewegung kommen. Und Hadschi-Chalfa's Phrase: طرابزون بو ولايت
غايت كوزل و ميوه كانى يرلر در جوز و فندق
و الما و آكده و طاغ يمشلرينك انواعى ايلد مالا
مالدر *Trabesun bu vilajet ghajet güsel wa meiwekiani jerler dür dsche-*
wis wa fonduk wa elma wa igdeh wa dagh jemischleriniin enwäi ileh mala
maldür, „die Provinz Trabesun ist ein sehr schönes und fruchtreiches Land;
mit Nüssen, Hasselnüssen, Aepfeln, Steinobst und wildwachsenden Früchten
verschiedener Gattung ist es über und über angefüllt," scheint für ein türkisches Buch immer beachtenswerth.

wald" von Kolchis bei den Griechen seit der Entdeckungs-
fahrt der Argonauten;[1] vor allen aber scheint Ktesias die
unvergleichliche Pracht des kolchischen Immergrüns empfunden zu haben. Ob aber Ktesias die Eindrücke des lieblichen
Bildes in den verlornen Büchern weiter verfolgt und lebendiger dargestellt habe als sein Zeitgenosse Xenophon, weiss
man nicht; jedenfalls wäre es im bejahenden Sinne eine
Abweichung vom Geschmack des Alterthums, das solche
Landschafts- und Sittenschilderungen so viel als gar nicht
kannte. Oft fragte ich mich selbst, mit der Anabasis in der
Hand durch die kolchischen Wälder schweifend, wie doch
der sanfte, philosophische, tapfere und andächtige Xenophon
durch die hinreissenden Scenen zwischen Trapezus und Kerasus wandeln konnte, ohne in seinem Bericht auch nur mit
einem Worte der unvergleichlichen Schönheit des Küstenlandes zu gedenken? Er kam von den versengten Flächen
Mesopotamiens, von dem traurigen baumlosen Tafellande
Armeniens herab und musste ja — wenn er anders für solche
Eindrücke empfänglich war — die Sommerschatten des immergrünen Buschwaldes der Kolchier doppelt reizend finden.
Es malt auch keine Sprache so schön wie die hellenische
und hat auch Niemand im Alterthum das laubige Kolchis in
solchem Umfange und auf dem Landwege in solcher Länge
durchwandert wie der Heerführer der Zehntausend! Freilich
haben Feldherren und Staatsmänner andere Sorgen und andere Gedanken als unpraktische Schwärmer und abenteuernde
Müssiggänger aus den Nadelholzwäldern in Tirol! Dass es
aber nicht allen Griechischredenden jederzeit an Gefühl und
Wärme für solche Dinge gebrach, beweist am schönsten
Eugenicus, der Nomophylax von Byzanz, dessen unge-

---

[1] *Vid. Apollon. Rhod. Argonaut. II. 399, cum schol. graec. edit.*
Brunck: Οἱ δὲ Ἀμαραντοὶ ... ὑφ᾽ Κολχίδος, ἀφ᾽ ὧν καταφέρεται ὁ
Φᾶσις. Ὅπερ ἀγνοήσας Ἡγήσισρατος ὁ Ἐφέσιος Ἀμαραντίους ἀπέδωκε
λιμένας (soll gewiss λειμῶνας heissen) Φάσιδος, διὰ τὸ εὐθαλὲς εἶναι
καὶ ἀμαράντους. Ὅτι δὲ τὰ Ἀμάραντα ὄρη ἐστὶ Κολχίδος, καὶ Κτησίας
ἐν β᾽ ἱστορεῖ. Κατὰ δὲ τὸν Ἐρατοσθένην ὁ Φᾶσις ἀπὸ τῶν Ἀρμενίων
ὀρῶν καταφέρεται καὶ εἰς τὴν Κολχίδα ἐκδίδωσι θάλασσαν. Die Griechen

druckte Lobrede auf das liebliche Trapezus erst in unsern
Tagen durch Wiederbelebung Euxinischer Studien zum Vorschein kam. Unseres Wissens hat die griechische Literatur
in ungebundener Rede kein Seitenstück zu dieser kolchischen
Scenerie hinzustellen. Wohl sieht man, dass der Landschafts-
maler die Bibel liest, wundert sich aber nur um so mehr,
wie ein griechischer Priester, ein Würdenträger von Sanct-
Sophia, wie ein starrer Mönch der anatolischen Kirche seine
Seele solchen Empfindungen öffnen, wie er zum Preis irdischer Prachtnatur seinen Farben solchen Schmelz und seinen
Worten solche Sehnsucht leihen konnte.

Zu den vier Paradiesen des Orients, den gepriesenen
Wasser- und Baum-Oasen von Damaskus, Bewan, Kaschmir und Samarkand kann Trabisonda und der unverwelkliche Buschwald unbedingt als fünftes, an Grösse, Herrlichkeit und Schattenfülle die meisten weit übertreffendes
Paradies gerechnet werden. Den Reiz der einen erhöht
meistens — Kaschmir ausgenommen — der beschränkte Raum,
die todte Wüste rings umher und die prachtvolle Stadt im
Mittelpunkt. Aber es sind von Sanddünen oder kahlen Kreidefelsen eingerahmte Flachgründe ohne Schwellung, ohne
Terrassenwald, ohne Schlucht, ohne Echo, ohne Wassersturz. [1]
Aber wie erträgt der kolchische Mensch sein beneidens-
werthes Loos? Fühlt er auch, dass er glücklich ist und ein
zaubervolles Land bewohnt? Kluge Leser wissen, dass jedem
Erdgebornen sein eigenes Heimatland der schönste Punkt
der Erde däucht. Ulysses weinte in den Schattenhainen der
Kalypso und sehnte sich mit heissem Verlangen nach dem
steinigen, wasserarmen Ithaka zurück. Ist es ein Wunder,
wenn man in Trapezunt dem Fremdling zuruft: „Sieh doch,

kannten den obern Phasis und seine wahre Quelle nicht und verwechselten
ihn mit dem von den Asiaten „Tschorak" genannten Bathys, der aus der
Südseite des grünen Waldgebirges fliesst. (Fallmerayers Conjectur λειμῶνας
bestätigt die Kritik. Vgl. *Apoll. Rhod. ed. Merkel p. 414.* Wir haben nach
eben dieser Ausgabe das Scholion in einigen Stellen verbessert. D. H.)

[1] Die liebliche Oase Sogdh mit dem schönen Samarkand liegt auch
fast unter gleichem Himmelsstrich mit Trapezunt und dem Amarantenwald.

wie schön unsere Zone ist! Ach, wärst du nur im Frühling
hier, wenn Alles in buntfarbiger Blüthe prangt!" Ganz un-
empfindlich und kalt zu bleiben würde bei einer Wanderung
durch die Buschscenen dieses beglückten Landes nur wenigen
Gemüthern möglich sein; aber das Gefühlte festzuhalten und
das Entzücken in klare Begriffe auszuprägen ist nicht Jedermann gegönnt. Noch schwerer ist es, im Ausdruck das rechte
Mass zu halten und nicht Ausschweifungen regelloser Phantasie als wohlgetroffene Züge kolchischer Landschaftsbilder
hinzustellen. Zwar hat in Sachen des Gefühls und der Empfindung jeder seine eigene Scala der Erregsamkeit, und
wem die Tinten dieses Waldgemäldes zu warm und das
Wort zu leidenschaftlich scheint, der mildere beides durch
die eigene Kälte, mache aber seinen Frost nicht auch für
empfindsamere Seelen zum Gesetz. Mir selbst scheint der
Ausdruck noch überall hinter der Natur zurückzustehen.
Denn für mich sind die „immer grünen Berge von Kolchis"
(Ἀμάραντα ὄρη τῆς Κολχίδος) das verlorne Paradies,
das Land der ungestillten Sehnsucht, die beglückte Insel,
das fabelhafte Panchaia mit den fetten Triften,

...... *Panchaia pinguis arenis*,

die Heimat der Stille und des Friedens, deren Ahnung überall
in der bedrängten Brust des Menschen wohnt. Trabisonda
und das immergrüne Kolchis ist das Land der wachenden
Träume aus der ersten Knabenzeit, ich musste seine Lüfte
athmen, es war mir auferlegt, „denn auch der Traum ist
von Gott,"

καὶ γὰρ τ᾽ ὄναρ ἐκ Διός ἐστιν·

Fraget nicht, ob ich das Glück am rauschenden Pyxites
wirklich gefunden; ob vielleicht im Corylusgebüsch zu Keschab,
ob vielleicht im Schattendunkel der Melasschlucht der ersehnte Friede wohnt, oder ob er am Hieron·Oros zu finden
ist und in seiner romantischen Scenerie? Der Mensch kann
die aller Täuschung entkleidete Wirklichkeit nicht ertragen:
raubt ihm nicht seine Region phantastisch erträumter Selig-

keit und Vollendung, seine Zufluchtsstätte wider die Bitter-
keiten der Gegenwart, wider die Leerheit alles Strebens,
wider das Unsättigende selbst der Wissenschaft, raubt sie
ihm nicht, damit er sich ein wenig labe und seiner und
Anderer Thorheiten hinvergessen kann! Nicht das goldene
Vliess, nicht bloss alte Pergamente und die melancholischen
Ruinen der Comnenenburg zu Trapezus haben mich nach
Kolchis geführt; ich folgte geheimnissvollerem Zuge, wich
einer unerklärten Sympathie der Erdgebornen für heitere Lüfte
und quellenreiche Einsamkeit immergrüner Waldpartie. Was
Jerusalem für den mystischen Schwung der büssenden Seele,
ist Kolchis für den Götzendienst irdisch bezauberter Phantasie!
Ich fühlte, dass hier die Heimat und dass der aufgerollte
Anker des modernen Argoschiffes gleichsam das Losungs-
wort zur Verbannung ist.

Gerne wäre ich bis zur Frühlingsblüthe — ich wankte
schon — in Trabosan geblieben; gerne hätte ich mit den
Kolchiern Trauben gekeltert und die Winterfreuden getheilt
in glücklicher Vergessenheit. Der Lorbeerbusch, die schöne
Andrachne, der salbeiblättrige Cistus und das Grün des
„semper frondentis acanthi“ hätten wohl Ersatz geleistet für
das matte Peraleben und die welken Blumen der * * schen
Politik. Aber die Zeit war abgelaufen, und der Pontus gab
die letzte Frist; die Wetterwolke hing noch über dem Occident, Byzanz und Hagion-Oros mahnten zugleich an die
lange Schuld, und selbst gemeine Sorge vergällte mir das
Glück. Ich stieg nochmals zur Akropolis hinauf und schaute
durch die leeren Fensterbogen der buschbewachsenen Kaiserburg auf das schöne Land hinaus. Lebt wohl, ihr sanften
Hügelschwellungen, lebt wohl, grüne Eichenwälder, gebt mir
euren Frieden, gebt mir eure Stille mit als Xenium in den
Occident! Der Wipfel der hellgrünen Esche, als hätte sie
Gefühl, sah melancholisch entgegen zum Fenster herein. Es
presste mir die Brust zusammen, und beinahe ward das Auge
nass. Die Sonne ging durch den kolchischen Meridian, und
derselbe reichgeschmückte „Istambol“, der ihn vom Bosporus
hergeführt, trug den Wanderer vielleicht auf immer aus dem

Hafen von Trapezunt. So lange es Licht war und die Sonne schien, blickte ich unverwandt auf die schöne Küste hin, grüsste die vorübereilenden Vorgebirge, die langen Schatten, die Kastellruinen von Kerasunt, die dunkelwelligen Buxhaine des Cytorus,

Et juvat undantem buxo spectare Cytorum,

verträumte die kurze Rast zu Amisus und wäre im Gram über das verlorene Glück selbst am lieblichen Sinopestrand vorübergeschifft, hätte uns nicht auf der Hinfahrt das Dunkel einer mondlosen Nacht den schönen Chersonnes verdeckt. Erst das Drängen im wimpelreichen „Goldhorn" und das Wogen in den menschenvollen Strassen von Byzanz rüttelte den Träumer auf. Das laute wilde Toben beleidigte den an kolchische Waldeinsamkeit gewöhnten Sinn. Es schien, als wären wir aus der fabelhaften Zone milder Harmonie wieder in die Welt der Zerrissenheit, der Mühsale und der Leidenschaft zurückgeschleudert.

VII.

Vorwort über Konstantinopel.

Gegen Ende Oktober 1840 bin ich von Trapezunt wieder
nach Konstantinopel zurückgekommen und in diesem Mittelpunkt der oströmischen Welt ohne Unterbrechung bis wieder
Oktober des folgenden Jahres geblieben. Selbst während
dreimonatlicher Sommerlust zu Kadi-Köji *(Chalcedon)* auf der
gegenüberliegenden Küste Anatoliens kam ich fast täglich in
die Stadt herüber, und die flüchtigen Abwesenheiten im
nur vier Wegstunden entlegenen Bujukdere unterbrachen
die Strömung des byzantinischen Lebens eben so wenig, da
alles dieses nach türkischen Begriffen noch zur Residenz des
Padischah gehört.

Stambul, die Metropolis des Erdbodens, ist nicht etwa
bloss der mit Mauern und Thürmen eingeschlossene, drei
Stunden Umfang haltende und auf zwei Seiten vom Meere
bespülte ungeheure Triangel zwischen dem Thor von Adrianopel und der Kanonen-Spitze des grossherrlichen Palastes.
Die Vorstädte zu beiden Seiten des Goldhorns, die Häuser-
flut um Scutari und den langen, grünen, schlangengewunde-
nen, tiefeingeschnittenen Doppelstreif der Bosporus-Enge vom
Thurm des Leander bis hinab zu den flutenden Cyaneen
der Fabelwelt — ein unübersehbares Gewimmel von Holz-
ziegeldächern und Holzgezimmer, von Gärten, Cypressen-
wäldern, Kegelbergen und Lustthälern, von bleigedeckten
goldblitzenden Spitzthürmen und Tempelkuppeln, im Ganzen
über sechs Stunden lang und über zwei Stunden breit —

schliesst der Name Stambul ein. Es ist eine Welt für sich,
eine Atlantis der Glückseligkeit, ein Vorrathshaus irdischer
Wonne, Sitz der Widersprüche, bewegungsvoll und einsam,
Land und Wasser, das grosse Welt-Amphibium voll Blumen-
duft, Licht und Schatten und langer Karavanenzüge, voll
musikalisch-sausenden Wogenspiels, voll Gondelndrang und
vorüberschiffender Delphine. Es ist die ungeheure Burg des
alten Kontinents, nach Ost und West durch weite Land-
Oeden, nach Süd und Nord durch tosende Sunde von fremder
Zone losgetrennt. Wer hier mit Kraft regiert, dem gehorcht
die Welt. Eine Stadt, die solche Ideen weckt, näher und
länger anzusehen war gewiss nicht verlorne Mühe. Geschäfte
im gewöhnlichen Sinne hatte ich freilich nicht: ich bin ja
weder Handelsmann, noch Dichter, noch Philosoph in Gala-
kleid, noch Fastenprediger, noch Weltverbesserer, noch
Chevalier d'industrie, noch Diplomat. Auch die Leckerbissen
des Bosporus einzuschlürfen wie jener Archestratos, der die
entlegensten Strande besuchte, „τῆς γαστρὸς ἕνεκα καὶ
τῶν ὑπὸ τὴν γαστέρα,“ wie Athenäus sagt. [1] war nicht
mein Beruf. Noch weniger sann ich auf Mittel und Wege,
das deutsche Publikum mit einer neuen, malerisch gefärbten
oder topographisch genauen und statistisch langweiligen Beschreibung der so oft und so gut geschilderten Konstantinopolis heimzusuchen. Wer ausser der Gräfin Ida Hahn-
Hahn vermöchte in dieser Sache heute noch wesentlich
Neues aufzubringen? Hat nicht jedermann Stambul gesehen?
Kennt nicht jedermann den klar ausgeprägten, entschiedenen,
raschgespaltenen, übergangslosen, aller Verschwemmung und
Mattigkeit feindseligen Charakter der Landschaft am Bosporus
und wüsste nebenher von Leere, Schmutz, Langweile und
kurzem Verstande der Peroten, von gemeinniedriger Armenier-
Brutalität, so wie von gerechtem Stolz stupid fanatischer
Osmanli und der melancholischen Rolle der Christen in Byzanz
zu erzählen? Wem es Vergnügen macht, über die Menschen
geringe zu denken und in den Erscheinungen des Lebens

---

[1] „Des Bauches wegen und der Dinge unterhalb.“

überall nur die wahre, das ist meistens die schlechte Seite hervorzuheben, wer die Abgeschmacktheit unpraktischer Schwärmer und abgefeimter Sophisten ganz empfinden und zugleich die Quelle kennen will, aus der die einzig wahre Lebensweisheit des „Koheleth" geflossen ist, der schlage seine Hütte in Stambul auf. Hier ist die hohe Schule aller Schlechtigkeit, aber auch der Schwerpunkt aller Politik. Die Loose für Europa's Zukunft werden zu Konstantinopel geschrieben und eingelegt, und v o r dem Zug ihren Inhalt zu ergründen und für eigenen Vortheil günstig auszulegen ist Gesammtaufgabe christlicher Diplomatenkunst. Es ist ein politisches Börsenspiel, eine Tragi-Komödie in grossartigem Stile und mit Vermummung in groteskester Natur vor aller Welt Augen durchgespielt.

Diesem Spiele habe ich unter dem grossen Haufen des gemeinen Publikums ein ganzes Jahr lang nach Kräften zugesehen und in einem berühmten Organ deutscher Oeffentlichkeit über die wechselnden Scenen eine Reihe von Berichten erstattet, mit denen es freilich nicht jederzeit und nicht bei jedermann getroffen war. [1] Die Scene war damals besonders lebhaft, und die abenteuerlichsten Karikaturen zogen über die Bühne. Natürlich machte man sich über die Hauptrollenträger, so wie über die vermuthliche Katastrophe privatim auch seine Gedanken, suchte aber nach guter deutscher Art überall das Vage, das Zufällige zu festem Begriff zu erheben oder, wie man sagt, die objektive Seite der byzantinischen Frage herauszuschälen und einen Massstab zu schaffen — ein allgemeines Gesetz zu ergründen, um die Irrthümer der Schule und die Schwärmerei der Völker, um Klugheit und Schwäche, List und träge Ehrlichkeit, Erfolg und Niederlage, Gier und falsche Rechenexempel der Staatskünstler zu gleicher Zeit mit dem starren Dogma der anatolischen Kirche und den Hoffnungen Griechenlands zu richten. Vielen mag

---

[1] Diese Berichte, von welchen die meisten ihr Ziel erreichten, erschienen mehr oder weniger verstümmelt sämmtlich in der A. Allg. Zeitung von Ende December 1840 bis Ende September 1841.

solches Bemühen nutzlos und nach Massgabe des Vertrauens auf menschliche Willenskraft sogar anmassend und insolent erscheinen. Ich aber appellire an die That und an das Fatum von Byzanz. Meine Rede — ich fühle es leider selbst — kann nicht willkommen sein, sie bringt ja einen neuen Kandidaten der Weltherrschaft auf die Bühne und stellt Ansprüche, die das humangesittete Abendland bisher theils gar nicht kannte, theils verachtete und an die es sogar jetzo noch nicht glauben will, zum Aergerniss Vieler als im Princip der Schlechtigkeit gegründet, folglich als stark, als gefahrdrohend und aus Tücke wider uns vom Schicksal selbst begünstigt den unwilligen Deutschen hin. Man muss von einer Wahrheit tief durchdrungen und von gemeinem Eigennutz sehr weit entfernt sein, um sich mit allen Gefühlen seiner Zeit und ihrer Koryphäen in Widerspruch zu setzen. Wie traurig, wenn der Einzelne gegen die Vielen Recht behalten sollte und wenn die Bilder, wie sie im nachstehenden Fragment erscheinen, nicht gleich Konstantins Labarum bloss Phantome byzantinischer Lüfte, sondern Wesen mit Körper und Seele sind!

VIII

Ueber die weltgeschichtliche Bedeutung der byzantinischen Monarchie im Allgemeinen und der Stadt Konstantinopel insbesondere.[1]

„Schlummert nur und leget sie ab, eure Sorgenlast, die olympischen Götter steigen ja aus den Gräbern herauf und schirmen hinfüro mit Majestät ihre alten Sitze am Eurotas und im Eichenhain zu Dodona. Höret ihr nicht den Klang des Silberbogens? Geheimnissvoll und riesig steigt es über die Halden des Pindus herab und entsendet drohende Blicke gegen das wilde, hinter dem Ister gelagerte Scythenvolk." So rief es begeistert und triumphvoll durch ganz Europa beim Ausbruch eines grossen Ereignisses, das man nicht zu nennen braucht. Heute wissen wir freilich, der mit Pomp angeschlagene Päan besang nur ein Traumbild, eine Phantasmagorie der Schule, man sah die langen abendlichen Schatten der Parnassus-Tannen für antike Heroen an, und, wie es nach schmerzlichen Täuschungen immer geschieht, das Ge-

---

[1] „Nachstehender Artikel war für die öffentliche Sitzung der k. b. Akademie der Wissenschaften zur Namensfeier des Königs am 25. August l. J. (1842) bestimmt. Aber es hiess, die Gelegenheit sei nicht günstig und auch die Medicin überhaupt für unsere Zeit zu stark. Der Verfasser gibt nur die Eindrücke, die er von seinem jüngsten Aufenthalt in der Türkei zurückgebracht, und überlässt das Urtheil über das Zeitgemässe oder Irrthümliche der leitenden Gedanken dem Geschmacke des Publikums."

Fallmerayers Anmerkung auf der Handschrift des Aufsatzes, welcher dann „cum ingenti gloria" in der Allgemeinen Zeitung vom 9., 10. und 11. November 1842 erschien. Anm. d. H.

fühl des Uebels drückt mit Doppelgewicht die enttäuschten
Gemüther nieder. Oder leugnet vielleicht Jemand, dass der
grosse illyrische Kontinent, das alte Imperium von Byzanz,
die Zukunft der Weltgeschicke im Schoosse trägt? Ist etwa
nicht seit 1000 Jahren jeder Versuch, den byzantinischen
Himmelsstrich in die Strömung occidentalischen Lebens hereinzuziehen, unfruchtbar geblieben und zum Theil ruhmlos gescheitert? Worte, Staatsklugheit, Doctrin und Majestät der
römischen Kirche vermochten ebenso wenig als Kriegsheere
und Hinterlist weltlicher Potentaten den Sinn der Menschen
am Bosporus zu beugen; selbst Wohlthat und Hülfe in verzweifelter Noth blieben um diesen Preis verschmäht. Es
liegt etwas Unheimliches in diesem Phänomen, und von der
Wissenschaft erwartet unsere Zeit das Verständniss einer
That, die man gerne leugnen möchte, weil man sie in ihrem
letzten Grunde nicht erklären konnte: „Mach es heiter und
gestatte den Augen herumzuschauen, flehte Ajax, und im
Lichte lass uns umkommen, wenn es dir also gefällt."
    Drei verhängnissvolle Städte gibt es auf der Erde, drei
Weltringe, an die sich die Schicksalsfäden des menschlichen
Geschlechtes hängen: Jerusalem. Rom und Konstantinopolis; das eine die Wiege, das andere der Satz, das
dritte der Gegensatz des universellen, weltbeseligenden Christenthums. So lange unser Geschlecht die Erde bewohnt, ist
und bleibt es unauflösbar dem magischen Schimmer der drei
ewigen Städte unterthan. Biographie der Erde ist das Christenthum: oder haben wir eine andere Aufgabe als Lebendigmachung, Incarnirung des himmlischen Geschenkes in Leidenschaft und Wechselspiel irdischer Verhältnisse? Alle Geschichte
ist seit bald achtzehn Aeonen nur Resultat des Kampfes der
beiden Grundelemente, in welche diese Eine göttliche Ur-
kraft von Anbeginn auseinanderging: beweglicher Lebens-
process auf der einen Seite und formlos unausgegohrenes
Insichverharren auf der andern. Sinnbild des ersten ist die
ewige Roma mit dem ganzen dahinterliegenden Occident,
Sinnbild des andern Konstantinopel mit dem erstarrten
Morgenland. Alle Kraft, alles Leben, im Reiche der Geister

wie der Natur, hat von Anbeginn, wie die Weltweisen
sagen, einen erblichen, durch nichts auszugleichenden Widerpart. Und folglich ist es ein Gesetz ewiger und höherer
Nothwendigkeit, was die beiden Hauptquartiere des ringenden
Menschengeschlechts in Auffassung der christlichen Idee nicht
weniger als der politischen und philosophischen Doctrinen
auseinanderhält. Auf beiden Seiten gehen die kleinern Kreise
allmählich im grossen Ringe unter, und alle Zerwürfnisse,
alles Mühsal in Europa erscheint als Corollar dieser urelemen-
tarischen Entzweiung der Einen Kraft. Wir erkennen —
um es gleich vornweg zu sagen — gegen die gemeine Ansicht der Europäer — einen ureinsässigen, jetzt noch lebendigen, mit der *Urbs aeterna* gleich unsterblichen, unaustilg-
baren Reichsgenius · von Byzanz als zweites Element der
christlichen Welt. Konstantinopel ward, nach einer Stelle
im Gesetzbuche des Theodosius, auf ausdrücklichen Befehl
Gottes erbaut. [1] Wie? denkt sich mancher, das verknöcherte
Kirchenthum der Anatolier, das in Dienstbarkeit der Islam-
bekenner schmachtende Byzanz stellt man auf Eine Linie
mit der sieggekrönten, lebensprossenden, weltumfassenden
Tiberstadt? Hier betrachtet man die Dinge aus einem höhern
Gesichtspunkte und schwinget sich über die Linie enger
Parteirede und taglöhnernder Politik in eine freiere Region
hinaus: das Bleibende, das Ewige, die Idee möchten wir
gerne erfassen. Modalität ist ja nicht Wesen, und nur der
Unkundige kann das Zufällige mit dem Unvergänglichen ver-
wechseln. Der Schatten ist so alt wie das Licht.

Schon früher hat man irgendwo bemerkt, dass etwa
nicht bloss einige Praktiken der türkischen Staatsverwaltung
byzantinisches Gepräge tragen: das ganze Gezimmer der
osmanischen Monarchie, die Eintheilung der Provinzen, die
Hierarchie des öffentlichen Dienstes, die obersten Justiz-
tribunale in Ost und West vom Hellespont, „in Europa und

---

[1] ... *Urbis, quam aeterno nomine jubente Deo donavimus. Cod. Theodos. tom. V, lib. 13, tit. V, lex 7 de Naviculariis. — Constantinus M. ad
Byzantium aedificandum animum adduxisse ex* ἐπιφανείας τοῦ θεοῦ, *et
πεισθέντα τοῖ θεοῦ λόγοις. Sozomen. lib. II, cap. 2.*

Anatolien", Namen der Aemter, Form der Polizei- und
Municipalverwaltung, Lug, Trug und öffentlicher Diebstahl
der Obrigkeiten, Erbarmungslosigkeit und permanente Verschwörung des kaiserlichen Fiskus gegen Gut und Eigenthum
der Unterthanen sind bis auf diese Stunde — nur mit türkischer Benennung — byzantinisch geblieben. Die hohe Pforte
von Ikonium und die Kaiserhöfe der christlichen Sultane von
Byzantium und Trapezus haben sich in Blut und Leben
gegenseitig durchdrungen, und es ist heute nicht mehr gestattet, türkisches und byzantinisches Nationalleben als zwei
widersprechende sich feindlich gegenüberstehende Elemente
auszuscheiden. Wenn man auch den obersten Lenker dieser
compakt in einander verwachsenen Land- und Völkermasse
des Orients seit Jahrhunderten nicht mehr $B\alpha\sigma\iota\lambda\epsilon\upsilon\varsigma$ oder
$A\upsilon\tau o\kappa\rho\acute{\alpha}\tau\omega\rho$ $\tau\tilde{\omega}\nu$ $^{\prime}P\omega\mu\alpha\acute{\iota}\omega\nu$ nennt, ist das Reich von
Byzanz desswegen nicht untergegangen, sein Gestirn nicht
erbleicht, seine Staatsidee nicht erloschen. Der Einzug der
Sultane von Prusa in die Paläste Blachernä und Bukoleon
war nur ein Wechsel der Personen, nicht der Dinge; es war
eine materielle Restauration und Wiederbelebung verfallender
Weltökonomie, schirmendes Provisorium, Instrument der
Vorsehung, um die Fugen eines Bauwerkes aneinander zu
klammern, bis die Zeiten voll und die natürlichen Erben
zur Reife der Jahre und zur Fülle der Kraft gekommen
wären. Der Kluge weiss, welcher Sinn in diesen Worten
liegt; er wird jedoch über eine allerdings harte und die
National-Eitelkeit vielfach verletzende Thesis kein Aergerniss
nehmen, noch sie ungeprüft verdammen, weil ihm Verblendung der Vielen noch kein Argument gegen bessere
Erkenntniss ist. Das cohärente Fortleben einer grossen, im
Abendlande nicht allgemein begriffenen oder doch nicht sattsam gewürdigten, Europas Zukunft bedrohenden byzantinischen Staatsidee anschaulich zu machen, das ist die Aufgabe
des Augenblickes. Die Zeiten der Vollendung, wo nach der
Verheissung nur Ein Hirt, nur Eine Heerde und nur Licht
ohne Schatten, fallen über das Gebiet menschlicher Forschung
und Mühen hinaus. Den schwungvollen Glanz der occiden-

talischen Reiche leugnet freilich Niemand; aber Grösse und
Glückseligkeit des Abendlandes erblühte aus selbständigem
Ausbilden beider Hauptpotenzen der menschlichen Gesell-
schaft — des politischen und des kirchlichen Elementes.
Der Secularstaat konnte bei uns die Kirche nicht verschlingen,
und die Kirche das weltliche Institut nicht aufzehren, und
beiden ward — Dank der Wärme germanischen Blutes —
versagt auf ihren Lorbeern zu versinken. Liebe zur Freiheit
und dennoch Ordnung, menschlich, mitleidvoll, und doch
Feuer und Energie, *furor teutonicus* gegen fremden Zwang.
So ist das lateinische Europa. Bei uns ist die Tugend ins
Privatleben herabgestiegen, und selbst die öffentliche Gewalt
fügte sich — obwohl gegen ihre Natur — dem süssen Joche
sittlicher Milde und Gerechtigkeit. Barmherzigen Sinn und
warmes Gefühl für fremde Noth kennt man nur im Abendlande. Institute, Orden, öffentliche Anstalten, um die Thränen
der Mitmenschen zu trocknen und die Summe der von unserer
Natur unzertrennlichen Leiden zu mindern; Menschen, die
hingebungsvoll das Elend in seinem Verstecke freiwillig auf-
suchen, Linderung und christlichen Trost bis in die niedrigste
Hütte bringen, und fremde Drangsal um Christi Willen zur
eigenen machen, kennt man nur bei uns: sie sind der schönste
Triumph, die weithinleuchtende Strahlenkrone der abendländischen Christenheit. Zu Byzanz ist die menschliche Brust
den süssen Regungen des Mitleidens verschlossen, und an
die Stelle unserer liebevollen That setzt man dort das leere,
trostlose, unfruchtbare Formular des Glaubens, wie es menschliche Klugheit für bestimmt und deutlich erkannte Zwecke
nach langem Hader festgesetzt und zugeschnitten hat. Mit
Privattugenden, sagen sie, mag es jeder halten, wie er will;
es gibt nur „byzantinische" Pflichten für das Ganze, d. i. gemeinsames Zusammenwirken aller Individuen anatolischen Namens für Gründung materieller Gewalt und Herrschaft über
die Erde, deren Besitz Jesus Christus der morgenländischen
Kirche testamentarisch als Vermächtniss hinterlassen habe.

Von der Allgemeinheit und Stärke dieser anatolischen
Staatsidee hat man im Occident vielleicht keine oder doch

keine hinlänglich klare Vorstellung. Hier liegt die Gefahr. Konstantinopel war die erste ursprünglich und vollständig christliche Stadt des Erdbodens. Dort gab es keine weltliche Macht, von der man erst Duldung zu erbetteln oder Rechte zu erhandeln hatte; die Dogmatik legte den ersten Grundstein, stieg gleich im Beginn auf den kaiserlichen Thron und grub der oströmischen Welt ihr Gepräge ein, tief, unaustilgbar und ungeschwächt bis auf diesen Tag. Nur eine Kraft blieb thätig, alle übrigen gingen in dieser einzigen unter. Die Aktion der Staatsgewalt nach aussen war Nebensache, das Schwert wendete sich nach innen gegen die Energie der Geister, bis das Ungleiche überall geebnet, bis jeder Wille gebrochen, bis alle Spontaneität, alle selbstbewusste Schwingung romäischer Nerven getödtet und im ungeheuren Ländercomplex nur ein Gedanke übrig war. Man sagt dieses nicht um zu tadeln; man möchte nur auf diesem Wege zu besserem Verständniss der Gegenwart gelangen und auch für die nächste Zukunft Einiges mit Sicherheit vorausbestimmen. Körper gab es im byzantinischen Staatsverbande freilich viele, Seele aber nur Eine, Gedanken auch nur Einen, und auch nur Eine Stadt, die Auserwählte, das apokalyptische Jerusalem am Bosporus.

Für germanische Gemüther hat dieser Nivellirungsprocess des menschlichen Geistes etwas Zurückschreckendes. Ohne dass das Staatsoberhaupt die mystische Weihe des Priesterordens nahm, musste der byzantinische Imperator doch Theologe sein, in gesetzlich bestimmten Tagen am Hofe geistliche Vorträge, Exegesen und Homilien halten, weil eigentlich das Evangelium Reichscodex, weil Christus Imperator und der oströmische Basileus nur seine irdische Hülle war. Nicht bloss für zeitliche Wohlfahrt und weltliche Ordnung hatte der „Gottgekrönte" zu sorgen. Auch das ewige Heil der Unterthanen, was sie glauben und verdammen sollten, ward in letzter Instanz dem Imperator anheimgestellt. [1] Als Scepter trug die kaiserliche Hand das Kreuz,

---

[1] „Weisst du nicht, dass der Kaiser Constans zugleich Herr des Reichs und oberster Priester ist, und seine Gebote für Kirche und Staat (seine Ent-

und wie man auf alten Tempelfresken und Münzen jener
Länder häufig jetzt noch sieht, schmückte das Zeichen der
Erlösung alle Gewänder, Fahnen und Insignien des theologischen Herrschers, der den kaiserlichen Segen ertheilte und
nach festem Glauben seiner Unterthanen sogar die Kraft der
Mirakel besass. Seine Handlungen erklärte das Gesetz für
Akte der Providenz und stellte sie folglich ausser Bereich
menschlicher Kritik. Daher das Gesetz, welches Tadel eines
vom Fürsten bestellten Dieners, ja sogar den Zweifel an
seiner Fähigkeit als Hochverrath und Beleidigung göttlicher
Majestät bestrafte.[1] Daher das Ungegohrene, das melancholisch Stille der byzantinischen Monarchie; daher die Palast-
wache der Silentiarier und der erklärte Widerwille griechischer Ohren gegen Glockenton.[2] Das regsame Wesen, die
laute Rede und der feste Tritt des Abendländers hat für die
Byzantiner etwas Widerliches, gleichsam etwas Zuchtloses
und empörend Freches, das man mit der Geissel niederschlagen soll. Ein Buch aber, wie neulich David Strauss
geschrieben, ist ihm vollends ein unerhörter und unerklär-
barer Gräuel, der für sich allein den Riss zwischen Orient
und Occident unheilbar machen könnte. Denn zu Konstantinopel sind alle Controversen schon längst entschieden, alle
socialen und geistigen Probleme aufgelöst, der Zweifel selbst
verstummt, was bei der Verwirrung der Begriffe in Europa
Vielen als ein Segen erscheinen könnte. Und fürwahr, man

scheidungen in geistlichen und weltlichen Dingen) gleich bindend sind?“
Gfrörer, Allg. Kirchengesch. IV, 73.

[1] *Disputare de Principali Iudicio non oportere: Sacrilegii enim instar
esse, dubitare an is dignus sit, quem elegerit Imperator.* Cod. Theodos.
lib. *V*, tit. *13*, lex *9.* lib. *II* tit. *4*, lex *4.* Commentar.

[2] Schon vor der Türkenzeit, wie aus dem Reisebericht des castiliani-
schen Gesandten Ruy Gonzales Clavigo zu ersehen: *Quando los Griegos
offician la Missa non tienen libro nin campañas en las Iglesias (salvo en
S. Sophia de Constantinopla) que non unas tablas tañen à Missa.* Auf
dem heiligen Berge Athos haben die Mönche schöne Glockenthürme und
prachtvolles, heimatlich über Thal und Kastanienwald tönendes Geläute;
allein Sonnabend zur Vesper und Sonntag zum Hochamt ausgenommen,
schweigt das heilige Erz, um die Ruhe der frommen Väter nicht zu stören.

verzeiht es, wenn ruheliebende verzagte Seelen gegenüber
dem Hochmuth und der Unbändigkeit des wissenschaftlichen
Gedankens im stupiden Selbstverleugnen der byzantinischen
Kirchen-Philosophie einen heilsamen Damm gegen den stolzen
und umwälzenden Sinn der abendlichen Welt erblicken.
Der erste Lebensakt des griechischen Kirchenstaates, wir
wissen es Alle, spann sich in buntem Gewühle über tausend
Jahre fort, und der Uebergang zum zweiten, wo ein Padischah
den Reigen führte, war so schnell, so natürlich und geordnet,
Kraft und Kunst der neuen Tragöden so eindringlich, nachhaltend und feurig, dass nach kurzem Gram über die Ver-
änderung selbst bei den Besiegten die Threnodie verstummte.
In drei Tagen war die Verwandlung ausgeführt und Byzanz,
nicht dem Blute, wohl aber der Seele und der Gesinnung
nach, vollkommen türkisch. Das allgemeine Gefühl, dem
lateinischen Abendland gegenüber wieder stark zu sein, hatte
Alles ausgesöhnt und das Joch des neuen Autokraten selbst
leicht gemacht. Man vergesse es ja nie, Eifersucht, Wider,
wille und Geringschätzung gegen die lateinisch glaubenden
Völker ist Nationalcharakter und unaustilgbare Natur der
Byzantiner. Auch hat nach Eintritt der türkischen Dynastie
das lateinische Abendland bald und lange genug empfunden,
dass man in Konstantinopel wieder Kraft und Nerven habe:
es erschien wieder eine lange, kriegerisch geschaarte Fronte
am Ostrande von Europa, und dem Naturgesetze war genug
gethan.

Am Siechenlager der Paläologen hatte das transdanubische
und das altaische Element um die Ehre der Nachfolge und
der Reichsreform gestritten. Obgleich das eine aus Turkestan,
das andere aus Sarmatien mit Gewalt hereingebrochen, waren
sie doch beide auf byzantinischem Boden eingebürgert und
in Sinn und Blut mit Ost-Rom enge verschwägert. Damals
war die Zeit der Sarmaten noch nicht gekommen, und wie
allzeit, neigten sich Sieg und Herrschaft auf die Seite, wo
mehr Kraft, wo mehr Geist und Herrschergrösse. Jedoch
war die byzantinische Restauration des 15. Jahrhunderts
ihrem Wesen nach eine innere, eine aus den Eingeweiden

der Monarchie selbst eigenmächtig und ohne Zuthun von
aussen entsprungene, daher vollständig, dauerhaft und durchgreifend. Das Credo allein hatte sich am kaiserlichen Hofe
geändert, aber nicht mehr als die byzantinischen Autokraten
schon verschiedene Male früher, namentlich unter Konstantius
im vierten und während der Ikonoklasten-Herrschaft im
achten und neunten Jahrhundert unternommen hatten, aber
nicht durchzuführen vermögend waren.

Offenbar waren, um die menschlichen Dinge im Gleichgewicht zu erhalten, in der Hand der Vorsehung die talentvollen und energischen Fürsten aus dem Hause Osmans taug-
lichere Werkzeuge als die christlichen Vorgänger mit ihren
Hof-Homilien und ihren kaiserlichen Fastenpredigten im
Kreise weibischer Magnaten von Byzanz.

Aber heute, wie man gemeiniglich glaubt, ist auch die
Rolle der Padischahe ausgespielt und wird, eigentlich das
erstemal seit fünfzehnhundert Jahren, vielleicht in kurzer
Zeit die grosse Erbschaft der Byzantinerwelt ohne Testament
und ohne Codicill vakant. Zwar, noch ist der Besitzer nicht
verblichen, und im Veilchenduft bithynischer Lüfte sind die
Agonien lang. Aber ist das Leben aus den extremen Theilen
des Riesenkörpers nicht schon entflohen, und sieht man denn
nicht, wie es im Herzpunkt allein noch krampfhaft in Fieber-
hitze und galvanischen Prozessen gegen die Verwesung kämpft?

Man hat in neuerer Zeit wiederholt und mit grossem
Eifer — freilich nur aus fremden Büchern — die Unmöglichkeit einer Wiederherstellung des Orients mit Hülfe des in
sich zerfallenen Islam nachzuweisen sich bemüht. Wie nahe
oder ferne das Uebel auch immer sei, die verzweiflungs-
vollen Medicinen, die man in gerechter Besorgniss nachbar-
lich anzurathen und selbst eigenhändig zu kredenzen nicht
ermüdet, beweisen hinlänglich, dass man den Zustand wenigstens für bedenklich hält. Aber wo liegt die Krankheit?
Wo ist der Sitz des türkischen Verderbens? Ist dieses Volk
heute physisch schwächer, feiger, nervenloser als zur Zeit
seiner Siege und seiner Herrlichkeit? Einzeln genommen ist
die türkische Kriegsmaterie heute, was sie zur Zeit der grossen

Padischahe war, fanatisch, abgehärtet, genügsam, stahlsehnig und der grössten Anstrengungen fähig. Und sieht man das türkische Bauernvolk in den Provinzen und selbst die stolz und wild blickenden Gesichter des grossen Haufens in der Sultansstadt, sollte man das Ende der lange gefürchteten Monarchie wahrlich nicht so nahe glauben. Denn über Sein und Nichtsein der Reiche entscheidet in letzter Instanz doch immer Seelenstärke und physische Kraft auf dem Kampfplatze. Selbst die Summe des Luxus und des sittlichen Verderbens unter den Grossen kann jetzt nicht grösser sein als früher. Allein, wie bei den christlichen Byzantinern. ist auch bei den osmanischen das herrschende Haus, die regierende Dynastie verfault. Hier liegt das Uebel. Eine solche Reihe genialer Staatsmänner und energischer Kriegsfürsten hat kein anderes Herrscherhaus je hervorgebracht, wie das türkische. Nicht Tugenden, nicht besondere Vorzüge und Eigenschaften des Volkes haben das furchtbare Gebäude osmanischer Grösse aufgeführt; es ist ausschliesslich das Werk seiner, Menschen und Dinge in wildem Sturm fortreissenden Dynastie. Und wenn unsere Zeit noch einmal einen Bayesid I., einen Murad II., einen Mohammed Ghasi und Suleiman I. zu schaffen vermöchte, würde er nicht mit gewaltiger Faust die Geschicke seines Volkes erfassen und dem Verhängniss zum Trotz auch jetzt noch frisches Leben in die Gefässe des welkenden Türkenstammes giessen? Der Geist regiert die Welt, und nicht ohne tiefen Sinn erklärt ein berühmter Mann des Alterthums Glanz und lange Dauer der Herrschaft Roms für das Werk einiger ausgezeichneten Bürger der ewigen Stadt. [1] Grosse Kräfte, einmal ins Weltspiel gebracht, wirken durch ihr natürliches Gewicht noch fort, wenn auch schon lange die erste Triebfeder gebrochen ist. [2]

---

[1] *Ac mihi multa agitanti constabat, paucorum civium egregiam virtutem cuncta patravisse, eoque factum uti divitias paupertas. multitudinem paucitas superaret. Sallust. Catilin. cap. 53.*

[2] *Sed postquam luxu atque desidia civitas corrupta est, rursus respublica magnitudine sua imperatorum atque magistratuum vitia sustentabat. Idem.*

Erscheint aber erst der Schaden auf der Oberfläche, so ist
auch das Ende schon nicht mehr ferne und menschliche
Hülfe ohne tiefgreifende und lebengebende Wirksamkeit.
Chronologisch auszurechnen, in welchem Jahre die
flackernde Türkenlampe in Stambul völlig erlöschen müsse,
ist eben so unmöglich, als die Hoffnung vergeblich, durch
politische Rechenexempel den Einen strahlenden Weltkörper
osmanischer Monarchie in ein Planetensystem getrennter
Staaten ohne Sonne auseinanderzuschlagen. Alle eure Künste
macht die Stadt Konstantinopolis 'mit ihrem eingebornen
Genius zu Schanden. Um der centrifugal über den Erd-
globus sprühenden Furie der abendländischen Völker das
Gegengewicht zu halten, um die ätzende Wirkung ihrer
Geistesbeweglichkeit zu sänftigen und die Wüthenden in
Schranken einzudämmen, hat die Natur das byzantinische
Reich, wie ein Bleigewicht, an die Sohlen Europa's gehängt
und durch unabänderlichen Beschluss mit der Ewigkeit anatolischer Doctrin zugleich die Unauflösbarkeit .der Monarchie
decretirt, deren Herz und Mittelpunkt Konstantinopel ist. Sagen
will man hier geradezu, dass unserer Vorstellung nach keine
Politik, keine menschliche Weisheit die compakte, durch
Glauben, Blut und Thränen unausscheidbar in einander verwachsene Masse des illyrischen Continents zu zerbrechen,
in ihre Bestandtheile zu zerlegen und bleibend aus einander
zu halten vermögend sei. Schneide man immer entlegene
Theile vom Ganzen weg und erwärme sie wie der begeisterte
Pygmalion sein Steingebilde, sie verdorren dennoch aus
Sehnsucht nach heimatlicher, Lebensluft, oder rinnen von
selbst unaufhaltsam wieder in den Schooss des Mutterstaates
zurück. So gross ist der Zauber dieser geheimnissvollen,
noch unbegriffenen Stadt.

E i n Mittel jedoch gäbe es, den byzantinischen Bann
zu lösen und den illyrischen Trümmern eigene Seelen einzu-
hauchen: Zerstöret durch gemeinschaftlichen Beschluss des
europäischen Areopagus die Stadt Konstantinopolis und füllet
mit dem Schutte ihrer Hütten, ihrer Paläste, ihrer Mauern
und Thürme das goldene Horn aus, und verbietet zugleich

unter Völkerbann die Wiederherstellung von Stadt und Hafen
bucht auf der alten, den Mächten des Abgrundes geweihten
Stätte. Nicht genug! schaufelt im Grimme auch ihre sieben
Hügel nieder, zermalmet wie einst die Legionen zu Korinth
sogar die Steine, und mit der Wurzel reisset die gigantischen
Platanen aus, und vom Riesenberge des Amycus brechet in
der Wuth wie ein anderer Polyphem die waldichte Spitze
herab und schleudert Alles, Erde, Felsen, Bäume und Menschen
in die Strömung des Bosporus, damit sein musikalisches
Sausen am Felsenthor der Symplegaden verstumme, damit
der sehnsuchterregende, die Völker des Orients bethörende
Sirenengesang des flutenden Sundes ersterbe und der stolze,
Länder verbindende Pontus selbst wie das traurige Caspi-
meer zur Oede eines verlassenen Binnensees heruntersinke.
Dann erst rinnet der Lebenssaft wieder zurück nach Ternova,
nach Athen und nach Ikonium. Die Ordonnanz wäre
unfehlbar, aber sie ist so ungewöhnlich energischer Natur,
im Concept so schrecklich und so entschieden und so grausen-
voll in der Anwendung, dass man sich niemals, am wenigsten wenn verzagte Hände das Steuer der Welt regieren,
zu ihrer Vollziehung entschliessen wird. Man hat sie hier
nur angedeutet, um zu zeigen, wie zähe byzantinisches Leben,
wie gross die Gefahr und wie unheilbar das Uebel sei.
Wären Titanen auf der Welt, hätte man ohne Bedenken
zu diesem Mittel gegriffen. Aber die Menschen unserer Tage
sind nach kürzerem Masse ausgeprägt: sie möchten das Unheil ohne Aufsehen und besonders ohne Störung im Alltags-
leben ihrer Ameisenstadt gleichsam im Stillen zur Ruhe
bringen. Wozu der Tumult und die schweren Reden? rufen
sie aus. Noch ist es mit den Türken nicht zu Ende, und so
lange die Leute athmen, kann man immer hoffen und versuchen. [1] In diesem Falle seid entweder gerecht, oder doch
wenigstens uneinig; hasset, necket und hindert euch gegenseitig in euren Praktiken und Kniffen, und ihr werdet noch
lange der gefahrvollen Kur enthoben sein. Könnte man in

---

[1] Ελπίδες ἐν ζωοῖσιν, ἀνέλπιστοι δὲ θανόντες.

Europa überall der Ländergier, dem Heisshunger nach fremdem Gute entsagen und den Leidenschaften der menschlichen Natur selbst Stillstand gebieten, so schleppte sich das Türkenreich ohne Mühe noch Jahrhunderte fort. Im Innern ist ja kein überwiegendes Element der Auflösung, der christliche Raya überall muthlos, waffenscheu, uneins und Rettung aus der Dienstbarkeit nirgend aus sich selbst, nur von aussen, aus fremder Zone hoffend. Die Osmanli dagegen leben vom Kapitale grosser Feldherren und Staatsmänner vergangener Zeiten, und bis der ganze Vorrath aufgezehrt, ist für Störung europäischen Schlummers nichts zu besorgen. Jedoch überlasse man sich keiner Täuschung: unsere Zeit ist nicht das Saturnusreich, Asträa ist noch nicht unter die Menschen zurückgekehrt,

Atque iterum ad Trojam magnus mittetur Achilles.

Aber auch in diesem Falle verzaget nicht. Wenn die Türken schon alle Tugenden ihrer Vorfahren vergessen haben, so wird ihnen im allgemeinen Bankerutt erst noch die Verachtung feiger Niederträchtigkeit christlicher Sitte und Politik neue Kräfte leihen und die Frist ihrer Herrschaft noch einmal verlängern. In der Türkei sagen sie es laut, und ich bitte um Vergebung für das harte Wort: „Wären die Christen nicht eine hündische, weinberauschte Rotte erbärmlicher Wichte, hätten sie uns schon lange aus Europa hinausgepeitscht: wir fliehen zwar auf dem Schlachtfelde vor ihren Feuerschlünden, verhöhnen sie aber dennoch in ihrem Glauben, zertreten ihre unterjochten Brüder und lachen über die Geberden ihrer Unterhändler, wenn sie sich neidischen Blickes, wie unreine Hunde um ein Stück Brod, vor dem goldenen Thron des Padischah um das Almosen kaiserlicher Huld zerfleischen." Diese türkischen Syllogismen sind ohne Zweifel falsch und ihre Bilder ungeschickt, auch hätten sich Abd-ul-Medschids Staatsphilosophen sorgfältiger um die Tugenden der Christenheit und um unsere Moralcompendien erkundigen sollen. Hier wird aber nur Bericht erstattet, nichts getadelt, nichts widerlegt, aber auch nichts gelobt; und vielleicht ist

es nebenher doch auch nützlich zu erfahren, wie man anderswo
von den Christen denkt.

Dass man unter solchen Umständen die Restaurations-
recepte des Occidents zu Konstantinopel nur mit Widerwillen
und Geringschätzung empfing, ist freilich zu begreifen. Auch
hat die europäische Curatel zeitig genug das Vergebliche
ihrer Mühen erkannt. Die Türken, heisst es jetzt, sind ja
keine Europäer, und man hätte sie von einer andern Seite
fassen sollen: Warum hat der Sultan nicht den Geist des
Islam wieder heraufbeschworen, den alten Glaubenseifer auf-
geweckt, alte Gluten wieder angefacht? Diese Männer sind
überzeugt, man könne todte Ideen, erloschene Gluten, entflohene Geister der Nationen durch eine Ordonnanz der Staats-
schreiber wieder lebendig machen. Was Suleiman gethan,
meinen sie, könne ja auch Abd-ul-Medschid thun, man könne
ihm ja rathen, genial zu sein. Aber Abd-ul-Medschid, wie es
scheint, ist nicht geneigt, der wohlgemeinten Zumuthung
seiner Schirmherrn nachzukommen und mit dem Feuergeist
seiner grossen Ahnen die kaiserliche Brust zu schwellen.
Im Gegentheil, er hat ja öffentlich erklärt und sein Volk
es bekräftiget: die Monarchie, wenn sie mit dem gegenwärtigen Fonds islamitischer Praxis nicht mehr bestehen
kann, wolle lieber untergehen, als durch gesetzwidrige, ihrer
Natur verhasste Mittel das Dasein fristen. Die Weisheit
Europa's, erwiedert man, hat auch diesen Fall schon lange
vorher berechnet und mit Applaus des Jahrhunderts ein
Staatspräparat *in eventum* aufgestellt. Aber nicht Kunst,
nicht mit exotischem Saft getränkte Pflanzen, nein, ein aus
der Bodentiefe urkräftig heraufbrechender Riesenstamm ist
nöthig, um die byzantinischen Räume auszufüllen.

Mit der Politik im herkömmlichen Sinne, d. i. mit dem
täglichen Kram und Marktverkehr des ehrwürdigen Diplo-
matencorps hat man hier nichts zu thun; praktisch mischen
wir uns in nichts, wollen weder jemand belehren noch irgend
etwas besser machen; das harmlose Wort ist unser Tummelplatz. Nur verschmäht es unser „harmloses Wort" ohne alle
Beziehung auf die Wirklichkeit, und gleichsam ungebräunt

vom warmen Lebenshauch der Gegenwart, ätherisch bleich,
wie man es gerne sieht, im Nebel der Vergangenheit zu
wandeln. Die Zeit ist eifersüchtig. Von dem, was jetzt die
Herzen bewegt, von Furcht und Gefahren des Jahrhunderts
will sie hören; selbst Leidenschaft und Irrthum vergibt sie
gerne, wenn sie nur redlich und ohne Berechnung sind.
In diesem Sinne erlauben wir uns eine Frage: „Kann die
altbyzantinische Bevölkerung, von der man durch europäische
Dazwischenkunft eine kleine Parzelle dem Scepter des Padischah entzogen und mit dem alten Namen „Hellenen" angethan, für sich allein und durch eigene innere Kraft als
zweites nothwendiges Element der christlichen Welt figuriren?" „Kann sie — Zeiten und Menschen zum Trotz —
andere Nebenbuhler um die goldenen Aepfel der Hesperiden
aus der Bahn hinausdrücken und nach urkräftigem Zertreten
aller Schranken nervig, sehnig, schöpferisch die grosse Oede,
die verlassenen Paläste an der Propontis füllen?" „Kann sie
das chaotische Stammgewirre des illyrischen Continents ordnen,
die widerstrebenden Geister bändigen, die bahnlos tobenden
Kräfte zügeln und volluferig in das gemeinsame Rinnsal politischer Disciplin zusammendrängen? Alle Freunde der byzantinischen Griechen und mit ihnen das ganze Abendland haben
im Schwung der Begeisterung auf die Frage beifällig geantwortet und euch Neuhellenen noch einmal, wie weiland eure
Vorfahren im Lande, als sorgenstillende, gefahrverhütende
Schirmgötter der Welt begrüsst. Seht nur, wie gross man
von euch denkt und wie schwer die Rolle ist, die euch die
Phantasie des Occidents übergeben hat. Cherusker, Sueven
und Gothen werfen sorgenvolle Blicke bald auf euer Königreich, bald auf scythisches Wolkengedränge und Wetterleuchten an der Istermündung, ob ihr den Feuerstrahl in der
Hand des hyperboräischen Donnerers durch Grösse und nervi-
gen Muth zu bannen stark und kräftig seid. Vielleicht ist
euch das zuviel und habt ihr selbst bescheidenere Vorstellungen
von eurer Zukunft und eurer Macht, denn bei euch wie bei
uns ist der Rausch vorüber, sind die aufgeregten Geister
wieder frostig und nüchtern wie vor eurem Hochzeittag.

Klug und kühle, wie ihr alle seid, rechnet ihr die Möglichkeiten aus und wäget Sympathien ab, während eine kühle
Prosa in Europa eure Titel, eure Papiere, eure Vergangenheit, eure Thaten und euch selbst chemischer Analyse unterworfen und das Facit der öffentlichen Meinung hingehalten
hat. Doch was geht das euch an? Vorwärts müsst ihr
blicken! Was kümmert euch edle oder zweifelhafte Geburt,
glänzende oder ärmliche Wiege, was germanisches Schulgezänk? Eines nur habt ihr nöthig, und dieses Eine ist der
Talisman, der alle Herzen bezaubert, den das staatskluge
Europa, wenn man es auf der lorbeerbekränzten Stirne des
griechischen Volks erblickt, mit Applaus begrüssen wird:
Seid mächtig — man wird euch doch ermuntern dürfen
— habt Flotten, Heere, Feuerströme, Industrie und
Gold; aber machet schnell, die Könige sind ein ungeduldiges
Geschlecht und die Völker nur durch nachdruckvolle That
zu fesseln. Wachsen wollen sie euch sehen, und inwendig
heraus wollen sie, wie der Moskowiter in der jungen Früh-
lingsbirke, es im hellenischen Staatskörper gähren und kochen
und gleichsam die Lebenslymphe auf- und niedersteigen hören,
um augenblicklich — denn es dränget — euer Gewicht in
die Wagschale der Zeit zu legen. Sprechet einmal im Saale
der Gewaltigen ein keckes Wort wie die helvetischen Bauern
auf dem Leichenhügel der erschlagenen Edelleute; sei das
Wort auch grob und ungeschlacht, begleitet es nur mit einer
Faust von Granit und einer langen Zeile taktisch geschulter
Krieger und jener fürchterlichen Schlünde, die zu Navarino
und Ptolemais eure alten Dränger frassen, und sehet dann,
wie freundlich die goldgestickten, sternblitzenden Männer
euren Gruss erwiedern und wie schnell in Europa die schlummernde Sympathie erwacht. Aber eben weil ihr noch bei
allen Thüren die leeren Hände hereinstrecket, und weil jedermann sieht, dass ihr im Ganzen weder nützen noch schaden
könnet und zur Lösung der grossen Frage, zur Wiederherstellung des Orients und zur Sicherung des Weltfriedens aus
eigenen Mitteln nichts zu leisten vermöget, dass euer Land
gleichsam als Armeninstitut noch immer von milden Beiträgen

und abendländischem Wochengeld — ohne eigene Mühe —
leben will, habt ihr zwar nicht Mitleiden und christliche Liebe,
die euch ewig gesichert sind, aber ihr habt die Bewunderung
der abendländischen Welt verloren. Das Endlose, das Unausfüllbare eurer Noth hat Europa ermüdet und erschreckt.
Die Schuld indessen ist nicht euere; es ist Geschick; ihr
seid geworden, was ihr werden konntet, und wenn da Jemand
anzuklagen, so ist es Europa selbst, wo man für schwache
Nerven und leere Taschen von jeher wenig Enthusiasmus
hatte. Unser Jahrhundert ist politischen Zwerggestalten ab-
hold, es will nur lebensfrische Körper und kolossales Mass.
Sehet nur einmal hin auf dieses Europa, wie stolz und prachtvoll die Königreiche sind; sehet, wie es in den Städten
wimmelt, wie es blinkt, wie es leuchtet, Paläste, Watfen,
Gold und schöne Gewänder, wie es rastlos sinnet auf Ruhm,
auf Gewinn, auf Herrschaft, auf Zerstörung, auf Schöpfung
und Genuss, ein bewegliches, ein stolzes, ein unwiderstehliches Geschlecht, mit dem in die Länge nicht zu spielen ist.
Mit was denkt ihr euch nun diesen Leuten gegenüber
in Achtung zu setzen? Euer Land ist öde, Soldaten wollt
ihr auch nicht sein, „hölzerne Mauern" habt ihr wieder nicht,
und die Truhen, heisst es, seien in Hellas allezeit leer. Und
doch stellt man euch in die Competentenreihe zur künftigen
Vakatur des Orients! Statt zu handeln und mit zorniger
Gewalt das verlorne Gut zurückzureissen, reichet man in
eurem Namen Suppliken ein, Bettelbriefe um das Regiment
der halben Welt! Aber die Herrschaft ist kein Ding, das
die Abendländer freiwillig an die Lahmen an der Heerstrasse
und hinter den Zäunen für Almosen verschenken. Gewalt
üben und mächtig sein, ist das einzig würdige Ziel menschlicher Bestrebungen, und die gewöhnlichen Titel, sich aus
der Niedrigkeit aufzuschwingen, waren von jeher Kraft,
Genie und Heldenmuth im eigenen Hause. Zwar haben sich
Völker durch ihre Fürsten zur Herrschaft hinaufgefreit und
ihr Glück durch Tüchtigkeit und klugen Sinn gestärkt; zu
Macht und Weltherrschaft hinaufgebettelt aber hat sich unsers
Wissens noch keine Nation. Und so viel man die Europäer

kennt. ist auf diesem Wege für Griechenland nicht viel zu
hoffen. Oder hätte man aus Mangel richtiger Diagnose der
menschlichen Dinge schwache Trümmer des christlichen Byzan-
tiums wirklich zu thörichten Begehrlichkeiten verleitet und
im Abendland durch politische Maskeraden und scholastische
Schattenbilder gleichsam eine neue Theorie des Völkerprozesses
aufgestellt? Gutmüthig. aber unerfahren haben wir die kindischen Proceduren der Studentenbank auf das ernsthafte Spiel
des Weltdrama's übertragen und an die Stelle der korrekten
Leidenschaft, der unerbittlichen Staatsraison, eine Art idyllischer Gerechtigkeit. gleichsam Gefühlspolitik und diplomati-
schen Mysticismus hingeträumt. Leider wird die Welt nicht
in diesem Sinn regiert! Christliches Wohlwollen, freund-
liches Entgegenkommen, persönliche Gerechtigkeit, gute
Wünsche für Privatglückseligkeit und Familiensegen, Munizi-
pal-Autonomie und freie Bewegung innerhalb der Schranken
gibt und wird Europa den Griechen geben, so viel sie begehren und brauchen können. Denn ungeachtet der dick-
ohrigen Dogmatik von Byzanz ist diesem warmblütigen reich-
begabten Südvolke Niemand gram. Aber von Almosen und
Mitleiden bis zur Herrschaft über das Morgenland ist ein
unermesslicher Sprung, den ihr, freundliche Hellenen, ohne
jene Vorbedingung nicht machen könnet. Kraft, Muth,
Energie, Geschick und besonders guter Wille sind euch nicht
abgesprochen; allein die Luftströmung ist nicht für euch.
Wird die byzantinische Tiara wirklich einmal ledig, so ist
der Nachfolger vom Schicksal selbst schon besiegelt und er-
nannt. Ihr seid wohl auch im Spiel, aber nicht allein: man
braucht auch Schutt und zerhacktes Gestein im Cyklopenbau
des Orients. Lasset euch das Wort nicht verdriessen. Habe
ich Unrecht und seid ihr wirklich so innerlich stark und
lebenquellend, wie man uns versichert, dann werdet ihr meiner
Rede zu Trotz eine der Spannkraft eurer Nerven entsprechende
Höhe in der Welt erringen. Nur erwartet vom Kollektiv-
Enthusiasmus der Europäer nichts mehr, und rechnet für die
Zukunft nur auf euch selbst. Die Könige geben nur einmal,
und was ihr nicht im Sturmdrang der Dinge rasch und

kräftig herüberreisset, wird nie euer Eigenthum. Alle Hoffnung hat man euch ja nicht genommen. Gelänge es den
Fürsten des Occidents, durch Weisheit und kräftiges Ent-
gegentreten das Verhängniss zu fesseln und die Lavine gleichsam mitten im Laufe einzudämmen, so könnte euch sogar
das volle Spiel noch gewonnen sein.

Wie — denkt sich Mancher — ist hier nicht ein Widerspruch? Zuerst demonstrirt man uns die Unzerstörbarkeit
des byzantinischen Staatselementes und des vom Schicksal
selbst mit ehernem Griffel auf den Mauerzinnen von Konstantinopel eingegrabenen Titels seiner Herrlichkeit. Dann
behauptet man, das islamitische Chalifat in dieser Metropolis
sei nur ein Provisorium, die ehrwürdigen Fragmente in Hellas
aber mit ihrem klugen und tugendhaften Fürsten, mit ihren
weisen Gesetzen, mit ihren mächtigen Schirmvögten im
Occident dennoch nicht unbedingt als byzantinischer Wieder-
herstellungsapparat auserkoren. Wohin führt man uns?
Wer ist denn eigentlich der Auserwählte, wer der Glückliche, dem das Schicksal die Vollziehung der grössten Katastrophe des Jahrhunderts aufgetragen? Die Antwort auf
solche Fragen hört man nicht überall gerne, weil grosse
Ereignisse grosse Entschlüsse wollen, grosse Entschlüsse
aber für kleine Seelen peinlich sind. Von jeher wurde ge-
glaubt, und namentlich Tiberius war überzeugt, wenn man
von Dingen nicht öffentlich redet, geschehen sie auch nicht,
und in grossen Uebeln sei Stummheit der beste Talisman.
Oder ist es nicht genug, dass wir das klassische Hellenenthum endlich aufgegeben und an den Tod der neun Musen
glauben? Will man uns auch noch das letzte Spielzeug
unserer Phantasie — Hoffnung und Glauben auf leben-
sprühende Funken der „Präfektur Illyrikum" — zerbrechen?
Es liegt in den Weltereignissen und ihrem Verständniss
etwas Unerbittliches. Was heute in Hellas lebt, ist nicht
in Hellas zu Hause. Hier wäre der Ort, von den grossen
Massregeln und dem bewaffneten Dazwischentreten zu handeln,
womit einst das mitleidvolle Abendland viermal in Einem
Jahrhundert das entfliehende Leben im altbyzantinischen

Staatskörper zu erwärmen und festzuhalten suchte. [1] Wir meinen die grossen Tage von Nicopolis, Ancyra, Varna und den europäischen Pontificalcongress in Florenz — Materiale für ein langes Buch und für den trostlosen Epilog, dass Byzantium von innen heraus christlich nicht mehr zu regeneriren sei, aber doch nicht sterben darf. Melancholischen Gemüthern und Pessimisten wären diese Studien zu empfehlen, für Phantasten und Schwindler gibt es keine Lection.

Warum will man unter den christlichen Byzantinern heute Elasticität, Energie und politische Tugenden voraussetzen, die sie schon im fünfzehnten Jahrhundert nicht mehr hatten? Oder konnte der weltbetäubende Päan von Nicopolis und Varna, wo die Heere gesammter Christenheit für das Heil des theologischen Imperators stritten, den lethargischen Schlummer von Byzanz erschüttern? Damals besassen die Griechen noch ihre Hauptstadt und stand ihnen thatendürstendes Mitgefühl des Abendlandes zur Seite und sogar Timur der Weltbezwinger auf Bitten und Mahnen der Christenheit als Hort und Retter im Herzen von Anatolien. [2] In Einem Tage ward die Macht der Osmanli bei Angora vernichtet, der Padischah selbst gefangen, Anarchie, Bruderkrieg, Auflösung, Verzweiflung überall im Türkenreich; aber der Sturm hatte umsonst getobt. Volk und Archonten der morgenländischen Kirche blieben auch in solchem Verwirrungsgräuel bewegungslose Zuschauer, bis die zerrissenen Gliedmassen des feindlichen Staatskörpers wieder aneinander wuchsen und den nervenlosen Byzantiner-Christen in frischer Majestät gegenüberstanden. Ist es wahr, dass die unheilbare Pest des griechischen Volkes ihren Keim in den Geschlechtern der Archonten hat? Sind diese Leute wirklich die Klippe, an der alle Wiederbelebungsversuche der Comnenen, der Cantacuzenen und ihrer Nachfolger gescheitert sind und die auch gegenwärtig das öffentliche Heil ge-

---

[1] Zwischen 1339 und 1444 n. Chr.

[2] Gesandtschaften aus Castilien, Rom und Konstantinopel nach Samarkand. Sieh Ruy Gonzales Clavigo, Sanuto, Muratori etc.

fährdet? Entschlossene Fürsten, wie Andronicus I., wollten
sich durch allgemeines Niedermetzeln des Ungethüms ent-
ledigen; zaghaftere und menschliche erkannten die Unmöglich-
keit aller Reform und verhüllten ihren Gram über die Unab-
wendbarkeit des Verhängnisses unter dem Mönchsgewande. [1]
Die Herrschaft öffentlicher Tugenden, uneigennütziger Vaterlandsliebe und politischer Gerechtigkeit einzuführen und in
Flor zu bringen, versuche nach solchen Proben unter diesem
Volke Niemand mehr! Ob aber Staatsgebäude ohne diesen
Cement zusammenhalten und dem Wellenschlag politischer
Stürme widerstehen können, mag Jeder selbst berechnen. [2]
  Schmeichle sich ja Niemand, dass diese Menschenklasse
auf andern Punkten des Reiches weniger zaghaft, weniger
intriguant und hemmend, dass sie vaterlandsliebender, tugendhafter und besser als in Stambul sei. Ich habe nicht den
Muth, hier die Frage zu berühren, ob das machtvolle Dazwischentreten Europa's zu Navarino in seinen Folgen bisher
eben so fruchtbringend und dem Ziele entsprechend, als es
hochherzig-christlich im Prinzip und energisch in der Anwendung gewesen ist. Das islamitische Provisorium, sagten
damals die Eingeweihten, ist in voller Auflösung, und lasset
uns das alte, im Ruin der Zeiten verschüttete Element des
christlichen Byzantismus aus der Verwesung in das Leben
rufen, damit es jugendlich gähre und seine üppig wuchernde,
saftgeschwollene Wurzel unter den morschen Herrscherstuhl
der Osmanli treibe. Es wäre peinlich, den Zeitgenossen zu
sagen: Ihr habt euch betrogen, ihr alle seid Ignoranten, und
ich allein weiss besser, was unter jenem Himmelsstrich verborgen ist. Solche Reden wären zu keiner Zeit in gutem

---

[1] Andronicus I. versuchte im J. 1185 den erstern Weg; Johann Cantacuzenus 1355 den letztern.

[2] Die Pinselstriche Benjamins von Tudela geben noch heute das tref-
fende Contrefei der christlichen Konstantinopoliten: ... *Atque ex omnibus
gentium nationibus, quas Barbaras vocant, milites conducunt qui cum
Sultano, rege Togarmanorum, quos Turcas dicunt, proelia ineant, quia
nullo animi ardore ad proeliandum imbuti, mulieribus habentur similes,
quum viribus ad retundendum hostem destituantur. Benjamin Tudelitan.
apud Tafel „Thessalonica" p. 505.*

Geschmack. Und doch, welchen Namen soll man der ver-
fehlten Rechnung geben? [1] Nur Eine Thesis gestehe man
zu: Staatskunst vermöge niemals in todte Körper neue Lebens-
keime hineinzulegen, wohl aber schlummernde zu wecken
und politisch gross zu bilden. Um diese Keime zu befruchten
und in Gährung zu bringen, ist nach unabänderlichen Gesetzen der Natur homogene Zuthat nöthig. Eine lange
Reihe Mittelsätze darf ich hier überspringen, und die Rede
bedarf keines langen Commentars. Aber was hält uns zurück,
die Dinge ohne Umschweif mit ihrem Namen zu bezeichnen?
Im byzantinisch-griechischen Staatsmateriale lebt nur das
Dogma, das Kirchenelement, der letzte Puls. der nie erlischt; die übrigen Klänge sind mit dem „ἄσβεστος γέλως"
der tafelnden Götter Griechenlands längst verstummt. Moder
und verwittertes Gestein hören die Posaune eures Welt-
gerichts nicht mehr. Tödtet die morgenländische Kirche
und demoliret ihre goldenen Dome zu Konstantinopel, zu
Kiew und im Kremlin; berechnet aber vorher und wäget
sie wohl ab eure Kraft, ob sie auch mit der Grösse des
Unternehmens im richtigen Masse stehe. Diese Kirche des
Orients hat alle Proben innerer Zerrissenheit und äusserer
Schmach überstanden; keine Noth konnte ihre Standhaftigkeit erschüttern, keine Verachtung ihr Selbstgefühl ersticken,
keine Niederlage das Vertrauen auf endlichen Triumph
ihrer Sache wankend machen. Und wie die Natur in allen
Dingen auf die äusserste Gränze rückt, erschien der Hoffnungs-
stern am nördlichen Horizont, wie die byzantinische Nacht
am dunkelsten war und Alles verloren schien. Kaum war
die Schale am Hellespont gänzlich gesunken, da begann sie
an den Quellen der Wolga langsam zu steigen, und wie die
Wage heute stehe, ist für Niemand ein Geheimniss. Nur
scheint nicht Jedermann zu wissen, wie weit das Gebiet der
byzantinischen Hellenen reiche. Nördlich geht es bis
an die Gestade des Eismeeres, und der Herzpunkt, aus dem

---

[1] Wir gratuliren jedem, der im gegenwärtigen Zustande Griechenlands
(1845) hinlängliche und bleibende Widerlegung dieses im Sommer 1842 geschriebenen Satzes finde. A. d. V.

das Leben strömt, ist nicht mehr innerhalb der Thermopylen;
er liegt jetzt jenseits der Wasserfälle des Borysthenes. Geduld
— warum vergesst ihr es? — Geduld ist nicht Verzeihung,
und Rache überlebt alle Gefühle! Wären Epigramme und
Feuerschlünde wider Kirchenzorn nicht stumpfe Waffen, so
hätte es freilich keine Noth. Das Streben dieser theokratisch-
byzantinischen Staatsidee, alle auf ihrem Gebiete fremd-
artigen Elemente zu vernichten oder verwandelt in seinem
Schoosse aufzunehmen und in einem grossen Weltreiche ver-
körpert ihrer Nationalfeindin im Occident entgegenzustellen,
wird allgemein erkannt, so wie im Gegensatze das Ringen
der latino-germanischen Kirche, auf ihrem Boden sich auszudehnen, sich innerlich zu befestigen und zu kräftiger Einheit aufzuschwingen, für Niemand ein Geheimniss ist.
Zwei heilige Stühle stehen sich in Europa feindlich
gegenüber, und der Kampf zwischen den nebenbuhlerischen
Gewalten wird nicht lange zu verhindern sein. Von diesem
politisch-kirchlichen Dualismus kann sich der alte Continent
nicht mehr loswinden, und die Stellung der Parteien wird
erst dann klar, wenn Neu-Rom sein Schicksal erfüllet und
die Kinder der anatolischen Kirche mit ihrem neuen Konstantin zu thatsächlichem Bewusstsein ihrer Weltbestimmung
gekommen sind. Denke man sich das unermessliche Chaos
von Kräften, die unter jenem Himmelstrich noch gebunden,
aber Eines Willens, eines Impulses gewärtig sind, um einen
einzigen Gedanken lebendig in die Weltgeschichte einzuweben. Im weiten Halbringe schlingt es sich um Europa
und bereitet den letzten Schöpfungsakt im politischen Bau
der abendlichen Welt,

circumfluus humor
Ultima possedit, solidumque coërcuit orbem.

Die Restauration von Byzanz — das ist Axiom — kann nur
eine „slavo-gräkische,“ keine byzantinische, am
wenigsten aber eine hellenische sein. [1]

---

[1] Wir wissen, dass dieser Satz in Deutschland schon viel Aergerniss
gegeben und entschiedenen Widerspruch gefunden hat. Es ist indessen

Glaube man ja nicht, der grosse Haufe der griechisch
Glaubenden und griechisch Redenden beklage eine solche
Wendung der Dinge. Dort verhehlet man sich nicht mehr
das Unmögliche, das Unpraktische abendländischer Staats-
Chimären. Bedrängte haben nur Ein Gefühl: Rache und
Wiedervergeltung vergangenen Unglimpfes. Als Theile eines
grossen Ganzen könnten die Griechen Europa quälen und —
was ihrer Natur angemessen — mit scythischen Geisselhieben
unsere thörichte Liebe zurückbezahlen. Die Frage ist nun:
Vermag Europa mit seiner traditionellen Praxis und seinen
verwitterten Künsten diese grosse Peripetie abzulenken?
Oder soll man durch neue, bisher unversuchte Mittel die
Geister in Bewegung setzen, um der kirchlich-politischen
Einheit der Angreifer eine politisch-kirchliche Einheit der Vertheidiger entgegenzustellen, weil nur Gleiches mit Gleichem
zu ringen vermag? Deutlicher wird es mit jedem Tage, dass
in grossen Conjuncturen wie die bevorstehende der Sekular-
staat für sich allein nicht genüge, und nur wer in der tiefsten
Tiefe die Geister aufzuregen die Kraft besitzt, in letzter Instanz
König und Imperator sei. Der Mensch gehorcht ja nur dem
Zwang, und es könnte sich leicht ergeben, dass die stolzen
Autonomien des Occidents im Drange grosser Uebel, wenn
auch nicht wie man hie und da will, zu blossen Präfekturen
eines in Prinzip und Wirksamkeit höhern Imperiums herabsinken, doch den Bruderbund zu schliessen und im Style völliger
Ebenbürtigkeit zu verhandeln genöthiget werden mit einer
Macht, deren Beisteuer zur Oekonomie menschlicher Dinge un-
entbehrlich scheint. Aber was rede ich da von Zukunft und
von Möglichkeit? Erbettelt man sich nicht schon heute in
Demuth als Almosen, was man im Hochmuth des vorigen Jahrhunderts verachtungsvoll von sich gestossen hat? Das ist nicht
der kleinste Triumph einer Sache, die um jeden Preis und durch

eine politische Meinung, die man gleich einer andern dulden muss. Lobe
oder tadle man, verwerfe man sie theilweise oder auch ganz, die Zeit allein
kann Richter sein! Nur der Vorwurf, zu dem hie und da unverständige
Widersacher ihre Zuflucht nehmen: „man habe besondere Gründe, diese
Thesis aufzustellen," wird redlichst abgelehnt.

jedes Mittel die verlorne Herrschaft in Europa wieder gewinnen will. Eine Restauration im grössten Style ist eingeleitet, und der Augenblick zur That ist wahrlich gut gewählt, da eben jetzo der allgemeine Gantprocess gegen alles weltliche Regiment des Abendlandes hereinzubrechen droht. Nicht böser Wille, nicht Schlechtigkeit und corrupter Sinn — man ist heute um vieles besser als man früher war, — nein, Unfähigkeit ist es und Unzulänglichkeit der waltenden Kräfte, was zur Auflösung der weltlichen Ordnung treibt. „Ihr könnet die Geschäfte nicht mehr fortführen,“ ist der einstimmige laute Gedanke des Continents. Nach innerem Trost, nach Seelenfrieden ringen die Geister. Wer füllet die verzweiflungsvolle Leere der menschlichen Brust? Dürre Theorien und abgenützte langweilige Recepte eurer Staats-Adepten können diesen Trost nicht mehr gewähren, können den Abgrund der Gemüther nicht verschütten. Eure Zeit ist für immer dahin. Nicht Anarchie und Zuchtlosigkeit ist das grosse Uebel, über das man klagen soll, es ist der Tod alles Glaubens und Vertrauens auf eure alte Kunst, was unser Unglück macht und zugleich den Competenten — es sind mehrere — ihren Titel gibt.

Fragen, wie die jetzt verhandelten, kommen in Zeiten der Intelligenz und Stärke niemals auf die Oberfläche, und die ungestüme Mahnung ist der gründlichste Beweis eurer Schuld. Predige man uns nicht länger von politischem Epicuräismus, von blindem Vertrauen auf schale Medicin und von der Nutzlosigkeit sorgenvoller Blicke in die Zukunft! Wehen denn nicht Lüfte vom Orient? Sehet ihr nicht die Zeichen am östlichen Himmel? Erwärmet durch das phaëthonische Viergespann, regt sich am Nordpol die grosse Schlange. [1] Schweigend und langsam sammelt es sich wie eine dunkle Wetterwolke, und Blitze fahren nieder zum Zeichen des nahen Sturmes. Schleudert nun, wenn ihr so gewaltig seid,

[1] *Quaeque polo posita est glaciali proxima serpens,*
Frigore pigra prius nec formidabilis ulli,
Incaluit sumpsitque novas fervoribus iras.

wie einst Jupiter im Weltbrande euren Donnerkeil in die
Wolke und zerstreuet die Finsterniss, die über Europa liegt.
Der Vorabend eines Confliktes der höchsten Prinzipien der
menschlichen Gesellschaft zieht für den Occident heran.
Denn alles irdischen Schmutzes und stupiden Mongolismus
ungeachtet erscheint, wenn man die politischen Ereignisse
zur Idee erhebt, als Haupttriebkraft der slavo-byzantinischen
Bewegung dennoch eine religiöse Idee, „der ewige Frohnkampf demüthigen Christenglaubens gegen die stolze Tyrannei
der Vernunft." Ob Kraft mit trotzigem Ungestüm, oder
Geduld und standhaftes Leiden weiter führe und die Staaten
dauernder begründe, muss in einer thränenvollen Zukunft
auf deutschem Boden entschieden sein.

„Nur zwei Dinge, sagen die byzantinischen Kirchenfürsten heute noch, nur zwei Dinge hat Gott schlecht gemacht,
den Papst und den Mahomet. Diese beiden Uebel zu verbessern und die Welt in Vollkommenheit herzustellen, habe
er dem rechtgläubigen Imperator von Moskovien überlassen."
Nach diesem Thema lebt und handelt die ganze byzantinische Welt, und eine Idee, für welche Normannenfeuer
mit Geduld und Mannszucht der Slaven ficht, ist überall
ein bedeutungsvoller Gegner. Alle Mittel, das Anschwellen
dieser anatolischen Staats- und Kircheneinheit zu hemmen,
sind ohne Wirkung geblieben. Umsonst schleuderte man
europäische Skepsis, Feuerbrände, gesellschaftauflösende
Doctrinen in den byzantinischen Gährungsprocess: umsonst
suchten Andere in kluger Berechnung Theile vom Ganzen
geistig abzulösen und durch Einimpfung germanischer Kirchen-
und Staatsideen die Quelle weitgreifender Apostasien aufzuthun. Das diamantene Rüstwerk, das eherne Gewand des
anatolischen Kirchenkolosses vermochte kein Geschoss zu
brechen. Oder wo sind eure Triumphe? wo die Siegeszeichen?
Und wenn das abendländische Glaubensbekenntniss auch
noch auf dem weiten Blachfelde nördlich der Karpathen dem
beharrlichen Drängen des Gegners erliegen muss, und auf
einer andern Seite germanisches Wesen nicht siegreicher
denn bisher einzudringen vermag, dann entsaget aller Hoff-

nung des Friedens, streuet Asche in die Luft und rüstet euch
zum Kampf. Auf das Aeusserste sind wir allerdings noch
nicht gebracht, und leider ist Aufrechthaltung des mohammedanischen Sultanats in Konstantinopel als Steindamm gegen
das Zusammenrinnen der beiden homogenen, sich sehnsuchts-
voll am breiten Strome entgegenblickenden Hemisphären
vielleicht noch die preiswürdigste Politik. Schlimm genug,
dass die lateinische Christenheit um solchen Preis, wo nicht ·
Sicherheit auf immer, doch Aufschub der Gefahr und Zeit
zur Selbsterkenntniss. kaufen muss.

Wie einst gegen die Allgewalt der Legionen, so ist ohne
Zweifel das heldenmüthige, geistiger Entwürdigung von
Natur abholde Volk der Germanen auch wider das er-
niedrigende Joch byzantinischen Scythenthums als Schirmvogt und Vorfechter aufgestellt. Setzet ihr aber der Idee
nicht eine Idee entgegen, und hoffet ihr noch länger, es
könne das germanische Viele mit dem byzantinischen Einen,
mit dem Verbundenen das Aufgelöste in gleicher Hoffnung
des Sieges die Arena betreten, so habt ihr euch selbst gerichtet. In Deutschland, ich weiss es wohl, ist man mit solchen
Reden lästig, und bis in die neueste Zeit haben sie das
Dasein eines Feuerfunkens in der byzantinischen Kirche aus
Liebe zur Bequemlichkeit geradezu abgeleugnet: dort sei ja
alles Leben erstarret, von Bekehrungseifer und expansiver
Kraft des lateinischen Dogmas keine Spur. Oder wird etwa
die Welt nicht nach den Regeln der Grammatik regiert?
Und wenn auch ein Bollwerk nach dem andern am Ostrande
zusammenfällt, schirmen uns nicht die Fragmente alter Pedanten von Lampsakus? Den süssen Gewohnheiten des
Tages entsagen und den Strom des öffentlichen Lebens in
ein neues Rinnsal lenken, ist unter allen Heilmitteln das-
jenige, zu dem sich der Mensch am spätesten, und erst nach
fruchtlosem Erschöpfen jeglicher Ausflucht unter Zwang und
Noth entschliesst. Aber wo ist die Universalidee? Wo der
Genius, der Deutschland wie einen Mann bewegt? Noch ist
man nicht überall vom Zaubertrunk des achtzehnten Jahrhunderts ausgenüchtert, Niemand will verzichten auf Kraft-

zersplitterung, auf Einzelbestrebung und auf Privatkönig-
thum; seinem in Blut und Lymphe demokratischen Charakter
hat das lateinische Europa nicht entsagt. Ein providentieller
Damm, eine Kirchengeissel in der Ferne soll uns zur Be-
sinnung bringen. Wo Viele rhythmisch nach Einem Ziele
sich bewegen, ist nicht selten auch Erfolg. Unter solchen
Umständen in Europa die Geister gleichsam zu byzantini-
siren und überall die Energie der Seelen abzustumpfen,
wäre schlechte Politik. Wie könntet ihr ohne lebendige
Kraft und ohne Beistand eines vom Volksherzen heraus-
flammenden Zorns der Prüfung widerstehen? wie der feindlichen Hinterlist, dem langsam aber ohne Rast den Boden
unter eurer Sohle wegnagenden Element nicht endlich erliegen? Oder meint man vielleicht, wie einst im christlichen
Byzanz, die öffentliche Gewalt könne Kraft und Nervengeist
der Völker nach Belieben ersticken und im Augenblick der
Noth durch ein Zauberwort wieder ins Leben rufen? Kann
man sich dem beruhigenden Gefühle überlassen, dass die
Gewaltigen der Zeit überall in der harten Schule der Wider-
wärtigkeit zur Erkenntniss dieses verderblichsten aller Irrthümer gekommen sind? Ist in Europa der grosse Wendepunkt eingetreten, das seelendurchdringende Verlangen der
Wiederherstellung, des geistigen Aufbaues einer im Orkan
demolirten Welt?

Einheit der Gewalt und religiöser Glaube sind die Bau-
meister aller menschlichen Ordnung. Der Versuch, ohne
Beistand der religiösen Idee Herrschaft auszuüben und ein
bloss irdisches Regiment über die Völker aufzustellen, ohne
alle Schonung für Seelen- und Gewissensruhe, ohne Rücksicht für das Höhere und Ewige im Menschen Taschen und
Kunstfleiss der Nationen mechanisch auszubeuten, hat überall ein gleich klägliches Ende gefunden. Sicherer Beweis,
dass wir alle etwas in der innersten Tiefe der Brust
tragen, was sich euch widersetzt und was ihr mit Feuerschlünden und Sophismen nicht zu bändigen vermöget. Mit
Embargos und Mauthsystemen allein kann man den Dämon
nicht mehr bändigen: ihr müsset den innern Widerspruch

der europäischen Geister versöhnen oder das eigene Spiel verloren geben. *Orbis ruit,*[1] die Fugen des Weltgebäudes gehen auseinander, wehret der Fluth, von allen Seiten dringt die Doppelbrandung ein, die Kirchengeissel, der hungernde Demos und der byzantinische Koloss. Jeden Tag wird es in Europa schwerer, König und Dynast zu sein. Viele und edle Gemüther verzagen gänzlich, sehen schon die An·fänge des Antichrists und erwarten in naher Erfüllung der Zeiten das apokalyptische Ende des irdischen Wohnplatzes. Gewalthaber! An euch ist es jetzt, die Pfade des öffentlichen Heiles aufzuthun und den Feuerglauben an die letzte Medicin im Occident wieder anzuzünden.

[1] *Epistol. S. Hieronym.*

IX.

Hagion-Oros oder der heilige Berg Athos.

1.

„Verlass die Welt und komm zu uns,“ sagten die
Mönche, „bei uns findest du dein Glück. Sieh nur dort die
schön gemauerte Klause, die Einsiedelei am Berg, eben
blitzt die Sonne abendlich in die Fensterscheiben! Wie
lieblich das Kirchlein unter Weinranken, Lorbeergehäge,
Baldrian und Myrten aus dem Hellgrün des laubigen Kastanien-
waldes blickt! Wie silberhell es unter dem Gestein hervor-
sprudelt, wie es murmelt im Oleanderbusch! Hier hast du
milde Lüfte und die grössten aller Güter — die Freiheit
und den Frieden mit dir selbst. Denn frei ist nur, wer die
Welt überwunden und seinen Sitz in der Werkstätte aller
Tugenden (ἐργαστήριον πασῶν ἀρετῶν) auf dem Berg
Athos hat.“ Es war voller Ernst, die frommen Väter erkannten ihren Mann, die Melancholie, die Sehnsucht, den
Preis der Einsamkeit und den Zauber, welchen Waldöde
und frische Scenen der Natur über weltmüde Seelen üben.
Nicht als Mönch, dazu gehöre eigener Beruf, sondern als
unabhängiger Bundesgenosse sollte ich meine Hütte im Revier
ihrer heiligen Gemeinschaft aufschlagen und frei von allem
Zwang gleichsam als Kostgänger irdischer Glückseligkeit
in Gebet, in Sammlung des Geistes, in Leseübung, in Garten-
arbeit, in Gesellschaft oder allein durch die buschichten
Wälder streifend, allzeit aber im Frieden ausharren, bis der
Lebensfaden abgelaufen und die Morgenröthe der schönern
Welt erscheint. Für jetzt soll ich noch in die Heimat gehen,

verkaufen, was ich habe, sollte die tausend Wurzeln, die
mich ans abendländische Leben fesseln, muthig aus dem
Herzen reissen und ohne Zagen auf die Insel der Glückseligkeit und des Friedens zurückeilen. Für eine mässige
Summe,[1] ein für allemal dem Kloster St. Dionys bezahlt,
sei ich lebenslänglich Herr der romantischen Klause, nachdem man contractmässig festgesetzt, wie viel ich wöchentlich
an Brod, Wein, Mehl, Hülsenfrucht, getrockneten Fischen,
Oliven, Licht, Feuerung und anderer Nothdurft für mich
und meinen Begleiter aus dem Klostervorrathshaus zu beziehen habe. Das Angebot — ich gestehe es — war verführerisch. Alle Qualen des Occidents, das junge Heiden-
thum, die Bücherfluth, L . . . s zwölf dicke Bände über
deutsche Urgeschichte, von der man so wenig Kunde hat,
ach! zwölf Bände voll Redefluss, voll Kunst und voll un-
fruchtbarer Gelehrsamkeit, Feuerbachs gigantische, trostlose
Philosophie, die Compendienschreiber fielen mir ein und die
schlechten Künste, die Eitelkeit, die Ignoranz, der Hochmuth, der Schmutz und die Langweile, die sich überall
vorandrängen, dazu noch der Leipziger Messkatalog, das
Titanische im Wissensdrang und der ungestillte Durst nach
Erkenntniss und Genuss; Wankelmuth, Parteisucht, Dema-
gogenehrgeiz und Experimentalregiment, Abd-el-Kader, die
Pariser Advokaten, germanische Verblendung, Mohilew und
das verlorne Glück bestürmten zu gleicher Zeit den Sinn.[2]
Ich wankte schon und wollte von so vielen und so grossen
Uebeln Sicherheit erkaufen als Klausner auf der grünen
Berghalde St. Dionys. Nach einer Nacht voll innerer Be-
wegung stieg ich in aller Frühe den Klosterfelsen hinab zum
Orangenbach, und auf der gegenüberliegenden Seite der Eng-

---

[1] 1200 fl. rhein.

[2] Im ersten Entwurf lautet der Satz: „Die Pariser Advokaten und vor
allem die einschläfernden Reden des deutschen Magisteriums und ihre gähnenden Discipel — die grösste Geissel des Occidents — bestürmten meinen
Sinn." Ich hielte es für einen Raub, würde ich dieses Dicterium des Fragmentisten der deutschen Professorenzunft und dem freundlichen Leser ver-
heimlicht haben.   D. H.

schlucht zur Klause hinauf, um mein künftiges „Ohne-
Sorgen" in der Nähe anzusehen. Indessen senkte sich über
Steilwände und Felsengewirre im feiertäglichen Schimmer
das Sonnengold vom einsamen Athos-Gipfel langsam zum
Tannenwald herab, legte sich nacheinander auf das helle
Kastanienlaub, auf das Platanendickicht, auf die Klause und
ihre Gärten mit Herbstflor und Rebgelände, und erreichte
endlich die Nussbäume, die Limonien und das dichtver-
schlungene, laubichte Geranke der waldichten Schlucht, fiel
auf das Burgverliess, auf den bleigedekten Dom und die
byzantinischen Kuppeln, auf die Mauerzinnen und Söller von
St. Dionys: unten lag spiegelglatt der weite Golf, und von
innen tönte Glockenklang, süsse, heimatlich melancholische
Seelenmusik des Christenthums. Ach, wäre der Mensch
bleibender Glückseligkeit hienieden schon fähig, wo empfände
er ihren himmlischen Reiz, wenn nicht in der grünen Wald-
stille dieses beglückten Chersoneses! Man begreift, wie einst
Sertorius, müde seiner Zeit und ergriffen von unendlicher
Sehnsucht nach Frieden, mitten im Tumult des Bürgerkrieges
auf den Gedanken kam, vor sich selbst zu entfliehen und
fern von dem tobenden Sturm der Römerwelt den Rest seiner
Tage hinter Celtiberien auf den „Glüklichen Inseln" zu verleben. Sertorius ging aber nicht auf die glücklichen Inseln,
wollte Seelenfrieden erringen, ohne den Lockungen der Ehr-
sucht zu entsagen, hatte die Liebe zu Herrschaft und Sinnen-
rausch noch nicht erstickt, die Welt noch nicht überwunden
wie die anatolischen Tugendhelden, die freiwilligen Selbstpeiniger und Kampfzeugen in den Kastanienwäldern und
lorbeergeschmückten Thalschluchten des Athosberges, dieses
kolossalen, von der Natur selbst aufgethürmten und mit
unverwelklichem Festgewande umzogenen Münsters von
Byzanz.

Das Bild ist nicht phantastisch, es ist naturgetreu, Athos
ist Wald-Dom der anatolischen Christenheit. Ein mehr als
zwölf Stunden langes, zwei bis drei Stunden breites und
durch eine schmale niedere Landzunge an den Continent
gebundenes Bergeiland erhebt sich in isolirter Majestät über

die tiefe Fluth des Strymonischen Golfes. [1] Das ist der Berg
Athos. Langgestreckt ist die Halbinsel, nicht flach, auch
nicht wellenförmig hingegossen, noch als schiefe Ebene nur
auf Einer Seite aufsteigend, auch nicht ein mit Hügel- und
Felsengewirre unregelmässig ausgefülltes Conglomerat: haldig
und sanft steigt es von beiden Strandseiten gegen die Mitte
empor und läuft sattelförmig mit wachsender Höhe und Steile
in langen Windungen fort wie ein Tempeldach, und am
Ende strotzt leibig und wohlgenährt, von drei Seiten rund
aus dem Wasserspiegel heraussteigend und auf der vierten
bis zur halben Höhe mit dem Waldgebirge verwachsen,
einsam und frei die riesige Athos-Kuppel in die Lüfte, auf
der Plattform ein weithin sichtbares Kirchlein, das höchste
und luftigste Gotteshaus der morgenländischen Christen, zugleich Sitz der Sommerlust, der Andacht und der Winds-
braut für die Athoniten. Man denke sich eine Augustnacht
in Purpurflor und mit allen Reizen des Südhimmels angethan,
den glatten Spiegel über bodenloser Tiefe, mildhauchende
Seelüfte über die Gärten und Söller fächelnd, Nachtigallen
im Rosenbusch, das lange Walddunkel und die Wachtfeuer
auf der Bergspitze; oder wie das Morgenroth und der erste
Sonnenstrahl goldfunkelnd auf die Felsenkrone fällt und weit
unten auf dem Kastanienwalde noch schweigsame Nacht
oder kaum das erste zweifelhafte Dämmerlicht über den
Klosterzinnen am Strande liegt!

Athos ist Hochwarte des ägäischen Meeres und Leucht-
thurm aller Orthodoxen in Byzanz. [2] Vom Festlande in das
Meer hinausspringende Chersonese sind vorzugsweise eine
Eigenthümlichkeit der griechischen Welt. Zu Kerasunt in
Kolchis, bei Sinope in Paphlagonien und in der Nähe des

---

[1] Im gewöhnlichen Karavanenschritt rechnet man von der Eingangs-
station des Hagion-Oros bis zum äussersten Punkt bei Kloster Laura wenigstens achtzehn Stunden Zeit.

[2] Die Höhe des Bergkegels beträgt nach Grisebach 6400 Fuss über
der Meeresfläche, und um die Zeit der Sommersonnenwende fällt der Abend-
schatten, wie die Alten versichern und die Berechnungen der Neueren bestätigen, bisweilen auf den Marktplatz der Stadt Myrina der nahen Insel
Lemnos.

Athos selbst hat die Natur ähnliche Gebilde bald nur begonnen, bald ausgeführt, nirgend aber ein so schlankes
Mass angelegt, die Wände so romantisch ausgeführt und
den Wuchs in so liebliche Formen gegossen wie hier. Ein
felsichtes, schroff und mühevoll zu erklimmendes Nadelholz-
gebirge, quer über den Isthmus streichend, hütet wie ein
Säulengang das Thor zur immergrünen Baumregion des
Athos, und wenn der Fremdling nach Ueberschreitung dieser
Querwand über tiefe Schluchten und Hügel aus wildem Rosmarin den Hochpfad erklommen hat, thut sich eine Scene
auf, deren Schönheit man wohl empfinden, aber nicht beschreiben kann.

Wie ein langer Silberfaden läuft über Sattelkamm und
Bergschneide durch hellgrünes Gebüsch und dichtverwachsenes epheuumranktes Baumgewühl der Hochpfad mitten
durch die Halbinsel bis zum hohen Athoskegel. Bald schroff
und ohne vermittelnden Uebergang, bald sanft und in verlorenen Halden senkt es sich zu beiden Seiten des Weges
in romantischen Vorsprüngen und verschlungenen Thalwin-
dungen oder in weiten, amphitheatralisch ausgebogenen Pracht-
fächern über Waldöde, über lieblich bebautes Einsiedler-
gehöfte, in dunkelem Waldschatten, hier zum singitischen,
dort zum strymonischen Golf hinab; die Sonne blitzt auf den
Wasserspiegel und lockt, durch die laubigen Bäume fallend,
eine Thräne wehmuthsvoller Erinnerung aus dem Auge des
fremden Wanderers. [1] Tief unten am Strande, in weiter
Entfernung von einander abgesondert, durch Wald und Vorgebirge getrennt, auf grüner Matte ausgebreitet oder auf
meerumbrandetes Gestein mittelalterlich hingezaubert, oder
in waldüberhangenen Schluchten, an rauschenden Silber-
bächen, zwischen Limoniengärten und langwipflichten Cypressen heimatlich verborgen, erscheinen die Mönchskastelle
mit hohen Mauern, mit gewölbten Thorgängen, mit Glocken-
haus, mit Wart- und zinnenbekränzten Festungsthürmen

---

[1] „Weibische Empfindsamkeit!" „geräucherter Schmerz der Deutschen!"
würde ein Moskowit bei dieser Stelle ausrufen.   A. d. Verf.

und eisenbeschlagenen Doppelflügeln zur Hut der byzantinischen Heiligthümer wider feindliche Gewalt. Das von
der Natur zu beiden Seiten des Pfades in der Senkung der
Bergflügel eingehaltene Ebenmass, der bei aller Mannigfaltigkeit der Schwellung, bei allem Wechsel der Schatten, des
Lichts, der üppigen Scenerie doch überall gleiche Abstand
vom Bergkamm gibt dem Auge die volle Herrschaft über
die wunderbare Doppelpracht. [1] Der schlankstämmigen Pinie
und der Weisstanne mit hellgrünen langen Nadeln begegnet
man nur am Felsenportal des Eingangs und auf der obern
Region des Steinkegels. Der langgestreckte Raum zwischen
beiden ist ein zusammenhängender Laubwald von Platanen,
Buchen, Grüneichen, Oel-, Feigen-, Nuss- und Kastanienbäumen, von Cypressen, Weinreben, Lorbeer- und Haselstauden, von Mastixstrauch, von immergrünen „Arbutuskirschen", [2] Maulbeer- und Obststämmen aller Art — hellgrünes, luftdurchfächeltes Berggewand, wo die Myrte, die
Rosenhecke, der Weissdorn, der Smilax, die Coronilla, die
schattige Globularia und das saftige Grün der Epheuranke
auf dem Boden, über der Steinwand und am lebendigen
Kastanienzaun alle Räume füllt; wo Duft, Farbenpracht und
Schmelz der Blumen überall den Sinn berauscht, wo es
überall quirlt und rieselt und in langen Fäden von der
waldigen Hügelterrasse fällt und fortrauscht mit Gemurmel
im Erlbusch! Reitet man von der Hafenbucht herauf, die
prächtige Abtei Xeropotamo vorüber, durch romantisches
Waldgeschlinge zum Höhenkamm, trifft man mitten im
Dunkelschatten des Laubwaldes, rechts am Pfade, eine grüne
Alpenwiese mit Zaunwerk künstlich eingefriedigt, Sennhütte
und Hürde neben Brünnlein und Bächen; es ist Mittagsgluth,
die schweigenden Lüfte, das Bienengesumme, der Wanderer
sitzt am Born, Kastanienlaub und Alpenflor schwanken im
Wasserspiegel,

---

[1] Zwei bis drei Stunden mag das Aufsteigen vom Strande zu beiden
Seiten bis zum Longitudinalwege auf dem Bergscheitel betragen.

[2] *Arbutus*. Erdbeerbaum, *Κόμαρος*, in alten Büchern auch Hagapfelbaum genannt, anderswo nur Gestrüpp, hier 10 bis 12 Fuss hoher Baum.

Quae simul aspexit liquefacta rursus in unda,
Non tulit ulterius . . . .

„wie der Morgenthau in der Sonne, so schmilzt ihm die
Seele in der Brust."

Wie jener Emir in Alhambra können wir Alle, selbst
der Grösste und Glücklichste, die Tage wahrer Seligkeit und
innigen Entzückens aus unserem Leben ohne Mühe zusammen-
zählen. Ich werde einen Septemberabend in den Engthälern
des kolchischen Amarantengebirges und die Mittagsrast am
Wiesenplan ober Xeropotamo nie vergessen. Wie unbe-
greiflich, wie preislos und verächtlich doch in solchen Momenten all unser Mühen und Streben erscheint! Der Mensch
ist aber nicht zu stillem Genuss, er ist zum Kampf geboren;
schweigend eilt er am offenen Thor der Seligkeit vorüber
und sucht sich neuen Gram.

Der Berg Athos mit dem gegenüberliegenden Küstenstrich des macedonischen Erzgebirges (Chalcidice), möchte
man glauben, sei eigentlich die Urheimat des Kastanien-
baumes: nirgend, selbst in Kolchis nicht, treibt er mit solcher
Fülle und Ueppigkeit aus der Erde hervor; nirgend ist sein
Blatt so hell und warmgrün, seine Frucht so süss, sein Wuchs
so riesenhaft, die Fortpflanzung so rasch und wucherisch
wie hier. Man denke ja nicht an die Magerkeit der Baum-
wälder in Südeuropa, oder gar an die langweilige Symmetrie
und feingebürstete Ordnung unserer Hof- und Kunstgehäge.
Auf Hagion-Oros ist freie Wildniss und kunstloses, von der
Wurzel an heiter und breit belaubtes liebliches Dickicht in
verschlungenen Pfaden, durch die Meisterhand der Natur
für die Lust menschlichen Sinnes gepflanzt und aufgezogen.
Wie es nur überall rankt und sprosst und in geiler Ueppigkeit aus dem Boden dringt, ein kühnes unsterbliches Pflanzen-
geschlecht mit urweltlicher Kraft vom zarten, gestern gebornen Zweiglein bis zum strotzenden Strauch und durch alle
Zeit- und Lebensscalen hinauf zum Mannesalter, zum Secular-
baum, zum antediluvianischen Koloss!

Dass erhitzte Phantasie und ideale Ausschmückung am
Gemälde keinen Antheil haben, vielmehr jeder Pinselstrich

aus Wahrheit und unmittelbarer Anschauung genommen ist, mag der Fremdling an sich selbst erproben. Er wandle nur bei schöner Zeit, wenn auch nicht über den ganzen Längen-Hochpfad vom Kloster Chilantari bis zum Riesenkegel, doch wenigstens über die reizende Partie oberhalb des Burgfleckens Karyäs bis zur Wegscheide, wo man vom Waldkamm in Schlangenwindungen südwärts zur Pomeranzenschlucht von St. Dionys niedersteigt. Ich zweifle, ob ein Europäer, ausgenommen Grisebach, je in diese Gegend des Berges gekommen ist, weil man in der Regel dem kürzern und bequemern Weg zur See von der Bucht unter Xeropotamo vor dem romantischen Abenteuer zu Lande den Vorzug gibt. Freilich hat man wegen Empfindsamkeit und romantischen Schwärmens für prachtvolle Naturscenen und Waldeinsamkeit die Deutschen von jeher ausgelacht. Aber was soll man sagen, wenn der Bergabhang von Karyäs mit seinen luftigen Pinien, seinen Gärten, Cypressen und Rebenguirlanden bis zum Kloster Iwiron hinab sogar frostigen Seelen aus den britischen Inseln als ein zweites Eden erscheint, das Baumelysium von Kerasia aber mit seinen Sturzbächen zur Zeit der Frühlingsblüthe, wenn die Wasser rauschen und die Nachtigall im Busche schlägt, selbst von abgestumpften Klausnern und Weltüberwindern des Athos wie ein irdisches Paradies gepriesen wird? Nur ist alles Reden und Malen umsonst, weil die Sprache zu arm und mit einem Schlage das Panorama in seiner Farbenpracht der Seele vorzuzaubern unvermögend ist.

Dass in dieser beglückten, von der Welt abgelegenen und von der Natur selbst zum Sitze stiller Schwärmerei eingeweihten Wildniss nur Mönche wohnen und das Grundeigenthum seit Jahrhunderten als fester, wohlverbriefter, unantastbarer Besitz der einundzwanzig annoch bestehenden Klöster katastermässig einregistrirt und keine Handbreit Land schwebend und ohne Eigenthümer ist; ferner, dass die Grenzscheide der einzelnen Klostergebiete schon lange und überall im Gehölze, am Bach, am Felsabhang, unter Hader, Process und Plünderung türkischer Austrägalgerichte festgesetzt

und das ganze Gebiet für sich ein zusammenhängendes Ge-
meinwesen, eine feste Körperschaft mit aller im Sekular-
verbande herkömmlichen Ungleichheit in Vermögen, Macht,
Ansehen, Erwerbsfähigkeit, Lebenspraxis, Leidenschaft und
Trieb, aber mit Municipalfreiheit und Selbstverwaltung bilde,
ist zum Theil auch in Europa nicht mehr unbekannt. Nur
möchte man auch von den frühern Schicksalen des grünen
Chersoneses, von den Anfängen der Mönchskolonien, ihrer
Einrichtung, ihrer Denkweise und Sitte, ihrem Wirken und
Schaffen, von Büchern, Architektur, Kunst, Gelehrsamkeit
und Tugendspiegel der frommen Athosväter Einiges erfahren.
Die Neugierde ist nicht unzeitig. Der heilige Berg mit
seinem Urwald, mit seiner festverwachsenen und versteinerten
Kirchenkonstitution ist Central- und Lebenspunkt des oströmischen Glaubens, gleichsam der Vatikan des Orients,
Zielpunkt aller Sehnsuchten, Sammelplatz des Reichthums wie
der kirchlichen Ueberlieferung, Freihafen und letzter Zuflucht-
ort aller Weltsatten von Byzanz, ja das einzige von Barbaren-
tritt nie entweihte Fragment der orthodoxen Monarchie.

Fragt man aber die Mönche um eine dokumentarisch
beglaubigte Geschichte des heiligen Berges und seiner Institute, erhält man überall dieselbe Antwort: es gebe keine.
Aber warum macht ihr euch nicht ans Werk? habt ihr nicht
Goldbullen, Papiere, Zeit und Ruhe genug? „Wozu wäre
das gut?" fragen die Väter entgegen, „wir sind hier nur
vorübergehend, sind nur Gäste, die auf ihrer Wanderschaft
zur Ewigkeit heute einkehren und morgen den Platz Andern
überlassen: unser Geschäft ist Gebet und Kirchendienst, alles
andere überflüssig."

Eine politische Rolle, wie die beiden benachbarten,
von einem Kranz prachtvoller Pflanzstädte ehemals umschlungenen, aber weniger romantisch geformten Chersonese
von Kassandra und Siggiá, hat die Halbinsel Akte mit
ihrem Riesenkegel im griechischen Colonialsystem nie gespielt. [1] Die Gegend duldete keine grosse Stadt, weil des

---

[1] Athos ward im Alterthum bekanntlich auch Akte genannt, wie das
heutige Kassandra und Siggia ehemals Pallene und Sithonia hiessen.

pflugbaren Bodens nur wenig und wegen des tiefen und
sturmvollen Meeres im Alterthum wie heute selbst der Fisch-
fang nur von geringem Belange war. Während in der
Nachbarschaft das gewaltige Potidäa und das reiche Olynth
ihr Gewicht in die Wagschale der griechischen Geschicke
legten, nennt die älteste Notiz bei Herodot hier nur fünf
unscheinbare, nicht einmal von Hellenen besetzte Orte: Dion,
Olophyxos, Akrothooi, Thyssos und Kleonä, von
denen man nicht einmal die Lage angeben kann, weil selbst
die Ruinen verschwunden oder vielmehr im Bau der Mönchskastelle aufgegangen sind. Nur die Stelle von Akrothooi
verräth der Name; es musste an der Spitze der Halbinsel
am Fusse des Bergkegels liegen, wo heute die grosse Abtei
Laura mit ihren Steinthürmen und Festungsmauern glänzt.
Ohne Zweifel decken auch die reichen Klöster Vatopedi
und Xeropotamo mit ihren Buchten und Gartenhalden die
Gräber zweier Athosstädtchen. Aber nirgend eine Inschrift,
kein Grab, keine Urne, keine Spur. Sicherer Beweis, dass
die Athoniten wie die benachbarten Volksstämme in Thracien
und Illyricum Barbaren ohne Kunst und ohne Alphabet gewesen sind, im Besitze ihrer ärmlichen Heimat aber von
den Hellenen nicht angefochten wurden.

Thucydides in einer merkwürdigen Stelle seiner Geschichte des peloponnesischen Krieges nennt die Bewohner
der fünf obengenannten Städtchen auf Athos ein barbarisches Mischlingsvolk, das zwei Sprachen rede;
zwar enthalte es einige Zuthat aus Chalcidice, Hauptbestandtheil aber seien durchaus Pelasger und jene Tyrrhener, die
einst auf Lemnos und in Athen hausten, dann Krestonier,
Bisaltier und Edonen. [1] Diese Stelle ist für die spätere
Geschichte des Athos nicht ohne Wichtigkeit. Thucydides
kannte jene Gegend vollkommen, verstand die barbarische
Landessprache und wohnte zwanzig Jahre lang in der
Nachbarschaft auf seinem Besitzthum zu Skapte-Hyle in
Thracien.

---

[1] *Thucyd. lib. IV. cap. 109.*

Ohne Zweifel war das romantische Halbeiland Athos in vorchristlicher Zeit eben so wie heute ein Wallfahrtsort der umliegenden Völker, ein Nationalheiligthum und gleichsam thracisches Loretto, dessen Bewohner, wie jetzt die Mönche, zum Theil von Zehrung und milden Gaben heidnischer Pilger lebten. Stand nicht ein kolossales Bild des thracischen Jupiter auf der Spitze des Bergkegels, wo jetzt das Kirchlein Maria Himmelfahrt? und feierte man nicht in einem Tempel am Strande, wo jetzt die Abtei des Philotheos, jährlich ein grosses Heidenfest sämmtlicher Athoniten, von dem die Lokaltradition bis auf diese Zeit geblieben ist? Noch heute, sagten die Mönche dem jungen Zachariä, liegt ein Bruchstück des vom siegenden Christenthum zertrümmerten Götzen in einer Schlucht unterhalb des Gipfels. Natürlich redete dieses Tempelvolk der thracischen Athoniten als gemeinsames Verständigungs- und Bindemittel neben dem einheimischen Barbarendialekt auch das Griechische, und war in vollem Sinne δίγλωσσος, d. i. doppelsprachig, wie es heute die Tzakonen sind.

In isolirten Gegenden, besonders wenn man vom frommen Glauben der Mitwelt lebt, hat der Volkscharakter meistens eine Zähigkeit und traditionelle Cohäsion, einen Erwerbs- und Erhaltungstrieb, wie er bei andern Leuten in der Regel nicht zu finden ist. In einer handschriftlichen Geschichte des Klosters Philotheos liest man die sonderbare Notiz: Zur Zeit als man den heiligen Berg Athos den Mönchen überliess und die Klöster gründete, habe der orthodoxe Imperator Konstantin sämmtliche Bewohner der Halbinsel in den Peloponnes versetzt und in derselben Gegend angesiedelt, wo jetzt die Tzakonen sind.

Athoniten und Tzakoniten, meint der philologische Klosterbruder seien offenbar Synonyma, man dürfe ja nur ϑ in χ verwandeln und von vorne τζ anfügen und man habe aus Ἀϑωνίταις in bester Form Τζακωνίταις gemacht. Der Verfasser einer neuern gelehrten Abhandlung über das Volk und die Sprache des Tzakonier erkennt, nach Anleitung des Byzantiners Gregoras, im räthselhaften Tzakonen-

volk einfach die Lakonen des Alterthums oder lieber noch
das peloponnesische Urvolk der Kynurier, was natürlich
auch viel wahrscheinlicher ist, da man im ersten Falle bloss
Lak in Tschak, im zweiten aber gar nur Kyn in Tza
und ur in kon umzusetzen braucht, um für die Kynurier
Tzakonier zu erhalten. Nach weisem Dafürhalten einiger
Doktoren auf dem Philologenkongress zu Olympiokonari-
thessalotscheritschaniolosono kommen Verwandlungen
dieser Art an griechischen Eigennamen häufig vor.

Entnommen ist diese historische Sage einer Uebersiedlung
der Athoniten nach Morea aus einem uralten auf Bocks-
haut geschriebenen Dokument, das auf dem heiligen Berge
unter dem Namen „ὁ τράγος, der Bock" bekannt ist und
die ältesten Nachrichten über den Anfang der Mönchskolonie
enthält. Die Thatsache selbst ist ausser Zweifel, nur die
Nebenumstände sind fabelhaft. Wie Rustem in Iran und
der Geisterbanner Suleïman im semitischen Asien, ist im
byzantinischen Reich Konstantin I. jener mythische Heros,
jenes welterfassende apokalyptische Riesengenie, dem alles
Grosse und im Ursprung Dunkle der christlichen Helden-
periode und Staatsbegründung von der unwissenden Menge
gläubig zugeschrieben wird.

Zu Konstantins I. Zeiten gab es in jener Gegend noch
keine Mönche, wurden auf Athos keine Klöster gebaut,
folglich Niemand übersiedelt. Die Uebersiedlung konnte erst
nach Wiederbezwingung des slavinisirten Peloponneses statt-
finden, weil es vor dieser Zeit keinen Distrikt Tzakonia
gab. Eine noch weit kindischere Legende schiebt die An-
fänge der Möncherei auf Athos gar auf die ersten Jahre
nach Christi Tod zurück. Auf einer Seefahrt nach Cypern,
um St. Lazarus zu besuchen, habe der Sturm die heilige
Jungfrau in Gesellschaft des Apostels Johannes nach Athos
verschlagen und auf derselben Stelle, wo jetzt das Kloster
Iwiron steht, zu einer Zeit an das Land getrieben, wo
man eben im nahen Tempel ein grosses Götterfest sämmtlicher Bergbewohner feierte. Bei ihrer Landung haben die
Götzenbilder laut gerufen: „Seht! seht! Die Mutter Gottes

kommt, eilet und fallet vor ihr nieder!" Und wie sie den
Ruf gethan, seien sie zugleich mit dem grossen Jupiter-Idol
am Gipfel zertrümmert von ihrem Sitz herabgestürzt. Die
Athoniten seien dann vor Maria niedergefallen, hätten sich
ungesäumt zum Christenthum gewendet, ihr Götzenhaus
gereinigt und der Gottesgebärerin zum Tempel eingeweiht.
In der Folge habe St. Freitag auch noch den römischen
Kaiser Caracalla bekehrt und der kaiserliche Neophyt zu
Ehren St. Peter und Paul das heutige Cönobium Caracallas
(τοῦ Καραχαλλοῦ) gestiftet. Andere Klöster des heiligen
Berges rühmen sich anderer Stifter: die Imperatoren Konstantin, Konstans und Theodosius I., Arkadius, die kaiserliche Prinzessin Pulcheria und sogar Mariens Seegefährte
St. Klemens hätten auf diesem gottgeweihten Boden klöster-
liche Denkmäler ihres religiösen Eifers, ihrer Gottesfurcht
und Pracht aufgerichtet.

Keine dieser Legenden besteht vor dem Richterstuhl der
Kritik, wie es der geschichtschreibende Mönch von Philotheos
wohl selbst eingesteht. Man beginnt ja nicht mit prachtvollen Abteien, mit Kirchenschmuck und kaiserlichem Arsenal.
Alles menschliche Institut geht von unscheinbaren und ärmlichen Versuchen aus. Melancholische Sehnsucht nach Einsamkeit ist unserem Gemüth eingeboren. Das Christenthum
schlug zuerst diese Saite an und schuf die Menschen der
Seelentrauer und des unstillbaren Verlangens. Nur wenn
er ganz allein und auch noch vor sich selbst geflohen ist,
gewinnt der Mensch die Ruhe. Geduld gibt noch keine
Freiheit, und despotischem Druck weltlicher Verhältnisse
kann man nur durch Flucht entrinnen. Desswegen wuchs
„die neue Philosophie der christlichen Stoa", wie sie die
byzantinischen Kirchenscribenten nennen, gleichsam als
Talisman und Amulet gegen die Tyrannei des Secularstaates
im Gewand der Eremiten und Hesychasten (ἡσυχία,
„die Stille") aus dem Boden der oströmischen Welt hervor.
Für Stilllebende, weil Reibung und Wechselspiel menschlicher Leidenschaften fehlt, gibt es keine Annalen, und
Niemand hat aufgeschrieben, wann, wie viel und wie oft

sehnsuchtbedrängte, weltflüchtige Byzantiner im Schatten
athonitischer Kastanienwälder zuerst ihren Frieden fanden.
Während des fünfthalbhundertjährigen Nordsturms vom
Zeitalter des Arcadius bis in die Mitte des neunten Jahr-
hunderts (400—841 nach Christus), wo der kaiserliche
Spötter und Trunkenbold Michael, Theophils Sohn, auf
dem byzantinischen Throne sass, geschieht des Berges Athos,
seiner Bewohner und seiner fünf Städtchen in keinem Autor
ausdrückliche Erwähnung. Was ist aus dem thracischen
Mischlingsvolk, aus den doppelsprachigen Tempelleuten von
Akrothooi und Olophyxos während der Bedrängnisse und
Verwandlungen der Slavennoth geworden? Alles Fragen
ist vergeblich. Wenn es aber beim grossen Einbruch der
Gothen unter Alarich in Griechenland (396 nach Christus)
in den Waldungen des Ossa und der Thermopylen schon
von christlichen Anachoreten wimmelte, wie man aus Eunapius
von Sardes schliessen will, so musste freilich auch die liebliche Waldöde auf Athos damals schon der Sammelplatz
weltscheuer Büsser sein. Procopius in seinen Geschichten
redet von den Slavengräueln der nahen Chersonese Kassandra
und Hellespont; nur vom Athosberg weiss er nichts zu sagen.
Am meisten aber ist zu beklagen, dass über Schicksal und
Zustand des Hagion-Oros während der 47jährigen Herrschaft
des Imperators Konstantin Kopronymus bei den armseligen
Chronisten des achten Jahrhunderts gar nichts verzeichnet
ist. Man kennt jene Periode unter dem matten Namen des
Bilderstreites. Es war aber ein vom Thron ausgehender,
gegen den Geist des Volks mit Waffengewalt despotisch
durchzuführender politisch-theologischer Umwälzungsversuch
der oströmischen Monarchie, ein Kampf des Fortschrittes, der
Neubelebung, des abendländischen Elements wider den
Stillstandsgenius und die Verknöcherung von Byzanz. Kopronymus wollte die Mönche bändigen, wie nach ihm Sultan
Mahmud die Janitscharen schlug. Beide Reformatoren griffen
zu denselben Mitteln, rangen gegen dieselben Hindernisse
und scheiterten an derselben Unmöglichkeit. Nur gebührt,
wenn von eiserner Consequenz und Energie die Rede ist,

die Palme nicht dem islamitischen, sondern dem christlichen
Autokraten.

Zu beiden Seiten des Hellesponts, von Stadt zu Stadt,
von Provinz zu Provinz zog Konstantin selbst mit seinem
Reformheere, zerstörte mit wahrhaft türkischer Wuth Ge-
meisseltes und Geschnitztes, hob die Klöster auf, liess wider-
spänstige Mönche öffentlich geisseln, zwang sie mit Nonnen
zu tanzen und Hochzeit zu halten, steckte sie truppenweise
unter die Legionen, oder verbrannte sie zugleich mit ihren
Büchern, ihren Bildern und ihren Gotteshäusern im flammenden Wirbel ihrer Zellen. Brandfackel, Geissel, Henkerbeil,
Aufruhr des Volkes und Wuth des Imperators erfüllten das
ganze Reich. Und doch war Alles umsonst! Nach mehr als
hundertjährigem Restaurationsgräuel zog die Regierung am
Ende doch den Kürzern, und die Mönche behielten Recht.
Erst nach vollständigem Sieg des byzantinischen Reichsgenius
über die Staatsverbesserungs- und Secularisationsideen des
kaiserlichen Hofes unter benanntem Michael III. erscheinen
urkundlich die ersten Waldeinsiedler auf Athos, geistliche
Nomaden und Hüttenbewohner, zwar ohne Pracht und mauer-
feste Convente, aber doch nicht mehr, gleich wilden Thieren,
ohne gesellschaftliche Gliederung und innern Verband.

Der Einsiedler am Centralkirchlein zu Karyäs war
Vorstand und Wortführer sämmtlicher Anachoreten in ihren
Ansprüchen auf ausschliesslichen Grundbesitz des Berges,
Vorposten der neuen aus den christianisirten Slaven-Schupanien in Macedonien, Thessalien und Hellas herangewachse-
nen Bevölkerung der Byzantinerwelt. Rund um den heiligen
Berg auf den Inseln (Lemnos, Imbros, Samothrace und Thasos)
sowohl als auf dem Continent war Thessalonica noch der
einzige nordischer Barbarei entronnene Punkt. [1] Nachdem
das kaiserliche Heer die eingedrungenen Slaven im Felde
besiegt, rückten die Mönchsgarnisonen nach, um das Werk

[1] Sieh Gottl. C. Fr. Tafels vortreffliches Werk: *De Thessalonica ejusque agro etc.* Berlin 1839.

der Waffen durch geistige Unterjochung und Bekehrung zu
vollenden. Unter Michaels Nachfolger Basilius Macedo (867
bis 889 n. Chr.) baute der konstantinopolitanische Mönch
Johannes Kolobos das erste Steinkloster auf dem über die
Slaven eroberten Terrain unweit des Castrums Hierissos
(Ruine von Akanthos), nicht auf dem Berge Athos selbst,
sondern noch ausserhalb auf der schmalen fruchtbaren Erdzunge, welche den Chersones mit dem Continent verbindet.
Der neue Abt begehrte die „Bergöde des Athos", wie
er sie nannte, als Klostergut für die neue Stiftung, und der
Kaiser bewilligte die Bitte in einer goldgesiegelten Urkunde,
die man im Archiv zu Karyäs noch heute zeigt. Dies ist
zugleich der erste geistliche Besitztitel des heiligen Berges,
dessen stilllebende Einsiedler hiemit in rechtskräftigen Schutz-
verband des kolobitischen Klosters am Isthmus traten. Und
weil die armseligen Hesychasten trotz ihren Erbansprüchen
noch immer von den Umwohnern geneckt, gestört und durch
Benützung der Weideplätze in ihrem beschaulichen Leben
gehindert wurden, hörte Basilius ihre Klagen an und ver-
ordnete auf desselben Abtes Fürbitte durch eine zweite Goldbulle, dass in Zukunft kein weltlicher Mensch wegen Erwerbes, kein Hirt, keine Heerde die gottgeweihte Stätte be-
trete und die geistlichen Uebungen der frommen Väter störe.
Kolobos' Nachfolger in der Abtei kehrten sich aber nicht
an den kaiserlichen Befehl und gestatteten neuerdings gegen
Jahreszins Viehheerden und Leuten aus der Nachbarschaft
den Zutritt in die heilige Wildniss, „weil sie verbrieftes
Eigenthum des Klosters sei".

Kaiser Leo Philosophus (889—912 n. Chr.) schaffte Recht
und schränkte die Ansprüche der Kolobiten ein. Sein Nachfolger hob durch förmliche Emancipation und Unabhängigkeits-
erklärung der Anachoreten die Verbindung mit der Abtei in
Hierissos völlig auf, und man liess die Weltüberwinder wenigstens von dieser Seite in Frieden. Allein die Niederlassung
der Araber auf der Insel Kreta (827—961 n. Chr.) war eine
neue und langdauernde Quelle der Bedrängnisse für den Athos,
besonders während der Regierungszeit des Konstantin Por-

phyrogenitus (912—959 u. Chr.). Saracenische Korsaren beunruhigten alle Meere, verwüsteten die Küstenstriche und verscheuchten die griechischen Schiffe aus dem Archipelagus und die frommen Büsser aus ihren einsamen Zellen im Kastanienwalde. Namentlich ward die Mönchsanlage Vatopädi, unter Angabe fabelhafter Umstände, um das Jahr 862 n. Chr. von den Räubern verwüstet und verbrannt, und das grüne Eiland, wie es scheint, neuerdings zur Wüste. Wenigstens redet um dieselbe Zeit St. Euthymius von Thessalonica im Leben der heiligen Väter, Symeon, Joseph und Basilius bald von zwei, bald gar nur von einem Eremiten auf Athos, die am Ende auch noch bei wiederholten Landungen der Piraten die Flucht ergriffen und die Werkstätte frommer Beschaulichkeit, wenigstens längere Zeit, ohne Bewohner liessen.

Entschieden ist bei aller Dunkelheit der Zeiten doch so viel, dass um das Jahr 960 n. Chr. von den in der Folge so berühmten und prachtvollen Klöstern des heiligen Berges noch keines stand, ja nicht einmal ein steinernes Wohnhaus nach den Regeln byzantinischer Architektur errichtet war. Die Einsiedlerhütte am Bach, in der Nussbaumschlucht, am Lorbeerbusch, am Wasserfall rang noch um Dasein und Boden heute wider kretische Seeräuber, morgen wider Habsucht und geistlichen Hochmuth des Kolobitenabtes, ein drittesmal wider Zudringlichkeiten wandernder Viehhirten, Slaven und Walachen vom Continent. Aber die verlassenen Hütten füllten sich immer wieder, weil das geplagte Volk in Byzanz die freien Lüfte und den rauschenden Platanenbach am Hagion-Oros nicht vergessen wollte. Es fehlte nur ein lebendiger Mittelpunkt, ein Gesetzgeber, ein Mann höherer Weihe, um die zerstreuten Kräfte zu verbinden und frisches Lebensspiel im erdrückten Körper aufzuregen. Das Viele in demokratisch vereinzelter Wirksamkeit vermag nirgend etwas Gedeihliches zu schaffen. Dieser Mann höherer Weihe ist endlich in der Person des Mönchs Athanasius, des eigentlichen Begründers der heute noch blühenden Klostergemeinde, auf Athos erschienen. Er kam mit einer Kolonie Mönche aus der griechischen Hauptstadt und pranget mit Recht als

geistlicher Städteerbauer und Heros im Kalender der anatolischen Kirche. [1]

Das Abendland kennt den Namen dieses Heiligen eben
so wenig, als es bisher Ursprung und Lebenskraft des von
ihm geschaffenen Institutes kannte. Sein erstes Auftreten
unter den Eremiten des heiligen Berges fällt in die Regie-
rungsperiode der beiden Autokraten, Flavius Romanus des
Jüngern und Nicephorus Phocas des Saracenenbesiegers (von
959—969 n. Chr.), als durch Ausrottung arabischen Blutes
und Glaubens auf Kreta das griechische Meer wieder offen
und das Hüttenleben auf Athos neuerdings im Schwunge war.
Jedoch fand der neue Legislator nur erst wenige Einsiedler,
und zwar in Noth und Armuth aller Dinge, ohne Arbeit und
ohne Genuss; „denn die Eremiten pflügten nicht, zogen keine
Furche, hatten weder Ackerochsen noch Zugvieh, noch irgend
ein anderes Lastthier; ja selbst die Hunde fehlten. Sie selbst,
in Hütten, aus Knüppeln zusammengerichtet und mit ärmlicher Bedachung aus Futterkraut versehen, ertrugen Winter
und Sommer, in Hitze und Kälte die entgegengesetztesten
Wirkungen der Jahreszeiten. Und galt es etwas herbeizu-
schleppen, vertraten die Einsiedler selbst die Stelle der Pack-
thiere, legten eine Vorrichtung wie Mauleselsättel auf ihren
Rücken und schleppten — als wahre Zugochsen des Herrn
Jesu Christ (ὑποζύγια τοῦ Χριστοῦ) — keuchend und
schweisstriefend die Lasten fort. [2] Ihre Nahrung bestand
in Früchten wildwachsender Bäume, wenn nicht mitleidige

---

[1] Ist nicht mit St. Athanasius, dem berühmten Erzbischof von
Alexandria, Helden des christlichen Dogmas im 4. Jahrhundert, zu ver-
wechseln.

[2] Οὐ γὰρ γῆν ἤρουν, οὐκ αὔλακα ἔτεμνον, οἱ βοῦν εἶχον, οὐχ ὑπο-
ζύγιον, οὐκ ἄλλο τι τῶν ἀχθοφόρων ζῴων, οὐ κυνάριον, οὐ κύνα· ἀλλὰ
καλύβας ἐκ μικρῶν πηξάμενοι ξύλων καὶ ὀροφὴν αὐταῖς ἐκ χόρτου συμ-
φορηθεῖσαι ἐπισχεδιάσαντες, οὕτως ἐν θέρει, οὕτως ἐν χειμῶνι διεκαρ-
τέρουν τῶν ἐναντίων τοῦ ἀέρος ἀνεχόμενοι προσβολῶν. Εἰ δέποτε καὶ
γένοιτό τις χρεία μετακομίσαι τι τῶν παρ' αὐτοῖς, αὐτοὶ δι' ἑαυτῶν, τὴν
τῶν νωτοφόρων ζῴων χρείαν ἐπλήρουν· ἐπισάγματα γάρ τινα οἷα τὰ τῶν
ἡμιόνων τοῖς ἑαυτῶν ἐπιτιθέντες νώτοις, ταῦτα δὴ τὰ τοῦ Χριστοῦ ὑποζύγια, οὕτως ἐν αὐτοῖς τὰ ἄχθη μετέφερον. Msc. Atho.

Schiffer hie und da etwas Getreide oder Hirse gegen frommes
Gebet zum Tausche boten." Dies klingt freilich anders als
die fabelreichen Beschreibungen des schon um 862 n. Chr.
mit Goldplatten gedeckten Tempeldaches in Vatopädi oder
die vorgebliche Verleihung von Meierhöfen und Dörfern in
Macedonien durch Theodosius I. nach Besiegung des Usur-
pators Eugenius an dasselbe Stift.

Bei aller persönlichen Freiheitsliebe und aller Rohheit
des Privatlebens hatten die Anachoreten doch, wie oben
angedeutet, eine Art gesellschaftlicher Einrichtung, ein locker
zusammenhängendes Gemeindeband, Bundescentrum und
Kapellenregiment, um das Ganze zu stützen, ohne die Bewegungen des Einzelnen zu beengen. Unter den Nussbäumen,
wo heute der schöne Burgflecken Karyäs, stand damals
schon ein kleines Kirchlein, um das sich dreimal des Jahres,
zu Weihnachten, um Ostern und am 15. August, sämmtliche
Bergeinsiedler in gemeinsamer Berathung ihrer Angelegenheiten zusammenfanden. Drei Volksversammlungen einer demokratischen Eremitenrepublik, Rousseau's Bild des sozialen
Glückes! Frei, müssig und dennoch sicher sein, wäre aller
Menschen stiller Wunsch. Wie wird es dem städtischen
Sittenverbesserer und seinen neuen Ideen unter diesen
thierisch lebenden Waldmönchen ergehen? Die Politur, das
feingeschliffene Wesen der kaiserlichen Residenz sollte mit
der dumpfen Derbheit eremitischer Athleten, monarchische
Zucht mit der rohen Ungebundenheit harthöriger Demokraten
den Kampf bestehen.

St. Athanasius schritt langsam vor und wollte weniger
auf dem Wege der Rhetorik als des Exempels zum Ziele
kommen. Zuerst gründete er am Fusse des Athoskegels in
einer schatten- und wasserreichen Lage mit Hülfe ärarialischen Goldes das Vorbild und Musterconvent St. Laura
mit gewölbtem Thore, gemauerten Zellen in der Runde und
steinernem Gotteshaus in der Mitte. Byzantinische Mönchspraxis mit Handarbeit und Gebet, mit gemeinschaftlicher
Mahlzeit und Unterwerfung Aller unter den Willen eines
Einzigen war das auf Athos noch nie gesehene Schauspiel

der jungen Kolonie. Man pflügte, pflanzte, säete, kelterte und kochte warme Speisen, webte Gewänder, führte Zugvieh ein und lebte menschlich unter wohnlichem Dache zu grossem Erstaunen der armen, heiligen und wilden, aber freien Troglodyten. Gewiss, denkt der Leser, haben die frommen Väter mit ihrem Mauleselsattel auf dem Rücken die Einführung des Lastviehes mit freudigem Gefühl begrüsst und den Mann gesegnet und wetteifernd die Hand nach den bisher unbekannten Vortheilen und Genüssen ausgestrekt. Von allem geschah das Gegentheil.

St. Athanasius mit seinem Laura-Institut, seinem Weizenbrode, seiner Klosterökonomie und seiner Weinkelter fand überall Widerspruch; man tadelte, man schrie und pochte laut über gefährliche Neuerung, über ungeistliches Treiben, über Umkehrung altherkömmlicher Ordnung und verwünschte laut Arbeit, Ziegeldach und Kasernenzucht des fremden Reformators. So widerlich ist dem Menschen jeder Angriff auf seine alten Gewohnheiten, selbst wenn die Neuerung Vortheil bringt, und so unduldsam ist unsere Natur, dass wir aus fremder Hand sogar das Gute nicht ohne Zwang und Widersetzlichkeit nehmen wollen, wie es berufene und unberufene Weltverbesserer von jeher empfunden haben.

St. Athanasius hatte auch in der That den Frieden gestört und den Berg in zwei feindliche Parteien getrennt: die Laurioten mit ihrer neuen Ordnung und ihnen gegenüber die starren Anhänger der alten Waldfreiheit und des alten Schmutzes. In den Augen der letztern war die Einführung des Stadtmönchthums auf dem Hagion-Oros ein Rückschritt in der Heiligkeit, weil nach der ursprünglichen Idee der anatolischen Kirche der Anachoret auf einer höhern Stufe moralischer Vollkommenheit steht als der in gemauerter Zelle eingeschlossene Ascet. Und weil sie im Aufblühen des neuen Klosters einen förmlichen Angriff auf ihre Mönchsfreiheit und zugleich ein schweres Hinderniss auf dem Pfade des Seelenheiles erblickten, brach endlich zur Vergeltung seiner Sorgen und Mühen wider Abt Athanasius den Neuerer, den Umwälzer, der die alte Ordnung aufgehoben, tyrannische Herrschaft eingeführt und wider alles Herkommen Zellen, Mauern und Gärten angelegt, Lastvieh auf den Athos gebracht und sogar Weinreben gepflanzt, ein förmlicher Aufstand sämmtlicher Eremiten aus. Sie schickten Abgeordnete zu Phoca's Nachfolger Johannes Tzimisces (von 969 bis 975) und schrien im Palast: „Nieder mit Athanasius! Nieder mit Kloster, mit Reben, Gärten, Mauern und Gebäude! Es sei Einöde wie zuvor!" Aber Athanasius gewann den Prozess, und der Kaiser baute den grossen Steinthurm und St. Stephansschanze als Akropolis und Schirmburg der Laura-Kolonie wider die meuterischen Eremiten. Erst nach dieser Niederlage gaben die Vertheidiger der alten Praxis nach, verliessen ihre Grasdachhütten und bauten auch feste Wohnungen wie Athanasius. Zugleich verlieh der Imperator mit Beiziehung des Abtes in Laura und anderer Klostervorstände in der Hauptstadt die erste Constitution, eine Art Charte oder vielmehr organischen Edikts, worin Besitztitel und gegenseitige Rechte der neugeschaffenen Berggemeinde, mit Hausregiment, Subordination, Arbeit, Gottesdienst und Lebensweise der Brüderschaften festgesetzt und verzeichnet waren.

Diese Nachrichten über die Origines des heiligen Berges sind zwar kaum nothdürftig, aber sie sind urkundlich und aus zum Theil noch aufbewahrten kaiserlichen Goldbullen gezogen, so dass die unbeglaubigten Legenden und thörichten Faseleien gutmüthiger, aber ungelehrter Mönche, besonders im grossen und reichen Vatopädi, in Zukunft Niemanden mehr bethören sollen. Vier Punkte stehen fest: 1) die Uranfänge des Einsiedlerinstituts auf dem Berge Athos verlieren sich im fabelhaften Dunkel der vorslavischen Byzantiner Periode des 5. und 6. Jahrhunderts; 2) das gesetzlich eingerichtete, reformirte Mönchthum mit Steinbau und verbrieftem Eigenthum begann erst in der zweiten Hälfte des 10. Jahrhunderts (*circa* 970 nach Christus); 3) Mutterstift, nach welchem sich die übrigen Neubauten richteten, ist das heute noch blühende grosse Kloster Laura am äussersten Rande der Halbinsel; 4) weil die europäischen Provinzen des byzantinischen Kaiserthums mit Griechischreden damals noch nicht fort konnten, waren die Bewohner der neugebauten Convente grossentheils slavischer Herkunft, wesswegen man jetzt noch, selbst in den ältesten Stiftungen, wo das Slavische längst erloschen, im Slavendialekt geschriebene Liturgien und Kirchenbücher findet. Ob man die alte, halb serbisch, halb griechisch verfasste Handschrift über die ersten Klosteranlagen auf Hagion-Oros, wie der Historiograph von Philotheos meldet, zu St. Laura noch sehen könne, ward diesmal leider nicht untersucht.

Nach Dämpfung des ersten Widerstandes ging der Aufschwung, wie es scheint, rasch aber nicht friedlich voran. Während in der ersten Constitution unter Kaiser Tzimisces nur achtundfünfzig Ansiedlungen verzeichnet waren, erscheinen unter Konstantin Monomachus (1042 bis 1054 nach Christus) neben Laura schon andere Klöster im grossen Styl, namentlich das schöne Xeropotamos und das grosse Vatopädi, neben einer Menge steingemauerter Klausen mit Kirche, Garten, Ackerfeld, Obstwald und eingefriedigtem Besitz, im Ganzen über hundertundachtzig selbständige Anlagen mit 700 Mönchen, die sich aber zur Zeit des benannten Herrschers „voll teuflischer Zwietracht in Prozessen und Schlägen unter einander zerrissen."

Hader über Mein und Dein, Gierde nach Erweiterung der Marken, kirchlicher Hochmuth und Kastengeist, Neid der armen Klosterbrüder gegen die reichen, laxer Sinn im Gegensatz blinder Zeloten und strenger Klausur hatten Eintracht und Frieden vom heiligen Berge verbannt und alle Gemüther erbittert. Anarchie und Raserei der Streitenden stieg auf einen Grad, dass man auf dem Punkte war, sämmtliche Anlagen wieder aufzugeben und den Berg zu verlassen, wenn nicht Konstantin Monomachus gleichsam durch einen zweiten Schöpfungsakt ins Mittel getreten wäre. Die Schuld dieser Skandale wird im grossen Papierdiplom des Imperators dem Feinde alles Guten ($\tau\tilde{\omega}$ $\mu\iota\sigma o\varkappa\acute{\alpha}\lambda\omega$), dem Teufel zugeschrieben, der den Mönchen die Köpfe verrückt und mit weltlichen Leidenschaften vergiftet habe. Für den oströmischen Kirchenstaat war ein Mönchskrieg im Nationalheiligthum ein Gegenstand von Gewicht und eine öffentliche Angelegenheit, die man mit grösster Sorgfalt zu behandeln und zu schlichten hatte. Mit Beiziehung des Patriarchen und der einsichtsvollsten Klostervorsteher der kaiserlichen Residenz ward eine neue organische Einrichtung für den heiligen Berg entworfen und Abt Kosmas vom Kloster Tzintziluk in Konstantinopel beauftragt, diese „Friedenskonstitution", wie sie der Berichterstatter nennt, unter den tumultuirenden Mönchen einzuführen.

Nach Herstellung einer vollständigen Liste der altbestehenden und seit der ersten Verfassung neu gegründeten Institute berief der Friedensverkünder eine allgemeine Versammlung nach der Centralkirche in Karyäs und hörte die Klagen an: „es war aber alles voll Geschrei, voll endlosen und unvernünftigen Haders ($\check{\epsilon}\varrho\iota\varsigma$ $\mathring{\alpha}\lambda\acute{o}\gamma\iota\sigma\tau o\varsigma$)." Am meisten schrie man gegen die Aufnahme von Sklaven und Unfreien in den Mönchsverband; dann wider den wucherischen Grosshandel der reichen Mönche, die auf eigenen Schiffen des grössten Tonnengehaltes Wein und Getreide nach Konstantinopel lieferten, endlich gegen die Milchkühe und die Zugthiere der neuen Convente; gegen den Verkehr mit Bauholz, Brettern, Kien und Tannenharz, den geringere Mönche in Person zu merklicher Versäumniss kirchlicher Verrichtung gewinnsüchtig nach allen umliegenden Provinzen trieben.

Unter Griechen den Handel ganz verbieten schien allen unmöglich. Man suchte einen Mittelweg und gestattete den Grossmönchen hinfüro zwar Verschiffung ihrer Waaren, aber nur auf k l e i n e n Fahrzeugen ($\pi\lambda o\iota\acute{\alpha}\varrho\iota\alpha$) zu 200—300 Metzen, auch nicht mehr bis Konstantinopel, sondern nur bis E n o s in Thracien auf der einen, und bis S a l o n i k i in Macedonien auf der andern Seite. Kühe und Ochsen mussten ebenfalls das Feld räumen, und der Kleinhandel mit Holz und Pech wurde gänzlich und auf immer abgeschafft — ein höchst wohlthätiges Gesetz, dem der heilige Berg vorzugsweise den blühenden Zustand seiner Wälder und den üppigen Reichthum seiner Vegetation zu verdanken hat.

Zwischen der ersten und zweiten Constituirung der Athos-Klöster sind nicht mehr als 70 Jahre verflossen, und doch welche Verwandlung in Praxis und Lebensansicht der Mönche findet man nicht am Schluss der kurzen Periode! Von der strengen Ascese und cynischen Armuth der Holzhüttenbewohner war man in zwei Menschenaltern zum Festungspalast, zum spekulativen Betrieb der Feldökonomie und des Grosshandels, und ohne Zweifel auch zu Luxus und Verderbtheit der kaiserlichen Residenz in schneller Progression fortgeschritten. Man war im Zuge, den kirchlichen Charakter des alten Berginstitutes gänzlich abzustreifen und aus Liebe materieller Interessen sich gleichsam selbst zu säcularisiren. Doch hat die am Hagion-Oros ureinsässige und im Boden selbst radicirte Idee der Einsiedelei und Pönitenz im grossen Conflikt zuletzt dennoch den Sieg errungen.

Von Kijew und den Quellen der Wolga, vom Dunkelwald im innersten Kolchis, vom freien Hellas, aus den Thälern des Hämus, von Illyrien und Czerna-Gora blicken aller Augen mit sehnsüchtigem Verlangen nach dieser grossen Glaubens- und Bussanstalt des byzantinischen Kirchenthums. Wenn auch in der Zwischenzeit durch die Frömmigkeit von Fürsten und Privaten der Reichthum der Klöster an Meierhöfen, Weinbergen, Oeltriften, Geld und Gut, auf den Inseln des Archipelagus, auf der anatolischen Küste, in Thracien, Thessalien, Macedonien, in der Stadt Rom und dem zum Orient gehörigen Theil Süditaliens, und in der Folge sogar im kaukasischen Iberien, im norddanubischen Dacien und Moscovien in kolossalem Mass anschwoll, und die Klostergebäude selbst aus wiederholten Unfällen durch Elemente und feindliche Gewalt mit erhöhtem Glanze hervorgingen, und Marmorsäulen die goldreichen Tempel schmückten, so brach sich doch die Welle irdischer Sorge und Pracht seit Konstantin Monomachus jederzeit am Felsenthor des grünen Chersoneses. Das Weib, das begehrliche Auge, das Hochzeitfest, üppige Künste, Kirmesfeier und sinneaufstürmender Tumult blieben mit aller Zucht des Hausthieres aus dem Bereich der heiligen Gemeinde auf immer verbannt. „Da

ist kein Jahrmarkt, sagt Gregoras, keine Spekulation, kein
Wucher, kein Tribunal und kein Richterstolz; auf dem Athos
weiss man nichts von Herr und Knecht, und dort allein ist
wahre Freiheit und das richtige Mass menschlicher Dinge."
— Kein lebendes Wesen wird auf dem heiligen Berg geboren. Man stirbt nur, aber ohne Thräne, ohne Monument.
Sonderbar genug hat sich die Doppelansicht der auf
dem zweiten Congress zu Karyäs sich bekämpfenden Parteien
in den Klostereinrichtungen bis auf den heutigen Tag fort-
geerbt. Zwar Packsättel tragen die Mönche nirgend mehr,
und seit Jahrhunderten hat das Maulthier allenthalben, selbst
in den Klöstern strengster Observanz, das Lastgeschäft übernommen; aber das Regiment im Innern ist jetzt noch ein
doppeltes, da ein Theil der Klöster im monarchischen, der
andere im demokratischen Sinne verwaltet wird. Die ersten
heissen Cönobien, und die Mönche stehen mit völliger Ertödtung eigenen Willens unter einem auf Lebzeiten ernannten
und mit absoluter Gewalt bekleideten Abte. In diesen hat
Niemand ein Eigenthum; eingebrachtes Vermögen und Frucht
der täglichen Arbeit, so wie der Mönch selbst mit Leib und
Seele gehören dem Kloster an, welches dafür die Angehö-
rigen kleidet, nährt, in der Krankheit pflegt und nach dem
Tode begräbt und vergisst.

Die Mahlzeit der Cönobien ist gemeinschaftlich, das Kleid
uniform, das Gebäude reinlich, das Individuum schweigsam
und höflich, das Ganze voll Takt und Ebenmass. Diess alles
ist bei den republikanisch regierten verschieden, man nennt
sie auch nicht Cönobien, sondern Idiorrhythma Mona-
stiria, d. i. solche Klöster, wo der Einzelne nach eigenem
Urtheil und Gutdünken lebt. Hier wählt man die Vorstände
durch Stimmenmehrheit, aber jedesmal nur auf ein Jahr,
und zwar mehrere zugleich, damit das Regiment nicht zu
drückend werde und der eine den andern in Mass und
Schranken halte. Ueber Wohl und Wehe des Ganzen wird
entweder von diesen Obrigkeiten besonders, oder von allen
stimmfähigen Mönchen zugleich im Gemeindesaal entschieden
und der Beschluss von dem fest bestallten Geheimschreiber

augenblicklich zu Papier gebracht und ausgefertigt. Jeder
Conventual erhält aus dem Klostermagazin sein Bestimmtes
an Naturalien, hat auf gemeinsamem Corridor abgeschlossene
Wohnung, eigene Küche und selbstgewählte Bedienung und
kleidet sich nach Belieben, ausgenommen die mörserartige
schwarze Kopfbedeckung, die bei allen die gleiche ist. Eben
so verwaltet, vermehrt oder vermindert, verspekulirt und
vermacht jeder Mönch sein Privatvermögen, wie es ihm gefällt, und hat mit seinen Hausgenossen überhaupt nichts gemeinschaftlich, als den Gottesdienst in der Kirche und das
Grab auf dem Leichenacker. Man ist hier freier Gottselig-
keitsbürger und kümmert sich gerade nicht allzeit sonderlich
viel um Hauspolizei, um Sauberkeit, reinlichen Anzug und
feste Ordnung.

Offenbar hat sich in Sitte und Einrichtung der freien
Klöster die Tradition des alten, durch monarchisches Cöno-
bitenthum St. Athanasii beschränkten und verkürzten Ana-
choreten-Republikanismus des heiligen Berges erhalten.

Obwohl Processe und Eifersüchteleien der Convente unter
sich bis auf den heutigen Tag nicht selten sind, haben doch
beide Disciplinen ein Bestreben von jeher mit einander gemein: keinen allgemeinen Klosterimperator in der Nähe zu
dulden und wenigstens im eigenen Hause vollkommen freie
Hand zu haben. Wenn man auf alle Freuden und Genüsse
der Welt verzichtet, soll man einem zwischen die selbstgewählte Obrigkeit und das Himmelreich nicht noch eine
dritte Potenz zum Plündern und Brandschatzen, wie sie sagen,
dazwischenschieben. Von den Fesseln der Kirche in Hierissos
hatte sie schon Konstantinus Porphyrogenitus emancipirt;
aber von den Oberaufsichtsansprüchen des Abts von Karyäs
konnten sie sich erst nach dem Erlöschen des griechischen
Reiches, in Folge grosser Unfälle und gleichsam einer dritten
fast allgemeinen von den Fürsten der Slaven ausgegangenen
Restauration der Klöster im Beginn des siebzehnten Jahrhunderts (1600) gänzlich ledig machen. Denn aus der Gras-
dachhütte und dem kleinen Centralkirchlein war im Sinne
der athanasischen Reform nach und nach ein prachtvoller

Tempel mit vergoldeter Felderdecke, mit Porphyrsäulen und
magischem, zur Andacht einladendem Helldunkel, nebst Kloster mit breitem Glockenthurm, und nebenan die fortlaufende
Marktgasse mit niedrigen Kaufläden und Arbeitsschoppen,
mit gepflasterten Nebengassen, Häusern, Kapellen, Gärten,
Wohnthürmen unter Cypressen, die kleine Hauptstadt des
heiligen Berges herangewachsen. Daher der Name Protaton
für das Kloster und Protatos oder Protos für den Abt
von Karyäs, der sich im Laufe der Zeit gleichsam als Mönchs-
patriarch und geistliches Bergoberhaupt bischöfliche Rechte
und Kirchenkleidung, vorzüglich auf Vorsprache Kaisers Andronicus Paläologus I. (1283 bis 1322 n. Chr.) vom Patri-
archenstuhl in Konstantinopel zu erwerben wusste.

Indessen nennen sich die Bischöfe zu Hierissos noch
immer „ἐπίσκοπος τοῦ ἁγίου ὄρους Ἄθωνος;" aber die
Mönche erkennen die Ansprüche nicht, lassen ihn nicht über
die Gränze und geben ihm des Jahres nicht einen Pfennig
zum geistlichen Unterhalt. Nur das Schattenbild eines Berg-
patriarchen und Centralabts von Karyäs mit dem Recht, das
Polystaurion und Hypogonation zu tragen, Subdiaconen und
Lectoren zu ordiniren, erbt sich ohne wirkliche Macht und
ohne Gewinn in der Person eines armen, aber ehrgeizigen
Mönchs des Hagion-Oros fort. Und 'doch fehlen auch für
diese Würde die Bewerber nicht.

Es müsste die Leser nur langweilen, wollte man Ursprung und Schicksale der übrigen zwanzig Grossabteien des
Berges nach Angabe der zum Theil selbst mit legendenarti-
gen Exordien ausgeschmückten Goldbullen der Imperatoren
chronologisch auseinandersetzen. Genug, dass die Erbauung
der einundzwanzig Mönchsburgen, die man gegenwärtig auf
Hagion-Oros findet, zwischen die Jahre 970 bis 1355 n. Chr.
hineinfällt und St. Dionys, wo ich am längsten verweilte,
unter den grossen Anlagen die jüngste und letzte ist.

Dass im Laufe des vierzehnten und fünfzehnten Jahrhunderts eine verheerende Fluth, wie eine zweite Saracenen-
katastrophe, über den heiligen Berg gekommen sei, ein
Theil der Klöster verlassen, ausgeplündert und verbrannt im

Schutte lag, andere halb verfallen ihr ärmliches Dasein fort-
schleppten, darüber lauten die Nachrichten in allen Con-
venten gleich. Nur die Ursache des Ruins, wie sie die Mönche
angeben, ist offenbar mythologischer Natur und alles historischen Grundes ermangelnd. Erbittert über die Hartnäckigkeit der Mönche in Verschmähung des lateinischen Dogma's,
sei der Papst von Alt-Rom in eigener Person mit einer gewaltigen Flotte an den Athos gekommen, um dieses Hauptquartier anatolischer Widersetzlichkeit mit Gewalt zu erobern
und zu züchtigen. Die Gross-Klöster, namentlich Vatopädi
und Laura, hätten aus Bequemlichkeit und Furcht für ihr
weltliches Gut die Adoration wirklich geleistet; die meisten
aber fromm und unbeugsam allen Zumuthungen des lateinischen Oberpriesters widerstanden, und in Folge dieser heldenmüthigen Ausdauer im orthodoxen Glauben hätte der Pontifex in seiner Wuth die prächtigen Abteien Xeropotamos,
Kutlumusi, Zographu und Dochiarion geplündert und
angezündet. Allein selbst über den Zeitpunkt des Verderbens
sind die unwissenden Mönche und ihre Chronisten nicht einig,
meistens aber gilt der letzte in Verzweiflung aller Dinge unter-
nommene Unionsversuch der morgenländischen und abendländischen Kirche auf dem Concilium zu Florenz (1439 n. Chr.)
als Epoche des päpstlichen Feldzugs und seiner vandalischen
Exekution. In den byzantinischen Ländern ist das Gedächtniss der Menschen kurz, und von der Schärfe europäischer
Kritik ist seit Prokopius (560 n. Chr.) im Orient selbst der
Begriff erloschen.

Betrachtet man das unübersehbare Elend, das sich in
den dritthalbhundert Jahren zwischen der Herrschaft der
Lateiner im Orient und dem Einzug Sultan Mohammeds II.
durch das Kanonenthor in Konstantinopel über alle Provinzen des illyrischen Dreiecks legte, so erklärt sich der
Ruin der Athosklöster ohne Schwierigkeit. Zwar hören wir
Occidentalen es nicht gerne, wenn man von fanatischer Un-
duldsamkeit, von barbarischer Unkunde der Menschen und
Dinge und endlich von einfältiger Wirthschaft unserer Vorfahren und Landsleute im Orient redet. Fänden sich aber

in spanischen oder sicilischen Archiven noch die vollständigen Tagebücher der grossen catalanischen Abenteurer-Compagnie, die als wohlbestalltes Räuberregiment mit Siegel und Ausschuss anfangs am Hellespont, später auf der Halbinsel Kassandra ganz in der Nähe des heiligen Berges Jahre lang (1305 bis 1309 n. Chr.) ihr Wesen trieb, so könnte man wahrscheinlich bis auf Datum und Namen erzählen, wer Xeropotamo verbrannt und das romantische Mönchsrevier um Kutlumusi ausgeplündert und verwüstet hat. Auf zehn Tagreisen in der Runde, sagt Muntaner der Augenzeuge, sei während dieser Frist alles Land menschenleer und unbebaut geblieben.

Es stand aber damals, wie man weiss, das lateinische Abendland unter der Oberlehnsherrlichkeit des römischen Stuhles, und alles von den Byzantinern erduldete Ungemach fiel in ihrem beschränkten Sinne auf den Summus Pontifex an der Tiber zurück. Und wenn man hier wiederholt erklärt, dass die türkische Herrschaft bei den Griechen als eine Art Restauration und Sicherstellung wider lateinische Verfolgung galt und vorzüglich von der Geistlichkeit allenthalben begünstigt wurde, so kann es nur noch Unkunde und thörichtes Selbstgefallen einiger Abendländer verdriessen, wenn man byzantinische Abneigung gegen das Lateinerthum für wohlbegründet und permanent erklärt.

In Saloniki weiss man heute noch mit allen Umständen zu erzählen, wie die Mönche des Schlossbergklosters die von den lateinischen Christen beherrschte Stadt im Jahre 1430 an Murad II. verriethen und zum Dank dieser That ihre Existenz, ihre Rechte und Besitzungen bis zu dieser Stunde ungeschmälert erhalten haben. Und wer will es den von den Franken verhöhnten und geplünderten, von der eigenen Regierung aber nicht geschirmten Athosmönchen übeldeuten, wenn sie schon lange vor der Katastrophe des Kaiserthums Abgeordnete an das türkische Hoflager nach Prusa und nach Adrianopel sandten, um voraus Schutz und Wohlwollen der künftigen Herren des Orients zu erflehen? Nur einmal, und zwar erst hundert Jahre nach Eroberung Konstantinopels,

wurden die Türken undankbar und griffen in einer Anwand-
lung gläubiger Raserei nach dem lange verschonten Kirchen-
gut ihrer christlichen Unterthanen. Damals verlor der heilige
Berg seine Meierhöfe auf Lemnos und in Kleinasien, und
türkische Haufen plünderten und verbrannten sogar auf
Hagion-Oros selbst mehrere im langen Frieden wieder reich
gewordene Klöster und metzelten Mönche nieder. Dieses im
Einzelnen zwar auch nur wenig bekannte, aber im Ganzen
als Faktum historisch beglaubigte Ungewitter war die letzte
grössere Drangsal der lieblichen Klosterzellen im Kastanienwalde. Das Verderben war aber kein allgemeines, durch-
dachtes und anhaltendes, wie die Verfolgungen und brutalen
Neckereien der Abendländer; es war nur ein zorniges Auf-
flammen schnell verrauchender Türkenwuth und soll auf das
Jahr 1534, das vierzehnte Sultan Suleïmans I. fallen.

Einzelne Schläge trafen hie und da ein Athoskloster
wohl auch später noch, besonders in Geldverlegenheiten der
Pforte; aber es fanden sich immer reiche und gläubige
Seelen, die das confiscirte Klostergut käuflich erstanden und
den ausgeplünderten Vätern aus Andacht wieder schenkten.
So kaufte die Tochter des walachischen Fürsten Peter, die
weggenommenen Ländereien von St. Dionys um das Jahr
1580 und überliess sie gratis dem rechtmässigen Besitzer.
Die Spuren solcher Uebel waren bald verwischt, wie aus
Peter Belon, einem französischen Naturforscher aus eben
jener Zeit, zu entnehmen ist. Belon der Arzt und Botaniker
hatte unter allen Europäern, so viel man weiss, in wissen-
schaftlichem Interesse den heiligen Berg am frühesten besucht und eigentlich die erste Kunde von der paradiesischen
Schönheit des unbekannten Chersoneses und seiner mönchischen Gemeinde in das Abendland gebracht. Seine drei-
jährige Reise im Orient fiel zwischen die Jahre 1546 bis
1549 unserer Zeitrechnung und war eine Frucht des kunstsinnigen französischen Hofes unter Franz I. und dem Cardinal von Tournon. Der Bericht über den Hagion-Oros ist
zwar kurz und vorzüglich auf Pflanzenkunde berechnet, er
entwirft aber die Grundzüge des Gemäldes mit so viel Schärfe

und gesundem Sinn, dass sie heute noch el en so wahr und
frisch wie vor 300 Jahren sind.

Während dreier Aeonen hat sich bei den Mönchen auf
Athos nichts verändert, ist keine neue Idee eingedrungen,
ist keine neue Pflanze aus dem Boden herausgewachsen, und
wenn sich der oströmische Genius auch in Zukunft des germanischen Elementes zu erwehren vermag, so müssen Belons
Schilderungen und Sittenzüge auch nach tausend Jahren noch
treffend sein. Wen aber Ideengang und Wirbelwind des
Occidents erschreckt, der sehe um Trost und Gegengift auf
den Athosberg, auf das versteinerte Gedankenkapital, auf
den zoologischen Typus in Architektur, in Wortsyntax, in
Genuflexion, Gastlichkeit und seliger Ignoranz der Mönche.
Und weil sich die byzantinische Kirchen- und Staatsidee als
konstitutiver Bestandtheil des menschlichen Geschlechts mit
einer auch dem Verblendetsten fühlbaren Gewalt in Europa
geltend macht, so wäre ein Blick auf die Athosklöster nicht
mehr überflüssig. Oder ist nicht dort der Antivatikan und
das geistige Waffenhaus, mit dem man den illyrischen Continent erschüttert?

Ein Namensverzeichniss der Convente in ihrer natürlichen Reihenfolge finden wir gleichfalls zuerst in Belons
Buch. Zwar sind mehrere Namen aus Unkunde des Griechischen fehlerhaft geschrieben, dagegen aber die geographische
Lage der Klöster, ob auf der Süd- oder Nordseite des grünen
Waldgebirges, ob am Strande oder weiter oberhalb im Dickicht,
richtig angegeben. Belon fand sie, wenigstens von aussen,
alle gut gebaut, mit hohen Mauern eingeschlossen und wider
Angriffe der Piraten genugsam verwahrt. Und die Epitheta
„sehr schön, lieblich, reich, gross, noch grösser und noch
reicher," die er dreien aus ihnen zugesteht, lassen mit
Sicherheit auf eine damals glückliche Epoche des heiligen
Berges schliessen. Freilich hat der walachische Grieche
Johannes Comnenus aus Bukarest, der 160 Jahre nach
Belon (i. J. 1701) längere Zeit auf Hagion-Oros lebte und
mit umständlicher Behandlung der einzelnen Klöster einen
Pilger-Guide im Vulgardialekte schrieb, über Pracht und

Herrlichkeit der Gebäude, über Goldreichthum der Tempel,
über Architektur, Freskomalerei und Porphyrtische ihrer
Speisesäle ein weit glänzenderes Bild als sein Vorgänger aufgestellt, aber nebenher auch gewissenhaft die Quellen der
grossen und allgemeinen Verwandlung des heiligen Institutes
angedeutet. Die Sorge für den heiligen Berg ging nach
gänzlichem Verkommen der beiden orthodoxen Imperien von
Byzanz und Trapezunt auf die gottesfürchtigen Fürsten der
Slaven und Moldo-Walachen über. Athos ward das neue
Jerusalem der Scythen, und alles, was der heilige Klosterbund
noch heute besitzt, Dasein, Glanz, Schirm, Nahrungssaft und
Hoffnung ist fromme Gabe der Sarmaten, ist aus den danu-
bischen Slavenländern und aus Moscovien herbeigeflossen.

Von den einundzwanzig Grossabteien sind folgende sechs:
Chilantari, Zografu, Simopetra, St. Paul, Xenophu
und Russico von Grund aus serbo-bulgarische Stiftungen;
acht andere aber: St. Gregoriu, Karakalu, Dochi-
ariou, Kutlumusi, Xeropotamos, Pantocratoros,
das trapezuntische St. Dionys und selbst das kaiserliche
prachtvolle Laura, weil im Laufe des fünfzehnten und sechzehnten Jahrhunderts durch dacische Woiwoden und Bojaren,
theils aus gänzlichem Ruin wieder neu aufgebaut, theils aus
Verarmung und Verfall hergestellt, erweitert, verschönert
und mit Grundstücken ausgestattet, als Schöpfungen der
Fürsten von Yassy und Bukurest anzusehen. [1] Keinen Antheil weder der Gründung, noch der Wiedererneuerung haben
die Slavo-Walachen nur an den folgenden sechs: Iwiron,
Protaton, Esphigmenu, Philotheu, Kastamonitu
und Stauronikita. Darunter ist Iwiron eine reiche, auf
der verbrannten byzantinischen Mönchskapelle St. Clemens
durch iberische Frömmigkeit aus dem Grund erbaute, mit

[1] Die Woiwoden Neagulos Bessarabas, dann Peter mit seiner
gottseligen Tochter, Alexander und Brancoban mit den Bojaren
Barbul, Gabriel, Radul, Myrtza und Vintila aus der Walachei;
dann die Fürsten Stephan, Alexander, Peter und Bogdan aus
der Moldau werden als Wiederaufbauer und Restauratoren in den Klosterurkunden am öftesten gepriesen und genannt.

Gütern um Tiflis ausgestattete und später glanzvoll erweiterte, Philotheu aber eine kleine, von den grusinischen Fürsten Leon und Alexander um das Jahr 1492 n. Chr. nur restaurirte Abtei, zu der nach schwankenden Legenden ein St. Philotheus mit zwei heiligen Gesellen einst den Grund gelegt. Stauronikita dagegen wurde erst nach Belons Besuch auf Hagion-Oros in den letzten Jahren Sultan Suleïmans (1520 bis 1570 n. Chr.) aus langer Verödung durch den Patriarchen Jeremias senior von Konstantinopel wieder aufgebaut und mit griechisch redenden Mönchen besetzt. Für die übrigen vier kennt man nur griechische Ursprünge und Patronanzen, ausgenommen in der allerneuesten Zeit, wo die erbliche Gottesfurcht der russischen Czare den Thau ihres Goldes über alle Convente des heiligen Berges mit gleicher Liebe und Milde niederträufeln lässt, insbesondere aber das grosse und stolze Vatopädi mit kaiserlichen Gnaden tränkt. Doch theilten auch schon in früherer Zeit die beiden heiligen Serbenfürsten Sabbas und Symeon mit den byzantinischen Imperatoren Manuel Comnenus und Andronicus Paläologus I. als Hauptpatronen die Ehre der Restauration und Bereicherung dieses prachtvollen, durch Glanz und gute Ordnung heute alle Athosklöster überstrahlenden Instituts.

Woher, wie und warum ich in diese liebliche Oede gekommen bin, wie mich die Väter aufgenommen und behandelt haben; dann über Lebensweise, Ideenkreis, Beschäftigung und Politur der heiligen Gemeinde erzähle ich kurz und ohne Schminke in einem folgenden Fragment. Aber aus allen Klöstern, das sage ich vorher schon, hätte meine Sympathie St. Dionys, das liebliche Cönobium, die abgeschlossene Welt am rauschenden Aëropotamus, wo Nettigkeit, Ordnung, Milde und doch strenge Zucht die Welt am leichtesten vergessen lehrt. Mit kolchischem Golde durch den Gross-Comnen Alexius III. gegründet und mit Jahresrenten aus der kaiserlichen Schatzkammer in Trapezunt ausgestattet, spielt es als letzter Akt comnenischen Glaubenseifers und gleichsam als Codicill der letzten Griechendynastie eine melancholische Rolle in den Annalen von Byzanz.

Dreimal des Tages ertönen seit fünfthalbhundert Jahren für das Heil ihres Wohlthäters und seines kaiserlichen Hauses die Hymnen betender Mönche himmelwärts. Aber wo ist Trapezunt und seine Pracht? Wo sind die goldgefüllten Kammern, wo das schöne Comnenenblut und die stolze Kaiserburg zwischen tiefansgehöhlten Schluchten voll Schatten, voll weinlaubumschlungener Bäume, voll rauschender Bäche hoch auf den Felsen hingezaubert? Ach! seht nur hin auf die Palastruine, auf den einsamen Thurm mit farbigem Gesimse und herbstlich gelbem Quaderstein! Schauet hinauf aus dem Thaldickicht, wenn es Abend ist, wie die kolchische Mondsichel schweigend durch die leeren Bogenfenster des gebrochenen Saales blickt; sehet und lernet, was den Völkern nerven- und thatenlose Psalmodie im Kampfe gegen das Schicksal nützt!

X

Hagion-Oros oder der heilige Berg Athos.

2.

Die Anker sind gelichtet, und mit Riesenkraft wälzt sich das Feuerschiff — die schwarze Rauchsäule hinter ihm — durch den Mastenwald des goldenen Horns, in leichter Kurbe um das Gartenkap des grossherrlichen Palastes beugend in die Propontis hinaus. Ach welche Gefühle beim Abzug aus dem Weltprätorium! Welche Wehen für Europa birgst du in deinem Schooss! Schweigend und nicht trocknen Auges — ich habe ja lange dort gewohnt — sandte ich noch den letzten Gruss an den Reichsgenius von Byzanz:

> *nam me discedere flevit*
> *Et longum .... vale, vale, inquit, Jöla!*

Die Sonne hing schon abendlich hinter Selymbria, und scheidend spiegelte sich der letzte Strahl auf den Halbmonden der Tempel und in der dreifachen Fensterreihe der Uferkaserne in Scutari. Aber das Schiff rollte fort, und das prachtvolle Stambul mit seinen Tugenden und Gebrechen, mit seiner morgenländischen Schweigsamkeit, seinen Intriguen und seinen Diplomaten sank in das Dunkel hinab. Die Morgenröthe (11. Oktober) fand uns bei Gallipoli, und im Feuerglanz der aufsteigenden Sonne, von heiterem Nord getrieben, strichen wir Lampsakos und Aegospotamoi vorüber, rasch durch den „fluthenden‟ Hellespont, und nach einstündigem Aufenthalt in der Enge bei Abydos mit erneuter Kraft hinaus gegen Tenedos. Das Meer ging hoch, die Welle

uns entgegen schäumte über Bord; doch Wind und Wellen
zum Trotz rauschten wir, das bergige Imbros und Samothrake rechts lassend, bis dicht an das baumlose Eiland
Lemnos, wo in einer Entfernung von wenigstens zwölf
deutschen Meilen der Athoskegel dunkel aus den Fluthen
stieg. Abends erschreckte uns der Riese; er schien so nahe
vor uns, hatte eine Nebelkappe auf dem Scheitel, und hinter
ihm zog grauliches Gewölk mit der veilchenrothen Sonnen-
scheibe in den Lücken. Ueber der bodenlosen Tiefe an
seinem Fusse schwammen wir in der Finsterniss, und wie
der Morgen graute, war das Phantom verschwunden, der
Himmel trübe und das Fahrzeug auch schon Kap Cassandra
vorüber, tief in den Golf von Saloniki eingedrungen, und
eher als Mittag fielen dicht an der amphitheatralisch den
Strandhügel hinansteigenden Stadt die Anker.

In vierzig Stunden Zeit waren die Propontis, die Dardanellen, das ägäische Meer seiner ganzen Breite nach und
der lange Golf von Thermä gegen Wind und Wellen, in
einem schwimmenden Saale, unter reichlichen Mahlzeiten
und in bester Gesellschaft durchschifft. Der eben ernannte
Erzbischof von Thessalonika mit seinem Diakon, ein peroti-
scher Wechselherr und der Berichterstatter waren die einzigen
Kammerpassagiere und die Reden um so lehrreicher, weil
der Prälat nicht bloss ein feiner Weltmann, sondern als Zög-
ling des berühmten Eugenius Bulgari auch des Hellenischen kundig war. Auf die zufällig hingeworfene Frage,
was für Leute auf Imbros wohnen, sagte er ganz ruhig:
Es sind Leute, die zwar „römisch" reden, aber von Bulgaren
abstammen. [1] Auch das grosse Waldgebirge im Mittelpunkte
der Insel Thasos, fügte er hinzu, nenne man gewöhnlich
nach einem Ort gleiches Namens Bulgaro.

Der Kapitän hatte zwar den Auftrag, wenn es Zeit und
Meer gestatte, von der geraden Linie abzulenken und mich

---

[1] Die meisten Leser wissen doch ohne Zweifel, dass die Neugriechen,
Walachen, Bulgaren etc. sich selbst „Römer" und ihre Sprache das
„Römische" nennen, die Bulgaren aber zum grossen Stamm der Slaven
gehören.

im Vorbeifahren an der Hafenbucht des Hagion-Oros ans
Land zu setzen. [1] Allein es war mondlose Mitternacht,
wogendes Meer, bedeckter Himmel und Strichregen, wie das
Fahrzeug am Fusse des Riesenkegels vorüberzog. Und in
der Zeit des süssesten Schlummers im matterhellten Prunk-
saal vom Lager aufstehen und ohne Begleitung, ohne Diener-
schaft mit dem ganzen Geschleppe des Reiseapparates auf
unbekannter Küste in der Dunkelheit zu landen, schien noch
weit unbequemer, als direkt nach Saloniki zu steuern und
von dort zu Lande, gleichsam wieder zurück, auf den heiligen
Berg zu reiten. Ein zweiter Grund, nach Saloniki zu eilen,
war die Sehnsucht, im Hause des Herrn v. Mihanowitsch
die neuesten Produkte der deutschen Wissenschaft zu mustern
und das im langen Aufenthalt bei den ungelehrten Byzantinern Versäumte nach Kräften nachzuholen. [2]

Sie werden es kaum glauben, auf dem Comptoir eines
levantinischen, in Stambul gebornen und des Deutschen gänzlich unkundigen Wechslers wurde um Schellings philosophische Doctrin und ihren Unterschied von Hegels Lehre
gefragt. Weiss Gott, ob ich den Leuten die Sache auch
nur halb verständlich machte; jedenfalls musste die Kunde,
dass ich im Hauptstapelplatz Macedoniens eine vollständige
Sammlung der vorzüglichsten deutschen Werke benannter
Disciplin finden werde, unter diesen Umständen doppelt willkommen sein. Nach B . . . . ff und M . . . . t wurde natürlich
zuerst gegriffen. Nach der langweiligen Plackerei mit der
türkischen Syntax und dem Kanzleistyl von Stambul war es
ein eigenes, höchst wohlthuendes Gefühl in M . . . . ts „Philosophie der subjektiven Natur" zu lesen: „Die Negation ist
Negation des Ausseinander der Natur." — „Der Geist als diese

---

[1] Hagion-Oros, heiliger Berg, Monte Santo, Athos bezeichnet in der
gewöhnlichen Umgangssprache ein und denselben Gegenstand. Die Türken
schreiben *Aineros dschesiresi*, die Halbinsel Aineros; d. i. Ajion-Oros-Insel.

[2] Herr Anton v. Mihanowitsch, ein grosser Freund und Kenner der
Literatur, croatischer Edelmann und k. k. Consul für Macedonien und Thessalien, war früher in derselben Eigenschaft bei der serbischen Regierung
in Belgrad beglaubigt.

Negation aller Unterschiede der Natur, die er zugleich erhalten hat, ist das Erkennen." — „So hat der Geist, als
denkend, die Natur im Rücken und entwindet sich derselben.
Das ist aber nur eine einseitige und schiefe Stellung des
Geistes zur Natur." — Obgleich diese Definitionen an sich
vollkommen klar und verständlich sind, gelang es mir doch
um keinen Preis, sie einem türkischen Kadi aus Janina begreiflich zu machen, der sich mit Metaphysik beschäftigte
und wissen wollte, ob man im Lande der Nemtsche auch
Ilmi Mantek (Logik) und überhaupt Ilmi Hikmet (Philosophie) treibe. Wir waren zusammen aus Konstantinopel
gekommen, und ich besuchte ihn während seines Aufenthaltes
in Saloniki, um Hegel'sche Definitionen ins Türkische zu
übersetzen. Einen Theil des Zwiegesprächs, in Fragen und
Antworten, türkisch und deutsch, finde ich im Tagebuch mit
der Bemerkung aufgezeichnet, dass insbesondere der Satz:
*„Insaniin ruhhi fikr ederiken tabijeti ardina brakar hem ondan
airilir"* (der menschliche Geist, als denkend, hat die Natur
im Rücken und entwindet sich derselben) die Verwunderung
des osmanischen Philosophen erregte.

In Stambul, dessen kann ich Sie redlich versichern,
meinte ich oft, es könne mit der türkischen Monarchie doch
noch eine Zeit lang fortgehen, und zwar nicht so fast wegen
des armseligen Flickens und Nachhelfens durch menschliche
Weisheit, als weil Zufall, Gewohnheit, Trägheit, Unge-
schicklichkeit und Langmuth im Bunde mit der natürlichen
Schwerkraft alles Bestehenden auch die Osmanli stützen
müsse. Allein seit dem philosophischen Examen mit dem
Kadi in Selanjk habe ich am Heile des Türkenstaates
vollends verzweifelt. Oder saget selbst, ob ein Reich bestehen könne, wo man nicht einmal weiss, dass der Geist
als denkend die Natur im Rücken habe?

Als Leitfaden für antiquarische Forschungen hatte ich
Tafels Werk über Tessalonica und sein Gebiet mitgenommen
und meinte zugleich occidentalisch gelehrten Bewohnern der
grossen und vielbesuchten Hauptstadt Illyricums ein neues
und angenehmes Geschenk zu bringen. Allein das Buch

war schon vor meinem Eintreffen daselbst bekannt und
durch einen des Lateinischen kundigen Prälaten ein Exemplar sogar nach Jannina in Epirus gekommen. Diese
Arbeit eines deutschen Gelehrten — und das ist ihre beste
Kritik — gilt am Orte selbst, den sie behandelt, für ganz
vorzüglich und darf allen Reisenden, die künftig Macedonien
besuchen und noch andere Sorgen als Liebe für Gewinn in
fremde Länder tragen, als nützliche Begleitschaft empfohlen
werden. Man hat in Deutschland seit zwanzig Jahren vieler-
lei über den illyrischen Landtriangel und seine politischen
Zuckungen geschrieben, aber nicht Jedermann hat Tafels
Scharfsinn und historischen Takt gezeigt.

Im Ganzen blieb ich ungefähr sechs Wochen in Saloniki,
eine Woche vor und fünf nach der Athosreise, bemerke
aber, um die Leser nicht zu zerstreuen und vor allem die
Hauptpartie des Unternehmens kurz und bündig auszumalen,
vielleicht erst später noch einiges über die Stadt und die
umliegenden Provinzen. Obgleich voll Unruhe und Verlangen,
in St. Dionys einzuziehen, stieg ich doch wiederholt auf
den Festungsberg der Stadt und spähte nach der Gegend
von Pella hinüber, wo die Wiege des grössten aller Helden
stand. [1] Dem Zauber des Ruhmes kann Niemand widerstehen, und man möchte beinahe die Schwäche der menschlichen Natur auch dann entschuldigen, wenn sie Alexanders
Grösse und Herrschertalent über die stille Glorie friedlicher,
aber unscheinbarer Kaziken und Volksbeglücker erhebt.
Welchen Preis hätte sonst der Mensch für seine Qual!

Der Weg von Saloniki nach Karyäs, Hauptort und
Mittelpunkt des Hagion-Oros, beträgt zwar nicht mehr als
36 Stunden, stellt aber Muth und Geduld selbst solcher Leute
auf die Probe, die im Orient keine Fremdlinge sind. Gewohnheit und fast täglicher Verkehr zwischen der Hauptstadt
Macedoniens und dem Mönchsgebiet haben Etapen festgesetzt, deren erste — das hochgelegene Bergdorf Chortiat
— nur drei gute Wegstunden von Saloniki entfernt ist und

[1] Schlözer und Gatterer waren freilich anderer Meinung.

wegen der kühlen Nachttemperatur auf die meisten Fremdlinge einen entmuthigenden Eindruck macht. Die Bewohner
dieser Ortschaft besitzen gleichsam das Privilegium, Reisende
und Waaren auf ihren Maulthieren nach Karyäs zu schaffen;
dabei verpflegen sie sich und ihr Angehöriges selbst und
nehmen, der langen Strecke ungeachtet, doch nicht mehr als
zehn bis zwölf Franken für jedes Thier. [1] Die zweite Etape
ist das Doppelte der ersten, und man übernachtet — nach
einem ermüdenden Ritt über Stock und Stein, zuerst von
Chortiat ins breite Thal hinab zum See Langasa, dann auf
der Ebene fort und durch eine schattenreiche Platanenschlucht
mit hellem Bach, den man zehnmal durchwatet — im schönen
Dorf Zagliberi am Nordabhange des waldigen Chlum-
gebirges, der Gränzscheide zwischen Chalkidike und
dem fruchtbaren Thalgrunde, den die Alten Anthemontis
nannten.

Die Leute des Dorfes hatten noch Weinlese (21. Oktober),
und Körbe, mit blauen Trauben gefüllt, standen im lehmummauerten Hofe des Einkehrhauses. Es war nur ein Erdgeschoss, aber reinlich, und auf einem Schemel vor der
Thüre sass das dreizehnjährige Töchterchen der Wittwe,
festlich geschmückt, goldne Münzen im Haare, schweigend
und unbeweglich, · zum Zeichen, dass man werben dürfe.
Hennen, Reis, Eier, Brod, Butter, Wein und Trauben gab
es hier in Fülle, und gelabt durch schmackhaft bereitete
Kost schliefen wir nach der Gluth des Tages und wegen der
milden Nacht an der Aussenwand des Hauses unter einem
Vordach auf unsern Teppichen erquickend süssen Schlummer.
Ein Handelsmann aus Saloniki mit seinem Waarentransport
für Hagion-Oros, und ein Archimandrit aus dem Kloster

---

[1] Der Agogiat hatte sich in Geschäften des Marktes verzögert und
brachte mich mit Dardaghani, dem Handwerkersohn von Saloniki, den
ich um zwei Franken per Tag für die ganze Dauer der Athosreise als Diener
aufgenommen hatte, erst lange nach Anbruch der Nacht in seine Hütte.
Das Gros der Effekten war im Consulat zurückgelassen, und ausser den
nöthigen Kleidungsstücken nur etwas Lebensbedarf mit andern auf Reisen
in der Levante unentbehrlichen Kleinigkeiten mitgenommen.

Vatopädi mit seinen beiden Kuechten assen und lagerten sich
in patriarchalischer Einfalt neben mir und meinem Diener
in der Halle. Der Mann war Albanese von Geburt und
durch mehr als zwanzig Jahre Seelenhirt der griechischen
Gemeinde zu Bitolia (Monastir) im Pindus. Ausser dem
Schkypi redete er noch walachisch, bulgarisch, neugriechisch
und türkisch zum Theil mit vieler Fertigkeit, hatte in schwie-
rigen Zeiten viel erfahren und kehrte müde des Tagwerkes
mit den Früchten seiner Frömmigkeit und seiner Sorgen in
die Stille von Vatopädi zurück.

Larégovi, wo man nach achtstündigem Ritt am dritten
Tage schläft, ist noch grösser, noch schöner, noch reicher
und noch romantischer gelegen als Zagliberi. Das langgestreckte Chlumgebirge öffnet hier einen breiten Durchbruch, eine riesige Bergspalte in die amphitheatralisch
niedersteigende Waldregion des chalcidischen Küstenlandes.
Daher der slavische, von der Unwissenheit späterer Zeiten
in Larégovi corrumpirte Name Jaruga, d. i. Bergein-
schnitt, Tiefschlucht, eine Erklärung, die ihr schönstes
Argument aus der Naturbeschaffenheit des Ortes zieht. [1] Larégovi, aus dem Ruin des Aufstandes wieder hergestellt, zählt
wohl vierhundert Wohnhäuser mit einer zwar noch unvollen-
deten, aber für Macedonien vortrefflichen Fremdenherberge,
wo zu gleicher Zeit mit uns von der entgegengesetzten Seite her
ein Diakon des Bischofs von Hierissos einzog und für seinen
Gebieter Nachtquartier bestellte. Ausser der luftigen Halle
waren erst zwei Wohnzimmer hergerichtet. Das eine hatte
Matten und Fussteppiche mit breiten Divanen und Ruhekissen,
gemalte Wandkasten und einen um die vier Sciten laufenden
Sims, Glasscheiben, gutschliessende Holzläden und Blumen-
körbe vor dem Fenster. Auch die Thüre, was in byzantinischen Ländern selten, war von hartem Holze, füllte die
Pfosten und trug ein künstliches, schöngeschmücktes Schloss.
Im zierlich geformten Kamin knitterte die Flamme aus trockenem

---

[1] Aus dem slavischen Appellativ Chlum macht die griechische Kehle
Cholom, Cholomon, und der Türke gar Solomon.

Birnbaum, einladend nach der Mühe des Tages und wohnlich
für einen Octoberabend auf der Berghalde von Chalkidike.
Diese Herrlichkeiten waren aber natürlich nur dem Kirchenfürsten zugedacht; uns andern gab man das zweite Zimmer,
zwar auch mit Kamin, Glasfenster und Läden, aber ohne
Divan, ohne Fussteppich, ohne Polster, ohne Sims, auch
waren die Wände nur von Lehm und noch ohne Tünche,
eine Binsenmatte mit Kopfkissen die ganze Bequemlichkeit.
Unten in geräumiger warmer Stallung waren die Maulthiere
mit ihren Treibern, oben der Bischof mit seinem Diakon, und
wir mit Begleitung und Anhang, alles im Hause voll Andacht
über die Nähe des Heiligen von Hierissos. [1] Der Archimandrit
unserer Karavane wartete dem Prälaten auf, mein Diener
rüstete das Abendessen, und ich sah aus der mondbeleuchteten
Halle durch die halboffene Zimmerthüre hinein, wie Se.
Heiligkeit, die schwarze Mörsermütze auf dem Kopf und
mit untergeschlagenen Beinen hinter der runden Tafelscheibe
auf farbigem Teppich sitzend, eben das Nachtmahl verzehrte
und sich gütlich that. Emsig und vornehm zierlich wanderten
die Finger in den Schüsseln herum, und dem Essenden
gegenüber stand, des Winkes gewärtig, mit Krug und Trink-
schale in der Hand der junge Diakonus, ein unbärtiges
Apollobild aus Polyhiero unweit der Ruinen von Olynth.
Schon früher hatte ich vom geschwätzig freundlichen Jungen
erfahren, dass sein Patron nach Saloniki reise, um dem
neuernannten Metropolitan-Erzbischof seine Ehrfurcht zu bezeugen und zu gleicher Zeit die in solchen Fällen übliche
Contribution als Suffragan zu bringen. Der byzantinische
Clerus, wie man weiss, hat weder Sold noch Stiftung und
ist auf zufälligen Gewinn und auf Erpressung in seiner eigenen
Heerde angewiesen. Der Metropolit besteuert ausser seinem
eigenen Sprengel noch die Suffraganbischöfe, die dann ihrerseits den geistlichen Bedarf auf die Dörfer und die Gemeinden

---

[1] Griechischer Sprachgebrauch für „Bischof von Hierissos." Man
nennt den Bischof statt den „Heiligen" auch den „Engel" seiner Diöcese,
z. B. Ἄγγελος oder Ἅγιος Ἀντιοχείας, der Patriarchal-Bischof von Antiochia.

ihrer Diöcese legen. Der von Hierissos hat leider nur zwölf, durch die Insurrection von 1821 zu Grunde gerichtete Ort-schaften des Erzdistriktes oder die sogenannten Mademo-choria (vom türkischen Maden, „das Bergwerk"), als Feld zur Betriebsamkeit, daher geringes Einkommen und üble Laune, aber, wie der Mundschenk ıneinte, desto grössere Hoffnung auf eine bessere Eparchie.

Von Larégovi nach Hierisso, der vierten Abendstation, reitet man ungefähr in neun Stunden, man mag links über die Erzgruben von Nisvoro oder rechts, wie wir, über das liebliche Walddorf Ravanikia gehen. Beide Wege sind voll romantischer Scenen und prachtvoller Fernsichten, be-sonders wenn der Wandrerer aus dem Laubtheater von Longomat über Steilseiten und Arbutusgebüsch die letzte Höhe erklimmt und wie durch einen Zauberschlag vor sich den Athos, links und rechts das Meer, die blauen Golfe von Siggiá und Stellaria, die Insel Thasos und den Gebirgschersones von Longos mitten in der Fluth, und tief unten zu seinen Füssen auf der schmalen Erdzunge des zwischen dem Hochland Chalkidike und dem Hagion-Oros weit aufgerissenen Spaltes das Städtchen Hierissos, das alte Akanthos, die zerstörte Akropolis und den einsamen Steinthurm im Felde mit einem Blicke überschaut. Ich frage die beiden Herren Urquhart und Zachariä, ob sie nicht heute noch mit Entzücken an den grossen Kastanienwald von Ravanikia und seine kolossalen Stämme, an die Brunnen ·und die rauschenden Wasserbäche, an die Platanen, Haselstauden, Eichenbüsche und Waldschatten dieses lieb-lichen Revieres denken? Welche unsichtbare Hand schirmt etwa dieses Laubparadies vor der Zerstörungshand der Indu-strie? Kann denn Natur überall nur als Einöde in voller Majestät ihre Kraft entfalten? Vielleicht dieselbe Waldpracht hat einst die Höhenzüge um Saloniki, den kahlen Bergkranz um die weite Binnenebene Thessaliens, besonders aber den jetzo melancholisch-öde über Athen hereinblickenden Hymettus, und zum Theil den ausgedorrten Boden Attika's selbst be-deckt! Zündet auf Athos die Wälder an und fället die Urwald-

Riesen von Ravanikia, bald wird mit der grünen Herrlichkeit
auch der Bach versiegen, wird der Mastixbusch verdorren,
und ihr habt die Künste unserer Zeit über ein unentweihtes
Labyrinth gebracht, habt den Sitz des seligsten Entzückens
mit Axt und Feuerbrand säcularisirt. Verwitterte, abgenutzte
Seelen des Occidents, nach Kolchis, nach Athos eilet, den
Duft ewig grüner Laubholzwälder athmet ein, wenn ihr noch
der Erhebung fähig seid! Hier nahm Medea den Zaubertrank,
der Jolkos und Korinth zu frischer Energie erweckte. Ohne
Wald ist für Menschen keine Lust,`und selbst die Götter
schlugen ihren liebsten Sitz in dunkeln Wäldern auf,

.... *habitarunt di quoque silvas.*

Ach wem ist die Kraft des Wortes verliehen, um die wein-
laubbekränzten Ahornwälder in Kolchis und die Kastanienpracht
am Thore des Hagion-Oros vor Hunger und mörderischem
Stahl abendländischer Verfeinerung zu schirmen! Ich weiss
es, ein Baumtribun und Waldbeschirmer prediget Widerstand
gegen die Mechanik des Jahrhunderts und gegen das Glück-
seligkeitsapostolat unserer Zeit. Aber Waldeinsamkeit macht
stolze Seelen und gibt kühne Gedanken, dem verzagten
Säculum zum Trotz. Mitten in der Laubstille — die Scene
ist nicht vergessen — sassen wir unter hellgrünem Gebüsch
dicht am Bach beim frugalen Mahle. Thier und Wanderer
genossen der Mittagsruhe, und im Gefühl der Waldunab-
hängigkeit lachte ich beinahe laut beim Gedanken, wie oft
der Mensch im Occident aus Unkunde wahren Glückes nach
Phantomen hascht und wie oft er feige um kindischen Flitter,
um thörichten Lohn Ehre, Gut und Zufriedenheit verkauft.
Die Sonne war schon unter dem Horizont, und zufrieden
mit dem Tagwerk und den Gedanken traten wir ins Einkehrhaus von Hierisso.

Der Ort, zu Belons Zeiten (1547) von grösserem Belang
und mit Festungswerken gegen die Angriffe der Piraten
verwahrt, hat jetzt kaum vierzig bewohnte Steinhäuser am
Abhang des Uferhügels. Der Rest sammt der Akropolis
ist Ruine. Doch vergeht kein Tag ohne fremde Gäste, weil

Alles, was nach Athos zieht oder von dannen kehrt, in Hierisso
die Nacht verbringt. Wir fanden hier Getreide-Silo wie in
Nubien, grosse Armuth, aber noch grössere Geduld. Viele
Familien, unvermögend eine Wohnung mit Mauerwerk,
Fensterladen, Thürpfosten und Bedachung aufzurichten,
flechten ausserhalb des Fleckens neben ihrer Spanne Ackerland Hürden aus Weidenbusch. Die dem Süden zugekehrte
Seite ist mit aufgeschichteten Strohbündeln zum Aus- und
Eingang halb verdeckt, ärmlicher als die Nigritier und schutzloser gegen den Wintersturm, als einst die Einsiedler auf
Hagion-Oros vor der Reform des Athanasius. Was denken
etwa diese Hürdenleute, wenn sie feiste Mönche und wohl-
gekleidete Franken hochmüthig an ihrem Weidendach vor-
überreiten sehen? Und doch sprechen sie Niemanden um
Almosen an und hört man nichts von gewaltthätigen Handlungen in der Nachbarschaft. Für solche Noth muss jedoch
die Zeit von einer Ernte zur andern eine doppelt lange sein!

Reis, Butter, Fische, Eier, Limonien, Oel und Brod
und neuen Wein gab uns der Wirth; aber eine Henne war
nicht ohne Mühe im Orte aufzubringen. Wir waren ja am
Thore des grossen Büsserinstitutes von Byzanz und wollten
uns noch einmal kräftiges Labsal bereiten vor der nahen
Pönitentenkost. Bis Chilantari, dem ersten Kloster, waren
es freilich nur sechs Stunden, aber zwölf bis Karyäs, was
in dieser Jahreszeit (23. Oktober) und auf solchen Wegen
in einem Tage nicht zurückzulegen ist. Kaum graute der
Morgen, so ritten wir schon zum letzten Tagwerk den Hügel
von Hierisso hinauf und erblickten wieder die hohe, waldige,
rauhe Bergwand, das Athosportal in starrer Majestät vor
uns. Niemand könnte die Herrlichkeiten errathen, die hinter
dieser finstern Hülle verborgen sind.

Dass die Erdzunge zwischen den Ausläufern des macedo-
nischen Küstengebirges und dem Hagion-Oros kaum eine halbe
Stunde breit und in gerader Richtung nicht länger als fünf
Viertelstunden im Schritte ist, hat man oft genug erzählt.
Eben so bekannt ist Herodots Erzählung von einem Durch-
stich oder Canal, den Xerxes vor seinem Zuge wider Griechen-

land von Golf zu Golf auf der niedrigsten Einsenkung des
Isthmus graben liess, breit und tief, dass zwei Triremen
neben einander schiffen konnten. In Europa sind aber die
Gelehrten noch im Streit, ob uns Herodot eine Thatsache
oder eine Fabel erzählt. Als Hauptargument wider die Thatsache gilt die Schwierigkeit des Unternehmens und ein Vers
aus Juvenal:

> *creditur olim*
> *Velificatus Athos et quidquid Graecia mendax*
> *Audet in historia....*

Juvenal schrieb Satiren, und im Orient, wenn es nur
Geisselhiebe und Menschen kostet, gibt es keine Schwierigkeiten. Es arbeiteten ja 12,000 Mann sammt den Athos-
bewohnern nationenweise und in regelmässigem Wechsel
drei volle Jahre unter der Peitsche persischer Aufseher im
Geschwindschritt, wie jetzt die Nil-Fellah unter Mohammed-
Ali's mildem Regiment jährlich die verschlammten Kanäle
räumen oder neue graben zu Mehrung der eigenen Noth.
Das Bild beim jonischen Erzähler ist wunderschön: man sieht,
wie sie schaufeln und keuchen und in Reihen über einander
gestellt sich die Erde entgegenwerfen, bis sie aus der Tiefe
an den Rand gelangt.[1] Für Alles war bei der Arbeit ge-
sorgt, für Markt, für Nahrung und für Geisselhiebe. Das
Lager mit der Ersatzmannschaft stand am Eingange des
Hellesponts, und zahlreiche Schiffe unterhielten beständige
Verbindung mit der arbeitenden Abtheilung am Isthmus.
Auch geologisch, so viel ist durch competente Richter nach-
gewiesen, lässt sich gegen die Sache nichts einwenden, und
Thucydides[2], der fast ein ganzes Menschenalter in der
Nähe wohnte, redet vom Athosdurchstich wie von einem
Ding, dessen Bestand Jedermann kenne. „Ach dieser Thu-
cidides!" „Was weiss etwa dieser Thucidides?" sagten sie
neulich in Athen, und wie es scheint, sagen viele auch in
Deutschland so.

[1] *Herodot. VII, cap. 21—24.*
[2] *Thucyd. IV. 109.* D. H.

Der grüne, stellenweise mit Schilf bewachsene Streif,
der sich auf der niedrigsten Stelle des mattgelben Isthmus-
grundes quer von einem Ufer zum andern zieht, heisst bei
den Umwohnern heute noch Problaka. Problaka ist aber
kein griechisches Wort und deutet ohne Zweifel auf das
Verbum Probiati, das im Slavendialekt Illyricums „durch-
stechen" bedeutet. Wahrscheinlich sah man zur Zeit der
Colonisirung Macedoniens durch slavische Völker noch deut-
lichere Spuren des persischen Grabens als zu unserer Frist.
Bei uns — das sehe ich voraus — wird man das slavische
Problaka nicht überall gelten lassen, und ich selbst —
wäre es mir darum zu thun — würde in einem scharfen
Syllogismus zu Jedermanns Erbauung etwa wie folgt das
Gegentheil beweisen: „Wo ein Kanal gegraben wird, da
sieht man auch einen Kanal. Ἄρα γε, hätte Xerxes auf der
Athoszunge wirklich einen Kanal gegraben, so würde man
auf der Athoszunge auch wirklich einen Kanal erblicken.
Nun aber erblickt man auf der Athoszunge keinen Kanal,
Ergo hat Xerxes auf der Athoszunge keinen Kanal gegraben,
Ergo sind keine Slaven über die Donau gekommen, Ergo
ist Problaka griechisch, Ergo kann man in Griechenland
aus Papierkanonen feuern und aus leeren Taschen Sold bezahlen, Ergo sind in Kukuruz Giganten, Ergo gebt mir eine
Decoration, Ergo, Ergo...." Gestehen Sie doch, dass
diese Conclusionen bündig sind![1]

Bei unserm Ritt über den Isthmus aber waren Tag und
Gemüth nicht sonderlich für gelehrte Forschung und scharfes
Argument geeignet: am Himmel trieb Gewölke graulich kühl,
vom Hellespont blies es herbstlich auf die Problaka herüber,
und wir zogen schweigend den steil gewundenen Pfad der
ersten Bergwand hinauf, durch Waldöde, an ausgebrannten
Schluchten, versiegten Brunnen und furchtbaren Steilgründen
vorbei, über Hügel, wilden Rosmarin und steiniges Geklüfte
zum Platanenbach hinab, wo für den müden Pilger auf ein-
samem Rasengrund, von Buschwerk und dichtbewachsenem

---

[1] Kukuruz ist ein Dorf in Arkadien.

Steingewinde umschlossen, mitten im Gehölze und ferne von
aller menschlichen Hülfe, Tränke und Rast bereitet sind. Die
Gegend heisst Callitza, das Wasser selbst aber Protoneró.
Obgleich von Unsicherheit des Waldes nichts verlautete,
peinigte uns doch die Erinnerung an die Vergangenheit; und
wenn auch nicht sonderlich furchtsam, schielten wir mit dem
Brod in der Hand zu Zeiten doch etwas seitwärts, ob nicht
Flintenläufe und schwarze Palikarenaugen irgendwo aus dem
laubichten Busche blitzen. Denn eben auf dieser Stelle bestand zehn Jahre früher der Engländer Urquhart sein
bedenkliches Abenteuer mit den Hagion-Oros-Klephten. Die
Räuber standen im Dickicht neben dem Brunnen und hatten
schon ihre Gewehre angeschlagen, wie er eben aus derselben
Quelle trank, an der wir unser Hierissomahl verzehrten. Bei
diesem Wasser beginnt das eigentliche Mönchsrevier und der
dem Weib verpönte, durch eine zweite, dicht und parallel
hinter der ersten laufende Gebirgswand von der Welt und
ihren Sorgen getrennte Grund, „Megali-Vigla" oder die Grosse-
Warte genannt. Wie eine plattgedrückte, stumpfwinklichte
Pyramide streicht die Grosse-Warte und ihr dunkler Pinien-
wald von einem Strand zum andern der ganzen Breite nach
über den Chersones und endet auf der Seite des nordöstlichen
Passes als schmaler, weit über die Grundfläche des heiligen
Waldes in die Brandung hinausgreifender Felsendamm im
Promontorium Platy.

Kaum ist man durch unwegsames Steingewirre hinter
den dunkeln Pinienvorhang gedrungen, ändert sich plötzlich
die Scene: man tritt unvermuthet mitten in die immergrüne
Buschregion der heiligen Oase; die Lüfte fächeln milder,
und ein breit ausgekerbtes Flachthal, von besonders prachtvollen Platanen beschattet, ladet unwillkürlich zur Niederlassung ein. Rechts aus einer Vertiefung, weniger als eine
Stunde vom Strand, blickt mitten aus Wald und langwipflichten Cypressen das Mauerwerk und der Glockenthurm der
grossen Slavenabtei Chilantari hervor. Es war noch früher
Nachmittag, und wir zogen durch die üppig bewachsene
Hügellandschaft in der Richtung gegen Vatopädi fort, er-

reichten aber erst nach Sonnenuntergang und bei schon ein-
brechendem Dunkel den gewölbten Thorweg und die gastlichen Hallen dieses schön gemauerten und grossartigen
Mönchskastelles. Hölzerne Kreuze, hie und da auf Felsen-
vorsprüngen und Scheidewegen mitten im Walde aufgestellt,
verkündeten uns deutlich, hier sei einmal wieder christliches
Land, ein noch unentheiligtes Ueberbleibsel des alten Byzantium. Vielleicht lächelt man mitleidig über die gläubige
Empfindsamkeit; aber ich gestehe ungescheut die Schwäche,
das Auge belebte sich beim Anblick dieser Wahrzeichen des
Heiles, und das Blut ging rascher, ich dachte an die Heimat,
an die romantischen Waldscenen am Eisak in Tirol, an die
Rebgelände und Kastaniengruppen seiner entzückenden Mittel-
berge; an euch dachte ich, Schaldersthal, rauschender Forellen-
bach, tiefe Waldöde, sommerliche Lüfte und ziehendes Gewölke — Symbol der Jugend und der Vergänglichkeit; an dich,
hölzernes Wetterkreuz im Birkenlaub, an dem der Knabe
scheu und andächtig so oft vorüberging. Sitz der Wonne
und der Lust, wie könnte ich deiner je vergessen! Nach
einem Lebenscyklus voll Gram und wechselvoller Geschicke
begegne ich dir unerwartet wieder in unbesuchter Stille byzantinischer Wälder und grüsse dich mit leidenschaftlicher Gluth,
Sinnbild der Selbstüberwindung, Labarum, das die Cäsaren
vom goldenen Sitz gestossen und den stolzen Dünkel der
Philosophen erniedrigt hat! In diesem Augenblick begriff
und pries ich das zornige Gemüth, mit dem man sich einst
in der Heimat — das Feuerrohr in der Hand — wider die
frevelhaften Schänder des Heiligthums erhob. Eben weil ich
so lange und so vielfach Zeuge war, wie der Islam in seiner
Unmacht noch stolz die Kreuzesfahne verhöhnt und ihre Bekenner verachtet, ergriff es mich beim Anblick der verwitterten Balken im grünen Buschwald des Hagion-Oros weit
lebendiger als mitten im christlichen Lande, wo der Besitz
nachlässig und unbestrittener Sieg vergesslich macht. Für
den Fremdling ist der Orient eine reiche Quelle von Gemüths-
erschütterungen, die freilich einem Diplomaten nicht gestattet
sind. Vielen Menschen aber gewährt zorniges Aufwallen

und leidenschaftliches Empfinden mehr innere Zufriedenheit und süsseren Genuss als das frostige Gesicht und die imperturbable Ruhe des Scythen B . . . ff.

Wir gingen diesen Abend nicht auf dem Hochweg des Bergkammes, von dem ich im ersten Bericht erzählte, sondern tiefer unten, am schönen, in einem Küsteneinschnitt kaum drei Viertelstunden von Chilantari lieblich gelegenen Kloster Esphigmenu vorbei, über die Quergerippe, Parallelthäler und Schluchten der Seitenhalde, und erblickten von einem hohen dichtbebuschten Strandvorsprunge, der die halbcirkelförmige Waldbucht nördlich schloss, weit und tief unter uns, sanft auf einer Neigung des riesigen Laubwaldtheaters gebaut, in seiner Aussengestalt der „Mauerkrone der Göttin Cybele“ vergleichbar, das Kloster Vatopädi, als eben die Sonne hinter die Bergscheide sank und der letzte Strahl auf die Zinnen des obern Thurmes fiel. Nach neunstündigem Ritt über unwegsames Gebirge, und auf die leidenschaftlichen Aufregungen und Eindrücke des Tages war Ruhe das erste Bedürfniss. Und wir schliefen nach einem mässigen, in Gesellschaft des Reise-Archimandriten und des Fremdenempfängers verzehrten Abendessen aus gesalzenen Fischen, Reis und Vegetabilien, bestens versorgt und mit Gemächlichkeit auf den Divanen des Fremdensaales hingestreckt den gesunden Schlaf.

Hagion-Oros-Kost gibt leichtes Blut und hellen Sinn. Mit dem anbrechenden Morgen begann aber auch schon Sorge und Gemüthsunruhe über möglichst zweckmässige und möglichst wohlfeile Einrichtung des Gesammtklosterbesuchs am heiligen Berg. Noch hatte ich keinen Begriff, was eine Athosbibliothek eigentlich sei und zu welchen Erwartungen Anordnung und innerer Gehalt dieser im Occident vielbesprochenen Institute berechtigen könne. Zwar hatte ich Zachariä's neuesten, mit Sorgfalt und Talent geschriebenen Bericht zur Hand; allein der Späterkommende meint immer klüger als der Vorgänger zu sein und, durch Schärfe oder Glück begünstigt, vielleicht zu entdecken, was dem andern verborgen blieb. Auf die Phantasie, verlorne Klassiker aufzufinden, hatte ich freilich voraus verzichtet und dafür

mein Ziel auf bessere Kunde des byzantinischen Zeitalters
gestellt. Von den Strandklöstern war es daher vorzugsweise
auf Vatopädi, Iwiron, Laura und besonders auf Sanct-
Dionys; von den Waldconventen aber nur auf Karyäs
und Chilantari abgesehen. Zugleich erschien es ökonomisch
merklich vortheilhafter, die Operationen auf der Stelle in
Vatopädi selbst zu beginnen, um mit der Mühe eines zweiten
Besuches auch der Last eines zweiten Ehrengeschenkes an
die frommen Väter zu entkommen. Ungesäumt wurden die
bis Karyäs gedungenen Maulthiertreiber bezahlt und abgedankt
und die Vorstände des Klosters nach eingenommenem Morgen-
imbiss um Audienz ersucht. Man weiss bereits, was ein „Mo-
nastirion idiorrhythmon“, ein freies, republikanisch verwaltetes
Athoskloster ist, und Vatopädi gehört in diese Klasse.

Im Sommerdivan gegen die See gekehrt, sassen die
vier Grossbeamten der heiligen Gemeinde zum Empfang des
Fremden aus Occident. Nach Austausch und Leistung der
gewöhnlichen Artigkeiten morgenländischer Besuche ging ich
gleich zur Sache und erklärte den Vorständen ohne langes
Präambulum: ich hätte ein Buch über das orthodoxe Imperium
von Trapezunt geschrieben und sei jetzt auf einer Reise im
Orient begriffen, um durch Auffindung neuer Thatsachen und
unbekannter Schriften das Buch in seiner Ausführung zu
verschönern und zu Ehr' und Preis seinen Werth im Urtheile der Landsleute noch höher zu stellen. Ich vergass
nicht beizufügen, dass ich sogar wie ein zweiter Iason in
das entlegene Kolchis und in die wohlverwahrte Stadt Trabe-
sonda gezogen, ein Jahr zu Konstantinopel geblieben und zum
Schluss in der doppelten Absicht, um in den Handschriften
seiner gepriesenen Heiligthümer neue Argumente für das benannte Thema zu suchen, in den Tugenden der frommen Väter
aber Erbauung und kräftiges Exempel für eigene Vollkommenheit zu schöpfen, auf den Hagion-Oros gekommen sei und für
beides in Vatopädi den Anfang zu machen gedenke. Zugleich
überreichte ich die Empfehlungsschreiben aus Stambul und
Saloniki, damit sie Inhalt und Zweck meiner Bitte amtlich
erfahren und das Nöthige verfügen möchten.

Was die Tugenden betreffe, erwiederte der Vorsteher,
sei ich allerdings auf den rechten Platz gekommen; denn
nirgend werde das Fastengebot mit solcher Strenge gehalten,
Gottesdienst und Gebet so andauernd und eifrig gepflogen,
weltliche Zerstreuung mit solcher Schärfe und Gewissenhaftigkeit vermieden und das Leben überhaupt mit solcher
Hingebung und Selbstverleugnung nach den Vorschriften der
orthodoxen Concilien eingerichtet wie in den Gesammtklöstern
auf Hagion-Oros. Das sei aber auch ihr Ruhm und die uner-
schütterliche Grundlage ihres Kredites, von dem sie wohl
wüssten, dass er sich nicht bloss auf die Länder ihres
Glaubens beschränke, sondern auch in das Abendland gedrungen sei. Wenn ich aber glaube, in Wissenschaft und
Gelehrsamkeit bei ihnen etwas zu gewinnen, sei ich zu ihrem
grossen Herzeleid irrthümlich berichtet: sie alle seien Ignoranten, und Unwissenheit (ἀμαϑία) sei allgemeine Sitte des
heiligen Berges, weil Gott am letzten Gerichtstage den Menschen
nicht frage, was er gelernt, sondern wie er gehandelt habe.
Von einem Imperium Trapezunt hätten sie niemals gehört
und wüssten auch nicht, ob in ihrer Bücherkammer etwas
derart zu finden sei; jedenfalls wäre mein Suchen vergeblich
(μάτην πονεῖς), wenn ich nicht bestimmt und mit Namen
das Buch bezeichnen könnte, wo von Trapezunt gehandelt
werde. Uebrigens sei ich herzlich willkommen, Alles stehe
mir offen, und ich möge bei ihnen nur bleiben, so lange es
mir gefalle. Nur sei es üblich, dass sich Fremde vor allen
weitern Schritten beim Regierungsausschuss in Karyäs melden
und dann erst, mit dem Circulare in der Hand, ihre speciellen
Zwecke von Convent zu Convent verfolgen.

Eine Stunde nach dieser Unterredung ritten wir durch
das hohe Portal von Vatopädi hinaus. Karyäs ist kaum
drei Stunden entfernt und liegt in einem Hochthal unterhalb
des Bergkammes, 2000 Fuss über dem Meere.[1] Schon wenige
hundert Schritte vom Kloster erhebt sich der Pfad steil über
den Strand und zieht in malerischen Wendungen durch dicht-

---

[1] Grisebach Reise durch Rumelien, 1841.

verwachsene immergrüne Buschregion zum Hochwald hinauf. Reichthum, Lebenskraft und Fülle des Pflanzenwuchses, wie man sie hier erblickt, müssen auch den weniger Unterrichteten mit Bewunderung erfüllen. Das Gesträuch, bis fünfzehn Fuss hoch, wäre undurchdringlich, hätte man nicht die Pfade künstlich ausgeschnitten. Myrten und Schattenblumen füllen alle Räume, und die Lianen ranken in so üppigem Triebe, dass sie an vielen Orten, besonders bei den Wasserfällen der ersten Einsenkung, gleichsam ein Laubdach über den Kopf des Wanderers bilden, der voll Erstaunen an den Einsiedeleien und zaubervollen Scenen dieser unbekannten Zone vorüberzieht, bis der von üppigen Kräutern und Farngebüsche düster durchwachsene Hochwald mit riesigen Wallnuss- und Kastanienbäumen, Steineichen und Cypressen in der Umgegend von Karyäs die Seele mit neuem Entzücken erfüllt.

Um die Waldlust dieses unvergänglichen Paradieses ganz zu schlürfen, sollte man warmes Blut, Gemüth und Wissenschaft wie Grisebach besitzen. Das Städtchen selbst mit seinen hundert Steinhäusern, seinen zwanzig Kapellen und seiner Klosterkirche und ihrem stumpfen Glockenthurm — ein immer frisches Garten- und Guirlandengehege — lehnt sich an die quellenreiche Steilseite des Laubwaldes und hat seinen Namen ohne Zweifel von den jetzt seltenen Wallnussbäumen oder von den Haselnussstauden erhalten, die heute noch überall in den Gärten, zwischen den isolirten Wohnhäusern, insbesondere jenseits des kleinen Sturzbaches üppig aus dem Boden wuchern. [1] Man führte uns zu einem der vorsitzenden Prälaten, der zufällig aus Vatopädi war und ein schönes Gartenhaus mit allerlei aussergewöhnlichen Bequemlichkeiten bewohnte. Se. Heiligkeit sass am Divan neben der Kasse und strickte wollene Socken. Wie vor dem Ge-

---

[1] Auf dem Hagion-Oros hört man Καραῖς und Καρραῖς sprechen: ersteres gewiss nur träge Verkürzung des zweiten, der Accent aber in beiden barbarisch, da man im Hellenischen Κάρα und Καρία liest. Von den Köpfen (κάρα) der im 13. Jahrhundert durch Michael Paläologus angeblich getödteten Mönche kann der Name nicht gekommen sein, weil er schon in den Goldbullen des 10. Jahrhunderts zu lesen ist.

meinderath in Vatopädi erklärte ich auch hier mein Anliegen,
und wir verständigten uns schnell; denn polirt und gewandt
sind die Athosmönche alle, wenn sie auch nur Strümpfe
stricken, Litaneien singen und Ignoranten sind. Ein Verwandter des Prälaten, ein Empiricus aus Cumerdschina
in Thracien, nahm Antheil am Gespräch und erzählte vom
jungen Zachariä aus Heidelberg, vom Bodenreichthum des
thracischen Landes, von Mohammed-Ali und von der Medicin,
mit der in Cumerdschina nicht viel, aber bei den Mönchen
auf Hagion-Oros gar nichts zu verdienen sei.

Fremde werden beim Mangel einer Einkehr gewöhnlich
im Sitzungsgebäude selbst, und zwar neben der Wachtstube
der Hagion-Oros-Miliz untergebracht; zu meinen Gunsten aber
machte der freundliche Epitrop eine Ausnahme und verschaffte
mir im Hause des Deputirten vom Kloster Philotheos selbst
eine Unterkunft. Während man das Zimmer zurecht machte,
begleiteten sie mich beide zum türkischen Polizeivorstand,
einem bejahrten Bostandschi aus Konstantinopel, der natürlich weder lesen noch schreiben konnte und die Geschäfte
durch einen unbärtigen Kurdensklaven aus Scheresor in
Assyrien besorgen liess. Nach türkischem Brauch ward der
Ferman laut abgelesen und der Inhalt zugleich als Material
des Gesprächs ausgebeutet. Wir machten es kurz, weil der
alte Aga nicht sonderlich ideenreich war und überdies eben
der Fastenramasan begonnen hatte, wo ein frommer Musulman
erst nach Untergang der Sonne heiter und gesprächig wird.

„Was es in Stambul Neues gebe, ob es im Lande der
Nemtsché theuer oder wohlfeil zu leben sei, und ob der
Kral des Landes viele Soldaten und Kanonen habe“, war
der ganze Commentär zum vorgelesenen Aktenstück. Sie
begreifen wohl, dass ich hier nichts von Gelehrsamkeit und
alten Pergamenten erzählte; die prätentiöse und doch nichts-
sagende Phrase „Dunjái gesérim saltanát istchün,“ „ich be-
reise die Welt aus Liebe zur Pracht“, war dem Bostandschi
polizeilich hinreichender Grund meiner Erscheinung auf Hagion-
Oros. Vater Bessarion, der Hausherr, konnte zwar lesen
und schreiben, war aber ein Feind der Orthographie wie

aller gefährlichen Neuerung. Statt τὴν ἰδιοποιῶ schreibt
der gute Philotheït τὶν εἰδιόπιο, was ihn aber nicht hindert,
gastlich gegen Fremde und eifrig im Gebet zu sein. Dagegen
besuchte mich, während der Diener das Essen bereitete, der
Geheimschreiber der Regierungsjunta, ein junger und wohl-
geschulter Chilantarimönch aus Skopelo in Hellas gebürtig.
Als Kaïrï's Discipel war er voll neuer Ideen und hatte auch
die verbesserten Lehranstalten in Athen besucht. Mauro-
cordatos war ihm zwar "Ὄργανον πάσης κακίας τῇ Ἑλλάδι,
„Werkzeug alles Unheils für Griechenland"; allein statt St.
Basilius und St. Pachomius liest der Geheimschreiber die
Werke des Isokrates und Demosthenes und schreibt das
Hellenische mit Leichtigkeit und Eleganz.

Ob das Alte und das Neue nicht etwa auch auf dem
heil. Chersones früher oder später mit einander in Conflikt
geräth? Oder mit andern Worten: wird der abendländische
Trieb nach Wissenschaft, Fortschritt und Erkenntniss nicht
auch einmal verwüstend und auflösend in die stille Zone des
Hagion-Oros dringen? Wird die anatolische Kirche auch ihre
Encyklopädisten und ihre Hegel'sche Philosophie zu überstehen haben? Die Antwort hängt vom Gang der Dinge in
Hellas und von noch etwas ab, das man wohl mit einem
Chilantarimönch im Gartenhaus zu Karyäs, aber nicht so
leicht mitten in Deutschland vor dem grossen Publikum besprechen kann. Einiges Unkraut meinte ich hie und da in
der überreichen Vegetation zwischen dem markigen Blatt
des Lorbeerbaums und der „brennend gelben Blume des
Hypericumstrauchs" schon jetzt bemerkt zu haben; doch hat
es noch lange hin, bis sich die Auftritte des zehnten und
eilften Jahrhunderts im neueren Sinn wiedergebären könnten.
Inzwischen war die Sonne untergegangen und die Zeit zur
Abendkost gekommen. Man trug eine gesottene Henne auf,
die der freundliche Sockenprälat als Xenium geschickt; Reis,
Butter, Wein, Brod, Eier, Kaviar, Fische und getrocknete
Früchte hatte der Bazar geliefert, und so endete voll Zufriedenheit und guter Laune der erste Tag in der Hauptstadt
des heiligen Municipiums.

Von der übermässigen und nutzlosen Strenge der Mönchs-regel in Sachen der Diät wird am Regierungssitz zum Trost menschlicher Schwäche etwas weniges nachgelassen. Selbst Vater Bessarion, der Rigorist, hatte an Nichtfasttagen ein Ragout aus Ziegenfleisch. und mein Beschützer, der socken-strickende Prälat, unterhielt — wohlverstanden nur für unge-wöhnliche und vom Arzt vermerkte Fälle — eine Hennen-kolonie mit Zubehör im verborgensten Winkel des Hofs und mit Auferlegung strenger Klausur, um die Bewohnerschaft des heiligen Städtchens ja nicht in der Andacht zu stören und durch sinnliche Eindrücke vom Weg des Heiles abzu-lenken. Der Bostandschi mit seinem Haushalt isst gar Hammel-fleisch, so wie auch die Municipalmilizen, obgleich Christen, was Diät betrifft, auch nicht immer nach gleichem Grad der Vollkommenheit streben wie die weltüberwindenden Kaló-geri. [1] Wenn man regieren soll, meinen die Väter in Karyäs, ist es an der Ehre allein nicht immer schon genug; man will und muss zu Zeiten auch kräftiger essen und in Christo fröhlich sein.

Des andern Morgens führte mich Vater Bessarion in den Sitzungssaal, um die Papiere zu überreichen und das übliche Examen auszuhalten. Ich meinte nur vor dem engern Aus-schuss, den vier Direktoren der Junta, zu erscheinen, fand aber das ganze Kollegium in feierlichem Senat versammelt. Auf drei Seiten eines länglichten Vierecks sassen in morgen-ländischer Weise auf breitem Divan 25 ehrwürdige Gestalten mit wallenden Bärten und weiten dunkeln Gewändern, schwei-gend und unbeweglich, wie der Senat des Cyneas. Der An-blick hatte etwas Feierliches und Ehrfurchterregendes. Auf der offenen Seite des Vierecks, aber eine Stufe tiefer, sass am Tische der Geheimschreiber aus Chilantari, mit dem ich Abends vorher die lange Unterredung hatte. Mein Platz war auf der Schmalseite neben den Vorständen, und nicht

---

[1] Kalógeros (καλόγηρος und καλόγερος, spr. Kalójeros, d. i. der gute Alte) ist gemeines Appellativ für Mönch in allen Gegenden des by-zantinischen Reiches.

ohne Verlegenheit blickte ich auf die lange Doppelzeile
schwarzer Mönche, und die grossen Augen und die asiatische
Melancholie der ausdrucksvollen, scharfgezeichneten, sonnen-
gebräunten Südgesichter machten mich im ersten Andrang
über den Erfolg meines zu stellenden Antrages selbst
besorgt. Ich fühlte Beklemmung und so etwas von disciplinirter
Verzagtheit ungeübter Schattensitzer. Allein Kaffee und Süssigkeiten, die im Orient bei keiner Gelegenheit fehlen, gaben
Zeit und Gemüthsruhe, und einige Incidenzfragen meines
nebenan sitzenden Beschützers brachten mich vollends in
Gang. Ich erklärte der heiligen Versammlung ungefähr in
denselben Worten, aber etwas umständlicher als in Vatopädi,
den Zweck meiner Athostour, legte die Empfehlungsschreiben
des ökumenischen Patriarchen, des Wesiers von Saloniki
und ihrer eigenen Residenten aus Konstantinopel vor, vergass auch nicht anzurühmen, dass ich das Glück hatte, in
Folge langer Pilgerfahrten zum heiligen Grabe, nach Cypern
und nach Kolchis, die drei von Sanct Lukas eigenhändig
gemalten und in der anatolischen Kirche allein erhaltenen
Originalbilder der Panagia von Megaspiläon in Morea,
vom Kloster Kykky auf Cypern und vom Melasberge bei
Trapezunt zu sehen. Ich erzählte ihnen, wie einst Alexius
der Grosscomnen und Imperator, laut der noch aufbewahrten
Goldbulle, eines der schönsten und gesegnetsten Convente
des vielberühmten Athos mit kaiserlicher Munificenz gegründet
habe und ich vor Begierde brenne, dieses Denkmal fürst-
licher Frömmigkeit zu Nutzen und Ehren der heiligen
Gemeinde näher zu betrachten und Alles zu erforschen,
was sich etwa an Nachrichten über jenen letzten Staat
orthodoxer Autokraten in den zahlreichen Sammlungen des
Hagion-Oros finden sollte. In der (grundlosen) Besorgniss,
die Mönche möchten wie auf Sumelas ihre üblichen Tücken
auch hier gegen mich wenden und die Existenz der Goldbulle gar ableugnen oder das Vorzeigen unter dem Prätext
verweigern, dass von den beiden Archivschlüsseln der eine
im Patriarchat zu Konstantinopel liege, bat ich zum Schluss

um eine spezielle Empfehlung an ihre heiligen Brüder in
Sanct Dionys, wo ich für meine Zwecke am längsten zu
verweilen hätte.

Der Vorsitzende des Tages antwortete in wohlwollenden
Ausdrücken, las die Empfehlungsschreiben des Patriarchen
und der Athos-Epitropen laut in der Versammlung vor und
versicherte, sie hätten die Absicht meiner Ankunft in ihrer
Gemeinde vollkommen begriffen; es kämen ja ungefähr in
gleichem Sinne öfter Fremde aus dem Abendland, und spe-
zieller Empfehlung bedürfe es bei dem liebevollen Geist ihrer
Brüder in Sanct Dionys durchaus nicht; ein Circular, in herkömmlicher Form von ihrer Seite ausgestellt, sei alles, was
ich nöthig habe, und dieses werde auch der Grammatikos
ungesäumt und unter ihren Augen selbst in Ordnung bringen.
Wo immer auf dem Hagion-Oros ich mit diesem Papier
erscheine, werde ich brüderlich auf- und angenommen sein.

Dann erst wurde die Unterhaltung allgemeiner; jeder
fragte, was ihm besonders im Sinne lag: der eine über
Bayern, seine Grösse, seine Macht und seine Bedeutung;
der andere über Deutschland und seine Bewohner überhaupt;
der dritte gar über China, wo eben der Opiumkrieg begonnen
hatte. Jerusalem, Athen, das Bild von Megaspiläon,
Misiri (Aegypten), Hr. Mynas, ein gelehrter Gräcist aus
Paris (zu derselben Zeit in Auftrag seiner Regierung auf
Hagion-Oros), und St. Anonymus, der neu aufgefundene
Heilige von Vatopädi, kamen- nach der Reihe ins Spiel.
Manche ehrwürdige Mönchsgestalt that kindische Fragen, und
mancher Augenglanz erlosch bei geöffnetem Munde; aber
auch Allianzen der Sympathie und Intelligenz mit zwei De-
putirten (Senatoren), die ich später oft besuchte, wurden in
diesem allgemeinen Wettkampf mönchischer Neugierde und
Redesucht geschlossen.

Etwas Welt- und Länderkunde ist bei solchen Gelegenheiten das fruchtbarste und befriedigendste Thema und der
wirksamste Talisman, angenehm zu sein. Inzwischen war
auch das Umlaufschreiben, in bester Form ausgefertigt und
mit dem Sigill der heiligen Junta versehen, in meine Hand

gelegt, worauf ich unter freundlichen Blicken und den besten
Wünschen der Väter aus der Versammlung ging. Der Vortheil, sich ohne Mittelsperson verständlich zu machen und
seine Interessen selbst zu vertheidigen, ist wenigstens in meinen
Umständen von grösserem Belang, als man gemeiniglich
glaubt. „Seht, seht, hiess es, dieser Deutsche hat zwar eine
etwas schwere Zunge, aber er redet hellenisch und römisch,
dass man ihn versteht, und er scheint auch zu wissen, was
in der Welt passirt." Vater Bessarion erzählte mir nachher
alles, was seine Collegen zu Ehre und Vortheil des abtretenden
Fremdlings sagten. Denn aller Heiligkeit und Abtödtung zum
Trotz hat das Bedürfniss der Kritik selbst die Athosmönche
nicht verlassen.

Während die Väter in ungewöhnlich langer Sitzung die
Geschäfte des Tages erledigten, besah ich Karyäs und seine
wahrhaft reizende Umgebung ungestört. Kern des Orts ist
die am Bergabhang sich krumm hinziehende Kaufstrasse
(τὸ Βαζάρι) und ihre drei oder vier kurzen Seitengässchen,
alles mit grossen Kieseln roh gepflastert und ohne Zuthun
der Bewohner durch die vom Berge herabsprudelnden Bäche
reingehalten. In diesem Theil allein sind die Häuser städtisch
aneinandergerückt und mit einer Doppelreihe niedriger Schoppen versehen, in welchen Krämer und Handwerker der
gewöhnlichsten Ordnung, unbeweibte Weltleute oder Kalogeri
ihr Geschäft betreiben. Da sieht man neben den Stoff- und
Esswaarenhändlern bärtige Mönche, die Schuhe machen,
Kleider nähen, Eisen schmieden, Magazine mit heiligem
Schnitzwerk aus Horn und Bux, Kirchenzierrathen, gemalten
Bildern. Korallen, Farben und hölzernen Löffeln halten und
zur Erleichterung des Verkehrs auch kleinen Wechsel treiben.
Einsiedler voll Kasteiung und Schmutz schleppen in weiten
Haarsäcken ihr rohes Fabrikat zu Markt; Regierungsmitglieder
sitzen an den Auslagen ihrer arbeitenden Brüder und heim-
garten über den Gang der Berathungen, über schwebende
Processe, aber alles ohne Geräusch, ohne Zank, ohne Leidenschaft; in Karyäs ist Niemand zornig, redet Niemand laut,
es ist wie im Mohnpalast des Schlafes, man sieht, dass sie

Hände und Lippen bewegen, hört aber ihre Stimme nicht,
gebannte Geister, Schattenbilder ohne Nerv und Blut. In
Karyäs fehlt das Weib und mit ihm die Familie, die häusliche Sorge, die Eleganz der Sitte und des Putzes, die Elek-
tricität der Lebensgeister, die Begierde und aller nachhaltige
Trieb menschlicher Bestrebung.

Ausserhalb dieses festen Mittelpunktes sieht man in
Gärten, unter Weinlaubguirlanden, Haselnuss- und Maulbeer-
pflanzungen, an Bächen und plätschernden Brunnen überall
hin zerstreute Steingebäude mit Söller, Kapelle und Glocken
bald in Gruppen, bald einzeln stehend, und jenseits dieser
zweiten Region auf der ansteigenden Halde dicht hinter dem
Bazar und der Klosterkirche eine dritte: aus Cypressen und
Pinien hervorblickende Einsiedeleien, Wohnthürme mit hell-
dunkeln Zimmern und gothischen Fensterbogen, Heiligthümer
auf beranktem Felsen, Waldhütten und luftige Sommersitze;
unterhalb des Städtchens aber, in einer Niederung kaum eine
Viertelstunde entfernt, zwischen Gartenflor, Rasen, Wasser-
sprudel und Laubschatten das kleine neugebaute Kloster
Kutlumusi mit Bogengängen und weittönenden Glocken;
das Ganze ein ineinanderrinnendes entzückendes Naturgemälde
mit Kastaniengrün, Buschwerk, Schluchten und Hochwald
in weitem Rahmen eingefasst. — Bild der Glückseligkeit und
der süssen Schwärmerei! Warum bin ich wieder nach Europa
zurückgegangen! Warum habe ich noch einmal die Seelen-
qual und die Winternebel Germaniens um deinen Frieden
und deinen ewigen Frühling eingetauscht!

Bis Sonnenuntergang schwärmte ich allein im Lustrevier,
und erst des andern Tags spät ritten wir, Karyäs ver-
lassend, quer durch das Dickicht des Waldabhanges zum
Hochkamm hinauf und über die Schneide fort, sanft ansteigend, wohl drei Stunden lang durch Baumdunkel bis
nahe an den Ort, wo sich die furchtbare Felswand der
Athospyramide senkrecht aus der düstern Schattenregion in
die Lüfte schwingt. An vielen Stellen ist die Bergscheide
nicht breiter als der Reitweg, und links und rechts fallen
die waldigen Seitenflügel ohne Vorberg und Uebergang, wie

der Athoskegel selbst, unmittelbar vom höchsten Kamm zum
Strand hinab. [1]

Vergessen Sie ja nicht, was ich früher von der Riesen-
fülle und Lebenskraft des Pflanzenwuchses dieser Gegend
schrieb. Denken Sie noch den sonnigwarmen Mittag, die
herbstlichen Tinten der Luft und das schwärzlichblaue Wasser-
panorama mit Olymp und Halbinsel Sithonia auf der einen,
mit Thasos, Samothrake und dem thracischen Pangäus auf
der andern Seite, und Sie werden begreifen, was man
auf dreistündigem Ritt über eine solche Scene empfunden
hat. Die Sonne war schon durch den Meridian gegangen
und wandte den Lauf abendwärts, als wir von dem Höhen-
pfade rechts ausbogen und in die grüne Steilschlucht von
St. Dionys niederstiegen — melancholisches Sinnbild des
eigenen Lebens am Wendepunkt! Die Linie ist schon überschritten, und die „anni recedentes" werfen ihre Schatten morgenwärts. Von der Tanne am Kamm stiegen wir durch alle
Regionen des Laubwaldes fünf Viertelstunden lang ohne
Milderung bis zur Pomeranze des Strandes herab.

[1] *Dr.* Grisebach berechnet die Kammhöhe in dieser Gegend auf
2500 Fuss über dem Meere und stimmt im Urtheil der Schönheit des
„Durchblicks von der Höhe, wo das Litoralkloster Philotheos den Hintergrund bildet", vollkommen mit dem Berichtgeber überein, wie er schon
vorher die romantische Waldcascade im Baumdunkel ober Xeropotamo
mit gleichem Entzücken schildert. Gefühle und Ansichten von einem so
correkten und talentvollen Gelehrten getheilt und mit empfunden zu sehen,
rechne ich für eine grosse Ehre. *Dr.* Grisebach war im Junius 1839 auf
dem Hagion-Oros, und was er in seinem Reisewerk botanisch und geo-
gnostisch von dem Berge sagt, übertrifft an Schärfe der Beobachtung wie
an Eleganz und Wärme der Darstellung bei weitem alles, was man bisher
in Europa über diesen Gegenstand geschrieben hat. Der junge Zachariä,
andere Zwecke verfolgend, gibt (zwar correkt) nur Skizzen und flüchtigen
Umriss, wo Grisebach meisterhafte Scenen malt. Leider erhielt ich das
während meiner Abwesenheit ausgegebene Buch erst nach dem Abdruck
des ersten Artikels (24 bis 27 Oktober v. J., d. i. 1842). sonst hätte ich
nicht den Ruhm angesprochen, als der erste Europäer durch diesen Theil
der wundervollen Waldpartie gezogen zu sein. *Dr.* Grisebach hat schon
zwei Jahre früher in umgekehrtem Sinne auf seiner Wanderung von Sanct
Paul nach Karyäs denselben Weg verfolgt und dieselben Eindrücke empfunden und dargestellt.

Das Archontalik (Herrenwohnung) von Sanct Dionys
hat etwas ungewöhnlich Heimatliches; das grössere oder das
Winterzimmer, mit Matten und farbigen Teppichen, mit
laufendem Divan, einer Wandschlafstätte und mit italienischem
Kamin geschmückt, erhält das Licht hauptsächlich von der
Decke und nur zum Theil durch zwei innere Fenster vom
anstossenden kleinern Sommerzimmer. Letzteres, auf drei
Seiten frei und durch doppelte Fensterreihen erhellt, springt
nach byzantinischer Architektur über die Hauptmauer des
untern Stockes vor und schwebt gleichsam frei über dem
Abgrund von wenigstens dreissig Menschenlängen senkrechter Tiefe. Das Auge überblickt den Golf, das Tafelland
Chalkidike, den thessalischen Olymp und das gebirgige
Langeiland Sithonia auf der einen, die grüne Waldschlucht
bis zum Kamm auf der andern und den kleinen Athoskegel
auf der dritten Seite.

Höflich und gastlich sind, wie man sagt, die Athosmönche überall, gefühlvoll und herzlich schienen sie mir aber
vorzugsweise im wohlregierten St. Dionys. Ist die abgeschlossene, dem Fremdenzug ungleich weniger ausgesetzte
Lage des Klosters etwa schon genügend, um die harmlosere
Natur seiner Bewohner zu erklären, oder fällt der Ruhm
zum Theil auf die altererbte Strenge dionysischer Disciplin
und auf die vortreffliche Leitung des gegenwärtigen Abtes
zurück? Vater Gerasimus, vor zwei Jahren noch, er sagte
mir es selber, Weltmensch und Sünder in Konstantinopolis,
jetzt aber strenger Büsser in Sanct Dionys, führte uns in die
Wohnung ein und leistete Gesellschaft, während ein bulgarischer Laienbruder Küchen- und Zimmerdienst besorgte.
Etwa eine Stunde redeten wir über die corrupte Natur des
Menschen, über das Sittenverderbniss der Welt im Allgemeinen und der Stadt Konstantinopel insbesondere, und kamen
am Schlusse zur gemeinschaftlichen Ueberzeugung, dass in
weltlichem Verband die Leidenschaft auch beim redlichsten
Willen nicht zu bändigen und siegreicher Kampf nur mit
Hülfe strenger Klausur, wie in Sanct Dionys zu bestehen
sei. Vater Gerasimus und ich verstanden uns vollkommen,

unterhielten uns sehr gut und schieden voll gegenseitiger
Erbauung schon nach dem ersten Dialog als die besten
Freunde von einander. Für Leute in permanenter Klausner-
exaltation hat der Drang. ihr Lebensinstitut zu rechtfertigen,
etwas Unwiderstehliches. Uebrigens waren mir die byzantinischen Studien und das gute Gedächtniss diesen Abend
besonders nützlich; denn sicherlich hat ein melancholisch
frommes Citat aus Johannes Damascenus in Sanct Dionys
mein Glück gemacht und hauptsächlich den Sinn des Vor-
standes zur Willführigkeit gegen mein Petitum gelenkt: „Wie
eine Blume verwelkt und wie ein Traum vergeht und zer-
fliesst der Mensch." [1]

Vater Gerasimus fand den Spruch eben so schön als
treffend, und die freundliche Miene des Abtes, vor dem ich
des andern Morgens erschien, sagte deutlich genug. dass er
in mir weniger den irrgläubigen Abendländer, als den Freund
und Lobredner seines weltüberwindenden Institutes sah. Die
Würdenträger sassen dem Igumenos zur Seite und hörten
nicht ohne sichtbares Vergnügen eine kurze Schilderung des
Reiches Trapezunt, der Comnenischen Geschicke, meiner
Arbeiten und meiner Wünsche. Mit Ueberreichung des
Bücherverzeichnisses gab man volle Freiheit, in der Bibliothek
umzusehen. zu copiren und zu thun, was mir beliebe. Nur
wie ich auch die Goldbulle ihres kaiserlichen Stifters, diesen
verborgenen, unbekannten und mit Eifersucht bewahrten
Klosterschatz zu sehen und abzuschreiben begehrte, erschraken die frommen Väter ein wenig und sahen einander
verlegen und fragend an. Woher ich denn wisse, dass sie
dergleichen besitzen, da dieses Kleinod, so viel ihnen bekannt,
ein Ausländer noch nie verlangt und gesehen habe? Freundliche Worte besiegten am Ende ihre behutsame Scheu. und
eine Commission brachte feierlich den heiligen Schrein mit
der kostbaren Reliquie des Imperators von Trapezunt. Es
ist eine anderthalb Fuss breite und fünfzehn Fuss lange

---

[1] Ὡς ἄνθος μαραίνεται, καὶ ὡς ὄναρ παρέρχεται καὶ διαλύεται πᾶς
ὄνθρωπος. Joh. Damasc.

Papierrolle mit farbigen Randarabesken und wundervoll verschlungenen Zügen ausgeschmückt. Die Doxologie (das *Bism illah* der Mohammedaner) am Eingang ist in zwei Zoll hohen halb goldenen, halb lasurblauen Buchstaben mit besonderer Pracht geschrieben und nach byzantinischem Kanzleibrauch das Wort „Majestät" sammt Unterschrift des Herrschers überall in Purpurdinte ausgedrückt. Die grösste Zierde des Dokumentes aber sind die beiden Standbilder des Autokraten Alexius und seiner Gemahlin Theodora durch die Hand trapezuntischer Meister oberhalb des Textes, sechzehn Zoll hoch mit Farben und im vollen Kaiserornat kunstreich und wunderschön aufgetragen, damit in solcher Weise nicht nur das Andenken kaiserlicher Frömmigkeit und Huld, sondern auch die Gesichtslinien, das Kleid, die Gold- und Perlenstickerei und der reiche Schmuck an Edelsteinen des kolchischen Selbstherrschers auf die Nachwelt übergehen.

Alexis hält in der rechten Hand das Scepter in Kreuzesform, mit der linken das eine Ende der zusammengerollten und goldbesiegelten Bulle; Theodore aber in der linken den goldnen Reichsapfel und mit der rechten das andere Ende der Rolle. Ueber beide schwebt segnend der Salvator Mundi im Brustbild und mit einer Glorie von Gold um das streng byzantinische Antlitz. Die Edelsteine an Krone und Kleid der Herrscher sind in ihrer natürlichen Farbe dargestellt, und die buschigen Ohrgehänge fallen an beiden Figuren als doldenartiges Diamantengeflecht bis auf die Schulter herab. Die Krone des Imperators ist rund geschlossen und mit dem Kreuz auf der Spitze, Theodora's Diadem aber oben mörserartig ausgerandet; beide aber, wie an Wesen höherer Art, von einer Purpurglorie umflossen. Das Ganze ist ein prachtvoller Anblick und auch für ein Künstlerauge vielleicht nicht ohne Werth. Unterhalb der Titulaturen des Kaisers und seiner Gemahlin ist beiderseits das grosse, aus einer thalergleichen massiven Goldplatte bestehende Insiegel mit Standbild und Namen des Herrscherpaares durch Goldhäkchen am Diplom befestigt. Dann beginnt erst der Text des Dokumentes selbst mit allem Aufwande kalligraphischer Kunst und Zierlichkeit. Neben dem Original lag eine Copie, die man vorsichtshalber vor etwa hundert Jahren in gewöhnlicher Cursivschrift mit möglichst treuer Nachbildung der Figuren für den Fall entworfen hat, dass ersteres verloren gehe oder gar im Laufe der Zeit für die ungelehrten Mönche der Abtei unverständlich werde. Das Original konnte ich nur im Beisein der Vorstände durchsehen und mit der Copie vergleichen, letztere aber gab man mir nach Beseitigung erneuter Bedenklichkeiten gutwillig auf das Zimmer zum beliebigen Abschreiben des Textes und Abzeichnen der Figuren.

Nicht zufrieden, allen literarischen Zudringlichkeiten des Fremdlings nachgiebig zu begegnen, liess mir der Abt durch Vater Gerasimus Baulichkeit und Einrichtung des Klosters zeigen, und der bulgarische Küchenmeister sollte das Mahl so schmackhaft und reichlich rüsten, als es ohne Fleisch nur immer thunlich sei. Aus Dankbarkeit für so viele Rücksicht ging ich aber auch mit den Mönchen in die Vesper (εἰς τὸ ἑσπερινόν) und erbaute die guten Väter — ich denke es wenigstens — durch Andacht und Geduld. In Klöstern, wie Sie wissen, sind Kirche und Speisesaal allezeit die ersten Glanzpartien und beide in Sanct Dionys wie aller Orten auf Hagion-Oros mit einem fortlaufenden Cyklus geistlicher Fresken ausgemalt, zu denen das Neue Testament, das Heroen-alter des Mönchthums, besonders aber die Apokalypse des Apostels Johannes unabänderlich das Thema liefern. Die erste Rolle nicht etwa nur in den Säulengängen von Sanct Dionys, sondern in der ganzen anatolisch glaubenden Welt, in Malerei, Literatur, Politik und Lebenspraxis spielt die Apokalypse. Sie ist das gelesenste Buch, gleichsam Nibe-lungenlied, Pandektenheft und Nationalcodex von Byzanz, auf welche der berechnende Theil des Volkes seine Ideen, seine Weltansicht, seine politischen Combinationen und seine Hoffnungen stützt. Sie ist der Massstab, mit welchem das Morgenland Bonaparte, die Janitscharenvesper, die Schlacht von Navarino, den Frieden von Adrianopel und die Zukunft von Hellas misst.

Hätte ein Athosmönch auf einer Schule in Europa die Universalgeschichte zu lehren, so würde er als Leitfaden gewiss nicht das Compendium von Dr. Daniel Beck in Leipzig, sondern die mystischen Visionen des Exulanten auf Patmos nehmen. Es ist Nationalglaube der Griechen, Gott habe das Weltregimentsprogramm vom Beginn des Christenthums bis zum Ende der Zeiten in diesem Buche niedergelegt. Wenn die fast widerstandlose Besitznahme der byzantinischen Provinzen durch die türkischen Sultane und besonders die Gleichgültigkeit der Nation beim Falle der Hauptstadt selbst den Chaldäern und Weisen des Abendlandes heute noch ein Räthsel ist, so war dagegen den Griechen in diesem Punkte von jeher Alles klar. Sie erkannten in Murad I., in Bajesid Wetterstrahl *(yildirim)* und in Mohammed Ghasi augenblicklich das „Thier" der Apokalypse (XIII, v. 1) und legten, weil doch aller Streit vergeblich, die Waffen ab. [1] Welche Stelle dieses Buches aber glauben Sie wohl, dass man in Griechenland citirte, als Europa seine neun Chöre Schreiber in den Orient schickte, um mit Hülfe einiger Tonnen Besoldungskostenaufwandberechnungsüberschlagstabellen in provisorisch abgekürzter Form das byzantinische Reich zu reconstruiren? Virgil hat den Landwirthen den Rath gegeben, zuerst das Erdreich zu untersuchen und dann erst den Pflug einzusenken.

Die Lage des Klosters mit seinen Terrassengärten und seinem hohen, gothisch ausgezackten Zinnenthurm auf der meerbespülten Seitenböschung der einsamen fast senkrecht aufsteigenden Schlucht macht einen tiefmelancholischen Eindruck, dem sich das Gemüth nur zu gerne überlässt. Das Orangendelta an der Mündung des Sturzbaches ist nicht breiter als einen Flintenschuss, die Tiefe nicht über zehn Minuten, und auf beiden Thalseiten unersteiglicher grünbewachsener Schieferrand. Denken Sie sich noch fünf Stockwerke mit Holzsöllern übereinander gegen die See hinaus,

---

[1] Sieh Χριστοφόρου Ἀγγέλου περὶ τῆς καταστάσεως τῶν σήμερον εὑρισκομένων Ἑλλήνων ἐγχειρίδιον. *pag. 14.*

in der Mitte den alterbraunen, grossen Steinthurm über das
kräftige Mauerwerk und den Klosterdom hoch in die Lüfte
ragend, und Sie haben das Bild von St. Dionys. Die erste
Gründung sämmtlicher Klostergebäude mit Inbegriff der Wasserleitung verschlang die bedeutende Summe von zehn Millionen
Silberpfennigen oder Handelsaspern, die als fromme Gabe in
Frist von drei Jahren aus dem Schatze des Kaisers Alexius
floss. [1] Man musste aber auch, um den nöthigen Raum zu
gewinnen, zuerst den Felsen abplatten und einen cyklopi-
schen Unterbau aus der Tiefe heraufführen. Der Festungs-
thurm ist so mächtig, dass er in Zeiten der Gefahr sämmtliche Klostereinwohnerschaft aufnehmen und beschirmen
konnte. Den Eingang aber hat man wie bei den Pyramiden
wenigstens sechzig Fuss über der Grundfläche auf einer
Blumenestrade angebracht, wo ich, verführt durch die milden
Lüfte, Nachts allein lange sass. Der Vollmond hing über
dem Verliess, Licht und Schatten wechselten in geisterhaftem
Spiel, kein Blatt rauschte, das Meer glitzerte, die Mönche
schliefen. Welche Gedanken! Welche Ruhe über der Burg!
Welches Schweigen in der grünen Schlucht!

Denkt sich der Europäer unter Klosterbibliothek auch
nicht immer Prachtsäle mit Stukkatur und Gold wie zu Melk,
San Marco und Kremsmünster, so stellt er sich doch wenigstens eine Reihe luftiger Zimmer vor, von oben bis unten
mit Büchern angefüllt, alles nach Fächern und Format sym-
metrisch geordnet, katalogisch eingetragen, wenigstens 5000
bis 6000 Nummern, sammt Vorstand, Schreiber und Fonds
zu fortgehendem Ankauf neuer oder noch fehlender Werke.
Auf byzantinische Klöster überhaupt und auf den Berg Athos
insbesondere die occidentalischen Begriffe von Literatur und
geistigem Leben anzuwenden, wäre grosser Irrthum. Liturgi-
schen Bedarf ausgenommen, hat man auf dem Hagion-Oros,
so lange die Klöster bestehen, noch niemals ein Buch gekauft, und vom Klostervermögen nur einen Pfennig für solche
Zwecke hinzugeben, würde in allen zwanzig Abteien Nie-

---

[1] Ein Asper galt wenigstens 2¹/₄ Kreuzer.

mand in den Sinn kommen. „Für was seien Bücher gut?"
fragen die Mönche. „Was der Mensch zur Seligkeit nöthig
habe, sei schon lange festgesetzt; weltliches Wissen und
Grübeln führe vom Wege des Heiles ab, und das Verderben
sei durch die Gelehrten in die Welt gekommen; studirte
Leute bringen Alles in Unordnung (οἱ γραμματικοὶ ταράτ-
τουν τὰ πράγματα), Glaube und christliche Demuth könne
mit Philosophie und gelehrtem Dünkel in einer und derselben Seele nicht beisammen wohnen, das eine oder das
andere müsse nothwendig weichen; und eben hierin bestehe
der Vorzug des Athos-Instituts, dass sie den Wissensteufel
aus dem Herzen geworfen und sich ganz, mit Leib und
Seele, dem Dienste des Herrn ergeben haben. Uebrigens
wüssten sie wohl, dass die ganze Welt nicht leben könne
wie sie; aber dafür heisse es auch im Evangelium, Viele
seien berufen, aber Wenige auserwählt. Hagion-Oros sei
nun einmal Sitz der Auserwählten, Exempel und Muster-
wirthschaft irdischen Tugendwandels, damit sich die Wege
des Heiles nicht ganz verfinstern und alles Fleisch wie in
den Tagen Noahs sich vom Göttlichen entferne. Dogma
und Kirchenpraxis in primitiver Gestalt und Reinheit zu bewahren, sei die Aufgabe ihrer heiligen Gemeinde, und Unabhängigkeit von materiellen Bedürfnissen und bürgerlichem
Verbande das einzige Mittel, das vorgesteckte Ziel zu gewinnen."

Die Physis auf das Minimum zu reduciren und dieses
Minimum mit dem Karst in der Hand sich selbst aus dem
Boden herauszugraben, ist leitender Gedanke des mönchischen
Instituts, wie es, um der Römerzinszahl und dem Regiment
der Pandekten zu entrinnen, die anatolische Kirche begriffen
hat. Glauben Sie wohl, dass man sich unter diesen Umständen auf dem Hagion-Oros viel kümmere, was Hr. Prel-
lerus in Dorpat über die Fragmente des alten Grammatikers
Praxiphanes disputire, oder dass man gar Dr. Wall aus
Oxford lese, von dessen grossem Werke über die Erfindung
des ABC eben erst ein Theil der Einleitung in drei Oktav-
bänden zu nicht mehr als 1500 Seiten erschienen ist? Die

Sammlungen der Athosklöster haben sich ohne Zuthun der
Gemeinde aus der Verlassenschaft verstorbener Bischöfe oder
büssender Laien zufällig und ohne Plan gebildet. Weltmüde
Intriguanten, Feldherren, bankerotte Hofleute und ausge-
triebene Fürsten aus Byzanz brachten mit ihrer Langweile
und ihrem Lebensüberdruss zugleich ihre Politur und ihre
Bücher mit, die nach ihrem Tode dem Kloster blieben, die
aber Niemand las und die spätere Zeit nach Europa verhandelte oder aus Unwissenheit und Missgeschick in Massen
verfaulen liess.

Der Orient hat ein Problem gelöst, an welchem die
Europäer mit all ihrer Weisheit und Kunst gescheitert sind.
Bei uns hat die Zeit das Mönchthum theils besiegt, theils
umgebildet; in der morgenländischen Kirche aber ist es heute
noch auf demselben Standpunkt, wo es die Altväter Sanct
Paphnutius und Sanct Schnudius (die Kopten in Siut
sprechen Sche-nuti) im ersten Jahrhundert der Gründung gelassen haben. Wir wüssten kein menschliches Institut zu
nennen, dessen Geist, Form und ursprüngliche Energie fünfzehn Jahrhunderte nicht zu erschüttern vermochten. Vermag
denn nur der Orient allein Ewiges zu schaffen, oder ist im
Gegensatz mit unserer Beweglichkeit überall das Insichverharren sein Gesetz?

Wir überlassen es Andern, vom stereotypen, todten
Buchstaben der Athosconstitution zu reden und mitunter
zu berechnen, wie viel eine Gesellschaft an Kraft und Werth
verliere, sobald sie sich ausser Bereich des Fortschrittes,
der stetigen Verbesserung und des abendländischen Wandel-
prinzips gestellt. Mir genügt es, noch diesseits des Hellesponts einen Ort zu wissen, wo man der Tyrannei des Genusses, den Künsten der Herrschaft und den Syllogismen
der Hof-Sophisten zugleich widerstehen kann. Leute, die den
Kampf mit der Materie wagen, sind noch keine Thoren, und
wenn Freiheit und innerer Friede um geringern Preis als
um Hingabe der Wissenschaft, der Kunst und der Lebenseleganz nicht zu erringen ist, so darf selbst der Philosoph
den Kauf nicht tadeln. Frei ist nur, wer entbehren kann.

Auf dem Athos allein hat der Mönch mit Luxus und Welt
niemals capitulirt wie in Europa, wo sie in früherer Zeit
hin und wieder meinten, man könne fette Kost verzehren,
weiche Gewänder umthun, den Grazien huldigen und nebenher doch Wesen und Kredit der Heiligkeit bewahren. Und
eben der Umstand, dass es bei den Bewohnern des heiligen
Berges in anderthalbtausend Jahren Niemand wagte, in der
äusseren Disziplin eine Aenderung vorzuschlagen, hat ihrem
Institut mit Ansehen, Rang und Ewigkeit auch das Gepräge
des höchsten Adels aufgedrückt. Unangefochten von Zeit
und Menschen blieben von jeher nur Mässigung, Geduld
und Gram.

Für die Meisten von uns hat schon der Gedanke an
die Athoskost etwas Abschreckendes. Oder würden Oliven,
grünes, im Wasser gekochtes Gemüse ohne Zuthat, rohe
Gurken, Knoblauchstengel, süsse Zwiebeln, Salzfische, weicher
Käse, Bohnenbrei, Obst, Honig, Brod und Wein ohne alle
Abwechslung das ganze Jahr und das ganze Leben in Europa
nicht auch dem strengsten Büsser ungenügend sein? Fleisch
ist innerhalb der Klöster auf ewig versagt; an Fasttagen,
das ist nahe acht Monate, des Jahres, sogar das Ei, der
Fisch und das Oel verbannt, alles unabänderlich und ohne
Widerrede; denn auf dem Hagion-Oros — ein für europäischen Stolz unerträglicher Gedanke — gibt es keine Opposition, die Form hat den Geist vollständig übermannt, und
erst, wenn ihr diese eherne Hülle zerbrochen habt, greift
abendländische Aktion byzantinische Gemüther an. Wie einst
Sanct Hieronymus hält auch Vater Gerasimus, der noch junge,
aber doch erfahrungsreiche Mönch in Sanct Dionys, ohne
strenge Diät die Herrschaft über die Sinne für eine Unmöglichkeit. In Konstantinopel habe ihm der Teufel heftig zuge-
setzt und wiederholte Niederlagen bereitet; jetzo gehe es
besser; es hat ja Niemand ein Bett, man duldet auch das
Sopha nicht, man schläft auf grobem Teppich, und die Hemden
sind aus Schafwolle; in keinem Athoskloster wird Leinwand
gestattet, und jeder hat seine ärmliche Wäsche selbst zu besorgen und im Stand zu halten; Glätte und Bügeleisen sind

zugleich mit Haarscheere und Rasirmesser gänzlich unbekannt; ein Kamm der einzige Toiletteartikel der Hagion-Oros-Helden. Zu langes Haar wird in Büschel gebunden oder leicht geflochten unter der schwarzen Mörsermütze aufgewickelt. Der Vorstand geniesst keinerlei äussere Auszeichnung, weder in Kleid, noch in Essen, noch in der Bequemlichkeit; er hat nur die Sorge für das Ganze, den unbedingten Gehorsam aller Einzelnen, und von den Laienbrüdern, so oft sie vor ihm erscheinen, die morgenländische Adoration auf allen Vieren. Goldenes Pektorale, Hoftisch und Prälatenstolz sind gänzlich unbekannt. Von den acht für Beten und Psalmiren in der Kirche täglich festgesetzten Stunden fällt der grössere Theil, wenigstens im Winter, auf die Nacht. Und mit dieser Ascese noch nicht zufrieden, gehen die Väter in St. Dionys alle Sonnabende des Jahres wie am Vorabende gewisser Heiligenfeste schon mit Untergang der Sonne wieder in die Kirche, singen, beten, meditiren, räuchern und liturgiren die ganze Nacht ohne Unterbrechung, bis die Morgenröthe erscheint; dann erst beginnt der feierliche Gottesdienst, mit dem sie nicht vor zwei Stunden nach Sonnenaufgang zu Ende kommen. Der Abt darf in der Kirche niemals fehlen. In Winternächten dauert die Qual oft nicht weniger als fünfzehn Stunden; aber die Strengen, mit dieser Uebung in ihrer Andachtsgluth noch nicht gesättigt, setzen Beten und Wachen unmittelbar nach dem allgemeinen Gottesdienste privatim noch in ihrer Zelle fort und bringen es nach und nach bis auf zweiundzwanzig Stunden ununterbrochener Andacht und Peinigung. Dafür schweben sie aber auch, wie man häufig gesehen haben will, zuweilen gleich körperlosen entsinnlichten Wesen in mystischem Schwung durch die Kastanienwälder. Von diesen Nachtwachen ist in der lateinischen Kirche nur der Name (Vigil) geblieben, in der griechischen aber hat sich neben der Benennung (ἀγρυπνία) auch die That erhalten, an die ich, ohne selbst auf den Hagion-Oros zu kommen, niemals hätte glauben können. Die Mönche in St. Dionys und Simopetra sind Märtyrer bei lebendigem Leibe und könnten sogar einen Spötter zur Achtung zwingen. Gewiss muss eine Kirche, die ihre Gläubigen zu solcher Strenge mit sich selbst und zu solchem Heroismus begeistert, über grössere Hülfsmittel und Kräfte gebieten, als man der anatolischen gewöhnlich zugesteht. In den sogenannten freien oder demokratisch regierten Klöstern sind sie zwar nicht im Prinzip, aber doch in der Praxis etwas milder und legen sich die Tortur einer Agrypnia nur an gewissen Tagen im Jahr oder bei ungewöhnlichen Veranlassungen auf. Was sagen etwa die Sybariten des Occidents zu dieser Praxis? Ueber uns übt der Gaumenkitzel eine so allgemeine Herrschaft, dass es selbst frommen und gottesfürchtigen Leuten ihre ascetischen Tugendsiege zuweilen durch ein Lieblingsgericht aus ihrer Küche zu belohnen räthlich scheint. Gleichwie es, nach Tacitus, bei unsern heidnischen Vorfahren keine Schande war zu fliehen, wenn man nur später wieder Stand hielt und den Feind bekämpfte, eben so überlassen die christlichen Deutschen dem Laster scheinbar und auf Momente den Sieg, um es nachher mit erneuter Kraft zu bekämpfen.

Auf Hagion-Oros gönnt man keine Rast, und hat sich einmal die Klosterpforte hinter dem Weltüberwinder zugeschlossen, ist der Bund mit der Sinnlichkeit auf immer zerrissen. Und doch fehlt es nicht an Aspiranten. Sieben Neophyten aus der arbeitenden Klasse, alle unter dreissig Jahren, rissen sich letzthin auf einmal aus dem Verderbensschlamm in Galata und im Fanar und gingen nach Sanct Dionys. Im Orient gibt es Leute, denen selbst die Sünde Langeweile macht und denen Krieg wider sich selbst Bedürfniss ist. Finden Sie es nicht gut, dass es für solche Gemüther Zufluchtsstätten gibt? Während meines Dortseins meldete sich ein Kleinasiate von kaum zwanzig Jahren und vortheilhaftem Aeussern, ward aber zurückgewiesen, obgleich er mit seinem Erbtheil in Baarem gekommen war. Jugend und Schönheit sind in St. Dionys keine Empfehlung; man fürchtet den Teufel, weil er der Mönchstugend in allen Gestalten Fallstricke legt. Man will reifere Jahre, gebrochene und hart bedrängte Seelen und kühles Blut. Ob sie die hebräischen Vokalzeichen Schurek und Kibbuz unterscheiden und Hiphil und Hophal conjugiren können, wird nicht gefragt. „Heute sind die Patres im Wald, um Kastanien aufzulesen, morgen ziehen sie die Klostergoëlette ins Arsenal, Pater Joseph macht Schuhe, Pater Michael schlägt Wolle, und Leonidas mit Konstantin nehmen Brod und Käse in ihren Umhängesack und rudern Pater Galaktion, der ein Schreiben zur Regierung nach Karyäs bringt, in der kleinen Barke nach Xeropotamo, während Pater Chrysanth mit Knecht und Maulthieren nach Kloster Paulu zieht und die vom Abt eingehandelten Bohnen bringt.“

Man hat Gartenbau, Reben, Oelbäume und in einigen Klöstern sogar etwas Ackerland. Jedoch hält man für Pflug und Stall und häufig auch für Mühle und Grobschmiede um Lohn gedungene Knechte, die nach Umständen auch in die Bruderschaft treten und, was bei uns Aussteuer und Bildung heisst, durch Kraft, Fleiss und Demuth ergänzen. In Nahrung, Kleidung und Ansehen ist kein Unterschied zwischen Unterrichteten und Unwissenden. Wer sich auf Gelehrsamkeit etwas einbildet und gerne den Präceptor spielt, gehe ja nicht unter diese Mönche oder meide wenigstens jene Klöster, die wir im vorigen Artikel Cönobien oder monarchisch regierte nannten. In den freien wäre für aristokratische Unterschiede, feudale Bequemlichkeit und Uebergewicht noch eher ein Spielraum, weil hier der Mönch Herr seines Vermögens bleibt, Reichthum aber selbst im Mauerpräcinct der Demuth und Kasteiung den Zauber nicht verloren hat. Diese freien Hagion-Oros-Klöster sind ein wahres Bild des deutschen Staatenbundes, ein glattgemeisseltes Ganzes nach aussen, aber mit Autonomie, sogenannter Stubenunabhängigkeit für das innere Leben. In diesen Klöstern kann der Mönch nach Massgabe seiner Geldmittel eine aus mehreren Zimmern bestehende und streng abgeschlossene Wohnung nehmen und sie auch auf seine Kosten so bequem einrichten, als es ihm beliebt.

Vater ** im Prachtkloster Iwiron hat sich weit vom Prätorium nahe am Citadellenthurm einquartiert, ein Vestibulum und ein kleines Museum mit Büchern und Karten für geistige Praxis angelegt, das Ganze durch eine Thür auf den Corridor des neugebauten Parallelogramms von seinen Brüdern abgeschlossen. Vor den Fenstern des Museums und der Winterresidenz hat Vater * * einen Balkon gebaut und Blumen aufgestellt, den Boden unterhalb aber mit Pomeranzen angepflanzt, damit die milden Zephyrlüfte den Blüthenduft durch die Fenster wehen. Links schliesst ein Segment des Meeres, in der Fronte ein Bergvorsprung des immergrünen Buschwaldes, rechts die laubbeschattete Bergseite den Horizont, im Pomeranzenbusche aber rinnt über weisse Kieselsteine ein Arm des hellen Klosterbachs und nistet — sicher vor Knabenmuthwille und Jägerlist — ein Heer von Nachtigallen. Im Frühling, wenn die Pomeranze duftet, die Myrte blüht, die lauen Lüfte wehen und aus dem Busch das himmlische Concert der Philomele in das offene Fenster dringt, möchten Sie da nicht der Mönch von Iwiron sein? Auf einer Terrasse am Thurm hat Vater * * Feigenbäume gepflanzt und einen Laubgang aus Reben angelegt, die man im Orient Jediverenia nennt, weil auf ihren Ranken wie auf dem Citronenbaum Knospen, Blüthe und Frucht in jedem Grade des Wachsthums und der Reife zu gleicher Zeit zu sehen sind. [1]

Zum Zimmerdienst hat Vater * * zwei Aufwärter, den ältern im Mönchskleid für die schwere, den jüngern, einen zufällig noch unbärtigen, schlanken, vortheilhaft und schön gebildeten Jungen voll Demuth und guter Zucht, für die leichtere Arbeit. Diese Jungen, man heisst sie im Orient Seelenkinder, flüchten sich häufig aus der sündhaften Welt in den Schirm eines frommen Kalogeros, ehren ihn wie den Vater und lernen von ihm Gehorsam, Kochkunst, Gebet und Kirchenpraxis mit allem, was ihr Patron an Wissenschaft besitzt. Gewöhnlich erben sie das Gut des sterbenden Beschützers oder treten, wenn die Jahre sind, selbst in den Verband. Etwas zu bilden und zu schaffen will selbst der fromme Klausner auf Hagion-Oros haben. In den strengen

---

[1] Im Türkischen heisst jediveren, siebengebend. (Vgl. pag. 192. D. H.)

Cönobien dagegen ist diese Art Rekrutirung nicht üblich
und wegen des gemeinsamen Zusammenlebens auch nicht
zulässig. Vater ** ist auch ein Mann von bedeutender Con-
versation und für einen Athosmönch nicht ohne Belesenheit.
Aber statt Bücher durchzusehen, über die er als Mitvorstand
die Aufsicht führte, wollte er im Bibliothekthurm lieber von
der Wüste Sahara, von den Nilkatarakten, vom Krokodil
und vom Hippopotamos hören und erfahren, wie es in der
heissen Zone sei. Zwei Tage blieb ich bei diesem gastlichen
Weltüberwinder von Iwiron, und er sandte mir Jedivereni-
trauben als Xenium. Von den Türken, meinte ich, müsste
ein Christ, besonders unter griechischen Mönchen, beständig
Böses reden; aber Vater ** nahm sie in Schutz und mass
ihnen drei Tugenden zu, die man bei den orthodoxen Völkern
gar nicht linde: τὸ φιλάνθρωπον, τὸ εὔσπλαγχνον καὶ
τὸ μεγαλοπρεπές, d. i. Menschlichkeit, Mitleiden und Pracht-
liebe ohne Beisatz gemeiner Gesinnung (Geldgierde) sei Na-
tionalcharakterzug der Osmanlü. Statt von Saltanat [1] und
Politik reden sie zu St. Dionys von Busse und Weltende,
das der Klosterdidaskalos aus Philippopoli schon nach drei-
undzwanzig Jahren erwartet. In Iwiron, wie es scheint,
rechnen sie noch auf längern Termin, weil sich mein freundlicher Zwischenredner noch 2000 türkische Grusch (200 fl.
Münze) wünschte, um die Wohnung noch schöner und noch
bequemer einzurichten.

Will einer die Erinnerung an das Vergangene nicht völlig
abstreifen und keinen besondern Grad der Vollkommenheit
erklimmen, thut er besser, seinen Ruhesitz in einem der
freien Klöster aufzuschlagen, wie Vater ***, der Schiffskapitän aus Lemnos, der seine alten Tage und die Früchte
weltlicher Betriebsamkeit im grossen Vatopädi verzehrt. In
der Jugend plagte er sich hart, kam oft nach Taganrog und
litt Verfolgung durch Oesterreicher, Britten und Türken; die
Zeiten waren schlimm, Erwerb verkümmert, ehrliche Leute
überall gefährdet, besonders im Freiheitskriege, und man

---

[1] Saltanat, d. i. weltliche Pracht.

konnte Freund und Feind im Nebel des Archipelagus nicht immer genau unterscheiden. Vater *** hat sich zwar in der Hauptsache ebensowenig vorzuwerfen, als der kaum 40jährige Vater Cäsarius der Zwangbote, der zwanzig Jahre im Patriarchat zu Konstantinopel Häschersdienste versehen, manchen Erzbischof und unzählige Vagabunden, liederliche Mönche, schlechte Zahler und Gesetzübertreter im Weichbild von Stambul eingefangen und vor das Tribunal des ökumenischen Patriarchen geliefert hat. Der Mann war unerschöpflich an Anekdoten aus der Polizeichronik, kannte jedes Haus und alle Familiengeheimnisse zwischen den Sieben Thürmen und Bujukdere und würde — was sehr viel ist — selbst Herrn Frédéric Soulié in seinem Genre noch etwas Neues sagen. Vater Cäsarius empfängt die Fremden, sorgt für ihre Bewirthung und Unterkunft mit Beihülfe eines andern ihm untergeordneten Mönchs aus Xanthi in Thracien, den man wegen allerhand Peccadillen in der Gemeinde nicht mehr dulden konnte und zur Besserung auf Hagion-Oros verbannte.

In den byzantinischen Ländern ruinirt man die Leute nicht auf der Stelle, man ist billig im Erkenntniss und gönnet Zeit zur Busse. Die Flagge — wohin es die Seemächte in Europa noch immer nicht gebracht — deckt dort überall die Waare. Nachts, wenn das musikalische Holz in die Kirche ruft, werfen der Schiffskapitän aus Lemnos, der Gensdarme aus Stambul und der Diener aus Xanthi mit gleicher Andacht das dunkle Kapuzenkleid um und wandeln — das dünne Wachslicht in der Hand — durch die düstern Gänge zum Psalmenstuhl. Untertags aber, wenn sie nicht eben beten oder Sünden bereuen, verkehrt und zecht Vater Cäsarius mit den Fremden, berechnet der Diener, wie viel es etwa Trinkgeld gebe, und steigt der alte Schiffer zum Strand hinab, Conchylien zu suchen und Fische zu angeln, wie weiland in der Welt. Der Umgang mit abgekühlten Weltleuten und disciplinirten Sündern hat einen eigenthümlichen Reiz.

Ausser dem politischen und religiösen Begriff ist im

Orient auch die Umgangsform, die Gesellschaftsphrase und
das Gedankenkapital seit mehr als tausend Jahren stereotyp.
In gleichen Umständen bedient sich dort Jedermann derselben
Ausdrucksform und derselben Sprüche mit derselben Sicherheit, weil Jedermann bei demselben Lehrmeister, das ist beim
alten Herkommen und bei der uralten mündlichen Ueberlieferung zur Schule ging und folglich Sackträger, Mönch
und Wesir auf derselben Stufe gesellschaftlicher Ausbildung
und sozialer Dialektik stehen. Keiner fürchtet den andern,
Niemand ist verlegen, Niemand linkisch, und der geringe
Mann, der Bauer vom Pfluge weg redet und verkehrt im
Bewusstsein grammatikalischer Ebenbürtigkeit mit Personen
vom höchsten kirchlichen und politischen Range nach übli-
cher Begrüssung eben so leicht und gewandt, wie mit seines
Gleichen.

Wie verschieden ist alles das bei uns! Wir haben die
Tyrannei der Bildung, des Progresses, der Doctrin, des
feinen Tones und sind vor Allem genöthigt, „Esprit" zu haben
und die neueste Wandelscala akademischer Geschmackssen-
tenzen und Salondekrete über Wortconstruction, Bedeutung
und Syntax zu kennen, um zu jeder Stunde „auf der Höhe
des Moments" zu sein. Ach, welche Pein! Opponent hat die
„jüngsten Feigenblätter" gelesen und spricht mit Begeisterung von „spargelheuchelhaftem Distelsinn" oder hat gar, wie
K ** in seiner Vorrede zum Trauerspiele „Maria von Medici"
„die Urgewalten, die, in dem staatsideellen Sühnespiel Fun-
dament und Begränzung bildend, mit der Zeit selbst wieder
in Frage kommen, vom Hintergrunde gleichsam losgelöst
und in den Vorplan hereinbeschieden", was natürlich einer
Revolution gleichkäme und unmittelbar die Einheit Deutschlands zur Folge hätte. Der Sorgen, der Studien, des Lernens
ist bei uns kein Ende! Wie glücklich ist dagegen der Orient!
Dort gibt es keine Akademie, keine Autoren, keine fort-
schreitende Bildung, und Niemand liest ein Buch. Käme jetzt
St. Athanasius, der Hagion-Oros-Reformer, wieder aus dem
Grabe in seine Laurakolonie zurück, er fände seine Mönche
noch auf derselben Stelle geistiger Gymnastik, wo er sie

vor 900 Jahren verlassen hat. Selbst die halbvollendete
Phrase, bei der ihn der Tod überraschte, könnte er zu Jedermanns Verständniss im Style seiner Zeit ergänzen. Auch die
beiden Cypressen im Klosterhofe stehen noch, die der Heilige
vor fast neun Aeonen als Schösslinge dem Boden anver-
traute. [1] Aeussere ich ängstliche Gefühle bei einer vorzuneh-
menden Reise, beruhigt und tröstet man mich im ganzen
Umfang des byzantinischen Reichs, in allen Ständen wie in
allen Gesellschaften und in allen Nationen mit derselben
Phrase, die Jedermann kennt und Jedermann zu Hülfe
nimmt: Korkanün Anasi aghlamas, „die Mutter eines
Furchtsamen weint nicht,“ das heisst, sei unbesorgt, es geschieht dir nichts. Glauben Sie, dass man sich in einem
Zirkel europäischer Gelehrten mit so gemeinem Troste begnügen könnte? Hier müsste einer vorerst sagen, was „Furcht“
im Sanskrit heisse, dann wie man es auf Chinesisch und
Tübetanisch, im Pali, im Zend, im Pehlvi, auf Türkisch,
Griechisch, Amharisch, Kurdisch und Baskisch ausdrücke.
Dann kämen verschiedene dem Wesen nach sich widersprechende objektive und subjektive Definitionen des Wortbegriffs,
dann erst die Trostgründe in logischer Ordnung sammt Co-
rollarien und Zusätzen in laufender Nummer, reichlich gestützt durch Citate aus der Philosophie des Lao-tse, aus Zo-
roaster, aus Pherecydes, aus Quintus Calaber, aus den Tus-
culanischen Quästionen, aus Seneca und Boëthius *de conso-
latione philosophiae*, aus Ulphilas und Snorre Sturleson, sogar
aus Wachuschts kaukasischer Chronik und dem neuesten
Trostdialog des französischen Admirals mit dem König Yotété,
alles im Original mit Angabe von Band, Seite, Ausgabe,
Format und Varianten.

Wundern Sie sich noch, wenn die Literatur vielen Leuten
im Orient als eine Geissel des menschlichen Geschlechts erscheint? Geht doch nach Byzanz, da braucht ihr nichts zu
wissen! Aber der Bettler und der Taglöhner setzen sich im
Einkehrhause ohne Scheu vor eurer Gelehrsamkeit und Bil-

---

[1] Dr. Grisebach.

dung auf eure Bank, und der Diener, o des Gräuels! sogar
mit euch zu Tische. Der Einsatz ist ja für alle gleich, und
morgen — das weiss der Diener — kann er an Reichthum
und Macht über euch stehen, was im hierarchisch geglie-
derten Zustande der abendländischen Gesellschaft unmöglich
ist. Oder sind nicht Kara Georg und Obrenowitsch von der
Schweinhürde weggelaufen, um sich unmittelbar auf den
Fürstenstuhl zu setzen, was sie selbst nicht verlegen und
ihre Untergebenen im Gehorchen nicht bedenklich macht!
In gleicher Weise habe ich ein ehrwürdiges und beredtes
Mitglied der Junta von Karyäs nach der Sitzung mitten unter
seinen Dienern — das Messer in der einen und den riesigen
Kohl in der andern Hand, in der Küche angetroffen. Welche
Scene hätte dieses in Europa gegeben! Der Mönch aber
legte ohne Betroffenheit Instrument und Material seiner Abend-
kost auf den Herd, führte den Fremden in das Besuchzimmer
und redete mit Ruhe und Fluss, als hätte er eben den Com-
mentar zu einer Homilie von Sanct Chrysostomus vollendet.
Krautschneiden und Regieren, scheint es, kann man auf
Hagion-Oros zu gleicher Zeit.

Aus diesen einzelnen Zügen kann sich der Leser ein
vollständiges Bild des Hagion-Oros, seiner Mönche und ihrer
Lebensweise zusammensetzen. Bei aller Einheit und Un-
getrenntheit des Instituts ist die Observanz, wie Sie gewiss
bemerkt haben, doch eine doppelte. Das Kleid, das Gesetz,
die Hoffnung und das Ziel ist überall dasselbe; nur in Berechnung des zum Weltüberwinden erforderlichen Kraft-
quantums weichen die einzelnen Klöster unter einander ab,
ohne dass die Rigoristen von Simópetra und Sanct Dionys
desswegen heiliger und gerechter zu sein behaupten, als ihre
milderen Brüder und Nachbarn in Xeropotamo und Iwiron.
In Europa ward das Mönchthum ein vieles, in Disciplin,
Kleidung, Ansprüchen, Interessen und Bildungsgrad sich
nicht selten entgegenstehendes, bald heimlich, bald offen
sich befehdendes zum Aergerniss der Christenheit. War etwa
Sanct Basilius der Cappadocier ein grösserer Philosoph und
Gesetzgeber als St. Benediktus von Nursia? Oder sind Alt-

und Neu-Rom auch in diesem Punkt zwei wesentlich verschiedene und unversöhnlich von einander getrennte Elemente? Auf den Spruch Pauli: „Wer nicht arbeitet, soll nicht essen", hat die griechische Kirche das Institut der Bettelmönche aus ihrem Bereich verbannt, nur Einen Orden geduldet und diesem das Rebmesser, den Schäferstab, den Karst und den Pflug als Grundbau unterlegt. So lange diese Kirche freie Ackerbesitzer und Bauern hat, wird sie auch Klöster und Mönche haben. Warum sollte man aber Leute beunruhigen, die sich neben der täglichen Arbeit freiwillig noch Plagen und Entbehrungen auflegen, ihren Theil an den öffentlichen Lasten tragen und zu keiner Zeit in schwelgerischen Gelagen und üppiger Lebensfülle der öffentlichen Noth ·Hohn sprechen und den communistischen Zorn bedrängter Volksklassen entzünden? Es ist bemerkenswerth, wie im Gegensatz mit Europa Reichthum und blühende Finanzen in der ärmlichen Lebensweise, in Kost, Kleidung und täglicher Gewöhnung der griechischen Mönche niemals eine Steigerung zu bewirken vermochten. Ohne Zweifel hat dieses streng consequente Festhalten an der ursprünglichen Einfachheit des Instituts als Talisman für seine Erhaltung gesorgt. Nur wenn ich selbst leide und entbehre, kann ich mit Erfolg dem hungernden Haufen Katechismus predigen und proletarische Geduld.

Der basilianische Calcül stützt sich auf ein tiefgefühltes unabweisbares Bedürfniss der menschlichen Natur, auf die Liebe zur Einsamkeit und zum Stillschweigen. Und es legt für den psychologischen Rechenmeister allerdings ein vortheilhaftes Zeugniss ab, dass er das Eine Grundelement seines Gedankens in drei sich ergänzende und durchdringende Kategorien schied, oder mit andern Worten, dass er d r e i Grade mönchischer Einsamkeit und Stille einsetzte. K l o s t e r bewohner, A n a c h o r e t und A s c e t oder Klausner sind die drei strenggeschiedenen technischen Ausdrücke des dreigetheilten Mönchsgrades von Byzanz. Wer nur der Welt entfliehen, aber doch Freud' und Leid einer grössern Gesellschaft gleichgesinnter und zu gleicher Uebung verpflichteter

Brüder theilen will, sucht Aufnahme in einer der eben beschriebenen Gemeinden des Hagion-Oros. Ist aber Jemand mit der Gesellschaft so weit zerfallen, dass er nicht mehr als ein oder zwei Individuen neben sich ertragen kann, so lässt er sich gegen Erlegung einer bestimmten Summe mit seinen Gesellen in einer wohnlichen, zum Kloster gehörigen, eine bis drei Miglien entlegenen Separatbehausung nieder und heisst dann Anachoret. Zu einer solchen Anachoretenwohnung gehören nach griechischem Canon ein am Hause an- oder nahehingebautes Gotteshaus mit Glocken, Gemüsegarten, Weinberg, Oeltrift, Wallnuss-, Mandel- und Kirschbäumen, hinlänglich für Beschäftigung und Lebensnothdurft des gottseligen Pächters. Diese Anachoreten dürfen die selbstgezogenen Trauben keltern, frisches Brod backen und überhaupt alle in der Mutterabtei erlaubte Kost geniessen, was den Klausnern oder Mönchen des dritten Grades nicht mehr gestattet ist.

Der Name selbst sagt es schon, dass Klausner oder Weltüberwinder des letzten Grades jene Kampfhelden sind, denen Tugendmuth, Melancholie oder Freiheitsliebe alle menschliche Gesellschaft unter demselben Dach überflüssig und lästig macht. Auf lieblich romantischen Stellen des immergrünen Buschrevieres, an Wasserfällen, mitten im Dickicht luftiger Bergvorsprünge, in milden Einsenkungen des laubigen Hochwaldes stehen die Zellen und epheu-umrankten Troglodytenwohnungen dieser vollendeten Exerciermeister (ἀσχητής) auf der Walstatt der Gerechtigkeit. Diese leben und kleiden sich nur von der Arbeit ihrer Hände, aber ohne Ackerland, ohne Weinberg, ohne Kelter und Oelpresse, einsam lebend wie die Cyklopen der Odyssee. Schlingreben, in Bogen oder an der Hüttenwand angepflanzt, ein kleines Bohnenfeld, Feigen, Kirschen, Birnen und Kastanien mit Zwieback sind für den Bedarf genügend. Diese Baumfrüchte mit den Trauben, zur Zeit der Reife gesammelt, in Stücken geschnitten und in der Sonnenhitze gedörrt, einmal des Tages mit trockenem Brod und Wasser genossen, dienen als Nahrung für den Winter. In gebetfreien Momenten flechten diese Einsiedler Stricke und Kleiderfranzen aus Wolle, Matten und Sonnenschirme aus Binsen wie Robinson Crusoë, schnitzen Löffel und Handhaben aus Holz, Kreuze, Rosenkränze und Bilderwerk aus Horn, bereiten Rosenöl und andere Essenzen aus Athoskräutern *(Betonica)* für weltliche Toilette und Medicin, weben, stricken, nähen, binden Bücher ein, copiren Liturgien oder malen Heiligenbilder und tauschen diese Waaren im Kloster, wohin die Zelle gehört, oder auf dem Bazar in Karyäs gegen Zwieback, Kleidungstücke und andere Nothdurft ein.

An Sonn- und Festtagen steigen sie durch Busch und Wald beim Klang der Glocken zur Klosterkirche herab, oder wandern in Andacht zur nahen Anachoretenkapelle, oder bleiben im eigenen Gotteshaus, wo ein Weihmönch aus dem Litoralconvent Messe hält und Absolution ertheilt. Denn es gibt Punkte auf dem Athos, und es sind die reizendsten der heiligen Region, wo diese unter sich strenggeschiedenen Zellen doch gleichsam eine geschlossene Waldgemeinde bilden und eine Kirche in ihrer Mitte haben. Ein solches Einöde- oder Eremitendorf nennt man Skiti oder Aski-tirion (von σκέω oder ἀσκέω), die einzelne Hütte aber heisst Kellion oder Kelläon und der Bewohner, der Tugend-meister selbst — ein Kelliot. Die berühmtesten dieser Askitirien sind Kerasia, Kapsokalivia (die Warmen-Hütten) und Hagia Anna, sämmtlich auf der Steilhalde des Athoskegels angelegt und zum Kloster Laura als Eigen-thum gehörig.

Vor allen grossartig ist die Lage von Kerasia — zehn Waldzellen im Laubdunkel (nach Grisebach), 2000 Fuss senkrechter Höhe über dem Wasserspiegel, eine zauberhafte Scene! Oberhalb dieses Eremiten-Paradieses der einsam über den Wald hinausragende Marmorkegel des Athos; unterhalb der Hütten die hellgrüne Steilschlucht, und über die Wipfel riesiger Kastanien der Blick in die schwarzblaue Fluth hinab. Die reine Höhenluft, das purpurne Abendlicht, die langen Schatten, das herbstlich bleiche Novemberlaub neben Immer-grün, die fliehende Zeit, die Erinnerung an vergangene

Lebensstürme und der Friede der waldeinsamen Zellen machen „einen tiefen und nachhaltigen Eindruck" auf das melancholische Gemüth.

Hagia Anna, nur anderthalb Stunden von St. Dionys über Felsen und Kunstterrassen des grünen Strauchwaldes ausgebreitet, zählt an die sechzig Zellen arbeitsamer Eremiten; in Stürzen von Terrasse zu Terrasse rauscht der Bach, und vor der Thüre des Einsiedlers von Nea-Skiti (Neukampfheim) steht ein Baum, eine einzige Rebe umschlingt ihn, und aus dem Laube strotzt eine Traubenfülle, wie sie nur der Küstenwald von Kerasunt erzeugt. Der Garten hängt am Felsenriff, im Häuschen selbst sind beide Zimmer mit der Halle reinlich und mit geflochtenen Matten belegt, an der Aussenwand Geranke, in der Runde überall saftiges Grün, Ruhe und Seligkeit und laue Lüfte. Wer aus dem Drang des Lebens hier die Einkehr nimmt, setzt sich, wie jener Coryeius beim Dichter, an Reichthum und Pracht Königen zur Seite und verzehrt zufriedener als sie das auf eigenem Boden erzeugte Mahl. [1]

Ausser den 20 Grossabteien und dem Städtchen Karyäs sollen nahe an 300 solcher Zellen und Anachoretenhäuser auf dem heiligen Berge sein. Und wenn die Klöster mit ihrer Disciplin, ihrer Menschenzahl, ihren Landgütern, ihren ausländischen Colonien, ihrem Reichthum, ihrer gemeinschaftlichen Arbeit und Kirchenpracht ein Bild der Städte sind, so muss das Anachoreten- und Zellenleben aller Grade die Ruralgemeinde, das Bauerndorf und den Einödehof weltlich eingerichteter Länder bedeuten. Grundtypus bleibt überall derselbe; nur hat man in Europa kranken Gemüthern die Medicin genommen und mit verhasster Tücke verzagten Seelen die Flucht aus der rauhen Berührung mit der Welt abgeschnitten. Platons Staat ist Ideal geblieben, aber die Republik des Cappadocischen Basilius hat die vier Weltmonarchien der Apokalypse überdauert und durch die That bewiesen, dass sie ihren Lebenssaft aus geheimnissvoller

[1] Regum aequabat opes animo, seraque revertens
Nocte domum dapibus mensas onerabat inemptis.
Virg. Georgic. IV, 132.

Tiefe unseres Herzens saugt. Ihr Princip ist Negation, die
in menschlichen Dingen weiter und sicherer führt, als tita-
nisches Selbstbestimmen und Vorwärtsstreben.

Der Wunsch, eine Art Statistik, besonders das numerische
Verhältniss dieser basilianischen Heiligen-Republik zu kennen,
ist ganz natürlich, aber um so weniger leicht zu befriedigen,
weil unter jenem Himmelsstrich im Grossen wie im Kleinen
über Besitz, Menschenzahl und Summe der Einnahme und der
Ausgaben überhaupt nur wenige Mitglieder der Gesellschaft
genaue Kenntniss besitzen und solche Dinge von diesen Eingeweihten als Regierungsgeheimnisse sorgfältig verschwiegen
werden. Schon die Fragen nach der Köpfezahl eines Klosters,
nach seinen Meierhöfen, seinen Dörfern und ihrem Ertrag
erzeugen Frost, Zurückhaltung, Schweigen, ausweichende
Reden, oder finden höchstens oberflächliche, allgemeine, von
der Wahrheit gewiss entfernte Erwiederung mit Klagen über
schlechte Zeiten, verfallene Finanzen und zusehende Verarmung des Gemeinwesens. Ueberhaupt sind Fragen um
physisches Alter wie um Vermögen im Orient überall an-
stössig und wider alle gute Sitte. Ich habe mich eben so
fleissig erkundigt, aber die Wahrheit sicherlich eben so
wenig erfahren, als meine unmittelbaren Vorgänger Smith,
Zachariä und Grisebach. Alles, was zum heiligen Berg
gehört, die in den Klöstern einregistrirten Professmönche,
dann die kleineren Anachoretengesellschaften, die Dorfkel-
lioten und Waldeinsamen mit den weltlichen Knechten und
Handwerkern zusammengerechnet, soll die Zahl von 6000
Individuen nicht übersteigen, in ruhigen Zeiten aber auch
niemals unter 4000 herabsinken. Gegenwärtig (1841) sollen
in den zwanzig Abteien etwas über 2000 Weltüberwinder
eingetragen sein, von welchen mehr als die Hälfte auf die
vier Grossklöster Laura, Vatopädi, Iwiron und Xeropotamo fällt; auch Chilantari, St. Dionys und Russico sind stark besetzt.

Aber zu keiner Zeit des Jahres ist die ganze Zahl
präsent, und viele Klosterbrüder sehen sich das ganze Leben
niemals, weil die Mönche ihre Grundstücke und auswärtigen

Besitzungen nicht verpachten, sondern unter beständiger
Aufsicht und Leitung ausgesandter Gemeindeglieder auf
eigene Rechnung bewirthschaften. Drängt einen frommen
Büsser das Verlangen, wieder einmal die verderbte Welt in
der Nähe zu sehen und sich der eigenen Vollkommenheit
im Gegensatze der ausserhalb des Hagion-Oros grassirenden
Unsitte zu freuen, so bewirbt er sich bei seiner Gemeinde
oder seinem Vorstand um eine Oekonomenstelle auf den
Höfen in Macedonien, auf Thasos, auf dem Chersones von
Kassandra oder Sithonia, besonders zur Erntezeit, und wenn
man Trauben keltert. Da gibt es süssen Most, Kastanien,
Abendtänze, Schwänke und christlichen Zeitvertreib, an
welchem die guten und vielgeplagten Kalógeri, besonders
wenn sie noch jung und derbe sind, nur so viel Antheil
nehmen, als der Ernst ihrer Angewöhnung und die unantastbare Heiligkeit ihres Gewandes erlaubt. Züge rüstiger Bulgaren und Walachen beider Geschlechter steigen dann vom
Gebirg herab und helfen um Taglohn den Segen des beglückten Flachlandes einheimsen. Auf der Korntenne im
Freien, am Brunnen, unter dem Schattendach grünbelaubter
Bäume erklingt nach der Arbeit die slavische Gusla. Die
Luft ist weich, der Most erquickend und der Reigen voll
weltlicher Anmuth: wäre es ein Wunder, wenn auch der
strenge Ascet auf Augenblicke La Bruyère's evangelische
Traurigkeit *(„tristesse évangélique)* ablegt und sich im Herrn
einige Erleichterung gönnt, um nachher mit desto heisserer
Inbrunst wieder die Wege der Pönitenz zu wandeln.

Vom Centrum mönchischer Zucht noch weiter entlegen
sind die Besitzungen in den Donauländern, die Filialklöster
und Seelsorgerplätze zu Monastir (Bitolia), in Bucharest, zu
Moskau und zu Tiflis, wo das Kloster Iwiron reich begütert
ist, aber wegen der Entfernung vom Muttersitz die Epitropen
nur alle fünfzehn Jahre wechselt. Von Moskau kommen sie
nach vier Jahren und von Bucharest nach zweien wieder
in den Convent zurück mit den Früchten ihrer Frömmigkeit
und Oekonomie. Diese Besitzungen ausserhalb der Athos-
linie, sei es Klosterhaus mit Kapelle in der Stadt oder

Meierhof mit Grundstücken auf dem Lande, nennt man nicht
etwa nur bei der heiligen Republik, sondern bei allen Klöstern
der Byzantinerwelt Metóchion (Anhängsel, Pertinenz). Wie
häufig begegnet man in den Wäldern der Chalkidike, auf
dem Isthmus, auf der grossen Warte Athosmaulthieren
mit Wein, Oliven, Caviar, Käse und getrockneten Früchten
im Geleite eines Mönchs, während die Hagion-Oros-Goëletten
mit Getreideladungen aus den benachbarten Halbinseln über
den Golf von Sithonia streichen!

Ist aber ein Mönch im Lesen und Schreiben bewandert
und für Geschäfte tauglich, so kann er als diplomatischer
Agent der heiligen Berggemeinde zu Saloniki, zu Athen oder
gar im Fanar zu Stambul residiren, wo sie geräumige Wohnungen (wenigstens zu Saloniki und Konstantinopel) unterhält und mystisch dunkle Hauskapellen mit farbigen Fensterscheiben und mit dem Bild des neuen Sanct Georg, eines
Schkypetaren aus Jannina, in weisser Fustanella, rothem
Fes, goldenem Heiligenschein und grünem Palmzweig zum
Zeichen des Märtyrthums, weil er in besagter Stadt (1834)
durch türkische Hinterlist für seine Schönheit und seinen
Glauben öffentlich den Tod gelitten hat.

Jedoch hat das geistliche Gemeinwesen der strengen
Ordnung und des Landbesitzes ungeachtet doch ein jährliches
Deficit in den Finanzen, das man durch künstliche Mittel
decken muss. Beredte und muthige Brüder, mit Copien mira-
kulöser Bilder oder mit Reliquien versehen, durchstreifen
zeitweise die Eilande und die nahe liegenden Provinzen
Rumeliens und Anatoliens, um Kredit und geistlichen Ruhm
des Hagion-Oros durch Reden und Exempel auch in der
Ferne zu erhalten und zu beleben. Für eine beliebige Gabe
an Geld oder Naturalien berühren und küssen gläubige Christen,
besonders die kindlich frommen Bulgaren, den heiligen Schrein
und ziehen oft in Schaaren unter Leitung eines hochzeitladen-
den Mönches in den heiligen Wald, besuchen die Klöster
ihres Vertrauens und lassen gegen Erlegung bestimmter
Summen ihre Namen zu frommem Gedächtniss in die Register
schreiben, wie uns Zachariä in seinem Werk ausführlich

erzählt. Aber Kaïri von Andros und die deutschen Philosophen in Athen hätten das Athos-Municipium — wäre man nicht bei Zeiten eingeschritten — um diesen nicht unwichtigen Zweig des öffentlichen Einkommens gebracht. Nur sind diese ausgesandten Finanzmönche ihrerseits häufig im Verdacht, vom Erlös der geistlichen Gnaden manchmal nur den kleinern Theil an die Commune abzuliefern, das Mehrere aber für sich zu behalten und für Privatzwecke auf ihren Wanderungen auszugeben. Doch gewährt bei so grossen Mängeln die Frömmigkeit der transdanubischen Slaven noch häufig Trost.

Was die innere Verwaltung betrifft, geniesst dieser kleine dem Sultan tributäre Mönchsstaat denselben Grad von Unabhängigkeit, wie die Fürstenthümer Serbien und Moldo-Wlachia. Athos ist eigentlich das älteste freie Gemeinwesen im türkischen Reich; kein Musulman, ja nicht einmal ein weltlicher Christ darf sich im heiligen Bezirke niederlassen, und selbst der Bostandschi in Karyäs hängt gewissermassen von den Mönchen ab. Man findet hier wie in einem europäischen Staate eine durch freie Wahl jährlich zu erneuernde Regierungsjunta, ein jährlich zu votirendes Budget, Steuerumlage, Deficit, Polizei und Schulden. Diese letztern hauptsächlich in Folge des Aufstandes und der schweren Contributionen, die man nach der Unterdrückung desselben erlegen musste. „Mönch gib Geld (*Keschisch para ver*)!" riefen die unersättlichen Albanesen den ganzen Tag. Zuerst gab man die Baarschaft hin, verkaufte dann silberne und goldene Kirchengefässe, Perlenschmuck und Edelsteine und nahm zuletzt noch Kapitalien zu wucherischen Zinsen auf, woran man, besonders in Laura, heute noch zu zahlen hat. Wie es jetzt steht, soll der öffentliche Dienst jährlich eine Million Silbergroschen oder 500,000 türkische Piaster erheischen. Die Hälfte dieser Summe geht als Tribut nach Stambul. Mit der andern bestreitet man die kleinen Gratifikationen an die Regierungsmitglieder, bezahlt die üblichen Geschenke an den ökumenischen Patriarchen, an die heilige Synode, an den Wesir in Saloniki, an den Bostandschi und seinen Schreiber in Karyäs, besoldet die christliche Municipalmiliz und die auswärtigen Agenten und gibt, wo immer zum Vortheile der Republik durch Klingendes nachzuhelfen ist.

Diesen jährlichen Bedarf nach Köpfen auf die einzelnen Klöster, auf die Anachoreten und Zellenleute umzulegen, meint Vater Bessarion, sei kein leichtes Geschäft und führe oft zu sonderbaren Auftritten in der heiligen Versammlung, weil jeder Deputirte, wie weiland im heiligen römischen Reich, die Interessen seiner Committenten mit Wärme und Standhaftigkeit zu verfechten hat. Unter solchen Umständen sind den Athosvätern, wie Sie wohl selbst sehen, von der Welt zwar nicht die Genüsse, aber doch die Sorgen und die Bedrängnisse geblieben. Mitten in der Andachtsgluth stört fromme Klausner der Gedanke, wie bei gehemmtem Absatz der heiligen Fabrikate ihre in Karyäs zu erlegende Steuerquote zu erschwingen sei. Desswegen können die heiligen Büsser, auch wenn sie wollten, Geprägtes noch immer nicht mit gehöriger Verachtung behandeln, und dürfen auch im Examen zellenpachtender Weltüberwinder nicht gar zu kritisch sein.

Sie erinnern sich noch aus dem vorigen Fragment des Ausdrucks „Hesychasten", wie man die Waldeinsiedler des Hagion-Oros vor der Athanasischen Reform nannte. Das Wort bezeichnet jenen unaussprechlichen, europäischen Weltleuten nicht leicht zu erklärenden Zustand völligen Versunkenseins des geistigen Vermögens in Gott, jenen moralischen Opiumrausch des Orients mit seinem Gefolge unnennbaren Seelenentzückens, die Frucht indischer Sonnen und der schauerlichen Gräberwüste hinter dem ägyptischen Theben. Die Einsiedeleien des Hagion-Oros sind der westlichste Punkt, bis wohin die mystische Praxis der heissen Zone gedrungen ist. Um dieser gesteigerten Vision und Ascese des obersten Grades zu geniessen, setzt sich, nach Angabe eines in der christlichen Mystik bekannten Tugendmeisters aus dem eilften Jahrhundert, der Eingeweihte in einen Winkel der verschlossenen Zelle, senkt das Haupt auf die Brust und blickt, alles Irdische vergessend, unverwandten Auges, Anfangs verworren

und trostlos, bald aber mit ineffabler Seligkeit so lange auf
die Brusthöhle und die Nabelgegend, bis er den Platz des
Herzens und den Sitz der Seele entdeckt. Und wie dieses
gelungen, umfliesst den Geist ein geheimnissvolles ätherisches
Licht, welches die Hesichasten auf Hagion-Oros in schwärmerischer Ueberschwänglichkeit für das reine und vollkommene
Wesen der Gottheit hielten und mit fast buhlerischer Zärt-
lichkeit verehrten. Mosheim in seiner Kirchengeschichte philosophirt über diese Scene, Gibbon lacht und denkt an Bedlam;
ich sage nichts, weil die fürchterliche Einsamkeit der liby-
schen Wüste in meiner Seele einen Klang angeschlagen hat,
den gute Laune und Witzspiel europäischer Gelehrten weder
erzeugen, noch ersticken können. Nur meine ich, der „Mönch
von Iwiron" schwinge sich vielleicht selten und nicht ohne
Gewalt aus seinem Pomeranzenduft zu dieser Höhe geistiger
Seligkeit empor.

Der Keim lebt heute noch in den Zellen des Kastanien-
waldes und in den selbstpeinigenden Enthusiasten in Simópetra und Sanct Dionys; aber wie man dieses Kapitel berührt, werden die Mönche stumm, weil sie entweder selbst
nichts wissen, oder weil sie nichts sagen wollen. Ohne
Zweifel gibt es, wie in den Mysterien von Eleusis, ascetische
Grade für die himmlische Lichtvision, von der mit Nichtein-
geweihten zu reden gesetzlich verboten ist. Doch einer der
gewandtesten Metaphysiker und Disputirgeister seiner Zeit,
der lateinische Mönch Barlaam, wusste bei seinem Erscheinen auf dem Hagion-Oros um die Mitte des 14. Jahrhunderts durch Verstellung und Beredsamkeit einem Asceten
des obersten Grades die Geheimlehre des Lichtgottschauens
abzulocken. Statt die Sache mit gastlicher Schonung als ein
Curiosum hinzunehmen, machte sich der Italiener über die
Athosmönche lustig und erklärte die Behauptung, man könne
mit materiellem Auge das körperlose Wesen der Gottheit
schauen, oder die göttliche Essenz sei eine materielle Licht-
substanz, für heidnische Thorheit und lästerliche Häresie.
Der Streit machte damals grosses Aufsehen und erfüllte zuerst den heiligen Berg und am Ende Konstantinopel selbst,

den kaiserlichen Hof und den Rest des von den Osmanen noch nicht verschlungenen Reiches mit Aufruhr und Tumult. Hier ist nicht der Ort, über solche Dinge zu sprechen; aber um dieselbe Zeit verglichen die Hofjuristen Karls IV. die sieben Kurfürsten in der goldenen Bulle mit den sieben Hauptsünden, proklamirte Cola Rienzi die römische Republik, erklärte eine Kirchenversammlung in Konstantinopel die Identität des ekstatischen Athoslichtes mit dem unerschaffenen Licht des Berges Tabor, drangen die Türken in Europa ein und mähte der „schwarze Tod" verderbenbringend durch die ganze Welt. Byzanz ging zwar unter, aber die Athosväter hatten gegen den lateinischen Gegner den Process gewonnen und glaubten ungestört an die Ewigkeit ihres Nabel-Lichtes. Dem Occident gegenüber sind sie heute noch, was sie damals waren. Vater Gerasimus, in allen Dingen polirt und nachgiebig, wollte nur im Dogma von keinem Vergleiche hören, und beinahe hätte ich durch eine einzige Rede seine gute Meinung verscherzt. Glücklicherweise aber fehlten mir mit Barlaams Gelahrtheit auch seine fanatische Impertinenz und seine Schonungslosigkeit.

Von aussen — das darf man sich in Europa merken — sind alle Angriffe auf griechische Nationalität, die gleichbedeutend mit anatolischem Dogma ist, vergebliches Bemühen. Die Gefahr kann nur eine innere sein, wie sie einst dieselben Athosmönche einer spätern Epoche in der berühmten Akademie von Vatopädi erkannten. Körperschaften, die von der öffentlichen Meinung leben, unterscheiden mit wunderbarem Takt schon entfernt, was ihrem Interesse förderlich oder schädlich sei. Von einer romantisch bewaldeten, gegen das Meer steil abfallenden Höhe schaut eine moderne Ruine, weissliches Gemäuer mit zwei langen Fensterreihen, massivem Unterbau und einer Wasserleitung in hochgesprengten Bogen, aber ohne Dach und vom wuchernden Gestrüpp des immergrünen Buschwaldes überwältigt, melancholisch auf Vatopädi herab. Der Bau ist etwas über hundert Jahre alt und ward für Unterweisung der Hagion-Oros-Kandidaten im Kirchengriechisch auf gemeinsame Kosten der heiligen Republik aufgeführt.

Hier trat der berühmte Corfiot Eugenius Bulgari in
den ersten Jahren der Kaiserin Katharina II. als Vorstand
ein und fand in den weiten Räumen nur sieben Schüler. [1]
Der Mann war vollendeter Meister im Hellenischen und hatte
philosophische und historische Studien im europäischen Sinne
betrieben. Die Anstalt hob sich schnell, der Ruhm des
Lehrers, der Geist des Jahrhunderts, die reizende Lage der
Schule zog junge Leute aus allen benachbarten Ländern der
Türkei, aus Russland und Italien in die Akademie nach
Vatopädi. Bis an 200 Zöglinge hatte Eugenius im Moment
der Blüthe in 170 Zellen untergebracht. Die weite Fernsicht
über das Meer, die gesunde Höhenluft, die entzückende Scene
des grünen Laubwaldes und die Abgeschiedenheit von weltlicher Aergerniss und Zerstreuung musste die Empfänglichkeit junger Gemüther für besseres Wissen wundervoll er-
höhen.

Was sind die schönsten Musensitze Europa's im Vergleich mit der bezaubernden Waldakademie des heiligen
Berges? Aber wie unlängst in Kaïri und seiner Andros-
schule, glaubte man auch bald in Eugenius Bulgari und
seinem Institut die Keime gefährlicher Neuerung, anarchi-
scher Gährung und einer das griechische Morgenland kirchlich umwälzenden Geisteremancipation zu erkennen. So hatten
es aber die Mönche bei ihrem Stiftungsakte nicht gemeint.
Philosophie und freie Gymnastik des Geistes — das fühlten
sie wohl — könne neben der alten Mönchspraxis des Hagion-
Oros nicht bestehen. Sie fürchteten für den Glauben an das
unerschaffene Taborlicht, für die Pilgerkaravanen, für den
geistlichen Credit und die jährlichen Opfergaben nicht weniger,
als für die Bande ihrer eigenen Disciplin.

Bulgari und seine Schule waren dem Untergang geweiht.
Anfangs neckte man den gelehrten Meister, untergrub das
Ansehen, verdächtigte endlich die Moral des Lehrers und
der Schüler, berichtete nachtheilig an das geistliche Oberhaupt der griechischen Nation in Konstantinopel und ruhte

[1] Eugenius Bulgari lebte von 1716—1806.

nicht eher, bis der Mann aus Ekel seinen Posten selbst verliess, um nach kurzem Aufenthalt im Fanar einem glänzenden Loos in Russland zu begegnen, wo er als freiresignirter
Erzbischof von Cherson mehr als neunzigjährig zu St. Petersburg (1806) verschied. Mit dem Vorstande war auch der
Geist entwichen; die Zöglinge verloren sich, das Institut ver-
kümmerte und wurde endlich als „gefährlich für Religion
und Sittlichkeit" durch ein Rescript des ökumenischen Patriarchen völlig aufgehoben. Voll Freude über den Sieg trugen
die Mönche das Hausdach ab, brachen die Sparren weg und
hoben die Thüren aus, um dem flüchtigen Feind auch die
Hoffnung für die Zukunft abzuschneiden. Durch das offene
Portal dringt heute in üppiggedrängtem Pflanzentrieb der
Wald, und statt blühender Jugendgesichter schaut immer-
grünes Gestrüpp und Lianengeranke zu den leeren Fenstern
heraus.

Die griechische Kirche duldet keinen Unterricht und
schlägt besonders Weltweisheit und Dichtkunst mit unauf-
löslichem Bann. Aber sie bekennt ihr System unverhohlen,
und wo immer ein Magister über den Gesichtskreis von Sanct
Chrysostomus und Sanct Paphnutius in das freie Gebiet des
Denkens und geistigen Schwelgens hinüberschweift, legt sie
laut ihr Veto ein und schliesst die Schule zu. Ueber das
„europäisch-heidnische Treiben" in Griechenland hört man
auf dem Hagion-Oros mancherlei Besorgnisse, und von den
Folgen der neuen Ideen für das Athosinstitut reden die
alten Väter und der jüngere Nachwuchs schon in ganz verschiedenem Sinn. Diese Frommen haben zwar Unrecht, aber
sie glauben nicht an Fortdauer und Bestand anti-anatolischer
Staats- und Kirchenordnung des neuen Königreichs, und ihnen
schien türkisches Regiment für das Seelenheil weit gefahr-
loser als die (damalige) Halbfrankenwirthschaft eines Mauro-
kordatos in Athen. Es ist nicht gleichgültig, was man über
solche Dinge auf Hagion-Oros denkt. Hagion-Oros ist eine
Macht, deren gute Geneigtheit nicht Jedermann geringe achtet
und übersieht. „Wir haben Fremde aus Russland im Kloster,"
sagte man irgendwo: „aber sie lassen sich nicht viel sehen

und gehen nur Nachts zu Zeiten aus den Zellen." Schöbe man zufällig die Nordgränze des hellenischen Staates bis an den Strymon vor, möchte ich sehen, wie sich die Ordonnanz einer durch Franken geschaffenen Monarchie mit der uralten, volkverwachsenen, mächtigen Körperschaft des heiligen Berges setzen würde.

Wer nur Classisches sucht, gehe ja nicht auf Hagion-Oros, von dessen ärmlichen Sammlungen das Werthvolle schon längst verschwunden und nach Europa gewandert ist.[1] Hier ist nur für Byzantinisches Gewinn zu hoffen. Aber wie z. B. ein der Botanik gänzlich Unkundiger die schöne im Herbst blühende Amaryllis am Felsenriff von Xeropotamo nicht bemerkt, eben so werden auch in byzantinischen Studien und Historien Unbewanderte nur grämlich und mit Verachtung an den Mirakelbüchern und Kirchen-Legenden der Athosbibliotheken vorübergehen. Was hätte wohl ein ehrenwerther Variantensammler zu den 48 Folioseiten griechischer Fest- und Staatsreden auf die Mirakel des Stadt- und Landespatrons Sanct Eugenius von Trapezunt gesagt? Das Opus ist im Katalog nicht einmal genannt und, wie es häufig geschieht, mit einem andern von ganz verschiedenem Inhalt zusammengebunden. Nur zufällig erblickte ich die Worte Ikonium, Melik Sultan, Alatines, Basilevs Trapezuntos, Andronikos Gidos, Sinope und fand am Ende ein historisches, in Europa nicht gekanntes Fragment von Wichtigkeit für die politische Geschichte des Sultanats Ikonium und des Imperiums Trapezunt.

Die Sache ist freilich· nur für die historische Literatur von Werth und kann hier nicht umständlich verhandelt werden. Genug, dass man jetzt die eine der beiden grossen Lücken der trapezuntischen Geschichte vollständig auszufüllen und nebenher manche neue Notiz über die Küstenländer des Pontus Euxinus, über die griechischen Pflanzstädte in der Krim, über Topographie von Trapezus und der nächsten

---

[1] Die Klosterbibliothek zu St. Dionys, dem Range nach etwa die vierte des Berges Athos, zählt nur 388 Nummern, unter diesen nicht mehr als 139 Handschriften, das übrige sind in Europa gedruckte Bücher ohne Werth.

Umgebung aus den Zeiten des dreizehnten Jahrhunderts in
Umlauf setzen kann. Ein historisches Dokument von solcher
Bedeutung in einem Bande griechischer Kirchenfestreden zu
finden, wird nur dann befremden, wenn man nicht bedenkt,
dass im byzantinischen Imperium die Kirche der Staat war
und das politische Faktum ganz im Kultus aufgegangen ist.
Sacristei und Handelscomptoir sind hier die einzigen Archive
der Weltgeschichte. Dieser Gedanke hat mich auf den Hagion-
Oros geführt und durch die gewonnenen Resultate Eigenliebe
und wissenschaftliches Bestreben zu gleicher Zeit befriedigt. [1]

Sie wollten nur „*De situ et moribus*" des heiligen Berges
hören, und ich bin Ihrem Wunsch nach Kräften begegnet,
habe Eindrücke, Bilder und Scenen gezeichnet, habe Gegenden, Menschen und Leidenschaften geschildert und halte
es für nutzlos, die flüchtige Bücherschau, das späte Bemühen,
den Bergkegel zu erklimmen, die kurzen Klosterbesuche uud
die wiederholten Tändeleien in Karyäs und Chilantari mit
allen Kreuz- und Querzügen nach der Abreise vom gastlichen St. Dionys chronologisch aufzuführen, weil das voran-
geschickte Sittengemälde selbst nur Ergebniss dieser Wanderung und ihrer Einzelheiten ist. Die Pointe der Reise liegt
im trapezuntischen Originalfragment und im Conterfei des
Athosmönches und seiner Hütten. Bei Grisebach ist es die
Besteigung der Athospyramide und die Scala ihrer Vegetation. Wie diese Pointe überschritten, ist in beiden das Epos
der Handlung auf dem Höhepunkt, das Blut wird kälter,
die Erzählung matter, der Leser schläfriger, das Ende er-
wünschter und der kürzeste Epilog der beste. Ob sich die
Mönche ihres Gastes heute noch erinnern, ist freilich ungewiss;
in meiner Seele aber hat die Melancholie der Weltüberwinder und das zaubervolle Bild des immergrünen Paradieses
einen tiefen und bleibenden Eindruck zurückgelassen. Doch

Nicht allein der Glauben ist es, der die Welt besiegen lehrt,
Wisst, dass auch die Kunst in Flammen das Vergängliche verzehrt.

---

[1] Sieh Abhandlungen der hist. Cl. der K. B. Akad. d. W. III. B. 3te
Abthl. ff. 1843.

XI

Fünf Wochen in Thessalonika.

„Viele Kreuze auf der Stirne und viele Teufel in der Brust", [1] sagte halblaut der griechische Begleiter im Einkehrstalle zu Langavich, wo wir auf dem Rückwege von Hagion-Oros nach Thessalonika das letztemal die Nacht blieben und von unserm Platze aus dem Abendessen seiner sich unablässig bekreuzigenden Glaubensgenossen zusahen. Drei rüstige Palikaren mit einem halbgewachsenen Jungen sassen um die runde Scheibe auf dem Lehmboden und verzehrten ihre Freitagskost aus Poristengeln, Oliven, Käse und Honig. Sie tranken der Reihe nach aus der hölzernen Flasche, die rhythmisch in die Runde ging. Aber kein Zecher setzte den Kürbiss an den Mund oder gab ihn nach dem Zuge seinem Nachbar hin, bis er nicht jedesmal sowohl vorher als nachher drei Kreuze geschlagen und mit einem raschen Blick nach oben sich geistig gesammelt hatte. Sieh einmal, könnte einer denken, das sind fromme Wirthsleute; da wird man gewiss billige Rechnung machen. Ich hatte noch weit andächtigeren Tafelscenen orthodoxer Griechen beigewohnt und allzeit gefunden, dass frommes Essen nicht jedesmal fromme That bedingt. Vater A . . . s, der Grammatikos der Heiliggrab-Epitropie in Jerusalem. verschlang grosse Brocken Gesottenes und Gebratenes, legte nach jeder tüchtigen Einfuhr die Instrumente nieder, kreuzte andächtig die Arme über

[1] *Πολλοὶ σταυροὶ 'ς τὸ μέτωπον καὶ πολλοὶ διάβολοι 'ς τὸ στῆθος.*

·die Brust, seufzte tief und drehte zu merklicher Erbauung
der heiligen Erzbischöfe und der fremden Gäste aus Occident
die grossen Augen himmelwärts. Aber nach dem Tischgebet
war der junge wohlbeleibte Vater A . . . s wieder vollendeter
Weltmann und erster politischer Intriguant, giftiger und ge-
fährlichster Gegner der lateinischen Sache in Jerusalem. Wir
kennen ja alle Fontenelle's Spruch: *Boileau dévot et méchant,
Racine plus dévot et plus méchant.* Dieser Spruch gilt natürlich nur von den Griechen, die in Jerusalem unsere
Feinde sind.

Wir hatten nach der erprobten und jedem Fremden in
jener Gegend zu empfehlenden Gewohnheit eine Henne zum
Sieden aufgebracht und aus der Brühe eine dichte nahrhafte
Reissuppe mit Citronensaft angemacht, Grünzeug, getrocknete Früchte, Salzoliven, Eier und Honig im Wirthsladen
gekauft und wegen der frischen Novembernacht beständig
Feuer aus dürren Baumästen neben dem Lager unterhalten. [1]
Geflügel am Freitag verrieth schon den Ausländer; Feuer
neben dem Nachtlager und ein Diener, der nicht mit dem
Herrn isst, liessen (irrig) auf Rang und Wohlstand schliessen.
„Vielleicht ist es gar ein Milordos", d. i. ein Franke, der
alte Steine ansieht und das Geld nicht achtet. Im Grunde
darf man sich also auch nicht verwundern, wenn des andern
Morgens, hauptsächlich des Brennholzes wegen, eine für das
ärmliche Lokal ganz unverhältnissmässige und erst nach
einiger Unterhandlung bis zum Niveau der Billigkeit er-
mässigte Rechnung zum Vorschein kam. Die Maulthiertreiber,
um uns über die gewöhnliche, zu früh erreichte Station
Z a g l i b e r i und ihre bequeme Einkehr weiter gegen Saloniki
fortzubewegen, hatten die Rast in L a n g a v i c h als ebenfalls
sehr reizend und elegant geschildert. Es war aber zum
grössten Verdruss nur ein gewöhnlicher Dorf-Han für vier-

---

[1] Wir bitten den Leser, die wiederholte Beschreibung unseres Reise-
küchenzettels nicht für überflüssig zu halten. In dieser klugen und romanischen Lüften angemessenen, gleichmässigen Diät liegt das Geheimniss,
unter allerlei Umständen einer zweijährigen Wanderschaft keine Minute
lang krank zu sein und gesünder heimzukommen, als man ausgezogen ist.

füssige Gäste, d. i. vier dünne durchlöcherte Wände aus
Röhricht und Lehm mit einem Hohlziegeldach ohne Decke;
der Boden aus festgestampfter Erde, mit zwei Feuerstellen,
einem Backofen und einer Auslage für griechischen Küchen-
bedarf. Das Bett, wie Sie wohl wissen, ist in solchen Fällen
auch nur eine Binsenmatte neben der knisternden Flamme,
und folglich nach zehnstündigem Ritt durch unwegsames zer-
rissenes Bergland Grund genug, zu murren und betrübt zu
sein. Ich dachte an die schönen Säle, an die weichen Divane
und die freundlichen Mönche von St. Dionys, von Vatopädi
und Chilantari und verglich die gegenwärtige Noth und
herabgekommene Lage mit den Vorzügen des Hochfleckens
Laregovi, wo wir die Nacht vorher geblieben waren, und
dessen Lieblichkeiten ich Ihnen schon bei Gelegenheit der
Hinreise und des mit uns einkehrenden Bischofs und seines
Mundschenken aus Polyhiero, im vorausgehenden Bruchstück geschildert habe.

Das alles — ich weiss es wohl — sind Kleinigkeiten,
an deren Kunde dem Leser wenig liegen kann. Aber was
soll ich Ihnen von Langavich erzählen? Ich bin ja nicht
Bonatiker und Geolog, wie Dr. Grisebach. wie Copeland,
Weise, Smith und Friedrichsthal, nicht Statistiker wie
Ami-Boué, nicht Prophet wie Blanqui. Oder meinen Sie
gar, ich sei in den Maulthierstall nach Langavich gekommen,
um den Einwohnern Gesetze zu schreiben, ihre Processe zu
schlichten oder gar die Armeen der 32 alten Städte von
Chalkidike zu kommandiren, von denen man bei Aristoteles
liest? Und wenn ich das alles wäre und verstände, wie
jener berühmte Archäolog, käme ich doch zu spät. Die
Partien sind ja alle schon besetzt und die Rollen ausgetheilt.
Warum ich in das Byzantinische gekommen bin und was
ich dort suche, brauche ich nicht mehr zu wiederholen.
Der Mensch, die Sitte, das Bauerndorf, die gemeine Rede,
der Streit, der Widerspruch und die Vergangenheit sind
meine Thesen und haben mich wiederholt unter diesen Himmelsstrich geführt. Empfinden will ich, Gefühle wechseln,
entbehren, schwelgen, fürchten, hoffen, was man bei der

Glätte und gleichförmigen Geschwindbewegung des öffentlichen Lebens in Europa bald nicht mehr kann.

Nähmen Sie es den Leuten übel, wenn ihnen zuweilen
selbst die Herrlichkeit, die Philosophen, die Lügen, die
falsche Gerechtigkeit und das scheinheilige Thun des Occidents
zuwider wären und Langeweile machten? Im Sittengemälde
hat aber auch der kleine Strich sein Verdienst. Warum gibt
man uns im luftigen, wasser- und pflanzenreichen Laregovi
keinen Kohl? „Kohl wird hier nicht gepflanzt, weil hier
κλεψία (Dieberei), nicht νόμος und τάξις (Gesetz und Ordnung) regieren und jeder stiehlt, was der Nachbar säet." Die
vielen Kreuze und die starke Rechnung in Langavich und
die „Klepsia" von Laregovi sind aber das einfachste und
kennbarste Bild der öffentlichen Zustände im Orient: Jeder
stiehlt, was der Andere säet; die Regierungen aber nehmen
hier Allen Alles weg, und den Frieden hat nur, wer Bettler ist.

Während meine Vorgänger sorgfältig die Gränzscheide
der immergrünen Gebüschvegetation bei Nisvoro erspähen,
die Wiesenkräuter im Muldenthale vor Laregovi zählen und
vom Gipfel einer Waldkuppe des Cholom Strich und Höhe
der Gebirgsketten Macedoniens überschauen und ergründen,
fragte ich mich selbst auf meiner Binsenmatte: warum etwa
in diesem Theile Chalkidike's die Orte, die Seen und die
Berge so sonderbare und ganz ungriechische Namen, z. B.
Cholom, Nisvoro, Zagliberi, Laregovi (Jaruga),
Rawa, Ravanikia, Chortiat, Galatista, Langasa und
Langanichia trügen? Die Beantwortung solcher Fragen
ist zwar weniger lohnend und auch weniger unterhaltend,
als ein botanisches Bild der Kräuterwiesen von Hierisso, als
der Buchenhain von Nisvoro und die Ueppigkeit der Gras-
narbe unterhalb Laregovi. Das Schlimmste scheint noch,
dass man in diesem einzigen Punkte bei uns ganz und gar
nicht neugierig ist, ja Grund und Erklärung dieser ethnischen
Anomalie gar nicht einmal hören mag. Man wendet sich
verdriesslich weg, blickt nach der Stelle, wo Stagira stand,
und fragt: wo sind die Ruinen von Olynth?

Das bittere Gefühl des zu erduldenden Ungemaches,

Hunger, Ermattung, Unheimlichkeit des Ortes, endlich der
Gedanke an unbelohnte Arbeit und an die vielleicht fruchtlos versplitterte Errungenschaft beschlichen die Seele und
trübten auf kurze Zeit den Sinn. Aber die unerwartet kräftige Kost und die warme Luft der Hütte versöhnten bald
den Widerspruch. Die Fremden, die Führer, die Wirthsleute und die Maulthiere assen zu gleicher Zeit, alle, wie
es schien, vergnügt und zufrieden mit dem Geschicke. Wir
schliefen kräftig, verliessen des andern Morgens eine Stunde
vor Sonnenaufgang den Stall, ritten im Herbstnebel zum
Bergsattel von Chortiat hinauf, rasteten um Mittag am Brunnen
und erreichten sonnenversengt noch vor zwei Uhr Nachmittags
das obere Festungsthor von Saloniki, durch welches wir
vier Wochen vorher ausgezogen waren. Gegen ein Geschenk
von vier Silbergroschen blieben Gepäck und Pässe unge-
öffnet, und eine halbe Stunde später hatte ich wieder das
vorige Zimmer bei der Doktorswittwe Georgi mit jener Empfindung innerer Zufriedenheit bezogen, wie sie nur der
Gedanke an den glücklichen Ausgang einer zweifelhaften
und waglichen Unternehmung unserem Herzen entlocken
kann. Mit Pilgerstaub bedeckt (denn man gönnte keine Zeit
für nöthige Toilette), musste ich mit Hrn. v. Mihanowitsch
im nahen österreichischen Consulat zu Tische gehen.

Dreissig Tage Pönitentenkost auf Hagion-Oros hatten
die Nervengeister gewaltig herabgestimmt und der Sehnsucht,
wieder in den europäischen Lebenscyklus einzutreten, einigen
Drang verliehen. Wenn dem Sittengesetze nur um solchen
Preis zu genügen wäre, stünde ich, aufrichtig bekannt, bei
aller Geringachtung raffinirter Genüsse noch auf sehr niedriger Stufe zur Gerechtigkeit. Im Gegensatze mit den griechischen Katholiken und ihrem thierischen Mandat wagen
wir lateinische Christen kräftig zu essen und dennoch tugendhaft zu sein. Wenn sich auch beide Kirchen am Ende über
Ambition der Priester, über streitige Rechte der Anciennität
und über die natürlichen und ewig unausgleichbaren Anti-
pathien zwischen Morgen- und Abendland möglicher Weise
je verständigen könnten, so würde das Fastengebot allein

Hoffnung und Möglichkeit des Vergleichs zertrümmern. Sicher
liegt der Wandelscala unserer Kirchendisciplin ein philoso-
phischerer Gedanke unter, als dem starren Tugendsystem
und dem unerbittlichen Fastenrigorismus der Anatolier, „cui
jam pares non sumus." [1]

Die Klausner-Atmosphäre des heiligen Berges und der
enggezogene Ideenkreis der Selbstpeiniger mit ihrem kindischen Gerede täglicher Mirakel und himmlischer Erscheinungen hatten in kurzer Frist so vertrocknend und lähmend
auf Geist- und Redefluss gewirkt, als wäre ich nicht Wochen,
sondern Jahre lang dem Verkehr europäisch civilisirter Menschen entrückt gewesen. Freilich wird die Wirkung in solchen Fällen von der Wärme des Blutes, vom Grade der
Hingebung und der Empfänglichkeit für äussere Eindrücke
und von dem Umstande abhängen, ob einer unmittelbar oder
mittelst eines Dritten mit den vespernden Legendenmönchen
verkehrt. Aber drei Jahre auf Hagion-Oros könnten wohl
ein neues Kapitel zu Ovids Metamorphosen liefern.

Der geographischen Nähe ungeachtet ist die Kluft zwischen uns und der Griechenwelt viel weiter und viel tiefer,
als man glaubt. Jedoch soll eigene Unwissenheit die Hagion-
Oros-Mönche hoffentlich nicht hindern, kostbare Ueberbleibsel
alter Literatur in ihren staubigen Bücherkammern zu besitzen. Mit besonderem Interesse sucht Hr. v. Mihanowitsch,
der gelehrte und patriotische Slave, die Kunde der alten
Zustände der illyrischen Halbinsel zu erweitern, und hatte
mir besonders aufgetragen, im Kloster Vatopädi ein von Zachariä bezeichnetes Prachtmanuscript Strabo's durchzusehen,
ob sich in demselben vielleicht das in unsern Ausgaben
fehlende, die Beschreibung von Corcyra, Süd-Epirus und
Macedonien mit Chalkidike, Athos und den übrigen Cher-
sonesen bis an den Hellespont enthaltende Ende des siebenten
Buchs finde. Bei den Mönchen in Chilantari aber sollte ich
über die angebliche Existenz einer in glagolitischen Schrift-

---

[1] Wenn wir von lateinischen Christen reden, so sind alle Europäer
gemeint, die nicht dem griechischen Bekenntniss angehören.

zeichen verfassten Biographie des grossen Bulgaren- und Morawenapostels Cyrillus aus Thessalonika Erkundigungen anstellen, zu Nutzen und Ruhm der neu erwachten und energisch betriebenen Studien des alten Slaventhums. Leider war das Ergebniss für beide Fälle ein verneinendes, da die Athoshandschrift des Strabo mit derselben Phrase: Κιτέας ἔτι μυθωδέστερον ..., wie unsere europäischen Drucke schliesst, die Chilantari-Mönche aber selbst nicht einmal zu sagen wussten, ob sie das Verlangte haben oder nicht. Die guten Väter gestanden aufrichtig, dass bei ihnen ausser den Akoluthien und Gebeten in der Kirche das ganze Jahr Niemand ein Buch ansehe oder je einer aus ihrer Mitte das Wort „Glagolitenschrift" auch nur gehört habe. Es wäre ihnen wohl bekannt, dass St. Cyrillus ihrem Volke das Evangelium zuerst gepredigt habe, aber weiter wüssten sie von der Sache nichts. Man liess mich später nach Belieben in der kleinen Sammlung selbst herumsuchen, die ich in dem Wachsmagazin mit dem Eingang durch Küche und Speisekammer fand.

Die Gierde, mit welcher ich in den ersten Zeiten nach der Athosreise den politischen Inhalt der Journale aus Augsburg, Paris, Malta und Smyrna verschlang, die wissenschaftlichen Revüen durchlief und in der ausgewählten Bibliothek des gastfreundlichen Consuls herumgriff, zeigte klar, wie leer und genusslos das Leben ausserhalb des europäischen Ideenkreises wäre. Mit welcher Empfindung glauben Sie wohl, dass ich in der Allgemeinen Zeitung die Berichte über den eben zu Bonn versammelten Philologencongress und Prof. Kreysers kluge Rede „von völligem Erlöschen alles griechischen Wesens" sammt der Entgegnung eines bekannten Eiferers für ungeschwächtes, heute in Idee, Kunst und Sprache nicht weniger lebendig als vor Troja gährendes Hellenenthum, mitten unter „slavisch" redenden Macedoniern las?

Die Grösse der Stadt, ihre Lage an der See, der milde Himmel, die schnelle und sichere Verbindung mit dem Occident, der lebhafte Verkehr, der Zusammenfluss von Fremden, der duldsame Sinn der Bewohner aller Sekten, die Leichtigkeit des Erwerbes und des Lebens verleihen dem Aufenthalt in Thessalonika einen Reiz, wie ihn sicherlich keine Stadt der europäischen Türkei besitzt. Die Luft selbst hat an dieser Küste etwas Weiches, Ionisches und zum frohen Genuss des Daseins Einladendes, was man weder in Trapezunt noch viel weniger in Athen oder Konstantinopel gefunden hat. Viel glücklicher als andere Reisende, die immer Eile haben und gleich anfangs schon mit der halben Seele bei Katheder, Ambition, gelehrter Coterie, Handwerkszeug und Gewerbe in Europa zurückgeblieben sind, gehörte ich ganz mir selbst an, überliess mich, aller Bande ledig, zwang- und sorglos dem Freudenstrom und blieb noch einen vollen Monat in der Stadt des üppigen leichten Sinnes. Viel fehlte nicht, und ich wäre den ganzen Winter geblieben. Von 8 Uhr bis Mitternacht und noch länger sass ich jeden Abend im Consulat; wir lasen Altes und Neues und von Allem das Beste, redeten, recensirten, trieben Slavica, Kritik und Philosophie.

Ich lernte viel; denn Hr. v. Mihanowitsch gehört sicher in die Klasse jener Männer, in welchen die grösste Summe theoretischer Kenntnisse und praktischer Erfahrungen über politisches Leben, Geist und Physis des illyrischen Continents verborgen liegt. Zu Hause las und excerpirte ich wieder, ordnete die Kolchis-Papiere, die Athos-Notizen, bemass die Beute, berechnete die Kosten und analysirte noch einmal das ganze Hagion-Orosleben, Chalkidike und meine Tour. Diese hatte — was man vielleicht nicht ungerne hören wird — mit Inbegriff der Maulthiere und Dardaganis Sold bei einer Dauer von 31 Tagen ungefähr 1166 türkische Piaster oder Grusch, d. i. 291 Franken oder 116 Gulden C.-M. gekostet.

Schon in Europa hatte ich mich bei einem griechischen Geistlichen, der lange auf Athos lebte und mit den Gebräuchen des Instituts, sowie mit der Arithmetik der Weltüberwinder vollkommen vertraut war, sorgfältig erkundigt, wie viel ein gewöhnlicher occidentalischer Gentleman, der nur mit einem

Bedienten den Hagion-Oros besucht, für Bewirthung und
Pflege billiger Weise geben soll. Vier Franken täglich,
meinte der Kalógeros, würden den Erwartungen der Väter
ganz entsprechen und dem Geber ein rühmliches Andenken
am heiligen Berge sichern. Sie begreifen wohl, dass diese
Taxe nur von solchen Athosreisenden zu verstehen ist, die
ihre Mittel zu Rathe halten müssen, wie ich, und sich nicht
auf Milordis beziehe, die „alte Steine suchen und das Geld
nicht achten." Ich schlug eine Mittelstrasse ein und würde
allen Hagion-Oros-Besuchern desselben bescheidenen Ranges
rathen, eben so zu thun.

Bei längerem Verweilen in einem Kloster, wie z. B. in
St. Dionys, wo ich zwölf Tage blieb, legte ich obigen
Calcül zu Grunde und übergab dem heiligen Abte bei der
Abschiedsvisite 200 türkische Grusch (ungefähr 48 Franken)
für sein „Gotteshaus", drückte aber dem bulgarischen Laienbruder, der uns als bestellter Koch so gut verpflegte, noch
aparte 25 Grusch als eigenes wohlverdientes Honorar in die
Hand, vergass auch seinen Gehülfen Leonidas mit der Kleinigkeit von 5 Piastern nicht und erfreute zuletzt am Thore noch
den „heiligen Pförtner" mit einem mässigen Tribut von vier
γρώσσια (1 Frank).

Als Regel gelte: die Spenden, wenn sie auch mässig
sind, wie die meinigen, unter Viele und zwar eigenhändig zu vertheilen, besonders aber den „heiligen Pförtner"
nirgend zu vergessen. Will oder muss aber ein Fremder
seine Reden und Ausgaben durch einen Dolmetsch besorgen
lassen, muss er auch gespicktere Kassen führen und über
grössere Mittel gebieten, als der mässig begüterte Tourist.
Kostspieliger dagegen ist es, wenn der Aufenthalt nur 1—2
Tage dauert und das Kloster ein republikanisch regiertes ist.
Theils um die Neugierde des Lesers zu befriedigen, theils
auch um ein beiläufiges Mass für solche Fälle aufzustellen,
will ich den eintägigen Aufenthalt im Kloster Chilantari
an der Ausgangsstation des Hagion-Oros finanziell genauer
auseinandersetzen.

Vom heiligen Regierungssitz in Karyäs kommend, ritten

wir Abends in den Klosterhof und wurden von einem dienen-
den Bruder ohne viele Umstände in die neu und elegant gebaute Fremdenwohnung eingewiesen, mit Wasser versehen
und eine Zeit lang allein gelassen. Man hielt uns wahrscheinlich für Orthodoxe, d. i. für Leute, die grosse Ansprüche machen, seitens der Mönche Alles für Schuldigkeit
halten und am Ende nichts bezahlen. Schon war ich im
Begriff, über den ungastlichen Sinn dieser Chilantari-Slaven
verdriesslich zu reden, als auf ergangene Meldung der Grammatikos des Klosters in das Zimmer trat, um den Fremden
zu bewillkommnen und nebenher mit der den Orientalen
eigenthümlichen Feinheit nach Bedeutung und Herkunft des
Gastes zu forschen. Der Grammatikos — wie er selbst erzählte — war in Chilantari fremd, wie wir, und erst ein Jahr
im Dienst dieser Mönchsgemeinde. Als geborner Moraït habe
er zu Ikonium in Kleinasien, wo er zur Zeit des Aufstandes
seiner Heimat lebte, unter den fanatischen Türken Lebens-
gefahr auszustehen gehabt und sei endlich nach vielen Abenteuern und langem Herumirren auf den heiligen Berg gekommen, um gegen fixen Lohn auf Ruf und Widerruf den
Chilantari-Mönchen als Geheimschreiber und Interpret zu
dienen.

Durch Zufall oder als Klephte im Kampfe hatte er die
eine Hand verloren, verstand aber neben dem Vulgären auch
das Hochgriechische, sprach geläufig türkisch und citirte Verse
aus Hesiodus. Ich citirte, so viel mir einfiel, entgegen, strebte
nach besonders guter Diktion, sagte, woher des Landes und
was ich in Chilantari suche, und rückte auch meinerseits
möglichst breit mit dem in Stambul erlernten Türkisch heraus.
Nach einer Stunde etwa empfahl sich der Grammatikos, um
den Vorständen zu hinterbringen, dass der Gast ein Franke
sei, die Landessprachen rede und (mit Verlaub) allerhand
wisse. [1] Auf dieses hin kam einer der Vorstände selbst —
ein Bulgar aus Sischtow, der schon die höchsten Würden
in Chilantari bekleidet hatte und jetzt als Mit-Igumenos im

---

[1] *Παλλαίά τε πολλά τε είδώς.*

Ausschusse sass — um den Gast von neuem und noch
wärmer zu bewillkommnen und als Gesellschafter die Honneurs
zu machen. Nach byzantinischer und überhaupt morgenländischer Etikette darf man achtbare Fremde so wenig als
möglich sich selbst überlassen. Der Mann aus Sischtow war
vielleicht andächtiger und heiliger, aber sicherlich viel weniger gewandt und unterhaltend als der vielgewanderte Grammatikos mit Einer Hand.

Wer gerne Martials Epigramme liest, findet bei aller
Geduld und Höflichkeit die endlosen im Bauerngriechisch
vorgetragenen Erzählungen der Klosterlegenden und ihrer
täglichen Mirakel und Heiligenerscheinungen am Ende doch
etwas langweilig und einschläfernd. Besonders während der
türkischen Occupation des Hagion-Oros habe sich die Panagia beinahe jeden Abend zum Schrecken der Albanesen im
Klosterhofe wandelnd und schwebend sehen lassen. In Iwiron hatte man mir schon dasselbe erzählt. Wie aber nach
dem Frieden von Adrianopel die islamitischen Besatzungen
den Berg verliessen und die Noth vorüber war, endete auch
der abendliche Spuk in Hof und Corridor, und die Besuche
der Panagia — sagte der Mönch — haben jetzo gänzlich
aufgehört. Das Kloster kultivirt mit Kunst und Erfolg besonders den Gartenkohl, der alles Ackerland rings um die
heiligen Mauern bedeckt. Auch bestand das Abendessen,
wobei Igumenos und Grammatikos Gesellschaft leisteten, nur
aus einer Kohlsuppe und einer Platte Reis und noch vier
andern Platten, sämmtlich aus Kohl, aber alle kalt: kalte
Kohlblätter in Oel geschmort, Salat aus Kohl, zum Nach-
tisch wieder Kohl. Die Mönche in Chilantari leben spar-
samer und armseliger, dachte ich, als die Frösche bei Homer,

Οὐ τρώγω ῥαφάνας, οὐ κράμβας, οὐ κολοκύντας·
Οὐδὲ πράσοις χλοεροῖς ἐπιβόσκομαι, οὐδὲ σελίνοις. [1]

Vom Glagolit des heiligen Cyrillus wusste natürlich keiner
von beiden Tischgenossen Auskunft zu geben. Der Gram-

---

[1] Ich esse nicht Rettiche, nicht Gartenkohl, nicht Kürbiss; verzehre
weder grünen Lauch noch Eppich.

matikos verstand ja nicht slavisch, und der Igumenos las gar
kein Buch; man vertröstete mich auf die Conferenz mit dem
Gemeinderath, dem ich des andern Morgens nach dem Gottesdienst mein Anliegen persönlich vorzutragen hätte. Von
Büchern reden macht griechischen Mönchen allzeit Langeweile, und die frommen Proëstotes sprachen in der Sitzung
lieber von allerhand politischen Dingen, vom Czar, von Abdul-
Medschid, vom Papst und von Griechenland, lasen auch das
Circulare der Karyäs-Junta der Reihe nach, bis es der letzte,
ein hochgewachsener kraftvoller Serbe, der unter Milosch ge-
fochten hatte, mit Gleichgültigkeit, wo nicht gar mit einiger
Geringschätzung dem Inhaber zurückgab und alles Suchen
nach dem fraglichen Objekt voraus für unnöthig erklärte.
Auf diese Bemerkung nahm ich das Circulare, stand auf,
dankte für die gastliche Aufnahme und fragte: ποῖος εἶναι
ὁ ἅγιος δικαῖος; (Welcher ist der heilige Rentmeister?)
'Εγώ, antwortete der hochgewachsene kastanienhaarige Serbe,
dem ich im Beisein des Rathes sogleich 20 Piaster türkisch
(5 Franken) διὰ τὴν ἐκκλησίαν (für die Kirche) übergab.
Plötzlich — ach wären Sie doch im Saale gewesen! — plötzlich erglänzten alle Gesichter von Heiterkeit, man begleitete
mich feierlich durch die Corridore in die Fremdenwohnung
zurück, ernannte eine Commission, um die Herrlichkeiten
des Klosters, die Fresken und die Bibliothek hinter dem Koch-
zimmer zu zeigen, und bereitete in der Zwischenzeit ein treff-
liches Mahl, für welches durch besondere Fügung der Panagia
die Fischer verwichene Nacht einen ungewöhnlich reichen
Fang im Meere thaten. Wahrscheinlich hatten die armen
Väter vom ärmlich gekleideten Fremdling wohl glatte Worte,
viel höflichen Dank, aber kein Geld erwartet, während sie
selbst bei aller Wohlhabenheit des Ganzen persönlich doch
nur von Entbehrungen leben und allzeit und überall und
jedermann geben sollen.

Wir assen mit Heiterkeit und grossem Appetit. Zugleich
ward die Freigebigkeit gegen das Gotteshaus freimüthig be-
lobt, und auf die vertrauliche Frage, wen ich schicklicher
Weise noch bedenken sollte, deutete der Grammatikos auf

den nebenan sitzenden Igumenos (Alt-Prälaten) aus Sischtow, der uns gestern und heute mit seiner Gesellschaft bewirthet habe; jedoch sei auf die reichliche Kirchengabe auch hier nichts weiter nöthig und nur für die Küche u. s. w. eine Kleinigkeit noch beizufügen. Er selbst nahm nichts. Bei der Abreise begegnete uns ausserhalb der Zimmerthüre zuerst der Oberkoch, dann bei der ersten Stiege das Unterküchenpersonale, unten im Hofe standen die beiden bedienenden Mönche und am Thore der „heilige Pförtner" mit seinem Substituten. Unter diese vertheilte ich auch noch zusammen 25 Grusch, im Ganzen also 45 Grusch türkisch oder 4 Gulden Conventionsmünze für zweimal Essen und eine Nacht. Ich sage dieses nur, damit Athoswanderer künftig wissen, was in diesem Punkte schicklich ist, besonders aber dass sie nicht etwa aus falscher Scham den Gesellschaft leistenden Prälaten (in den freien Klöstern) zu beschenken unterlassen, wie es mir selbst in Iwiron erging, wo ich das verhältnissmässig beträchtliche Honorar dem Oberzimmerwärter übergab, der es wahrscheinlich ganz oder theilweise zu bestellen vergessen hat. Die beiden Tischgenossen begleiteten uns sogar noch eine Strecke ausserhalb des Mauerumfanges auf dem Weg zum Platanenwald und dem Isthmus von Chalkidike. Wir begrüssten uns mit Wärme, ich versprach das Wiederkommen und einen Thermometer für den Grammatikos als Gastgeschenk.

Der Name „Chalkidike" bedeutet, wie Jedermann weiss, auf deutsch Erzdistrikt, Minengegend, ist aber heute im Lande selbst nicht mehr üblich und durch den halbtürkischen, halbgriechischen Terminus „Mademochoria", d. i. die Bergwerksdörfer verdrängt. [1] Der Naturreichthum an edlen Metallen, besonders an Gold, hat schon in den ältesten Zeiten die Hellenen in das Land geführt, Reichthum durch Handelsbetrieb gegründet und in Folge desselben civilisirten Luxus und politische Freiheit zum Bedürfniss gemacht. Ohne die drei Chersonese Kassandria, Sithonia

---

[1] ‏معدن‎ Maden heisst im Türkischen die Mine, das Metall, und χωρία auf griechisch die Dörfer. Streng grammatikalisch sollte man Madenochoria schreiben.

und A t h o s, die man niemals zu Chalkidike rechnete, beträgt nach Grisebach die Länge des Minendistrikts von West
nach Ost nicht mehr als etwa 10, die Breite aber durch-
schnittlich gar nur 6 geographische Meilen. Und doch blühten
auf diesem kleinen Raum nach Aristoteles 32 freie Städte,
der sogenannte Staatenbund von Chalkidike, von denen wir
aber nur Chalcis, Olynthos, Akanthos, Apollonia, Stagira,
Mekyberna, Torone, Angäus und Singus mit Namen historisch kennen. Das schöne und reiche Olynth galt als Hauptstadt und Sitz des Bundes.

Bis zur Eroberung durch Philipp den Macedonier gehörten die chalcidischen Städte zu Thracien, [1] und obgleich
von den 32 Bundesnamen sich nicht ein einziger aus den
Stürmen des byzantinischen Mittelalters retten konnte, ist
dem Ländchen doch bis auf den heutigen Tag, nach allen
Wechseln, ein höherer Grad bürgerlicher Freiheit als eine
gleichsam dem Boden und der Luft inhärente Modalität geblieben. Es theilt sich in die zwei grossen, dem Sultan zwar
Tribut zahlenden, aber sich selbst aristokratisch freiregieren-
den Municipalitäten S i d e r ó k a p s a auf der Ost- und C h a s s i á
auf der Westseite. Beide zählen miteinander noch 27 Gemeinden und eben so viele Grossdörfer, deren zwei wohl
den Rang, aber nicht die Schönheit und den Glanz von
Städten haben. Hauptort des Ostdistriktes, des eigentlichen
Minenlandes, ist N i s v o r o mit 12, wie es P o l y h i e r o oberhalb der Ruinen von Olynth mit 15 freien Burgflecken im
Westdistrikte ist. Meinen Vorgängern Cousinéry, Leake,
Urquhart und Grisebach ist der vortheilhafte, die in Thracien
und Macedonien üblichen Physiognomien an Schönheit auffallend überragende Typus der Griechen von Chalkidike, besonders im Distrikt Chassiá nicht entgangen, und man ist
desswegen allgemein geneigt — und glaubt sich aus besondern Gründen sogar berechtigt — hier ein „fast noch
reines und unvermischtes" Fragment der alten griechischen
Bevölkerung zu erkennen. Am eifrigsten nimmt sich C o u s i -

---

[1] Τοῖς ἐπὶ Θρᾴκης Χαλκιδεῦσι καὶ Βοττιαίοις. *Thucyd. I. 57.*

nery (Ende des vorigen Jahrhunderts) des chalcidensischen Hellenismus an. [1] Die Provinz sei zwar den Calamitäten der Slavenstürme nicht entgangen, habe aber Dank der dichten Waldregion, die als Asyl diente, immerfort eine Art Unabhängigkeit behauptet und zugleich die Reinheit des alten Blutes bewahrt. Bei den Männern von Laregovi fand Herr Cousinéry „sentimens cisibles de leur antique noblesse,‟ und bei den Weibern „traces des anciennes habitudes domestiques‟, elegante Kleidung und regelmässige Züge. Aber viel wärmer als das reinliche weisse Gewand mit der blendend weissen Fustanella und rothen Plattmütze der Albanier spricht die verständigere Bodenkultur, das Profil, der kluge Sinn und besonders das klare Ursprungsbewusstsein dieser Waldleute für das Alterthum ihrer Race. Weder Türke, noch Bulgar, noch Albanit, noch Jude, sagten sie Hrn. Cousinéry, habe sich unter ihnen häuslich niedergelassen und „wir alle in diesen Bergen bilden uns etwas ein auf unsern Griechentitel, auf unsere Tempel, auf unsere Bischöfe, auf unsere Priester und auf unsere Schulen.‟ [2] Das Alles ist sehr erbaulich zu hören, und wie die Sachen seit dem Erlöschen des Minenbetriebes daselbst stehen, zum Theil auch ganz richtig; nur ist hier von der alt-chalkidischen Bevölkerung keine Rede, sondern von einer byzantinischen Colonisation nach der Wiedereroberung der Provinz durch die Imperatoren der Heraklius-Dynastie und ihrer Nachfolger im 7ten und 8ten Jahrhundert unserer Zeitrechnung.

Auch so viel ist einzugestehen, dass nach den historisch begründeten Metzeleien und Verheerungen auf Kassandria und in ganz Chalkidike während des 6ten und 7ten Jahrhunderts n. Chr., im besagten Chersonese sowie am ganzen Küstenstriche, hinauf bis Saloniki einerseits und bis Polyhiero im immergrünen Walde anderseits, sich keine slavische Niederlassungen gebildet haben und somit der westliche Distrikt mit dem grössern Theil der 15 Freidörfer und

[1] Cousinery, Voyage en Macedoine, II. 134.
[2] Ibid. pag. 143.

der Halbinsel Kassandra dem byzantinischen Griechenblute
zu vindiciren sei. Der Ostdistrikt dagegen, das eigentliche
Erzgebirge mit den Gold- und Silbergruben, ward vollständig
slavinisirt. Der Stamm der Runchi-Slaven hatte das Gebiet
vom Xerxes-Kanal bis zur Bolbe-Mündung, wo ehmals
Stagira, bis zum See von Langasa überschwemmt und darin
alles neu gemacht; nicht eine einzige Ortschaft, nicht ein
einziger Name aus griechischer Zeit ist geblieben. Führt
der Kanal am Isthmus des Hagion-Oros nicht heute noch den
slavischen Namen Probjati (Durchstich)? Besonders auffallend und die Natur der Oertlichkeit bezeichnend ist aber
das von griechischer Kehle noch nicht bis zur Unkenntlichkeit entstellte Nizvoro, der Hauptflecken der eigentlichen
Mademochoria, mitten unter (erloschenen) Schmelzöfen und
verwitterten Schlackenhaufen am steilen Ostrande des
hohen Tafellandes. Izvárak nennt der illyrische Slave heute
noch die „Schlacke." [1]

Laregovi (Jaruga) und Cholomón (Cholm) haben
wir im vorigen Fragmente schon erklärt. Ravana und
sein Diminutivum Ravanichia, vom slavischen *ravna, rav-
nina, ravnitza* (wir zogen durch beide Dörfer) bedeutet
„Ebene"; in Langaza aber und Langavichi ist das
(polnische) Lengi, die „Wiese" nicht zu verkennen, in
Zagliberi und Longomat aber wird selbst der fanatische
Eiferer keinen hellenischen Laut entdecken. Gegen dieses
Argument ist nichts einzuwenden, und man muss sich im
Grund Glück wünschen, dass die Herren Cousinéry, Leake
und Grisebach, in botanischen, geologischen und politisch-
geographischen Forschungen versenkt, Dinge dieser Art nicht
berechnen mochten. Was wäre sonst über Chalkidike noch
zu sagen übrig gewesen? Die Slavenniederlassungen reichen
tief in den Buschwald bis dicht an Polyhiero und herab bis
zur Seeküste des westlichen Athosgolfes. Aber warum reden

---

[1] An die fremden Wörter setzt der Grieche häufig einen Vorschlag,
z. B. Nezero (See) für Ezero. So hier Nizvoro für Izvoro (z wie
ein weiches *s* gesprochen).

sie heute in Laregovi. in Nizvoro, in Longomat, in Libiada griechisch und nicht mehr illyrisch? Wir fragen entgegen, warum man zu Stargard in Pommern und zu Bergen (Gora) auf der Insel Rügen heute deutsch und nicht mehr slavisch rede?

Man hat die Beobachtung gemacht, dass die byzantinischen Imperatoren nach Bewältigung der slavischen Eindringlinge auf der grossen Heerstrasse von Konstantinopel nach Thessalonika *(via Egnatia)* die Barbaren überall in Masse nach Anatolien deportirten und dagegen kleinasiatische Colonien an ihre Stelle setzten, besonders aber die Seeküste und die Hafenorte von Barbaren entweder gänzlich säuberten, oder doch dem griechischen Element daselbst das Uebergewicht zu verschaffen suchten. Man kann wohl denken, dass bei diesen Heilmassregeln der reiche, vorzugsweise von den Slaven besetzte und ausgebeutete Minendistrikt von Chalkidike nicht übersehen wurde.

Die alten Ortsnamen blieben; nur für den Hauptsitz des Erzbetriebes schuf das wiedereindringende Byzantinerthum den neugriechischen Terminus „Siderókapsa" d. i. Eisenschmelze. [1] Aber das Slavische erhielt sich viele Jahrhunderte neben dem Griechischen, was jetzt allein noch übrig ist. Wenigstens fand Belon (1549) unter den Bewohnern der Bergwerksdörfer noch nicht das reingriechische Element der Laregovioten des Hrn. Cousinéry. Es wohnte damals in den Dörfern ein Gemisch von Slavisch, Bulgarisch, Griechisch, Türkisch und Albanisch redenden Menschen, [2] ja das Slavische war noch das verbreitetste, und die Arbeiter selbst waren der Mehrzahl nach Bulgaren; die Dorfleute in der Runde aber Serben, denen zugleich das Griechische geläufig war. [3]

---

[1] Eigentlich Σιδεροκαψία. Σιδεροκαψία. ὑποὶ μέταλλα χρυσοῖ καὶ ἀργύρου schreibt Zygomalas bei Du-Cange.

[2] „Ceux qui habitent aux minères de Siderocapsa sont gens ramassez, et usent de langage different. comme Esclavon. Bulgare. Grec. Turc. Albanois." Belon. Observat. chap. 49.

[3] Les ouvriers metaillaires qui y besognent maintenant. sont par la plus part de nation Bulgare. Les Paysans des villages circon-

Belen erscheint als kluger und sehr scharfer Beobachter,
weil er in Uebereinstimmung mit den Byzantinern überall
eine der zweiten, der sogenannten Bulgarenschicht voraus-
gehende und von ihr verschiedene, gleichsam erste und
primitive Slavenschicht auf griechischem Boden anerkennt.
Diese primitiven Slaven des sechsten Jahrhunderts sind die
wahren Väter, Schwäger und Blutsverwandten des heutigen
griechischen Bauernvolkes in Macedonien, Thessalien, Hellas
und Peloponnes. Länger als 900 Jahre redete das Volk in
den benannten Landschaften griechisch und slavisch zu gleicher
Zeit, wie die heutigen Böotier, Attiker, Korinthier und Argiver neben dem angelernten Neugriechisch noch immer ihr
heimatliches Albanisch bewahren. Das Slavische ist erst
während der letzten vierhundert Jahre, mit Ausnahme der
Nordspitze von Akarnanien, auf altgriechischem Boden als
Volkssprache erloschen und ausgestorben. Dass es aber auf
den beiden entgegengesetzten Endpunkten Griechenlands,
nördlich in der Chalkidike und südlich im Taygetos, im
fünfzehnten und sechzehnten Jahrhundert noch in vollem
Gange war, ist durch zwei unverwerfliche Zeugen, Chalkokondylas und Belon, erwiesen. Um die Spuren dieser
Slaven-Antiquitäten aufzufinden, muss man nicht die Vorträge auf der Hochschule zu Athen, wohl aber die Phraséo-
logie des Landvolkes, besonders der Weiber als Substrat
unterlegen. Den Markassit (Substanz aus der Verbindung
des Schwefels mit was immer für einem Material), sagt
Belou, nenne man in den Minendörfern von Siderokapsa
allgemein Ruda; die Gold- und Silberglätte aber Leskena.
Beides ist slavisch; nur wird statt Ruda „Truda" zu
schreiben sein, wie man es im Illyrischen heute noch findet.
Damals (1549) waren noch 5—600 Schmelzöfen mit 6000
Arbeitern in Thätigkeit, und der Reinertrag der Münzstätte
Siderokapsi belief sich ohne Rücksicht auf den Privatgewinn
der Arbeiter (Verschleuderung, Veruntreuung und Dieberei

voisins qui viennent au marché, sont Chrestiens et parlent la langue Ser-
vienne et Grecque. ibid. chap. 50.

im Grossen und Kleinen) für Rechnung des Grossherrn allein
monatlich auf 15- bis 30.000 Goldducaten und auch noch
darüber.[1] Urtheile man, wie hoch der Ertrag der Chalkidike-
Minen im Alterthum, in den ersten Jahren der Bearbeitung
gewesen sei, und ob man sich über Philipps Drang, die
Goldquelle in seinen Schatz zu leiten, verwundern soll.
Was Ural und Altai den Russen heute sind, waren
die Erzgruben von Chalkidike und Philippi den macedonischen
Fürsten im Alterthum, ein unerschöpfliches Potosi, wo die
Schlüssel zu allen Akropolen und der Preis für alle griechischen Gewissen zu Tage gefördert wurden. Ohne Gold ist
selbst das Genie gelähmt. Die Adern der edlen Metalle,
behauptet man, seien schon gegen das Ende des vorigen
Jahrhunderts erschöpft gewesen, und seit der Insurrection
von 1821, zu der sich Chalkidike in seinem unglücklichen Stern fortreissen liess, ist auch die Bearbeitung der
Eisengruben auf Befehl der türkischen Regierung eingestellt.
So viel ich in Laregovi hörte, wurden von den zur Strafe'
der Felonie sämmtlich niedergebrannten Flecken und Dörfern
nicht alle wieder hergestellt. Namentlich ist Siderokapsi
so gänzlich verkommen, dass die Mademochoria-Munici-
palität ihren Sitz gegenwärtig zu Nizvoro aufgeschlagen hat.[2]
Die zwölf verbrannten Burgflecken mit ihren Depen-
dentien bilden die bischöfliche Diöcese Hierisso, deren jewei-
liger Ordinarius aber nicht mehr im Titularflecken dieses
Namens, sondern gleichfalls zu Nizvoro an der luftigen, baum-

---

[1] *Car ce que le Grand Turc resçoit chasque mois de sa part, sans en
ce comprendre le gaing des ouvriers, monte à la somme de dix huits mille
ducats par moys, quelquefois trente mille, quelque fois plus, quelque fois
moins.* Belon, chap. 50. Doch scheint der nächste Satz den Sinn dieser
Stelle wieder zweifelhaft zu machen: *Les rentiers m'ont dict n'avoir Souve-
nance qu'elles ayent moins rapporté depuis quinze ans, que de neuf à dix
mille ducatz par mois, pour le droict du dict Grand Seigneur.*

[2] *Dr.* Grisebach möchte Nizvoro und Siderokapsi ursprünglich für
einen und denselben Ort halten. Aber den sichersten Nachrichten zufolge
ist Siderokapsi ein für sich bestehender Flecken und liegt in einem Seiten-
thale, aus dem ein Bach in das Aestuarium des Beschik-Sees hinausrinnt
in gerader Richtung nördlich von Nizvoro und Laregovi.

und quellenreichen Halde, mit der Aussicht auf den blauen
Golf von Stellaria und auf die über den heiligen Wald
hinausragende Steinpyramide des Hagion-Oros-Kegels residirt.
Der Leser erinnert sich noch aus dem vorausgehenden
Fragment, wie uns auf der Hinreise der „Engel von Hierisso"
im Einkehrhause zu Laregovi begegnet ist und wir Sr.
Heiligkeit geistliches Quartier und Abendessen beschrieben
haben. Vom Athos kommend sahen wir bei unserm warmen
Mittagsritt durch Nizvoro nun auch Dom und Residenz des
byzantinischen Despotis, wenn man das gemauerte Heu-
magazin ausserhalb des Ortes, ohne Thurm und Glocke,
einen Dom, und das bescheidene mit hölzernem Söller
versehene, den übrigen Dorfbauten vollkommen gleichkom-
mende Wohnhaus des Prälaten eine Residenz nennen will.
Leider hat die republikanische Verfassung der morgenländischen Kirche der allen Südvölkern, insbesondere aber den
geistlichen Functionären und Dienern Gottes eingebornen
Liebe zur Ostentation und äusseren Pracht nur innerhalb
der vier Tempelwände vollen Spielraum gelassen. Ein byzantinisches Patriarchal- oder auch nur Episcopalhochamt schien
mir immer, müsse diesem Volke wie ein Feentraum die
Sinne berauschen und es wenigstens auf Augenblicke das
bürgerliche Elend und die verlorene Herrschaft vergessen
lassen.
Wenn der demüthige Diener Gottes in vollem Ornate
der alten Kaiser des Orients, in goldgestickten Purpur-
halbstiefeln, in goldener Tunika, mit golddurchwirktem kaiserlichen Mantel, mit Scepter und blitzendem Diadem hoch
über der erstaunten Menge und der glanzvollen Levitenschaar
halb in Weihrauchwolken verhüllt auf dem Throne sitzt,
wie könnte er noch an die Schmach seiner Kirche, an den
Stolz des Islam oder auch nur an die schweren Summen
denken, um die er seine berauschende Herrlichkeit erstanden
hat? Mit dem Rang einer herrschenden (Staats-) Religion
hatte die griechische Kirche auch ihren weltlichen Besitz
verloren und ward auf Almosen und Stola der Gläubigen
angewiesen. Hat der griechische Geistliche wie immer eine

„Eparchie" an sich gebracht, so hält er nach dem ersten
Gottesdienste unfehlbar seine Antrittsrede oder bischöfliche
Homilie an die Gemeinde, wobei im ganzen byzantinischen
Reiche ein und dasselbe Thema zu Grunde liegt: „Greifet
der heiligen Kirche unter die Arme, tröstet die weinende
verfolgte Braut Christi durch reichliches gottgefälliges Almosen!" Natürlich geht kein Gläubiger zur ersten Episcopal-
function des neuen Despoten mit leeren Taschen in die Kirche;
denn unmittelbar nach der Anrede — so erzählte mir ein
Gläubiger von Laregovi — setzte sich Monsignore von Nizvoro in vollem Ornat unter die Kirchthüre; ihm zur Seite
stand ein Diacon mit weitem silbernen Teller, auf welchen
der Reihe nach langsam und kenntlich die ersten Wirkungen
apostolischer Beredsamkeit niederklangen. Nachher war grosse
Sitzung des Municipalrathes des Minendistricktes, um die
Summe zu berathen, mit der sie die „weinende Braut Christi"
trösten wollten. Der Beschluss hat Gesetzeskraft und darf
im Weigerungsfalle einzelner Dörfer oder Familienväter, ihre
Quote zu erlegen, selbst auf dem Wege der Execution vollzogen werden. Da ist keine Rente, keine Stiftung, kein
Stipendium und auch keine geistliche Function, ausgenommen
auf Bestellung. Kein byzantinischer Priester, kein Bischof
celebrirt, und selbst am Sonntag ist kein Gottesdienst, wenn
ihn nicht Jemand aus der Gemeinde vorausbestellt und nachher bezahlt.

Welche Unordnung, um nicht zu sagen gänzliche Auflösung bei einem solchen Zustande durch die freidenkerischen
Lehren des Priesters Kaïris über die griechische Kirche
hereinbrechen müsste, kann man sich leicht vorstellen, und
man muss es dem anatolischen Clerus als solchem verzeihen,
wenn er im Interesse der Selbsterhaltung den gefährlichen
Neuerer und seine Saat zu vernichten strebt. Die beständige
Furcht, durch das Eindringen occidentalischen Geistes Ehren,
Einkommen und Macht zu verlieren, erstickt im byzantinischen Clerus alle Sympathie für Deutschland, seine Weisheit
und seine Regierungskunst. Denn geschlossene Corporationen
halten jeden Zustand des Vaterlandes jedesmal für den glück-

lichsten und patriotisch besten, der ihnen in Gegenwart und
Zukunft die grösste Summe an Autorität und Genuss ver-
birgt. Von uns Deutschen will man im Oströmischen in
keinem Falle etwas wissen. Jedoch haben seit dem grau-
samen Zerfahren des letzten Freiheitstraumes die byzantinischen Christen nicht etwa nur in der Chalkidike, sondern
überall in der Türkei auch die Zuversicht auf die eigene
Kraft verloren und somit alle Hoffnung, sich je zu wahrer
Unabhängigkeit aufzuschwingen, gänzlich abgelegt. „Selber
können wir uns nicht mehr helfen, und da es auch mit dem
„neuromäischen Reiche" nicht vorwärts will, so bleibt uns
nichts übrig, als in Demuth und Geduld zu warten, bis die
Russen kommen und der türkischen Oekonomie in Stambul
ein Ende machen."

Wenn man selbst in der *quasi* unabhängigen Chalkidike
solche Reden führt, was werden sie erst in Thessalien sagen,
wo sich die Parteien stündlich gegenüberstehen und wo das
Joch unmittelbar auf dem Nacken liegt? Pflanzen und Ge-
birgszüge haben Andere mit kundiger Uebersicht und mit
umfassender Kenntniss geschildert; weniger hat man auf die
religiösen und politischen Vorstellungen der Romanien (Rumelien) bewohnenden Völkerschaften, auf die Reden des gemeinen Volkes und auf die mittelalterlichen Geschicke jener
Länder geachtet. Grossentheils um hierin einigen Nutzen zu
schaffen und die nicht überall correkten Begriffe unter den
deutschen Landsleuten hie und da wenigstens theilweise zu
berichtigen, bin ich durch Romanien gezogen und so viel
als fünf Wochen in Thessalonika geblieben. Aber aufrichtig
gestanden, es lagen auch andere Motive mit im Spiel. Ist
denn nicht, wie Prokesch sagt, das Reisen selbst ein Genuss?
Während Andere meiner Ordnung in Deutschland bleiben
und täglich mit der Censur, mit tückischen Recensenten und
mit ihrer eigenen Eitelkeit in bitterm Kampfe liegen, athme
ich friedlich und frei die macedonischen Lüfte und höre zu,
wie der bulgarische Priester das acht Tage anhaltende St.
Nikolausfest mit der seinem Volke eigenen Gemüthlichkeit
beschreibt.

„Sollte Gott je sterben." sagen die nahe an fünf Millionen zählenden Bulgaren, „so wählen wir St. Nikolaus an seiner Stelle als unsern Gott." Wie weit ist es doch von diesen, den St. Nikolaus zum Weltregiment erhebenden Bulgaren bis zu Feuerbach und den Philosophengöttern in Frack und Pantalon zu Berlin! [1] Gebt diesen Leuten plötzlich Dr. David Strauss und die deutschen Jahrbücher in die Hand und sehet selbst, ob sie dann zufriedener und glücklicher sind, als in ihrer Slaveneinfalt und mit ihrem Nikolaus? Solche Fragen und Vergleiche — ich weiss es wohl — soll man lieber gar nicht thun: aber in Thessalonika fällt einem mancherlei ein, woran man in Deutschland gewiss nicht denkt. Und zuletzt hält man es für ein grosses Glück, wenn man nichts zu befehlen und nichts zu verantworten hat.

Während die Bulgaren von ihrem St. Nicola so Grosses denken und ihre Popen nur von Russland kommende Ausgaben des Neuen Testamentes und der Liturgie für philologisch correkt und dogmatisch orthodox erklären, schleudert Monsignore Hillereau, päpstlicher Generalvikar des Orients, den Bannfluch vom Perahügel herab und bezeichnet durch amtlich ausgefertigten, von allen Kanzeln feierlich verkündeten und durch die Journale des Orients verkündeten Erlass „Mildthätigkeits- und Menschlichkeitsakte, ausserhalb katholischer und französischer Autorität geübt, für Abfall vom Glauben und Rebellion gegen den apostolischen Stuhl zu Rom."

Offenbar ist die Stellung der lateinisch-katholischen Kirche auf dem Boden des byzantinischen Reiches eine höchst ungünstige, und — was man anderswo nicht bemerkt — ihre äussere Erscheinung hat dort beinahe etwas Peinliches, etwas Unerquickliches, ja fast etwas Niedriges und Unehrenhaftes, das sich überall an die Sohlen besiegter Minoritäten hängt.

---

[1] Φρίσσω δέ σε δερχομένη
μυρίοις μόχθοις διαχναιόμενον ..
Ζηνα γάρ ού τρομέων
έν ίδία γνώμη σέβει
θνατούς άγαν, Προμηθεύ.

Aeschyl.

nicht etwa weil es ihren Agenten an Geschicklichkeit, an persönlicher Tugend, an Standhaftigkeit und jener indefinissabeln, nur vollendeten Diplomaten inwohnenden Geisteselasticität und casuistischen Geschmeidigkeit gebräche, die in Europa so grosse Erfolge gibt. Es liegt vielmehr in der byzantinischen Atmosphäre selbst gleichsam ein deleterischer Stoff, der unsere Sache nicht Wurzel schlagen lässt oder doch die Saat vor der Reife schon erstickt. Die allgemeine römische Kirche macht im Byzantinischen nicht nur keine Fortschritte; sie verliert offenbar Terrain, was man dagegen immer sagen, schreiben und berichten möge. In Jerusalem, in Tiflis, in Kolchis, am Bosporus, in Athen, im Balkan, am Dnieper, an der Weichsel, überall sind wir geschlagen und zurückgedrängt; aber der Ruin hat erst begonnen. Immer hatte ich das Unglück, in Sachen des östlichen Europa's eigene und zu Zeiten etwas abweichende, aber desswegen nicht allezeit irrige Meinungen aufzustellen, und würde auch diesesmal die Thesis gerne weiter verfolgen, wenn es ohne Gram und Kränkung andächtiger Deutschen geschehen könnte.

So lange Ostrom dem Wesen nach griechisch war, begegneten sich der Katholik von Byzanz und der Katholik von Rom, wenn auch etwas frostig, doch immer noch als Brüder und ὁμόπιστοι.[1] Das Band war erst zerrissen und der Bruch unheilbar gemacht, nach der Ueberschwemmung Romaniens durch die Slaven. Erst mit diesem uns überall entgegenstehenden Volke kam ein Element unausgleichbaren Widerspruchs in den Schooss der anatolischen Christenheit. Um das Gedeihen lateinischer Sache ja desto sicherer zu hindern, ist das kleine Häuflein der Katholiken am Bosporus, zum grössten Aergerniss der Ungläubigen, auch noch unter sich selbst im Krieg. Die auf der linken Seite des goldenen Horns wohnenden Handels- und Gewerbsleute aus den österreichischen Staaten, aus Italien, Frankreich und Spanien wollten ein steingebautes Versorgungshaus für verunglückte und erwerbsunfähige Familien ihrer Genossenschaft errichten.

[1] Die Leute Eines Glaubens.

Sultan Mahmud gab das Terrain, das Wasser und 1000 fl.
Conventionsmünze als milde Beisteuer. Die Genossen selbst
leisteten *pro rata* monatliche Beiträge; eine Wohlthätigkeits-
junta, Monsignore Hillereau an der Spitze, übernahm die
Leitung; Pater Nicola wanderte in das Abendland und er-
predigte Summen von Belang; das Gebäude war vollendet
und sollte während meines Aufenthaltes in Stambul (1841)
seinem Zwecke geöffnet werden.

Schon rauchte es aus den Schornsteinen, und Bedrängte
hatten ein Asyl, als über die Frage, wer das Institut diri-
giren und welcher christliche Gesandte es beschützen soll,
Streit entstand. Der Generalvicar des Orients meint, der katholischen Kirche, d. i. ihm selbst stehe allein die oberste
Leitung zu, und Protektor könne Niemand als der Gesandte
des allerchristlichsten Königs sein. Dagegen erhob sich zahlreicher Widerspruch: „man wolle die Früchte eines durch
gemeinschaftliche Anstrengung erzielten Gutes den Franzosen
allein zum Genuss vindiciren; das Institut sei christliches
Gemeingut, und jeder Gesandte lateinischen Bekenntnisses
müsse Coprotektor sein, die Verwaltung aber in den Händen
des von sämmtlichen Beisteuernden zu ernennenden Aus-
schusses bleiben, damit die Wohlthaten gleichmässig vertheilt und parteiische Begünstigungen verhindert würden.“
Das katholische Pera ging in zwei Parteien auseinander.
Beide hielten Sitzungen in getrennten Lokalen, die Gesandten
thaten Sprüche und berichteten nach Europa; man gab Erklärungen, es fielen Reden, es erschienen Artikel, es kam
selbst zu Auftritten, und die „Liberalen“, ihrem Führer folgend, waren schon mit Knitteln bewaffnet, um gegen Monsignore Hillereau und seine Anhänger Gewalt zu brauchen.
Monsignore excommunicirte seine Gegner, die Griechen spöttel-
ten, und selbst die phlegmatischen Türken verzogen höhnisch
die Gesichter: „Seht nun einmal diese dummen Giaur, wie
sie sich über nichts vertragen können!“ „Wann hat aber
auch ein Giaur je einen vernünftigen Gedanken gehabt?“
Keine Partei wich, die monatlichen Beiträge hörten auf, die
armen Refugiés verloren ihr Asyl, und ein türkisches Piket

von 10 Mann besetzte das Gebäude, damit sich die katholischen Christen nicht auf der Schwelle ihres eigenen Wohlthätigkeitstempels selbst unter einander erwürgten. Um den Eindruck dieser ärgerlichen Scenen zu verwischen, ging ich Sonntags (12. December 1841) in die Kirche und hörte Messe und Homilie des frommen Vaters Va-con-Dio, apostolischen Missionärs von Thessalonika. Vater Va-con-Dio ist ein katholischer Grieche aus Santorin, hat in Rom gelernt, zu Rodosto und zu Prusa für Mehrung des katholischen Glaubens bedeutend gewirkt und namentlich durch salbungsreiches Vorbeten des Vaterunsers in der Umgegend benannter Stadt ein griechisches Mägdlein bekehrt. ja den Türken selbst Respekt eingeflösst, was er mir Alles zur Ehre Gottes und seiner Kirche in Demuth selbst erzählte. Vater Va-con-Dio predigte italienisch, warm und zum Herzen dringend, auch verstanden wir den Sinn seiner geistlichen Ermahnungen fast durchweg und fanden nur den Satz: *Noi abbiamo obligo di crocifissare Gesù Christo sotto il titulo di San Giovanni* etwas dunkel. Wir besprachen noch im Consulate alle zusammen in gemeinschaftlicher Abendberathung den Vortrag, konnten jedoch über den Sinn besagter Phrase nicht ins Klare kommen. Beredt an Pater Va-con-Dio ist eigentlich nur sein Beispiel, seine Milde, seine Menschenliebe, sein Wohlthätigkeitssinn, seine Geduld und sein untadelhafter Wandel. Sünder zur Reue mag er durch sein Exempel bewegen, aber griechische Mägdlein wird er in Thessalonika keine in den Schooss der lateinischen Kirche führen. Indessen nimmt sich Don Leonardo mit vorzüglichem Eifer der Kinderschule an und entwickelt überhaupt einen weit höhern Grad apostolischer Thätigkeit als seine geistlichen Amtsbrüder in der armenisch-katholischen Gemeinde von Stambul. Diese Gemeinde zählt weniger als 8000 Seelen und ernährt zur Wahrung des Heiles ausser dem Patriarchen-Erzbischof noch 80 geistliche Seelenhirten, von denen aber keiner je eine Predigt hält oder eine Schule besucht. Auf Befragen gottesfürchtiger Männer, warum in diesen wichtigen Dingen so wenig geschehe, machte der

Erzbischof in der Synode eine so pathetische Beschreibung
der Amtsmühseligkeiten seiner Collaboranten, dass es wirklich schien, es bleibe den armen Geplagten für Predigt
und Schule keine Zeit mehr übrig.

Näher besehen aber gehen diese armenischen Vertabet
(Doktoren der Theologie) in ihrer hohen, breiten, viereckigen
schwarzen Kopfbedeckung den ganzen Tag von einem Hause
ins andere, machen Besuche, erzählen und hören Familien-
neuigkeiten, intriguiren, essen Süsses, trinken Kaffe und
sorgen so für geistliches Wohl der anvertrauten Heerde. Dass
aber diese Besuche in der Regel nur auf die Häuser der
Reichen fallen, hat ohne Zweifel auch seinen Grund, da die
Seelen der Reichen allenthalben grössere Gefahren zu bestehen haben, als die der Armen, und folglich die geistliche
Ernte bei den erstern weit ergiebiger als bei den letztern ist.
Ueberhaupt kann man nichts Kläglicheres und Erfolgloseres
denken, als diese apostolischen Missionen im griechischen
Orient, wenn es sich hier um mehr als Erhaltung des Be-
sitzes, wenn es sich um Eroberung und Fortschritt handeln soll.

Oft habe ich mich selbst gefragt, ob man in Rom noch
immer an die Möglichkeit einer Verständigung zwischen der
morgen- und der abendländischen Kirche, d. i. an die Unterwerfung der erstern unter die Herrschaft der letztern ernstlich glaube? Die Frage ist keine müssige, sie gewinnt täglich an Bedeutung und an Dringlichkeit. Müsste sich ein
beschränktes Individuum nicht scheuen, der erprobten Klugheit, Menschenkenntniss und Standhaftigkeit unserer obersten
Kirchenbehörden seine Privatmeinung entgegenzustellen, so
möchte ich den Vätern der Propaganda nur auf diesem
einzigen Felde zurufen: *„Lasciate ogni speranza!"* Es versteht sich wohl von selbst, dass man diese Bemerkung nicht
in feindseligem Sinne macht, sondern dass man nur über den
Stand einer Sache berichten will, gegen welche in Europa
Niemand gleichgültig sein kann.

Uebrigens ist Thessalonika im Grunde ebensowenig als
Konstantinopel selbst eine griechische Stadt, weil die
griechisch redende Bevölkerung auch mit Einrechnung der

gräko-slavischen Haushaltungen in beiden die Minderzahl
bildet und gleichsam nur als Kolonie und Fremdenansiedlung
zu betrachten ist. Der Volksmasse und dem allgemeinen
Charakter nach wäre Thessalonika eigentlich eine Stadt
Israels und sollte mit Recht Samaria heissen, weil von
den im äussersten Falle die Zahl von etwa 70,000 Seelen
nicht überschreitenden Insassen 30- bis 36,000 Juden (in
6200 und einigen Familien) sind.

Der Verkehr im Allgemeinen, die Börse, der Curs,
die Sensarie (Wechselsensale), der Detailhandel und besonders
die Domestikenstellen zu Platz und Haus in der ganzen Stadt
sind in jüdischen Händen. Auch ein grosser Theil der Hafen-
gondoliere und fast alle Lastträger sind Juden. Es gibt zwar
ein eigenes Judenviertel, aber die Abrahamiten durchbrechen
überall die Schranken. Die ehemals viel gerühmte hohe
Schule der Rabbiner mit 200 Lehrern, wie man in Büchern
liest, hat schon lange aufgehört, und kein Thessalonika-Jude
wollte je von einer solchen Anstalt etwas vernommen haben.
Sie fabriciren auch keine Teppiche mehr wie zu Chalfa's
Zeiten im siebenzehnten Jahrhundert. Hochzeit halten und
Nachwuchs schaffen, möchte man sagen, ist ihr einziges
Geschäft.

Kein Mensch in diesem Volke, sei er reich oder arm,
darf ledig bleiben. Kaum ist der Junge in die Jahre der
Mannbarkeit getreten, wird er vor die Gemeinde citirt und
bedeutet, ein Weib zu nehmen; die Sorge für den Unterhalt
des neuen Familienstandes bleibt seiner eigenen Betriebsamkeit anheimgestellt. Stirbt die Frau, und ist der Wittwer
noch nicht über die Schwelle des Alters getreten, so muss
er von Obrigkeitswegen in möglichst kurzer Frist zu einer
neuen Verbindung schreiten. Nur Kindheit, Tod oder Alters-
schwäche befreien von der Last. Wie es aber auch in
Saloniki von Judenkindern wimmelt mit schwarzen Augen
und ausdruckvollen morgenländischen Gesichtern! Aermere
Familien ernähren die Knaben nur bis zur Vollendung des
zehnten Lebensjahres, von welchem an sie selbst für ihre
Nahrung sorgen müssen. So viel man zu Turnovo in Thessa-

lien und anderswo bemerken konnte, gilt diese Praxis auch
bei den untern Klassen der christlichen Bevölkerung wenigstens in den Städten und stadtähnlichen Flecken allgemein.
Das schärft nun freilich die Sinne, es führt aber auch zu
Unordnungen und Leichtfertigkeiten, die — selbst mit Inbegriff von Stambul — nirgend bedenklicher als in Saloniki
sind. Denn was äussere Sittenpolizei betrifft, ist Trapezunt
eine Trappistenklause und Stambul selbst beinahe ein Nonnenkloster im Vergleich mit Saloniki! Dagegen ist das brüder-
liche Zusammenstehen der Israeliten gegen die Mitbewohner
der Stadt in vielen Dingen musterhaft. Entlässt ein Christ
oder Muhammedaner seinen jüdischen Domestiken ohne Grund,
so mag er sich selbst bedienen; um keinen Preis findet er
einen andern, bis er sich mit dem vorigen verglichen hat.
Kann sich einer im Reden selbst vertheidigen, und will er
sorglos und wohlfeil lebend umfassende moralische Studien
machen, so bleibe er ein Jahr in dieser Stadt, vorausgesetzt,
dass er Erfahrung und Phlegma genug besitzt, sich nicht am
Ende selbst der lauen Strömung hinzugeben.

Numerisch nicht viel schwächer als die Juden sind die
Osmanli, deren nicht weniger, vermuthlich aber mehr als
25,000 die Stadt bewohnen und die an Reichthum, Ansehen,
Phlegma, Stolz und Macht natürlich den ersten Rang behaupten. Die Besitzer ausgedehnter, gewöhnlich an christliche Kolonen verpachteter Ländereien im Vardargrunde, unter
andern die Abkömmlinge jener Bege und Feldherren, die zur
Zeit der ersten Eroberung unter Murad I. und Bayesid I. in
das Land gekommen sind und grosse Lehen erhielten, haben
sich sämmtlich als Bewohner prächtiger Seraï in Saloniki eingebürgert und hauptsächlich die luftigen, das flache Franken-,
Juden- und Griechenviertel überragenden Stadttheile eingenommen. Vor den Metzeleien und Verfolgungen zur Zeit
des Aufstandes sollen 8- bis 10,000 Gräken in der Stadt
gewesen sein; heute findet man deren kaum 3000, und diese
noch grossentheils von fremden Gegenden der Türkei eingewandert. Den vierten Rang in der Bevölkerung nehmen
die Franken und den letzten die Zigeuner ein.

Alle diese Nationalitäten haben ihre eigenthümliche Sprache, deren man, um seine Geschäfte in Saloniki mit Vortheil zu betreiben, wenigstens fünf: das corrupte Judenspanisch, italienisch, bulgarisch, griechisch und türkisch verstehen soll. Mit Ausnahme der Türken gibt es auch selten einen gewerbsamen Saloniker, der vom Bulgarischen nicht wenigstens die nothwendigsten Markt- und Handelsterminologie verstände, da das Landvolk der im Südwesten der Stadt sich bis an den Olympus hinziehenden Fruchtebene, die die Hauptstadt mit Lebensmitteln versorgt, vorzugsweise slavisch ist. Türkisch redet ohnehin Jedermann.

Man könnte fragen, wie es um die Bevölkerung von Thessalonika stünde, im Falle sich durch fremden Arm die Revolution auch hier befestigt hätte und in Folge der Schlacht von Navarino Macedonien an Griechenland gekommen wäre? Juden und Türken, über 60,000 Menschen, wären mit einem Zuge aus dem Mauerumfang verschwunden und hätten eine unter den gegenwärtigen Verhältnissen unausfüllbare Lücke gelassen. In Romanien wäre ja Niemand, um eine so grosse Erbschaft zu übernehmen. Hat man denn nicht Chalcis, die grosse Festung und ihre Wälle ohne Kanonen, ihre Courtinen ohne Vertheidiger, ihre Arsenale ohne Waffen, ihre Magazine ohne Vorräthe, ihre Thore ohne Angel und ihre Häuser ohne Menschen gesehen? Ob es mit Akrokorinth, Vonitza, Zitun, Monembasia und Modon besser stehe? Der Bankerott der Sache, nicht der Menschen, ist in Hellas überall, und zwar in Permanenz.

Wenn ich nur auch so glücklich wäre wie Andere! und könnte ich, wenn auch nicht die phantastischen Luftgebilde politischer Visionäre, doch wenigstens die Möglichkeit selbständiger Kraftentwicklung auf romanischem Boden entdecken! Wie oft sass ich in sonnigen Decembertagen einsam bei der magern Baumgruppe auf der halbcirkelförmigen, ausgebrannten, die obern Festungsmauern Saloniki's überragenden Hügelreihe und blickte über die Stadt in den blauen Golf hinab, auf den schneereichen Olympus, auf den waldigen Ossa und auf die dunkle Tempespalte hinüber, oder auf die alten Städtchen und Weiler der Dorogobuten, der Sagudaten und anderer Slavenstämme in der nächsten Umgebung der Stadt! Ich durchlief ihre Geschicke von Ottfried Müllers Makednern bis zu den „Solun" zu Wasser und zu Lande bestürmenden Dorogobuten, Runchinen und Sagudaten der Byzantiner, ging aber jedesmal mit des Dichters Vers in die Stadt zurück:

Kαὶ δή δοῦρα σέσηπε νεῶν καὶ σπάρτα λέλυται.[1]

Das Gefühl, ihre Sache sei aus sich selbst nicht mehr zu reproduciren, ist bei den byzantinischen Griechen allgemein verbreitet. Freilich sieht man dieses nicht im Vorbeigehen oder im Wechsel herkömmlicher Redensarten mit Leuten ohne alle Kenntniss der Vergangenheit. Jedoch reicht Erinnerung und historisches Wissen selbst bei den „Philosophen" des Landes nirgend über die letzten Zeiten des byzantinischen Reiches hinauf. Für uns aber ist es ein Gegenstand ernster Betrachtung, wenn sich heute die grosse Masse des macedonischen Bauernvolkes mit ihren Popen und Starosten gleichsam ohne Dolmetsch mit ihren Glaubensgenossen, den Moskowiten von Kijow, Dorogobusch und Nowgorod unterreden kann.

Wie das geschehen konnte und wozu es führe, ist eine Frage, der man bei uns noch immer ausweicht, die sich aber wie ein Gespenst überall unserm Blick entgegenstellt. Orthodoxes Slaventhum ist mit Blut und Leben der Süd-Donauländer so innig verwachsen, dass man sich ein Romanien ohne Slaven-Element gar nicht mehr denken kann. Ein „Weiser" in Turnovo zweifelt gar nicht, dass Alexanders Feldherrn slavisch geredet haben. Im Occident ist man allerdings — was diesen Punkt betrifft — besser unterrichtet und weiss, dass sich einst Alt-Macedonier und Hellenen ohne Vermittler eben so wenig unter einander verstanden, als sich heute Tzakonen und Neugriechen verstehen können.

---

[1] Und das Holz der Schiffe ist verfault, und das Tauwerk fällt auseinander. *Hom.*

Wie weit sich aber das Alt-Macedonische vom eigentlichen Hellenischen entfernt habe, vermochte bisher keine Gelehrsamkeit und Schärfe abendländischer Archäologen zu ermitteln. Dass es aber ein verwandter, wo nicht gar ein und derselbe mit dem in der Chalkidike, auf dem Athos-Chersonese und den benachbarten Strymonländern gesprochener Dialekt gewesen sein müsse, hat auch Niemand bezweifelt. Nur hat uns — so viel ich weiss — die ganze klassische Erbschaft des Alterthums keinen vollständigen Satz dieser macedonisch-thrakischen Mundart aufbewahrt. Dass sie aber mit griechischen Lettern geschrieben wurde und auch nicht radical, wie z. B. das Albanische, von der gemeinen Sprechweise des übrigen Griechenlandes verschieden war, ist ebenfalls angenommen. Wenn der „Stein" im Attischen $\varphi\acute{\epsilon}\lambda\lambda\alpha$, im Macedonischen aber $\pi\acute{\epsilon}\lambda\lambda\alpha$ hiess, so deutet diess auf nahe Beziehungen und engen Zusammenhang beider Sprachen. Ist aber das heute im Peloponnes hausende und von Niemand verstandene Völkchen der Tzakonier wirklich aus der Athos-Halbinsel dahin übersiedelt worden, wie es die Klosterurkunden oder vielmehr Ueberlieferungen des Hagion-Oros besagen, so hätten wir ein noch lebendiges Fragment der thrako-macedonischen Sprachen aufgefunden.

Wie in der Urheimat zur Zeit des peloponnesischen Krieges, sind diese Tzakonier auch jetzt noch ein Mischlingsvolk, welches zwei Sprachen redet, das gewöhnliche Griechisch und den Urdialekt, d. i. das Pelasgisch-Tyrrhenische mit thracischen (chalkidischen, krestonischen, bisaltischen, hedonischen) Elementen gemischt. Die Sache verdient wohl ernste Erwägung, und es wäre keine gering zu achtende Frucht einer Hagion-Oros-Fahrt, wenn in der verwickelten und vielseitig gedeuteten Tzakonensache einmal ein fester Ausgangspunkt gefunden wäre.

Wer es aber unter diesen Umständen noch für einen Gewinn hält, dass sich nach dem Untergang alles macedonischen Gepräges doch wenigstens das byzantinische Griechenthum am Küstenrande gegen slavisches Uebergewicht erhalten habe, mag es den Schutzgeistern der Festung Thessalonika danken. Ich betrachtete sie oft und lange, diese prächtigen, weissen, hohen Mauern von **Solun**,[1] wie sie sich amphitheatralisch über die Hügelkämme und am Hochrande tiefer Erdeinschnitte mit byzantinischen Streitthürmen und Zinnen hinziehen, eine den Slaven des Mittelalters unbezwingbare Schutzwehr. Sechsmal erschienen sie innerhalb 130 Jahren (580—710 n. Chr.) mit Heeresmacht, öfter mit barbarischem Belagerungszeug zu Wasser und zu Lande vor der Stadt, wie es Tafel in seiner merkwürdigen Schrift aus unverwerflichen Quellen zum ersten Mal historisch nachgewiesen hat. Mit besonderem Interesse verweilte ich aber bei der jetzigen Derwisch-Einsiedelei, ehemals Kirche und Kastell der heiligen Blutzeugin Matrona ausserhalb der nordwestlichen Ausbeugung der Festungsmauer, wo die Slaven im ersten und zweiten Kriege den Sturm anlegten und durch ein Legendenmirakel des Stadt-Heroen Demetrius bei einem nächtlichen Ueberfalle verblendet wurden.[2] Der hartnäckige und am Ende siegreiche Widerstand der Seehauptstadt Illyricums gegen das slavische Element ist eine eben so merkwürdige als in den Folgen wichtige Begebenheit. Von **Solun** drang ja die christliche Lehre mit Alphabet und milderer Sitte hauptsächlich in die slavischen Landschaften des Innern der grossen Halbinsel bis an die Save und an den Ister vor. Wären aber zur Zeit des Slavenheldenthums auch Thessalonika und Konstantinopel gefallen, hätte die byzantinische Kultur wahrscheinlich schon damals einen ganz verschiedenen Entwicklungsgang gefunden und müsste nicht erst in unsern Tagen zu gemeinsamer Unruhe des Occidents nach ihrer Vollendung ringen. Die Nationen haben ihr Horoscop und die Weltereignisse ihr nothwendiges Gesetz. Beide Begriffe auf das byzantinische Reich, auf seine Vergangenheit und seine Zukunft angewendet, sollen allen politischen Urtheilen und Handlungen in Beziehung auf jene Länder zu Grunde liegen, wenn man nicht aus einem Irrthum in den andern

---

[1] Diess ist der slavische Name für Thessalonika.
[2] *Tafel, de Thessalonica ejusque agro, pag. LXII. Prolegom.*

fallen und die erste Thorheit durch eine zweite noch grössere
verbessern will.

Man ist dieser hellenischen Mummereien als eines un-
fruchtbaren und nutzlosen Kinderspieles in Europa herzlich
satt. Wir möchten einmal im Gegensatze mit den landes-
üblichen Schul- und Phantasiegemälden nach der Natur ge-
zeichnete Bilder der jetzo in Romanien lebenden Menschen
sehen; möchten das Maass ihres Geistes, die Syntax ihrer
gemeinen Rede, den Grad ihres Selbstvertrauens, ihre Vergangenheit, ihre Hoffnungen und ihre Sehnsucht kennen, um
mit Hülfe dieser Prämissen künftige Möglichkeiten auszurechnen. Nicht was werden soll, sondern was werden kann
und folglich wird und muss, ist uns nützlich zu erfahren.
Unsere Zeit ist nun einmal voll politischer Kümmernisse und
die Wissenschaft selbst nur um diesen Preis geehrt.

Smyrna ist auch eine grosse Stadt, in welcher Tugend
und Sittenstrenge eben nicht die vornehmste Rolle spielen;
aber der Gedanke, was etwa in der nächsten Zukunft das
Loos von Smyrna sein werde, fällt einem dort gar nicht ein,
während man sich in Thessalonika dieses Gedankens nie erwehren kann und selbst bei der eingebornen Bevölkerung
ein dunkles Vorgefühl, eine vorüberstreifende Gemüthsunruhe
bemerkt, als stünde ihre Stadt auf wankendem Boden und
hätte die gegenwärtige Ordnung der Dinge keine lange Dauer
zu erwarten. Aber was wird geschehen? Macht es die Lage
des Emporiums auf dem Durchschnittspunkt des grossen
Heerweges *(via Egnatia)* von Rom über Dyrrhachium nach
Konstantinopolis, und von Nowgorod über Belgrad nach Alexandria und Indien, dass es die Ereignisse früher und empfindlicher berühren als andere Orte desselben Himmelstrichs?
Wenn schon zur Zeit des Apostels unter der christlichen
Gemeinde von Thessalonika dieselben Besorgnisse herrschten
und gleichsam das Tagesgespräch bildeten, so möchte man
das politische Unruhegefühl dieser Stadt beinahe für ende-
misch halten. Das Uebel, d. i. die Furcht vor dem Antichrist und dem Sturz des Cäsarenthrones erreichte damals
eine solche Höhe, dass St. Paulus mit einem Trostschreiben

helfen musste. Deu Antichrist erwarten sie zwar heute nicht,
aber an die Kraft Abdul-Medschids glauben in Saloniki selbst
die Osmanli nicht mehr, und im Griechenviertel rechnen sie
den Zeitpunkt aus, wann St. Konstantin mit Kanonen und
Grenadieren über die Donau geht. Wenn ihnen aber St.
Paulus schrieb, sie sollten „allzeit lustig sein und beständig
beten, sich aber der Lüderlichkeit uud des Betrügens in
Handel und Wandel" enthalten, [1] so befolgen sie von diesen
Moralien heute noch die erste vollkommen, die zweite zum
Theil, die dritte und vierte aber — wenn es nicht zu hart
geurtheilt ist — gar nicht mehr. Von salonikischer Ueppigkeit zu reden, erlaubt die gute Sitte nicht, obgleich diese
Seite des Lebens allen Katecheten und Fasteupredigern zum
Trotz für den Beobachter fremder Tugendscala wenigstens
hier noch immer die ergiebigste Ernte liefert. Weit schlimmer
ist der absolute Mangel des Rechtsbegriffes, der zwar im
ganzen byzantinischen Reiche nirgend in vorzüglichen Ehren
steht, unter den Christen von Thessalonika aber, wie es
scheint, nicht einmal als Antiquität zu finden ist. Wie ein
Richter in Processsachen das Urtheil nicht nach Parteirück-
sichten und eigenem Profit, sondern nach Sachlage und
strenger Gerechtigkeit fällen, dabei noch in allen Handlungen
Gewissenhaftigkeit und praktische Redlichkeit empfehlen könne,
will hier Niemanden einleuchten.

Es hat das grösste Aufsehen erregt und allgemein als
unerhörte, der menschlichen Natur widersprechende und
folglich utopische Neuerung gegolten, als Hr. v. Mihanowitsch
seinem Tribunal diese Haltung gab und auf dem k. k. Consulate mit stoischer Unbeugsamkeit das Vexill der Gerechtigkeit wehen liess. „So war es in Saloniki nie;" so ist es in
Saloniki nicht der Brauch! „Es ist ja ganz gegen das alte
Gewohnheitsrecht unseres Platzes, und unmöglich können
wir uns an ein Verfahren dieser Art gewöhnen." „Seht nur
einmal den Richter, der keine Geschenke nimmt und dem

---

[1] Πάντοτε χαίρετε. ἀδιαλείπτως προσεύχεσθε. Epist. I. cap. 4,
v. 16. 17..... ἀπέχεσθε ὑμᾶς ἀπὸ τῆς πορνείας...... μὴ ὑπερβαίνειν
καὶ πλεονεκτεῖν ἐν τῷ πράγματι. Epist. ad. Thessal. I. cap. 4 v. 3. 6.

„Vermöglichen und Stärkern" gegen unangesehene Leute
nicht allzeit und unbedingt Recht zuerkennt!" Man begreift
auch gar nicht, wie es solche Leute nur geben könne. Herr
v. Mihanowitsch und sein Kanzler, Hr. Dubrowitsch aus
Ragusa, werden von den Eingebornen als Menschen höherer
Art allgemein angestaunt und bewundert, von Niemanden
aber nachgeahmt. Dass es um die Tugend, um strenges
Recht, um uneigennützigen Sinn etwas Schönes sei, gestehen die Salonikier gerne zu, halten es aber zugleich für
märchenhaft und für unmöglich, solche Praktiken auf
ihrem Platze durchzuführen. Das Recht üben, nicht be-
stechlich sein und den Beamten das Stehlen verbieten, gilt
hier beinahe für engherzigen Pedantismus des Occidents und
für lateinische Ketzerei, vor der sich ein Orthodoxer sorgfältig zu verwahren sucht. Russische Justizpflege und
russischer Verwaltungsstyl, als congenial und allein dem
„alten Brauche Romaniens" angemessen, wird dagegen von
Jedermann, besonders von den Vermöglichen gepriesen.

Wir mit unserm sittlichen Gefühle, mit unseren communistischen Mitleidstheorien und in Sonderheit mit unserer
ärarialischen Gerechtigkeit sind den Byzantinern allenthalben
ein Anstoss und ein Aergerniss. Ueberhaupt scheint gleiche
Berechtigung Armer und Reicher im Staatshaushalt und vor
dem Gesetz den byzantinischen Christen eben so unzulässig
und monströs, als den Muhammedanern die Gleichstellung
der Giaur mit den „Gläubigen" durch den kaiserlichen Erlass
von Gülhane als unausführbare und verdammliche Neuerung galt.

Beide Versuche werden in dieser Weltgegend ewig unausführbar sein und die Existenz jeder Regierung untergraben,
die sich solchen Träumen überlässt. Sultan Mahmud hat sich
getäuscht, wenn er den Islam für versöhnlich hielt; die
Deutschen aber haben ebenso falsch gerechnet, wenn sie
die aristokratische Pleonexie von Byzanz durch Rescripte
und politische Katechesen zu übermannen hofften. Wohl
stärkere Kräfte, als man neuerlich in den Kampf gebracht,
sind dieser diamantenen Hyder erlegen. Romanisches Terrain

könnte nur eine Sindfluth für unsern Sittencodex empfänglich machen. Unkundige Schwärmer und Metaphysiker glauben freilich nicht, was ich sage. Denn gleichwie der Deutsche, nach der witzigen Bemerkung eines Pariser Correspondenten. ein Kameel nicht nach der Natur, sondern aus der Tiefe seines sittlichen Gefühles construirt, so schuf er auch in seiner Phantasie für Ost-Rom politisch-moralische Zustände, die mit der Wirklichkeit im grellsten und oft lächerlichsten Widerspruche stehen und bei den fremden Nationen allerlei Bedenken gegen deutsche Weltanschauung und praktisches Geschick des grossen Philosophenvolks erregen. Abendländisches Regiment und Wesen — das ist ein Axiom — kann sich im Byzantinischen nur mit Hülfe der bewaffneten Macht, der Polizei und des unablässigen Zwanges behaupten, wie die Gewalt der Türken. Fruchtbare Herrschaft dagegen, innere Ruhe und nationales Gedeihen ist in diesen Ländern nur durch die sinn- und glaubensverwandten Russen möglich. Hier wird nicht capitulirt, nicht der Streit durch halbe Concessionen ausgeglichen wie bei uns, wo die Gemüther weich. die Sitten schmiegsam und die Charaktere flüssig sind.

In Byzanz sind die Formen starr, und geometrisch congruente Dreiecke die einzige Möglichkeit. Ich weiss es, wie ungerne man solche Rede hört. Nie kann sich unser Volk mit Slavenglorie und Slavenübergewicht versöhnen: aber wenn die Gewalt der Dinge das Gemüth ergreift, wenn Wahrheit und That lauter reden als edle Leidenschaft und selbst Nationalgefühl, kann das ein Gegenstand der Beschuldigung sein? Politische Bedeutung und Kraft des uns anwidernden Slaven-Elementes erkennen und in seiner Wirksamkeit nachweisen, ist nicht Verrath an der eigenen Sache; es ist Intelligenz, es ist die natürliche Frucht der Erfahrung. es ist ein Dienst, den man nicht etwa Diplomaten und Regierungsagenten, die unsere Weisheit nicht nöthig haben, sondern allen in ihren Meinungen unabhängigen und nach deutlicher Erkenntniss ringenden Menschen geleistet hat. Man gebe wohl Acht, es wird nicht gesagt, dass Ueberwältigung des byzantinischen Imperiums durch die russischen Slaven ein für Deutschland nützliches und wünschenswerthes Ereigniss sei und gefördert werden müsse. Im Gegentheile, es wäre viel heilsamer und deutscher Antipathie angemessener, wenn man es verhindern, wenn man die Scythen hinter ihrem Riphäischen Gebirge festbannen und auf dem ganzen Continent der Gräko-Slaven die lateinische Bildung einpflanzen und zur Blüthe bringen könnte.

Wenn aber das grossartige Unternehmen in der Art, wie es der Occident durchzuführen unternahm, auch bei innerer Möglichkeit des Gelingens dennoch scheitern musste, was wird erst geschehen, wenn die Natur der Dinge selbst wider uns im Bunde steht? Lasse man es sich nicht verdriessen, unsere Rivalen haben im Byzantinischen überall den Vorzug, und wir Deutschen sind dort noch etwas weit schlimmeres als bloss verhasst, wir sind — versteht sich mit Unrecht — geringe geachtet und ausgelacht.

Die Ereignisse sind in der Zwischenzeit weit genug vorgerückt, um diesem bis jetzt unerträglichen Bekenntnisse selbst mitten in Deutschland, wenn auch nicht Lob, doch Duldung zu erzwingen — freilich kein sonderlich geeignetes Mittel, sich bei den Leuten zu empfehlen und beliebt zu machen! Ob aber vielleicht nur Macedonien mit seinem Hagion-Oros, seiner Chalkidike und seinem Dorogobuten dem Fremdling so düstere Bilder vormale, und ob vielleicht unsere Sache in Thessalien und bei den eigentlichen Hellenen zu Mali-Sina und Kolo-Petinitza jenseits der Thermopylen besser stehe, und ob wir daselbst mehr Credit geniessen und glänzendere Fortschritte machen, soll der freundliche Leser aus dem nächsten Fragment erfahren.

XII.

Reise von Thessalonika nach Larissa. Zweimonatlicher Aufenthalt
in Thessalien.

Der Leser fühlt so gut, wie ich selbst, dass der romantische Theil der Reise eigentlich in Saloniki geschlossen ist.
Wir nähern uns der Sorge und dem Kampf. Europäische
Lüfte wehen aus Hellas über den Olymp herüber, und die
melancholisch süssen Klänge, welche die Kolchisscenen und
der Hagion-Oros in der Seele zurückgelassen, vertönen allmählich auf den einförmigen baumlosen Ebenen Thessaliens
und verstummen völlig, wie sie der Dunstkreis europäischer
Leidenschaft in Zitun berührt. Hellas war nur schön, so lange
man es nicht kannte, und selbst das gepriesene Tempe sinkt
im Preis, wenn man früher den unsterblichen Schmuck
immergrüner Paradiese gesehen hat. Kann denn für die
Sterblichen allzeit nur das Entlegene, das Unbekannte, das
geheimnissvoll Verborgene seinen Reiz bewahren, und verwischen europäische Analysen überall die Seligkeit?

Ich gebe kein Diarium, kümmere mich auch nicht viel
um Längenmass und Zahl zu mechanischer Verbesserung der
Erdbeschreibung. Andere haben es vor mir und mit grösserm
Geschick gethan, als ich es je vermöchte. Nicht um die
Natur hochmüthig zu beherrschen und zu überwältigen, bin
ich aus der Heimat fortgezogen; ein unwiderstehlicher Hang
nach dem Sonnenland trieb mich hin; ich überliess mich
duldend seiner Macht, ob ihr vielleicht ein erklärendes Wort
über unsere Zukunft, ein Wahrzeichen künftiger Geschicke

zu entlocken sei. Denn hier ist der Faden der Ariadne zum Labyrinth abendländischer Verwirrung und Politik. Unglückseliger Gedanke! Beklagenswerthes Loos, die Menschen in einer grossen Sache gegen ihr eigenes Interesse, gegen die natürliche Strömung der Selbstliebe, der Eitelkeit, der Schwärmerei und der geistigen Verblendung des Irrthums zu überführen! Ich hatte öffentlich und vor ganz Europa die Macht des germanischen Genius über Griechenland geleugnet und den Lebensquell für das wieder erstandene Hellas anderswo als im Occident erkannt.

Musste ich nicht mit Besorgniss auf die thessalischen Berge hinüberblicken, hinter denen — weniger als 60 Wegstunden von Saloniki entfernt — die Marken des neuen Staates laufen? Vielleicht harren meiner daselbst Demüthigungen und Beschämungen mancher Art, und zeigen mir die Deutschen im Triumph die Schöpfungen ihrer Verwaltungskunst; nicht etwa bloss ihre Landstrassen, ihre Tribunale, ihre hellblauen wohlgeschulten Bataillone, ihr Schreibercorps, ihre Tabellen, Registraturen und haushohen Aktenstösse, sondern den Volksgeist, den sie angefacht, das Gähren und Rauschen jugendlicher Lebenskraft, das ihr Genie hervorgerufen, das Ineinanderfliessen und Zusammenwachsen zweier Nationalitäten zu einem neuen Volke voll Kraft, Munterkeit und Disciplin, wie man es nach solchen Opfern an Weisheit und Gold bei den erfindungsreichen Deutschen allgemein erwarten wollte!

Nur mittelmässig beunruhigt durch Gedanken dieser Art, verliessen wir am 21. December (1841) um Sonnenuntergang den Ankerplatz von Saloniki. Zufällig hatte ich im deutschen Consulat die Bekanntschaft eines Herrn * * * gemacht, der eines Processes wegen von Turnovo in Thessalien nach Saloniki gekommen war. Der Mann ward als Knabe zu einem reichen Oheim nach Temesvar gebracht, von wo er nach mehr als dreissigjährigem Aufenthalt, und nachdem er durch Unfälle (1837) ein bedeutendes Vermögen verloren hatte, als Wittwer mit zwei Töchtern wieder auf das Erbtheil seiner Familie in Turnovo zurückgegangen war. Neben dem Griechischen und Illyrischen war Herr * * * des Deutschen voll-

kommen mächtig, und nicht ohne grosse Freude nahm ich
den Vorschlag an, mit ihm nach Turnovo zu ziehen und
einen Theil des beginnenden Winters daselbst in seinem
Hause zu verleben. Die Stadt sei nur drei Stunden von
Larissa, der Residenz des Wessirs Namik-Pascha entfernt,
an den ich durch das kaiserliche Consulat bestens empfohlen
war. Um Studien über Thessalien zu machen, sei kein Ort
im Lande mehr geeignet als Turnovo, da es als Sitz weiland
zahlreicher Türkisch-Garnfabriken jetzt noch eine starke, zum
Theil wohlhabende Christenbevölkerung und nur etwa vierzig mohammedanische Familien habe. Um der Mühseligkeit
und Langweile des achtzehnstündigen Landweges über die
angelaufenen Ströme und sumpfigen Niederungen des Golfes
zu entrinnen, hatten wir den Abgang eines Segelschiffes erwartet, das eine Ladung Holz von Claritza herüberge-
bracht und Waaren und Reisende als Rückfracht eingenommen hatte. Claritza (wird auch Karitza geschrieben und gesprochen) ist ein christlicher Küstenort am Fuss des wald-
und quellenreichen Ossa, Saloniki gerade gegenüber und
nur zwei Stunden seitwärts von der Tempeschlucht, durch
welche der Weg aus Macedonien nach Thessalien führt.

Zu grösserer Bequemlichkeit nahmen wir die Kajüte für
uns allein, und Herr * * * hatte, ohne zu sagen, wer sein Begleiter sei, für je 20 Grusch Fahrgeld ausgehandelt. Wie
aber kurz vor dem Aufbruch der Kapitän am Bord erschien
und aus Anzug und Accent erkannte, dass ein Franke in
der Gesellschaft sei, erhob er allerlei Bedenklichkeiten über
den eingegangenen Kontrakt: man habe ihn hintergangen;
man hätte ihm vorher sagen sollen, wer die Kajüte miethe;
die Zeiten seien ohnehin nur gar zu schlecht, der Mühe viel,
des Gewinnes wenig, und folglich müsse er je zehn Grusch
weiter auf die ausbedungene Summe legen. Wir machten
wohl einige Gegenbemerkungen; aber alles ohne Rohheit,
ohne Geschrei und mit der grössten Höflichkeit. „Ἡ ἐφέρδειά
σας, Eure Herrlichkeit behandelt uns gar zu hart; in solcher Weise ist noch kein Schiffspatron mit mir verfahren,"
sagte H * * * zum Kapitän, der aber aller Erwiederungen

ungeachtet auf seiner Forderung blieb, die ich im Grunde
doch nicht übertrieben fand und gerne für mich allein übernahm. Zu Claritza ist es eben wie in Trapezunt, „der Franke
muss vermeintlicher Schätze halber überall mehr bezahlen
als der Eingeborne."
Der Kapitän, mit seinem Handel zufrieden, ass und trank
mit uns, während ein leiser Zephyr das Schiff über die ruhige
Fläche trieb. Die Morgenröthe fand uns auf der Höhe von
Platamona dicht am Fusse des schneebedeckten Olympus,
dessen Ausläufer sich hier dem Strande nähern und die natürliche Grenze Macedoniens gegen Thessalien bilden. Hinter
uns war das Schlachtfeld von Pydna, vor uns der lieblich
runde, noch immer schneelose, bis auf den Gipfel waldbe-
kleidete Ossa im Glanz der aufgehenden Sonne; rechts der
hohe Olymp, das halbverfallene Kastell auf dem isolirten
Platamonakegel, der Tempespalt und, zwischen Bäumen
und Gebüsch einer fetterdigen Deltaniederung, die gelblich
schlammige Fluth des Peneios, an dessen Mündung das
Schiff erst gegen Mittag unter mattem Hauch vorüberzog.
Welche Erinnerungen, in welch engen Raum zusammengedrängt! Um zwei Uhr Nachmittag waren wir am Ziel, hatten
aber schon in weiter Ferne vom Meere aus gesehen, wie
sich oberhalb des Dorfes auf der Halde mitten im Wald des
Ossa die Rauchsäule eines romantisch gelegenen Mönchs-
klosters in die Lüfte schwang. Das gewerbliche Karitza hat
weder Hafen noch Landungsplatz. Die Schiffer trugen uns
über die seichte Uferstelle auf ihren Schultern an den buschreichen Strand, und mehr als zwei Stunden angestrengter
Arbeit bedurfte es, um mit Beistand sämmtlicher Genossenschaft und roher Maschinen das schwere hochkielige Fahrzeug aufs Trockene herauszubringen, da sich die Schifffahrt
mit diesem Tage bis zum Frühling schloss.
Ein kleines Geschenk an die albanesische Zollstätte befreite von aller Untersuchungslast, und die freundlichen Schkypetaren, die sämmtlich griechisch verstanden, fanden den
türkischen Reiseschein volkommen in Ordnung, obwohl sie
ihn verkehrt in die Hände nahmen und thaten, als wenn sie

ihn lesen könnten. Sogar für möglichst gutes Unterkommen —
es war ja Abend — sorgte der Vorstand der Zöllner in einem
leeren Hause. Trocken Holz in Fülle, Nachtlampe und etwas
Küchengeschirr ward herbeigebracht, und ein epirotischer
Junge, der in Geschäften nach Larissa ging, rüstete nicht
ohne Geschick das gemeinsame Abendessen. Ein frischer
Indian aus Saloniki, eine gebratene Schöpsenkeule, Reis,
Wein und Früchte in Fülle gaben ein fröhliches Mahl am
Fusse des einst von den Riesen aufgethürmten buschreichen
Ossakegels. Das Glück begünstigte uns diessmal in Allem.
Wir bedurften dreier Pferde und fanden sie um den geringen Preis von je zwölf Grusch (drei Franken) für den eilf-
stündigen Weg von Karitza nach Turnovo, aus dessen Umgegend die Eigenthümer der Thiere gebürtig waren. Hätte
mich irgend eine magische Gewalt mit Aelians Beschreibung
des Tempethales in der Hand unmittelbar von der Schulbank
in die Hütten am buschigen Ossa versetzt, um bei anbrechendem Morgenroth durch das romantische Felsenthor in
Thessalien einzudringen, hätten vielleicht unruhvollere Träume
den Schlummer zu Karitza gestört. Wir schliefen ja am
Thore der irdischen Glückseligkeit. Oder ist „Tempe" nicht ·
im literarischen Occident Inbegriff und Sinnbild einer vollendet schönen Landschaft, eines irdischen Paradieses, über
das die Natur ihren ganzen Reichthum an Pflanzenfrische,
Waldschatten, vollufrigem Wellenspiel, Blumenflor und immergrünem Schmuck in idyllenhaftem Frieden ausgegossen hat?
Schwärmereien dieser Art sind der Levante fremd. Man
kennt wohl die Passenge, den Schlund, „Boghasi", τὸ στε-
νὸν, τὸ δερβένι, auf der Heerstrasse von Platamona nach
Larissa; aber ungewöhnlich schöne Naturscenen bemerken
hier die stumpfen Gebieter des byzantinischen Reiches eben
so wenig, als ihre gebeugten Unterthanen. Was ist Tempe?
Ist es ein breites oder schmales, oder hoch eingerandetes,
am Ende geschlossenes Wald- und Wiesenthal mit vollem
Strom in der Mitte wie Kaschmir? oder ist es eine wasserreiche Baumoase wie Damaskus? oder eine vor dem Blicke
des Wanderers verborgene Waldöde voll Quellen, voll Stille,

voll Lieblichkeit und hochwipfeliger Cypressen wie Gargaphie? Nichts von alle dem ist Tempe. Tempe ist ein Heerweg, ist ein tief eingeschnittenes Rinnsaal, ist ein langes, hohes, busch- und schattenreiches Felsenthor ohne Decke; die Wolken schauen hinein und die Sonne, wenn sie durch die Mittagslinie von Thessalien geht. Doch muss das Bild dem Leser noch immer dunkel bleiben, wenn nicht zugleich ein anschaulicher Begriff des grossen innerhalb dieser hohen Pforte liegenden Ringbeckens das Verständniss der romantischen Scenerie erleichtert. Schon das Wort „Ringbecken" erklärt die Natur des Landes, der ebenen, fetterdigen, in der Runde von Bergen eingeschlossenen Gartenmulde, die der Europäer Thessalien nennt. Nur denke man sich diesen thessalischen Bergring nicht glatt und senkrecht wie eine Wand. Es dacht sich nach Innen langsam ab, bildet Halden, streicht stellenweise in Form niedriger Hügel und steiler Vorsprünge regellos in die Ebenen hinaus; auch an Höhe und Massenhaftigkeit sind sich die einzelnen Bestandtheile des Ringes, Olympus, Pindus, Ossa, Pelion und Othrys nicht einander gleich; nur die Wasser rinnen rund von allen Seiten mit ihrer reichen Gabe an Schlamm in den Mittelpunkt herab. Ein riesenhaftes Amphitheater, ein Colosseum im grössten Styl hat die Natur aufgebaut, und inmitten der Arena steht Larissa, die Metropole am tiefen wellenreichen Peneios.

Der Peneios selbst stürzt vom westlichen Rand herab und wälzt sich in weiten Bogenkrümmungen der grössten Länge nach durch die Ebene, aus welcher links und rechts alle Flüssigkeit des Ringes in diese gemeinsame Pulsader zusammenströmt. Das Becken müsste sich mit Wasser füllen, und Thessalien wäre heute noch wie in der Mythenzeit ein grosser Binnen-See, hätte nicht ein geheimnissvoller Werkmeister vergessener Jahrhunderte den riesig tiefen Spalt im festgekitteten Bergring durchbrochen und der süssen Binnenfluth die Bahn geöffnet. Dieser riesig tiefe Spalt, diese Bahn der süssen Binnenfluth ist das „Tempethal", die Naturnothwendigkeit, der fluthende Bosporus Thessaliens. Nach dem

Gesetze der natürlichen Oekonomie muss der Bruch im Punkte der tiefsten Senkung des Terrains und zugleich der dünnsten Scheidewand, des kürzesten Abstandes vom Meere sein. Diese Bedingungen erfüllen sich im nordöstlichen Theile des Bergringes auf der niedrigen Verbindungslinie des angeblich über 9000 Fuss hohen am Kamm tafelförmig gezogenen Olympus und der sanften waldreichen Ossa-Pyramide, wo nach dem übereinstimmenden Masse der Alten die Dicke der Ringwand nur 5000 römische Passus, d. h. 22,769 Pariser Fuss beträgt, die wir in etwas weniger als zwei Stunden in gleichmässigem Karavanenschritt durchritten sind. Wenn wir nun auch noch bemerken, dass die beiden Riesenpylonen an der äussern Tempepforte, Ossa und Olympus zwar den Strand erfüllen, aber nicht senkrecht ins Meer niederstürzen, sondern wie die Mündung eines Trichters sich links und rechts in lieblichen weitausgreifenden Curven auseinanderbeugen, so lässt der kluge Leser auch ohne unsere Erinnerung durch den schlammreichen Peneios ausserhalb des Felsenthores und zwischen den beiden Curven ein Delta von üppig strotzendem Pflanzentriebe bilden.

Von Saloniki kommend, waren wir an der Hypotenuse dieses Delta's vorübergeschifft, und am Morgen nach der Karitza-Nacht zogen wir, dem rundgeschweiften Fuss des Ossa folgend, durch wucherisches Gestrüpp einer romantisch schönen Wildniss in zwei Glockenstunden zum Thor der Schlucht an der Deltaspitze hin. Das Delta ist ein dichter Busch- und Laubholzwald, von Bächen und Kanälen durchschnitten, und inmitten des Geschlinges und der riesenhaften Platanen-Decke überraschte uns der Peneios. Nichts verkündete die Nähe der grossen, breit, voll und ruhig strömenden Wassermasse. Wie der Nil, wie Cäsars Arar schleicht sie ohne Geräusch, ohne Fall und Ungestüm melancholisch durchs Gebüsch. Das unter Bäumen versteckte, von Griechen bewohnte Laspochorion (Schlammdorf) ist die einzige Ortschaft dieser beglückten Oede. Aber in umgekehrtem Verhältniss mit dem Reichthum des Bodens ist die Armuth der Laspochoriaten so gross, dass ihre Häuser nicht einmal aus

Holz gezimmert, sondern in Gestalt langgezogener Bienen
körbe aus Weiden geflochten und von innen mit Schlamm
verkittet sind. Nur der Pyrgos des türkischen Agha ragt
aus Stein gebaut über die Rohrhütten seiner Knechte empor.
Dagegen schauen hoch von der Rundhalde des Olympus die
drei grossen, ebenfalls griechisch redenden, wohl gebauten
und freier athmenden Flecken Crania, Pyrgetos und
Rhapsana in malerischer Lage auf den herbstlich bleichen
Delta-Wald und das ärmliche Röhricht von Laspochorion herab.

Herrschender Baum an Menge, Pracht und ungeheurer
Grösse sowohl ausserhalb der Schlucht als in ihrem Innern
ist die morgenländische Platane. Sie zieht durch den ganzen
Tempe-Spalt, füllt alle leeren Räume, engt die Strömung
ein und steigt, nicht zufrieden mit trockenem Continent, in
üppiger Fülle selbst aus dem vollen Wasserspiegel. Wetteifernd mit diesem schönen Baum, drängen sich die Terebinthe,
die Granate, der gelbe Jasmin, die Esche, die Steinlinde,
Ilex, die immergrüne Eiche, der Kermes, der wilde Oelbaum,
Arbutus Andrachne mit der röthlich feinen Rinde, Arbutus
Unedo, Agnus Castus, besonders Lorbeer in ungewöhnlicher
Fülle, Höhe und Pracht, ein unverwelklich grüner Blätter-
schmuck, in die Uferdekoration und bilden beiderseits ein
dem Sonnenstrahl undurchdringliches, von Weinreben und
lianenförmiger Clematis (Waldrebe) malerisch umschlungenes
Schattendach, unter dem der breite volle Strom, an vielen
Stellen durch die Ueppigkeit des Pflanzentriebes verdeckt,
die sanfte Fluth vorüberwälzt.

Die Platanen hatten zwar (22. Dezember) ihren Blätter-
schmuck abgelegt; aber das Uebermass der immergrünen
Bäume und Gesträuche, duftendes Gebüsch, Geniste, Cytisus
und hoher Rosmarin (nur die Myrte sah ich nicht) bewahrten
den Eindruck ewigen Frühlings in der Tempeschlucht. Fluss
und Strasse füllen häufig die ganze Sole zwischen dem Ossa
und Olymp; und doch behauptet der ungebändigte Pflanzentrieb auch hier seine Macht. Der Weg ist breit und sicher,
stellenweise aufgemauert oder gar lebendig ausgemeisselt
und mit Marmor bekleidet aus dem nahen Bruch. Doch matt

und eben wie die 20 bis 30 Fuss unterhalb streichende
Wasserfläche verläuft er nicht; er steigt und fällt je nach
den Vorsprüngen des Ossa-Flusses wild romantisch, und auf
dem höchsten dieser Felsenschwellungen, etwa fünfzehn
Minuten innerhalb des Eingangs von Karitza her, blickten
wir zurück und sahen durch das bogenlose Felsenthor das
Segment am wolkenfreien Himmel und über die gedrängten
Wipfel des Delta-Waldes die blaue See im Golf von Saloniki.
Mehr noch vielleicht als Pflanzentrieb und Immergrün überrascht der Bach- und Quellenreichthum in der Schlucht. Aber
nicht von der Höhe stürzt es herab, plätschernd über Wald
und Felsenriff, wie im kolchischen Melas-Thal; hier bricht
es rasch und voll neben der Sole des Wanderers unter dem
Gestein der Seitenwände, unter den Wurzeln der Platanen
hervor und eilet breitströmend, diamanthell und kühle, wie
ich es nirgends sah, dem Peneios zu. Welcher Reichthum,
welche Frische da vergessen und unbenützt verrinnt! Wo
die Silberwelle über die Strasse rinnt, blickt der Marmor-
grund blendend weiss zwischen grün bemoostem Rand aus
dem Spiegel der Flüssigkeit hervor. Die Ossaseite, an der
die Strasse zieht, ist waldschluchtig eingebrochen und bietet
wiederholt deltaförmige Ruheplätze mit hellgrünem Rasen,
Blumenflor, Quellen und Gebüsche.

Dagegen fällt der Olympus fast in der ganzen Tempe-
länge steil und wie durch Künstlerhände durchgesägt in den
Fluss herab; doch fehlt auch hier nicht auf allen Punkten
der immergrüne Pflanzenschmuck. Mässig am Eingang wächst
die. Olympuswand nach dem Stadium an Höhe. Wundervolle Formen, runde Thürme, Bastionen, lange Curtinen,
Festungswälle in kolossalem Styl ziehen vorüber bis zum
Mittelpunkt, wo die Schlucht am engsten, die Wand beiderseits am höchsten (man meint über 800 Fuss) und der
Charakter der Landschaft am wildesten ist. Hier strichen
kalte Lüfte, das Nadelholz erschien oberhalb der Steilwand,
graues Gewölke zog eilend über die Gipfel, und hoch über
den dunkeln Spalt schwebten langflügelichte, fahle Aare des
Olympus. In der furchtbarsten Oede der Schlucht ragt von

der Spitze eines über 600 Fuss senkrecht hohen Ossafelsens
ein zerstörtes Kastell als Thalsperre dicht über die Strasse
herein. Nur zwei bis drei Stunden, sagte man uns, dringe
der Wintersonnenstrahl in diesen Theil der Felsenkluft. Desto
lieblicher sind im Sommer das dunkle Pflanzengrün, die
Einsamkeit und die Schattenkühle. Wie sich der Spalt von
der macedonischen Mündung bis in die Mitte hinein trichter-
förmig verengt, dehnt er sich von dort gegen die tessalische
Mündung im gleichen Masse wieder aus, so dass zwei lange,
an der Spitze sich berührende Hörner das treueste Bild von
Tempe geben. Nur scheint die Temperatur auf der tessa-
lischen Seite noch reizender als auf der andern zu sein.
Milde, sonnenbeleuchtete Hügel schimmern am Olympusfuss
zwischen hohen Bäumen herüber; entzückendes Wiesengrün,
Platanenhaine, kühler Quellensprudel und dicht bewaldete
Eilande im Peneios selbst bilden die Sommerlust der Leute
von Baba, dem ersten Dorfe, lieblich zwischen Laubholz,
Pinien und Cypressen unmittelbar am Thor der Schlucht
gelegen. Selbst der Fluss verzichtet hier auf seinen schweigsam leisen Gang und wälzt die volle Fluth nicht ohne
Gemurmel über das drei Fuss hohe, von Ufer zu Ufer den
Strom schief schwellende Wehr hinab. Künstliche Höhlen
und grünumranktes Geklüfte zu beiden Seiten des Thales
deuten auf geheimnissvolles, vergessenes Spiel des Alterthums.

Vor einer dieser Höhlen an der Olympuswand steht nach
Erzählung der christlichen Begleiter jetzt noch eine Kapelle
der Panagia und an jeder Seite des Eingangs ein hoher
Lorbeerbaum. Daphne, sagt die Fabel, vor dem thessalischen Apollo fliehend, ward im Tempe in einen Lorbeerbaum verwandelt. Mit einem Kranz aus den Blättern dieses
Baumes auf dem Haupte und mit einem Zweige desselben
in der Hand, habe dann Apollo das Orakel zu Delphi übernommen. Zum Andenken kam alle neun Jahre eine del-
phische Gesandtschaft und opferte feierlich auf dem Altare
am benannten Baum. Das war thessalische „Kirmess" und
Sommerfeier des lorbeerreichen Tempethales, vielleicht an

derselben Stelle, wo jetzo die Kapelle mit dem ewiggrünen breitbelaubten Doppelbusche steht! Im Vorübergehen pflückte auch ich einen Zweig und bewahre ihn heute noch neben fahlen Blättern des Thales Josaphat zur Erinnerung an den Temperitt.

Nicht mehr als dreissig Häuser und zwischen Baumdickicht eine Moschee zählten wir in Baba, hielten Mittagsruhe und sahen die schöne Landschaft am Tempelhor und die malerische Lage ihrer Dörfer an.

Die Abhänge der zu beiden Seiten des Thores hügelicht auseinanderfahrenden Berg-Curven sind auch hier mit bewohnten Orten und mit Ruinen aus dem Alterthum geschmückt. Hier erblickten wir zuerst das berühmte und durch seine Türkisch-Garnfärbereien weiland auch in Europa wohlbekannte Ampelakia links ober uns auf der Ossa-Halde mit der Aussicht über die grosse thessalische Ebene, einsam an Felsenwände hingelehnt.

Ampelakia sieht nicht in das Innere der romantischen immergrünen Schlucht herab, und in Baba selbst, obgleich schon innerhalb des Ringbeckens, ist der Blick noch eingeengt. Erst wie man die kleine, baumreiche, etwas über eine halbe Stunde lange und von niedrig streichenden Hügeln eingerundete Ebene von Makro-Chorion (Langendorf) überschrittet hat, öffnet sich der weite Horizont und erscheint auf einmal in monotoner Majestät die ungeheure, länglichtrunde, spiegelglatte Binnenfläche Thessaliens, und wie Nebelschatten schwamm in dunkler Ferne das Minaretgewirre von Larissa. Sieben gute Stunden hatten wir noch bis Turnovo. Wie die Sonne hinter Agrafa unterging, kamen wir unweit dem türkischen Dorfe Kasiklar zur Peneios-Fähre und erreichten, im Zwielicht des halb verhüllten Mondes über die Fläche streichend, erst nach acht Uhr Abends unser Ziel.

Nach dem neuesten Stande der byzantinischen Studien weiss auch der nur mässig unterrichtete Leser ohne Mühe, dass Turnovo ($T\acute{v}\varrho\nu o\beta o\varsigma$) kein griechischer, sondern ein rein slavischer Name sei und auf Deutsch mit „Dornheim"

zu übersetzen wäre. Zum Unterschiede von der alten bul-
garischen Hauptstadt gleiches Namens zwischen Balkan und
Donau wird das nordische „Gross-Turnovo," das südliche
thessalische aber „Klein-Turnovo" genannt. Zum Troste
vieler sei es aber gleich voraus bemerkt, dass im Laufe der
Zeiten und der Verwandlungen die griechische Rede in
Klein-Turnovo zwar der Hauptsache nach die Oberhand
gewonnen, aber nicht wenige Slavismen in die Familien- und
Umgangssprache aufgenommen habe. Hinter der nördlichen
Abdachung des Olympus reden die „Römer," d. i. die Griechen
noch distriktweise slavisch; auf der südlichen dagegen ist nur
noch ein schwacher Beisatz geblieben, der in der Richtung
gegen das freie Griechenland immer dünner wird; aber selbst
im Peloponnes und besonders im Taygetos noch jetzt nicht
gänzlich erloschen ist. Gleich in der ersten Nacht schwärmten
junge Turnobiten singend durch die Strasse an unserm Haus
vorüber:

$$Ka\vartheta\grave{e} \ \chi\omega\rho\iota\grave{o} \ \varkappa a\grave{\iota} \ \zeta a\varkappa\acute{o}\nu\eta,$$
$$\varkappa a\vartheta\grave{e} \ \mu a\chi a\lambda\tilde{a}\varsigma \ \varkappa a\grave{\iota} \ \tau\acute{o}\xi\iota,$$

Jedes Dorf hat sein Gesetz,
Jeder Flecken seinen Brauch. [1]

Die Stadt selbst — denn ihre Gestalt und Lage zu erforschen war im Laufe des folgenden Tages das erste Geschäft — ist auf dem der Tempeschlucht entgegengesetzten
nordwestlichen Saume der grossen Ebene, auf spiegelflachem
Terrain nur etwa 500 Schritte von dem nackten Steinhügel-
Rand erbaut, der als Ausläufer vom Olymp herüberstreicht
und das erste amphitheatralisch über die Centralebene gegen
den Pindus aufsteigende Stufenland vermittelt. Längs dem
Nordrand der Ebene, ungefähr drei Wegstunden von Turnovo, beginnen die mit Oleaster und Grüneichen bewaldeten
Halden und Vorberge des Olympus, dessen kühner, langgezogener breiter Tafelkamm sich riesig über alle Berge des
Ringbeckens hebt und im Winter den Glanz seiner Schnee-

---

[1] $\zeta a\varkappa\acute{o}\nu\eta$ ist slavisch und $\mu a\chi a\lambda\lambda\tilde{a}\varsigma$ türkisch.

lager, im Sommer die erquickende Kühle seiner Alpenlüfte
über die weite Ebene versendet. Neben diesem gewaltigen
Bau spielt selbst der waldige Ossa-Kegel mit allen übrigen
Randkanten eine mehr als bescheidene Figur.

Turnovo hat eine, mehr dem europäischen Style nahende
Bauart, wie man sie unseres Wissens in keiner Stadt des türkischen Reiches wieder findet. Die Strassen sind meistens
breit, gerade und durchschneiden sich mit Zierlichkeit in
rechten Winkeln; sie sind oder waren vielmehr mit grossen
Kieselsteinen kunstreich gepflastert, selbst Hochpfade fehlen
nicht, und häufig laufen sogar offene Kanäle in der Mitte.
Im Ganzen ist es etwa die Figur eines länglichten Vierecks,
das mit seinem Ostende an das breite, hier aber meistens
wasserlose Bett eines wilden Stromes reicht, den die Einwohner Xeraï, die Gelehrten Saranta-Poros (40 Furten)
und die europäischen Commentatoren des Alterthums Titaresios nennen. Er kommt aus den Schluchten des
Olympus über die Hochebene Alasona und hinter dem Stein-
hügelrand südlich von Turnovo auf die Ebene heraus, macht
eine rasche Krümmung nach Norden zum Fuss des Olympus
zurück und fällt, durch neue Zuflüsse getränkt und perennirend, weniger als eine Wegstunde ausserhalb der Tempe-
Schlucht in den Peneios.

Wann der Schnee im Gebirge schmilzt oder Wetter
niederrauschen, wälzt er eine furchtbare Wasserfluth mit
donnerndem Gebrumm an Turnovo vorüber. Zur Nachtzeit
hörten wir den dumpfen Ton der rollenden Wogen bis in
den entlegensten Theil der Stadt herein. Unter allen Umständen aber sichert eine Steinbrücke von sechzehn eleganten
Bogen die Verbindung mit dem entgegengesetzten Ufer und
mit der Strasse nach Larissa. Der Eindruck der Stadt Turnovo auf das Gemüth des Fremden ist durchgehend lustig,
heiter, leicht und offen, weil die Häuser der Insel-Vierecke
meistens niedrig, aber geräumig und durch Gemüsegärten,
weite Höfe und lehmummauerte offene Plätze mit grossen
Holzthoren von Nachbar und Strasse geschieden sind. Ein
erhöhtes Gelass oder ein Stockwerk auf dem Erdgeschoss

ist Regel der Turnobiten-Architektur. Romantisch ist das freilich nicht, denn auch an Schatten und Grün ist in Turnovo kein Ueberfluss. Hie und da eine Gruppe weisser Maulbeerbäume, eine Rebe auf der Gartenmauer, ein Aprikosenbusch, eine Platane am Brunnen ist der ganze Schmuck. Aber auch nichts beengt in Turnovo den Sinn, und der breite Olympus sieht überall in die Strassen herein.

Um vor der Brücken-Mauth unbelästigt zu bleiben, waren wir vorigen Abend im Mondlicht durch das trockene Strombett geritten und durch einen weiten Mauerbruch über öde Plätze in unsere Wohnung gekommen. Ein Dritttheil der Häuser, die im ersten Decennium dieses Jahrhunderts noch von wohlhabenden und gewerbfleissigen Griechen bewohnt waren, ist seitdem verschwunden, und ganze Quadrate an der zum grössern Theil geebneten Umwallung haben sich in Kürbisfeld und leeren Weideplatz verwandelt. Doch klage der Leser über diesen Verfall nicht die Türken an! Turnovo, von der Natur zum stillen Glück des Landbaues angewiesen, ward durch die Umstände ein Manufaktur-Ort, und folglich war auch sein Glanz nur ein erborgter, sein Loos ein erkünsteltes und sein Reichthum vom Wechsel der Zeit, der Mode und der Industrie bedingt. Die englischen Spinnereien und der Fortschritt der Chemie und ihre schwunghafte Anwendung auf die Künste des Lebens im Occident haben die Blüthe von Turnovo, Ampelakia und Tscharnitschena in Thessalien zerstört. Jedermann kennt ja Ampelakia und das roth gefärbte türkische Baumwollengarn, mit welchem noch während des Continentalsystems dieser zur höchsten Blüthezeit nur etwa 4000 Seelen zählende Flecken auf der Ossa-Halde ausschliesslich nicht bloss die benachbarten Provinzen der Türkei, sondern auch die westlichen Christenländer, besonders aber Deutschland versorgte. Pesth, Wien und Leipzig waren die Hauptniederlagen und Mittelpunkte des „türkischen" Garnhandels, und unglaubliche Summen flossen aus den westlichen Landen nach Thessalien.

Beaujour in seinem *Tableau du Commerce de la Grèce* und aus ihm Urquhart haben Art, Epoche, Blüthe und

Verfall dieser Ampelakia-Industrie weitläufiger besprochen, beide aber den Antheil vergessen, welchen Turnovo und Tscharnitschena, jedes unabhängig und für sich, am reichen Ertrag der Färbereien hatte. Der Vater des Hrn. ***, in dessen Hause ich einen Theil des Winters verlebte, hatte auf diesem Wege ein grosses Vermögen erworben und die schöne Wohnung aufgerichtet, die unter Familienstreit. Process, Unglück und Zwietracht seiner Kinder, wie alles in Turnovo, schon wieder zu Grunde geht. Der Boden von Thessalien hat sich nicht geändert, er gibt heute noch wie damals jährlich an 3000 Ballen Baumwolle. Auch die Liebe zu Arbeit und Gewinn ist in Nord-Thessalien mit der Hand-Manipulation in Weben, Spinnen und Färben dieselbe geblieben, wie sie vor fünfzig Jahren war; aber „die Deutschen kaufen unser Garn nicht mehr, sie färben es jetzt selbst.“ sagte ein Empiricus von Turnovo, der lange in Ampelakia gelebt und jetzt, versteht sich ohne Studien, die Heilkunst übt.

In Tscharnitschena, wohin ich später kam, ist dieselbe Klage: „Die Deutschen kaufen unser Garn nicht mehr. sie färben es selbst, wir müssen zu Grunde gehen, weil wir mit den Maschinen und Zauberkünsten des Occidents nicht zu concurriren vermögen.“ In Thessalien hat die Maschine noch nicht den Menschen vom Brod verdrängt, wie in Europa; aber leider geht die Liebesgluth der Deutschen, ob sie gleich warme Philhellenen sind, doch nicht so weit, um die theure Handarbeit der Thessalier dem wohlfeilen Maschinenprodukt der Britten vorzuziehen. Nicht bloss Deutschland ist dem türkischen Gespinnst verschlossen, brittische Industrie hat es sogar in der Türkei selbst vom Markt verdrängt. Maschinengesponnene Seide verkauft man in Larissa zu unglaublich niedrigen Preisen, und doch weben sie zu Ampelakia (ὑφαί-νουν, ὑφαίνουν ἀκόμη) noch immer fort, färben in Turnovo und haspeln Seide ab in Tscharnitschena, um den Triumph des ausländischen Nebenbuhlers wenigstens auf eigenem Boden noch streitig zu machen. Kann man es diesen Leuten übel nehmen, wenn sie streng conservativen Prinzipien huldigen

und sich leidenschaftlich gegen das masslose Fortschreiten
und ewige Verbessern der Künste erklären? Nach den Vorstellungen der Weisen von Ampelakia hätten die öffentlichen
Zustände den möglichsten Grad der Vollkommenheit erreicht,
sobald die Thessalier allein das türkische Garn färben und
die Deutschen es zu sehr hohen Preisen bezahlen. In Turnovo
ertragen sie den Umschwung mit Resignation, weil die Ver-
letzten bereits verkommen oder weggezogen und ihre Häuser
eingefallen sind. Aber in den beiden andern Orten schmollen
sie auf den Trümmern ihres Glückes mit dem ganzen Occident in thörichter Empfindsamkeit; und namentlich werden
zu Ampelakia fremde Europäer, kommen sie nicht des
Handels wegen, häufig geschmäht und ausgetrieben. In
Tscharnitschena jagt man sie zwar nicht fort, besonders
wenn sie in guter einheimischer Begleitung kommen, begegnet ihnen aber allenthalben mit so viel Zurückstossung
und beleidigender Kälte, dass sie selbst gerne so schnell als
möglich weiter ziehen, wie es mir in einigen der besten
Christenhäuser des Orts begegnet ist. Ein hässlicheres Amphi-
bium als der europäisirte Handels-Grieche auf seinem byzantinischen Boden besteht in der Natur der Dinge nicht.

Im Grunde ist es, wie ich mir zeigen und erklären liess,
der jetzo in Europa so allgemein verbreitete Krapp mit Ginster
und der Kalipflanze für Pottasche, was lange fort das aus-
schliessliche Glück der benannten drei Gemeinden Thessaliens
machte. [1] Nur sind diese Farbekräuter nicht seit undenk-
lichen Zeiten, wie ich es dachte, sammt der kunstreichen
Benützung auf thessalischem Boden einheimisch, sondern erst
zu Anfang des 15. Jahrhunderts durch die Türken ins Land
gekommen, was man nirgend besser wissen kann, als in
Turnovo selbst.

Die Stadt mit den weiten, geradwinklichten Strassen
und der Färber-Industrie ist ein Bauwerk des klugen Häupt-

---

[1] Nach L e a k e wäre es die auf den Bergen Kleinasiens wildwachsende
und von den Einheimischen Ἀλιζάοι genannte Wurzel, aus der man das
schöne Roth gewinne. Dieselbe Wurzel, wenn künstlich angebaut,
schade der Farbe und sei, wie die erkünstelte Andacht, ohne Kraft.

lings Turchan-Beg, unter dessen Anführung Thessalien
bleibend unter türkische Botmässigkeit gerieth. Die Annalisten beider Theile übergehen, wie allzeit, wenn es sich um
stille Werke des Friedens und der bürgerlichen Wohlfahrt
handelt, den Einzug der Osmanli in Larissa und die Koloni-
sirung der Centralfläche Thessaliens durch seldschukische
Türken aus Ikonium sammt ihrer asiatischen Industrie mit
Stillschweigen. Aber das Andenken hat sich unter den alten
türkischen Familien durch mündliche Ueberlieferung und eine
noch bei der Hauptmoschee aufbewahrte Lebensbeschreibung
Turchan-Begs bis auf diese Stunde fortgepflanzt. Der
alte, reiche, menschenfreundliche und gerechte Türke Hadschi-
Oghlu von Turnovo erzählte oft und weitläufig, wie Turchan-
Beg mit seinen Begleitern von Larissa (Jenischehir) her-
ausgeritten kam, wie er am Wasserteich vom Pferde stieg,
zuerst ein Bethaus und dann die Stadt bauen liess, die er
von den Hechten des Teiches Turnavo, [1] d. i. „Hechten-
heim" genannt habe. Der Civilgouverneur des Ortes will
aus derselben noch aufbewahrten Biographie Turchan-Begs
wissen, dass die bleibende Besitznahme des Landes durch
die Osmanli und die Erbauung Turnovos unter Sultan Murad II.
dreissig Jahre vor der Eroberung Konstantinopels (1453) Statt
gefunden habe. Dasselbe hat man Hrn. Urquhart zehn
Jahre früher mit dem Beisatze erzählt: die Osmanli wären
nur auf Bitten der christlichen Bewohner Larissa's gekommen,
um das Land von der drückenden Herrschaft seines slavischen (serbischen) Häuptlings zu befreien. Weil aber Turchan-
Beg mit seinen 5000 Streitern das Land gegen die feindlichen
Slavenstämme im Pindus und der nördlichen Gebirge nicht
zu beschützen vermochte, habe er fünf- bis sechstausend
seldschukische Familien aus der Umgegend von Ikonium in
Asia Minor zur Auswanderung nach Thessalien bewogen und

---

[1] طورنا turna heisst auf türkisch allerdings „Hecht"; aber der
Ausgang des Wortes gehört einer andern Sprache an, und die Byzantiner
nennen lange vor dem Uebergang der Türken nach Europa in dieser Gegend
den Ort Τέρναβος.

sie als Militär-Kolonien, mit der Fronte gegen den Olympus, in einer Reihe von zwölf neuerrichteten festen Dörfern auf der Centralfläche nördlich von Larissa angesiedelt. [1] Im Rücken dieser permanenten kriegerischen Linie ward gleichsam als Hauptquartier und Sitz des Oberbefehlshabers Turnovo errichtet und auf Turchans Bitte vom Sultan Murad mit grossen Freiheiten ausgestattet. Turchan war ein kluger, billiger und duldsamer Mann, der alle Glaubensbekenntnisse mit gleicher Gerechtigkeit behandelte und namentlich bedrängten Christen eine Freistätte in seiner neuen Stadt er-richtete. Zehn Jahre bezahlten fremde Ansiedler keine Abgaben, und dann waren Kopfgeld und Zehnten die einzige Leistung, die sie dem Stifter und seinen Nachkommen auf „ewige Zeiten" zu entrichten hatten. Kein Pascha durfte in die Stadt, keinem türkischen Heerhaufen war der Durchzug gestattet, auch Frohndienste konnten nicht gefordert werden, und zu mehr Sicherheit wurden diese Privilegien unter den Schirm der Religion gestellt und der Grundbesitz als Tempelgut, als Lehen (Vakuf) der islamitischen Metropolis von Mekka erklärt und so aller weltlichen Controle entrückt. Bis zum griechischen Aufstand und zu Sultan Mahmuds Reformen blieben alle diese Privilegien in der Hauptsache unangetastet, und die Nachkommen des Stifters sind heute noch im Besitz der ersten lokal-obrigkeitlichen Stelle. Aber Niemand würde jetzt dem Wesir Namik-Pascha den Eintritt verwehren, und die zuchtlose Soldateska hatte während des griechischen Freiheitskampfes oft in Turnovo Quartier genommen.

Turchan-Beg war aber nicht bloss Soldat; er besass die Kunst des Friedens, der Erhaltung, des Verwaltens und der Schöpfung bürgerlicher Glückseligkeit in nicht geringerem Grade. Er gehörte in die Zahl jener seltenen und bevorzugten Wesen, deren Trefflichkeit und geniales Wirken

[1] Zwei von diesen ikonischen Kolonistendörfern, Balamut und Dereli (Thalheim) fanden wir gleich beim Eintritt von Tempe auf die Ebene, Baba gegenüber. Durch Tatar, Kasiklar, Tschaier (Wiesen), Missalar und Karadsch-Oghlan sind wir ebenfalls gekommen.

Jahrhunderte umfasst, weil es unversiegbare Quellen des
Segens und der Wohlfahrt auch den künftigen Geschlechtern
öffnet. Nicht bloss an Tapferkeit und kriegerischer Disziplin
waren die Türken den byzantinischen Christen überlegen;
die Türken übertrafen sie noch insbesondere in vielen nützlichen, einträglichen und das bürgerliche Dasein verschönern-
den Künsten, die als altes Erbtheil des Orients zu betrachten
sind. Am auffallendsten aber zeigte sich türkisches Uebergewicht, wenn man den genialen Blick, mit dem ihre Führer
die praktische Seite des öffentlichen Lebens erfassten, mit
den läppischen Concepten der blödsinnig im Labyrinth dogmatischer Spitzfindigkeiten herumfaselnden Staatsmänner von
Byzanz vergleicht.

Mit den Farbekräutern und ihrer kunstreichen Benutzung
brachte Turchan-Beg zugleich die übrigen Fertigkeiten nach
Thessalien, die mit gewinnreicher Verarbeitung der Seide,
der Baumwolle und des gemeinen Vliesses verbunden sind.
Und war Turnovo auch Mittelpunkt und gleichsam Lieblings-
residenz der neuen Pflanzenwelt und der neuen Industrie,
umfasste der intelligente Eroberer und Bildner in seiner Sorgfalt doch das ganze Land. Brücken, Einkehrställe, Brunnen,
Kaufbuden, Bäder, steinerne Garnwäschen, Mühlen, Gotteshäuser und Schulen, wovon das Meiste heute noch besteht,
wurden mit sicherm Takt inmitten der bankerotten Gräko-
Slaven als frische Lebensknospen am rechten Orte angelegt.
Nur weiss ich nicht, ob die Turnobiten nicht gar zu selbst-
gefällig sind, wenn sie den weissen Maulbeerbaum mit dem
Seidenblatt auf ihren Feldern für älter halten, als die An-
pflanzung desselben in Saloniki, um Adrianopel und sogar
bei Prusa in Bithynien. Mit grösserm Rechte vielleicht mögen
sie auf die Schönheit ihres Baumes eitel sein; denn sicherlich muss das ungewöhnlich breite, glänzende, dunkelgrüne
Laub des thessalischen Maulbeerbaums, besonders auf den
Feldern des von Turnovo etwa vier Stunden entlegenen
Tscharnitschena, im Vergleiche mit andern jeden Fremden
überraschen. Auch kann man die Handfertigkeit im Spinnen
und gewisse traditionelle Kunstgriffe in Behandlung der Seiden-

raupe und ihrer Pflege, wie man sie wegen der grössern Weichheit und Vollendung ihres Produktes den Thessaliern vor allen Gegenden der Levante von jeher zuerkannte, sogar jetzt noch nicht leugnen.

Im Gegensatz mit europäischem Brauch — man hatte es vor mir schon Hrn. Urquhart erzählt — werden in Thessalien nicht die Blätter am Maulbeer-Baume gepflückt, sondern die jährlichen Sprossen abgeschnitten, weil in dieser Weise nach der gemeinen Vorstellung das Blatt an Saft und Fülle gewinnt und auch die Raupen lieber auf die Zweige kriechen, deren Reinhaltung erleichtert, Trieb und Schwellung aber gefördert werde. Unter solchen Umständen ist es gar nicht zu verwundern, wenn Turnovo um die Mitte des 17. Jahrhunderts, nach dem Bericht des Engländers Brown, „eine grosse und lustige Stadt mit achtzehn Kirchen und nur drei Moscheen gewesen ist," und sogar Mohammed IV., bezaubert durch die Pracht der grünen Ebene, mit dem ganzen Gefolge seines asiatischen Hofes wiederholt daselbst seine Residenz aufgeschlagen und Turchan-Begs alte Lieblingsschöpfung zum Tummelplatz der Serai-Intriguen, des Hofluxus, der Kranichjagd und der an der hohen Pforte' unterhandelnden und hündelnden Diplomaten der Christenheit verwandelt hat. Das Hoflager des Padischah war zu jener Zeit noch Mittelpunkt der europäischen Dinge und die türkische Monarchie für sich allein noch weit mächtiger als die Gesammtmasse der uneinigen, in gegenseitiger Eifersucht erbosten, geldarmen, zuchtlosen und schlecht regierten Staaten des christlichen Occidents. Christliche Ohnmacht war türkischer Kraft gegenüber so flagrant und die Rolle der stolzesten Nationen des Evangeliums vor dem „Chaliphen der Gläubigen" so ärmlich und hülflos, zugleich aber so bettelhaft und zudringlich, dass sie ein unaustilgbares, heute noch fortlebendes Gefühl der Geringschätzung und Verachtung gegen alles Christenwesen im Herzen des türkischen Volkes zurückgelassen haben.

Ambassadeurs und *Ministres plénipotentiaires* des Imperators von Deutschland, des Königs „*de France et de*

Nacarre," und des Czars von Moskovien wurden an der hohen Pforte officiell beohrfeigt und zur Thüre hinausgeworfen, kamen aber, nach der mündlichen Bemerkung eines Türken, wie gepeitschte Hunde immer wieder schweifwedelnd gleichsam zu ihrem Gebieter und Brodherrn bei der andern Thür herein. Niemand wird vermuthen, Louis XIV, und die andern Potentaten der Christenheit haben die Verübung solcher Unwürdigkeiten an ihren Repräsentanten aus Mangel an Selbstgefühl verschluckt. Es war Machtlosigkeit und die alte Gewohnheit Europa's, vor dem Padischah und dem Allah-Ruf seiner streitgeübten Miliz zu zittern, was ihren Arm lähmte und die verzagten Seelen der „Giaur" zu racheloser Geduld schmachvollen Schimpfes zwang. Sogar ein dunkles Vorempfinden, als wäre die türkische Monarchie der Schlussstein des neuern Staatensystems, und würde mit ihrer schon damals geträumten Auflösung zugleich das vermittelnde Element und der heilsame Damm zerstört, der noch die giftigen Leidenschaften der christlichen Staaten in Schranken oder gleichsam in der Schwebe hielt, wollen kluge Beobachter in der europäischen Politik schon während der Herrschaft Sultan Mohammeds IV. (1648 bis 1687) erkennen. Gilt Abdul-Medschid für sich und sein Haus heute auch nur noch im gutmüthigen Glauben seiner Unterthanen, nicht aber dem Wesen nach wie seine Vorfahren im 17. Jahrhundert als Lenker und Mittelpunkt der politischen Bewegungen, so hat doch das byzantinische Reich objektiv von seiner universellen Bedeutung nichts verloren. Und könnte man, anstatt mit einfältigen Projekten am todten Buchstaben des türkischen Gesetzes zu rütteln, das regierende Haus zur alten Energie und Genialität erwärmen, so wäre auf dieser Seite mit der kleinlichen Eifersucht der Potentaten alle Noth der Zeit beschwichtigt. Lieber noch als das Uebergewicht Seinesgleichen duldet man tyrannische Laune, Druck und Schmach von fremder Gewalt, wenn sie nur alle Rivalen mit gleichem Masse demüthiget und niederdrückt.

Kein Volk kann sich mit grösserm Rechte über seine Fürsten beklagen als die Türken, weil alle Schuld verlorner

Herrlichkeit des Reiches dem Abfall des regierenden Hauses
von der alten Sitte, Zucht und Energie beizumessen ist.
„Höre nicht auf die Einflüsterungen der Weiber; der Schatz
sei allzeit gefüllt, selbst um den Preis der Volksbedrückung;
der Sultan sitze allzeit zu Pferd, und das Heer sei immer
in Thätigkeit,“ war der letzte Rath des sterbenden Gross-
Wesirs Mustafa Köprili an eben diesen Mohammed IV., den
Kranichjäger von Turnovo. Zu Pferde sass er freilich das
ganze Jahr, aber nicht an der Spitze der Heerschaaren, die
Wien und Candia stürmten; *Mohammed IV. regnoit et
ne gouvernait pas.*

Das Andenken an jene Zeiten des Glanzes und der Pracht
hat sich durch mündliche Ueberlieferung in der jetzt so ge-
räuschlosen öden Stadt zum Theil noch immer fortgepflanzt,
und man erzählt noch vom grossen stadtähnlichen Zeltlager
des Padischah, von den vergoldeten Kugeln, vom Drängen
der Falkeniere, Jäger, Diener, Segbane (Hundewärter),
Paschen und Gesandten sämmtlicher Staaten der Christenheit, von Ragusa bis zum römischen Imperator, mit ihrem
Gefolge und in ihrer einheimischen Sitte und Tracht. Nur sind
die achtzehn christlichen Kirchen in Turnovo jetzt auf zwei
herabgekommen und dagegen die Moscheen von drei auf
sieben angewachsen, obgleich der Ort heute wie damals
überwiegend christlich ist.

So lange die hohe Pforte keine ernsthafte Gefahr von
Seite der christlichen Völker witterte und besonders die
Politik der Czare nicht kannte, war sie gegen die griechischen
Unterthanen viel nachsichtiger und duldsamer, als man gewöhnlich glaubt. Die Verfolgung und Verkürzung alt ver-
briefter Freiheiten begann erst mit dem Erscheinen der Moskowiter auf der Bühne, bis endlich der grosse Aufstand in
unsern Tagen mit den Schöpfungen des langen einheimischen
Friedens und der Industrie auch alle Verträge, Berate und
Privilegien der früheren Zeiten in Thessalien wie überall in
der Türkei zerstörte und zerriss. „Die Angli und die Nemtzii
sind Griechenfeinde und hindern uns, die Türken aus Thessalien zu treiben,“ sagte der Empiricus und stellte auf meine

Frage um den numerischen Belang der beiden feindlichen
Volksstämme das Verhältniss wie Eins zu Zehn bis Fünfzehn,
indem er die thessalische Türken-Bevölkerung auf etwa
25,000 Familien, die christliche aber aufs zehn- bis fünfzehn-
fache berechnete, was eine offenbare Thorheit ist. Denn in
Thessalien haben sich die Türken nicht bloss in den nam-
hafteren Städten, wie es allenthalben ihre Sitte ist, zum
Nachtheil der alten Einwohner massenhaft zusammengedrängt;
sie haben wegen der vorzüglichen Fruchtbarkeit und Schönheit des Bodens unter Anleitung des weisen Turchan-Beg
das offene Land, d. h. die fette Central-Gartenfläche des
Ringbeckens in Besitz genommen, so dass den Christen nur
die rauheren, zum Theil wasserlosen und magern Berg- und
Hügeldistrikte übrig blieben.

Am allerungünstigsten stellt sich das Verhältniss begreif-
licher Weise in der Hauptstadt Larissa heraus, wo man auf
eine Bevölkerung von 36,000 bis 40,000 Türken-Seelen nur
etwa 400 jüdische und beiläufig eben so viele griechische Familien zählt. Eben so, wo nicht noch schlimmer, ist es zu
Pharsalos bestellt, das man mit gutem Gewissen eine rein
türkische Stadt nennen darf. Bis zur Unterdrückung der Janitscharen wurde von den trotzigen Moslimen dieses nahe an 700
Haushaltungen fassenden Ortes kein Christ in ihrer Mitte geduldet, jetzt haben sich eine kleine Anzahl, wenn wir recht
notirten, sieben oder acht arme christliche Familien der untersten Volksklasse als Pächter. Krämer, Handwerker und
Pferdevermiether am äussersten Saum der Stadt und gleichsam
in den abgelegensten Schmutz- und Kothgassen eingenistet.

In den beiden Städtchen Thaumako am Südrande und
Alasona am Nordende Thessaliens ist die Bürgerschaft nach
übereinstimmender Schätzung zur Hälfte griechisch und zur
Hälfte türkisch; in Trikkala dagegen, der zweitgrössten
Stadt des Landes, wohin ich aber nicht selbst gekommen
bin wie in die vorgenannten Orte, soll das griechische Element
selbst jetzt noch unbedeutend sein. Ausschliesslich griechisch
ist von bedeutenden Orten nur Ampelakia, dann das bulgarische Tscharnitschena, besonders aber das Municipium

der Halbinsel Trikkeri auf dem östlichen Abhange der Pelions-Kette, was dem alten Lande der Magneter entspricht und jetzt die slavische Benennung Zagóri trägt, obwohl die Sprache, der dieses Wort angehört, schon längst erloschen ist. Selbst im Hügelland zwischen Larissa und Pharsalus, was man im Alterthum die Hundsköpfe *(Cynoscephalae)* nannte, trafen wir ganz türkische Dörfer an. Das genaue Verhältniss beider Bestandtheile herzustellen, ist indessen für einen durchreisenden Fremden nicht leicht möglich, weil die Fragen nach Mass und Zahl in solchen Dingen überall schwer zu beantworten, in der Levante aber häufig auch noch verdächtig sind. Nur merkte ich bald genug, dass beide Parteien den Gegner verkleinern und nebenher sich selbst so hoch als möglich taxiren. Für sich selbst kennt freilich jeder Ort die Zahl seiner Familien, die ganze Provinz umschliessende Angaben aber bleiben immer schwankend und zweifelhaft.

Wer die christliche Bevölkerung Thessaliens auf das Doppelte der türkischen stellt, hat sie wahrscheinlich überschätzt. Hätte die Pest im vorigen Jahrhundert nicht wiederholt und ausschliesslich die ikonischen Pflanzdörfer der Ebene heimgesucht und das sinnlose Rekrutirungsgesetz im gegenwärtigen die Reihen der thessalischen Türken kläglich gelichtet, so würde das Verhältniss für sie ein noch günstigeres sein. Vor hundert Jahren, sagt die Turnobiten-Tradition, wüthete die Seuche unter den „Koniarides" so stark, dass es schien, als sollten diese Kolonien völlig von der Erde verschwinden. Mehrere Dörfer starben fast gänzlich aus oder konnten sich bis heute von ihren Verlusten nicht erholen. Das grosse Koniari-Dorf Mati auf dem Wege nach Alasona, unmittelbar am Fusse des Passüberganges aus der Central-Ebene auf das Plateau, trägt die Spuren dieser „göttlichen Züchtigung" in auffallenden Zeichen an der Stirne: kaum der dritte Theil ist noch bewohnt, das Uebrige rasirt und mit Gestrüpp unter altem Gemäuer bedeckt. Das grösste Hinderniss der Volksvermehrung liegt bei den Türken in der unerbittlichen Strenge der öffentlichen Moral, die keine

Bastarden duldet und den Verkehr der Geschlechter überhaupt nicht mit derselben gegenseitigen Geduld und Freiheit und mit derselben Rücksicht auf menschliche Gebrechlichkeit behandelt, wie die mildere Sitte der Christenheit, wo nach der Lehre der Oekonomisten Macht und Reichthum der Staaten im geraden Verhältniss mit der Volksmenge steht. Ehrenhalber konnten die besiegten Griechen hinter den Ueberwindern nicht zurückstehen, und so ward türkische Herrschaft, gegen die man in der Bücherwelt so mancherlei deklamirt, am Ende noch ein wahres Correctiv christlicher Unsitte und Liederlichkeit. Nur kommt den Griechen der Umstand zu Gute, dass sie unter allen Umständen und ohne alle weitere Sorge für Pflege, Nahrung und Zukunft eine möglichst zahlreiche legitime Nachkommenschaft zu erzielen sich im Gewissen für verpflichtet halten. Im Grunde meinen sie, wie die europäischen Glückseligkeits-Krämer, Macht und Sieg liege in der Zahl. Der türkischen Bevölkerung Thessaliens dagegen brachte die Freierklärung Griechenlands einen nicht unbeträchtlichen Zuwachs, da sich die Reste der albanesischen Muhammedaner nach Uebergabe der Festungen mit den Trümmern ihres Vermögens in das nahe Grenzland zurückzogen. In Turnovo hatten sich mehrere Familien aus Moraitisch-Lala niedergelassen und angekauft. Es sind lauter Albanesen, die, wie die Sulibewohner, neben ihrem Schkypi alle das Griechische reden, türkisch aber erst nach ihrer Vertreibung in der neuen thessalischen Heimat gelernt haben. Ich ging mit den Leuten viel um, und sie redeten nie ohne Sehnsucht von den luftigen, kirschen- und quellenreichen Höhen ihres Moraitischen Vaterlandes, welches jetzt zu ihrem grössten Leidwesen die „Barbarese" besitze. [1]

Der Leser, besonders wenn er ein Gegner der neuen Thesis über die Verwandlung Griechenlands ist, kümmert sich vielleicht um die islamitischen Elemente Thessaliens nur mittelmässig und möchte lieber vom klassischen Alterthum hören und von unparteiischen Augenzeugen vernehmen, was

[1] Ὁ Βαρβαρέζος (statt Βαρβαρέζος) τὸ ἔχει τώρα.

und wie viel vom Thessalien, wenn auch nicht der Iliade,
doch wenigstens des Strabo, des Plinius und des Lucian
übrig geblieben ist. Das Verhältniss des Alten zum Neuen
ist kurz und schnell anzugeben. Von den 75 Städten, die
man zu Plinius Zeiten nur innerhalb des Ringbeckens oder
Bergtheaters von Thessalien zählte, [1] haben sich nur die fünf
Namen Larissa, Pharsalos, Thaumakos, Trikka und
Olooson (die letzten drei etwas verstümmelt) erhalten, die
übrigen siebenzig sind alle verschwunden. [2] Von den Bergen,
deren die Alten in Thessalien 34 kannten, hat nur der einzige
Olympus, von den Flüssen und Seen aber keiner seinen
Namen auf unsere Zeiten gebracht. Auch über den kümmerlichen Rest der fünf Stadtnamen, besonders über Larissa
und Pharsalos triumphire man nicht zu früh; denn es sind
von Türken und nicht von Griechen bewohnte Orte, die nur
noch den antiken Namen tragen. Indessen ist durch eine
Ironie eigener Art selbst der riesige Götterberg der Profa-
nation nicht entgangen und nennen die griechisch redenden
Thessalier den See in einem Hochthal des Olympus noch
immer Nezero, was bekanntlich das slavische Appellativum
für *lacus* ist und auch im übrigen Griechenland, besonders
in Akarnanien, wiederholt gefunden wird.

Nach allem, was über die Sache im gelehrten Deutschland bereits verhandelt wurde, braucht man nicht erst lange
zu erklären, welchem Sprachstamme Mezzovo, Kissova
und Zagora, die heutigen Namen des Pindus, Ossa und
Pelion, angehören. Von Turnovo und Tscharnitschena
war schon oben die Rede; Lipochovo, Lapovo, Stru-
nitza, Gletscheda, Klinovo, Gardichi, Selo und
Kratzova aber werden eben so wenig angefochten, als man
den Wörtern Voliana, Duklista, Gunitza, Lepenitza,
Smokovo, Meluna und Goritza slavische Form und
Bedeutung streitig macht. Da man die Ueberschwemmung

---

[1] *Plin. H. N. lib. IV, cap. 15* der Pariser Ausgabe von 1828.

[2] Selbst das berühmte Pherä, der Sitz thessalischer Intelligenz,
Grösse und Macht am Eingang der Pelions-Schlucht, ist dem slavischen
Vo estina gewichen.

des griechischen Bodens durch eine Fluth slavischer Kolonien nicht mehr leugnen kann. so sucht man das geschichtliche Faktum wenigstens so unbedeutend und wirkungslos als möglich hinzustellen. Hierin verfolgen die deutschen und die griechischen Widersacher zwei ganz verschiedene Wege, indem die ersteren wohl das offene flache Land für ungriechisch erklären, um wenigstens die Städte und die Gebirge der alten Bevölkerung zu sichern; die zweiten aber, wie es bei der türkischen Eroberung geschah. den Eindringlingen ihrerseits die Städte preisgeben, um das offene Land, d. i. den Kern des Volkes für ungemischt und rein zu halten. Unrecht zwar haben gewissermassen beide, doch stehen die deutschen Hypothesen der Wahrheit viel näher als die griechischen, weil sich in der That grössere oder kleinere Bürger-Complexe griechischen Blutes in einer namentlich zu bestimmenden Anzahl von Städten inmitten des Sturms bis zur türkischen Invasion erhalten haben. Das freiheitsliebende, landbauende Volk der Slaven zog das Leben auf Feld und Dorf überall dem Drängen und Treiben grosser Städte vor. Daraus allein erklärt sich die Unzahl slavischer Berg-. Fluss- und Dorfnamen auf der ganzen Oberfläche des griechischen Festlandes im Allgemeinen und Thessaliens insbesondere. Eben so richtig ist es, dass Reste der alten Bevölkerung hie und da in Gebirgsgegenden Rettung und Sicherheit gefunden haben.

Aber dieses an sich nicht unwichtige Argument stützt meine Thesis eben so kräftig. als sie dem Satz der Gegner dient; nur ist nicht zu vergessen, dass der zuletzt Spielende den Preis gewinnt. Wie sich beim Andrang der slavischen Horden griechisches Volk in die Gebirge flüchtete. in derselben Weise suchten feldbautreibende Slaven der Ebene auch ihrerseits das Heil in den Bergen. sobald sich die christlichen Heere von Konstantinopel erobernd und bekehrend über das byzantinischer Hoheit und Sitte entfremdete Hellas ergossen. Aus diesem wohlzuerwägenden und ja nicht zu übersehenden Grunde sind die slavischen Namen sogar jetzt noch gerade in den rauhesten und der Kultur ungünstigsten Gebirgsgegenden Thessaliens und Moreas am dichtesten gedrängt. Man vergleiche den Taygetus in Lakonien, den Gebirgsstock in Nord-Arkadien, Pindus mit Ossa und Pelion in Thessalien. Leugnen, klügeln und deuteln helfen hier nichts, Formen und Worte sind unerbittlich. Der Schlüssel zu diesem ethnographischen Problem liegt in den beiden Thatsachen, die erst in unsern Tagen durch Verbesserung der byzantinischen Studien zur Kunde des gelehrten Occidents gekommen sind: wir meinen die zum Theil friedliche, zum Theil gewaltthätige Besetzung des griechischen Bodens durch slavische Volksstämme und die allmähliche Bändigung und Gräcisirung derselben durch die christlichen Autokraten von Konstantinopel. Das slavische Thessalien ward gleich dem südlichen Griechenland durch die Byzantiner in der Periode wiedererwachter Reichskraft recolonisirt und dadurch die byzantinisch redende Mischung erzielt, die unter dem Schatten türkischer Zucht auf unsere Zeiten herabgekommen ist. In Thessalien, scheint es, ist die slavische Sprache bald nach der Unterwerfung und Christianisirung der eingesiedelten fremden Stämme der byzantinischen Redeweise gewichen. Einige Andeutungen über die Construktion dieses thessalischen Griechisch, d. i. des im Munde des gemeinen Volkes lebenden Dialektes, so wie über die Namen und Sitze der weiland im Lande hausenden Slavenstämme hat man in einem besondern Fragment sammt einer gedrängten Uebersicht der ganzen Lehre über das slavische Element in Griechenland zu geben versucht.

Die Angriffe der christlichen Imperatoren auf diesen Getreideboden der benachbarten Länder und Inseln begannen schon in der zweiten Hälfte des siebenten Jahrhunderts und wurden mit einer merkwürdigen Hartnäckigkeit und Ausdauer so lange fortgesetzt, bis man endlich die fetten Triften der Peneus-Ufer, bis man das schattige Tempe und die traubenvolle Halde des Ossa wieder gewonnen hatte. Fragt aber ein Eiferer und Widersacher, warum das Slavische in Thessalien so schnell verschwand, da es doch im benachbarten Macedonien zu zwei Drittheilen des Landes noch jetzt als Muttersprache gilt und im Mainatischen Gebirge erst seit

etwa 300 Jahren gänzlich ausgestorben ist, so darf man um
die Antwort nicht verlegen sein. Wie nach der Besitznahme
Thessaliens durch die Osmanli sich in kurzer Zeit zahlreiche
Türken-Kolonien bildeten, ebenso drängte sich nach der
Restauration der byzantinischen Monarchie durch die beiden
energischen Dynastien der Isaurier und der Slaven unter
Basilius dem Makedonen, wegen der günstigen Lage zum
Handel und wegen der ausnehmenden Ertragbarkeit des
Bodens, schnell eine neue Christenbevölkerung in das zwar
von slavischen Barbaren beherrschte und angebaute, aber
von Griechischredenden ohnehin niemals ganz verlassene
Land. Jedoch hat ein anderes Fragment der alten Bevölke-
rung Thessaliens, der Volksstamm der Wlachen seine
Sprache und seine althergebrachten Sitten mit mehr Standhaftigkeit als die im hohen Grade assimilationsfähigen Slaven
vertheidigt und bis auf unsere Zeiten bewahrt, so dass neben
Turko-Albanen und Gräko-Slaven heutzutage noch ein drittes
von den beiden genannten gleich verschiedenes Element in
Thessalien besteht.

Die Wlachen Thessaliens nennen sich wie ihre Sprach-
und Stammgenossen in den Donau-Fürstenthümern ebenfalls
„Romanen", sprechen ein verderbtes Italienisch und haben
ihren Hauptsitz auf dem Kamm und den beiden Seitenabhängen
des Pindus, in den Quellschluchten des Peneios und seiner
Nebenflüsse, wo die byzantinische Geschichte des eilften
Jahrhunderts ihrer zum erstenmal gedenkt. Ob sie Reste
römischer Militär-Kolonien oder die latinisirten Ur-Barbaren
des Gebirges seien, ist für unsern Zweck gleichgültig. Auch
können wir weiland ihre Verzweigungen längs der Gebirgs-
kette durch Ober-Macedonien bis in den Balkan hinauf, so
wie den einstigen Zusammenhang mit ihren Landsleuten auf
dem nördlichen Donau-Ufer, hier nicht umständlicher berühren.
Sie hüten und beherrschen die Thore zwischen Thessalien
und Albanien; und Mezzovo, eine aus Stein gebaute Stadt
von beiläufig tausend Häusern auf dem Scheidekamm zwischen
den in entgegengesetzter Richtung hinabsteigenden Passengen,
kann als Hauptort der thessalischen Wlachen gelten. Mala-

cassi, Lesinitza, besonders aber Kalarites, Kalaki und
Klinovo mit einigen und zwanzig Dörfern in und an den
Pindus-Schluchten gehören ebenfalls diesem Volke, das sich
wegen der rauhen Lüfte seiner Heimat nur spärlich mit
Ackerbau beschäftigt, aber mit desto grösserem Erfolge Viehzucht und Alpenwirthschaft im grössten Style treibt und durch
den Reichthum seiner Schafheerden in ganz Rumelien Bedeutung erworben hat. Zur Winterzeit, wenn Schnee die
Gebirgshöhen deckt, werden die grasreichen Ebenen des
milden Tieflandes selbst bis in's freie Griechenland hinein
nomadisch abgeweidet, bis der wiederkehrende Frühling die
schwarzen Zeltdörfer der wandernden Wlachi-Schäfer zurück
auf die Alpen treibt.

An Nüchternheit, häuslichem Sinn und Industrie sind
die Wlachen den Griechischredenden eben so weit überlegen,
als sie an Geschliffenheit der Sitten, an Geist und Pfiffigkeit
im Allgemeinen hinter den Gräko-Slaven zurückstehen. Indessen haben diese einfachen und groben Viehhirten doch
ein vorzügliches Geschick in Metall-Arbeiten. Die mit Gold
und Silber eingelegten Waffen und Rüstungen, die wir an
den Arnauten und Palikaren bewundern, gehen aus den
Werkstätten der Wlachen hervor, wie die unter den Namen
Capa, Greco und Marinero in den Seestädten des Mittel-
meeres wohlbekannten wasserdichten Kapuzenmäntel dem
grössern Theile nach als ein Erzeugniss wlachischer Woll-
Industrie zu betrachten sind. Wlachische Krämer und Handwerker trifft man in allen Städten der europäischen Türkei,
und sogar nach Ungarn und Oesterreich führt sie die Liebe
zum Gewinn. Dass sie aber auch das Geschäft im Grossen
verstehen, beweist der reiche Sina in Wien, der ein geborner Wlache aus Klinovo, wenn wir nicht irren, oder
doch aus einem der vorgenannten Orte im Pindus ist. Aus
diesem Wanderleben erklärt sich auch die allgemeine Vertrautheit der wlachischen Männer mit der neugriechischen
Redeweise, der sie jetzt auch kirchlich angehören und die
bekanntlich als gemeinsames Verständigungs- und Bindemittel
der verschiedenartigen Volksstämme zu beiden Seiten des

ägäischen Meeres dient. Die Weiber dagegen verstehen in vielen Dörfern nur das Wlachische, wie sie auf Hydra früher auch nur das Albanesische verstanden. Wie die Gebirgs-bewohner überhaupt, kann auch der Wlache im fernsten Lande seine Heimat nicht vergessen, und sehr häufig kehrt er im Alter mit den Früchten der Lebensmühe in den Pindus zurück, um in gleicher Erde mit seinen Vätern zu ruhen. Das jetzt so friedliche und nur auf Arbeit und Gewinn bedachte Wlachen-Volk war indessen nicht jederzeit von so ruhigem Geiste beseelt oder auf seine gegenwärtigen Sitze in der westlichen Gebirgsmark Thessaliens eingeengt. Die thessalischen Wlachen hatten wie später ihre Nachbaren, die Albanier, auch ihre Periode des Glanzes und der politischen Grösse, die zwar kurz und vorübergehend wie die Herrlich-keit der Thebaner, aber im byzantinischen Zeitalter nicht ohne Bedeutung war. Neben den heute noch bestehenden Gemeinden *Vlacho-Libadi* und *Vlacho-Jani* in den südlichen Ausläufern der cambunischen Berge unweit Turnovo nennt Anna Comnena (1082) einen Wlachiflecken Exebas in den Gebirgsthälern des Pelion am Ostrande Thessaliens, und nach Benjamin von Tudela, der im zwölften Jahrhundert durch Griechenland zog, war Zitun im Süden Gränz- und Ein-gangsstadt des „Wlachi-Landes." [1] Wie der Peloponnes hatte im Mittelalter auch Thessalien in der gemeinen Sprache des illyrischen Dreiecks den alten Namen verloren und ward eine Reihe von Jahrhunderten nur als $M\varepsilon\gamma\acute\alpha\lambda\eta$-$B\lambda\alpha\chi\iota\alpha$, „Gross-Wlachei" bekannt, im Gegensatze von Akarnanien und Aetolien, die man nach einer Unterscheidung beim Byzan-tiner Georg Phrantzes „Klein-Wlachien" hiess. Georg Pachymeres, Hofhistoricus des ersten Paläologen Michael, sagt es ja deutlich: Die vor Alters Hellenen genannten und von Achilles befehligten Thessalier habe man zu seiner Zeit „Gross-Wlachiten" genannt. [2] Dagegen beschränkt Nicetas

---

[1] וְהוּא תְהִלַת בלכיא i. e. *haec est Blachiae initium.* Tafel I c. p. 473.

[2] Τοὺς γὰρ τὸ παλαιὸν Ἕλληνας, οἳ Ἀχιλλέϊ ἦσαν. Μεγαλοβλαχί-τας πάλαι (καλούμενοι;) ἐπεποιπτο. G. Pach. et Mich. Palaeol. I. 30.

von Choná den Begriff $M\varepsilon\gamma\acute{\alpha}\lambda\eta$ - $B\lambda\alpha\chi\acute{\iota}\alpha$ hauptsächlich auf
den Gebirgsring und das über die Ebene emporsteigende
Hügelland, während er die von verzagten und unkriegerischen Gräko-Slaven bewohnte Centralfläche noch gerne Thessalien nennt. Sagt aber nicht auch der benannte Rabbi Benjamin ausdrücklich, die Wlachen wohnen auf den Bergen
und steigen in die Region der Gräken herab, um zu plündern?
An Gelenkigkeit vergleicht sie derselbe Wanderer mit den
Gazellen; ihr kriegerischer Muth sei unbezähmbar, und kein
König habe sie noch zu bändigen vermocht.

Der Mann aus Tudela hatte die Eindrücke seines Zeitalters richtig aufgefasst. Denn kurze Zeit nach der Durch-
reise des Rabbi Benjamin (1186) erhoben sich im Bunde mit
den besiegten und misshandelten Bulgaren sämmtliche Wlachen
längs der Pinduskette bis in die Thäler des Balkan hinauf
unter ihren Führern Peter und Asan wider die drückende,
unredliche und diebische Herrschaft des byzantinischen Hofes
und errichteten das sogenannte zweite Bulgaren-Reich mit
der Hauptstadt Gross-Turnovo am Nordabhang der Hämus-
kette (Balkan). Die südlichste Landmark dieses wlacho-
bulgarischen Reiches waren die thessalischen Berge mit
einem unabhängigen Häuptling, der sich „Gross-Wlach“,
$M\acute{\varepsilon}\gamma\alpha$-$B\lambda\acute{\alpha}\chi o\varsigma$, nannte und als solcher in den gleichzeitigen
Chroniken der Franken und Byzantiner glänzt.

Allen diesen ehrgeizigen Bestrebungen, Gährungen und
Unabhängigkeitsgelüsten der einzelnen Volksstämme des illyrischen Continents hat die klug und nachdruckvoll herein-
brechende Türkengewalt im 14. und 15. Jahrhundert endlich
Stillschweigen auferlegt. Die Kunst, eine compakte politische
Einheit als Kardinalpunkt des Occidents am Bosporus zu
schaffen, wie es die christlichen Imperatoren von Byzanz
mit allen Hülfsmitteln des Evangeliums niemals oder doch
nur vorübergehend und sporadisch vermochten, haben die
Fürsten aus dem Hause Osman bleibend und nachhaltend mit

Citate von Tafel, pag. 491, wo auch die übrigen Stellen aus *Nicetas*,
Acropolita, der Frankenchronik, aus Cantacuzenus und Phrantzes gesammelt sind.

Takt und Energie mehr als 400 Jahre lang allein verstanden und durchgeführt, bis es endlich moskowitischer Standhaftigkeit gelungen ist, den Hebel der Zwietracht einzusetzen und das feste Bauwerk im Grunde zu erschüttern.

Die Nothwendigkeit einer grossen illyrischen Einheit und Kraft liegt, wie jedes höhere Gesetz, im Instinkt der abendländischen Staatskunst; nur wird sie durch Kurzsichtigkeit und Privatverblendung in der Erkenntniss gehindert, dass diese illyrische Einheit und Kraft, wenn sie nicht länger eine osmanische zu sein vermag, nothwendig und gesetzlich eine moskowitisch - slavische werden muss. Das Illyrisch-Eine, scheint es, wollte man im gegebenen Falle plan- und ordnungslos durch ein Illyrisch-Vieles ersetzen, und die Ironie hat schon ihr Spiel begonnen, da sie den Europäern das sonderbare Privilegium verlieh, mit kolossalen Mitteln im Orient kleine Wirkungen hervorzubringen und allerhand luftigen, in sich selbst zerrinnenden Spuk für schön gegliederte, nervenstraffe Schöpfungen anzupreisen. Erlaubt ist es allerdings, sich gegen das Schicksal zu sträuben, aber der Kampf muss würdevoll und tragisch sein. Ob aber die Nachwelt über das Auftreten der Occidentalen auf byzantinischem Boden ein besonders günstiges Urtheil fällen werde, scheint jetzt sogar in dem tief betheiligten Deutschland schon Vielen zweifelhaft. So unwiderstehlich drängt sich die Erkenntniss hervor, dass man Instrumente in die Hand genommen, ohne deren Wirkung und Gebrauch zu kennen.

Die politisch gänzlich verfaulten und nur im Dogma lebendigen Christenstämme von Byzanz haben keinen Central-Lebenskern, aus dem sich, wie man mit mehr Phantasie als wahrer Kunde im Occident wähnte, je ein organisch selbständiges und den Hauch der politischen Atmosphäre ertragendes Gebilde entwickeln könnte. Die griechischen Volksreste sind nur Material, nicht „Causa finalis" (Zweckbegriff) der künftigen Ordnung der alten Welt. Und in so weit hat auch der Empirikus von Turnovo nicht Unrecht, wenn er sich über die Hindernisse beklagt, welche die Angli und die Nemtzi der Vertreibung der Türken aus Thessalien

entgegenstellen. Nur konnte ich nicht recht begreifen, wie
die „Nemtzi" zur Ehre kommen, irgend etwas in der Welt
zu hindern; es müsste denn der thessalische Politikus die
Bemühungen Oesterreichs für Aufrechthaltung türkischer
Gewalt, oder die secundären Hemmschuhe bezeichnen, welche
auf Andeutung genannter Kabinete die deutsche Dynastie
von Athen der eingelernten Bewegung der Gräken unter-
legte. Dass übrigens Unterhandlungen im Gange seien und
durch zwei der griechischen Sache besonders gewogene
Mächte mit Eifer betrieben werden, um Thessalien entweder
auf dem Weg der Güte oder der Gewalt von der Pforte
loszureissen und an das freie Griechenland zu knüpfen, liess
man sich in Turnovo um keinen Preis ausreden. Man speku-
lirte schon auf das Steigen der Realitäten, der Häuser, der
Aecker, der Weinberge, und mancher Kauf ging zurück
oder ward aufgehoben, weil man erst den Regierungs-Wechsel
und die neue Ordnung erwarten wollte. Selbst Türken fingen
im Vertrauen auf den Bestand ihrer Sache zu wanken an,
und Nedschib-Beg, einer der reichsten Landbesitzer Thessaliens, dessen prachtvollen Palast ich in Larissa besah, hielt
das Ereigniss so wenig für unmöglich, dass er schon auf
Wege sann, wie er sich den reichen Besitz auch unter der
neuen Herrschaft bewahren möge. Nedschib-Beg ist gegen
die christlichen Colonen seiner Ländereien viel humaner und
freigebiger, als die übrigen Gutsherren, besonders die christlichen, die an Begehrlichkeit, Wucher und schonungsloser
Härte gewöhnlich noch die Türken übertreffen. Der byzantinische Christ — das darf man ihm nachsagen — weiss ·
nichts von Mitleid und Barmherzigkeit gegen den Mitmenschen. Der Türke empfindet und übt beides sogar gegen
die Widersacher und Nebenbuhler seines Glaubens und seiner
Politik.

„Aber Dimitri, du schuldet mir den Pachtzins schon seit so
vielen Jahren; es wäre doch einmal Zeit zu kommen!" —
„„Pek eji, pek eji Efendim, birasdan gelirim (ganz
gut, ganz gut, mein Gebieter! nächstens werde ich kommen)."" So lautete das Zwischengespräch des alten freund-

lichen Hadschi-Oghlu mit einem seiner christlichen Pächter,
der uns auf der Strasse begegnete und mit 3000 Grusch seit
Jahren im Rückstand war. „Der Mann ist gar so saumselig,"
fuhr der Türke sich zu mir wendend fort, „doch man muss
mit den armen Leuten Nachsicht haben, die Zeiten sind
hart, die Lasten gross, und wenn er kann, wird er wohl
bezahlen." Der alte reiche Hadschi-Oghlu kennt zwar den
Buchstaben des Evangeliums nicht, lebt aber im Geiste desselben und übt die milden Gebote der Nächstenliebe, aus
der man nach dem Spruch des Apostels hauptsächlich Christi
Schüler erkennt, besser als der Christ. Gewiss ist Hadschi-
Oghlu der Türke vor Gott ein Gerechter und vielleicht weit
angenehmer als der orthodoxe, für sein anatolisches Bekenntniss glühende Archont ***, der seine Pächter bis zum Verhungern presst und sein Geld auf 180 Procente bringt.

Die griechische Revolution, der man im Occident so
schöne Farben leiht, so classisch erhabene und philosophisch
tiefe Motive unterlegt, schrumpft, in der Nähe besehen, zur
gemeinen und rohen Balgerei eines nach Urtel und Recht
der Weltereignisse von Haus und Hof getriebenen, aber
durch fremde Worte und Kräfte aufgehetzten Bankerottirers
um das verlorene Gut herab. Von Kunst, Wissenschaft,
Alterthum und Philosophie, wie man in Europa meint, ist
und war nie die Rede. Auch um Herstellung einer gerechten
Ordnung, um Hebung und Besserung der untern, von Jedermann gedrückten und geplünderten Volksklassen handelte es
sich nicht; am allerwenigsten aber blies Wahrnahme dogmatischer Interessen die Flamme des Aufruhrs an. Oeffent-
liche Verwaltung, Druck und Plünderung, Verderbniss und
Käuflichkeit der Justiz, Monopol und Privilegium sollten
bleiben wie in der Türkenzeit; nur sollten Raub und Profit
und ungerechtes Gut ihre Strömung in andere Taschen
nehmen. Die Sympathien der europäischen Politik gingen
über den Tumult in Theile auseinander. Das kühle und
besonnene Staats-Element war dem gegenwärtigen Besitzer
hold; Phantasie, Schwärmerei und Edelsinn taumelte für die
Insurgenten; die Klugen und Feinen aber betrogen beide und

lachten am Ende die einen und die andern aus. Alle Versuche, den gefährlichen Hader durch Vergleich zu schlichten,
haben fehlgeschlagen, weil die einen, stolz auf ihr Recht,
keinerlei Zugeständnisse machen wollen und ohne Gefahr,
das Ganze zu verlieren, auch nicht machen können, die
andern aber, brutal durch sichern Hinterhalt, mit weniger als
mit *restitutio in integrum* nicht zu befriedigen sind.
Wenn man die Türken hört — und hören muss man
sie doch — fällt die ganze Schuld des glimmenden Streites
und des gefährdeten Levantefriedens auf die Christenheit
zuräck, und wären alle Bemühungen, die Parteien durch
billiges Nachgeben zu versöhnen, nicht durch türkischen,
sondern durch christlichen Fanatismus fruchtlos geblieben.
Wenn es ohne Aergerniss christlich-andächtiger Leser geschehen könnte, wollte ich die Bemerkung eines sehr hoch-
gestellten Türken über diesen Gegenstand wortgetreu so
hiehersetzen, wie ich sie im Tagebuch (Konstantinopel, 12.
April 1841) verzeichnet finde. Der gegenwärtige Scheich-
ul-Islam (Gross-Mufti) sagte bei Gelegenheit der traurigen
Scenen, die im Frühjahr 1841 um Leskowatz und Nissa in
Bulgarien vorgefallen, zu zwei besuchmachenden Europäern
die merkwürdigen Worte: „Wir kennen die christliche Religion recht gut, wir respektiren ihre Moral und wissen,
dass sich das ganze Gebäude derselben gerade wie der Islam
auf den Mosaismus stützt. Unser Widerwillen gegen die
christlichen Unterthanen, so wie die Verweigerung gleicher
Rechte mit den Moslimen haben ihre Quelle nicht in reli-
giösem Fanatismus, wie man in Firengistan glaubt; der
Grund ist ganz und gar politischer Natur. Wir fürchten
das „materielle" Umsichgreifen der „Pfaffen," deren blinde
Werkzeuge die christlichen Raja sind. Die Fanatiker unter
euch (es ist ein Türke, ein Ungläubiger, der da redet) erklären
Christus für einen Gott, während ihn die Mässigen (?) doch
nur für einen Menschen halten. Russland und Frankreich
wirkt durch diese Pfaffen (man verzeihe dem blinden Heiden),
um Stellungen, Einfluss und Macht inmitten unseres Reiches
zu erlangen. Da wird eine Mühle, dort ein Acker, hier ein

Haus, ein Weingarten moslimischer Besitzer unter allerlei
Vorwänden angesprochen, bis sie uns im Namen ihres
„Gottes" nach und nach ausser Besitz bringen. Heute noch
geben wir den Raja gleiche Rechte mit den Moslimen, wenn
sie ihrem Russen- und Franzosenschutz entsagen und sich
als loyale Unterthanen der Pforte ohne alle ungerechte
Prätension geriren. Der Moslim-Prophet sei ein Lügner,
der ihrige aber ein Gott, folglich gehöre Land und Herrschaft
nicht den Türken, sondern ihnen, sagen sie, und wie könnten wir bei solchen Gesinnungen diesen Christen-Leuten gleiche
Rechte mit uns bewilligen?"

Auf diese Argumentation Sr. moslimischen Heiligkeit
war nichts zu erwiedern; und wer immer mit Sinn und
Treiben der christlichen Raja und ihrer Lenker in der
Türkei nicht ganz unbekannt geblieben ist, oder in blinder
Partei-Leidenschaft nicht alles Gefühl für Billigkeit verloren
hat, muss die Wahrheit dieser Beschuldigungen vielleicht mit
unbedeutender oder vielmehr mit gar keiner Beschränkung anerkennen. Das christliche Byzanz war verfault und durch
die in genialer Frische aufkeimende Türkenherrschaft nach
dem Gesetze des natürlichen Pflanzentriebes überwuchert
und verdeckt. Solche Eroberungen sind nicht wie die vor-
überbrausenden Weltstürme eines Timur und Napoleon; es
sind Verwandlungen der Gattung, die kein Zauber lösen
kann. Die Türken sind in natürlicher Progression nach
demselben Gesetze an die Stelle der Byzantiner getreten,
wie die Russen den Platz der gänzlich verwitterten Tataren
eingenommen haben, und kein Verständiger wird an die
Möglichkeit einer politischen Auferstehung des Chans der
goldenen Horde glauben. Eben so thöricht wäre es, von
einer Wiedergeburt der Comnenen und der Paläologen zu
träumen.

Auch war das Gefühl der Sicherheit, der Dauer und
des unzerstörbaren Uebergewichts türkischer Nationalität und
Macht bei der hohen Pforte so lebendig und fest begründet,
dass sie die überwundenen Christen zwar als Wesen geringerer
Art behandelte, sie aber in voller Freiheit und Duldung

gewähren liess und kein Moslim sich ärgerte, dass zu Tur-
novo, an den Thoren der Hauptstadt Thessaliens, achtzehn
Christenkirchen und nur drei Moscheen waren. Erst die
Entdeckung, dass die Mächte der Christenheit, nicht zu-
frieden, ihre Grenzen gegen das Anschwellen türkischer
Gewalt zu schirmen, im Innern des türkischen Reiches selbst
Einverständnisse zu gründen und die erstorbenen Reste der
Byzantiner durch Restaurationsideen einer christlichen Monarchie zu erwärmen suchten, gab den Dingen eine andere
Gestalt und ward die fruchtbare Mutter von Auftritten, die
Europa abwechselnd zu Zorn und Mitleid reizten. „Uns
hat der Boden ehmals gehört, und wir wollen ihn wieder
haben,‟ sagten die aufgehetzten Christen griechischen Bekenntnisses. „Uns aber gehört er jetzt, wir haben ihn
erobert und wollen ihn auch in Zukunft besitzen,‟ antworten die Osmanli. Sultan Mahmud, im letzten Decennium
seiner Herrschaft ohne Zweifel der liberalste und billigste
Mann im Lande, hätte vollkommene Rechtsfreiheit gewährt;
aber beide Parteien widersetzten sich seiner Versöhnungs-
theorie, und namentlich nannten die griechischen Primaten
das Programm von „Gülhane‟ eine Maskerade, ἕνα μασκα-
ραλίκι, über die man lachen müsse. „Nicht friedlich
nebeneinander und mit gleichen Rechten wollen wir mit
den Türken leben; nein, unsere Knechte sollen die Türken
sein, wie unsere Hunde wollen wir sie halten.‟ [1] So lautet
das Gegenprogramm der auf fremde Macht und die Apokalypse pochenden, für sich allein aber verzagten, ohnmächtigen und ganz hülflosen Pfortenunterthanen anatolischer
Glaubenslehre.

Noch weit unwürdiger aber und peinlicher, wenn man
ohne Aergerniss den ganzen Gedanken ertragen kann, ist
die Rolle des römischen Katholicismus im Orient. Zur Zeit
seiner höchsten Blüthe durch den Genius und den Heldenmuth des Islam bei Hittin und Ptolemaïs vollständig
erdrückt; auf Cypern, Rhodus und Candia aber nacheinander

---

[1] Wörtliche Aeusserung eines griechischen Klostervorstandes auf der
syrischen Küste, vom Jahre 1831.

in riesenhaftem Streite überwunden und gänzlich aus dem
Orient getrieben, sucht er sich durch List auf dem alten
Boden wieder einzuschleichen und gleichsam auf landstrei-
cherischen Umwegen wenigstens einen Theil des verlornen
Gutes wieder zu gewinnen. An und für sich ohnehin überall
in der Minderzahl und vom schwachgläubigen Occident auch
lange ohne allen Beistand gelassen, sank er auf die unterste
Stufe der Ohnmacht und Verachtung herab, bis endlich
glücklichere Umstände im Heimatland der zwar eingeschrumpf-
ten, aber doch unzerstörbaren Lebenswurzel in unsern Tagen
wieder frischen Trieb verlieh. Nur Schade, dass man die
gute und heilige Sache der Religion selbst durch imbecille
Niederträchtigkeiten fördern zu müssen glaubt! Einerseits
den Griechen auf ihrem eigenen Boden in Verschmitztheit,
Hartnäckigkeit, Rabulisterei und abgefeimten Künsten den
Vorsprung abzugewinnen und andererseits die eifersüchtigen
Bedenklichkeiten der islamitischen Obrigkeit zu beschwichtigen und am Ende beide zu übervortheilen, ist im Allgemeinen die weitaussehende, verzweiflungsvolle Aufgabe der
römisch-katholischen Levantemiliz, für deren Schirmvögte
die Fürsten des Hauses Bourbon gelten. Dieses Spiel der
religiösen Parteien, in der Nähe besehen, verursacht jedem
friedlichen, geraden Manne Ekel und Unwillen zu gleicher
Zeit, und nichts fand ich — man verzeihe den Ausdruck —
natürlicher und gerechter, als den mit Verachtung gepaarten
Trotz, welchen türkisches Regiment selbst in seiner Ohnmacht noch sämmtlicher Christenheit, besonders der abendländischen, entgegenhält. Eingreifend und systematisch thätig
sind im türkischen Orient nur die lateinisch-katholischen
Franzosen und die griechisch-katholischen Russen; doch
letztere mit ungleich mehr Cohäsion, Geschick, Erfahrung
und Erfolg als ihre Nebenbuhler. Die übrigen Grossmächte
thun nichts, wollen nichts und werden auch desswegen als
Freunde nicht ernstlich in Rechnung gebracht. Wenn man
etwa glaubt, Oesterreich geniesse in den Staaten des Padischah und insbesondere bei den katholischen Christengemeinden daselbst bedeutendes Ansehen und übe grossen Einfluss

aus, so hat es mit diesem Glauben in Beziehung auf die
türkischen Behörden seine volle Richtigkeit. Die Oesterreicher handeln ja, wie sie sprechen, und zeigen sich unabänderlich als die redlichen, wohlmeinenden und standhaften
Bundesgenossen, Rathgeber und Nothhelfer der Türken in
allen Verhältnissen, unter allen Bedingungen und um jeden
Preis. Selbst schmachvolle Beleidigungen von Seite der
Osmanli können ihr deutsches Phlegma nicht in Bewegung
setzen; sie ertragen alles, sogar das äusserste, natürlich blos
des gemeinen Friedens und der Gerechtigkeit wegen, mit
einer Uneigennützigkeit und Seelengrösse, die selbst den
fanatischen Musulman der türkischen Hauptstadt in Erstaunen setzt.

Um so frostiger dagegen lauten die Hymnen bei der
katholischen Prälatur, am apostolischen General-Vikariat des
Orients, in den Katholiken-Gemeinden der türkischen Monarchie. Denn die Oesterreicher geben nichts, schicken kein
Geld, versagen selbst bei grossen Calamitäten hülfreiche
Hand, reissen auch keine türkischen Provinzen an sich und
wollen insbesondere von Errichtung eines katholischen Kaiserthums im Orient weder etwas wissen noch für dieses phan-
tastische Ziel das geringste thun. Statt zum Vortheil der
katholischen Kirche zu intriguiren, mahnt Oesterreich überall
zu guter Aufführung, zur Ruhe, zur Unterwürfigkeit und zu
christlicher Geduld: „es soll schon einmal besser werden,
wenn auch nicht hienieden, doch in der andern Welt, wo
alles ausgeglichen wird."

Von alle dem thun die Franzosen publice und besonders
privatim das Gegentheil, weil sie noch immer nicht vergessen können, dass sie einmal Könige von Jerusalem, Gross-
herren von Athen und Imperatoren von Byzanz gewesen
sind. Sie haben beständig die Hände offen und sind im
rechten Moment auch zum Handeln bereit. Aber leider
ist ihr Kampf ein doppelter und verzehren ihre Sendlinge
und geistlichen Milizen den besten Theil der Kraft, um erst
Boden und Menschenmaterial für ihre orthodoxen Projekte
zu schaffen, was ihre christlichen Nebenbuhler in so reichem

Maasse schon besitzen. Daher die unglaubliche Rührigkeit,
der nimmersatte Gewerbfleiss und Heisshunger der römischen
Stationen, den armenischen, syrischen, griechischen und
chaldäischen Lehrbegriff zu befehden, schismatische Seelen
individuell oder in ganzen Gemeinden zu gewinnen, überall
neue Rechte, erweiterten Besitz, Consular-Einflüsse und
künftige Hoffnungen und Aussichten zu erwerben und zu
gründen durch Andacht, Lehre, Bestechung, falsche Versprechungen und — wenn es angeht — auch durch mittel-
baren oder unmittelbaren Zwang. Doch wie weit ist man
noch vom Ziel, und wie viele Generationen werden noch
verrinnen, bis man die Maske wegwerfen, Aufruhr predigen
und der Centralgewalt am Bosporus offen Trotz bieten kann,
wie die vom nordischen Koloss geschirmten Christen von
Byzanz! Denn das ist doch am Ende bei den apostolischen
Bemühungen im Morgenland *ratio sufficiens* und Hintergrund. Verständige Leute müssen lachen, wenn die römische
Kirche über moskowitische Tyrannei, über schismatische Propaganda und teuflisches Umsichgreifen häretischer Wölfe jammert und öffentliche Gebete anstellt, um die Donnerkeile
des Himmels auf das Haupt des neuen Diocletianus an der
Newa herabzulocken.

Die Russen thun jetzt nur, was die abendländische Kirche
schon oft gethan hat, zu thun das Recht hat und auch
wieder thun wird, sobald sie Kraft und Mittel hat. Das
grösste und unverzeihlichste Verbrechen der Russen besteht
darin, dass sie ihr Handwerk besser verstehen und es im
Orient mit glänzenderm Erfolge betreiben, als ihre geistlichen
und weltlichen Nebenbuhler im Occident. Wollt ihr den
Russen das Spiel verderben und das „Handwerk" legen, so
macht ihnen im eigenen Lande bleibend zu schaffen. Ver-
mögt ihr aber dieses nicht, so lasst dem Verhängniss seinen
Lauf und wisst vor allem, dass österreichisches Dulden und
Verhätscheln sammt den hochtoryschen Katechesen eines
Aberdeen den Osmanli eben so wenig zur Humanität und
Energie verhelfen, als fromme Saalbaderei andächtiger Pe-
danten im Bunde mit germano-gallischen Phantasiegebilden

den alten Geist von Byzanz in ein neues Rinnsal leiten. Und
eben weil ich auf der einen Seite nur Schwäche und fehler-
haftes Bestreben mit Schmach und Niederlage, auf der andern aber Kraft und richtigen Sinn bemerke, hat man sich
seine eigene, von engherziger Andacht eben so freie als von
spekulirendem Eigennutz entfernte Vorstellung über die byzantinische Frage gebildet. Ein trauriges Geschäft ist es freilich,
in einer so grossen Angelegenheit bei seinen eigenen Glaubens-
und Staatsgenossen überall nur Thorheit und Irrthum zu
sehen; Sieg, Klugheit und wahres Verständniss dagegen
nur auf Seiten des Nebenbuhlers zu entdecken und anzupreisen.

Man ist aber auch desswegen noch kein „Slavophilos“
und blinder Sektirer für eine mit Recht verhasste Politik. Ich
frage sogar, ob die Entwicklung der byzantinischen Dinge,
in wie ferne sie sich heute jedermann offen vor Augen stellt,
die Ansichten der germanischen Adepten oder die herbe
Kritik ihres Gegners zu bestätigen scheine? Haben auch
Einzelne der Gräko-Slaven den Occidentalismus (man verzeihe den Ausdruck) in sich aufgenommen und als buhlerisches
Symbol ihren Volksgenossen anempfohlen, so ist er desswegen noch nicht in den öffentlichen Geist Illyrikums eingedrungen, um lebendige Frucht zu bringen. Der Occidentalismus wird, kann und darf aber auch nicht eindringen;
ein höheres Gesetz, innere und äussere Gewalt hindern seinen
Gang und tödten seine Kraft. „Die Ataktoi,“ sagte der
Empirikus von Turnovo, „sind für uns Griechen besser
als die Taktikoi.“ Das heisst: „mit eurer europäischen
Ordnung in Krieg und Politik können wir uns nicht bewegen,
können wir den Kampf gegen die Fremdlinge nicht durch-
fechten, unsre Bestimmung nicht erfüllen; wir sind ein
anderes Volk als ihr, haben andere Geistes- und Seelen-
bedürfnisse, andere Meinungen, Wünsche und Ansichten als
ihr, ihr und eure Sache passt nicht für uns, zwischen uns
und euch herrscht keine Sympathie.“ — In diesem Turnobiten-
Spruch ist ein ganzes System, eine Zukunft, ein Schicksal
vorausgesagt. Zur Zeit der Freistaaten, meinte derselbe

Zwischenredner, habe das alte Hellas gegen das Ausland nichts Erkleckliches zu leisten vermocht; kaum hatten aber die Griechen an Philipp und Alexander von Macedonien tüchtige Archistrategen und monarchischen Zwang, als sie in kurzer Zeit die Herrschaft über die Welt gewannen. Wo die Gräken unserer Tage ihre Archistrategen, ihre Alexander und Philippe sehen und von wo sie jetzt den „monarchischen Zwang" erwarten, braucht man verständigen Lesern nicht erst zu sagen. Gewiss ist nur so viel, dass sie von uns, von unserer Protokollar - Schirmvogtei, von unserm politischen Hermaphroditismus und unserm provisorischen Schatten-Königthum am Illyssus für ihre Zukunft nichts erwarten und dass ihre Hoffnungen anders wohin gerichtet sind.

Die Gräko-Slaven glauben heute selbst nicht mehr, dass ihr Stamm durch eigene Kraft und auf eigene Rechnung je in der Welt noch etwas bedeuten könne. Geheimster, innerster Gedanke und gleichsam der Brennpunkt, in welchem alle Strahlen der National-Hoffnungen und Ideen zusammenlaufen, ist die zwar langsam, aber fest und ohne Pause anschwellende grosse Einheit der anatolischen Katholiken unter Archistrategie der verbrüderten Moskowiten zu Schutz und Trutz gegen das verhasste Lateinerthum. Inzwischen nehmen sie unser Geld, greifen nach dem stützenden Arm, entlehnen auch etwa eine nützliche, d. h. gewinntragende Einrichtung, lachen aber unter sich weidlich über das Don-Quixotische Europa und seine unpraktischen Ideen, besonders über die „einfältigen Deutschen," die sich einbildeten, sie könnten durch Compendien, Collegien-Hefte und weintrinkende Präceptoren die Zeiten der hellenischen Mythologie und des Heroenthums heraufbeschwören und nebenher doch lateinischen Sauerteig an das Ikonostasium der anatolischen Kirche legen. — Schön wäre es freilich, wenn die humanen, christlichen und versöhnenden Ideen des Occidents auf griechischem Boden keimen und lebendig würden und zu politischer Bedeutung sich aufzuschwingen vermöchten, wie es unsere Staatsmänner hoffen und unsere Publicisten als gewiss voraussetzen, ja schon als bereits geschehen annehmen, ich

aber im Angesicht aller Doxologien von Athen und allen
philhellenischen Jubels der Occidentalen über die vollendete
Constitution ohne alle Scheu vor brittisch-gallischer Staats-
weisheit entschiedener und herzhafter als je für eine praktische Unmöglichkeit und schülerhafte Täuschung erkläre.
Desswegen sage ich aber keineswegs, man hätte nicht thun
sollen, was man that; ich lobe sogar und preise die theore-
tische Weisheit der Concepte, die Reinheit der Absicht, die
Uneigennützigkeit der Ausführung, sage aber nur, dass eure
Bemühungen vergeblich und eure Rechnungen irrig sind. Das
eben ist das Tragische in der Sache, dass sich der lateinische
Occident auch mit vollem Bewusstsein und klarem Erkennen
in Niederlage und Irrthum stürzen muss, das gräko-slavische
Moskowitenthum aber dem Sieg und dem Ruhm nicht entfliehen kann, weil das Fatum den einen treibt und das
andere hält.

Ohne Zweifel werden die deutschen Gegner den Vorwurf
phantastischer Weltanschauung auf mein eigenes Argument
zurückschleudern und besonders das Geschrei über Verrath
vaterländischer Sache und angestammten Glaubens nicht
sparen. Aber man gebe wohl Acht, die Consequenz der
That wie die Logik des Gedankens ist auf meiner Seite, und
ich zeihe die Staatskunst des Occidents eines Fehlers wider
die Mathesis der politischen Scheidekunst, da sie wider die
Natur der Dinge mittelst dogmatischer Reagentien das mos-
limisch Eine in ein christlich Vieles zerfällen und dieses
christlich Viele dem Prinzip seiner eigenen Genesis feindlich
gegenüberstellen will, während doch nach allen Gesetzen
der Natur das christlich Viele nur aus dem christlich Einen
zu erzielen ist und dieses Eine zuerst sein volles Stadium
durchlaufen und auf den Punkt der Reife gelangen muss.
Dieses christlich Eine aber ist der leitende Gedanke des
illyrischen Continents, den weder brittische Dreidecker noch
kosmopolitisch-hellenisch-germanische Phantasmagorien in
Athen ersticken können. Unter diesen Umständen schien
mir die Frage eines turnabitischen Osmanli, „ob und wie
viel die Niemetz (die Oesterreicher und sämmtliche Deut-

schen) an Moskovien Tribut zu zahlen und Rekruten zu stellen haben," viel weniger abgeschmackt, als sie vielleicht einem deutschen Leser scheinen wird, der seine Meinungen über byzantinische Zustände nicht aus unmittelbaren Anschauungen und Erfahrungen schöpfen kann, sondern aus den übrigens höchst achtbaren Dr. Kindischen Kritiken der Berliner Jahrbücher entlehnen muss.

Nicht genug an Tribut und Rekruten, fragte der freundliche alte Türke auch noch, „ob die Deutschen sehr grosse Furcht vor den Moskof haben." Ich erschrack nicht wenig über die sonderbaren Vorstellungen, die in Thessalien über die deutsche Nation und ihr Verhältniss zu Russland umliefen, und suchte mit patriotischem Sinn richtigere Begriffe von deutscher Grösse und Majestät aufzustellen und so das Thörichte levantinischer Begriffe nach Möglichkeit zu beseitigen und zu verbessern. Erst nach längerem Verkehr mit den Völkern des byzantinischen Reichs merkte ich, dass man uns Deutsche allgemein zwar für gute und redliche, aber für wenig zahlreiche, ja für einfältige, unkriegerische und verzagte Leute halte, die den Betsch-Tschasari (den Cäsar von Wien) als ihren Gebieter erkennen und übrigens in der Welt nicht viel zu bedeuten haben. Man wollte mir gar nicht glauben, als ich von 40 Millionen Niemetz redete mit dem Bemerken, dass unser Land mehr Leute habe als das Padischahlik von Stambul, mehr als die „Inkilis-Adaleri (brittischen Inseln), sogar mehr als das Reich der Bunabarde. Erst wie sie hörten, dass Deutschland nicht so wie Moskovien, wie Frankreich und das „Döblet Alije" (die hohe Pforte) einem einzigen Oberhaupte gehorche, sondern durch 38 Köpfe von verschiedenster Grösse, vom Koloss bis zur kleinsten Dimension herab, geleitet werde, war ihnen alles klar. „Da kann bei euch freilich nicht viel zusammengehen", meinten die guten Osmanli und strichen ungläubiger als je die Bärte über meine Versicherung, dass man in Deutschland allgemein dafür halte, in den 38 Nemtsche-Köpfen herrsche allzeit ein und derselbe Sinn. Nur das Verhältniss dieser vielen Köpfe zum

. grössten und obersten, den es ja doch geben müsse, konnte ich den Leuten nicht verständlich machen. Mehemed Alis neuere Position und die alten Dere-Bege (Thalfürsten) Anatoliens schienen die Sache noch am besten zu versinnlichen.

Ich erzählte — versteht sich, kurz und dem Ideenkreis der Zuhörer angemessen — wie es bei uns vor 1000 Jahren stand, welche Rolle einst Deutschland gespielt, und wie und durch wen wir hauptsächlich aus dem Einen ein Vieles und aus einem starken Volke ein schwaches'geworden sind. Denn in Thessalien hat man in solchen Dingen volle Freiheit zu reden und die Sachen bei ihrem rechten Namen zu nennen ohne Anstoss, ohne Hemmniss, ohne Bedenklichkeit. Rohe Umrisse an der Wand über Lage, Grösse, Abstand und Macht der Landschaften in Beziehung auf Stambul als Mittelpunkt alles staatlichen Lebens der alten Welt halfen den Worten nach und gaben allerlei Gedanken. Türken, die früher niemals ein Christenhaus besuchten, kamen zu uns und sassen stundenlang auf dem Divan, um von den Zeitläuften reden zu hören und Fragen zu thun. Am meisten Freude machte ihnen die Nennung der ganzen Folgenreihe ihrer Sultane von Osman I. bis Abd-ul-Medschid herab, welcher als Urquell aller Herrschergewalt noch immer — wie die guten Osmanli glauben — Krone und Investitur an die „sieben Kral" der Christenheit verleihe.

Selbst eine Berichtigung dieses tröstlichen Vorurtheils ertrugen sie geduldig, und ein Mekka-Pilger machte am Ende den traurigen Epilog: er sehe wohl, wie es jetzt stehe, *Schimdi Padischah dejildür Top schimdi tadsch verir*, d. i. „jetzt verleiht nicht mehr der Padischah, jetzt verleiht die Kanone das Diadem."

In dieser Weise entstand nach und nach — wenigstens mit einigen Türken — eine gewisse Annäherung und Vertraulichkeit des Umgangs, wobei man sich nicht selten den letzten Gedanken sagte und besonders über die gegenseitigen Nationalsitten weitläufig verhandelte. Als höflicher Gast erkannte ich den Osmanli in nicht wenigen Dingen den

Vorzug vor uns Christen zu und richtete einmal gleichsam als Neubekehrter die Taschenuhr in ihrer Gegenwart nach morgenländischer Tagesrechnung, was den Kredit noch weit schneller hob, als selbst die politischen Lektionen mit Schattenriss und Nomenclatur der Padischahe. Dieser „Niemetsch," hiess es mit Verlaub, ist ein Mensch von Geist, er weiss das Bessere schnell zu unterscheiden und sich anzueignen.

Herabgewürdigt und ohne Zuversicht ist in der Türkei nur die Regierung; das Volk hat weder von seiner fanatischen Energie, noch von seinem Selbstvertrauen etwas verloren und fühlt sich dem meuterischen Sinn der christlichen Raja ohne fremde Dazwischenkunft sogar in der europäischen Hälfte des Reichs vollständig gewachsen. Bei uns denkt man sich die christliche Bevölkerung der Olympus-Halden, der Pelion-Abhänge, der Pindus-Schluchten so gern als ein Geschlecht antiker Helden, voll Kraft und hoher Gesinnung, als eine Gattung gefesselten und gebannten Prometheus, dessen Zauber man nur zu lösen brauche, um in Hellas eine neue Welt zu schaffen. Unglücklicher Weise rechtfertigen diese „Helden des Nordgebirges" unsere schwärmerischen Hoffnungen zur Zeit des grossen Aufstandes eben so wenig, als die unkriegerischen Bewohner der südlichen Distrikte. Unregelmässige Haufen albanesischer Milizen und türkischen Landsturms der Ebene dämpften die Bewegung im ersten Anlauf, plünderten und verbrannten der Reihe nach die für unzugänglich gehaltenen Dörfer und Städtchen im Gebirge, das sich bis heute noch nicht vom Ruin völlig zu erholen vermochte. Dieser Mensch — denkt sich vielleicht der Leser — mit seiner prosaischen Nüchternheit zerstört uns noch alle Träume, verwüstet alle Poesie! Warum nicht auch etwas hellenisch-patriotische Metaphysik und scholastische Schwärmerei wie bei dem liebenswürdigen, talentvollen und scharfsinnigen Cypriau Robert und in den Parlamentsreden eines Palmerston und Guizot zu lesen ist? Zwei Dinge scheinen mir heute unmöglicher als je: einmal dass sich im grossen illyrischen Dreieck irgend ein christlich-byzantinischer Staat durch sich selbst zu erheben und politisch selbständig zu constituiren, durch eigene innere Kraft sich frei zu erhalten und fortzuleben vermöge; zweitens dass irgend eine bleibende Schöpfung genannter Art durch den Occidentalismus in jener Gegend zu erwarten sei. Die eine Hälfte dieser Thesis wird durch die Wendung der Dinge in den Süd-Donauländern nach und nach auch den verblendetsten europäischen Gemüthern klar, die Richtigkeit der andern aber muss sich erst in der Folge zeigen. Das Ganze soll sich ohne alle Kränkung und Verunglimpfung anderer Ansichten lediglich auf bessere Kenntniss der Seelenzustände jener Völker, sowie auf schärfere Wahrnehmung der Kräfte stützen, die sich feindselig und nebenbuhlerisch auf jenem Boden gegenüberstehen.

Während meiner Anwesenheit in Turnovo befand sich der Gemeinderath in grosser Bedrängniss und hielt wiederholte Sitzungen, weil er auf Befehl des Statthalters Namik-Pascha plötzlich und in kürzester Frist über Verwendung der Gemeindegelder und über die eingehobenen Steuern Rechnung legen sollte, solche Rechnungen aber in Turnovo, wie an vielen andern Orten, äusserst schwer zu stellen sind. Die Bürger — offenbar etwas turbulente und von St. Simonistischen Ideen angebrannte Köpfe — hatten eine Klagschrift eingereicht, der Gemeinderath lege mehr Steuer um, als die Regierung verlange; auch verwende er die Armenfonds nicht gerade jeder Zeit zum Trost der Dürftigen und die Gemeindetaxen nicht für öffentliche Zwecke, sondern habe beides in eine Quelle eigenen Vortheils und selbstsüchtigen Privatvergnügens umgewandelt. Leider war auch der Erzbischof von Larissa in der Sache betheiligt, weil er aus natürlicher Abneigung gegen die hauptsächlich von Türken bewohnte Metropole einen grossen Theil des Jahres in dem nur drei Stunden entfernten und beinahe ganz christlichen Turnovo lebt, wo er eine schöne Kirche, eine bequeme Wohnung nebenan und reichliches Einkommen besitzt und folglich nach der Constitution der morgenländischen Kirche zugleich das grosse Wort im Verwaltungsrath zu führen hat. Aus Achtung für die hohe Würde des Prälaten liess ich mich auch

vorstellen und kam später mit Herrn ** einige Male, um
Sr. Heiligkeit meine fortwährende Ehrfurcht zu bezeugen, in
das Haus. Die Wohnung ist nur ein Erdgeschoss dicht an
der Kirche und sammt dem weiten, maulbeerbaumbepflanzten
Hofraum durch ein Mauerquadrat von Strasse und Blick der
Ungläubigen abgeschieden. In sibirisches Pelzwerk eingehüllt,
sitzt der Erzbischof, wie ein Pascha, mit untergeschlagenen
Beinen im Divanswinkel, das strenge Antlitz gegen den
Eingang gewendet, um jeder Bewegung Meister zu sein.
Langes Reden und vieles Fragen ist nicht im Geschmacke
des hochwürdigsten Prälaten; er hat dem Anschein nach
andere Sorgen und ist immer aufs Ernstere bedacht, beson-
ders auf Förderung des Seelenheils durch Mehrung irdischer
Schätze und Schlichtung böser Händel und verwickelter Intriguen, die auf dem dornenvollen Pfade der Tugend in
Thessalien selten fehlen. Gebürtig aus Mitylene und Mönch
von Profession, sitzt Se. Heiligkeit jetzt auf dem dritten
Thron, für welchen ohne die Gaben an Kanzleipersonale und
türkische Patrone nur an den Patriarchen allein die Summe
von 20,000 Grusch (2000 Gulden C. M.) zu erlegen war.
Einen vierten noch einträglicheren Sitz zu erstehen, erlauben
die canonischen Gesetze nicht, und so muss sich der ehrwürdige Kirchenfürst zu nicht geringem Herzeleid für den
Rest des Lebens mit der Archiepiskopal-Tiara von Larissa
begnügen und durch Fleiss, Gebet und geistliche Industrie
die Lücken auszufüllen suchen, welche das magere Vliess
seiner Schäflein jährlich in den apostolischen Taschen lässt.
Im Allgemeinen wissen ja die Leser, dass sich der orthodoxe Klerus in der Türkei, wie der katholische in Irland,
nach der Confiskation des Kirchenguts und nach Verdrängung
des Christenthums vom Rang einer Staatsreligion nur mit den
Stolgebühren, Gemeindeumlagen und freiwilligen Beiträgen
der Gläubigen behelfen muss. Ohne Zweifel wäre die Lage noch
weit ärmlicher, wenn die Oberpriester nicht zugleich an der
Spitze der Civilverwaltung ihrer Religionsgenossen stünden.
Der Erzbischof von Larissa ist zugleich oberster Polizeichef,
erste richterliche Instanz in Rechtsstreitigkeiten über Mein

und **Dein**, Vorsitzer bei Steueransätzen, bei Verwendung
des Armengeldes, bei Vertheilung ausserordentlicher Spenden
wohlthätiger Christen, sowie bei allen Testaments-Exeku-
tionen seiner Heerde. Und wer wollte es den frommen vielgeplagten Hirten übel nehmen, wenn sie ihr kümmerliches
Loos zu verbessern suchen und für ihre grosse Mühe hie
und da etwas auf die Seite legen, oder vielmehr in brüder-
lichem Einverständniss mit den weltlichen Primaten etwas
mehr „Wolle scheeren,“ als eigentlich nöthig wäre. Das hat
freilich mitunter auch seine Schwierigkeiten, weil man jetzt
sogar im Lande der Osmanli rechnen lernt, die Verordnungen
kennt und den Gemeindevorstehern schärfer als weiland auf
die Finger sieht.

Ein stehender Posten in den Kommunalrechnungen sind
die „geheimen Ausgaben zum Nutzen der Gemeinde“, und
wenn diess alles noch zu wenig ist und den Heisshunger der
Verwalter nicht zu stillen vermag, so fehlt am Tag der
Steuerablieferung an die türkischen Kassen zufällig ein gewisses Quantum, worüber natürlich ungesäumt die Mahnung
der Oberfinanz-Behörde erscheint. „Fünfzehntausend Grusch
(1500 Gulden Conv.-Mz.) fehlen an der Summe der katholisch-
christlichen Gemeinde [1] und Don * * *, der für Alles hafte,
möge das Mangelnde heute lieber als morgen nachsenden,
bei Vermeidung der Exekution.“ — Das war nun freilich
eine verdriessliche Nachricht, und der Casus wurde ungesäumt in einer Sitzung der Gemeinde-Bevollmächtigten verhandelt. „Ich habe nichts zurückbehalten“, sagte Don A.;
„mein weltlicher Collega und Mitvorstand muss den Griff
gethan haben, er hat das Geld abgeliefert.“ Der weltliche
Collega und Mitvorstand leugnete auch nicht. Er habe aber
das Fehlende zu geheimen, nicht wohl näher zu bezeichnen-
den Zwecken für Nutzen und Frommen der Nation * * *schen
Bekenntnisses ausgegeben, und man möge daher den Schaden
durch Nachschuss und Zusatzpfennig der Steuerbaren decken.
Es gab Widerspruch, selbst Scenen gewisser Heftigkeit fielen

---

[1] Nicht zu Turnovo in Thessalien.

vor, und Don A. musste augenblicklich Zahlung leisten. Der
Mitvorstand wurde zwar abgesetzt unter strengen Reden des
geistlichen Collegen, aber am nämlichen Abend noch vom
Strafredner zu Tisch geladen und der gemeinsame Verdruss
unter Zuwinken und geheimnissreichem Lächeln freundschaftlich weggetrunken. Wie die Sache weiter ging und endete,
gehört nicht hieher. Genug, wenn der Leser weiss, dass
Regieren und Verwalten in der Türkei mit mancherlei Schaden,
Verdriesslichkeit und Aergerniss verbunden ist; am Ende aber
doch immer die Vielen für die Rechnungsfehler und falschen
Griffe der Einzelnen stehen müssen.

Um sich im Dienst der Gemeinde zu stärken und gegenseitig zur Standhaftigkeit anzufeuern, halten die Vorsteher
hin und wieder gemeinschaftliche Mahlzeiten, wozu die Kosten
aus den Ersparnissen am Armengeld und aus andern Erüberigungen bestritten werden. Zu solchen Communalessen pflegt
man alle bedeutenden Familienhäupter, auch wenn sie nicht
eben in der Verwaltung sind, aus Höflichkeit und Vorsicht
einzuladen. Bei dieser Gelegenheit Jemand zu übersehen,
der sich auch unter die Leute von Bedeutung zählt, könnte
zu grossen Unannehmlichkeiten führen, wie es in Turnovo
wirklich kurz vor meinem Aufenthalte daselbst geschehen ist.
Denn wirklich hatte man Pandasy, den alten Garnfärber,
einen etwas derben und barschen Mann, beim Herbstschmaus
vergessen und weggelassen. Das war nun gross gefehlt, nicht
etwa weil die Gemeinderäthe das „Brod des Armen" assen,
sondern weil sie es ohne Pandasy, den alten Garnfärber,
essen wollten. Die Zusammenkunft war in einem einsamen,
unweit der Stadt zwischen Cypressen und Maulbeerbäumen
romantisch versteckten Klösterlein, und eine äussere Holzstiege führte aus dem lehmummauerten Hof zum luftigen
Tafelzimmer hinauf, wo die Primaten, mit dem Erzbischof
an der Spitze, voll guter Dinge waren.

Bei den vielen Arbeiten und Sorgen hat Se. Heiligkeit
gewöhnlich scharfen Appetit und findet insbesondere, dass
ein guter Schluck Gebranntes seiner Constitution noch am
besten zusage. Doch muss man aus Liebe zur Wahrheit be-

merken, dass Se. Heiligkeit auch etwas ertragen kann und
Vormittag allermeist, und als sorglicher Wächter seiner
Heerde häufig sogar auch Nachmittag vollkommen bei Trost
und nüchtern ist. Mit weggelegtem Ueberwurf und aufge-
stülpten Aermeln sass der ehrwürdige Prälat am Ehrenplatz
und ermunterte seine Mitgäste zur Frömmigkeit, gab ihnen
geistliche Lehren und machte sie unter Lob und Preis auf
die Allmacht Gottes aufmerksam, die in Thessalien so guten
Wein, so kräftiges Brod, so süsse Kräuter und so fette
Schöpsenkeulen wachsen lasse. Auch fand Se. Heiligkeit,
dass es bei aller menschlichen Unzulänglichkeit und Schwäche,
im Grund genommen, an Gottesfurcht, an frommen und christlichen Gedanken zu Turnovo und Larissa noch nicht gebreche,
und daher die beste Hoffnung vorhanden sei, der gute Gott
werde seiner Heerde in Zukunft vielleicht noch milder und
gnädiger gedenken, als bisher geschehen. Der fromme und
gottesfürchtige Prälat war besonders heiterer Laune, und
man hatte vor dem geistlichen Gelage aus den Communal-
Erüberigungen Gastgeschenke in türkischen Goldmünzen an
die Zechenden vertheilt, wobei der Antheil des hochwürdigsten Pontifex natürlich nicht der geringste war. Aber sieh
da! inmitten der geistlichen Lustbarkeit geht die Zimmerthüre
auf, und Pandasy, der alte Garnfärber, tritt herein.

Wie ein zweiter Ulysses im Saal der Freier, stand der
Mann aus Turnovo mit einem mächtigen Kurbatsch unter der
Thüre und hinter ihm ein handfester Genosse als Stützpunkt
in etwaiger Noth. Das aufgedunsene dunkelblaue Gesicht
war noch dunkler gefärbt, die kleinen grauen Augen sprühten
Zornesfunken unter struppigen Brauen hervor, und ein Strom
von Schmähungen ergoss sich über die verblüfften Zecher
und den hochwürdigsten Vorsitzer des Mahles. Gewissen-
losigkeit, Schelmenstücke, Diebeskniffe und derlei verfäng-
liche Dinge warf er ihnen vor, und „ob sie sich nicht
schämten, den Armen das Brod vom Munde wegzunehmen
und schwelgerische Gelage zu halten, während so viele christliche Familien in Turnovo am Hungertuche nagen?" Niemand antwortete in der ersten Ueberraschung, man war ja

ungerüstet und sah den mit einem Knotenstock bewaffneten
Helfer vor der Thüre. Der Rasende vergass sich völlig; wie
vom Dämon fortgerissen, schritt er zum Tisch heran, und
schwunghafte Peitschenhiebe klatschten sausend auf den gottgeweihten Prälaten nieder. Aber gestärkt durch Speise und
Trank, sprang der beleidigte Oberpriester auf und packte den
ruchlosen Färber mit fester Hand. Es entstand wüthendes
Gemenge, es regnete Hiebe, Püffe, man kratzte, spie einander ins Gesicht; Pandasy fasste den Gegner am ehrwürdigen Mönchsbart, und am Ende kamen die Ringenden bei
der Thüre hinaus und rollten ineinander verbissen und verschlungen über die Holzstiege in den Hof hinab, wo man
sie endlich nach erschöpfter Wuth auseinander. brachte.

Der alte Pandasy und sein Begleiter schwangen sich aufs
Pferd und ritten in die Stadt zurück, der Erzbischof aber ging
wieder in den Saal hinauf. Ein Blitz, möchte man glauben, sei
aus den Wolken auf den verruchten Frevler niedergefahren, der
seine Hand wider den Gesalbten des Herrn aufgehoben hatte.
Die unerschöpfliche Langmuth Gottes, welcher ohne Zweifel
seinen Diener prüfen wollte, kam aber bei dieser Gelegenheit
wieder deutlich ans Licht; denn nicht nur ist der Blitz nicht
herniedergefahren, die Gemeinde konnte auch die Entfernung
ihres misshandelten Erzbischofs auf wiederholtes Begehren nicht
erwirken. Die türkischen Behörden nahmen für den Garnfärber Partei; man vermittelte, suchte auszusöhnen, „es sei
nur momentanes Aufwallen der Leidenschaft, des Affektes,
des gekränkten Selbstgefühls ohne alle nachhaltige Bosheit
gewesen, das man gegenseitig vergessen müsse." Zu nicht
geringer Schmach des christlichen Namens blieb der Garnfärber
unbestraft und behielt Se. erzbischöfliche Heiligkeit ihre Schläge
wie ihren Sitz bis auf den heutigen Tag. Ein Augenzeuge
hat mir alles erzählt. Jeder aufrichtige Freund der Religion
muss das Loos der byzantinischen Priesterschaft beklagen, weil
sie. im Schmutz irdischer Interessen befangen, nirgend jenen
achtunggebietenden Grad von Unabhängigkeit und jenen
höhern reinen Glanz besitzt. den nur Uebergewicht geistiger
Vorzüge und sozialer Stellung gewähren kann.

Die byzantinische Kirche ist die Magd ihrer Gläubigen, die ihrerseits Knechte eines fremden Eroberers sind. Durch Sittenreinheit und strenges Exempel die Heerde erbauen und zur Tugend führen, wäre schön; aber auch durch geistliche Censuren das moralische Uebel bekämpfen, wäre für das Allgemeine schon Gewinn. Das erstere ist in Thessalien eben so schwer als überall, das andere aber in den politischen Verhältnissen der anatolischen Kirche nicht praktikabel, weil es Uebertritte zur herrschenden Staatskirche des Islam erzeugt. „Willst du leben und deine Einnahme nicht verlieren, so lasse mich gewähren," sagt der vornehme reiche Grieche. „Drückst und verfolgst du mich, so werde ich Türke und räche mich," spricht der Arme und Geringe. An sittliche Veredlung und Besserung durch Zuthun der *Ecclesia militans* ist unter solchen Umständen nicht zu denken; spontane Gewissensregungen und innere Erleuchtung führen hier allein zur Besserung. Desto leichter wird man sich die spekulative Gewandtheit erklären, mit welcher der griechische Pope und Erzpriester vor allen Geistlichen der Christenheit Geldgeschäfte zu leiten und geistlichen Erwerb überhaupt zu betreiben versteht. „*Tabu*" nennen die Götzenpfaffen auf den Südsee-Inseln jedes ihnen anständige irdische Gut, um es vor den Griffen der Laien sicher zu stellen. Erst in Turnovo erfuhr ich zufällig, dass der byzantinische Klerus ein ähnliches Erwerbsmittel ausgedacht und jährlich bedeutende Werthe als „Gut des heiligen Grabes" (τοῦ ἁγίου τάφου) in seinen Gewahrsam bringt.

Wie man in der lateinisch-katholischen Kirche für „*propaganda fide*" sammelt, wirkt und spekulirt man in der griechisch-katholischen, um das heilige Grab vollends den „abgöttischen" Lateinern zu entwinden. Nicht etwa nur Baares wird angenommen, auch seidene Stoffe, Brokate, Teppiche, kostbare Möbel, Stickereien in Gold und Silber, Perlenschnüre und diamantengeschmückte Heiligthümer werden bei den Kirchen hinterlegt und als „Heiliggrab-Gut" aller Reklamation, ja nicht selten den Ansprüchen legitimer Erben enthoben. Denn Papa-Chilio, des Erzbischofs Vikar zu Turnovo, versichert die reichen Wittwen, „nichts sei Gott gefälliger und führe sicherer zum Himmel, als Bereicherung des heiligen Grabes selbst auf Kosten der eigenen Kinder." Geld, sagt der fromme Pope, führt zu Müssiggang und Sünde; die Jungen sollen sich nur selbst bemühen, sollen arbeiten, sparen, sammeln, die Matronen aber sollen fleissig fasten und an gebotenen Tagen ausser Teig mit Feldgras nichts geniessen und ihm das Erübrigte bringen, damit er es beim heiligen Grab auf geistliche Zinsen lege.

Der äusserste, letzte, allgemeinste und immanenteste Gedanke der byzantinischen Kirche ist das heilige Grab. Byzanz ist centripetal und nur innerhalb der Gränzen thätig; das universelle centrifugale Rom dagegen sinnt zu gleicher Zeit, wie es den Buddhaisten von China und den Athropophagen auf Nukahiwa und Tonga-Tabu das sanfte Joch christlicher Gesittung und geistlicher Herrschaft auf den Nacken lege. Ein byzantinischer Tasso würde die Befreiung Jerusalems von den Lateinern zum Thema seiner Gesänge wählen. Die abenteuerlichsten Sagen über Mirakelkämpfe und Siege der orthodoxen Bischöfe in der heiligen Stadt wider den abendländischen Erbfeind cirkuliren unter den gläubigen Garnfärbern von Turnovo, und der Titel eines Heiliggrab-Pilgers verleiht den anatolischen Christen nicht geringern Ruhm, als die Wallfahrt nach Mekka dem Mohammedaner gibt.

Was der abendländischen Kirche nie ganz gelingen wollte, oder schnell wieder verloren ging, hat die morgenländische vollständig durchgesetzt: sie ist eine compakte Einheit in Sinn und Bestrebung, und ihre grösste Stärke liegt in der Mässigung, mit der sie erst nur um Anerkennung gleicher Rechte ringt. Nach dem Siege wird sie ihrerseits zum Angriff übergehen.

Diese einzelnen Sittenzüge aus dem Leben der Thessalier unserer Tage mögen manchem Leser vielleicht kleinlich, ja unbedeutend und sogar langweilig scheinen, und man fände es vielleicht unterhaltender und viel lehrreicher, wenn ich mit Uebergehung geistiger und materieller Zustände der byzantinischen Jetztzeit mehr das Alterthum in Angriff nähme und

gewisse äusserst wichtige, aber noch immer unentschiedene
Streitfragen der Archäologie zu lösen und z. B. akademisch-
gründlich herzustellen suchte, ob Jason die linke oder ob er
die rechte Sandale verloren, wo und aus welchem Geschirr
eigentlich Achilleus das Bärenfett gegessen, und welchen Weg
der verzauberte Esel Lucians auf seiner empfindsamen Reise
aus Thessalien nach Macedonien genommen habe; *item* zu
welcher Klasse die von Pyrrha und Deukalion nach der Fluth
hinter sich geworfenen und in Menschen verwandelten Pindus-
steine gehörten? ob es Granit, Glimmerschiefer, Feldspath,
Porphyr, rother Sandstein oder Dolomit gewesen sei? An
alle diese Fragen und noch an viele andere dachte ich oft
genug in Turnovo. Ich war ja mitten auf dem Schauplatz
der ältesten Mythenwelt und der Uranfänge des hellenischen
Volkes, sah täglich den niedrigstreichenden Pindus, das Oeta-
gebirge, den Pelion, den Ossa und die vielwipflige, breite,
massige, hohe Wand des nahen Olympus mit dem fetten
Wintergrün der larissäischen Ebene vor meinem Auge prangen
und hielt mit den Centauren von Wlachojani, wie mit den
Giganten der spindelreichen Ampelakia freundlichsten Verkehr. Nicht wie die Leute, welche Phthia und Schönhellas
bewohnten und Myrmidonen, Hellenen und Achäer hiessen, [1]
vor dreissig Aeonen waren oder nach dreissig Aeonen etwa
sein könnten und sollten, sondern wie sie heute sind, wie
sie jetzt denken und handeln, was sie gegenwärtig suchen,
hoffen und fürchten, ist diesen Skizzen als Ziel vorgesteckt.
Mögen andere vom „Lanzenschwinger Epistrophos", von
Selepias, Protesilaos und Philoktetes reden und das
„schöngebaute Jolkos" und die larissäischen Tänzerinnen
preisen; ich erzähle von Seldschuken, Wlachen und Gräko-
Slaven, von Krappwurzeln, Weberschifflein und Metropoliten,
von Papa-Chilio und Garnfärber Pandasy, vom breiten dunkelgrünen Maulbeerblatt und vom melancholisch-lieblichen Klageruf des „Gkjon" durch die mondstillen, heiterfrischen Sommer-
nächte von Turnovo. Wen das Gemälde verzerrt und wider-

---

[1] Οἵ τ' εἶχον Φθίην ἠδ' Ἑλλάδα καλλιγύναικα, Μυρμιδόνες δ' ἐκα-
λεῦντο καὶ Ἕλληνες καὶ Ἀχαιοί.

lich scheint, der klage die Menschen an, dass sie nicht besser
sind. Es ist hier vielleicht etwas mehr als Menander: doch
nicht ganz die Ungebundenheit der alten Komödien, die

Siquis erat dignus describi, quod malus aut fur
Quod mocchus foret aut sicarius aut alioqui
Famosus, multa cum libertate notabant.

Nach einwöchentlicher Rast und sattsamer Bekanntschaft
mit den Verhältnissen Thessaliens überhaupt und Turnovo's
insbesondere ward ein Ausflug nach der Hochebene Alasona
unternommen, um das Land auch im Einzelnen kennen zu
lernen. Ich wollte wissen, warum Homer der Stadt Olooson
(heute Alasona) den Beinamen λευκήν, „die weisse“ gibt. [1]
Auch hatte ich schon zu Thessalonich gehört, ein Mann von
Tscharnitschena auf derselben Hochebene sei im Besitz von
mehr als zwei Pfund neugefundener Münzen des Alterthums,
unter denen sich vielleicht *inedita* aus den Zeiten der thessalischen Republiken finden könnten. Nach den europäischen
Landkarten wäre Alasona wenigstens 12—15 Stunden von
Turnovo entlegen; der wirkliche Abstand beträgt aber nur
vier Stunden im gewöhnlichen Karavanenschritt. Ausser dem
Hausherrn und dem oft bemeldten Empirikus Konstantin
schloss sich Ali-Beg, der Sohn eines reichen Albanesen aus
Lala, mit seinem Diener, der ehmals Räuber war, der Gesellschaft an. Vermuthlich war Ali-Begs Vater als Polizeichef
von Turnovo begierig, zu wissen, was ein Franke um diese
Zeit in Tscharnitschena für Geschäfte haben könnte.

Der Leser erinnert sich noch, dass Turnovo nur etwa
500 Schritte vom sanft ansteigenden Uferrand der grossen
Ebene liegt. Dieser Rand, wie zum Theil auch schon früher
bemerkt wurde, ist eine vom Fuss des schieferreichen Olymp
auslaufende, dürre, gerundete Hügelkette aus nackten Marmor-
felsen ohne Baum, ohne Quelle, ohne Grün und nur mit
einem staubigen, salbeiähnlichen Kraut aus dem Geschlecht
der Sideritis, wenn wir nicht irren, traurig und dünne be-

[1] ..... π ῥα τ' Ὀλοοσόνα λευκήν. *Iliad. II. v. 739.*

wachsen, während der „smaragdgrüne Rasen und das dunkle
Grün der Binsen, Gesträucher und Bäume" auf der von
Quellen und Bächen reich getränkten Fläche das Auge er-
götzt und das Gemüth erheitert. Wir ritten etwa anderthalb Wegstunden am Fuss der dürren Hügelkette bis zum
Punkt, wo sie, unmittelbar hinter dem Koniaridorfe Mati
stumpfwinkelig mit dem Granit der Olympuswurzel zusammen-
rinnt. Ein krystallheller wasserreicher Bach, wir sahen es
nicht ohne Entzücken, quillt unmittelbar unter dem ausgebrannten Gestein hervor und hat sich dicht am Ursprung
ein tiefes (die Eingebornen sagen bodenloses) Becken mit
hellgrünem Wasserspiegel und einem Kranz hohen Schilfes
gegraben. Ein Platanendickicht von riesigem Wuchs gibt
dem Wanderer Schattenkühle, und aus dem überströmenden
Born zieht durch Gebüsch und Grün der lange Silbersprudel
zwischen den Seldschuken-Dörfern in der Richtung gegen
Tempe zum Bett des Sarantaporos und mit diesem in den
welligen Pencios hinab. Im Gegensatze mit dem periodisch
rauschenden Wildstrom von Turnovo möchten Neuere in
diesem schönen Bache den „lieblichen Titaresios" der Iliade
erkennen. [1]

Um die Sterblichen für das reiche Gut einer so üppigen
Strömung und einer so erquickenden Schattenfülle gleichsam
zu bestrafen und das grosse Gesetz der Contraste aufrecht
zu erhalten, liegt unmittelbar hinter dem Raume des dürren
Hügelrandes, beinahe eine Wegstunde vom Brunnen der
Glückseligkeit entfernt, ein Christendorf ohne einen einzigen
Baum und ohne alles Wasser, so dass der tägliche Bedarf
für die ganze Gemeinde, für Mensch und Vieh, in Fässern
vom Born der Ebene heraufzuschaffen ist. Und doch bleibt
das Dorf von Geschlecht zu Geschlecht auf dem undankbaren
Grunde! Der Mensch, scheint es, lebt um jeden Preis, und
Gewalt und Natur mit allem Muthwillen tyrannischer Laune
sind noch schwächer als seine Geduld.

---

[1] Οἵ τ' ἀμφ' ἱμερτὸν Τιταρήσιον ἔργ' ἐνέμοντο ,
ὅς ῥ' ἐς Πηνειὸν προΐει καλλίρροον ὕδωρ.

Thessalien ist mehr als jedes andere Land der türkischen
Monarchie treues Sinnbild des Islam und des Evangeliums.
Der Islam mit seiner Grundlage des Hochmuths und der
Sinnlichkeit besitzt alles Labsal der grünen fetten Trift; das
Evangelium dagegen als Religion der Demuth, der Armuth,
der Entbehrung und des beständigen innern Kampfes hat in
Thessalien überall nur die ausgebrannten, schatten- und wasserlosen Schieferhalden des grossen Uferrandes als Erbtheil erhalten. Die Weiber dieser „Wasserlosen" hüten den Herd
und weben, die Männer suchen als Handwerker, Taglöhner.
Schnitter, Säemänner und Spekulanten Brod und Erwerb
in der Ebene, in grossen Städten, auf fernen Küsten und
kommen im Winter oder zeitweise mit dem Erübrigten in
ihre traurige, aber doch theure Heimat zurück. Diese Gemeinden sind sicher, weil niemand ihren ertraglosen Boden
begehrt. Doch sind Heldenmuth und nachhaltiger kriegerischer Ungestüm, wie ihn die Romantik des Abendlandes
den Dürr-Haldenbewohnern des grossen Ringbeckens leiht.
in neuern wie in ältern Zeiten nicht sonderlich zum Vorschein gekommen. Sind Albanier und reine Slaven. wie
z. B. der Tschernogorze (Montenegriner) herausfordernd und
kriegerisch, so ist der Gräko-Slave und der Gräko-Wlach
eher kleinmüthig, geduldig und verzagt.

Von dem slavisch benannten, aber ikonisch bewohnten
Dorfe Mati kamen wir in einer Stunde sanften Rittes in
ansteigender Schlucht auf die Höhe des Passes. wo ein
albanesischer Soldhaufen zur Hut des Uebergangs unweit
eines isolirten Wartthurms am Bivouakfeuer lag und uns
erst nach scharfem Examen und gehörigem Ausweis. als
wären wir Klephten, vorüberliess. Der Pass wird Meluna
genannt und gewährt einen überraschend schönen Rückblick
auf die grosse „pelasgische" Ebene, die sich wie ein grüner.
von Silberfäden durchwirkter Teppich weit über das im
Dunstkreise schwimmende Minaret-Gewirre von Larissa und
die deutlich zu erkennenden Salambria-Windungen in pracht-
vollem Panorama auseinanderzieht. Eine kürzere und weniger
steile Schlucht führt auf der andern Seite des Bergsattels

auf die kleine Hochebene von Alasona hinab, die ein voll-
kommenes Ebenbild der grossen Centralfläche in verjüngtem
Masse ist. Bei einem Durchmesser von etwa anderthalb
Stunden mag sie deren fünf im Kreise zählen und hat, wie
man es schon vor mir bemerkte, ganz das Anschen eines
plötzlich zum Festland erstarrten Sees mit ungleichem Küsten-
rand. So spiegelglatt, nivellirt und feingebürstet ist der
früchtenschwangere humusreiche Grund.

Die Schluchten des Olympus und der Cambunischen Berge,
die mit ihren Ausläufern die ganze Umwallung der lieblichen
Fläche bilden, spenden ihre Wasser theils perennirend, theils
periodisch und treiben die Pappel, den Maulbeerbaum, die
Weinrebe und den Maisstengel in strotzender Fülle empor.
Kaum waren wir vom Bergsattel herabgestiegen, als vom
entgegengesetzten Rand der Ebene Stadt und Felsenkloster
Alasona mit den weisslichen Klippen herüber leuchteten
und uns das Räthsel des Homerischen Epithetums erklärten.
Rechts am Fuss der Olympushalde, wo aus breitem Schlunde
der Wildbach hervorrauscht, hing die „Maulbeerstadt" [1] und
neben ihr ein anderes Kloster lieblich unter Baumgruppen
und dunkelm Laubwerk versteckt. Hier war unser Ziel..
Aber die Münzen, das hörten wir gleich nach unserer Ankunft im Einkehrhause von Tscharitschena, hatten bereits
ihren Weg nach Athen genommen, und die Scheu vor dem
Bölük-Baschi-Sohn, den man in unserer Begleitschaft sah,
hemmte allen weitern Verkehr. Kaum ein und anderer
Christ wagte es insgeheim seine ärmliche Waare anzubieten.
Arm sein und doch jedesmal die Steuer pünktlich zahlen,
ist die einzige Tugend, die man von türkisch regierten Unterthanen fordert.

Noch ehe wir uns recht niedergelassen und den Ort besehen hatten, waren die Geschäfte auch schon abgethan, und
wir hätten leicht noch denselben Abend nach Hause reiten
können. Wir blieben aber doch die Nacht und einen Theil

---

[1] Das ist Tscharitschena, auch Tscharnitschena und Tscheritschani
gesprochen.

des folgenden Morgens, um einige Primaten der Maulbeerstadt heimzusuchen und den Rückweg über das etwa eine
halbe Stunde entlegene „weisse“ Alasona zu nehmen. Tscharitschena, sagt man uns, hat zwischen 700 und 800 Wohnhäuser mit breiten vorspringenden Dächern und häufig mit
einem viereckigen Zinnenthurm aus Stein wegen der Olympus-
klephten, in deren unmittelbarem Bereich am Eingang der
tiefklaffenden, wildtosenden, frischathmenden Bergschlucht,
zum Theil auf sanft ansteigender Halde die Ortschaft liegt.
Der dreiarmige Wildbach, die vielen Brücken und Stege,
die laufenden Rohrbrunnen, selbst die Unebenheiten des
Bodens, besonders der Reichthum an Quellen, hellgrünem
saftreichem Grase und Gestrüpp innerhalb der Stadt, und
das breite dunkelgrüne Laub der über die Dächer ragenden
Terrassenbäume vermehren die Lieblichkeit der Lage und
zugleich die Schuld der Menschen, dass ein solcher Ort nicht
Sitz des Friedens, des Ueberflusses und des allgemeinen Glückes
ist. Noch stehen zwar einige Häuser leer, und mehre sind ganz
eingefallen, doch hat sich keine Ortschaft Thessaliens von
den wiederholten Plünderungen und Bedrückungen durch
Klephten und Albanesen während des Aufstandes so schnell
erholt, als diese Maulbeerstadt Tscharitschena, die, wie schon
früher gesagt, zugleich mit Turnovo und Ampelakia so lange
Zeit das gewinnbringende Seiden- und Garnmonopol mit dem
Occident besass.

Wie in beiden genannten Plätzen ist auch hier von der
alten guten Zeit nur ein Schatten mit reichem Masse übler
Launen zurückgeblieben. Europäern begegnet man in den
weiland vornehmen und reichen Primaten-Häusern von Tscharitschena mit zurückschreckender Kälte, wo nicht gar mit
ausgesuchter Unhöflichkeit. Die Generation der beglückten
Garn- und Seidenhändler, die einst jahrelang in Ungarn, in
Wien, in Leipzig wohnten und deutsch lernten, ist noch
nicht ausgestorben; von den grossen Summen aber, die
weiland aus dem „witzlosen Nemtzilande“ nach Thessalien
rannen, sind leider nur die Erinnerung noch geblieben und
der Verdruss über das verlorene Glück. Egoistisch zurück-

stossende Kälte des Occidents, gepaart mit der allen byzantinischen Christen angeborenen Herzlosigkeit gibt an sich schon keine besonders liebenswürdigen Charaktere. Fügt man zu dieser saubern Mischung noch eine tüchtige Dosis des herabgekommenen und bankerotten Handelsorten überall eigenthümlichen Tones schmollender Bitterkeit und kleinlich boshaften Sinnes hinzu, so hat man fürwahr die Elemente einer neuen, bei den Physiologen noch nicht aufgezählten Menschenspecies, deren schönste Exemplare in Tscharitschena und Ampelakia sind. Dagegen waren wir dem Bischof des Ortes ein willkommener Besuch, und der freundliche Prälat dankte meinen einheimischen Begleitern ausdrücklich für die Ehre, einen „Franken" in sein Haus geführt zu haben.

Der Mann war ein noch junger, schwarzköpfiger, rüstiger Bulgaro-Slave, der neben der Muttersprache geläufig griechisch und türkich verstand, aber gegen die Gewohnheit seiner Standesgenossen die Kalogeros-Mütze weggelegt und das rabenschwarze Haar in zierlicher Toilette zusammengerichtet hatte. Die anständigen Fragen des Bischofs, sobald er wusste, woher der Fremdling komme, über bayerische Staatsverfassung, über Gemüthsart und Geist des Königs, so wie über Macht und Kraft der einzelnen Fürsten Germaniens und über kirchliche Ordnung insbesondere verriethen schnell, dass wir zu einem der begabtesten, geistvollsten und hellsten Köpfe des byzantinischen Clerus gekommen waren. Der Mann hatte Ideen und könnte unter günstigen Umständen bei seinen Glaubensgenossen eine bedeutende Rolle spielen.

Nicht ohne etwas Selbstgefälligkeit über die geräumige, zwei Stockwerke hohe und ganz gemauerte Wohnung und den reinlichen, eleganten „Hausstand," fragte Monsignore, ob die Bischöfe im Frankenlande auch dergleichen Herrlichkeiten besitzen? Um die innere Glückseligkeit des Mannes nicht zu trüben, aber auch der Wahrheit nichts zu vergeben, ward dem Bischofhaus von Tscharitschena vor allen mir bekannten geistlichen Residenzen byzantinischer Lande der erste Rang zuerkannt, jedoch beigefügt, dass es besonderer

Umstände wegen die Franki-Bischöfe in allen diesen Dingen
noch viel weiter zu bringen wissen. Man beschrieb Form
und Ausschmückung geistlicher Fürstenburgen, wie sie in
Deutschland vor der Revolution waren und zum Theil auch
jetzt noch sind und, so Gott will, bald wieder werden sollten.
Ich erzählte in Kürze vom Pomp bischöflicher Aufzüge, vom
gesegneten Einkommen der fränkischen Oberhirten, von der
Grösse ihrer Diöcesen, so wie vom andachtsvollen Luxus
und vom grossen Nutzen solcher Dinge für das Seelenheil.

Der Sprengel dieses in seiner Vorstellung so gewaltigen
und glücklichen Slaven-Pontifex besteht eigentlich nur in den
beiden Städtchen Tscharitschena und Alasona, von
denen das eine nicht ganz, das andere aber auch nur zur
Hälfte christlich ist. Die beiden Bauerndörfer am entgegenstehenden Rand der Spiegelebene sind ausschliesslich von
Mohammedanern bewohnt. Und doch geniesst er alle Vor-
rechte des byzantinischen Episkopats, trägt am Altar die
Kaiserkrone auf dem Kopf und wird — nach unsern Begriffen — mit dem Titel „Königliche Hoheit" angeredet. [1]
Als König und „Despot" gebührt ihm die morgenländische
Adoration Seitens seiner Glaubensgenossen, und ich sah oft
genug, und sah namentlich auch hier, wie der gläubige
Empirikus von Turnovo jedesmal vor Sr. Hoheit von Tscharitschena auf alle viere niederfiel und mit der Stirne den
Fussboden berührte. Bei den starrköpfigen Franken, wie
man weiss, ist so viel Andacht und Demuth nicht üblich.
Auch klagen die griechischen Bischöfe nicht selten über das
straffe, irreligiöse und hochmüthige Benehmen derjenigen ihrer
orthodoxen Schäflein, die eine Zeitlang im Occident waren
und vom wahren Glauben „abgefallen sind."

Im byzantinischen Orient, bei Gräken und Türken —
man kann es nicht oft genug wiederholen — gelten wir
Abendländer ohne Ausnahme für eine Horde zuchtloser

---

[1] Δεσπότης ist nach deutlicher Bestimmung des byzantinischen
Staatsceremoniels der zweite Grad souveräner Fürstenwürde und ward
namentlich den Königen von Serbien, Bosnien und Bulgarien amtlich zu-
gestanden.

Libertins, die alle Bande göttlicher und menschlicher Disciplin abgestreift und in der Praxis keine Grenzscheide
zwischen Gut und Böse anerkennen. Nicht genug! Uns
Deutsche hält man überdiess noch allgemein und insgesammt
für stupid und verzagt. Wenn man die erste und allgemeine Hälfte dieser Levante-Meinung im Selbstgefühl seiner
Vorzüge auch noch ertragen und nöthigenfalls sogar erklären
kann, so muss doch der zweite und besondere Theil dieser
Nationalkritik in Betreff der Deutschen einiges Befremden
erregen, besonders wenn man in Rechnung bringt, dass sich
die Byzantiner ihr Urtheil nicht etwa *a priori* nach Diktaten
und Randglossen irgend eines eben so unweltläufigen als
tiefsinnigen cappadocischen Metaphysikers und Kathederhelden,
sondern aus eigener Erfahrung und unmittelbarem Verkehr
mit den Deutschen der neuesten Zeit gebildet haben. Von
sich selbst eine gute Meinung zu haben, ist bei jedem
Volke üblich, und selbst das Uebermass der Eigenliebe wird
verziehen; aber erst die Anerkennung durch die Fremden
schafft jene innere Befriedigung und jenen vollen Ruhm, auf
den die Nationen mit Recht so eifersüchtig und empfindlich
sind. Und diese Anerkennung soll uns Deutschen, die wir
jährlich 10,000 Bücher drucken lassen, von Leuten versagt
werden, die bisher weder etwas Verständiges zu schreiben,
noch etwas Kluges zu thun vermochten!

Oft habe ich bei mir selbst unter diesen Umständen
nachgedacht, warum etwa das grosse deutsche Volk im
Byzantinischen so geringen Credit geniesse und dort weniger
als z. B. bei unsern christlichen Nachbaren in England,
Frankreich und Moskovien ob seiner Weisheit und Stärke
gepriesen sei? Manchmal glaubte ich freilich den Grund
entdeckt zu haben, scheue mich aber doch, mit dem Gedanken herauszurücken, den der Kluge von selbst erräth,
der Thörichte aber doch nicht begreifen, noch viel weniger
aber loben würde. Soweit ich in den byzantinischen Landschaften herumgekommen bin, habe ich überall gefunden,
dass man sich Deutschland unter der slavischen Benennung
„*Niemetz*" (türkisch *Nemtsche*, griechisch *Νεμίτζιος*)

als eine compacte politische Einheit mit einem einzigen zu
Betsch (Wien) an der „Tuna" residirenden allgewaltigen
Oberhaupte denkt, wie etwa die Staaten von Stambul,
Moskov, Frendsch und Inkilis. Wie ich aber das Irrthümliche dieser Vorstellung berichtigte und von den achtunddreissig an Umfang und Macht höchst ungleichen, von
einander völlig unabhängigen, durchaus eigensinnigen, nach
der gewöhnlichen Behauptung aber doch in gleichem Takt
sich bewegenden und, wenn es darauf ankomme, ein-
sinnigen Staaten der Niemetz erzählte, sahen sie mich mit
Augen an, in denen ich deutlich lass: „Jetzt begreifen wir,
wie und warum ihr seid, für was wir euch halten."

Der Bischof von Tscharitschena, der noch niemals einen
Niemetz gesehen hatte und natürlich auch unsere politischen
Einrichtungen nicht kannte, äusserte seine Verwunderung
über eine Ordnung besagter Art mit Höflichkeit und schien
auch die ideale Harmonie der achtunddreissig Selbständig-
keiten weniger schwer zu begreifen, als die türkischen
Zwischenredner beim Souper des Wesires von Larissa, bei
dem wenige Tage nach unserer Heimkehr von Alasona derselbe Gegenstand verhandelt wurde. Voll Beschämung muss
ein Deutscher die Augen niederschlagen, weil man wenige
Schritte jenseits der Gränzen von dem grossen deutschen
Vaterlande schon nichts mehr weiss. Den byzantinischen
Völkern wenigstens sind wir heute noch eben so fremd, als
uns Europäern Tombuktu und die Negerstaaten Inner-Afrika's.
Ohne alle Ruhmredigkeit sei es gesagt, ich habe gleichsam
die ersten Begriffe über unser politisches Dasein in den
Orient gebracht und eine Menge neuer Vorstellungen auf der
weiten Strecke zwischen Kolchis und den Pindusschluchten
in Umlauf gesetzt.

Das Verhältniss der Theile zum Ganzen, der souveränen
Getrenntheit zur ungetrennten Einheit konnten die guten
Osmanli nicht begreifen. Hätte ich den Leuten freimüthig
gestehen können, das Einssein des deutschen Staatencom-
plexes sei nur ein im abstrakten Denkvermögen, nicht in
der Realität Bestehendes, sei gleichsam nur ein idealer Be-

griff, der in der Wirklichkeit keine Anwendung finde, so
wäre Allen alles gleich anfangs klar geworden. Aber wie
könnte man so etwas behaupten und im Byzantinischen
herumerzählen? Aus Patriotismus blieb ich verworren und
unverständlich. „Aha!" sagte endlich ein weiser Osmanli,
„jetzt verstehe ich das Verhältniss der Theilfürsten zum
Ganzen: es ist dasselbe, wie weiland der Dere-Bege Anatoliens zum Padischah." Wie sie aber hörten, dass der
gewaltige Kral von Trandabul [1] auch ein Theil des deutschen
Ganzen sei, war alles Verständniss wieder dahin. Am
Schlusse solcher Unterredungen kamen wir meistens still-
schweigend in dem Gedanken zusammen, „eine politische
Verfassung, welche die Ausländer nicht begreifen und die
Einheimischen selbst nicht allemal verstehen, eine Deutsche
oder eine „Niemetzverfassung" zu nennen."

Mit dem Wesir Namik-Pascha, Statthalter von Thessalien, konnte man sich freilich leichter verständigen. Der
Mann hat in Paris sehr gut Französisch gelernt, London und
St. Petersburg besucht, Deutschland durchzogen, europäische
Kulturbegriffe aufgenommen und sogar Abbé Millots
Universalgeschichte gelesen. Zur Zeit der Reform hatte
man ihm mit dem Rang eines Ferik (Generallieutenant) das
grosse und wichtige Paschalik Macedonien anvertraut. Wie
aber mit dem jungen Sultan die alttürkische Partei wieder
ans Ruder kam und das Reaktionsystem nach und nach
überwog, versetzte man den wegen seiner Reisen und seiner
Erstrebnisse des „Giaurthums" verdächtigen Namik auf den
geringern und weniger ergiebigen Posten Larissa. Sein
Nachfolger in Salonichi kann nicht einmal die eigene Sprache
lesen und schreiben, unterhält aber ein wohlbesetztes Harem
beider Geschlechter, verachtet Europa und seine Wissenschaft, plündert die Provinz und ward ob seiner grossen
Verdienste zum Rang eines Muschir (Marschall) erhoben.
Von alle dem ist Namik-Pascha das Gegentheil, und seine

---

[1] Unter diesem Namen versteht man in der Umgangssprache der
Türken das preussische Königreich.

Verwaltung nennen selbst die christlich-griechischen Raja Thessaliens eine gerechte. [1] Eben desswegen kann er es unter den gegenwärtigen Umständen zu nichts bringen, und der schon vor zwei Jahren nicht ohne Sehnsucht und Zuversicht erwartete Muschirtitel ist heute noch immer nicht nach Larissa gekommen. In der Türkei muss man „Verdienste" haben, um vorwärts zu kommen.

Hr. v. Mihanowitsch, zu dessen Consular-Sprengel auch Thessalien gehört, hatte mir ein Schreiben an Namik-Pascha anvertraut. und wir ritten — der Weg beträgt nur drei mässige Stunden — eigens nach Larissa hinein, um es dem Wesir zu übergeben. Leute. die in der Welt herumreisen, stellen gerne Vergleichungen der einheimischen und der fremden Sitten an. Und wenn man hier bemerkt, dass der Zutritt zu einem türkischen Grossbeamten mit viel weniger Umständen und Gefahren verbunden ist, als bei den Wesiren desselben und oft noch weit geringern Ranges in der Christenheit, so soll es kein Tadel, sondern eine leere Beobachtung sein, die sich von selbst ergibt. Am Hofthor des Regierungsgebäudes, wo die oberste Civil- und Militärgewalt der Provinz residirt, fanden wir keine Schildwacht. Im Erdgeschoss, zum Theil in ärmlichen Schoppen auf zwei Seiten des innern Platzes, sind die Kanzleien. Im ersten Stokwerk, wohin man aus dem Hof auf einer hölzernen Aussenstiege gelangt, ist ein offenes Vestibulum, wo sich die Cavassen und unmittelbaren Diener der Gewalt aufhalten und der Privatsekretär seine Stube hat. Diesem erklärt man seine Absicht, mit dem Wesir zu sprechen. der unmittelbar am Vestibulum seinen Divan hat. Die Stelle der Zimmerthüre, die den ganzen Tag offen bleibt, vertritt ein Vorhang aus gefärbtem Tuch, das man ohne weitere Meldung auf die Seite schiebt oder, wenn man von Bedeutung ist, durch einen der Diener heben lässt.

Das alles ist aber so einfach und zugleich den eng-

---

[1] δὲν τρώγει ὁ βεζίρης, πολλὰ ὀλίγο τρώγει ὁ Πασιά hörte ich von Leuten der gemeinen, Vorgesetzte meistens hart beurtheilenden Volksklassen.

herzigen Begriffen von Satrapenlaunen des Occidents so
widerstreitend, dass es einem disciplinirten Deutschen beinahe
an der nöthigen Kühnheit gebricht, ohne alles Zögern, Zagen,
Fragen, Besorgen und Verneigen vorwärts zu gehen. „Geh
nur hinein! was zögerst du?" rief ein Albanese aus dem
Vestibulums-Trupp dem Fremdling zu. Ich hob das Velum
weg, und sieh da! Namik-Pascha in seinem kaffeebraunen
Paletotsack, das kübelförmige dichtwattirte rothe Fes auf
dem Kopfe, sass mit untergeschlagenen Beinen wie eine
Pagode an der Divansecke. Ich hielt meinen Sermon, so
gut es ging, auf türkisch und übergab zugleich das Schreiben des Hrn. von Mihanowitsch. Der Wesir erwiderte
den Gruss in derselben Sprache, that einige Fragen, lud
zum Sitzen ein und las den Brief, während der Diener
schweigend und leisetretend den Kaffee und die Ambrapfeife
brachte. Inzwischen traten immer mehr Leute in den Saal,
denn es war um die geschäftigste Zeit des Tages, und wir
wurden im Gespräche über den Inhalt des Briefes, über die
Grenzverhältnisse des benachbarten Griechenlands, über die
Londoner Conferenz, über Personalien etc. beständig unterbrochen, und der Pascha fragte, ob ich Eile habe und nicht
einen Tag in Larissa bleiben und nach Sonnenuntergang mit
ihm essen wollte, wir könnten dann in Ruhe weiter reden.

Obwohl ich lieber nach Turnovo zurückgeritten wäre,
hatte ich doch nicht den Muth, nein zu sagen. Zugleich
sandte der Pascha Befehl in ein angesehenes Christenhaus,
man soll mir Quartier bereiten, und der Hausarzt, ein Grieche
aus Volo, der etliche Jahre in Wien gewesen ist, wurde
beauftragt, den Gast zu unterhalten, in der Stadt herumzuführen, ihn auf alles Merkwürdige aufmerksam zu machen
und Abends bei gehöriger Zeit in das Seraï zurückzubringen.
Natürlich erhob Niemand Widerspruch, denn des Wesirs
Wille ist hier Gesetz. Unter den Eintretenden war auch
ein ganz ärmlicher, in Lumpen gekleideter bejahrter Türke,
der wo nicht geradezu ein Bettler, doch jedenfalls in den
geringsten und niedrigsten Umständen war. Drei albanesische
Bimbaschi in vergoldeten Brustschuppen und glänzenden

Gewändern, und neben diesen ein mohammedanischer Land-
edelmann mit seinem elegant gekleideten, kokett geschniegel-
ten Sohn machten dem Pascha zu gleicher Zeit ihre Cour.
Der Mann in Lumpen trat aber ohne die geringste Verlegenheit, vielmehr in ungebeugter stolzer Haltung vor den Pascha
hin, legte eine kleine Feldblume als Gabe auf das Divan-
kissen, nannte seinen Namen und fragte, „wie es mit seiner
Sache stehe? er habe auf seine vor mehreren Tagen ein-
gereichte Bittschrift noch immer keinen Bescheid erhalten und
komme nun selbst zu sehen, was der Pascha für ihn zu thun
gedenke, denn es habe Eile, er könne nicht mehr leben und
es müsse ihm geholfen werden." Der Wesir antwortete mit der
grössten Sanftmuth: „Dschianum (mein Gemüth), ich habe
deine Bittschrift gelesen und kenne deine Lage recht gut, und
nur der Drang der Geschäfte, der jetzt besonders heftig ist, hat
mich verhindert, die Sache vorzunehmen; man wird dir helfen,
man wird das Mögliche thun, deine Lage zu erleichtern, nur
musst du dich noch einige Tage gedulden; beruhige dich nur
und geh in Allahs Namen, deine Sache ist nicht vergessen."
Der Mann dankte, bat aber noch einmal, der Pascha möge
ihn nicht zu lange warten lassen, „denn das erste und noth-
wendigste Geschäft der Obrigkeit sei, dem Bedrängten bei-
zustehen und dem Nothleidenden Rath zu schaffen." Und
so ging der Mann in Lumpen mit derselben Zuversicht, mit
welcher er hereingetreten war, zum Saal hinaus.

Denke man sich eine solche Scene in der Christenheit,
und stelle man sich die Leutseligkeit des Wesirs von Larissa
neben die hochmüthige Härte hin, mit der man Armen und
Geringen in den Paschaliken der christlichen Länder begegnet.
In der Türkei gibt es keinen höhern Rang, als „Moslim" zu
sein, und auf diesen Titel ist der Bettler nicht weniger stolz
und zuversichtlich, als der Wesir. Ich hatte dem Auftritt
mit dem grössten Interesse zugesehen und ging dann mit dem
Medicus in das angewiesene Christenhaus.

Zu sehen ist in Larissa nichts. Es ist eine Türkenstadt
ohne die geringste Spur, als hätte hier jemals das kunstreiche
Volk der alten Hellenen gewohnt. Selbst die Festungswerke

der byzantinischen Periode sind verschwunden sammt Thor und Burg, in welcher noch Mohammed IV. während seines Aufenthalts in Thessalien (1669) residirte. Lange grasbewachsene Erdlinien mit verfallenen Holzthoren und halbgefüllten Gräben über leere Felder streichend, verrathen streckenweise die Richtung der alten Mauer und die verschwundene Grösse von Larissa. Die Stadt ist offen und zieht sich, wie Prusa am Olymp, bei einer Viertelstunde Breite fast eine Stunde Weges in der Länge dicht am rechten Stromufer des Salambria fort.[1] Der Fluss ging um diese Jahreszeit (6. Januar) voll und schlammig und trat in den Niederungen des linken Ufers häufig aus. Die mit Hochpfaden versehene, zwei Wagen breite, 320 Fuss lange, aus breiten Quadern erbaute Brücke mit neun saracenischen Spitzbogen ist das unvergängliche Werk des ersten türkischen Eroberers, jenes vielgenannten Turchan-Begs aus der ersten Hälfte des 15ten Jahrhunderts.

Wohl strichen wir durch die Bazare von Jenischehir,[2] um zu sehen, wie viel und welcherlei einheimisches und fremdes Gut in den Magazinen liege und zu welchen Preisen man hier verkaufe. Auch einige Stadtviertel wurden durchzogen, der Erzbischof und das neue Pracht-Seraï eines reichen Begs besucht, aber aus Zufall hörten wir nirgend ein verständiges Wort, nirgend einen neuen klugen Gedanken und sassen bis gen Abend hin im Kaffehause auf dem langgezogenen sanft anschwellenden Hügelkamm, wo weiland Citadelle und Theater von Alt-Larissa standen. Von beiden dringt an vielen Stellen altes Gemäuer zu Tag. Diese milde, im Verhältniss zum wagrechten Larissa-Grund nicht unbedeutende Schwellung des rechten Salambria-Ufers macht den ganzen Reiz der Stadt. Ein Segment der weiten bergumschlossenen Ebene mit den langen Bogenwindungen des reichen vollen

---

[1] Salambria ist der alte einheimische Flussname für das spätere hellenische Peneios. Die heutigen Thessalier accentuiren durchaus Σαλαμβριά.

[2] Jenischehir heisst „Neustadt" und ist der officielle bei den Mohammedanern allein übliche Name von Larissa, welch letzteres Wort nur die Christen und die griechisch Redenden gebrauchen.

Stromes in der Richtung gegen den Ossa, und Olymp lag im Glanz des Abendgoldes vor unserm Blick. Wohl einige Stunden sass ich auf dem freien Platz vor der Thür und schaute bald in die blauen stillen Lüfte hinaus, bald in die langsam wogende Strömung des Peneios und auf den einsamen Platanen Chersones — Sonntagslust der Larissa-Jugend — an der nahen Uferkrümmung hinab. Am Abhang des Citadellenhügels in der Richtung gegen die Bazare steht ein isolirter Thurm mit einer Glockenuhr, und weithin über das Häusermeer tönte in abendlicher Stille der Stundenklang. Wir warteten, bis die letzten Strahlen der untergehenden Sonne auf den Gipfeln des Olymp erloschen, und kamen bei anbrechendem Dunkel in das Seraï zurück.

Namik Pascha sass noch auf derselben Stelle und in derselben Haltung, wie wir ihn vor mehr als sechs Stunden verlassen hatten. Namik Pascha reitet selten aus und sitzt, wenn er nicht in Geschäften seiner weiten Provinz von der Hauptstadt abwesend ist, Tage, Wochen, Monate lang, von Morgen bis Abend gleichsam bewegungslos und mit allzeit gleicher Miene in der Divansecke, um Gerechtigkeit zu spenden, Fragen zu lösen, Bedenken zu heben, Streite zu schlichten, Huldigungen einzunehmen, Befehle zu ertheilen und sich von jedermann Gehorsam und unterwürfiges Entgegenkommen leisten zu sehen. Geschäft oder kein Geschäft, Divane menschenvoll oder leer macht keinen Unterschied; der Pascha sitzt unverrückt und wartet, bis es etwas zu befehlen gibt. Erst mit Untergang der Sonne steht er auf und geht langsam ernsthaft über die Stiege in den zweiten Stock hinauf, wo Harem und Familie mit dem übrigen Labsal der Tagesmühen seiner harrt. Gewiss liegt im R e g i e r e n ein eigenthümlicher Reiz, und ist das Geschäft im Grunde vielleicht nicht gar so langweilig und qualvoll, als es bisweilen Uneingeweihten scheinen mag. Auch hat man ja schon dem Diener des weisen Ritters von der Mancha gesagt: „wer einmal die Hände am Steuerruder habe, wolle nicht mehr loslassen, weil Befehlen und Gehorsam zu finden gar so süsse Dinge seien" *„por ser dulcissima cosa el mandar*

y ser obedecido." Sollte es mit diesem Axiom richtig
sein, so hatte Namik Pascha diesmal ganz gewiss einen Tag
der Sättigung und des glücklichsten Uebermasses, denn meiner
Rechnung nach sass er wenigstens vierzehn volle Stunden
machtübend auf seinem Divansplatz.

Bald nach uns traten noch zwei Gäste ein, der Mufti
von Thessalien und der Kadi von Larissa, nach dem Wesir
die angesehensten Personen der Provinz. Klugheit verlangte
die Gegenwart dieser beiden hohen Funktionäre aus der Klasse
der Ulema, um Zeuge zu sein, dass der Wesir einem Ungläubigen gegenüber den Gesetzen muselmanischer Orthodoxie
und Herrschaft in keinem Punkte etwas vergeben habe. Namik
Pascha war ja wegen seiner Reisen und Studien in Europa bei
der jetzo wieder mächtigen Kaste der Eiferer des Abfalls vom
Glauben verdächtig. Alle Anstalten und das ganze Benehmen
des Wesirs während der mehr als vierstündigen Abendgesell-
schaft verriethen sorgfältiges Bestreben, vor den beiden gefährlichen Beobachtern gerecht zu sein.

Wie vorhin der Erzbischof beim Erübrigungs-Mahle zu
Turnovo das Evangelium, so citirte der Pascha einen Spruch
des Propheten und hatte auch die Mahlzeit nach altmusul-
manischem Brauch ohne Teller und Bestecke angeordnet.
Die Stelle der einen vertraten frische weiche Brodscheiben,
die man am Ende auch noch isst, die Stelle der andern
aber, wie männiglich bekannt, die Finger der rechten Hand.
Nur für die Suppe, die in einem schön verzierten Topf aus
Bronze im Centrum der Kupferscheibe stand, hatte man
anderthalb Fuss lange Löffel aus Buchsbaumholz herumgelegt.
Und doch hatte der Wesir vollständiges Tafel-Service aus
Europa in seinem Schrank! Vielleicht ist der vielen Berichte
ungeachtet mancher Leser dennoch neugierig zu erfahren,
wie man bei einem türkischen Grossbeamten in feinem orthodoxen Styl zu Abend speist.

Für Gestalt und Einrichtung des Zimmers gibt es im
Orient, wie jedermann weiss, eine einzige unüberschreitbare
Norm. Ein Divans- oder Selam- (Empfangs-) Zimmer kann
nur ein Viereck sein und ist unfehlbar in zwei Räumlichkeiten

von ungleicher Grösse geschieden. Die erste und allzeit
kleinere Abtheilung ist ebenen Trittes gleich am Eingang,
ohne Sitz und Bequemlichkeit, und der Boden nur mit geringen Matten bedekt; die zweite und grössere ist um einen
Tritt höher und häufig durch hölzerne, zierlich geschnitzte
und ungerufen von geringeren Leuten nicht zu überschreitende
Schranken von der untern abgesondert. Hier sind farbenreiche
Fussteppiche und läuft auf drei Seiten mit breiten und bequemen
Kissen der Divan. Die Wände sind weiss getüncht oder höchstens mit leichten Arabesken flüchtig und matt verziert. So war
unser Gesellschaftssaal in Larissa beschaffen. Als Mittel-
zimmer hatte er nur nach vorne Fenster, aber diese mit
schmalen Zwischenräumen und in zwei Reihen übereinander,
von denen die obere und allzeit kleinere Reihe Scheiben
von matt gefärbtem Glase hatte. Seitwärts auf dem Fussboden, nicht weit von den schön geschnitzten Schranken
des Presbyteriums, lag eine grosse, schwach gerandete, mas-
sive Silberplatte, und auf ihr stand ein vier Fuss hoher
Leuchter aus demselben Metall mit einem Kerzenlicht. Ein
zweites Licht in einem Messingbehälter von gewöhnlicher
Grösse und Form stand am Eckfenster rechts, und in einer
Nische des untern Raumes brannte eine zierliche Glaslampe
mit Oel gefüllt. Das war Beleuchtung und Schmuck des
aromatisch duftenden Speisesaales. Von Tisch, Sessel, Com-
mode, Schreibpult, Secretär, Consol, Tabouret, Fussschemel
und anderm europäischen Firlefanz sah man keine Spur.
Auf der Fensterseite des Divans nahm für sich allein der
Mufti Platz, ihm links an der Seitenwand hatte sich der
Kadi gesetzt, diesem gegenüber am Divans-Ende der rechten
Wand sass der Wesir und ihm zur Seite auf einem Franken-
stuhl der Gast aus Nemtscheland. Der griechische Arzt als
des Paschas besoldeter Diener und des Sultans geborner
Unterthan hatte zwar links vom Kadi einen Sitz, aber ohne
Lehne, und wenn er auch vor dem Essen gleich den übrigen
Gästen den Kaffee erhielt, so ward ihm doch nach unver-
brüchlicher Vorschrift türkischer Sitte die Ehre der Pfeife
nicht vergönnt; auch ward ihm bei der Cermonie des Hände-

waschens vor und nach dem Essen nicht wie den Uebrigen
ein goldgesticktes, sondern ein einfaches Handtuch zum Ab-
trocknen vorgehalten. Solche Unterschiede wären in Europa
entehrend und unerträglich, hier aber fallen sie Niemanden
auf, weil sie im religiösen Gesetz begründet sind, das jedermann kennt und dem sich kein Mensch entziehen kann.

Als es Zeit zum Essen war, stellte der Diener ein mit Perl-
mutter eingelegtes, hohles, unterhalb mit Spitzbogen rund-
geziertes Achteck im Divanswinkel zwischen dem Mufti und
Wesir auf den Fussteppich und legte darauf die grosse Kupferscheibe mit dem dampfenden Suppennapf, den Buchslöffeln, den
Brodkuchen, verschiedenen Tunken, Süssigkeiten und einer
Schale frischer Trauben (6. Januar), die während des ganzen
Essens zum Belieben der Gäste stehen blieben. Zwölf bis fünfzehn Speisen hintereinander, Süsses mit Saurem, Gesottenes
mit Geschmortem und Gebratenem, Ragout mit ganzen Stücken
in wundervollem Wechsel; nur zu trinken gab man nichts; nicht
einmal Wasser stand zur Verfügung. Ich hatte Vormittag auf
dem Bazar ausser Weintrauben eine gute Dosis mit Butter und
Honig bereiteten Khadaif verzehrt und litt während des Mahles
empfindlich Durst. Zwar holt der Diener auf leises Verlangen
das Wasserglas; weil es aber Niemand begehrte, fehlte mir
auch der Muth. Der Tisch ward so in den Winkel geschoben,
dass die drei Musulmanen auf dem Divan bleiben konnten,
die beiden „Ungläubigen" aber auf ihren mit den Divans-
kissen gleich hohen Stühlen den offnen Raum besetzten.

Das Essen selbst dauerte etwa eine Stunde, und die
Unterhaltung musste schon aus Respekt für die beiden hoch-
würdigen Ulema, die als orthodoxe Musulmanen nicht Europäisch verstanden, in türkischer Sprache gehalten werden.
Nur selten fiel eine französische Phrase des Wesirs dazwischen,
und die beiden Gesetzesleute, sobald sie merkten, dass man
ihrer Rede in etwas kundig sei, konnten sich das Vergnügen,
an den nach ihrer Vorstellung so weit herkommenden Fremdling ihres Glaubens und ihrer Sitte Fragen zu thun, nicht
versagen. So lange es nur Persönliches betraf und in kurzem
Dialog über Heimat, Nationalität und Reisen durch isla-

mitische Länder, über Sitte und Brauch moslimischer Völker,
über Aufenthalt in Stambul, über Zeit und Methode türkischer
Studien und über den allgemeinen Eindruck osmanischen
Staatslebens auf mein Gemüth Bescheid zu geben war, ging
alles gut, und ich kam in bedeutenden Credit, hauptsächlich
weil die Antworten durchgehends nach dem Sinn byzantinischer Höflichkeit bemessen waren. Wenn aber dann ihrerseits Wesir und Ulema fanden, dass der Gast für so kurzen
Aufenthalt im „glückseligen Stambul" merklich viel gelernt
und besonders den wahren Accent sich angeeignet habe, so
kann hierin der Leser mit mir selbst auch nur die Gegen-
wirkung byzantinischer Geschliffenheit erkennen. Für fremdes
Lob ist ja keine Nation empfindlicher als die türkische, und
nirgend wird das Verdienst die Landessprache zu reden so
hoch geachtet, wie im Reiche der Osmanli.

Nach dem Essen ging jeder auf seinen vorigen Sitz
zurück, und wie der Diener mit unnachahmlicher Grazie die
Cermonie des Händewaschens verrichtete und wie natürlich
zuerst wieder zum Mufti kam, nahm dieser die Ehre nicht mehr
an und wies den Kannenträger mit dem Worte: „*Müsafiré,*"
d. i. „zum Gast," auf die andere Seite hinüber. [1] Das war
eine Sache von grosser Bedeutung, und ich säumte keinen
Augenblick mit der stambulinischen Erwiderung: *Chajir.*
*Efendim, ben dschümlenin ednasi im, „*Nein. mein
Gebieter, ich bin unter allen der Letzte,"[2] *Aferim* (Bravo)
sagte hierauf halblaut der hochwürdige Mufti und blickte mit
selbstgefälliger Miene den Kadi an. Die eigentliche Soirée oder
türkische Akademie im höheren Styl begann erst jetzt und
dauerte noch mehr als drei volle Stunden. Beim Reichthum
und bei der Mannigfaltigkeit der Gegenstände. die während
einer so langen Zeit verhandelt wurden, und zugleich bei dem

---

[1] مساڧر *müsafir*, Fremdling. Reisender. Gast. *Vox arab.*

[2] خیر افندم بن جمللنك ادناسی ایم Ein mit tür-
kischer Redeweise nur in etwas vertrauter Leser wird empfinden, um wie
viel das arabische *dschümle* und *edna* das tatarische *hepsi* und *küt-
schük* an Würde und Eleganz übertrifft.

sichtbaren Streben des Mufti, seine arabisch-persische Gelehrsamkeit spielen zu lassen, kam ich wenigstens anfangs wiederholt aufs Trockene. Allein was ich uncorrekt ausdrückte und
unvollkommen verstand, oder gar nicht ausdrücken konnte
und gar nicht verstand, dolmetschte kundig der Wesir.

Grammatik, Länderkunde, Geschichte und Staatsver-
hältnisse lieferten unerschöpflichen Redestoff. Und nachdem
man die gegenwärtige Constitution des Nemtschelandes zu
nicht geringer Verwunderung der Gesellschaft beschrieben
hatte, ward türkische Neugierde über Ursprung und Wachsthum des Hauses Oesterreich befriedigt und auf die sonderbare Frage des Wesirs, „warum die deutsche Kaiserwahl
so lange auf Prinzen von Oesterreich fiel,“ eine Antwort
gegeben, die man hier nicht wiederholen will. In einer zu
Konstantinopel wöchentlich einmal erscheinenden türkischen
Zeitung, die sich zur Belehrung türkischer Leser hauptsächlich mit Uebersetzungen aus europäischen Werken über
Oekonomie, Naturgeschichte und Technologie beschäftigt,
ging auch vom Zustande des Ackerbaues im „Kralyk Baviera“
mit grossem Lob die Rede, und der Pascha fragte, ob es in
unserm Lande wirklich so fruchtbare und sorglich kultivirte
Strecken gebe, welche durch 40- bis 60fältigen Segen die
Mühe des Bebauers vergelte, wie unglaublicher Weise im
besagten Journal zu lesen sei? Ich merkte wohl, dass hier
der sogenannte Donaugrund zwischen Regensburg und Strau-
bing verstanden werde, und stellte, ohne von der Sache
eigentlich selbst etwas genaueres zu wissen, aber eingedenk
des persischen Spruchs, die Frage eines Grossen niemals
mit „ne mi danem“ (ich weiss es nicht) zu beantworten,
den Ertrag irrthümlich genug auf höchstens 16 bis 20 Samen,
was dem Pascha im Vergleich mit der als Getreideboden
berühmten Ebene von Larissa zwar noch immer viel, aber
am Ende doch glaublicher schien.

Namiks Urtheil über die neugriechische Wirthschaft in
Athen, so wie über die Grenzverhältnisse und über das
Benehmen der hellenischen Behörden und ihrer Patrone
überhaupt will ich des Friedens wegen lieber gar nicht

erwähnen. Man kann sich ja selbst vorstellen, dass ein türkischer Pascha und Grenz-Woiwode „bei den alten Erinnerungen und täglich frischen Reibungen mit empörten und
hochbeschützten Sklaven in der hellenischen Sache" weniger
schwärmt und kokettirt, als ein mystisch-trunkener Präceptor
aus Berlin. Dieser Theil der Unterredung wurde aparte und
ganz in französischer Sprache zwischen dem Wesir und
seinem Gast gehalten, während die beiden entferntsitzenden
Ulema mit einem dritten, erst nach dem Essen hereintretenden
Collegen in eifrigem Gespräche befangen waren.

Ich benützte diese Gelegenheit, dem Wesir die neue
Ansicht auseinanderzusetzen, die sich in Europa seit Jahren
über die Nationalität der heutigen Griechen gestaltet hat.
Welches Gewicht in dieser Doctrin für Aufhellung und Begründung gewisser Ereignisse liege, ward dem intelligenten
Osmanli auf der Stelle klar. „Gebieter!" sagte er, sich an
die Gesellschaft wendend, „eine neue und wichtige Sache!
Höret nur, was der Gast von den Griechen erzählt; sie sind
nicht nur dem Glauben, sondern meistens auch dem Blute
nach Brüder der Bulgaren, Sirben und Russen." Zugleich
gab er einen kurzen Umriss der Begebenheiten, wie er sie
eben vernommen hatte und ich sie noch weiter zu ergänzen
und zu bekräftigen suchte. Verschiedene Eigenheiten der
höhern türkischen Umgangssprache lernte ich erst bei dieser
Veranlassung kennen. So lautete z. B. meine etwas pedantische Phrase: *Eski Urum kilidschdan getschirildi* (die
alten Griechen sind vernichtet worden) im Munde des Wesirs
viel einfacher und eleganter „*Junani spathi oldu*" (die
Jonier sind dem Schwerte verfallen). [1]
Bei der Nähe von Fersala (Pharsalos) fiel die Rede

---

[1] Wie die Europäer zwischen Alt- und Neugriechen, Ἕλληνες und
Ῥωμαῖοι, so unterscheiden auch die Türken zwischen Jonier und Ost-
römer (*Urum*), wenigstens, wenn sie unterrichtet und des höheren Styles
kundig sind. Nur erinnere ich mich nicht mehr ganz genau, ob der Pascha
„Junani" oder „Jaoni" sagte. Letzteres wäre nicht nur dem uralten
Ἰάων des Homeros, sondern auch dem Jaunoio der altsyrischen Chronik
des Abulfaradsch, an die ich bei Anhörung des Wortes augenblicklich
dachte, in der Form noch entsprechender als das erste.

natürlich auf das berühmte Treffen zwischen Cäsar und Pompejus. Namik Pascha erzählte den drei andächtigen und solcher Dinge ganz unkundigen Ulema das Ereigniss mit der grössten Genauigkeit; auch der Circumvallationslinien von Dyrrhachium wurde gedacht, wobei der wahre einheimische Name „Drasch" (Duras, Durazzo, Dyrrhachium) zum Vorschein kam. [1] Gewiss gibt es wenige Türken, die eine europäisch geschriebene Universalgeschichte gelesen haben oder nur zu ertragen vermöchten. Auch fand der gute Pascha in Abbé Millots Composition gar zu viele und gar zu unerträgliche „Pfaffereien" (man verzeihe einem Türken diesen Ausdruck), als dass er nicht eine seiner Vorstellungsweise näher liegende Darstellung wünschen sollte. Ich nannte ihm Comte Segur, hätte aber sicherlich aus Patriotismus und zu gründlicher Belehrung des wissbegierigen Wesirs irgend ein deutsches Compendium von etwa 48 dicken Quartanten empfohlen, wenn der Wesir unsere Sprache verstünde. Die langen Erzählungen über Vergangenheit und gegenwärtigen Bestand der Westländer machten auf den Mufti — das sah ich wohl — einen von Neugierde und Betroffenheit gemischten, im Ganzen aber patriotisch-peinlichen Eindruck, weil ihm türkisches Wesen und Uebergewicht im Gegensatze christlicher Ländergrösse und Gewalt von nun an weniger majestätisch und weniger sicher scheinen mochte.

Wie es so oft geschieht, hatte Wissen und Erfahren auch bei ihm in kurzer Zeit den alten Glauben zerstört und Bedenklichkeiten an die Stelle fester Zuversicht gestellt. „Ich sehe wohl," sagte er, „dass ihr Christen, während wir in stolzer Sorglosigkeit und Selbstgenügsamkeit nicht achteten, was im Abendlande vorging, uns über den Kopf gewachsen seid." Um auch seinerseits Belesenheit und Weltkenntniss zu zeigen, lenkte er die Rede auf Kahira, auf die Schönheiten von Damascus und auf die wundervollen Scenen seines Schattenwaldes zurück. Nachdem er über diese Gegenstände nach türkischen Begriffen zierlich und gelehrt, das ist mit

[1] In vielen byzantinischen, d. i. gräko-slavischen Eigennamen ist die wahre Orthographie nur aus dem Türkischen zu erlernen.

reichlicher Anwendung arabischer und persischer Ausdrücke
gesprochen hatte, kam er auf das Lob der „Niemetz" zurück
und bemerkte, um unsere alte Grösse und Weisheit zu
beurkunden, dass schon der jüdische König Salomo eine
deutsche Prinzessin zur Frau genommen hatte.

Der später eingetretene Ulema schien ein Philologus zu
sein und sich vielleicht etwas mit vergleichender Sprachenkunde
zu beschäftigen; denn seine Fragen betrafen alle nur den
grammatischen Bau der deutschen Rede, und er wollte unter
andern wissen, ob wir im Singular des zweiten Personal-
Pronomens (du) für das Femininum [1] eine eigene Form haben
wie die Araber? Aus allen am wenigsten redete der magere,
etwas düster und mohammedanisch sorghaft blickende Kadi.
Besonders gut gelaunt, gesprächig und heiter war dagegen
der Wesir, er herrschte ja unbedingt, und jedermann
war bemüht, seine eigene Weisheit der seinigen unterzu-
ordnen. Dafür liess er aus seinem Schatz die massiv goldene,
auf vier Füssen ruhende und mit grossen Brillanten reich
verzierte Dose herunterbringen und zeigte sie dem Gast mit
der Bemerkung, dass es ein Geschenk des Kaisers von Russland sei. „Jetzt sei er zwar nur erst Ferik (General-Lieu-
tenant), aber der Muschirtitel werde, insch allah, auch
bald von Stambul kommen."

In ganz gleichen Zwischenräumen wurden Erfrischungen
gereicht, Scherbet, Backwerk, Süsses etc. Endlich ward
ein albanesischer grosser Apfel von vorzüglichem Aroma mit
Messer und Handtuch jedem der Sitzenden besonders in einen
Teller auf den Schooss gelegt, zum Schlusse aber noch einmal
Kaffee herumgegeben. was in mohammedanischen Abend-
gesellschaften das Zeichen zum Aufbruch ist. Etwa um die
fünfte Stunde Nachts erhoben wir uns, grüssten nach der
Reihe den Wesir; der Aufwärter hielt das Velum, und wir
gingen mit türkischer Ordnung und Gravität zum Divan hinaus.
Der Ulema harrten im Hofe ihre Maulthiere und Diener. mich

---

[1] مؤنث *muenas*, ist der technische, aus dem Arabischen ent-
ehnte Ausdruck für Femininum.

aber führte der Medicus durch die finstern und holperichten Strassen der Stadt in das christliche Quartier zurück.

Des andern Morgens hatten wir noch kleine Geschäfte in den Bazaren und ritten endlich ·mit einer Ladung frischer Trauben vom Ossagelände, noch ehe es an der Glockenuhr Mittag schlug, über die saracenische Bogenbrücke gegen Turnovo hinaus.

Mehr für meine eigene Belehrung als für Berichtigung angeblicher Irrthümer der Zeitgenossen bin ich nach diesen Scenen noch einen vollen Monat in der freundlichen Stadt der Garnfärber geblieben. Festbesuche, vorübergehende und alltägliche, folglich eingelernte, berechnete und gleichsam stereotype Dialoge lehren selten den wahren Charakter und Sinn der Menschen kennen. Man muss sie unvorbereitet überraschen und so lange unter ihnen weilen, bis sie des Selbstzwanges müde werden und gleichsam vergessen, dass sie ein Fremder sieht. Ich wollte die *ultima ratio* der byzantinischen Gemüther erspähen und den Schlüssel zum Verständniss öffentlicher Zustände finden, welche den Occident so enge und so peinlich berühren und einer eben so folgenreichen als unerwarteten Entwickelung entgegeneilen. Wenn mich das Roman- und Schülerhafte meiner eigenen Begriffe endlich anekelte und ich nach besserer Erkenntniss strebte, so wird das hoffentlich keine Kränkung für andere sein.

Der Satz, dass die politischen Zustände der Nationen ihren letzten Grund in den moralischen haben, lässt sich bei einer Nationalität, in welcher der Individualismus so vollständig vernichtet ist, wie in der byzantinischen, weniger bestreiten als anderswo. Jedoch gibt es Thesen, in welchen der Irrthum beinahe schöner als das richtige Erkennen ist. Oder soll man sich dem humanen, philosophischen, für Autokratie des individuellen Geistes und für hellenische Tugend so warm fühlenden Deutschland gegenüber nicht schämen, seinen Glauben an die Majestät des Occidentalismus und besonders an die Tugend von Byzanz so früh und so vollständig verloren zu haben? Das Schlimme ist nur, dass allen occidentalischen Theorien zum Trotz die Byzantiner selbst nicht an byzantinische

Tugend glauben. Doch dürfen sich wohl nicht viele Fremde
rühmen, das vollgültige Geständniss der absoluten und un-
heilbaren Bösartigkeit des griechisch-byzantinischen Volks-
charakters aus nationalem Munde selbst vernommen zu haben.
Ein turnobitischer Kodschiabaschi (Gemeinde-Verwal-
tungsrath oder Oberältester), Namens Calosso, rückte endlich
nach vielen Analysen und herkömmlichen Phrasen über die
gegenwärtigen und künftigen Geschicke der „römischen
Nation"-mit dem melancholischen Geständniss heraus: „Wir
selbst zwingen die Türken durch unsere Schlechtigkeit zu
drückenden und ungerechten Handlungen. Unsere Grossen
sind wie die Bojaren in Moldo-Wlachia, sie tyrannisiren das
Volk, sind unersättlich und ohne menschliches Gefühl. Daher
die Unmöglichkeit der Arbeit und der Bodenbestellung, daher
die Oede Griechenlands und das traurige Schauspiel aus dem
freien Hellas fliehender und beim Sultan Zuflucht suchender
Familien, ja ganzer Gemeinden. Was Wohl und Wehe des
gemeinen Volkes betrifft, trat man in Hellas geradezu und
ohne alle Verbesserung in die Fusstapfen der Osmanli."
Den erklärenden Text zu diesem Bilde gibt die Geschichte
der Byzantiner alter, mittlerer und neuester Zeit. Eine
kraftvolle Autokraten-Natur des zwölften Jahrhunderts wollte
das byzantinische Erbübel durch Ausrottung sämmtlicher
Primatialgeschlechter heilen. Es wäre aber sicherlich eine
falsche Rechnung gewesen, weil die aus den untern Volks-
classen Heraufrückenden noch jedesmal mit den Plätzen auch
die Verderbtheit der Vorgänger übernommen haben. Man
ist weder kleinmüthig noch Timon; aber hier ist das Uebel
grösser als alle Medicin. Und wenn unverzeihlicher Fehler
ungeachtet doch nicht jedermann berechtigt ist, die Menschen
überhaupt und die politischen Geschäftsleute mit ihren Praktiken insbesondere geringe zu achten, so hat sich doch der
Glaube an die Ohnmacht abendländischer Recepte allmählich
sogar der verblendetsten Adepten selbst bemächtigt. Europäische Weisheit und Energie, von der man glaubt, dass
sie alles bewältige, hat auf byzantinischem Boden ihren
Meister gefunden. Fehlte diesen Völkern ein Louis XI?

oder hat ihnen die Natur jene Eigenschaften des Geistes und
des Gemüths versagt, die den Europäer vorzugsweise lenksam
und politischer Ordnung empfänglich machen? oder liegt die
Ursache noch tiefer und ist hier gar eine andere Welt, die
wir nicht verstehen können? Ein Volk, das seinem eigenen
Blute warmes Gefühl, Liebe und Erbarmen versagt, das mit
unersättlicher Gier Mittel des Genusses sammelt und sich
doch allen Genuss versagt, ist aus andern Elementen zu-
sammengesetzt als wir. Vaterlandsliebe, Selbstverleugnung
und uneigennützige Aufopferung für das gemeine Beste würde
man da vergeblich suchen. Ein sterbender Turnobit weigerte
sich standhaft, seinem eigenen Sohne und Erben den Ort zu
nennen, wo sein Geld vergraben liege: „ich habe es mühevoll erworben und will nicht, dass du dich des leichten
Besitzes erfreust; erwirb selbst und mach dann, was du
willst." Alles Suchen war vergeblich, und ich sah es selbst,
wie der Erbe des reichen Mannes das Haus demolirte, um
den versteckten Mammon des Vaters aufzufinden.

Gewiss ist der griechische Boden an gemünztem Gelde
und an vergrabenem Schmuck der reichste in der Welt.
Familienhäupter, welche in dieser Weise Körbe voll spanischer
Thaler besitzen, schlafen auf harter Erde und glauben Ver-
schwender zu sein, wenn sie mit Knoblauchstäugeln, süssen
Zwiebeln und eingemachten Oliven ihren Hunger stillen. Mehr
als Eine warme Speise des Tages verzehrt in seiner Familie
selbst der reichste und liberalste Byzantiner nicht. Feuer
wird in den wenigsten Haushaltungen angezündet. Das Haupt
der Familie setzt sich in den Laden des Bakkal, d. i.
Früchten- und Lebensmittelhändlers, und verzehrt dort sein
Byzantiner-Mahl, unbekümmert um Weib und Kind, die nach
Thunlichkeit selbst für sich zu sorgen haben. Um etliche
Pfennige essigsaure Kohlblätter, aus dem nächsten Laden
geholt und roh mit trocken Brod einmal des Tags verzehrt,
müssen in solchen Fällen Ueppigkeit und Wohlgeschmack
deutscher Bürgerkost ersetzen. Bei aller Aermlichkeit ist aber
auch der jedem Einzelnen zugemessene Theil so geringe, dass
ein reichlich essender Abendländer nicht begreifen kann, wie

ein menschlicher Körper mit so wenig Nahrung bestehen und wachsen könne. Freilich ist aber auch Hunger im weizenreichen Thessalien wie in Aegypten eine der vorzüglichsten Ursachen frühzeitiger Versiechung und Sterblichkeit.

Schon früher ward bemerkt, dass in nicht wohlhabenden Christenfamilien die Knaben nur bis Zurücklegung des zehnten Jahres im väterlichen Hause Nahrung erhalten, dann aber für sich selbst sorgen müssen, so gut sie es verstehen. Man kann wohl denken, in welche Unordnung und Selbstvergessenheit unter solchen Umständen mancher Junge verfällt. Erwachsene, so lange sie ledig sind, thun sich häufig truppweise zusammen, kaufen gemeinschaftlich ihre Lebensmittel auf dem Markt und kochen und verzehren sie im Bäckerladen.

Diese Sittenzüge sind etwa nicht Ausnahmen, einzeln vorkommende Fälle, oder bei den Leuten in Turnovo allein zu finden: sie sind Regel und allgemeines, bleibendes Ergebniss der bürgerlichen Zustände aller Christengemeinden im byzantinischen Reiche. Und doch sind diese Länder beim grössten Elend der untern Volksklassen von der Last des gemeinen europäischen Bettlerwesens so zu sagen völlig frei, nicht etwa in Folge weiser Gesetze, sondern durch Sitte und Gewohnheit, die stärker sind als jedes Gesetz. Kein griechischer Christ bettelt einen Griechen an, weil er weiss, dass keiner etwas gibt. Wird aber dennoch angesprochen, wie es in den von Europäern besuchten und bewohnten Stapelorten geschieht, so betrachtet der Grieche den Bittenden mit kalter Ruhe, philosophirt wohl mit dem Nachbar über die Wirkungen des Hungers im Antlitz und über die Lumpen am Kleide des Elenden, die Gabe wird aber doch versagt, was auch Niemand übel nimmt.

In der Türkei erträgt der reiche Christ den Druck der Gewalt, der arme aber seine Noth mit gleicher Resignation; beide rechnen mechanisch auf ein besseres Jenseits und sind hienieden stolz, ein byzantinischer Christ zu sein. Oft beneidete ich bei aller eigenen Wärme und Andacht diese Leute um ihren festen Glauben und um ihre zweifellose Zuversicht. Wahrhaft, die Europäer wissen Preis und Segen des Christen-

thums nicht genug zu schätzen! Muss man denn aber auch
unterdrückt, Helot, hungrig, Ignorant und Bettler
sein, um das volle Gewicht der göttlichen Doktrin zu fühlen?
Beinahe möchte man Christen und Moslimen von Byzanz entschuldigen, wenn sie von uns nichts wissen wollen und wenn
sie Bücherplage, Projekte, Unglauben, Unzufriedenheit, ga-
lante Laster, Kasernenleben, Conscription, Trunkenheit, tabel-
larische Verzeichnisse und Gassenbettel als die wahren Symbole und die unzertrennlichen Gefährten europäischer Kultur
betrachten.

Es ist nicht genug, dass die Nationen ihre Vorzüge und
ihren Werth selbst erkennen, sie sollen auch wissen, in
welchem Lichte sie fremden Völkerschaften erscheinen. Jeder
Tag brachte eine neue Idee, einen neuen Vergleich, und je
freier und zwangloser man sich gegenseitig gehen liess, desto
lehrreicher ward der Verkehr. Doch die Zeit ging schnell,
und der Sommerschein, der entzückende wonnige Hauch des
Lebens, der so manchen schönen Jännertag über der thessalischen Ebene lag, forderten wiederholt zur Reise auf. Aber
immer neue Zögerung, neues Hinderniss! Bald trat ein Regen-
tag dazwischen, bald blies es nordischkalt vom schneeigen
Olymp herab; der alte Türke rieth, vollends den Frühling zu
erwarten, gab mir schmackhafte Melonen und reimte im
Scherz über den langen, ihm so willkommenen Aufenthalt:

Dolaschdüm Schami, Misiri,
Oldüm Turnavo jesiri.[1]

Unter welchen Umständen ich aber doch endlich Turnovo
und Larissa in der ersten Februarwoche (1842) verliess und
über Pharsalos in die griechische Quarantäne nach Lamia
gekommen bin, dann Chalcis auf Euböa sah und die zwei-
jährige Levante-Wanderung im Piraeus geschlossen habe, soll
in Kürze noch als Nachtrag ein eignes Fragment erzählen.

[1] In Aegypten und Syrien bin ich umhergezogen,
Zu Turnavo ward ich um die Freiheit betrogen.

XIII

Reise von Larissa an die Grenze des Königreichs Griechenland.

Quarantäne von Zitun. Schluss.

Aber warum **Zitun** und nicht **Lamia?** warum amt-
licher Namensrestauration zum Trotz die **slavische** Benennung des Grenzortes in der Aufschrift auch jetzt noch
vorangestellt und die **hellenische** nur so nebenher als
Parenthese eingeschaltet? Ist das nicht verdammlicher Starrsinn und offenbarer Beweis, dass man von den Russen
gedungen ist, den hellen Born des Hellenenthums durch
Bulgarenschlamm zu trüben und am Schluss der „Fragmente",
wie im Anfang und in der Mitte, dem griechenliebenden
Deutschland Aergerniss zu geben, den ländergierigen Russen
aber die Wege künftiger Macht und Herrschaft zu bereiten?
Ich Beklagenswerther, was habe ich gethan! welch Unheil
ist durch mich in die Bücherwelt gekommen!

Eheu! quid volui misero mihi? floribus Austrum
Perditus et liquidis immisi fontibus apros.

Dass papierne Ordonnanzen nur selten die Volkssitte
überwinden, ja gewöhnlich schwächer als verjährte Gewohnheiten sind, weiss jedermann, und was die Kanzlei zu Athen
„Lamia" nennt, heisst beim Volke noch jetzt **Zitun.** Wir
aber reden mit Vermeidung leeren Bombastes überall gerne
die Sprache des Volkes. Populäre Gründe! — wird man
sagen — hinreichend für gesunde Seelen, aber ungenügend,
den Zorn gelehrter Hellenomanen zu entwaffnen! Der Gefahr

eingedenk haben wir schon zu Turnovo auf Vertheidigung gesonnen und — wie wir hoffen — in der Odyssee das Heil gefunden. Sinnreich und bescheiden verglichen wir uns beim langen Aufenthalt am Tempethal den lotosessenden Gefährten des Ulysses und die Fettebene von Larissa selbst dem Land der Lotophagen, wo man der süssen Heimat vergisst und nicht mehr weiter ziehen will. Ach, wäre das Sittengesetz nur nicht gar so strenge und sinnenschmeichelnde Weichlichkeit durch die Moralisten nicht so hoch verpönt! wahrhaft, ich wäre, bethört durch physisches Wohlbehagen, noch lange in Thessalien geblieben. So süss schmeckte das Lotos — thymianduftendes Hammelfleisch mit Weizenbrod und Trauben —, so milde und nervenschwellend fächelten, obgleich zu Zeiten noch Wolken zogen und Regen fiel, unter blauem Himmel die Mittagslüfte. Wie die sentimentale Gräfin Ida erst auf den Ruinen von Balbek die „Fabel" Aurora und Tithon verstand, so ward auch mir das lieblichste aller Bilder in Ovids Verwandlungen erst in Thessalien klar. Nur in Thessalien konnte Daphne in die Gestalt des Lorbeerbaumes übergehen und lebendigfühlend mit der Erde zusammenwachsen,

Sentit adhuc trepidare novo sub cortice pectus.

In diesem Lande mehr als irgendwo im Orient fühlt der Mensch, dass er ein Sohn der Erde ist und, mit Verlaub der Ueberschwenglichen, nur vom reichstrotzenden Busen der Mutter Kraft und Nahrung zieht. Doch wer dürfte ohne Beleidigung strenger Sitte von gesteigerter Sinnlichkeit und von heiterer Lymphe thessalisch genährter Körper reden? Wenn aber bei überzähliger und unzufriedener Bevölkerung irdisches Gedeihen allein die Wahl neuer Sitze bestimmen soll, so wäre für die Temperatur des deutschen Bluts ohne Zweifel Thessalien der geeignetste Himmelsstrich. Der Gedanke war zu verführerisch, und obgleich die Unmöglichkeit, deutschen Sinn in dieses Rinnsal zu lenken, eben so klar erschien als die Hoffnung, duldendes Nebeneinander zwischen abend- und morgenländischem Kirchenthum zu erzielen, mit

jedem Jahre sinkt, folgte ich dennoch dem lockenden Bild,
so oft ich in den letzten Tagen des Aufenthalts auf dem
Kastellhügel von Larissa sass und das Auge über den prachtvollen Teppich der peneischen Ebene schweifen liess. Die
Myrte trieb in frischem Saft, und ruhig wälzte sich in weiten
Krümmungen die volle Fluth des Salambria zum Tempethor
hinab. Doch umsonst! Das Erbe ist schon vergeben.
Byzantinisch angebaute Fluren gewinnt der Abendländer
heute nicht mehr auf friedlichem Wege; der Gewalt aber
und dem klugen Gedanken haben die deutschen Stämme auf
immer entsagt. Die Chlodowige, die Alariche, die Theodoriche sind in Deutschland ausgestorben, und nur als Knechte
wandern unsere Brüder nach entlegenen Zonen. Wie der
Leser sieht, haben wir in Thessalien nicht blos „Lotos"
gegessen, wir haben auch der Leiden und der Geschicke
des deutschen Volkes gedacht und zugleich durch herzhaftes
Losreissen vom üppigen Strand der „peneischen Daphne," so
viel an uns, praktisch die Tugend geübt. Den Lockungen
der Sünde und der Könige entgeht der schwache Sterbliche
nur durch die Flucht. Man meinte zwar, es wäre besser,
den Februar noch vollends in Turnovo zu verleben, weil erst
dann von rauhen Lüften nichts mehr zu besorgen sei.
Die Leute hatten Recht, Februar ist für Thessalien
Wintermonat. Ich wollte aber fort, sah noch einmal die
Lieblingsplätze des langen Aufenthalts, die einsam stehende
Platane vor der Stadt, den Teich, den Brunnen, dss „romantische Klösterlein" in mildem Abendgold und trat nach freund-
lichem Abschied von Christ und Musulman am Spätmorgen
des 4. Februar (1842) die Wanderung zur griechischen Grenze
an, wo ich endlich christliches Regiment und deutsche Gesellen treffen sollte. Der Weg in gerader Richtung beträgt
kaum über zwanzig Stunden und geht, ohne Larissa zu
berühren, auf einer Fähre über den Peneios unmittelbar nach
Fersala (Pharsalus). Ich hatte einen Pindus-Wlachen von
Klinovo als Diener aufgenommen, durfte ihn aber in Folge
neuester Verordnung ohne ausdrückliche Erlaubniss des
Wesirs Namik-Pascha nicht über die Grenze nehmen. Man

wollte die Flucht der christlichen Raja hindern, die sich auf diesem Wege häufig dem Charadsch und andern Plackereien der türkischen Verwaltung entzogen. Um die Sache schnell und mündlich zu schlichten, machten wir den kleinen Umweg über Larissa, fanden aber beim Wesir nicht mehr ganz das freundliche Entgegenkommen des früheren Besuches. Man war etwas kühler und gestattete erst nach vielen Reden und Bedenken die Fertigung des Reisescheines, für welchen ausser Stellung eines Bürgen wegen der Rückkehr noch 20 Grusch (ein Conventionsthaler) Taxe zu erlegen waren. Der Bürge wollte sich aber auch nicht ohne grosse Mühe und nur gegen Vorausbezahlung des nächstfälligen Kopfgeldes (drei Gulden Münze) bereden lassen. Dann hatte man erst das Pass-bureau zu suchen, den türkischen Kanzleichef anzugehen und das Schreibervolk zu begütigen — früher unbekannte Mühen und erst durch occidentalische Weltverbesserer in die Türkei verpflanzt! Zum Glück war das Alles im Hof des Seraï untergebracht und fand ich der vielen Missverständnisse und müssigen Fragen ungeachtet mehr Geduld, als nach europäischen Begriffen zu erwarten stund.

Während der türkische Schreiber die „besondern Kennzeichen" des Wlachen protokollirte, musste ich laut vorgängiger Belehrung mit dem Gelde in der Tasche klingeln, was den schreibenden Türkenfingern sichtlich Elasticität verlieh. Ueber diese und andere Sorgen waren beinahe zwei Tage vergangen, und die Strassen von Larissa boten damals ein besonders lebhaftes Schauspiel dar, weil von dem neugeworbenen Albanesencorps beinahe die Hälfte schon in der Stadt versammelt war und alle Einkehrhäuser von schmutzigen Fustanellen wimmelten. Wir hatten die beste Gelegenheit zu sehen, wie der Sultan seine Milizen wirbt. Man brauchte 6000 Mann Leichtbewaffneter zur Hut des wiedergewonnenen Syriens und zum bevorstehenden Kampf wider die Maroniten im Libanon. Die Pforte begnügte sich unter Geheimhaltung der wahren Bestimmung sechs Binbaschi nach Thessalien zu senden mit der Vollmacht, je 1000 undisciplinirte Arnauten zu werben, „als ginge es gegen das benachbarte Griechenland."

Siebenzig Grusch (sieben Gulden Münze) mit täglicher
Brodration war der Monatsold des gemeinen Mannes; der
Binbaschi dagegen war für seine Person ausser dem uner-
laubten Gewinn durch falsche Musterrollen mit monatlich
3000 Grusch (300 Gulden Münze) bedacht. Für Kleidung,
Waffen und andern Bedarf hatte die geworbene Mannschaft
selbst zu sorgen. Sogar das Glaubensbekenntniss fand bei
jener Werbung keine Schwierigkeit. Christ und Musulman
war gleich willkommen, wenn er nur Waffen hatte und
Gehorsam schwur. Sämmtliche Einkünfte des Paschaliks
Thessalien wurden als Brod und Sold des undisciplinirten,
meuterischen Haufens aufgerechnet. Mancher der bestallten
Binbaschi hatte weniger als die Hälfte des Contingents, und
doch bezog er — versteht sich nicht zu seinem Schaden —
Löhnung und Ration für die volle Zahl von tausend Mann.
„Verlornes Geld!" meinte der redliche alte Türke Hadschi-
Oghlu von Turnovo, „das *Devlet alieh* (die hohe Pforte)
muss in dieser Weise elend zu Grunde gehen!"

Jedermann im Lande kannte die Unterschleife und den
Raub am öffentlichen Gut; nur die Centralgewalt zu Stambul
wusste nichts. Denn in der Türkei hat die oberste Gewalt
das Recht, in der eigenen Sache blind zu sein und in den
meisten Dingen den wahren Stand entweder gar nie oder
doch erst zuletzt zu erfahren, wenn nicht mehr zu helfen
ist. Einmal sah ich dem Guerillamanöver des in meinem
Han eingelegten Haufens zu, könnte aber von ihrer Kriegskunst nicht viel mehr Rühmens machen als von ihrer Tugend
und Sittsamkeit. Dass wir in fremden Ländern hie und da
besonders auf Sitte und moralische Zucht merkten, ist freundlichen Lesern nicht unbekannt. Die Sache hat aber namentlich in diesem Falle ihre Bedenklichkeit, weil wir in der Kunst,
ohne Nachtheil dem Texte Schlüpfrigkeiten einzuweben, hinter
dem berühmten „Verstorbenen" eben so weit als in Witz und
feinem Styl zurückgeblieben sind. Doch glauben wir ohne bedeutendes Aergerniss für sittenstrenge Leser sagen zu dürfen,
dass man zu Larissa in Thessalien Sa l e p trinkt und von diesem
in Europa wenig bekannten Specificum grossen Consumo macht.

Salep ist bekanntlich ein Strauch, der hauptsächlich in
Syrien gedeiht und wie die Patate den Werth nicht in Blatt
und Stengel, sondern an der Wurzel hat. Die Salepwurzel
theilt dem Blut eine erhöhte Wärme mit und ruft gewissermassen die schlummernde Sinnlichkeit nach Massgabe der
Dosis zu regerem Leben auf. Zu Markt wird die Wurzel
in getrocknetem Zustande gebracht, vom Salepsieder aber
zu feinem Pulver gestossen und mit Zuthat von etwas Ingwer
zu einem graulichen Bräu versotten, der an Consistenz der
Chokolade gleicht und in der Christenheit zuweilen von
Kranken, im Islamitischen aber aus Ueppigkeit nur von den
Gesunden getrunken wird. Von besonders nachhaltiger Wirkung, meint man im Orient, sei das Getränke vor Sonnenaufgang nud unmittelbar nach dem erquickenden Labsal des
Morgenschlafs. Salep! Salep! rief es durch die dunklen
Strassen von Larissa schon um 5 Uhr frühe (Februar). Die
ambulanten Salepmänner haben der Uebung wegen ein feines
Gehör. Der Diener klirrte am Fenster, und sogleich trat ein
rothbärtiger Osmanli herein, die Laterne in der einen, das
kohlengeheizte Réchaud mit dem brodelnden Saft in der
andern Hand, und credenzte die volle Tasse, für die er nicht
mehr als fünf Para, d. i. etwas über drei Pfennige unseres
Geldes nahm. Der Aermste kann sich diese Erquickung
verschaffen, und ich bitte die Leser, über mein larissäisches
Frühstück keine Bemerkung zu machen.

Es wehte winterlich vom Ossa herüber, und die Mühen
des Tages und die frostigen Dialoge mit Namik Pascha, mit
den Schreibern und Pferdevermiethern kühlten bald wieder
das mässig erwärmte Blut. Um uns das im Sommer freilich
unschwere Tagwerk nach Pharsalus wegen der Kürze des
Lichts in etwas zu erleichtern, machten wir uns nach eilig
geschlossenem Miethvertrag noch Abends zum Thor hinaus und
schliefen im Einkehrstall des nächsten Dorfes, etwas über zwei
Wegstunden von der Stadt. Wir rechneten auf eine schlechte
Nacht. Frostige Winde bliesen durch die zerlöcherten Lehm-
wände auf unsern Lagerplatz, und bald drangen Schneeflocken
vom Ziegeldach herab. Holz war nicht zu haben, wir

kauften aber 15 Pfund Kohlen, sotten Eier, schmorten Fische in Olivenöl, tranken Wein und schliefen in die Mäntel gehüllt wider Vermuthen vortrefflich, lange und warm am Kohlenfeuer. Die Nacht hatte förmlich den (vierzehntägigen) thessalischen Winter gebracht, und wie wir mit dem Morgengrau vor die Hütte traten, war der Boden streckenweise mit dünner Schneekruste bedeckt. Dennoch ritten wir ohne Säumniss fort und freuten uns, bei Zeiten nach Pharsalus zu kommen und einen bequemern Han zu finden als im Dorf ohne Baum und Holz. Aber bald zeigte es sich, dass der Pferdeführer den Weg nicht wusste und auch noch niemals in Pharsalus gewesen war. Um für die Strecke von Larissa nach Zitun drei Dukaten zu ersparen, die ein kundiger und ehrenfester Türke mehr als ein Grieche begehrte, hatten wir letzterm den Vorzug gegeben und wurden nun, wie billig, für unzeitige Sparsamkeit zur Strafe gezogen.

Die meisten Leser kennen den Namen Cynoscephalä so wie die grosse Schlacht, in welcher die römische Legion zum erstenmal die macedonische Phalanx überwand. Eben so gut weiss man auch, dass „Cynoscephalä" auf deutsch „Hundsköpfe" bedeutet und dass im Alterthum nicht bloss eine bestimmte Ortschaft, sondern wegen der Gestaltung des Bodens eine grössere Landstrecke zwischen Larissa und Pharsalus diesen Namen trug. In dieser Gegend waren wir jetzt, und der Anblick des Landes erklärte am besten das alte Wort Cynoscephalä. Kurz vor dem Dorfe, in dem wir schliefen, begann sanft ansteigend ein Labyrinth niedriger, baumloser, niedlich ineinander verschlungener Stumpfhügel — milde, langgedehnte Schwellungen des fruchtbarsten Bodens mit rinnenden Bächen, Kräuterwiesen und kleinen grasbewachsenen Moorgründen in den muldenförmigen Vertiefungen — im Ganzen etwa sieben Stunden lang und vier bis fünf Stunden breit. Bis zum Dorfe Pagratsch ging es noch leidlich, dann aber sagte der Führer unumwunden, er wisse nicht, welcher von den vielen nach allen Seiten zwischen den Hügeln auseinandergehenden Reitpfaden der rechte sei und nach Pharsalus führe. Was war zu machen? Die Schuld

lag auf unserer Seite, und wir ritten auf Gerathewohl. Zum
Unglück war die Gegend auch noch menschenleer, und nur
ein Kranich, der einsam am Wasser stand, sah uns ver-
wundert vorüberziehen. Bauern, die wir später in einiger
Entfernung trafen, wussten auch keinen bessern Bescheid,
und so übernahm ich denn im Vertrauen auf meine Kompass-
kunde die Leitung der Karavane selbst. Aber sieh da! während ich auf einer moorigen Stelle den Eingebungen meiner
vermeintlichen Weisheit folgte, that das Pferd einen falschen
Schritt, stürzte seitwärts in eine Schlammtiefe und sank bis
an den Gurt; mich selbst schleuderte es im entgegengesetzten
Sinn, doch reichte mir die Pfütze nur bis an das Knie. Die
Geduld brach selbst bei diesem Auftritt kaum; das Thier
ward wieder aufs Trockne gebracht, und wir ritten, obgleich
die schneegetränkte Flüssigkeit in die Fussbekleidung gedrungen war, unverzagt zu einem Konaridorf hinan, wo uns
ein grossnasiger Osmanli in weissem Turban nach vielem
Irrsal zum rechten Weg verhalf. „Auf die Derwisch-Einsiedelei im Pinienwalde richtet euren Weg, dort werdet ihr
Tschataldsche [1] von ferne sehen." So war es auch.

Nach mehr als sechsstündiger Plage hatten wir endlich
den Südrand des Hundskopf-Labyrinths erreicht und erblickten
auf einmal das spiegelglatte, links und rechts unabsehbare,
auf der uns entgegengesetzten Südseite aber durch ein dammartig hereinspringendes Vorgebirge begrenzte Feldmeer der
pharsalischen Ebene vor uns ausgebreitet. Wir waren wirklich überrascht und vergassen beim Anblick der prachtvollen,
mit Saaten und Gras bedeckten Fläche auf einige Minuten
unsere Noth. Am wasserreichen Bach, welcher die Ebene
von einem Rand zum andern der Länge nach in diagonalem
Laufe durchschneidet und seine perenne Fluth mittelbar in
den Peneios wälzt, erkannten wir sogleich den Enipeus des
Alterthums und sahen deutlich die zierliche Steinbrücke und
den breitgetretenen Weg, der nach Pharsalus führt. Aber
noch viel Wichtigeres als Kornfeld, Bach und Steinbrücke:

---

[1] Türkische Benennung für Pharsalos.

die Walstatt, wo Cäsar den Pompejus schlug. lag offen vor
dem Sinn. Zur Beschreibung jenes verhängnissvollen Tages
und Cäsars Strategie lieferte erst der Ueberblick der pharsalischen Felder den wahren Commentar. Die Lagerstelle
beider Heere, die Schlachtordnung, ja der Platz, wo die
einzelnen Legionen standen, wo die Reiter fochten und die
Reserve der zehnten Legion den Sieg entschied, lagen wie
gezeichnet vor dem Blick.

Manche Stelle in Cäsars Schriften würden die Herausgeber viel verständiger und lichtvoller commentiren, wenn
sie den Schauplatz der Begebenheiten selbst gesehen hätten.
Diese Bemerkung gilt hauptsächlich dem alexandrinischen
Akademiker Appianos, der in Beziehung auf die pharsalische
Walstatt in bedeutendem Irrthum ist, wie sich weiter unten
zeigen soll. Von Cäsars Commentarien, die seit der Studenten-
zeit auf keiner Reise fehlen, wurde der betreffende Abschnitt
auf den Hügeln selbst gelesen, wo das Lager der pompe-
janischen Legionen stand. Dann ging es mit Bedacht den
sanften Abhang hinab und fort gegen den Enipeus, der an
den Zelten des grossen Gegners der Optimaten vorüberrann.

In solchen Momenten fehlen auch dem Müden die Gedanken nicht! Um in die Stadt zu kommen, die am Fuss
des Bergrandes gegenüber in Nebeldunst und leichter Schnee-
decke winterlich begraben war, hatten wir von unserm
Standpunkte aus noch einen anderthalbstündigen Ritt über
die fetterdige, von geschmolzenem Schnee durchnässte Spiegelfläche zu überstehen. Die armen, schlechtgenährten und
schwer beladenen Thiere erlagen fast unter der Bürde, und
nicht ohne grosse Anstrengung erreichten wir endlich gegen
drei Uhr Nachmittags das Ziel. Wir bedurften insgesammt
der Ruhe, und Mensch und Thier hatte Labung nöthig. Wie
wir uns auf die knisternde, kleidertrocknende, hammel-
schmorende Flamme aus Reisig und dürrem Holz freuten!
An Holz konnte es in Pharsalus ja nicht fehlen; oder hatten
wir nicht Bäume gesehen und im nahen Gebirge Nadelwald?
Aber das gemauerte Einkehrhaus dieser Türkenstadt war
leider noch weit ärmlicher und trostloser als der Stall im

letzten Christendorf. An Brennholz war gar nicht zu denken; selbst Kohlen gab es nicht. Kein Fleisch, kein Fisch, kein Reis, kein Ei! sogar die Nachtlampe fehlte. Wir aber waren müde, hungrig, durchnässt und zitterten vor Frost auf unserer Matte am kalten Herde sitzend. Das Zimmer hatte, wie natürlich, keine Decke, wir sahen durch das lose Ziegeldach die grauen Wolken ziehen, und gegen Abend trieb es eisige Lüfte durch den rohen Schornstein und die ladenlose Fensteröffnung auf das Lager herein. Wir sahen einer bedenklichen Nacht entgegen, vielleicht der schlimmsten, die ich je auf Reisen zugebracht. Wenn in dieser Lage das Fieber käme! Welch eine zweifelhafte Lage! Um das Mass der Verlegenheiten voll zu machen, sagte uns auch noch der Führer seine Dienste auf: er könne und wolle nicht weiter ziehen, das Land jenseits Pharsalus sei ihm so unbekannt als uns, und morgen frühe reite er nach Larissa zurück. Es war ein junger Mensch, ein blonder Menelaus der Olympusdörfer, voll guten Willens; aber er wusste im Lande weder Bescheid, noch hatte er frischen Muth. Diesen Uebeln musste nach Thunlichkeit zugleich begegnet werden.

Nachtlampe und Kohlen lieferte ein Krämer der Nachbarschaft; aber wie wir zwei- und dreimal holen liessen, war der Preis jedesmal um die Hälfte angewachsen, und am Ende ging der Vorrath aus. Das Fenster ohne Laden ward mit zusammengesuchten Matten zugemacht und mit vieler Mühe am Ende auch noch etwas Wein und Brod aufgebracht, was mit den Hammelsresten aus Larissa doch nur ein kümmerliches Nachtmahl gab. Wir theilten es gutwillig mit dem Führer, nachdem uns ein Grieche des Orts seine Pferde auf den andern Morgen, aber nur bis zur nächsten Station Do - mo k o vermiethet hatte. Dort, hiess es, müssen wir türkische Führer nehmen, denen es allein gestattet sei, über die Grenze ins fremde Land zu gehen.

Die Nacht in Pharsalus glich einer wahren germanischen Winterscene. So traurig flockte und brauste es vom Berg herab. Gott weiss es, mit welchen Gefühlen wir uns am matten Kohlenfeuer zur Ruhe legten! Die wenigsten Leser vermuthen aber

auch nur, mit welcher Summe von Sorgen, Geduld und
Noth ich beinahe jeden Satz dieser Fragmente vorausbezahlen
musste. Gewinn ist uns im Lesen fremdes Ungemach. Nur
begreift vielleicht ein „Glückseliger" nicht immer schnell,
warum man im Einkehrhaus zu Pharsalus eigentlich noch
keine vergoldete Felderdecke. keine Gueridons und keine
elastischen „Couchetten" hat. Wir aber schliefen, der Bedrängniss ungeachtet, bis uns die Morgenkälte frisch und
erquickt neben dem verglommenen Herde weckte. Ich
glaube, der warme Saleptrunk in Larissa hat das Winter-
element noch in Pharsalus besiegt. Nur kam der neue Führer
in aller Frühe mit Bedenklichkeiten wegen des bedrohlichen
Wetterstandes und meinte, ob wir uns nicht noch einen Tag
Ruhe gönnen wollten. So gerne wir auch unter erträglichern
Umständen einen Tag geblieben wären. lehnten wir doch
in der Noth aller Dinge den Vorschlag ab und erklärten, um
jeden Preis heute noch nach Domoko zu ziehen. Auf wiederholtes Einreden fragte ich nur so obenhin, wo der Kadi von
Pharsalus wohne? Statt der Antwort sagte der Grieche, in
anderthalb Stunden werde er mit frisch gefütterten Pferden
im Hofe stehen, sei die Witterung. wie sie immer wolle.
Die Zwischenzeit wurde benutzt, die Gelegenheit des Ortes
noch einmal anzusehen.

Pharsalus ist eine türkische Bauernstadt von weniger
als 4000 Seelen, hat aber in der Lage grosse Aehnlichkeit mit
Antiochia am Orontes. Es ist eine schmale, lange Kothstadt.
längs dem Fusse einer sich zur Ebene verflachenden steilen
Hügelkette hingestreckt und ohne alle Spur des Alterthums.
ausgenommen die zerstörte grosse Akropolis hoch oben auf
der Bergebene, von der sich wie zu Antiochia beiderseits am
Felsenrande lange, verwitterte Festungsmauern zur Stadt
herabziehen. Ich gab mir nicht die Mühe und hatte auch
keine Zeit, die Berghöhe zu erklimmen, sah aber um so eifriger
auf das gestern durchwanderte Schlachtfeld der römischen
Bürgerkriege hinüber. Statt den Leser mit einer umständlichen
Aufzählung aller Einzelheiten jener Schlacht und dann noch
weiter mit einer Abhandlung über die Bürgerkriege im All-

gemeinen und über die ganze römische Geschichte überhaupt von Aeneas bis Augustulus heimzusuchen, wie es der belobten Gräfin an meiner Stelle sicher begegnet wäre, begnügen wir uns mit der einfachen Berichtigung einer irrigen Angabe des Griechen Appian. Offenbar hat der gelehrte Akademiker die pharsalischen Felder nicht selbst gesehen und sein Werk nur aus fremden Büchern zusammengetragen, sonst hätte er in geradem Widerspruche mit Cäsars Text die Walstatt nicht zwischen Stadt Pharsalus und den Fluss Enipeus verlegt,[1] während der Streit der Nebenbuhler um die Weltherrschaft auf dem kornreichen Blachfeld zwischen dem r e c h t e n Enipeusufer und dem Hügelrande des Hundskopf-Labyrinths entschieden wurde. Cäsar, der sonderbar genug weder Stadt noch Fluss mit Namen nennt, erschien zuerst von Epirus her und lagerte im Kornfeld am Wasser. Pompejus zog mehrere Tage später, von Larissa kommend, auf demselben Wege, den wir genommen hatten, und schlug, ohne in die Fläche hinabzusteigen, das Lager auf den Hügeln auf, an deren Fuss er sein Heer in bequemer und ihm günstiger Stellung vergeblich zum Kampfe bot. [2]

Am Entscheidungstage selbst lehnte Pompejus den rechten Flügel, Cäsar aber den linken an den Fluss, der beiden Heeren die Seite deckte und die Angriffe der Reiterei unmöglich machte. Diese Stelle (Cäs. III. 88 und 89) setzt die Sache ausser Zweifel. Wie Pompejus geschlagen und selbst das Lager am Hügel genommen war, floh Alles nördlich in der Richtung gegen Larissa durch das Hügelrevier, auf dem sie vorher gekommen waren. Aus Cäsars Angaben ist es klar, dass keines der streitenden Heere in der Richtung gegen Pharsalus den Fluss überschritten hatte. Nach Appian aber wäre der Rückzug entweder durch den Fluss „mit hinderlichen Ufern" (impeditis ripis) oder vielmehr — was offenbarer Unsinn — südlich gegen D o m o k o und die

---

[1] Ἐς τὸ μεταξὺ Φαρσάλου τε πόλεως καὶ Ἐνιπέως ποταμοῖ. Appian. de bellis civil. lib. II, 474.

[2] Pompejus, quia castra in colle habebat, ad infimas radices montis aciem instruebat. Caes. de bello civil. lib. III, 85.

Thermopylen geschehen, wohin wir uns nach dieser kurzen
Abschweifung vom Reiseziel unter nicht ganz günstigen
Wetterzuständen etwas später als neun Uhr Vormittags in
Bewegung setzten.

Nach einem Paar etwas lichter Morgenstunden, die uns
mit falschen Hoffnungen kirrten, war ein dichter Nebel über
Berg und Fläche herabgestiegen, und wie wir ans andere Ende
des Städtchens kamen, wo Weiber an der Quelle wuschen,
fing es zu schneien an. Wir ritten schweigend vorüber, weil
uns der Wind die Flocken ins Antlitz trieb und die düstre
Atmosphäre bald die nächsten Gegenstände dem Blick entzog.
Nur der glatte weiche Pfad verrieth, dass wir nach einer
Wegesstunde aus der steinigen Durchgangsniedrigung des
pharsalischen Vorgebirges wieder auf das Feldmeer gekommen waren. Sehen konnte man es nicht. Die Luft bot
eine jener Scenen, wie sie nur die Iliade malt, und gleich
Ajax flehten auch wir zu Zeus um Licht, obwohl zur Dunkelheit auch noch die Qual des Hungers kam. Wir hatten uns
ohne Imbiss auf den Weg gemacht, weil der eigene Vorrath aufgezehrt und in Pharsalus um jene Stunde nichts zu
finden war. Welch ein Glück, dass wenigstens der Führer
der Landschaft kundig war! Erst am Ende der hier drei
gute Stunden breiten Fläche öffneten die aufsteigenden
Nebel den Horizont, und wir standen am Fusse eines
hohen Kegelberges, auf dessen Spitze unsere Sehnsucht, das
Städtchen Domoko, wie in den Wolken hing. Des Schnees
ungeachtet hätten wir mit guten Pferden vielleicht in weniger
als einer Stunde das Ziel erreicht. Aber wir brauchten das
Doppelte, und die Thiere waren eben so erschöpft wie wir,
ja selbst den Führer, den hartlebenden Griechen aus Pharsalus, wandelte auf halber Berghöhe vor Hunger Ohnmacht an. Er konnte nimmer fort. Ein Labetrunk, eine
Krume Brod hätten ihn zu Kraft gebracht; aber beides fehlte.
Sack und Flasche waren schon am Morgen leer. Nach
kurzer Rast wurde noch einmal angesetzt, und wir krochen
langsam athmend jammervoll den steilen Pfad hinan. Doch
umsonst! die Kraft versagte noch einmal, und wie sich der

Arme zu letzter Hülfe auf die Gruppe des koffertragenden
Pferdes setzte, sank auch noch das Thier unter der Doppel-
last nach kurzer Strecke zur Erde nieder. Durch vereinte
Mühe ward wieder aufgeholfen, wir sahen die Häuser ober
uns und kamen mit Aufraffung der letzten Kraft endlich
todesmatt bei der gastlichen Thüre an. So gross war die
Schwäche, dass ich die schroffen Treppen ins obere Stockwerk ohne helfenden Arm nicht mehr zu erklimmen vermochte.

Das Haus war ein christliches und wegen der unebenen
und beschränkten Räumlichkeit von Domoko thurmähnlich
an den Abhang hingelehnt. Zum Glück fanden wir eine
Zelle leer mit überhängendem Bretterdach und Söller vor
der Thüre, wie die Hütten in Tirol. Neben der Thüre war
die kleine Fensteröffnung, der Boden von gestampftem Lehm
und eine Feuerstelle im Hintergrunde, wo sofort die Flamme
von trockenem Birnbaum lichterloh in die Höhe schlug.

Leser, die nach succulentem Mahle unsere Noth ange-
ekelt hat, werden bei der Nachricht der glücksvollen Lage
in Domoko wieder ausgesöhnt und zufrieden sein. Reis,
Eier, Hülsenfrüchte, Brod, Wein, Holz und Raki war im
Ueberfluss; aber müde Deutsche wollen kräftigere Substanzen,
und nicht ohne viele Mühe ward auch noch eine Henne zum
Nachtmahl aufgetrieben. Man denke sich die Lust! Nur war
im ganzen Haus kein Hafen, um das Kleinod herzurichten,
kein Leuchter, die Kerze aufzustecken, und kein Küchen-
instrument, das Geschäft mit Anstand auszuführen. Wohl
eine Stunde suchte und fragte man im Städtchen herum, bis
endlich der ersehnte Topf erschien.

Domoko, wie schon früher bemerkt, ist von Türken und
Griechen zugleich bewohnt; die Griechen aber kochen nicht,
wenigstens kein Federvieh, und es gab gleich anfangs einen
hohen Begriff von unserer Bedeutung und unserer Macht,
dass wir an einem gemeinen Wochentage ein solches Mahl
bereiten liessen. In der Zelle neben uns war auch ein
Fremder, der nichts als einmal des Tages Bohnen mit Oliven
ass. Bei den Griechen müssen auch die Thiere fasten, weil

die Menschen selbst nur Zwiebel essen und das gewonnene
Geld vergraben wird. Die Deutschen lieben zwar viel und
gute Kost, haben aber ein weiches Herz für fremde Noth
und erbarmen sich besonders des lieben guten Viehs. Unsere
Pferde sammt dem Führer hätten zwar bei all ihrem Phar-
salusblut die Schlacht bei Gaugamela nicht entschieden, erhielten aber doch in Domoko des harten Tagwerks wegen
Gerste zum Dessert; der Agogiate selbst durfte sich mit dem
Wlachidiener zu den Resten des reichlich aufgestellten Mahles
setzen und erhielt, um die Ohnmacht gründlich auszutreiben,
neben dem ausbedungenen Lohn noch eine Extradosis Raki
als Labetrunk. Nachdem wir am Ende noch für frische
Pferde bis in die Quarantäne von Zitun mit einem Türken
abgeschlossen hatten, überliessen wir rund am Feuer gelagert
die matten Körper der langersehnten Ruhe. Damit aber ein
für das Seelenheil besorgter Leser nicht etwa glauben müsse,
die Nacht in Domoko sei für christliche Wanderer gar zu
weich und üppig gewesen, wollen wir nur bemerken, dass.
wie in den wenigsten Fällen unseres Erdenwandels das Gute
ohne Beisatz vom Uebel ist, so auch im Einkehrhaus zu
Domoko das übersüsse Glück durch etwas Wermuth ge-
dämpft und verbittert war. Dass die Zellendecke fehlte,
war ein geringeres Uebel als der Mangel des Kamins. Die
aus gehobelten Sparren und Brettern schön gezimmerte und
knapp gefugte Dachung, obgleich von Rauch und Schlacken
angeschwärzt, hielt Schnee und Kälte von oben sattsam ab;
aber bei Thür und Fenster, die des Rauches wegen offen
blieben, drang es vom Söller schneidend kalt auf die Schlafenden herein. während zerlassener Schnee über der Herdflamme
durch die Bretterfugen drang und als russgefärbte ätzende
Flüssigkeit in regelmässigen Pausen auf die grauen Mäntel
niederfiel, noch heute sichtbar zur Erinnerung an die Winter-
nacht in Domoko. Nicht genug, in der Zimmerecke neben
meinem Lager war am Fussboden eine runde Oeffnung angebracht, die dem Gelasse unterhalb als Rauchfang diente.
Ein widerlicher Qualm aus ranzigem Oel und nassem Holze,
der sich von unten herauf in die Wirbel der obern Heizung

schlug, tödtete alle Poesie und stellte bald das Gleichgewicht
in unserer Lage her. Wir waren ja zur Winterszeit gleich-
sam mitten im rauchenden Kamin logirt! Es schneite und stöberte die ganze Nacht und auch noch
den folgenden ganzen Tag ohne Unterlass. Wir hofften aber
auf Besserung und wollten Morgens dennoch fort. Der Türke
erklärte geradezu die Unmöglichkeit und sagte auch, wir
hätten uns vor allem zur Durchsicht des Reisescheins beim
Oberbefehlshaber der Gränzschluchten, der hier residire, in
Person vorzustellen, weil ohne dessen Erlaubniss niemand
aus dem Land gelassen werde. Wie wir im Seraï erschienen,
hiess es: „der Aga schläft, kommt in einer Stunde wieder.“
Nach einer Stunde schlief der Aga noch, und erst gegen
zehn Uhr that sich der Divan auf. Ich war nicht ganz ohne
Sorgen. Das Städtchen war mit albanesischen Söldnern
angefüllt, und der Aga selbst gehörte diesem Volke an.
Vielleicht gibt es Hindernisse, vielleicht Forderungen über-
mässiger Natur, da der Albanese besondern Werth aufs
Klingende zu legen pflegt und ich allein und ohne Schutz-
brief des Wesirs von Larissa gekommen war. Mit dem
Grammatikus hatte ich schon vorher geredet und in der
Halle auch Bekanntschaft mit einem Exemplar aus dem
männlichen Harem gemacht, das dem Aga nach Albanesen-
brauch in Domoko nicht fehlen durfte. Der gute Junge
sagte mir, wie ich mit seinem Gebieter reden soll, und er
wollte ihm selbst ungebeten mein Petitum bestens anem-
pfehlen, wofür er zwei Silbergroschen als Geschenk erhielt.
Im Divan musste ich natürlich meine Sache selbst vertreten;
aber Zuversicht mit Zungengeläufigkeit wuchsen schnell, wie
ich merkte, dass der Aga im Türkischen von nicht besonderer
Stärke war. Manche in Stambul erhaschte Phrase ward mit
glänzendem Success vor den unwissenden Schkypetaren zur
Schau gestellt. „Wie schön er türkisch spricht!“ sagte halblaut der Aga zum Grammatikus. Das ist im Munde eines
Albanesen freilich kein grosses Lob, beweist aber, welchen
Vortheil auch geringe Kenntniss in der Osmanisprache reisenden Europäern in der Türkei gewährt. Nur wer türkisch

redet, gilt im Lande als ehrenwerther Mann, hat Religion
und achtet göttliche und menschliche Gesetze: „*Türktsche
bilir, allahdan korkar.*" [1] Denke man nur, bei aller
Andachtsglut und dogmatischen Schärfe für Glaubensreinheit
und geistliches Uebergewicht wären D... und W... sammt
ihrem theologischen Anhang in M... bei den Osmanli doch
nur Atheisten, Leute ohne Treue und Glauben, bloss weil
sie des Türkischen nicht kundig sind!

An Hemmniss oder irgend eine ungerechte Zumuthung
war bei solchen Vorlagen nicht weiter zu denken, und
der Abreise stand auch nichts weiter entgegen, als die
finstere Atmosphäre mit ihrem winterlichen Schneegestöber.
„Geht nicht! Seht nur das Wetter an! Ihr gehet zu
Grunde," sagte warnend der Grammatikus. Wir blieben
noch den ganzen Tag, der uns nach besserer Anordnung bei reichlicher Zehrung und in nützlichen Dialogen
mit den Zollbeamten am Feuerherde schnell vorüberging.
Wir besuchten auch eine Art improvisirter Schenke, wo
die moslimischen Schkypetaren gegen Koran und Prophet
tapfer zechten. Bekanntschaft mit Kriegsleuten ist überall
schnell und leicht gemacht, und nicht ohne vielseitig
freundlichen Zuspruch der rauhen Gesellen gingen wir in
die Wohnung zurück.

Sorgfalt und Fleiss, womit ich während des langen
Aufenthalts in Stambul etwas Nützliches zu lernen suchte,
belohnten sich in solcher Weise häufig schon während der
Reise selbst. Wir sagen es nicht des eitlen Ruhmes wegen;
wir sagen es andern zum Trost, damit sie lernen, was und
wieviel ein Mensch, der selbständige Meinung und unabhängigen Sinn weit höher als Gunst und Sold der Grossen
achtet, auch in mässigen Umständen durch eigene Kraft zu
schaffen vermöge. Leiden und Noth sind vergessen; Erfahrung, Einsicht, Erinnerung und geistiger Genuss sind geblieben und werden noch lange bleiben; sie sind mein wohl-
erworbenes freies theures Eigenthum! Zwar hat uns der

---

[1] „Er versteht Türkisch, (weil) er Gott fürchtet."

Rauch in Domoko Antlitz und Hände angeschwärzt; aber wir schliefen gelabt und erquickt so wonnig am wärmeströmenden Herde, wie die innerlich zerrissenen, schuldbewussten Kinder des Glückes, des Ehrgeizes, der irdischen Grösse in ihren Prunkgemächern und exquisiten Lüsten zu schlummern nicht vermögen. Haltung und Thun des Menschen gewinnt eine andere Gestalt, sobald sich der Gedanke, dass kein Erfolg, kein Genuss, kein Wissen, kein Rang, keine irdische Grösse Drang und Qualen des Gemüthes stillen kann und wahrer Seelenfriede nur im Versagen liegt — seiner gänzlich bemächtigt hat. Wer die Fesseln des Ehrgeizes, der Gierde, der Habsucht, der Eitelkeit nicht abzustreifen vermag, ist weder ein weiser, noch ein tugendhafter, noch ein freier Mann, noch kennt er das wahre Glück, das wir alle suchen, das aber so wenige von uns wirklich finden. Hiemit ist nicht gesagt, dass man, um weise, frei und glücklich zu sein, zur Winterszeit in thessalisch Domoko am rauchigen Herde liegen müsse.. Unsere Weisheit, weit entfernt von der Schule des Diogenes, duldet und liebt sogar die Eleganz der Aussenseite. Wir erzählen nur, was wir damals auf der Seele hatten und was uns nach vielen und harten Proben als einzig richtiger Weg zum höchsten Gut des Lebens — zu Gleichmuth und Zufriedenheit erschienen ist.

Ohne Zweifel haben wir für Mehrung und Kräftigung wahrer Lebensweisheit im Allgemeinen durch unsere Sittenpredigt schon jetzt Bedeutendes gewirkt. Wir hoffen aber, und zwar insbesondere in Deutschland und beim ehrwürdigen Corpus der Gelehrten und Andächtigen, durch unsern Frost und unsere Gleichgültigkeit für falsche Ehren, zerfliessende Weichlichkeit und schnöden Flitter der grossen Kinderwelt nächstens noch weit grössere Bekehrungen zu erleben und in kurzer Zeit die Summe der Selbsttäuschungen, der eiteln, thörichten Bestrebungen zwischen Belt und Adria wesentlich gemindert zu sehen. Am Ende sind wir gar noch vom Schicksal auserkoren, das von erlauchten „Reisendinnen" neulich in Massa als corrupt verdammte Europäerblut moralisch zu reinigen und durch das Laugencorrosiv unserer Homilie wieder gesund zu machen. Welch ein Ruhm für unsere Unbedeutenheit! Die Gräfin mit dem „schleifenden Schritt" deutet als Universal-Galen das Uebel der Zeiten an, und wir — der geradredende Plebejer — heilen es durch unsere thessalische Panacee. Ist das nicht überschwänglicher Gewinn für zwei rauchgeschwärzte Nächte in Domoko? Was hätten wir aber auch sonst über unsere Winterrast in einem Orte berichten sollen, an welchem das Alterthum selbst in der Sommerlust nichts als die rauhe Lage und die prachtvolle Fernsicht zu rühmen wusste? Unsere Leser erinnern sich aus dem vorigen Fragment der Gestalt des thessalischen Ringbeckens und wissen, dass sich das Randgebirge allerseits schluchtig und durchbrochen, aber amphitheatralisch und breit gegen die fette Mittelebene niedersenkt und im letzten Stadium, wenn der Wanderer aus den Hochschluchten tritt, eine entzückende Aussicht über das endlose Gefilde öffnet. Auf einer solchen luftigen Höhe, an deren Fuss das pharsalische Feldmeer endet und die schluchtenvollen Berge beginnen, liegt Domoko.[1]

Wir waren aber vom Glücke weniger begünstigt als die Legionen des Flaminius und mussten den Ort verlassen, ohne das Auge am schönen Spiel des pharsalischen Panorama's zu erquicken. Eine flockenschwangere Nebeldecke hatte sich wie ein Leichentuch bewegungslos über die weite Niederung gelegt, und wir ritten am Morgen des dritten Tages noch vor Anbruch des Lichtes mit unsern türkischen Führern zum Städtchen hinaus, von dem wir nicht einmal den Umfang, noch weniger Busch und Wald des unter dichter Schneekruste vergrabenen Weichbildes gesehen hatten. Doch schien der Zorn der Elemente endlich versöhnt; und wie wir auf sinkendem Pfade über Schnee und Eis der Ebene Tawüklü längs dem Nezerosee über Bäche und weiches Erdreich zu den Platanen hinabgekommen waren, wo der Engpass be-

---

[1] *Iliad. II*, 716. 717. — *Ubi ventum ad hanc urbem est, repente, velut maris vasti, sic immensa panditur planities, ut subjectos campos terminare oculis haud facile queas. Livius lib 32, cap. 4.*

ginnt, gingen die Wolken auseinander und sah stellenweise
das blaue Firmament herab. [1]
Die Natur dieser Thalenge, ihre verschlungenen Windungen und felsigen Aussprünge malt Livius [2] mit den wenigen
Worten „confragosa loca implicitasque flexibus vallium vias"
in seiner Art trefflich und wahr, bis die seit Deukalion bestehende Form Thessaliens unter gewaltigen Naturkräften
zusammenbricht und ein neues Gebilde entsteht. Drei Stunden
von Domoko wird das Land menschenleer, und ein isolirter
Steinthurm oder sogenanntes Serravalle aus der fränkischen Ritterzeit (13. Seculum) bildet mit einem Haufen albanesischer Söldner auf dieser Seite den äussersten Vorposten
und gleichsam die Grenzwache des türkischen Sultanats von
Stambul gegen den „Bavaresikral" in Athen. Bei diesem
Thurm hatten wir die letzte Plage, weil der Schkypetaren-
Officier in der Meinung, einen guten Fang zu machen am
„einfältigen" Franken, der sich nicht zu vertheidigen wisse,
eine namhafte Summe als Durchgangszoll verlangte.
Etwas beunruhigt, dass ich von der kleinen Karavane
allein in den Thurm hinaufgeladen wurde und auf meinen
höflichen Gruss vom rohen Osmanligesellen keinen Bescheid
erhielt, fragte ich ihn auch meinerseits erbost, wer ihm das
Recht gebe, von mir, der ich mit des Sultans Pass von
Stambul komme, Geld zu fordern? „Aded dür," „so ist's
der Brauch," sagte er etwas höflicher. Ich erklärte ihm
aber, alle seine „Aded" gingen mich nichts an; ich sei ein
deutscher Begsade (Beïsade), der die Welt bereist und Niemanden etwas gibt. Zugleich hielt ich den türkischen Reiseschein zur Durchsicht hin, musste ihn aber selbst vorlesen,

---

[1] Jedem in der neuern Philologie nicht ganz fremden Leser wird das
Ungriechische der beiden Worte „Tawüklü" und „Nezero" auch ohne Mahnung aufgefallen sein. Ersteres ist ein türkischer Terminus und mit „Hühner-
feld⁻ zu übersetzen. Nezero aber ist ein slavisches Appellativ, das in der
Form ezero, jezero und Nezero (See) in hellenischen Landen sich
häufig bis auf den heutigen Tag erhalten hat und beim Erlöschen der slavischen Sprache als Eigenname für grössere Wassersammlungen in das
Neugriechische herübergekommen ist.
[2] (Am ang. Ort. D. II.)

weil im ganzen Thurm kein Mensch das türkische ABC verstand. Dieser Act von Gelehrsamkeit nebst angefügten summarischen Erklärungen über das Nemtscheland — alles (mit Verlaub) in gutem Türkisch — that die beste Wirkung. und der Häuptling fragte am Ende ganz freundlich, ob es mir denn auf einige Para zu einer Tasse Kaffee auch noch ankomme? Ich war nicht hart genug, nein zu sagen, gab ungefähr einen Franken und ward von einem mitreisenden Griechen, wie wir den Thurm hinter uns hatten, als zu nachgiebig getadelt: „nichts, gar nichts hätte ich geben sollen."

In nicht viel mehr als einer Stunde nach diesem letzten Conflikt mit den Türken hatten wir die Höhe erstiegen. wo die Grenzmark des freien Hellas streicht, und hier fand es mein Tadler ganz in der Ordnung, dass ich dem Wunsche der Palikaren mit einer Kleinigkeit entgegenkam. Die armen Jungen waren mit Wenigem zufrieden, und gegen die gesetzliche Gebühr einer Drachme (25 kr. rh.) begleitete uns einer aus ihnen in die zwei Stunden unterhalb liegende Quarantäne von Zitun hinab. Am 9. Februar 1842 hatten wir das Ziel unserer türkischen Wanderschaft erreicht und waren wieder in der Christenheit. Selbst die landfremden Palikaren freuten sich unseres Heiles und empfingen uns mit der grössten Freundlichkeit auf dem Boden des freien Griechenlands.

Alle Noth, so denkt mit Recht der Leser, muss jetzt ein Ende haben. Denn gleichwie das Christenthum im Ganzen und im Einzelnen das Gegentheil des Islam ist, eben so müssen und werden sicherlich auch die Bekenner des einen in allen Dingen von den Bekennern des andern vortheilhaft verschieden sein. Denn sobald sich beiderseits gleichviel Schlechtigkeit mit derselben Masse von Noth und Elend fünde, und wenn die öffentlichen Zustände bei den einen eben so trostlos und verfallen wie bei den andern wären, wie sollte der Uneingeweihte dann erkennen, um wie viel Tonsur und Dogmatik von ** besser als Derwischmütze und Koran von Medina sei? Man sieht, der Vergleich ist billig und ganz zum Vortheil der Christenheit gestellt.

Wenn es in türkisch Pharsalus an Holz und Kohlen und
Brod gebricht und die Fenster ohne Glas und Läden, die
Albanesen im Thurm aber, der Gerechtigkeit vergessend,
nach fremdem Gute lüstern sind, so wird in Zitun schon
desswegen an physischen Gütern Ueberfluss, an sittlichen
aber Fülle herrschen und besonders die Gerechtigkeit daselbst
in Ehren sein, weil man in Zitun nicht bloss Christ, sondern
überdiess noch Hellene ist. Scenenwechsel musste es hier
geben, und christliche Leser würden es sogar übel nehmen,
wenn man ohne alles Merkmal von Contrast und Farbenspiel, wie etwa von der Lausitz in die Brandenburger Marken, so von türkisch Thessalien ins christliche Hellas her-
überkäme.

Wer immer dem freien Königreich die nördliche Grenze
gezogen, hat es sicherlich mit Verstand und im Bunde mit
der Natur gethan. Eine geradlinige, beiderseits sich ab-
flachende, in Rissen und Brüchen langsam niedersteigende
Bergscheide trennt türkisch Thessalien von Griechenland.
Die Nordseite des Höhenzuges war noch rauh und winterlich,
während die südliche gleich unterhalb des Scheitelpunktes
in jungem Gras und Lentiscusstrauch schon mildere Lüfte
und grössere Macht der Frühlingssonne verrieth. Der Leser
kann sich das Panorama gleichsam selber malen. Ein Quer-
thal, breit und schön und mit einem Strom in der Mitte, zieht
wie ein Festungsgraben in gleicher Richtung mit unserem
Höhenzug vom Meer ins Land hinein, und die gegenüber-
streichende Thalwand übertrifft an Höhe und Mächtigkeit
wie an Steile und Waldreichthum bei weitem die Linie, von
der wir niederschauten. Der Fernblick vom Zirlberg ins
Innthal unterhalb gibt mit Ausnahme der niedlichern Formen
des griechischen Bodens beinahe ein ähnliches Bild. Eine
Reihe fester Steingebäude mit kleinen Besatzungen, in ge-
messenen Zwischenräumen den Bergkamm krönend und von
ferne sichtbar, bilden gleichsam die Mauerzinnen zum langen
Erdwall wider das Türkenthum. Weit unten am Fuss der
Höhe, in der Einsattelung zweier Hügel gegenüber den
Thermopylen, zeigte uns der Palikar die Stadt Zitun, und

um Ein Uhr Nachmittags am vorbenannten Tage hatten sich
die Thore der hellenischen Quarantäne hinter uns zugemacht.
Die Klausur war nur auf acht Tage festgesetzt und muss
im Sommer, der natürlich schönen Lage wegen, sogar ein
geringes Uebel sein. Aber zur Winterszeit gab es christlichen Regimentes ungeachtet doch Einiges zu bedenken.
Und um es nur kurz zu sagen, die Aussichten waren nicht
viel günstiger, als im Einkehrhaus zu Pharsalus. Es gebrach
an Allem, sogar an Holz und Kohlen, nur nicht an Höflichkeit der Bediensteten und an Mahnung zur Geduld. „Wir
sind noch klein, jung und arm, vielleicht wird es bald besser
sein." — „...Aber für Geld und gute Worte aus Vorsicht trocken
Holz und Kohlen herbeizuschaffen, wäret ihr doch gross und
alt genug."" — „Die Leute dieses Landes. entgegnete man,
kochen nicht, wollen lieber frieren, als Geld für Feuerung
geben. Doch hoffe man für unsern Bedarf noch etwas Zehrung beim Bakkal zu finden, ja man denke sogar seit längerer
Zeit zwei, drei Stuben mit Glasscheiben und europäischer
Bequemlichkeit für bessere Reisende herzurichten; aber es
fehle noch immer an den nöthigen Mitteln, das Beschlossene
auszuführen. Auch sei bis jetzt auf dieser Seite nur armes
Handwerksvolk aus den türkischen Provinzen nach Hellas
eingewandert, und ich wäre der erste „Milordos," der des
Weges komme."
Die kleineren Räume waren leider alle besetzt, und wir
mussten uns, um allein zu sein, vorerst mit einer weiten
Sommerbaracke begnügen, deren ganze Einrichtung aus drei
Holzpritschen und einem Feuerherd bestand. Der Fussboden
war Steingeröll, die Oberdecke fehlte ohnehin, und durch die
weiten Spalten in Dach und Fensterläden blies bei heiterem
Himmel Nachts der kalte Wind herein. Am grünen Reisig.
das man zur Feurung eilig sammeln liess, konnten wir uns
nicht erwärmen, und der als Wächter zugetheilte Albanesen-
Palikar brach Nachts in der Noth die Reste des Holzgitters
ab, welches den verdächtigen Theil des Hofraumes vom
gesunden schied. Das war übrigens die einzige Nacht, in
der uns die Kälte gar nicht schlafen liess. Wir verkürzten

die Zeit mit Reden, und der Wächter, der siebenthalb Fuss
hohe, schlanke, unbärtige, unverdrossene Schkypetar mit
seinen kleinen Albanesenaugen, dünnem Nasenknorpel und
blendend weissem Teint, war um so beredter, da er warme
Kost, in Butter geschmorte Eier, getrocknete Feigen, rohe
Poristängel und Oliven gegessen hatte und Tags darauf noch
Besseres hoffte.

Die Stadt war nur eine halbe Stunde entfernt und hatte
an Lebensmitteln Ueberfluss. „Uebrigens soll ich mich über die
ärmlichen Zustände unserer Lage nicht wundern, „„da bisher
lauter Diebe in der Quarantäneverwaltung waren."" Jetzt
müsse natürlich bald alles ein besseres Hersehen gewinnen, da
man heilsame Reformen vorgenommen." Aber bei aller
Ehrenhaftigkeit der neuen Verwaltung wird es in der Zituner
Quarantäne vermuthlich bis auf diese Stunde beim Alten
geblieben sein, weil die Griechen bei Neuerungsvorschlägen
und in Abschaffung veralteter Missbräuche mit lobenswerther
Vorsicht verfahren, aus Klugheit nichts übereilen, vorher
alles langsam, wiederholt und reiflich bedenken und überall
mit schonungsvoller Behutsamkeit an den öffentlichen Schaden
gehen, ja aus gegenseitiger Nachsicht und christlicher Geduld meistens lieber gar nicht darangehen. Sie wollen es
nicht machen wie die Europäer, die wohl niederreissen, aber
selten etwas Besseres auf die leere Stelle bringen. Wollte
man alle Diebe aus den Aemtern treiben und überall nur
Gerechte an ihre Stelle setzen, so blieben wahrscheinlich
sämmtliche Beamtenstuben des hellenischen Königreichs in
alle Ewigkeit vacant. Als geistreiche Menschen, wie die
Griechen alle sind, wählen sie unter zwei Uebeln natürlich
das geringere, und die Dinge bleiben, wie sie sind.

Oeffentliches Gut nach Kräften als Privateigenthum zu
behandeln, ist uralte Landespraxis, ist gleichsam fest und
wohl ersessenes Recht der byzantinischen Beamtenwelt. Und
statt die Griechen als neuerungssüchtig und rebellisch zu
verschreien, wie es andere thun, finden wir sie entschieden
conservativ und besonders voll Respect für ihr historisches
altes Recht. Man sollte glauben, sie hätten insgesammt bei

weiland Dr. Hugo in Göttingen Jurisprudenz studirt. Dieses
Urtheil ist ein von persönlichen Berührungen ganz unabhängiges, und die jämmerlich kalte Pritschennacht hat uns
eben so wenig gegen die Hellenen eingenommen, als uns
die günstigere Lage am folgenden Tage zu ihren Gunsten
bestach. Man gab uns eine bequemere Zelle mit Bretter-
boden, Ueberdecke und. wälschem Kamin. Für Strohmatte,
Feuerzange, Topf und Leuchter ward auch gesorgt, und der
Krämer hatte gutes Brennmaterial mit reichlichem Nahrungsstoff aus der Stadt gebracht. Für Fensterscheiben aus Papier
hatte eigene Industrie gesorgt, und wir waren in wenig
Stunden ein Gegenstand des Neides und der Bewunderung
für die Poristängel essenden Mitgefangenen der Nachbarschaft.
Allein die Herrlichkeit hatte ein schnelles Ende.

Der freundliche Quarantänearzt hatte uns gebeten, mit
den Mängeln der Anstalt Nachsicht zu haben, Griechenland
sei noch „jung, klein und arm‟; hätten wir aber irgend
einen Wunsch, brauchten wir nur zu befehlen, alles werde
zu unsern Diensten sein. So spricht in Hellas jedermann,
aber niemand will etwas thun. Die Gelegenheit, zu „wünschen und zu befehlen,‟ kam viel schneller, als es nöthig
war. Das üppige Leben in unserer Zelle und das Glück der
beiden Diener, die gegen alle griechische Sitte eben so christlich gefüttert wurden, wie der Gebieter selbst, veranlassten die
Meinung, Milordos müsse ein gutmüthiger, reicher, liberaler
und geldverachtender Geselle sein, und auf diese Vorstellung
hin gründete der amtlich aufgestellte Krämer seinen Plan. Statt
guter Kohlen wie früher, brachte er am dritten Tag Kohlen-
staub und statt des bestellten Quantums Hammelfleisch eine alte
magere Henne, für die er 120 Lepta (30 kr.) wollte. Bei unserer
Weigerung, die Lieferung anzunehmen, weil wir Anderes
und Besseres bestellt, schwur er hoch und theuer, dass
Anderes und Besseres zu dieser Frist gar nicht zu finden sei.

Die Verhandlung ging vor aller Augen im Hof vor sich,
und jedermann erkannte das Unrecht dem trügerischen
Krämer zu: „der Mensch sei ein Albanese,‟ d. i. der Inbegriff
aller Schlechtigkeit. „„Aber ihr seid alle so, Lügner, Schel-

men, Diebe vom ersten bis zum letzten."" Nach warmer
Sittenpredigt behielt der Mäkler seine Waare, und wir blieben
ohne Feuer und Kost, oder mussten mit Poristängeln zufrieden sein in gleichem Loose mit der Nachbarschaft. Erst
einige Stunden später hatte ein Expresser die schönste Heizung
und das schönste Hammelfleisch gebracht, obwohl der amtliche Versorger bei allen Heiligen der anatolischen Kirche
geschworen hatte, es sei nur schlechtes in der Stadt, ja
man finde gar keines, und es werde überhaupt nicht mehr
geschlachtet in Zitun. So ging es fort, bis endlich der
neunte Tag dem Hader und der Klausur zugleich ein Ende
machte.

Nachdem die Rechnungen geordnet und nicht ohne neues
Plänkeln jedermann gesättigt und befriedigt war, verliessen
wir den Sitz der Plage und ritten freudig und nicht ohne
Bedacht, wie unsere Erfahrungen andern Reisenden frommen
sollen, nach Zitun hinein. Sollte das Schicksal ja irgend einen
Deutschen gleich uns zur Winterszeit dieses Weges aus
Thessalien nach Hellas führen, so nehme er unsere Widerwärtigkeiten als Mahnung zu grösserer Vorsicht an und
komme ja nicht in die Quarantäne nach Zitun, ohne folgende
Gegenstände vorsorglich mit sich zu bringen: 1) Lebensmittel für wenigstens Einen Tag; 2) eine tüchtige Saum-
ladung trocken Holz und Kohlen; 3) eine Feuerzange, ein
Kohlenbecken und Wandnägel *quantum sufficit;* 4) einen
Tisch; 5) eine Rohrdecke; 6) ein Brett; 7) eine sechs Fuss
lange Dachrinne; 8) Schmutzkratze und Besen; denn bei
den Hellenen wird nicht gekehrt, und ohne Rettungsbrett
und Dachrinne kann man bei Thauwetter nicht wohl zur
Zellenthüre hieraus.

Wir blieben mehrere Tage in der Stadt, um endlich
ohne Zank der Freiheit und des Lebens zu geniessen, bis
wir weiter zogen über Euböa nach Athen. Zugleich wollten
wir doch auch sehen, welche Fortschritte öffentliches Leben
und allgemeine Glückseligkeit des griechischen Volkes während des zehnjährigen Friedens unter dem Schirmhut des
Bavaresenthums in Zitun gemacht. Man darf dem Leser

wohl gestehen, dass wir schon im Jahre 1833 bei Gelegenheit des Besuchs von Thermopyle Zitun zum erstenmale gesehen haben. Die wasserreiche Umgegend ist zwar kahl und baumlos geblieben wie zur Türkenzeit, aber das Städtchen selbst hebt sich der (damaligen) wenig geschickten und noch weniger redlichen Verwaltung zum Trotz allmählich aus den Ruinen heraus. Wir sind nicht nach Zitun gekommen, um die Machthaber anzuklagen oder sie gar eines Bessern zu belehren und zu thun, als hätten wir allein das Geheimniss im Gänsekiel, alles öffentliche Ungemach mit einem Federstrich zu tilgen und durch Zauberschlag jedermann glücklich und reich zu machen. Wenn wir je etwas bekrittelten, so war es nur die Hast und das thörichte Selbstvertrauen, mit dem man sich ans Ruder drängte, als wäre es eben ein so leichtes Ding, auf „byzantinischem" Boden und mit „byzantinischen" Elementen eine nach abendländischen Begriffen blühende und innerlich geordnete Staatsgesellschaft einzurichten. Den Ueberschwänglichen, den Leichtblütigen und den Unbesonnenen haben wir von jeher unsern Zweifel, unser Misstrauen und unsere Verneinung entgegengesetzt und allzeit gefunden, dass es billiger ist (wenigstens im Orient), die öffentliche Verwaltung nicht nach dem Guten, das sie gethan haben will, wir aber nicht zu entdecken vermochten, sondern nach dem Bösen zu beurtheilen, das sie unterlassen hat.

Wenn man die Hände immer in den Taschen des Volkes hat und im Moment des Dranges doch immer wieder Bettler ist — „inter continuas rapinas perpetuo inops" [1] — wie erklärt ihr das? Glücklicherweise haben wir solche Fragen zu beantworten weder Beruf noch Lust. Mancher Leser weiss auch schon, dass uns weniger die Politik und am wenigsten die Eitelkeit, auf neuem Schauplatz eine Rolle zu spielen, wiederholt ins Morgenland getrieben hat. Abenteuerlicher Hang, fremde Sitte zu sehen, angeborne Schwärmerei und Liebe schöner Landschaftsbilder beflügelten allein den

---

[1] *Justinus de Philippo Macedon.*

Schritt. In solchen Gemüthszuständen ist man weder Intriguant, noch Stellenjäger, noch Diplomat, noch Weltverbesserer.
Man ärgert sich auch nicht zu häufig über die Thorheiten
der Menschen; man lacht weit lieber (versteht sich im Stillen),
als man pocht und schilt. Diesem Charakter milder inoffen-
siver Schwärmerei sind wir hoffentlich im ganzen Cyklus der
„Fragmente" treugeblieben, und eben weil wir diesen Charakter
bis zum Ende behaupten möchten, ist es besser, wir schliessen
hier in der Grenzstadt des hellenischen Königreichs unsere
Irrsale und unsern Bericht. Hellas ist ja, wie sie sagen,
europäisches Land, und wo fänden wir den Muth, Dinge zu
besprechen, die man schon vor uns so oft und so gut verhandelt hat. Rühmte ich z. B. die freundliche Aufnahme
beim damaligen Obristlieutenant Fabrizius,[1] so wie kriegerische Zucht und Haltung des unter seinem Befehl an der
Grenze aufgestellten kleinen Truppencorps, so könnte es die
Eifersucht anderer Officiere erregen, deren Sinn nicht weniger
gastlich und deren Fustanellen-Schaaren eben so gut geübt,
genährt und gekleidet sind, wie die Besatzung in Zitun.
Wie sollte ich erst ohne Aergerniss erzählen, was ich gleich
auf der Grenze über die Bavaresen hörte? Man hält uns
für unmännlich und weichlich, für Leute, „die man anfangs
fürchtete und zuletzt verachtete." Jedermann weiss aber,
dass wir abgehärtete, kräftige und gerechte Menschen sind,
dass wir in Kunst und Wissenschaft wie im Betrieb des
bürgerlichen Lebens mit andern Nationen überall auf gleicher
Höhe stehen, ja ihnen in Vielem überlegen sind und besonders
in Andacht und Sittlichkeit als Muster dienen. Und doch
ward ich von Leuten, die gestern noch türkische Knechte
waren, mit der sonderbaren Bemerkung angeredet: „Die
Bavaresen haben uns bestohlen und in der Kultur um ein
Jahrhundert zurückgeschlagen."

Solche Urtheile widerlegen sich selbst. Die Thoren!
Als wenn man bei uns diebisch wäre und in der Kultur
rückwärts ginge? Wer in Deutschland hätte je dergleichen

---

[1] Aus Plön im Holsteinischen.

gehört? Ja, noch weit Schlimmeres musste ich vernehmen, verschweige es aber lieber ganz, weil es bei aller Falschheit doch hie und da kränken und betrüben könnte. So weit ist es durch Ungerechtigkeit und boshafte Leidenschaft unserer Gegner mit uns gekommen, dass wir in der Fremde nicht selten aus Vorsicht sogar das Land verleugnen müssen, aus dem wir gekommen sind. Ich reiste als „Tirolese", um vor Beleidigung, Spott und Neckerei der freundlichen Hellenen sicher zu sein. Das half noch in Zitun, in Stylida und auch noch im ausgestorbenen Chalcis (Negroponte), wo seit Auswanderung der Osmanlibevölkerung Stille über öden Strassen, über menschenleeren Häusern und grasbewachsenen Plätzen liegt und das unheimliche Echo des eigenen Schrittes, wie im ausgebrannten Ilium, den Wanderer erschreckt,

Horror ubique animos, simul ipsa silentia terrent!

In Athen dagegen nützte die Vermummung nichts mehr, und statt wie Cephalus in schwärmerischer Einsamkeit durch die lieblichen Scenerien des thymianduftenden Hymettus zu streifen, musste ich — o des harten Looses — dem griechischen Volke über meine Slaven-Thesis Rede stehen.

XIV.

Das slavische Element in Griechenland. [1]

Wie man die „Slaven" nur nennt, entsteht in Deutschland schon Missbehagen, Eifersucht und Zorn; man fühlt sich instinctmässig aufgeregt, wie gegen einen Erbfeind und Gegner, mit dem man einst noch um die höchsten Güter des Lebens, um Glück, Ruhm und Freiheit den Kampf zu bestehen habe. Dieses Gefühl der Abneigung ist so alt wie das deutsche Volk und seine Geschichte. Um sich zu hassen, braucht man ja nur Nachbar zu sein und die gleichen Nationalbestrebungen und Tugenden zu besitzen, wie der Nebenbuhler. Germanen und Slaven sind vorzugsweise die „Gemüthvollen" und „Ackerbautreibenden", folglich die am meisten dehnbaren Stämme des Erdbodens. Beide sind J a p h e t s Kinder, denen das Erbtheil S e m s und die Zelte seines Knechtes C h a m verheissen sind. [2] Es ist Erbhass unter uns und Ausgleichung doppelt schwer. Friedlich n e b e n einander können wir vielleicht leben, l i e b e n aber werden wir uns nie. Dagegen ist der Zorn wider die W e s t l i c h e n in Deutschland nur erkünstelt, gleichsam kanzleimässig anbefohlen und amtlich unterhalten und erlischt daher jederzeit mit der Gefahr, die uns von jenseits der Vogesen drohte.

[1] Leser, welchen gelehrte Verhandlungen über die Schicksale Griechenlands im Mittelalter widerlich oder auch nur gleichgültig sind, können d i e s e s Fragment sowohl als die beiden folgenden ohne Nachtheil überschlagen.

[2] *Dilatet Deus Japhet, et habitet in tabernaculis Sem, sitque Chanaan servus ejus. Genes. IX. 27.*

Die Slaven sind uns aber auch im Frieden zuwider; ihre Rührigkeit, ihr Geschick, ihre Fruchtbarkeit, selbst ihre Geduld erbittert uns, und wenn im Kriege wider andere Völker der „furor teutonicus" nur den wehrhaften Gegner auf dem Schlachtfelde erschlug und sich im Uebrigen mit Beute, Tribut, Steuer und Mahlzeit begnügte, verfolgte er den überwundenen Slaven bis in das Heiligthum der Familie, um slavische Existenz wo möglich in der Wurzel zu ersticken. „Die Franken," sagt ein byzantinischer Scribent des zehnten Jahrhunderts, „verfuhren gegen die Slaven mit solcher Härte, dass sie in Croatien sogar die Säuglinge erschlugen und sie den Hunden zu fressen gaben. [1] Solche Gräuel würde die Zeit nicht mehr dulden, aber der innere Hochmuth ist uns geblieben, und den Slaven als Race wird in ungerechtem Sinn das Anerkenntniss geistiger Ebenbürtigkeit bis zu dieser Stunde versagt. Es ist ein eigener Zug der menschlichen Natur, dem schuldbewussten Unrecht noch den Hass beizufügen: „die Slaven seien kein welthistorisches Volk, wie Sinesen, Inder, Perser, Griechen, Römer und Germanen;" sie seien nur Ausfüllungspartikel und gleichsam ein grosses Enklitikum des menschlichen Geschlechts ohne eigene innere Bedeutung. Hegel nennt sie ein „Mittelwesen zwischen europäischem und asiatischem Geist" und hält ihren Einfluss auf den Stufengang der Fortbildung des Geistes, ihrer politischen Grösse ungeachtet, nicht für thätig und wichtig genug, um Gegenstand seiner philosophischen Betrachtungen zu sein. [2]

In demselben Buche, welches den Germanen die Verwirklichung des christlichen Princips, d. i. des Princips des christlich freien Geistes als Weltpanier und die endliche Lebendigmachung des Vernunftstaates vindicirt, erhält die „grosse slavische Nation" keinen Platz. Gegen dieses letzte Gericht deutscher Philosophie Protest einlegen und den Slaven

[1] Τοσοῦτον δὲ ἐσκληρύνοντο οἱ Φράγγοι πρὸς αὐτοὺς ὅτι τὰ ὑπομάσθια τῶν Χρωβάτων ποιεῖοντες προσέρριπτον αὐτὰ σκύλαξι. Constant. Porphyrogen. de administ. Imper. cap. 30 (pag. 144 edit. Bonn).

[2] Hegels Philosophie der Geschichte, S. 360.

coordinirt mit uns ein universalgeschichtliches Hauptmoment
als Aufgabe zuerkennen, gilt in Deutschland als Abfall von
der Philosophie, wo nicht gar als Verrath am eigenen Blute.
Hegel — man sage dagegen, was man wolle — ist der
deutsche Philosoph κατ᾽ ἐξοχήν, weil er in unserm Volke
die Spitze des menschlichen Geschlechts und den „zum Bewusstsein gebrachten und That gewordenen Geist" erkannte.
Dass aber die Slaven der eine der beiden Weltfaktoren oder,
wenn man lieber will, der Schatten des grossen Lichtbildes
der europäischen Menschheit seien und folglich die Constitution des Erdbodens ohne ihr Zuthun im philosophischen
Sinne nicht reconstruirt werden könne, ist die grosse wissen-
schaftliche Häresie unserer Zeit.

Ist es aber nicht ein Widerspruch, wenn der „weltlich
versöhnte" Westen leugnen will, dass ihm ein geistlich ver-
söhnter Osten in gleicher Majestät gegenüber stehe und
gegenüber stehen müsse? Wenn schon dieses Wort der
Nothwendigkeit als Thesis die Deutschen verletzt, welches
Schicksal wird erst das Corollar — gänzliches Aufsaugen
und Verflüchtigen des hellenischen Elementes — treffen?
Gestorben ist griechischer Genius freilich nicht, er ist nur
ausgewandert und hat im Occident seinen Wohnsitz aufgeschlagen. [1] „Der Mensch ist das Mass aller Dinge," war
Hauptprincip der Sophisten Griechenlands, und wir wissen
alle, dass die deutsche Philosophie unserer Tage bei demselben Facit angekommen ist. Gleichwie aber der „Particularität" der griechischen Leidenschaft und Zerrissenheit,
welche Gutes und Böses niederwarf, ein blindes Schicksal,
eine eiserne Gewalt gegenüberstand, um diesen Zustand
„ehrlos zu machen und jammervoll zu zertrümmern," weil
Heilung, Trost und Besserung unmöglich war: eben so stehen
der Particularität occidentalischer Leidenschaft und Zerrissenheit — nicht als zertrümmerndes wollen wir noch hoffen,
aber als warnendes, wohlthätig beschränkendes und an noth-

---

[1] Drei Städte Deutschlands rühmen sich in die Wette, „Neu-Athen"
zu sein. Alle drei sind, wie man weiss, in ihren Ansprüchen wohl begründet.

wendige Zucht und Einheit mahnendes Fatum — die Slaven
gegenüber. Zu läugnen ist es nicht, und ein deutsches Gemüth empfindet es tief genug, wie interesselos und seelentraurig uns
diese gebundene, gleichsam eiserne Fatumsherrschaft des
Slaventhums erscheint. Auch soll sich Niemand verwundern,
wenn man die Nachricht, dass Neu-Athen, Neu-Lacedämon
und Neu-Hellas im Allgemeinen, mit Inbegriff des grossen
illyrischen Länderdreiecks, nicht nur den heitern Geist des
hellenischen Wesens nicht mehr darstellen, sondern dass sie
überhaupt gar keinen eigenthümlichen Geist, kein lebendiges
Prinzip, keine selbständige Idee versinnlichen; dass sie als
Fragment, als Aggregat und gleichsam als verlorner äusserster Wandelstern des sarmatischen Solarsystems nur von
Kijew und seinen vergoldeten Kuppeln als gemeinschaft-
lichem Centrum slavischer Weltordnung Licht und Wärme
empfangen, wenn man, sage ich, diese Nachricht gleich
anfangs in Deutschland mit Misstrauen, mit Unglauben und
mit Widerwillen aufgenommen und den Urheber der öffentlichen Reprobation preisgegeben hat.

Dass das „Schöne" sterben muss, hat uns der Dichter
schon gesagt. Dass es aber in Hellas wirklich gestorben
und das seelenvolle heitere Jünglingsbild, unter dem sich
unsere Schule das griechische Leben träumt, dem cappa-
docisch-basilianischen Psalmengott mit dem Weltschmerz,
„dem hässlichsten aller Menschen" [1] überall so ganz und gar

---

[1] Es ist bei den Kirchenvätern ein viel besprochener Gegenstand:
„An pulcher fuerit Salvator, an ater an albus?" Isaias (Cap. 53, V. 2)
schildert den Heiland hässlich, der Psalmist dagegen (Ps. 45, V. 2, 3)
schön. Justin der Martyrer, Clemens von Alexandria, Tertullian, Origines, besonders aber Basilius und Cyrillus, sind auf der Seite des
Isaias. Gregor von Nyssa dagegen, Hieronymus, Ambrosius, Augustin.
Chrysostomus und Theodoretus vertheidigen die Ansicht des Psalmisten.
Zu Rom ist der Heiland jung, schön und blühend; zu Byzanz ist er
alt, mager, struppicht, traurig und hässlich, weil St. Basilius' unästhe-
tische und widerlich-melancholische Vorstellung für Pinsel und Meissel
nationale Geltung gewann und orthodoxer Typus wurde. Alle hieher
gehörigen Stellen findet man bei Chifletius und Molanus zusammen-
gestellt.

erlegen und gewichen sei, dass man europäische Kunst, Verwaltung und Staatsbegriffe in Neu-Hellas nicht mehr verstehe und der Occident daselbst nichts Lebenskräftiges zu schaffen vermöge, vielmehr als Gegenstand entschiedener Abneigung nothwendiger Weise zurückgetrieben werden müsse, konnte ohne Entrüstung Niemand hören. Aber warum hat das verbündete Europa mit seinen Sympathien, seinen unermesslichen Mitteln und seiner furchtbaren Kraft in Hellas und Byzanz unter aller Welt Augen schimpflich Bankerott gemacht? Wir sind verlacht und ausgetrieben, und was wir in langer Mühe angesäet und mit dem Schweisse des Occidents begossen haben, ist gleich jener Kürbisstaude vor Ninive in einer Nacht verdorrt. Das Factum ist unwiderleglich und die Nichtigkeit unserer Bestrebungen nicht mehr wegzuleugnen. Aber die Kunst, die Menschen zu überreden, dass sie imbecill und falsche Rechner sind, bleibt nach dem Factum nicht weniger schwer, nicht weniger lästig und gefahrbringend, als vor dem Spiel. Politische Irrthümer hat ja noch Niemand durch Worte aufgehalten, sie strafen und corrigiren sich immer selbst. Meinerseits bleibe ich ganz gelassen, wenn die Lehre über ein slavisches Jerusalem am Bosporus, über politische Sympathien, geistigen Gehalt und historische Vorgänge der heutigen Bewohner Griechenlands hartnäckig bestritten und mit Unwillen zurückgewiesen wird. Die Selbsttäuschung in diesen Dingen geht so weit, dass viele „Glückselige" in Deutschland heute noch der festen Ueberzeugung sind, ein grosses hellenisches Kriegsheer, versteht sich lauter schöne junge Männer und in einem Anzuge wie der Iason und die Aegineten-Figuren in der Münchener Glyptothek, werde mit Sandalen am Fuss, mit Tartschen und sechzehn Fuss langen Sarissen in der Hand und eine Schaar wehrhafter Philologen und deutscher Grammatiker an der Spitze, nächstens seinen Einzug in Konstantinopel halten, um sofort durch Gründung einer kritischen Zeitschrift über $\varepsilon\ell$ und $\ddot{\alpha}\nu$, sowie durch Installirung peripatetischer Philosophen in den Gärten des Serai das todte byzantinische Kaiserthum ins Leben zu rufen und das schwankende Gleichgewicht der

europäischen Staaten neuerdings zu befestigen. Warum soll
man harmlose Schwärmer im Traume stören? „Die Vernunft
ist mir zu schwer," heisst es mit Recht in den Ghaselen
eines unsterblichen deutschen Lyrikers.

Dass weiland die alten Germanen das westliche Reich
zertrümmert und sich in den Provinzen desselben angesiedelt
haben, wissen wir freilich lange schon und lesen es noch
täglich in hundert Bänden. Dass aber einst unsere Erbfeinde,
die Slaven, ein ähnliches und noch viel tiefer einschneidendes
Gericht über das östliche Reich verhängten; dass Slaven-
blut, Sitte und Sprache bis in den innersten Sitz der Hellas-
stämme vorgedrungen und sogar der Peloponnes Jahrhunderte
lang dem Namen und der Sache nach ein „slavisches Bar-
barenland" gewesen sei, ist eine in der That so ungewöhn-
liche Thesis, dass man sie ohne genügenden und streng
geführten Beweis schon ihrer Neuheit wegen nicht dulden
kann. Beträfe der Streit nur leere Worte, wie es über so
manchen Gegenstand bei uns geschieht, hätte ich die Sache
aus Liebe zum Frieden und aus Ekel längst preisgegeben.
Allein wir haben uns lächerlich gemacht, weniger vor der
Mitwelt — der indulgenten Bundesgenossin aller Thorheiten
— als vor der Nachwelt, die sich über das enge Mass
unserer politischen Einsicht mit Recht verwundern und nicht
begreifen wird, wie das. Vorspiel der neuen Weltordnung
bei den klugen Deutschen so lange unverstanden blieb. Denn
wie sich in Europa die Ueberzeugung festsetzt, dass die
Landschaften am rechten Ufer der untern Donau mit den
Landschaften am linken Ufer desselben Stromes homogen
an Blut, an Glauben und Seele sind; Energie, Kraft, Leben
und Zukunft aber sich nur bei den Russen offenbaren, so
wird man zwar nicht die Politik — denn wir müssen und
werden uns wehren — aber man wird den Calcül, die Hoffnungen und die Instrumente wechseln und vor Allem die
Natur des zu bekämpfenden Gegners besser ins Auge fassen.
Kenntniss des Terrains und des Widersachers ist ja die erste
Bürgschaft für den Sieg.

Den alten Kriegsobersten der slavischen Völker gegen

das römische Ostreich fehlt zwar einerseits das Heroische, das Grossartige, das Kolossale der germanischen Alariche, Theodoriche, Chlodowige und Totilas; andrerseits entzieht ihnen das Unvermögen, die wiederholt belagerten Hauptfestungen Konstantinopel, Thessalonika, Korinth und Patras einzunehmen, Siegel und Beglaubigung der Vollendung. Darüber ist Freund und Gegner einverstanden. Ob sie aber in solchen Massen über die Donau gedrungen seien, dass sich ihr Blut bis in die obersten Stufen der byzantinischen Gesellschaft hob und sich als Slaven-Dynastie sogar auf dem kaiserlichen Throne niederliess, hat noch Niemand untersucht.

Die altbyzantinischen Länder, die man heute Slavonien, Croatien, Dalmatien, Bosnien, Serbien, Ober-Albanien und Bulgarien nennt, sammt allen Thälern des grossen dardanischen Gebirgsstockes und Vierfünftel von Thracien und Macedonien, gibt man endlich verloren und erkennt sie, der Sprache wegen, als rein slavische Gebiete an. Aber für alles, was südlich von dieser Linie liegt und das eigentliche Hellas bildet, hält man unerbittlich am Alten fest, „weil daselbst nicht nur heute allgemein griechisch geredet werde, sondern ununterbrochen, selbst während der Gräuelscenen der nordischen Einbrüche griechisch geredet wurde und weil der Bevölkerungsstock zu keiner Zeit eine wesentliche Verwandlung weder durch Mischung des Blutes, noch durch Verkrüppelung der genialen Ideen erlitten habe."

Alle diese Punkte, im Einzelnen wie im Ganzen, haben wir schon früher angefochten und fechten sie auch jetzt noch an, aber viel entschiedener und sicherer, als wir es vorher thaten. Oder hätten wir denn umsonst der Reihe nach alle Provinzen des byzantinischen Reiches durchwandert und besucht? Vom Dasein der vier alten Dialekte als Volkssprache ist ohnehin keine Rede. Aber auch nicht einmal das halbbarbarische Vulgargriechisch ist in Hellas gegenwärtig überall Muttersprache. Sind nicht mehr als die Hälfte der Bewohner des freien Königreichs, und zwar in den vorzugsweise als classisch berühmten Distrikten, jetzt noch albanische Schkypetaren, deren

Redeweise dem Hellenischen nicht näher steht, als das Alt-
phönicische von Tyrus und Sidon dem deutschen Dialekt?
Wir hatten bereits einige Schocke neuester Reisebeschreibungen, Tagbücher mit topographischen und statistischen
Tabellen über Griechenland, und weiss Gott wie viele Con-
stitutionsentwürfe und Organisationsprojekte des wiederge-
bornen Hellas, Vorschläge und Zeichnungen zum Bau der
Akademie, des peripatetischen Lyceums, der Stoa und der
Lesche des Sokrates, ohne dass Jemand auf den Gedanken
gekommen wäre, die albanischen Bauern von Attika und
Böotien, besonders aber die tapfern Männer von Hydra und
den umliegenden Inseln für etwas anders als direkte und
leibliche Descendenten der Marathonomachen, der Sala-
mino- und Leuktromachen anzusehen und zu begrüssen.
Im Gegentheil, man fand diese wohlgenährten, knochigen,
hartlebenden Schkypetaren cranologisch und physiognomisch
von „frappanter Aehnlichkeit" mit den Bildsäulen, Glyphen
und aufgegrabenen Resten des Alterthums. Im Schwindel
und Vollgenuss antiker Gefühle gab ein berühmter Architekt
sogar den Rath, man solle Athen nicht mehr im Sinne des
perikleischen Zeitalters und seiner revolutionären Eleganz
restauriren, vielmehr soll „dorische" Härte, Häuserwirre und
Dorfähnlichkeit wie zur Zeit des trojanischen Krieges im
Neubau herrschend sein, damit ja das Antike der Wohnhäuser und der krummen engen Gassen mit der antiken
Physiognomie und Redeweise der heutigen Bewohner zu-
sammenstimme.

Bei dieser Veranlassung muss man wahrhaft die „*ingenii
celeritas*" der deutschen Gelehrten bewundern. Denn um
sie zur Einsicht und zum Geständniss zu bewegen, dass die
Schkypi-redenden Albanier in Attika und im ganzen östlichen
Hellas wirklich Schkypi-redende Albanier und nicht ionische
Marathonomachen seien, brauchte es bloss 20 Jahre Bekanntschaft und 13 Jahre Zank, Ueberlegung und Disput, was
für eine so verwickelte Sache in deutscher Weise gewiss
nicht zu lange ist. Wie viele Jahre aber verrinnen müssen,
bis sie zugeben, die neugriechischen Ortschaften Warsova,

Orsova, Kamenz, Glaz, Struz und Kukuruz seien
nicht hellenische, sondern slavische Klänge und ihre
Bewohner, obgleich jetzt nicht mehr slavisch redend, doch
keine ursprünglichen Hellenen, lässt sich natürlich gar nicht
vorausberechnen. Ich fürchte sogar, ein Menschenleben reicht
zu diesem Ziel nicht hin. Und ich habe somit geringe oder
vielmehr keine Hoffnung, das Ende eines Streites zu erleben,
der in Deutschland hauptsächlich des Einsatzes wegen eine
gewisse Celebrität erworben hat und als haeretischer Ver-
lassenschaftsartikel auf die folgende Generation übergehen
wird. Kein Argument vermöchte, und selbst die Evidenz
wäre nicht kräftig genug, den Hellenenglauben jener Deutschen
zu erschüttern, welche die Gemüthsbewegungen der Jahre
1821—27 getheilt und empfunden haben.

„Fanatismus ist," wie die Philosophen sagen, „Begeisterung für ein Abstraktes, das sich negirend zum Bestehenden
verhält." [1] Gegen Begeisterte mit Syllogismus und Ergo zu
Felde ziehen, ist aber zu allen Zeiten verlorne Mühe gewesen. Desswegen wollen wir diesem achtbaren und noch
immer zahlreichen Theil unserer Zeitgenossen nicht weiter
lästig sein, noch ihn ferner in seinen theuersten Interessen
verletzen: wir lassen ihn vielmehr diesesmal ganz aus dem
Spiel und richten das Wort, mit ihrer Gunst, lieber an das
jüngere Geschlecht, welches vom scandalösen Process zwar
gehört, aber sich noch keine eigene Meinung gebildet hat.
Diesem zu Gefallen machen wir hier gleichsam einen Akten-
auszug und stellen die Hauptgründe unserer Lehre kurz und
bündig noch einmal zusammen, thun es aber mit jener
heitern Ruhe und unbefangenen Laune, die in literarischen
Fehden bei uns so selten sind.

Gegenstand des Streites — man merke es wohl — ist
nur der altgriechische Continent in Europa mit den nächstge-
legenen Eilanden des Archipelagus. Ein Theil der Cycladen,
sämmtliche Sporaden und die ganze anatolische Küste
bleiben vorläufig ausser Frage. Wer sich gegen ein angeb-

[1] Hegel.

lich behauptetes allgemeines Erlöschen der griechischen Race
im ganzen Umfang des byzantinischen Imperiums ereifert,
rennt, wie man einst dem Rousseau sagte, mit dem Kopf
gegen eine offene Thüre, weil er sich niemals die Mühe genommen, nachzusehen, was man eigentlich will und behauptet hat. „Die einst zwischen dem macedonischen Olymp
und der Südspitze des Peloponneses einsässigen, dorisch,
attisch, ionisch und äolisch redenden Hellenen wurden in
nachweisbarer Zeit auf gewaltsamen Wegen dem grössern
Theile nach vernichtet, die Reste aber mit eingewanderten
transdanubischen Slaven und andern Fremdlingen in einer
Weise vermischt, gekreuzt und zersetzt, dass die gegenwärtigen Bewohner jener Distrikte, wenn sie jetzt auch
griechisch reden, doch nicht mehr als ächte Nachkommenschaft der alten Bevölkerung zu betrachten sind." So lautet
die allgemeine Thesis.

Vielleicht wäre es gleich Anfangs klüger gewesen, mit
der unangenehmen Wahrheit behutsamer herauszurücken und
sie nur theilweise, und in einer für die öffentliche Meinung
und für die Interessen der Gegenwart schonenderen Form
ins Spiel zu bringen. Was im Rausch des neuen Fundes
nicht geschah, soll jetzt geschehen, nachdem der lange Streit
das Gemüth gereinigt und gestählt, Fleiss und Erfahrung
aber die Nothwendigkeit erwiesen haben, vorerst durch billige
Rücksicht auf menschliche Schwächen und Vorurtheile den
Weg zu Verständigung und Compromiss zu bahnen. Die
Frage zerfällt von selbst in zwei wesentlich verschiedene und
von einander unabhängige Theile: den schkypetarischen
(albanischen) und den slavischen. Die Durchführung des
ersten ist verhältnissmässig ohne grosse Schwierigkeit, weil
bei einigem guten Willen und einigem Unterricht sich Jedermann an Ort und Stelle selbst die lebendigen Beweise sammeln
kann. Schlimmer steht es mit dem zweiten oder dem slavischen Elemente, da bekanntermassen heutzutage nur in
einem kleinen Theile Alt-Griechenlands das Slavische noch
als Muttersprache geredet wird. Wie soll man nun Leuten,
die ein Interesse haben, sich nicht überzeugen zu lassen,

den Beweis liefern, dass weiland alle Landschaften Alt-Griechenlands der Hauptsache nach slavisch-redende Bewohner hatten und folglich durch eine unausfüllbare Kluft von den alten Hellenen losgerissen waren. Um der Gegenwart nicht alle Hoffnung abzuschneiden, verlegen wir den Ausgang unserer Argumentation achthundert Jahre hinter unsere Zeit, d. i. auf das Jahr Eintausend der christlichen Aera zurück und bringen die Thesis unter folgende präcise Formel: „Um das Jahr Eintausend n. Chr. war die Halbinsel Peloponnes mit dem ganzen rückwärts liegenden hellenischen Continent, Weniges ausgenommen, von scythischen Slaven bebaut und von den Zeitgenossen als Slavenland anerkannt." Gelingt es, den so gestellten Satz wissenschaftlich zu begründen, so ist die Partie in der Hauptsache gewonnen, ohne dass man die Schirmvögte des Neuhellenenthums absolut zur Verzweiflung bringe. Bleibt ihnen nicht der Trost gänzlichen Auftrinkens und völliger Verwandlung der eingedrungenen Scythen-Elemente durch byzantinisches Griechenthum? Wie dieses geschehen konnte, ist schon viel leichter zu erklären, da man das grosse Exempel vollständiger Germanisirung des einst gleichfalls slavischen Ostdeutschlands in der Nähe hat. Verständige Leser lieben es aber nicht, dass man ihnen jegliches haarklein vordemonstrire; sie wollen vielmehr, dass Mehreres ihrem eigenen Nachdenken zu Schluss und Combination überlassen sei. Das Argument selbst aber möchten wir in eine solche Form giessen, dass es Dilettanten durch Klarheit und Kürze gewinne, Gelehrte von Profession aber durch Schärfe der Syllogismen und durch Anfügung der Beweisstellen im Original befriedige und am Ende durch Mass und Sorgfalt sogar den erbittertsten Feind und Gegner, die talentvollen Brauseköpfe von Athen, noch zu Capitulation und Duldung zwinge.

Gewinnt nur erst das griechische Königreich mit gesichertem Fortbestand auch innere expansive Kraft und triumphirt daselbst wider Vermuthen germanisches Wesen im gefahrvollen Spiel entscheidend über das glaubensverwandte Element der nördlichen Slaven, dann erst wird man

im Abendland an ein Hellas mit eigener Seele glauben,
mögen die Antecedentien sein, wie sie wollen.
Dieser Gedanke allein könnte die Griechen und selbst ihre
schwärmerischen, eiteln und geldgierigen Panegyriker in
Europa mit meinem Argument versöhnen. Beide Vorbedingungen sind aber zur Stunde noch problematisch und
mehr als Einem Zweifel unterworfen. „Was haben aber die
feinfühlenden, freiheitliebenden, kunstsinnigen, klugen und
schönen Hellenen mit den knochigen, verschmitzten, bestia-
lischen Scythen und ihrer corrupten Verwaltung gemein?"
Das ist die Frage, welche mir die Deutschen noch immer
entgegenstellen; die Frage, auf welche ich schon einigemal
geantwortet habe und hier noch einmal präcis, kurz und
bündig antworten will.

Zum Unglück für die in Griechenland selbst sich erhebenden Widersacher sind die Hauptbeweise der Thesis aus
ihrem eigenen Rüsthause, d. i. aus den Schriften, aus der
Geographie und aus der Sprache ihres eigenen Landes und
Volkes entlehnt. Liest man z. B. bei einem der vorzüglichsten einheimischen Geschichtschreiber der byzantinischen
Periode die trockene und unumwunden hingestellte Phrase:
„um diese Zeit wurde der Peloponnes gänzlich slavinisirt und
ein barbarisches Land;" dann bei einem andern: „heutzutage
bewohnen beinahe ganz Epirus, ganz Hellas und den Peloponnes sammt Macedonien aus Scythien eingewanderte
Slaven," so wird der gewissenhafte und verständige Leser
innehalten, diese auffallenden Stellen nicht nur noch einmal
und wiederholt betrachten, er wird auch den historischen
Vorgängen nachspüren und gleichsam die ersten Vorberei-
tungen, Wahrzeichen und Erfolge einer so wichtigen Thatsache kritisch herzustellen suchen. Jedermann weiss ja, dass
grosse politische Verwandlungen nicht plötzlich hereinbrechen
wie die Sindfluth, und dass folglich eine Periode langer
Drangsale über das Imperium von Byzanz gekommen sein
müsse, bis sich Verzweigungen der nördlich vom Donau-
strome sitzenden Slavenvölker massenhaft in Arkadien und
auf den Steilhalden des spartanischen Gebirges niederlassen

konnten. Ein vollständiger und auf gewaltsamen Wegen durch sitten- und sprachfremde Eindringlinge bewirkter Wechsel der ackerbautreibenden Bevölkerung führt nothwendig eine eben so vollständige Revolution in der Topographie des Landes herbei. Flächen, Höhen, Berge, Wälder, stehendes und strömendes Gewässer, Hütte, Dorf, Stadt, Distrikt und endlich das Land selbst erhalten theilweise oder im Ganzen neue und aus dem Genius der neuen Bevölkerung geschöpfte, meistens physische Eigenschaften, Localeindrücke oder Erinnerungen an die alte Heimat wiedergebende Benennungen.

Er wird daher mit der grössten Sorgfalt die Nomenclatur des Peloponneses prüfen, und wenn er das ganze Eiland nach allen vier Weltgegenden und in allen Theilen mit rein slavischen Namen überdeckt findet, am Ende sich selbst gestehen müssen, der byzantinische Scribent habe Recht und der Peloponnes sei in einer bestimmten Epoche wirklich ein barbarisches Slavenland gewesen. [1] Da kommen aber nun die Gegner mit ihrem Argument: „Dass griechische Ortschaften noch gegenwärtig Warschau, Kamenz, Chyrvatez (Krabatenheim), Glogow, Beresow, Lewetzow, Glaz, Struz, Bukowina und Kukuruz heissen, wollen sie allerdings glauben, obwohl ihrerseits dergleichen je weder gehört noch gelesen, noch selbst im Lande bemerkt worden sei. Ob aber Struz und Kukuruz und Glogau und Krabatenheim am Ende nicht doch noch klassische Namen seien und schon im Homer und Pausanias zu finden wären, müsse man vorerst näher prüfen. Jedenfalls aber

---

[1] Um in diesem Punkte die nothwendige Erkenntniss-Grundlage zu gewinnen, muss man entweder das Land selbst in allen Richtungen durchziehen oder wenigstens die besten topographischen und historischen Hülfsmittel, z. B. die grosse trigonometrische Karte des französischen Generalstabs, die griechische Reimchronik der Frankenkriege auf Morea etc. zur Verfügung haben, jedenfalls aber zwischen sarmatischen und hellenischen Appellativen zu unterscheiden wissen. In der Regel hat von den ungestümsten und ungelehrigsten Gegnern keiner diese Vorbedingungen erfüllt, und doch reden sie so viel und so laut in einer Sache, zu der sie nicht einmal das ABC gelernt haben!

sprechen die Leute von peloponnesisch Kamenz und Warschau
heute nicht slavisch, sondern neugriechisch. ergo haben sie
auch niemals slavisch, sondern allzeit griechisch geredet und
sind legitime klassische Descendenten des Agesilaus, des
Philopömen und des Polybius."

Hauptsächlich habe ich es mit Historikern und Philologen
zum Theil von bedeutendem Rufe und Credit zu thun, die
aber bei aller grammatikalischen Gelehrtheit doch in Erd-
kunde, Ethnographie und Mittelalter so unpraktisch und so
unwissend sind, dass sie mit bestem Willen einen russischen
Eigennamen von einem altgriechischen nicht zu unterscheiden
wissen; mit Leuten, sage ich, die keine Landkarte kennen,
keinen Begriff von der schmalbegrenzten Räumlichkeit des
griechischen Continents besitzen, die nicht merken. dass z. B.
Pirnatscha und Warwutzena, die gegenwärtigen Namen
zweier Flüsse in Messenien und Arkadien, einem andern
Volke angehören, als die alten Benennungen Pamisus und
Helisson, und die fest glauben, schon König Menelaus
habe·Sommerpartien nach dem luftigen Bergdorf „Opschina"
(oberhalb Mistra) gemacht und Agamemnon mit seiner Gemahlin Klytämnestra häufig den arkadischen Volksmarkt in
Wolgast und Zopoto besucht. Mit solchen Gelehrten
über die mittelalterlichen Geschicke Griechenlands argumentiren — man muss es gestehen — ist eine eben so geistreiche als belohnende und lehrreiche Beschäftigung. Schafarik hat eine Sprachkarte des Panslavismus herausgegeben,
auf welcher mit Weglassung aller Gegenden, wo das Slavische zwar ehemals herrschte, aber im Laufe der Zeiten
erloschen ist, die Grenze, wie weit es heute noch gesprochen
wird, mit Farben genau und scharf bezeichnet sind. In
Macedonien reicht sie bis an das westliche Stadtthor von
Saloniki, überlässt aber die ehemaligen Slavenstädte Nia-
gosto, Kotzani, Servitza, Greveno und Anaselitza
am Nordrande des Olympus aus demselben Grunde dem griechischen Sprachgebiet, aus welchem er die einst gleichfalls slavischen, heute aber deutschen Landschaften Pommern,
Meklenburg. die brandenburgischen Marken und sämmtliche

Elbegegenden dem deutschen überlässt. Hätte aber der gelehrte Schafarik die Grenzen der Slavensprache für das Jahr
tausend unserer Zeitrechnung anzugeben, würden zwischen
Tempethal und Cap Matapan (Maïna) nur wenige Punkte,
zum Zeichen ihres Griechenthums, ohne Farbe geblieben sein.
Tί ζμπωρίζεις (svorisis) „was sprichst du da?" *Εἶναι
ἐπάνω εἰς τὴν πόλιτζα*, „es steht oben auf dem Sims."
So reden die thessalischen Helleninnen von Turnovo. Die
Buchstaben dieser Doppelphrase und die Endsylbe des einen
der beiden begriffgebenden Wörter sind allerdings griechisch,
aber der Kern ist illyrisch-slavisch, wo isvori-ti „reden,"
Polizza aber den an der Wand hinlaufenden Sims bedeutet.

Das sind freilich lästige Anspielungen, die man auch nicht
leicht entkräften wird. Wie kann man sich aber auch mit
gemeinem Volke, und nun vollends mit Weibern von Turnovo in Unterhaltungen und Discurse einlassen, um die
slavischen Barbarismen des thessalischen Familienherdes auf-
zufangen? Der Gesckmack ist verschieden. Die einen sind
nach Hellas gekommen, um Wein und „griechische Abendluft" zu trinken und die Wanzen zu bekriegen; die andern
aber, um (versteht sich in Gedanken) Armeen zu befehligen
und als fahrende Scholasten und Hexenmeister den todten
Zeus nach Olympia zu bannen. Ich Armer sitze auf der
Hausterrasse von „Dornheim" (*Τύρνοβα*), horche auf das
Volksgerede und blicke melancholisch über die trübe Fluth
der Salambria [1] auf die waldige Schlucht des Ossa hinüber.
Wie ärmlich doch jenes Nevoliani dort auf der unfrucht-
barsten Steilseite des Kisova hängt, und wie winterlich der
Nebel über die thessalischen Slavenseen Nezero und Karla
schwebt. [2] Dagegen meinte ein Philosoph des Städtchens,

---

[1] Peneios der Hellenen. Salambria wird bei Strabo als thrakisch
bezeichnet. (Vgl. oben S. 434. D. H.)

[2] *Nevoliani*, rein slavischer Dorfname, mit „mühevoll zu erklimmen, unfreundlich gelegen," „im Elend" zu übersetzen. Kisova
ist der slavische Name des „Ossa" und bedeutet, soviel man weiss,
„feucht, wässerig." Nezero ist der slavische Name für „See." Die
stehenden Wassersammlungen im thracischen Ringbecken heissen, wie
schon oben bemerkt, meistens Nezero. Der alte See Boebeïs sammt

wenn das Erdreich auf der Ebene „σφιχτή" (gedrängt, fest),
so sei es auf der Spitze des Olympus „buchavo" (d. i.
locker, schwammig), und zwei Frauenzimmer aus Temeswar
fügten die Bemerkung bei, wie leicht man doch das Neugriechische lerne, wenn man illyrisch versteht. [1]
„Καθὲ χωριὸ καὶ ζακόνι, καθὲ μαχαλᾶς καὶ
τάξει," [2] singen ja die Turnobiten-Jungen auf der Gasse
und fügen die Redenden häufig am Schlusse ihrer Erzählungen als μῦθος δηλοῖ hinzu. Was grämt man sich aber
auch über diese Slavismen der Thessalier? Im Munde der

dem Flüsschen bei Velestina wird jetzt Karla genannt, was nach
Schafarik (I. 495) gleichfalls eine dem Slavischen eigenthümliche (Fluss-)
Benennung ist.

Wir wollen den Leser durch das lange Verzeichniss slavischer
Eigennamen, die wir in Thessalien selbst gesammelt haben, nicht er-
müden und nennen zu den vorigen nur noch *Meluna*, Pass zwischen
Turnovo und Tscharitschena; *Gunitza*, die Peneios-Fähre oberhalb
Larissa; *Goritza* (Γκωρίτζα), Hügel bei den Ruinen von Demetrias;
Zagora, Stadt und Gebirge (Pelion); *Zervochia*, Flüsschen; *By-
zitza*, *Makrinitza*, *Sesklo*, *Volo*, *Kukurava*, *Dhesiani*,
Zelitzani, *Karla*, *Subli*, *Tziraghi*, *Kaprena*, *Kalitza*,
Libotania, *Revenik*, *Demenik*, *Zerbos* und *Trinovo*, lauter
slavische Ortschaften am und im Pelion (*Zagora*) der hauptsächlich
als griechisch gepriesenen Küstenlandschaft Magnesia. Ebendaselbst ist
der Wald λόγγος (*Lug* im Illyrischen der Wald) und der Berg
Μπαρτζώγια, Namen, die auch nicht sonderlich hellenisch klingen.
Man weiss aber auch, dass der arbeitsame, ackerbautreibende, friedliche und gewerbreiche Slavenstamm der Velegeziten oder Welego-
stitscher, wie sie Schafarik nennt, sich in thessalisch Theben und Demetrias niedergelassen und mit der Frucht des Pfluges einträglichen
Handel nach Salonichi getrieben haben. Ihre Hauptstadt Velestin
(ehemals Pherä) steht noch heute, ist aber hauptsächlich von Türken
bewohnt. Ueber den Getreidehandel der thessalischen Welegeziten siehe
Tafel a. a. O. S. LXXVIII. — Schafarik II, 226.

[1] Die slavische Endsylbe ova verkehren die Neugriechen häufig in
αβο. Buchova ist ein rein slavisches Adjektiv, wird aber in der
griechischen Umgangssprache mit vielen andern Slavismen, aus Unkunde
eines entsprechenden hellenischen Terminus, häufig noch gebraucht.

[2] „Jedes Dorf hat sein Gesetz, jedes Viertel seinen Brauch." Ζακόνι
ist ein slavischer Terminus für Gesetz, μαχαλᾶς dagegen ist türkisch,
wie wir schon in einer frühern Stelle erinnert haben. (Vgl. oben S. 375.
D. H.)

Penesten, d. i. des gemeinen Volkes, wird man sie wohl
noch lange, vielleicht auf immer dulden müssen; aber die
Philosophen und die Reichen in Turnovo und Velestin
werden sie ablegen, wie sich das neue Königreich mit seinem
Bildungstrieb, seinen Schulen und seinem hellenisch-etymo-
logischen Restaurations- und Reinigungsapparat jener Gegenden bemächtiget hat. Nur den slavischen Infinitiv,
scheint es, will sich das hellenische Volk selbst in der Freiheit nicht nehmen lassen, wie Deukalions steingeborne
Menschen zum ewigen Zeichen des Ursprungs ihre „Härte"
bewahrten. [1] Durch Ordonnanzen lässt sich in solchen Dingen
nichts erzielen. Unterricht und Studium wirken schneller.
Man sieht es ja in Athen und Osthellas, wo das schul- und
alphabetlose Albanesen-Schkypi mit jedem Jahre Terrain
verliert und nach einigen Menschenaltern vielleicht von selbst
erlischt, wie das Slavische nach einander in Arkadien, in Elis,
in Messenien, in Akarnanien, in Aetolien, Phokis, Lokris und
Böotien und zuletzt in Lakonien nach und nach erloschen ist.

Obwohl diese albanischen Schkypetaren selbst nach der
in der Revolution erfolgten Austreibung ihrer zum Islam
abgefallenen Brüder aus den lakonischen und arkadischen
Bergdistrikten Bordunia, Lala, Phonia etc. noch ungefähr
die Hälfte der Bevölkerung des Königreichs Hellas bilden,
haben sie doch weder der byzantinischen Sprache, noch der
Geographie des Landes bedeutende und umfassende, in keinem
Falle aber so tief einschneidende und so unaustilgbare Merk-
zeichen aufgedrückt, wie ihre Vorgänger, die scythischen
Slaven. Und wäre das Albanische noch vor Wiederan-
knüpfung des Jahrhunderte lang gänzlich unterbrochenen
Verkehrs mit dem gebildeten Abendlande vom klassischen
Boden verschwunden, so könnte man heute die Colonisirung
der schönsten und wichtigsten Provinzen von Hellas durch
dieses harte und den Künsten abgeneigte Volk mit noch

---

[1] Den Verlust des hellenischen Infinitivs und seine Ersetzung durch
den Conjunktiv mit Bindewort in der neugriechischen Sprache glauben
wir aus dem Slavischen vollständig zu erklären. Siehe am Ende des
Fragments.

weit grösserem Rechte wegleugnen, als die theilweise um
tausend Jahre ältere und noch weit umfassendere Ueberschwemmung durch die Slaven, die so viel Zorn und Widerspruch bei den deutschen Grammatikern erregt, während es
doch dem alten Strabo seiner Zeit kein Mensch übel nahm,
wenn er die Uranfänge der alten Hellenen gleichfalls aus
barbarischen Elementen zusammensetzte. Freilich hielt man
es damals nicht für möglich, politische Stellung, Macht und
Herrschaft — die natürlichen Resultate der Seelengrösse,
des Muthes, des Verstandes und der Geistesüberlegenheit —
bloss durch Suppliken und Dekrete zu erlangen. Das griechische Volk wie eine reiche Hetüre zu loben und nachher
die Rechnung einzusenden, ist freilich bequemer und gewinn-
bringender, als in den griechischen Bauerndörfern herumzu-
liegen und die Rede ziegenmelkender Schkypetaren zu untersuchen. Wenn nun selbst der determinirteste Kämpfer für unvermischtes Hellenenthum die jetzt noch bestehende Herrschaft slavischen Blutes, slavischer Sprache und Sitte im
weiten Länderbezirke von den Ufern der Donau bis an die
Stadtthore von Saloniki und bis an den Fuss des Olympus
zugestehen muss, und wenn man denselben Zustand wenigstens für die festgesetzte Epoche, 1000 n. Chr., als im ganzen
Peloponnes vorherrschend nachzuweisen die Mittel hat, so
ist die Metamorphose des zwischen beide Slaven-Ausgangs-
punkte hineinfallenden kleinen Territoriums von Hellas ein
nothwendiger Folgesatz. Desswegen hat man auch früher
die ganze Kraft der Argumentation hauptsächlich auf diesen
Punkt geworfen. [1] Fragen Sie aber, wie man denn überhaupt auf den Gedanken von einer mehr oder weniger vollständigen Slavinisirung der peloponnesischen Halbinsel und
des gesammten griechischen Continents verfallen und diesen
häretischen, Enthusiasmus abkühlenden und allgemeinen
Unwillen erregenden Satz mitten unter das begeisterte Abendland schleudern konnte, so antworte ich mit den guten

[1] Geschichte der Halbinsel Morea während des Mittelalters: I. Band. München, bei Cotta 1830. II. Band. ibid. 1836.

Hagion-Oros-Mönchen, dass wie allezeit so auch dieses Mal
das Unheil und der Widerspruch vom Bücherlesen entstanden ist.

Beim Ausbruch der Revolte auf Morea wusste ich so
wenig, als es die Gegner jetzt wissen wollen, welche Vorgänge
und Schicksale Land und Leute hatten, die unter dem Titel
Spartiaten, Elier, Arkadier, Argiver und Korinther als Supplikanten und Insurgenten plötzlich auf dem Welttheater erschienen. Man hatte in Deutschland weder eine gute Landkarte, noch ein verständiges Buch, noch einen vernünftigen
Begriff über die Gestalt des neuen Griechenlands. Beim
achäischen General Philopömen und höchstens beim römischen Consul Mummius (aus der Mitte des zweiten Jahrhunderts vor unserer Zeitrechnung) knüpften wir unsere Ideen
an. Die „Byzantiner" — freilich mehr als dreissig Folianten —
hat entweder Niemand gelesen oder in diesem Punkt Niemand
verstanden. Das Wort „Morea" war mir zuerst verdächtig.
Noch auffallender waren die vollkommen wendisch klingenden Ortsnamen, wo die ersten Gefechte vorgefallen sind.
Wie kamen denn Valtezzi, Vitin, Kamenz in das Centrum des Peloponneses? was ist Mistra am Taygetus für
ein Wort? warum heissen sie den Bach an den Ruinen von
Megalopolis nicht mehr Helisson, sondern Varvutzena, und
ein Flüsschen in Tzakonien gar Zavitza, d. i. die kleine
Save? Unter diesen Bedenklichkeiten las ich im Buche des
Kaisers Konstantin Porphyrogenitus über die Provinzen des
byzantinischen Reichs beim Thema „Peloponnes" folgende
Stelle, die ich ohne Furcht gleich im Original selbst hersetzen
will, da sich um solche Dinge ohnehin nur Leute von Fach
bekümmern:

„῞Υστερον δὲ πάλιν τῶν Μακεδόνων ὑπὸ Ῥωμαίων ἡττηθέντων, πᾶσα ἡ Ἑλλάς τε καὶ ἡ Πελοπόν-
νησος ὑπὸ τὴν τῶν Ῥωμαίων σαγήνην ἐγένετο, ὥστε
δούλους ἀντ᾽ ἐλευθέρων γενέσθαι· ἐσθλαβώθη δὲ
πᾶσα ἡ χώρα καὶ γέγονε βάρβαρος, ὅτε ὁ λοιμικὸς
θάνατος πᾶσαν ἐβόσκετο τὴν οἰκουμένην, ὁπηνίκα Κωνσταντῖνος ὁ τῆς κοπρίας ἐπώνυμος τὰ σκῆπτρα τῆς

τῶν Ῥωμαίων διεῖπεν ἀρχῆς· ὥστε τινά τῶν ἐκ Πελοποννήσου μέγα φρονοῦντα ἐπὶ τῇ αὐτοῦ εὐγενείᾳ,
ἵνα μὴ λέγω δυσγενείᾳ, Εὐφήμιον ἐκεῖνον τὸν περι-
βόητον γραμματικὸν ἀποσκῶψαι εἰς αὐτὸν τουτοῒ τὸ
θρυλλούμενον ἰαμβεῖον ·

„γαρασδοειδὴς ὄψις ἐσθλαβωμένη."

ἦν δὲ οὗτος Νικήτας· ὁ κιδεύσας ἐπὶ θυγατρὶ Σοφίᾳ
Χριστοφόρον τὸν υἱὸν τοῦ καλοῦ Ῥωμανοῦ καὶ ἀγαθοῦ
βασιλέως." D. i.

„Später aber, nachdem die Macedonier von den Römern
besiegt worden, gerieth ganz Hellas mit dem Peloponnes
unter das Netz der Römer, so dass sie statt selbständig dienstbar wurden. Als aber während der Herrschaft des Mist-
Konstantin über die Römer der pestartige Tod den Erdkreis
entvölkerte, wurde die ganze Provinz (Peloponnes) „slavinisirt und so völlig barbarisch," dass sich der berühmte
Grammatiker Euphemius über einen Peloponnesier, der seine
edle (um nicht zu sagen unedle) Abkunft gar zu höchlich
rühmte, durch den bekannten Spottvers lustig machte:

„Ein verschmitztes Slavoniergesicht."

„Es war aber dieser (Peloponnesier) Niketas, der seine
Tochter Sophia mit Christophorus, Sohn des guten wackern
Kaisers Romanus, vermählte. [1]
Diese Stelle lehrte mich das Ueberwiegen der slavischen
Nomenclatur in der Topographie Moreas freilich begreifen.
und ward ihrerseits die fruchtbare Quelle genauerer Forschung
und eben so wichtiger als historisch unbestreitbarer Folge-
sätze für die Geschichte des illyrischen Continents. Das einzige
Wort „ἐσθλαβώθη" hat das Geheimniss byzantinischer Vergangenheit verrathen. Auch hat sich der Zorn gegnerischer
Kritik vorzüglich über dieses Citat ergossen. Leute, die noch
keine Zeile aus den „Byzantinern" gelesen hatten, ja nicht
einmal ihr Dasein kannten, warfen mir vor, ich hätte die

[1] Constantin. Porphyrogenit., Vol. III. p. 53, edit. Bonn. (de The-
matibus lib. 2. Sextum Thema).

Stelle nicht recht verstanden: $\dot{\epsilon}\sigma\vartheta\lambda\alpha_i\beta\dot{\omega}\vartheta\eta$ heisse nicht „slavinisirt." sondern „unterjocht, *in servitutem redacta*," und das Epigramm des Euphemius sei nicht mit „verschmitztes Slavoniergesicht", sondern mit

„Altes in die Knechtschaft geführtes Gesicht"
victa facies in servitutem redacta)

zu übertragen, wie es auch in der ersten holländischen und spätern Bandurischen Version zu lesen ist und in der neuesten Bonner Edition unverändert nachgeschrieben wurde. „Ein altes in die Knechtschaft geführtes Gesicht" wäre fürwahr ein ungemein witziges Epigramm![1] In Athen gehen sie noch weiter und erklären neben dem deutschen Ausleger auch den Autor selbst, den guten Konstantin Porphyrogenitus für einen Ignoranten. „Wer denn dieser Konstantin eigentlich sei und was denn er vom Peloponnes seiner Zeit wissen konnte?" Konstantinus Porphyrogenitus, der VIII. dieses Namens, war Autokrat von Byzanz, regierte 47 lange Jahre (912—959) und schrieb eine Menge Bücher, von denen jedoch nur drei, die Beschreibung der Provinzen, die Abhandlung über äussere Politik und innere Verwaltung des Reiches und das Werk über die Ceremonien des kaiserlichen Hofes bis auf unsere Zeit gekommen sind.

[1] Umsonst nimmt Dr. Tafel, für byzantinische Philologie eine der ersten Zierden Deutschlands, in seinen kritischen Anmerkungen zu Konstantin Porphyrogenitus die alte Erklärungsweise „*in servitutem redacta*" in Schutz. Es scheint dem trefflichen und wohlverdienten Manne zu entgehen, dass die byzantinischen Autoren den Begriff „*in servitutem redigere*" allzeit durch die Form $\delta\varkappa\lambda\alpha\beta\dot{\omega}\nu\omega$ (zum Sklaven machen). den Volksbegriff dagegen durch die Form $\delta\vartheta\lambda\alpha\beta\circ\varsigma$, $\delta\vartheta\lambda\alpha\beta\dot{\omega}\nu\omega$ ausdrücken. Demnach wäre es im byzantinischen Sprachgebrauch gerade wie im deutschen: $\delta\vartheta\lambda\dot{\alpha}\beta\circ\varsigma$ ist ohne Ausnahme die Volksbezeichnung „Slave", $\delta\varkappa\lambda\dot{\alpha}\beta\circ\varsigma$ aber (mit eingeschaltetem $\varkappa$) bald das Volk, bald der Knecht, Slave oder Sklave.

Die Bedeutung des Wortes $\gamma\alpha\rho\alpha\delta\delta\circ\epsilon\iota\delta\dot{\eta}\varsigma$ hat wohl der berühmte Slavist Kopitar zuerst sach- und schulgerecht aus dem Russischen erklärt, wo Горазъ, *Gorasd*, „verschmitzt, verschlagen" heisst. Im Böhmischen findet man das Wort ebenfalls als *Horazd* und *Gorazd* Schafarik II. 475.

f

Von Geist, Humor. Malice und tragischem Schwung, welche die Denkwürdigkeiten von Belisars Geheimschreiber Procopius so anziehend machen, entdeckt man in diesen kaiserlichen Compilationen freilich nicht sonderlich auffallende Spuren. Auch hielt es Se. Oströmische Majestät für unschicklich, viel eigene Gedanken zu haben oder einen pragmatischen Faden zu innerer Verbindung durch die eckicht und ungeschliffen aneinander gereihten Fragmente durchzuziehen. Aber der Imperator, einer slavischen Familie angehörend, redete neben dem Griechischen auch das Slavische und hat uns durch seinen pedantischen Fleiss und Geschmack Notizen hinterlassen, die man anderswo vergeblich sucht. Schon sein kaiserlicher Vater und Vorfahr, Leo Philosophus, war ein gelehrter Herr, der schlechte Iamben schrieb und zum grössten Verdruss des Clerus von Byzanz nacheinander vier Weiber nahm. Der Grossvater, Kaiser Basilius, war dagegen freilich nur ein slavischer Bauernjunge aus Macedonien, hatte sich aber durch Glück und durch eigene Kraft bis zum kaiserlichen Diadem hinaufgeschwungen und die erste grosse Slavendynastie des byzantinischen Reichs gegründet. [1]

Den byzantinischen Genealogen, durch welche der Porphyrogenet Leben und Thaten seines grossen Ahnherrn beschreiben liess, schien es freilich unschicklich, das regierende Haus von so geringem und niedrigem Ursprung herzuleiten. Sie erzählen daher ganz umständlich, versteht sich Alles aus zuverlässigen, unbestreitbaren, aber sonst aller Welt unbekannten Quellen, dass Basilius der Macedonier väterlicherseits in gerader Linie vom königlich armenischen Geschlechte der Warschakiden, weiblicherseits aber von Konstantinus Magnus und im Ganzen von seinem Landsmanne Alexander dem Macedonier abstamme. Obwohl sich seine Familie nur

---

[1] Mit Ausnahme der dazwischen hineinfallenden zwölfjährigen Herrschaft der Imperatoren Phocas und Johannes Tzimisces regierte diese Slavenfamilie vom Jahr Christi 866 bis 1034, im Ganzen also 156 Jahre ununterbrochen über den Orient, dem sie in der Person Basilius II. genannt „Bulgarentod'', den grössten Krieger und glücklichsten Fürsten gab.

mit Kornschneiden und Pflügen beschäftigte und er selbst
als Wickelkind bei der Einnahme Adrianopels durch den
Bulgarenkönig Krum mit der noch übrigen Bevölkerung
der Stadt nach Bulgarien ziehen musste, habe doch zuerst
ein kokettirender Adler symbolisch, dann der Prophet Elias
mit artikulirten Worten der Mutter während des Korn-
schneidens die künftige Grösse und Majestät des Sohnes vor-
herverkündet.

Zum Jüngling herangewachsen, dachte Basilius sein Glück
in der Hauptstadt zu versuchen und sich bei irgend einem
Grossen als Knecht zu verdingen. Er war aber so arm, dass
er die Reise zu Fuss machte und bei seiner Ankunft in Konstantinopel die erste Nacht ausserhalb der Ringmauer auf
den steinernen Stufen einer Klosterkirche sich niederlegen
musste. Der derbe Slavenjunge erregte das Mitleiden der
Mönche; denn er war, nach Ephraem von Byzanz, ein
kräftiger, gewandter, nervenstarker, gutgewachsener, blühender, gefälliger junger Mensch mit dichtem Haarwuchs, un-
verdrossener Seele und durchdringendem natürlichem Verstand.[1] Mit solchen Eigenschaften hat man zu Konstantinopel
von jeher Glück gemacht. Durch Zuthun der Mönche kam
Basilius gleich in das Haus eines vornehmen Mannes am
kaiserlichen Hofe, stieg in der Gunst des Herrn, gab in
entscheidenden Augenblicken Proben des Muthes, der Intelligenz und der Seelenstärke, dass ihn, nach Durchlaufung der
höchsten Ehrenstellen, der byzantinische Autokrat Michael
der Trunkenbold als Mitkaiser neben sich auf den Thron
erhob (866), welchen aber Basilius schon im folgenden Jahre,
nach gewaltthätiger Beseitigung seines Herrn und Wohlthäters,
allein besass. Hofleute und amtliche Scribenten reden zwar

[1] . . . . . Βασίλειος ἐξέφυ πάλαι
Μακεδονίας, ἐξ ἀσήμων πατέρων·
αὐτουργία τε χρωμένων γεωργία,
ἰσχυρὸς ἀνήρ, δέξιος, ῥωμαλέος,
εὐῖλιξ, ἠβῶν, εὐπρόσιτος, δασύθριξ,
ψυχὴν ἀγαθός, τὰς φρένας ἐῤῥωμένος.
Ephraemius Byzantinus. edit. Bonn. pag. 111.

von Nothwehr und von einer *Suprema lex* der öffentlichen
Wohlfahrt, die das Leben des trunkenen Autokraten zum
Opfer verlangte. Allein das sittliche Gefühl der Nachwelt
lässt sich weder durch Energie des Charakters, noch durch
grosse Erfolge und glänzendes Verdienst, noch durch falsche
Berichte und höfliche Toilettenkünste bestechen und beschwichtigen.

Wenn es am kaiserlichen Hofe schon unter Michael
dem Trunkenbold von Bulgaren und Slaven wimmelt und
selbst der Senat und die höchsten Palastämter mit Leuten
dieses Volkes besetzt waren,[1] so hatten sie nun durch ihren
Landsmann Basilius auf länger als anderthalbhundert Jahre
Reich und Diadem vollends an sich gebracht. Die kaiserlichen
Hofgelehrten sagen es freilich nicht so unumwunden, weil
sie den slavischen Bauernknecht in letzter Instanz, wie oben
gesagt, für einen Sprössling des macedonischen Helden erklärten. Aber die Sache war so allgemein bekannt, dass
sie selbst zu den arabischen Annalisten des Zeitalters drang und
in ihre Compendien aufgenommen wurde. So liest man z. B.
in der Chronik des Hamsa von Isfahan unter der Rubrik
„Basilius der Macedonier" folgende Stelle: „Dann war das
Reich von diesem Hause auf das Geschlecht der „Slaven"
übertragen; denn Basilius der Slave tödtete (den Michael)
in den Tagen Al-Motaz im Jahre 253 (A. Ch. 867)."[2]

Basilius der Slave war ungebildet, aber ein Mann der
Energie und der That, dem jedoch die Vorsehung im Gegensatze mit den sieben ersten Osmanli-Sultanen das Glück versagte, den Geist der Kraft auf die Kinder zu vererben. Denn
von seinen Söhnen und Nachfolgern war der sogenannte
Bücher-Leo zwar gelehrt, aber schwach und unthätig; Alexander dagegen ein toller Wüstling, der auf einen Slaven,
Namens Basilitzes, alle Reichthümer und Ehren häufte und

---

[1] Damianos der Slave war Oberstkammerherr und Patrizier, ὁ *Παρα-
ζοιμώμενος Δαμιανὸς Παρρίκιος τῷ γένει Σκλάβος*. *Vita Basilii
Macedon. XVI.*

[2] *J. Reiske, Comment. ad Constantin. Porphyrogeniti Ceremoniale
Aulae Byzantin, p. 142. edit. Lips. 1751.*

ihn selbst mit Umgehung der Kinder seines verstorbenen
Bruders zum Nachfolger in der Regierung ernennen wollte.[1]
Zum Glück für den Neffen starb der eigensinnige, harte
Oheim unvermuthet nach kaum einjähriger Herrschaft, und
der siebenjährige Konstantin Porphyrogenitus ward anfangs
unter Vormundschaft seiner Mutter Zoë und später seines
Schwiegervaters Romanos Autokrat des Orients, konnte aber
erst im vierzigsten Lebensjahre, nach gewaltsamer Austreibung
des Vormundes, zum Vollgenuss der obersten Macht gelangen.
Ein Autokrat, der sich 33 Jahre lang am Gängelbande führen
lässt und ohne Ungeduld die Gewalt in fremder Hand erblicken und sich mit dem Schatten der Macht begnügen kann,
ist in keinem Falle ein Mann von bedeutender Leidenschaft
und von sonderlich heissem Blute. Regte sich aber auch zuweilen der Ehrgeiz, ward er bald im Staub der kaiserlichen
Bibliothek erstickt. Konstantin war Gelehrter im Diadem, der
seinem Sohne Romanus statt des Beispieles rühmlicher Thaten
zwei schmale Compendien und ein dickes Werk byzantinisch-
antiquarischen Inhalts als Vermächtniss hinterlassen hat.

Mit Konstantin und seinem Vorgänger Leo hat Papier-
regiment und Seraïwirthschaft am Bosporus eigentlich begonnen. Monarchen, die Prosa schreiben, haben alle dasselbe
Thema: vergangene Schicksale oder künftige Wohlfahrt des
Reiches und des regierenden Hauses. Charakteristik und
Analyse der porphyrogenetischen Schriften wäre hier nicht
am rechten Orte, aber leugnen wird Niemand, dass unter
dem oft leeren und pedantischen Wust byzantinischer Staats-
maximen und Regierungskniffe Notizen der fruchtbarsten
Gattung verborgen sind. Namentlich werden die Russen
(οἱ 'Ρῶς) und die südlichen Slaven überhaupt in Konstantins
Compendium über den Staatshaushalt mit ihren guten und
schlechten Eigenschaften zum erstenmal auf das Welttheater
gebracht und psychologisch, kurz, aber kennbar geschildert.
„Eine unersättliche, unausfüllbare Gier nach Geld sei das

---

[1] .... Βασιλίτζην τὸν ἀπὸ Σκλαβισίαν ... Vita Alexandri etc.,
cap. II.

allen scythischen Völkern von der Natur aufgedrückte Merkmal; sie setzen Alles in Bewegung, ringen und haschen nach
Allem, und doch sei ihrer Begehrlichkeit kein Ende und
wachse das Verlangen mit dem Besitz. Für geringe Leistungen fordern sie unverschämten Lohn. Unter allen am
bettelhaftesten und zudringlichsten aber seien die Chasaren,
die Ungarn und die Russen, die in einemfort nach Konstantinopel kommen, um sich unter nichtigem oder unerheb-
lichem Vorwande gestickte Gewänder, Kronen und andere
Toilettenartikel aus der kaiserlichen Garderobe oder gar das
Staatsgeheimniss des griechischen Feuers auszubitten. [1]

Stolze ungarische Magnaten und die Russen-Czare müssen
heute freilich lachen, wenn sie die Sittenkatechese und die
scythischer Begehrlichkeit entgegenzustellende Ablehnungs-
formel des kaiserlichen Pedanten lesen. Damals (950) waren
aber diese Völker noch Barbaren und Heiden. Das sanfte
Joch des Christenthums hatte ihre Wildheit noch nicht gezähmt, sie noch nicht sittlich verwandelt, veredelt und besonders die Russen noch nicht zu jenem Grade von Uneigennützigkeit und christlicher Liebe erhoben, die sie heute in
allen Privat- und öffentlichen Verhandlungen andern zum
Exempel durchschimmern lassen. „Kijew" ($\tau\grave{o}$ $\varkappa\iota\alpha\beta ov$,
$\varkappa\iota o\acute{\alpha}\beta\alpha$) nennt Konstantin Metropole und Herzpunkt der
niemals ruhenden und mit fanatischer Zähigkeit unaufhaltsam
nach West und nach Süd drängenden „$'P\tilde{\omega}\varsigma$."

Die vollen Kassen, die Goldkronen und die gestickten Gewänder von Byzanz hatten für diese Wilden einen unwiderstehlichen Reiz, und schon damals wäre Ost-Rom vielleicht
russischer Zudringlichkeit erlegen, hätten sich nicht nach der
Reihe wilde und kriegerische Stämme aus Turkestan und
Kiptschak, Petschenegen, Usen, Polowzen und endlich die Tataren durch Besetzung der Dnjepermündungen, der heutigen
Moldau und überhaupt des Nordufers des Pontus Euxinus wie
ein schirmender Keil zwischen Kijew und Byzanz herein-

---

[1] *Constant. Porphyrog. de administr. Imper. cap. 13. ed. Bonn.
pag. 81 ff.*

geschoben und für letzteres neue Lebensfrist ausgewirkt. Diese
Scheidewand aufrecht zu halten, galt im zehnten Jahrhundert
als Hauptmaxime byzantinischer Politik. Um sie niederzu-
reissen und alle Hemmnisse des Russendranges zu beseitigen,
brauchte es fast 900 Jahre Arbeit, Leiden und Geduld. Der
Mensch kann nicht über schnellen Gang des Fatums klagen.
War mit Griechenland Friede, fiel die Russenplage auf die
nördlich und westlich von Kijew liegenden Slavenstämme
der Berbianen, der Drugubiten, der Kribitschen, der Serben
und anderer den Russen schon damals zinsbaren Bruder-
völker. [1] Ruhen konnten sie niemals. Alles Land von Kijew
am Dnieper hinauf bis Nowgorod (*Νέμογαρδ*) und heraus
zu den Wohnsitzen der Frangi hinter dem Elbestrom nennt
der Porphyrogenet „Sklabinien" (*Σκλαβινίαι*) und weist ihm
Drugubiten, Lenzaninen, Kribitschen, Serben etc.
als Bewohner an. [2]

Dieselbe Benennung „Slavinien" tragen aber im Westen
der Maritza und im Süden der Donau sämmtliche Landschaften
zwischen dem ägäischen und adriatischen Meere, selbst mit
Einschluss von Macedonien und Thessalien, erweislich schon
im siebenten Jahrhundert und noch vor dem Einbruch der
Bulgaren und der Gründung ihres Reiches. Wir finden die
Dragubiten und Sagudaten bei Saloniki; die Belegezeiten,
Bajuniten und Berziten in Thessalien und Nachbarschaft; die
Kribitschen in Messenien, die Milingi im Taygetus, die Eze-
ritten im Eurotasthal, die Serben im grössten Theile Illyricums; Stämme mit der allgemeinen Benennung „Sklaben,
Sklabinier und Sklabesianen," in Elis, in Arkadien, in Lakonien, in Tzakonien, in ganz Peloponnes. Aber das eben
ist es, was man nicht glauben will und ich erst beweisen
soll. Uebrigens ist die Chronologie dieser Begebenheiten ein

---

[1] *Εἰς τὰς Σκλαβινίας τῶν τε Βερβιάνων καὶ τῶν Δρουγουβιτῶν
καὶ τῶν Σερβίων καὶ Κριβιτζῶν καὶ λοιπῶν Σκλάβων, οἵτινές εἰσι
πακτιῶται τῶν 'Ρῶς. de admistr. Imp. cap. 9 fine.* Hier ist nicht vom
Donau-Serbien unserer Zeit, sondern vom Urlande dieses Stammes hinter
den Karpathen die Rede.

[2] *Constant. Porphyrog. de administr. Imp. cap. 9.*

Umstand, der ängstliche und unerfahrene Leser beinahe nicht
weniger beunruhiget, als die Sache selbst.
Wann sind denn — so hört man häufig fragen — alle
diese Gräuel über das schöne poetische Hellas hereingebrochen? Und hat denn ausser dem Slaven-Imperator Porphyrogenitus in der bezeichneten Stelle kein gleichzeitiger
Annalist je von solchen Scenen Meldung gethan? Alles
ignoriren und wie nicht gesagt betrachten, was man hierüber
schon früher gewissenhaft verfasst und gründlich nachgewiesen
hat, hiesse doch einerseits an Bescheidenheit und Selbstverleugnung, andrerseits aber an Insolenz und Dickohrigkeit
alles Mass überschreiten. Zu Anfang des sechsten Jahrhunderts, besonders mit Justinian I. (527—565) begann das
Uebel, und die Mitte desselben sechsten Jahrhunderts (550)
ist mit voller Sicherheit als Zeitpunkt regelmässiger Slaven-
strömung über die Donau und theilweiser Sesshaftmachung
auf byzantinischem Boden anzunehmen. [1]
Decennien lang gingen Plünderungszüge und Verödung
bleibender Niederlassung voran, wie es Procopius kurz, aber
eindringlich geschildert hat. [2] Den Peloponnes erreichte die

[1] Geschichte der Halbinsel Morea. Bd. I, S. 151—213.

[2] Im Jahre 539, d. i. im 13. Regierungsjahre Justinians I. erschreckte
ein Komet die Welt und geschah der grosse Einbruch der Hunnen, Slaven,
Bulgaren, Anten und Gepiden in das östliche Reich: *Μέγα μὲν εὐθὺς ὄρσά-
μενα Οὐννικὸν, διαβάντες ποταμὸν Ἴστρον, ξυμπάσῃ Εὐρώπῃ* (das ist die
illyrische Halbinsel) *ἐπέσκηψαν· γεγονὸς μὲν πολλάκις ἤδη, τοσαῦτα δὲ
τὸ πλῆθος κακά ἢ τοιαῦτα τὸ μέγεθος, οὐκ ἐνεγκὸν πώποτε τοῖς ταύτῃ
ἀνθρώποις. ἐκ κόλπου γὰρ τοῦ Ἰωνίου οἱ βάρβαροι οὗτοι ἅπαντας
ἐφεξῆς ἐληίσαντο μέχρι ἐς τὰ Βυζαντίου προάστεια. καὶ φρούρια μὲν
δύο καὶ τριάκοντα ἐν Ἰλλυριοῖς εἶλον· πόλιν δὲ τὴν Κασσάνδρειαν
κατεστρέψαντο βίᾳ (ἣν οἱ παλαιοὶ Ποτίδαιαν ἐκάλουν, ὅσα γε ἡμᾶς
εἰδέναι) οὐ τειχομαχήσαντες πρότερον. καὶ τά τε χρήματα ἔχοντες,
αἰχμαλώτων τε μυριάδας δύο καὶ δέκα ἀπαγόμενοι, ἐπ᾽ οἴκου ἅπαντες
ἀνεχώρησαν οὐδενὸς σφίσιν ἐναντιώματος ὑπαντήσαντος. χρόνῳ δὲ
ὑστέρῳ πολλάκις ἐνταῦθα γενόμενοι, ἀνήκεστα ἐς Ῥωμαίους δεινὰ
ἔδρασαν. οἱ δὴ καὶ ἐν Χερρονήσῳ τειχομαχήσαντες, βιασάμενοί τε
τοὺς ἐκ τοῦ τείχους ἀμυνομένους, καὶ διὰ τοῦ τῆς θαλάσσης Ῥοίτου
τὸν περίβολον ὑπερβάντες, ὃς πρὸς κόλπῳ τῷ Μέλανι καλουμένῳ ἐστὶν
οὕτω τε ἐντὸς τῶν μακρῶν τειχῶν γεγενημένοι, καὶ τοῖς ἐν Χερρονήσῳ
Ῥωμαίοις ἀπροσδόκητοι ἐπιπεσόντες, ἔκτεινάν τε πολλοὺς καὶ ἠνδρα-*

nordische Fluth zwar erst gegen das Ende des sechsten Jahrhunderts, [1] aber um die Mitte des zehnten hatte der.

διδαν σχεδὸν ἅπαιτας. ὀλίγοι δέ τινες καὶ διαβάντες τὸν μεταξὺ Σηστοῦ τε καὶ Ἀβύδου πορθμὸν, λῃϊδάμενοί τε τὰ ἐπὶ τῆς Ἀσίας χωρία, καὶ αὖθις ἐς Χερρόνησον ἀναστρέψαντες ξὺν τῷ ἄλλῳ στρατῷ καὶ πάσῃ λείᾳ ἐπ' οἴκου ἀπεκομίσθησαν. Ἐν ἑτέρᾳ τε εἰςβολῇ τοὺς Ἰλλυριοὺς καὶ Θεσσαλοὺς λῃϊδάμενοι, τειχομαχεῖν μὲν ἐνεχείρησαν ἐν Θερμοπύλαις, τῶν δὲ ἐν τοῖς τείχεσι φρουρῶν καρτερώτατα ἀμυνομένων. διερευνώμενοι τὰς περιόδους, παρὰ δόξαν τὴν ἄτραπον εὗρον ἣ φέρει εἰς τὸ ὄρος ὃ ταύτῃ ἀνέχει. οὕτω τε σχεδὸν ἅπαντας Ἕλ-ληνας, πλὴν Πελοποννησίων, διεργασάμενοι ἀπεχώρησαν. Procopius de bello Persico, lib. II, cap. 4. Nachrichten desselben Autors über die Einbrüche slavischer Völkerschaften auf griechischem Boden findet man ausser dieser Hauptstelle noch ferner lib. III, cap. 14, 29, 38, 40; lib. IV, cap. 25 de bello Gothico. Item cap. 18 Histor. Arcan. Dann bei Menander, de Legat. lib. II, im 4. Jahre Tiberius II.; item lib. VIII, de legat. (pag. 164 ff. der Pariser Edition): κεραϊζομένης τῆς Ἑλλάδος ὑπὸ Σκλαβηνῶν....

[1] Nach unserer Berechnung zwischen 584 und 593 nach Christus, während der unheilvollen Regierung des gelehrten, beredten, gottesfürchtigen, aber geizigen und höchst unglücklichen Imperators Mauritius aus Cappadocien. Der Nationalkampf gegen die Sassaniden verschlang die Kraft des Reiches, und dem fürchterlichen Andrang des Avaren-Chans mit der norddanubischen Völkersäule der seinem Impuls folgenden Slaven hatte schon Mauritius Vorgänger, Tiberius II., nichts entgegenzustellen als ohnmächtige Verträge, Bitten und Geduld. Das Unheil, sagt Menander, der byzantinische Diplomat, brach von allen Seiten über Hellas herein; in Thracien erschien ein Haufe von 100,000 Slaven, während andere Haufen auf anderen Punkten in das sich selbst überlassene Hellas eindrangen und Niemand wehrte.* Das kann Alles sein, sagt die Kritik, aber wo ist in allen diesen Citaten vom „Peloponnes" die Rede? Der Peloponnes ist aber Kopf und Citadelle Griechenlands, welche Justinian durch Wiederherstellung der Mauer um Isthmus den Barbaren verschlossen hat. ** Dass aber die Barbaren um dieselbe

* Μετὰ δὲ τὸ τέταρτον ἔτος Τιβερίου Κωνσταντίνου Καίσαρος ἐν τῇ Θράκῃ ξυνηνέχθη τὸ Σκλαβηνῶν ἔθνος μέχρι που χιλιάδων ἕκατον Θράκην καὶ ἄλλα πολλὰ λῄσασθαι. Menander de Legat. lib. II, pag. 84 edit. Venet. Κεραϊζομένης τῆς Ἑλλάδος ὑπὸ Σκλαβηνῶν καὶ ἀπανταχόσε ἀλλ' ἐπ' ἀλλήλων ἐπηρτημένων τῶν κινδύνων. ὁ Τιβέριος οὐδαμῶς δύναμιν ἀξιόμαχον ἔχων οὐδὲ πρὸς μίαν μοῖραν τῶν ἀντιπάλων μήτε γε πρὸς πᾶσαν. Menander de Legat. lib. VIII, pag. 110 ed Venet. (pag. 164 ed. Paris).

** Τὸν ἰσθμὸν ὅλον ἐν τῷ ἀσφαλεῖ ἐτειχίσατο· φρούρια δὲ ταύτῃ ἐδείματο, καὶ φυλακτήρια κατεστήσατο. τούτῳ δὲ τῷ τρόπῳ ἄβατα

Tumult noch kein Ende gefunden. Die letzte Slavenhorde, in so ferne von gleichzeitiger authentischer Nachweisung die

Zeit die lange Mauer am thracischen Chersones erstiegen, Cassandra genommen und selbst durch die vermauerten Thermopylen gebrochen seien, ficht die Kritiker nicht an, sie fragen im Unisono: wo es geschrieben stehe, dass schon im 6. Jahrhundert auch der Isthmus von Korinth gefallen und die Slavenfluth eingedrungen sei? Die Hartnäckigkeit — man kann es ihnen nicht übel nehmen — wird um so grösser, je mehr man drängt und aus magern Chronisten, aus der Correspondenz des Papstes Gregorius Magnus und besonders aus dem Kirchenhistoriker Evagrius Scholasticus von Antiochia nachzuweisen sucht, dass gerade um 584—593 ff. nach Christus unermessliche Schwärme land- und beutelüsterner Barbaren aus Innerslavinien über die Donau kommen und zu gleicher Zeit und mit unabtreiblicher Wuth Thracien, Macedonien, Thessalien, Althellas, Albanien, Istrien und Friaul verwüsten, vor Thessalonika erscheinen, Adrianopel bestürmen und mit Hülfe langobardischer Werkmeister sogar Flotten zimmern, um in Dalmatien die Seestädte anzugreifen und selbst Konstantinopel auf der Wasserseite zu schrecken. * Besonders viel haben wir uns auf das pathetische Citat aus vorgenanntem Scholastiker Evagrius eingebildet. Aber weit entfernt, durch dasselbe alle Bedenken auf einmal niederzuschlagen und das Faktum über allen Bereich der Controverse zu erheben, brachte es zum grössten Verdruss bei den gelehrten Antagonisten eine höchst unbedeutende Wirkung hervor. „Unter diesen Umständen", schreibt Evagrius, „brachen die Avaren zweimal bis an die sogenannte lange Mauer hervor, eroberten und verheerten Singidunum, Anchialos und ganz Hellas mit andern Städten und Festungen, vernichteten und verbrannten Alles." ** Das sind allgemeine und unbestimmt gehaltene Phrasen, hiess es, die im Grunde wenig oder nichts besagen und vom Peloponues wieder keine Meldung thun. Man fragte sogar etwas spöttisch, ob denn „Hellas" eine Stadt sei, die man wie Anchialos und Singidunum mit Sturm nehmen könne? Meine Gegner gehen nämlich immer von der Vorstellung aus, Evagrius von Antiochia habe auch sein Zimmer voll Landkarten und

τοῖς πολεμίοις ἅπαντα πεποίηκεν εἶναι τὰ ἐν Πελοποννήσῳ χωρία. Procop. de Aedific. IV, cap. 2 fine.

* Le-Beau, Hist. Byzant. ad ann. 593. — Gregor. Magn. ad Maximum Salonit. Episcop. lib. X, epistol. 36. — Evagrius Scholasticus, Histor. Ecclesiast. lib. VI, cap. 10.

** Τούτων ὧδε χωρούντων οἱ Ἄβαρες δὶς μέχρι τοῦ καλουμένου μακροῦ τείχους διελάσαντες, Σιγγιδόνα, Ἀγχίαλόν τε καὶ τὴν Ἑλλάδα πᾶσαν καὶ ἑτέρας πόλεις τε καὶ φρούρια ἐξεπολιόρκησαν καὶ ἀνδραποδίσαντο, ἀπολλύντες ἅπαντα καὶ πυρπολοῦντες. Evagr. Schol. Hist. Eccles. lib. VI, cap. 10.

Rede ist, wälzte sich unter der Reichsverwesung des mit
unserm Porphyrogenitus zugleich regierenden Romanus Le-

seinen Schreibtisch voll geo- und topographischer Compendien, voll
Plan- und Situationszeichnungen von Hellas gehabt und täglich die Zeitung gelesen und die Bulletins des Avaren-Chans mit den Berichten des
kaiserlichen Hauptquartiers verglichen und auf der Karte regelmässig
angemerkt, welche Orte gefallen und welche Provinzen verloren seien
und wo jedesmal die Feinde stehen oder die kaiserlichen Heere unterlegen sind. Wenn der geniale Italiener heute noch von der Welt nichts
weiter kennt als den Ort seiner Geburt und die Gegend, wohin er Lust-
partien oder Geschäftsreisen macht, so kann man sich wohl denken,
wie viel ein syrischer Literatus des 7. Jahrhunderts vom europäischen
Griechenland, seinen Städten und Provinzen wissen mochte. Nur Scenen
des äussersten Ruines und des allgemeinen Verderbens konnten die Aufmerksamkeit eines gelehrten Bewohners von Antiochia erreichen; aber
klare Begriffe und genetisch ineinandergreifende Relationen über politische Ereignisse des illyrischen Continents, wie bei Thucydides, muss
man von einem Asiaten jener Periode überhaupt weder fordern noch
erwarten. Unter „Ἑλλάδα πᾶσαν" des Evagrius haben wir dessen ungeachtet, und vielleicht nicht mit Unrecht, auch den Peloponnes sub-
sumirt. Ein Patriarchalbericht an Alexius Comnenus vom Ende des
11. Jahrhunderts bezieht sich auf ein Diplom des Imperators Nicephorus
(802—811 nach Christus), der in Folge eines siegreichen Befreiungs-
kampfes der Bürger von Patras über die ihre Stadt belagernden Slavo-
Avaren, die Kirche zum heiligen Andreas daselbst zur Metropolis erhob
und durch den Zins der besiegten Slaven verherrlichte. Diese Katastrophe, fügt der Patriarchalbericht hinzu, ereignete sich 218 Jahre
nach der Besitznahme des Peloponneses durch die Avaren.* Ziehe man
diese letztgenannte Summe von der Regierungszeit des Imperators Nicephorus ab, und die für Griechenland so unheilvolle Begebenheit fällt
auf die Periode von 584—593 unserer Aera hinein.** Da hätten wir
nun — was die Opposition allzeit verlangt — ein positives, von einem
Griechen selbst amtlich ausgestelltes und auf amtliche Documente ge-
stütztes Zeugniss, dass der Peloponnes durch ein barbarisches, aus Scy-

---

* Ἐν τῇ καταστροφῇ τῶν Ἀβάρων . . . . ἐπὶ διακοσίοις δέκα ὑπὼ
χρόνοις ὅλοις κατασχόντων τὴν Πελοπόννησον. *Leunclavius, Jus
Graeco-Romanum pag. 278 (edit. Francofurt. 1596).*

** Vergleiche Geschichte von Morea Bd. 1, pag. 183 ff. Dass aber
Avaren und Slaven bei den Byzantinern jenes Zeitalters synonyme
Begriffe waren, ist bei Konstantin Porphyrogenitus ausdrücklich
bemerkt: *Οἱ ἐκεῖθεν τοῦ ποταμοῦ Σκλάβοι, οἱ καὶ Ἄβαροι καλοί-
μενοι . . . — οὗτος οὖν οἱ Σκλάβοι οἱ Ἄβαροι* etc. *De admin.
Imp. cap. 29, pag. 127. edit. Bonn.*

c a p e n u s (von 920 bi: 944) über den Isthmus von Korinth. [1]
Cardinalpunkt der ganzen Slaventhesis ist die Patrasser

thien eingedrungenes, nicht christliches, nicht griechisch redendes, der
Regierung in Byzanz und ihrem Statthalter auf Akrokorinth nicht ge-
horchendes und gegen die von den Griechen besetzten Punkte an der
Küste feindlich verfahrendes Volk 218 Jahre vor der Patrasser Schlacht
erobert und bewohnt worden sei. Zu diesem letzten Argument haben
die Gegner nichts gesagt, und daran haben sie unseres Erachtens sehr
wohl gethan. Ohne Zweifel schöpfte der einheimische Verfasser einer
kurzen, im Archiv von Turin aufbewahrten handschriftlichen Chronik
über Erbauung von Monembasia seine Nachrichten gänzlicher Slavinisirung des Peloponneses aus derselben Quelle, bei welcher wir uns Raths
erholten. Nur stellt er das Ereigniss noch viel bestimmter und entschiedener hin, als wir es wagen durften, da er den Einbruch der Barbaren und die Ueberschwemmung des Eilandes geradezu auf das sechste
Jahr des Kaisers Mauritius (588 nach Christi), ihre Besiegung vor Patras aber auf das vierte Regierungsjahr des Kaisers Nicephorus (805)
setzte. Ueberdies bemerkt diese Kirchenchronik ausdrücklich, dass um
jene Zeit des grossen Avarenkrieges unter Mauritius die Provinzen Thessalien, Hellas, Attika und Euböa dasselbe Schicksal erlitten wie der
Peloponnes: Was von der Bevölkerung nicht entfloh, ward niedergemetzelt und durch die Eindringlinge ersetzt, die (im Peloponnes) bis
zur Patrasser Schlacht weder dem „römischen Kaiser,“ noch sonst Jemanden unterthan waren. Nur auf unzugänglichen Steinklippen Tzako-
niens der peloponnesischen Ostseite hätten sich mehrere Gemeinden
Griechischredender vor der „Slavenfluth“ (τοῦ Σϑλαβινοῦ ἔϑνους) gerettet: … Ὁ δὲ Χαμνὸς (chan) λύει σπονδὰς αἰτῶν ὑπέρυγκα καὶ
ἐχειρώσατο Θεσσαλίαν, Ἑλλάδα, Ἀττικήν καὶ Εὔβοιαν καὶ Πελοπόννησον καὶ καταφϑείραντες τὰ γένη κατώκησαν αὐτοὶ ἐν αὐτῇ. οἱ δὲ
δυνηϑέντες ἐκφυγεῖν διεσπάρησαν …

Τοίνυν οἱ Ἄβαροι κατασχόντες τὴν Πελοπόννησον διώκησαν ἐπὶ
χρόνους ὅτη (218) μήτε τῶν Ρωμαίων βασιλεῖ μήτε ἑτέρῳ ὑποκείμενοι,
ἤγουν ἀπὸ τοῦ ςϟϛ΄ (6096 d. i. 588 nach Christi) ἔτους τῆς τοῦ κόσμου
κατασκευῆς ὅπερ ἦν ἔκτον ἔτος τῆς βασιλείας Μαυρικίου καὶ μέχρι
τοῦ ς τριακοσοῦ τρεῖς καὶ δεκάτου ἔτους, ὅπερ ἦν ἔτος δ΄ τῆς βασιλείας Νικηφόρου τοῦ παλαιοῦ, τοῦ ἔχοντος υἱὸν Σταυράκιον. Codex
336, fol. 1. Bibliothec. Taurin. Vide Pasini, Catalog. MSC. Taurin.
I. 417. — Ob übrigens die in Venedig gedruckte neugriechische Chronik
des Dorotheus von Monembasia mit dieser Handschrift ganz oder zum
Theil gleichlautend ist, vermögen wir aus Mangel eines Exemplars benannter Druckschrift nicht zu entscheiden.

[1] Εἰσῆλϑον οἱ Σκλαβησιανοὶ ἐν τῷ ϑέματι Πελοποννήσου. Const. [?]
Porphyr. de admin. Imp. cap. 50.

Schlacht, welche Nicolaus der Patriarch aus dem eilften, und
Konstantin der Purpurgeborne aus dem zehnten Jahrhundert,
an Zeit, Ort, Umständen und Erfolg übereinstimmend erzählen. [1] Nur hatten sich nach dem Bericht des erstern die
Avaren schon 218 Jahre früher, das ist Ausgangs des sechsten
Jahrhunderts, in Peloponnes festgesetzt, welcher dagegen
nach Angabe des letztern erst unter Copronymus, d. i. um
die Mitte des achten Jahrhunderts, „ganz slavinisirt und barbarisch wurde." Beide Angaben stehen in keinem innern
Widerspruch, weil das Mehr oder Weniger, das Früher oder
Später der ersten Ansiedlung für uns ein gleichgültiger Umstand ist, sobald nur das Factum selbst über allem Zweifel
steht. Aber nicht ohne Grund hat man wider mich geltend
gemacht, dass nach der kaiserlichen Erzählung die rebellischen
Slaven im „Thema Peloponnes" zuerst die Wohnungen der „benachbarten Gräken" überfielen und ausplünderten, dann aber
sich gegen Patras wandten, das Flachland vor den Festungsmauern überschwemmten und die Stadt selbst belagerten.

Es müssen also — so argumentiren sie — doch noch
byzantinische Griechen im Lande, und zwar in der alten
Provinz Achaja übrig gewesen sein, deren Besitzungen die
Slaven noch plündern und verheeren und die sie selbst
gefangen wegschleppen konnten. Der Text lässt hierüber
kein Bedenken. [2] Es fanden ja selbst die Franken bei ihrer
Landung (1205), wo doch Alles schon in ein gemeinsames
christliches Morea zusammengeflossen war, sogar die alte
Benennung Achaja noch am nördlichen Küstenrande des
Peloponneses haften, während die übrigen Neunzehntel des
Landes in Jedermanns Munde mit dem slavischen Appellativ
„Moreas" bezeichnet wurden. [3]

---

[1] *Constant. Porphyrog. de admin. Imp. cap. 49.*

[2] ... Πρῶτον μὲν τὰς τῶν γειτόνων οἰκίας τῶν Γραικῶν ἐξετίρ-
θουν.. — κατευήνσε (der Strategos von Korinth) τῷ βασιλεῖ Νικη-
φόρῳ τήν τε ἔφοδον τῶν Σκλαβηνῶν καὶ τὴν προνομὴν καὶ αἰχμαλωσίαν καὶ ἀφανισμὸν καὶ τὴν λεηλασίαν καὶ τἆλλα δεινὰ ὅσα κατα-
δραμόντες ἐποίησαν εἰς τὰ μέρη τῆς Αχαίας. *loco citato.*

[3] *Chronic de la Moree edit. Buchon.*

Das friedliche Nebeneinandersein zweierlei Blutes und
zweierlei ethnischer Elemente, und zwar eines schwachen
und eines starken, auf peloponnesischem Boden wäre demnach
für den Zeitraum von 600—800 n. Chr. unwiderleglich dar-
gethan. Die Einrede, dass die scythischen Eroberer niemals
einen hinlänglichen Grad politischer Selbständigkeit und
Autonomie errungen und in der Praxis allzeit als Unterthanen
des byzantinischen Imperators gegolten hätten, ist dagegen
unbedingt zurückzuweisen, da im oftberührten Patriarchalbericht das gegenseitige Verhältniss unzweideutig und klar
angegeben wird. „Sie (die Eindringlinge) waren von der
romanischen Herrschaft so völlig abgetrennt, dass kein romanischer Mann ihr Gebiet betreten durfte.“ [1]

Wer immer in Konstantinopel regiert, hat das eifer-
süchtigste Verlangen, auch Herr über Griechenland und besonders über Morea zu sein. Den innern Küstensaum von
der Hauptstadt des Reiches an der Propontis und am ägäischen
Meere entlang bis nach Innerhellas offen und von griechisch
redenden Leuten bewohnt zu erhalten, war eine der traditionellen und standhaftesten Maximen der christlich - byzantinischen Politik. Wenn aber Dr. Grisebach mit Pouqueville
meint, griechisches Blut und griechische Redeweise habe sich
auf den Küstenländern Thraciens und Macedoniens durchweg
auf derselben Linie erhalten, auf der sie schon im Alterthume
war und heute wieder gefunden wird, so hat er dennoch
Unrecht. [2] Von der Maritza bis zum Hagion-Oros herab war
der Strand erweislich schon um die Mitte des siebenten
Jahrhunderts ganz slavinisirt und der Landweg — die *via
Egnatia* — von Konstantinopel nach Thessalonika durch
slavische Eindringlinge verlegt und abgesperrt. Namentlich
sassen die Strymon- und die Runchi-Slaven um Philippi und
Amphipolis, wo unter andern heute noch die slavischen
Ortschaften Gross-Orsova und Klein-Orsova sind. Sie
trieben Küstenfahrt und Seeraub auf ihren barbarischen Mo-

---

[1] *Καὶ τῆς ῥωμαϊκῆς ἀρχῆς ἀποτεμνόμενον ὡς μηδὲ πόδα βαλεῖν
ὅλως δύνασθαι ἐν αὐτῇ Ῥωμαῖον ἄνδρα. Leunclav. l. c.*
[2] Reise durch Rumelien, Bd. II, pag. 65 ff.

noxylen, plünderten auf Inseln und am Hellespont und leisteten den Binnenlandbrüdern in den wiederholten Angriffen auf Thessalonika von der Seeseite kräftige Unterstützung. [1] Um die Strasse zu dieser grossen und wichtigen Handelsstadt wieder zu öffnen, ging Heraclius' Enkel, Konstans II., um das Jahr 658 persönlich wider „Slavinien" ins Feld und erfocht, wie der byzantinische Mönch Theophanes kurz, unbestimmt und talentlos berichtet, grosse Vortheile, „besiegte und unterjochte viele." [2]

Mit diesem Feldzuge hatte das byzantinische Imperium gegen die slavische Bevölkerung der europäischen Reichshälfte gleichsam die Offensive ergriffen. Jedoch war der erste Akt, wie es scheint, nicht sonderlich folgenreich und eindringend, da die Slaven um eben diese Zeit und noch später wiederholt das feste Thessalonika zu Wasser und zu Lande ängstigten. [3] Justinian II. Rhinotmetos (A. C. 685 bis 695 und 705 bis 711) richtete schon mehr aus, drang bis Thessalonika durch, befreite das Emporium, schlug und unterjochte „Strymonen und Runchinen mit andern Slavenstämmen," wie St. Nicephorus von Konstantinopel beinahe noch trostloser und kürzer, als sein Landsmann Theophanes berichtet. [4]

Um jedoch Gehorsam und Unterwürfigkeit des neu-eroberten Landes auf alle Zeiten sicher zu stellen, verpflanzte Justinian II. einen Theil der slavischen Bevölkerung auf die

---

[1] *Runchini vero, qui illis (Drugubitis) accesserant, mari per navigia accesserunt ; vide Tafel; de Thessalonica ejusque agro, pag. LXXXVIII. — Otii vero impatientes Strymonii et Runchini nautas plurimos, qui devehendo Constantinopolim frumento vacabant, item eos, qui insulas atque Hellespontum habitabant, exspoliantes, ipsam Propontidem ingressi sunt. Ubi vastata Parii et Proconnesi regione, usque ad portorium urbis regiae navigant; denique praeda onusti multisque navigiis aucti, casas suas Macedonicas repetunt.* Tafel (a. a. O. pag. XCII) gibt diese Stelle auch im griechischen etwas corrumpirten Originale.

[2] Τούτῳ τῷ ἔτει ἐπεστράτευσεν ὁ Βασιλεὺς κατὰ Σκλαβινίας, καὶ ἠχμαλώτισε πολλοὺς καὶ ὑπέταξεν. *Theophan. Chronicon p. 229 (edit. Venet.).*

[3] Vgl. Tafel a. a. O. pag. LXXXIII—CIV.

[4] *Nicephor. Patriarch. Histor. Byzant. pag. 19 (edit. Venet.).*

asiatische Seite des Hellesponts. Dieser Theil war so zahlreich, dass der Imperator 30,000 kräftige junge Leute als
Prätorianer ausheben vnd im Feldzuge wider die Araber dem
kaiserlichen Heere einverleiben konnte. [1] Aber auch die
Zurückgebliebenen duldete er an der Seeküste nicht länger,
sondern verpflanzte sie weiter, Strymon aufwärts in das
Hochgebirge, wie es Porphyrogenitus *(lib. II. 5 de Themat.)*
ausdrücklich bemerkt. Die slavischen Dorfnamen am Strand
und in der Chalkidike, auf dem Wege von Saloniki nach
Hagion-Oros, blieben bis auf unsere Zeit; aber griechische
Redeweise gewann nach und nach wieder die Oberhand.
Slavenverpflanzungen in Masse aus Europa nach Anatolien
wurden von Justinians II. Nachfolgern nach jedem Siege
regelmässig wiederholt und bildeten die zweite Regierungs-
maxime byzantinischer Politik. Jedoch vermochten diese
Massnahmen doch nicht den wilden Freiheitssinn der Slavenstämme zu bändigen. Bis die Kirche mit dem Taufbecken
dazwischentrat, begannen sie das Spiel immer wieder von
neuem, und namentlich hatte Konstantin Copronymus (741
bis 775) die grösste Noth, das kaiserliche Ansehen in einem
Aufstande der von.Rhinotmetos gebändigten und geschwächten Slaven Macedonier zu behaupten. Doch war der Feldzug
des Jahres 758 n. Chr. für diese Gegend eben so entscheidend
in seinen Folgen, als in seinem Hergang einfältig erzählt vom
langweiligsten und kurzsichtigsten aller Chronisten, Theophanes von Byzanz. [2]

Armseligkeit und Unfähigkeit dieses Mannes sind um
so beklagenswerther, da er als Zeitgenosse den ersten grossen
Kriegszug des byzantinischen Imperiums gegen die vollständig
slavisirten Landschaften Thessalien, Inner-Hellas und Peloponnes unter Kaiserin Irene (780—802) einzuregistriren

---

[1] *Οὗτος Σθλαβικῶν βαρβάρων ἀποκρίνας ἡβῶντας ἄνδρας, ὁπλίτας
ῥωμαλέους, φονικὸν ἐκπιπτοντας Ἄρην ἐν μάχαις, ἐς χιλιάδας τρὶς
δέκα ἀριθμουμένους, νέον συνεστήσατο σύνταγμα φίλον, λαὸν περιοι-
σιον αὐτῷ καλίσα,. Ephraemius Byzant. pag. 69 ed. Bonn.*

[2] *Τούτῳ τῷ ἔτει Κωνσταντῖνος τὰς κατὰ Μακεδονίαν Σκλαβηνίας
ἐχμαλώτισε, καὶ τοὺς λοιποὺς ὑποχειρίους ἐποίησεν. Theophan. p. 361.*

Fallmerayer, Fragm. a. d. Orient. 33

hatte. Irene, aus einer athenischen Familie abstammend,
hatte vom Zustande Griechenlands vielleicht bessere Einsicht
als ihre Vorfahren und sandte ein grosses aus den eingewanderten streitbaren Stämmen Thraciens und Macedoniens
rekrutirtes Eroberungs- oder Entdeckungsheer unter dem
Patrizier Staurakios (783 n. Chr.) gegen die „Slavinenvölker." Wohin ist also der byzantinische Feldherr gezogen,
um diese „Slavinen" zu unterjochen? Theophanes antwortet
trocken und kurz: „Staurakios rückte in Thessalien und
Hellas ein, unterjochte alle und machte sie dem Kaiserthum
zinsbar, drang sogar in den Peloponnes und brachte viele
Gefangene und grosse Beute römisch-kaiserlicher Majestät
zurück." [1]

Dies ist Alles, was der Mönch, nachdem er noch darüber-
hin den prachtvollen Triumpheinzug des Staurakius und die
gefangenen Slavenfürsten aus dem Peloponnes in Konstantinopel gesehen hatte, über eine der wichtigsten und, nach
europäischen Begriffen zu urtheilen, grössten und folge-
reichsten Begebenheiten der Geschichte von Byzanz zu sagen
weiss! Aber nennt Theophanes hier nicht das eigentliche, alte,
klassische Hellas und sogar den Peloponnes unumwunden
ein von „slavischen Völkern" besetztes Land, das byzantinischer Majestät (um 783 n. Chr.) nicht gehorchte, keinen
Tribut zahlte, und gegen welches man ein grosses Unter-
jochungsheer aussandte, um es wieder in den Reichsverband
hereinzuziehen? Wenn aber die byzantinische Streitmacht und
der Feldherr Staurakios mit dem Auftrage von Konstantinopel
ausziehen, die „Slavinenvölker" zu bändigen, und wenn sie,
um diesen Befehl zu vollziehen, Thessalien, Hellas und den

---

[1] Ἀποστέλλει Σταυράκιον τὸν πατρίκιον ... μετὰ δυνάμεως πολ-
λῆς κατὰ τῶν Σκλαβίνων ἐθνῶν. Καὶ κατελθὼν ἐπὶ Θεσσαλίαν καὶ
Ἑλλάδα ὑπέταξε πάντας, καὶ ὑποφόρους ἐποίησε τῇ βασιλεία, εἰςῆλθε
δὲ καὶ ἐν Πελοποννήσῳ καὶ πολλὴν αἰχμαλωσίαν καὶ λάφυρα ἤγαγε
τῇ τῶν Ῥωμαίων βασιλεία. Theophan. Chronograph. pag. 306 ed.
Venet. (385 edit. Paris.) Dass übrigens in dieser merkwürdigen Stelle
die Lesart „Θεσσαλονίκη" bei Theophanes verdorben und „Θεσσαλία"
herzustellen sei, hat der gelehrte und vortreffliche T a f e l a. a. O. p. CVI,
Note 84, und p. 22, Note 29, sattsam nachgewiesen.

Peloponnes feindlich überziehen, Alles unterwerfen, zum Tribut nöthigen und Beute und Gefangene in grosser Menge von besagten Ländern nach Konstantinopel bringen, so ist der Schluss, dass jene Landschaften damals von unabhängigen Slavinen besetzt waren, ein natürlicher und ein unabweisbarer. Ἐσθλαβώθη πᾶσα ἡ Πελλοπόννησος καὶ ἐγένετο βάρβαρος. Wahrhaft, Porphyrogenitus — wie Sie sehen — hat Recht, im Peloponnes war alles „slavinisirt und barbarisch." Freilich möchten wir auch gerne wissen, wie weit Staurakios im Peloponnes eingedrungen sei? wo man sich slavischer Seits zum Gefecht eingestellt? welche Verträge man geschlossen und welche Einrichtungen und Bürgschaften man angeordnet habe, um den Gehorsam der Provinz auch für die Zukunft zu sichern? Aber Theophanes, in weltlichen Dingen offenbar weniger neugierig als ein deutscher Politicus, gibt auf alle diese Fragen keine Antwort. Dass aber dieser erste byzantinische Heerzug des Staurakios keine bleibenden Folgen hatte, beweist der allgemeine Aufstand der peloponnesischen Slaven und die obenerzählte Belagerung und Verzweiflung von Patras unter Irenens Nachfolger Nicephorus I. (807 n. Chr.) zur Genüge.[1]

War denn nicht nach Inhalt des oft angezogenen Patriarchalberichts der Peloponnes bis zur Wunderschlacht vor Patras friedlichem Verkehr mit romanischen Leuten verschlossen? Wie aber der Strateg mit seiner ungeschwächten Hülfsmacht den Sieg der Bürger von Patras im Allgemeinen benützt habe und wie tief er in das Innere der Slavenkantone vorgedrungen sei, wird wieder nicht gemeldet. Nur so viel ist klar, die ganze Westseite von Morea, d. i. die Ebene von Elis, das Gebiet von Messenien mit Theilen von Arkadien und Achaja, so weit die Erzdiöcese Patras reicht und wo es heute noch von slavischen Ortsnamen wimmelt, ist unter dem „Zinsslaven-Distrikte" des heiligen Adreas zu verstehen. Oder heisst es denn im byzantinischen Epitomator

---

[1] Geschichte der Halbinsel Morea. Bd. I, S. 218 ff. Die Stadt wollte sich schon ergeben, und die Unterhandlungen über die Bedingnisse waren bereits angeknüpft.

nicht ausdrücklich, dass zu seiner Zeit (1000 n. Chr.) in den Gegenden des untern Alpheiosstromes „im Lande der ehemaligen Pisaten, Kaukonen und Pylier sogar der griechische Name nicht mehr bestehe und Alles von „Scythen" bewohnt sei?"[1] Diese Scythen sind es, die vor Patras durch St. Andreas' Intervention überwunden und Knechte seiner Metropole wurden. Nicephorus I., vor seiner Erhebung bekanntlich Oberstfinanzbeamter des Reiches und in der Kunst, den Unterthanen das Geld aus der Tasche zu prakticiren, anerkannter und noch heute unübertroffener Meister, wusste die Niederlage der peloponnesischen Slavinen zum Vortheil des Fiskus trefflich auszubeuten. Von den Reichthümern des eroberten Lagers durften die Bürger nichts behalten, Alles ward zum Vortheil des heil. Andreas eingezogen, weil der Apostel, und nicht die Patrenser den Sieg erfochten habe. Dann mussten die Besiegten, ausser dem jährlichen Geldzins an die Metropolitankirche, auch noch für die Strategen, Grossbeamten und Gesandten der Völkerschaften, denen als Sicherheitsgeisseln Patras zum Wohnort angewiesen war, Unterhalt und Beköstigung herbeischaffen. Zu diesem Behufe hatten die Slavinen eigene Proviantmeister, Köche und Konfektmeister bestellt und den ganzen Bedarf, ohne alles Dazwischentreten der Metropolis, nach eigenem Gutdünken und Vermögen als Gemeindelast unter sich umgelegt.[2]

Um Missbräuchen, wilikürlichen Beschwerungen und geistlichen Erpressungen den Weg zu verlegen, stellte Leo

---

[1] *Νῦν δὲ οὐδὲ ὄνομά ἐστι Πισατῶν καὶ Καυκώνων καὶ Πυλίων· ἄπαντα γὰρ ταῦτα Σκύθαι νέμονται. Geograph. vet. scriptt. Graeci minor. vol. II, pag. 98.*

[2] *Ἐκ τότε δὲ οἱ ἀφορισθέντες Σκλαβηνοὶ ἐν τῇ μητροπόλει καὶ τοὺς στρατηγοὺς καὶ τοὺς βασιλικοὺς καὶ πάντας τοὺς ἐξ ἐθνῶν ἀποστελλομένους πρέσβεις ὡς οἴμους διατρέφουσιν, ἔχοντες ἰδίους καὶ τραπεζοποιοὺς καὶ μαγείρους καὶ πάντας τοὺς παρασκευάζοντας τὰ τῆς τραπέζης βρώματα, τῆς μητροπόλεως εἰς ταῦτα μηδὲν καινοτομουμένης, ἀλλ' αὐτὰ οἱ Σκλαβηνοὶ ἀπὸ διανομῆς καὶ συνδοσίας τῆς ὁμάδος αὐτῶν ἐπισυνάγουσι τὰς τοιαύτας χρείας. Constant. Porphyrog. de administ. Imp. cap. 49 fine.*

der Philosoph eine Urkunde aus, in welcher bis auf die kleinste Einzelheit Jegliches verzeichnet war, was die patrassischen Zinsslavinen dem Metropoliten zu entrichten hatten. Könnte man den Staatsmalcontenten unserer Zeit diese Urkunde des Philosophen im Purpur vorlegen, würden sie billig über die Einfälle und Wendungen der byzantinischen Finanzleute erstaunen. Besonders hat es Nicephorus in diesem Punkte zu einer Virtuosität gebracht, deren sich gegenwärtig höchstens Mohammed-Ali rühmen kann. Den Grundsatz, dass eigentlich die ganze Summe des öffentlichen und des Privaterwerbes mit aller Arbeitskraft des Volkes von Rechtswegen dem Fiskus verfallen sei, hat eigentlich dieser dogmatisch eifrige Christenimperator aufgestellt und in allen Consequenzen praktisch durchgeführt.

Ungefähr 20 Jahre lang ertrugen die Slaven das kaiserliche Joch mit Geduld. Aber unter Theophilus I. brach ein allgemeiner Aufstand aus, die Slavinen des Peloponneses erklärten und behaupteten sich unabhängig, plünderten, sengten, raubten, schleppten Gefangene weg und stahlen, wie der Bericht sagt, unbehindert, bis Theophils Nachfolger, Michael der Trunkenbold, den Protospatharius Theoktistos mit einem grossen, in Thracien, Macedonien und den übrigen abendländischen Statthalterschaften rekrutirten Heere sandte und „sämmtliche Slaven und Rebellen des Peloponneses" bändigte. Nur die „Ezeriten und Milengi" in der Gegend von Lacedämon und Helos, d. i. im Eurotasthal und zu beiden Seiten des Mainagebirges, blieben noch unangefochten. Denn dort, fügt Porphyrogenitus hinzu, ist ein grosser, sehr hoher und schwer zugänglicher Berg, mit Namen Pentadaktylos (Taygetus), der wie eine Kehle weit in das Meer hinausläuft und auf dessen Steilwänden sich einerseits die Milengi, andrerseits aber die Ezeriten niedergelassen hatten.[1] Theo-

---

[1] Ἔζερο, Ἰέζερο, Ὄζερο ist die slavische Uebersetzung des hellenischen Ἕλος, der Sumpf, das Tiefland, das stehende Wasser, und bezeichnet hier die bekannte fruchtbare Strandebene und wasserreiche Niederung am Untereurotas, besonders gegen die Mündung hin, welche die Griechen ἕλος nannten. Der Volksname Milingi, wie der Bericht-

ktistos hätte diese Slavenstämme des rauhen Spartanergebirges zwar auch unterjochen können, sei aber — was einem bygeber die Bergslaven auf dem messenischen Abhang des Taygetus nennt, lässt sich nicht mehr erklären. Selbst Herr Dr. Schafarik, der in solchen Dingen natürlich das erste Wort in Europa hat, vermag es eben so wenig als wir, verdeutscht aber das byzantinische Μιληγγοί in Milenzer, Milinzer, Milzer oder Miltschaner, wie er die Ἐξερῖται durchweg mit Jeserzer gibt. Uebrigens nimmt dieser berühmte Slavist keinen Anstand, Russland als Heimat und Wiege der peloponnesischen Milenzer anzuerkennen, wie er denn geradezu eingesteht (II, 233—234), „dass die Völker- und Ortsnamen Griechenlands unbezweifelt aus den nordöstlichen Ländern des alten Slaventhums, am Ilmensee (Nowgorod), am Duieper, an der Düna und Oka ihren Ursprung haben und mit der neuen Bevölkerung bis in die südlichsten Gegenden der illyrischen Halbinsel vorgedrungen seien. Ja die Bewohner Griechenlands während des Mittelalters müssen der Mehrzahl nach Slaven gewesen sein, weil Menschen, Städte, Dörfer, Berge und Flüsse überall slavische Namen hatten und noch haben.“ Der Herr Doktor lacht daher über den blinden Eifer der deutschen Hellenisten, die aus „Einseitigkeit und Unwissenheit“ ein unbestreitbares historisches Faktum noch immer anfechten und als ein Nichtseiendes leugnen wollen. Es sei geradezu so viel, als wollte Jemand das alte Slaventhum des nordöstlichen Deutschlands (Mecklenburg, Pomern, Brandenburg, Sachsen etc.) in Abrede stellen. Deswegen aber glaube man ja nicht, Herr Schafarik sei dem Urheber und Verfechter dieser bisher (wenigstens in Deutschland) ungekannten Thatsache in Lob und Ehren besonders gewogen. Mit nichten! Ja, er nennt ihn nicht einmal als Nebenperson unter den Verfechtern der Thesis und wendet die Ehre, dieses slavisch-byzantinische Geschrei in Deutschland angefangen zu haben, den Herren Heilmair und Zinkeisen zu, wogegen freilich unsererseits nichts einzuwenden ist. Doch bemerkt er am Ende, dass unter andern auch Fallmerayer ein kleines Verzeichniss slavischer Ortsnamen der Maina zusammengetragen habe, ein Lob und eine Anerkennung, die wir von Seite eines so scharfen Kritikers natürlich nur mit Beschämung und demüthiger Dankbarkeit anzunehmen wagen. Herr Schafarik, der sonst nicht viel auf Bündigkeit und Kürze hält, so lange es irgend etwas über seine Landsleute zu reden gibt, wird auf einmal kurz und trocken, wie er die Geschichte der bis nach Griechenland und Morea vorgedrungenen Slaven behandeln soll. Man sieht es ihm an, er geht nur mit Widerwillen ans Werk und nimmt es beinahe übel, dass ihm deutsche Ignoranten (so nennt er uns gewöhnlich) in Behandlung dieser gewichtvollen Materie vorgekommen sind und sogar die Sache bei aller Unwissenheit doch von der rechten Seite angegriffen haben. Aus Zorn über diese Frechheit gibt Hr. Schafarik statt gewohnter Amplification

zantinischen Strategen des Mittelalters ganz gleich sieht —
von diesem Unterwerfungsversuch freiwillig abgestanden und
habe sich begnügt, den Milengen 60, den Ezeriten aber 300
Goldmünzen jährlich als Tribut aufzulegen.[1]

Für ehrsame deutsche Präceptorenpolitik ist das 50ste
Kapitel *de Administratione Imperii* ein grosses Unglück und
eine widerwärtige Erscheinung. Oder sehen Sie denn nicht,
wie hier das Eurotasthal und der spartanische Taygetos
— gerade der Stolz und die Hoffnung occidentalischer Hel-
lenomanie — als Hauptsitze der resolutesten und hartnäckigsten
Slavenstämme figuriren? Zugleich werden Sie aber auch begreifen, wie gerade in der Nachbarschaft des zerstörten Sparta
und auf beiden Berghalden und in den innersten Schluchten
des Pentadaktylos bis tief in die Maïna und bis zum Cap
Matapan hinab, heute noch Alles mit rein slavischen Ortsnamen übersäet ist und die Familien sogar jetzt noch slavische
Geschlechtsnamen führen. Wer für eigene Belehrung die
Mühe scheuet den maïnatischen Gebirgszug auf der französischen *Carte de la Morée* in acht Blättern Namen für Namen
durchzusehen, mag das Verzeichniss von 153 unbezweifelt
slavischen Benennungen zu beiden Seiten des Eurotas und
des Taygetus S. 73 ff. der akademischen Abhandlung „Ueber
den Einfluss der Besetzung Griechenlands durch die Slaven etc."
(München bei Cotta 1835) nachsehen. Wenn aber Jemand
nicht einmal merkt oder nicht glauben will, dass z. B. die
spartanischen Ortsnamen Kosova, Levitzova, Polovitza,
Varsava, Sitzova, Goritza, Kryvitza, Mistra, Sagan
und Trikotzova slavisch und nicht hellenisch seien, soll
sich um diese Dinge lieber gar nicht kümmern und das Urtheil Andern überlassen.

Ueber die slavischen Familiennamen der heutigen

und Beredtsamkeit ein mageres, langweiliges Register aus Stritter ohne
viel eigene Forschung, ohne Leben und Zusammenhang.

[1] Ἰστέον ὅτι τοῦ θέματος Πελοποννήσου Σκλάβοι ἐν ταῖς ἡμέ-
ραις τοῦ βασιλέως Θεοφίλου καὶ τοῦ υἱοῦ αὐτοῦ Μιχαὴλ ἀποστατήσαντες γεγόνασιν ἰδιόρρυθμοι, ἐκλαασίας καὶ ἀνδραποδισμούς καὶ
σπαίδας καὶ ἐμπορήμους καὶ κλοπὰς ἐργαζόμενοι.

Mainaten wird man weiter unten merkwürdige Belege bringen. Der Gegenstand verdient um so grössere Aufmerksamkeit, da man nachweisen kann, dass selbst sechs Jahrhunderte nach den oben beschriebenen kriegerischen Auftritten, d. i. um die Mitte des 15ten Jahrhunderts, die mainatischen Bergbewohner noch slavisch redeten und folglich sarmatische[1] Muttersprache und primitiver Trotz der peloponnesischen Slaven sich am längsten im Spartanerlande erhalten habe. Von der stöckischen Verschrobenheit europäischer Literaten in Würdigung und Auffassung griechischer Zustände des Mittelalters hat man keinen schlagendern Beweis, als dass sie selbst die umständliche, unabweisbare und mit den Ereignissen gleichzeitige Erzählung des Porphyrogenitus über vollständige Slavinisirung des Taygetus und Eurotasthales weder zu würdigen noch für Berichtigung ihrer mangelhaften Vorstellungen zu benützen verstehen.

Der kaiserliche Berichtgeber sass schon mit seinem Mitkaiser und Schwiegervater Romanus als Puppe auf dem Thron und compilirte Bücher, als die mildbesteuerten Ezero- und Milengi-Slaven von Sparta neuerdings Tribut und Gehorsam verweigerten und ein selbständiges, unabhängiges Gemeinwesen auf Morea bildeten.[2] Konstantin schildert als Augenzeuge den Zorn seines Schwiegervaters, der ein grosses Heer unter Krinites in den Peloponnes schickte und dem Anführer ausdrücklich befahl, mit diesen „Slaven" einmal zu endigen und sie auszurotten. Sie wehrten sich aber herzhaft, und der Kampf dauerte vom Monat März bis November. Erst nachdem Krinites die Ernten verbrannt und das ganze Thalland am Fuss des Taygetus verwüstet hatte, verstanden sich

---

[1] Mit Verlaub des Herrn Dr. Schafarik lassen wir es mit dem Wort „sarmatisch" beim Alten.

[2] Ἰωάννης ὁ Πρωτεύων ἐν τῷ αὐτῷ θέματι Πελοποννήσου ἀνήγαγε πρὸς τὸν αὐτὸν κύριν Ῥωμανὸν περί τε τῶν Μιληγγῶν καὶ τῶν Ἐζεριτῶν ὅτι ἀποστατήσαντες οὐ πείθονται οὔτε τῷ στρατηγῷ οὔτε βασιλικῇ κελεύσει ὑπείκουσιν, ἀλλ' εἰσὶν ὥσπερ αὐτόνομοι καὶ αὐτοδέσποτοι καὶ οὔτε παρὰ τοῦ στρατηγοῦ δέχονται ἄρχοντα οὔτε συνταξιδεύειν αὐτῷ ὑπείκουσιν οὔτε ἄλλην τοῦ δημοσίου δουλείαν ἐκτελεῖν πείθονται. Constant. loco cit. cap. 50.

die freiheitliebenden Slaven zur Unterwerfung. Zur Strafe ihrer Rebellion sollten die Milengi in Zukunft statt 60 Goldstücke 600, die Ezeriten aber statt der vorigen 300 ebenfalls 600 jährlich als Tribut erlegen. Es dauerte aber nicht lange, und ein Zusammenfluss günstiger Umstände verschaffte ihnen bald wieder die vorigen Bedingnisse und die alte Stammunabhängigkeit aus der Theoktistoszeit. Der Einbruch einer neuen aus den slavischen Kolonien Ioniens wieder nach Europa und in den Peloponnes herüberdringenden Horde und in Folge dessen verdächtige und rebellische Machinationen unter den peloponnesischen, seit kurzem erst bekehrten und gräcisirten Archonten selbst drohten mit völligem Verlust der Provinz. Als Preis der Ruhe baten die Milengi- und Ezero-Slaven bei dieser Gelegenheit um Enthebung der im letzten Vertrage auferlegten Lasten, und Romanus musste aus Furcht, die besagten Slaven möchten mit den frisch eingedrungenen „Slavesianen" gemeinschaftliche Sache machen und die ganze Provinz an sich reissen, die Bitte bewilligen und sogar ein feierliches Instrument, eine sogenannte Goldbulle ausstellen, worin die Milengi wieder mit 60, die Ezero-Slaven aber mit 300 Goldstücken betheiligt waren.[1]

Vollendete Slavinisirung des lakonischen Gebietes — mit Ausnahme des Castrums Maina — ist eine der bewährtesten, documentirtesten und folglich unanfechtbarsten Thatsachen der Byzantinerperiode. Als Zeitgenosse, als theoretisch Mithandelnder und — was nicht zu vergessen — als Slave an Sinn und Blut wusste der Porphyrogenet in der Sache am besten zu urtheilen. Er ist aber auch gegen seine Gewohnheit gerade in diesem Faktum besonders kritisch und sogar

[1] Καὶ εὐθέως γενομένης καὶ τῆς τῶν Σκλαβησιανῶν ἐπιθέσεως κατὰ τοῦ αὐτοῦ θέματος· ἀπέστειλαν οἱ αὐτοὶ Σκλάβοι οἵ τε Μιλιγγοὶ καὶ οἱ Ἐζερίται, πρὸς τὸν κύριν Ῥωμανὸν τὸν βασιλέα, ἐξαιτούμενοι καὶ παρακαλοῦντες τοῦ συμπαθηθῆναι αὐτοῖς τὰς προσθήκας τῶν πάκτων καὶ τελεῖν αὐτοῖς καθὼς καὶ πρότερον ἐτέλουν. ἐπεὶ δὲ, καθὼς προείρηται, εἰσῆλθον οἱ Σκλαβησιανοὶ ἐν τῷ θέματι Πελοποννήσου, δεδιὼς ὁ βασιλεὺς ἵνα μὴ καὶ αὐτοὶ προστεθέντες τοῖς Σκλάβοις παντελῆ ἐξολόθρευσιν τοῦ αὐτοῦ θέματος ἐργάσωνται, ἐποίησεν αὐτοῖς χρυσοβούλλιον etc. Constant. l. cit. cap. 50.

geographisch genau. „Die Einwohner des Castrums Maina, sagt er, sind nicht vom Geschlechte der besagten Slaven, sondern der ältern „Römer", die von den eingebornen Peloponnesiern jetzt noch „Hellenen" genannt werden. Der Ort, in dem sie wohnen, ist wasserlos und unwegsam, trägt aber Oelbäume zu ihrem Unterhalt. Das Castrum aber liegt auf einem Steilvorsprung des „Malévri, d. i. jenseits Ezero am Strande."[1] Die Zahl dieser mitten unter den Taygetus-Slaven wohnenden Maina-Hellenen gibt der Porphyrogenet nicht an. Er sagt nur, dass sie wegen ihrer Unterthanentreue von Alters her nur 400 Goldstücke Schatzung bezahlten und mit den übrigen Slaven unter Basilius Macedo, seinem Ahnherrn, sich zu Christo bekehrten.

„Maïna" scheint dessenungeachtet nicht helleuischer Etymologie anzugehören.[2] Das Castrum selbst ist jetzo Ruine, aber man versicherte in Athen, von Leuten der untersten Volksklasse jenes Bergdistriktes „χόμισον ΰδωρ" statt des gewöhnlichen „φέρε νερό" gehört zu haben. Ueberdiess soll sich sogar der altgriechische Infinitiv gegen die slavische Form des neugriechischen daselbst behauptet haben.

---

[1] *Oἱ τοῦ χάστροι Μαίνης οἰκίτορες οὐχ εἰσίν ἀπό τῆς γενεᾶς τῶν προῤῥηθέντων Σχλάβων, ἀλλ' ἐχ τῶν παλαιοτέρων Ῥωμαίων, οἱ χαὶ μέχρι τοῦ νῦν παρά τῶν ἐντοπίων Ἕλληνες προσαγορεύονται.... ὁ δἐ τόπος ἐν ᾧ οἰκοῦσίν ἐστιν ἄνυδρος χαὶ ἀπρόσοδος, ἐλαιοφόρος δέ· ὅθεν χαὶ τήν παραμυθίαν ἔχουσι. διάχειται δἐ ὁ τοιοῦτος τόπος εἰς ἄχραν τοῦ Μαλέα,* ἤγουν ἐχεῖθεν τοῦ Ἐξεροῦ πρός παραθαλασσίαν.* Constant. l. cit. cap. 50, pag. 224, edit. Bonn.*

[2] Nach Schafarik (II, 229) wäre das zuerst beim Bulgaren Johann Exarch (900) erwähnte Manjak ein slavisches Patronymicum und die Manjazer (*Μαϊνάται*) selbst ein Gemisch aus Gräken und Slaven.

* Statt „τοῦ Μαλέα" der im Occident circulirenden Ausgaben ist ohne Zweifel „τοῦ Μαλεῖορ" als ursprüngliche Lesart des kaiserlichen Manuscripts herzustellen. Τό Μαλεύορ heisst der Theil des Gebirges, an dessen äusserstem Rande (ἄχρα) das Castrum Maina stand. τό Μαλέα ist gegen den griechischen Sprachgebrauch, der nur ἡ Μάλεια oder ἡ Μαλέα und nach Eustathius auch vielfach τά Μάλεια kennt. *Vide Hom. Odyss. IX. 80:* περιγνάμπτοντα Μάλειαν. *Strab. Geogr. lib. VIII,* μετά δἐ Μαλέας. *Eustathius:* λέγεται δἐ χαὶ Μάλεια ἑνιχῶς χαὶ Μάλεια πληθυντικῶς.

—

Man hat keinen Grund, die Angaben des kaiserlichen Statistikers, wie man es hie und da in Griechenland versucht, zu bekritteln oder zu verdächtigen. Im Kanton Maïna haben sich mitten unter Slaven Ueberbleibsel althellenischer Bevölkerung erhalten. Eben so vergeblich wäre es, mit Hingabe der übrigen Theile doch die Ostseite der peloponnesischen Halbinsel, das vielbesprochene Tzakonien zwischen Argos und Monembasia, für eine Ausnahme des allgemeinen Ruines zu erklären. Der Angelsachse St. Willibald, Heidenbekehrer und Bischof von Eichstädt, kam auf seiner Pilgerreise zum heil. Grabe i. J. 723 nach Monembasia, das er unbefangen, und ohne die Deutschen kränken zu wollen, eine Stadt im „slavinischen Lande" nennt. [1] Ist das nicht ein Beweis, dass der Peloponnes schon vor der grossen Slavenfluth des Copronymus (747 n. Chr.) sogar in der gemeinen Umgangssprache als *terra slavinica*, als Slavinenland gegolten habe und folglich die aus Evagrius dem Scholastiker und Nikolaus dem Patriarchen geschöpfte Slavenchronologie auf geschichtlichen Thatsachen beruhe? Zu Karl Martells Zeiten kümmerten sich die Deutschen wenig um die alten Hellenen. Radbot und Witekind hatten andere Sorgen. Offenbar ist St. Willibalds Argument eines der lästigsten und gefährlichsten für die Schirmvögte perennirenden Hellenenthums, wie es für die Sache selbst als eines der bedeutungsvollsten und vielsagendsten erscheint.

Berechne man selbst, was vorausgegangen sein müsse, bis man das altlakonische M o n o b a s i a eine „Stadt in Slavinien" nennen durfte. Und wenn vollends noch unter Konstantin Porphyrogenitus mehr als 200 Jahre nach St. Willibalds Besuch in Slavisch-Monobasia eine frische Horde „Slavesianen" eindringt und sich im Peloponnes niederlässt, mag man billig fragen, welche Gestalt die Dinge in Hellas selbst,

---

[1] *El inde (e Sicilia) navigantes venerunt ultra mare Adriaticum ad urbem Manafasiam in Slavinica terra. Itinerarium S. Willibaldi, Anglo-Saxonis, deinde Eichstadiensis Episcopi, Cap. 2, 15 (Acta Sanctorum ad VIII, Jul. pag. 504).* (Vgl. jetzt *Titus Tobler descriptiones Terrae Sanctae p. 325. 1). II.)*

d. i. in den unmittelbaren Vorlanden des Peloponneses hatten? Liegt in diesen Ereignissen nicht der schönste Kommentar zum byzantinischen Epitomator von Strabo's Geographie: Καὶ νῦν δὲ πᾶσαν Ἤπειρον καὶ Ἑλλάδα σχεδὸν καὶ Πελοπόννησον καὶ Μακεδονίαν Σκύϑαι Σκλάβοι νέμονται? [1]

In Athen, wo man bei aller Leidenschaftlichkeit doch noch billiger und verständiger urtheilt als bei uns, wollten sie in Anbetracht der allmählich sich herausstellenden Unmöglichkeit, historisch beglaubigte Thatsachen unbedingt wegzuleugnen, in so weit nachgeben, dass sie wohl eine zeitweise Oberherrschaft slavischer Häuptlinge über Altgriechenland, d. i. eine Slavinisirung der Stadtleute und, um nach unsern Begriffen zu reden, des sogenannten Adels und der herrschenden Kaste etwa wie unter den Osmanli zugestehen, die ackerbautreibende Masse aber, die Dorf- und Landbewohner, d. i. den Kern der Nation, in strenger Geschiedenheit von den barbarischen Eindringlingen dem reinhellenischen Blute vorbehalten. [2] Die Sache ist aber gerade umgekehrt. Nur in grossen Städten und festen Plätzen, deren sich die Barbaren nicht bemächtigen konnten, haben sich Reste der byzantinischen Griechen, jenes unkriegerischen, verschmitzten und trügerischen Krämervolkes erhalten, welches man im Occident so zärtlich liebt und „Hellenen" nennt. Von Belgrad an der Donau südwärts durch die ganze Breite des illyrischen Länderkeiles bis nach Tschimow und Polowitz in der Maïna ist die ganze, Dörfer, „Flecken" und offene Städtchen bewohnende Bauernmasse in den Hauptbestandtheilen slavischen Ursprungs.

Die Slaven liebten zu allen Zeiten und lieben jetzo noch

[1] *Geograph. vet. scriptt. Graeci minores. Oxon. 1763. Vol. II, pag. 98.*

[2] Das Argument beruht zum Theil auf (hoffentlich irriger) Voraussetzung meiner Unkunde im Griechischen, zum Theil auf einer spitzfindigen Erklärung des Wortes „νέμονται." Νέμονται, sagen sie, heisse nicht, „werden bewohnt, angebaut," sondern bezeichne nur die Oberlehnsherrschaft der Fremden mit der Befugniss, Steuern zu erheben und die Bastonnade zu ertheilen. — In diesem Punkte appellire ich ohne Scheu an das Tribunal der deutschen Philologen.

den Pflug, den Viehstall, den Bienenkorb, den Jahrmarkt, das Saitenspiel, das Hochzeitmahl, die Familie, das Landleben, die Gastfreundschaft und die Freiheit — geduldige, zähe, gewerbliche Leute, wie man sie gerne als Unterthanen hat. Die Idee des Panslavismus — das Schreckbild unserer Tage — war damals noch nicht in das Bewusstsein der von einander unabhängigen Slavenstämme gedrungen. [1] Das Geheimniss byzantinischer Ohnmacht ward zuerst durch Attila's Heerzüge verrathen und die Sehnsucht nach dem schönen Himmel Romaniens allmählich Nationalinstinct aller in den traurigen Nadelholzwäldern und Sumpfebenen zu beiden Seiten der Weichsel und der Karpathen siedelnden Slavinen. Der Drang nach einmal durchbrochenen Schranken war nicht mehr zu stillen, bis der illyrische Continent in Blut und Leben slavinisch verwandelt war. Romanische Lüfte haben rasche Wirkung auf nordische Körper. Frühlingslau haucht es in den laubigen Hämusthälern, am Bosporus, im lorbeergrünen Tempe, am Eurotas, und gesteigerte Physis ist die erste Empfindung auf dem neuen Boden. Daher das schnelle Wachsthum, der hohe Bau, die animalische Fülle der eingewanderten Slavenbevölkerung gleich in den ersten Generationen.

Schon Eunapius hat an den Westgothen bemerkt, dass nach ihrem Donau-Uebergang in glücklicher Mischung der Athmosphäre Knaben und Mädchen des Volkes wunderbar in die Höhe schossen und zu schneller Mehrung der Masse lange vor dem gewöhnlichen Termin die Pubertät erreichten. [2] In der Eigenschaft selbständiger Volksgemeinden und nur während des avarischen Uebergewichts als Unterthanen des Gross-Chans, allzeit aber als Ackerbauer haben sie mit ihren

---

[1] Σκλαβηνοὶ τε καὶ Ἄνται οὐκ ἄρχονται πρὸς ἀνδρὸς ἑνὸς, ἀλλ' ἐν δημοκρατίᾳ ἐκ παλαιοῦ βιοτεύουσιν. *Procop. de bello Gothic. lib. III, cap. 14.*

[2] Παῖδες δὲ αὐτῶν, καὶ τὸ οἰκετικὸν, πρός τε τὴν εὐκρασίαν τῶν ἀέρων ἀνέδραμον. καὶ παρὰ τὴν ἡλικίαν ἥβησαν, καὶ πολὺ τὸ ἐπιφυόμενον ἦν πολέμιον γένος. *Excerpta de legat. pag. 14 edit. Venet. (p. 20 edit. Paris.).*

Knäsen und Schupanen (Stammhäuptlingen) an der Spitze den peloponnesischen Boden in Besitz genommen und mit dem Staatsleben ihrer nordischen Heimat auch die Dörfer-, Berg- und Flussnamen auf das neue Vaterland übertragen. [1] Aber diese Ansiedelung geschah — wenigstens im ersten Jahrhundert der Einbrüche — nicht jederzeit auf höflichen Wegen und so zu sagen auf Einladung und mit Verlaub der Regierung von Byzanz. Die Slaven waren derb und nahmen mit Gewalt. [2] Gewöhnlich erschlugen sie die vorigen Besitzer,

[1] Auf diesen, d. i. den topographischen Theil des Argumentes wird mit Recht das grösste Gewicht gelegt, weil er den beredtesten und zugleich den unwiderlegbarsten Beweis für die Wahrheit der ganzen Thesis liefert. Desswegen hat er auch bei den Gegnern den meisten Zorn und den heftigsten Widerspruch erfahren. Einige Ortsnamen slavischen Ursprunges — das geben sie zu — finde man heute im Peloponnes; aber ihre Zahl sei zu unbedeutend, um irgend einem Distrikt, geschweige denn irgend einer Provinz der Halbinsel einen slavischen Typus aufzudrücken. Aber in der Wirklichkeit findet gerade das Entgegengesetzte statt. Selbst heute, nachdem mehr als 1000 Jahre seit der Patrasschlacht und dem Wiedereinzuge griechischer Heere und Colonisten in den Peloponnes verflossen sind, hat sich trotz aller Revolutionen besonders im Stromgebiet des Alpheus, Pamisus und Eurotas, d. i. in den alten Provinzen Arkadien, Elis, Messenien und Lakonien eine die griechische zehnfach überbietende Menge slavischer Namen erhalten. Herz und Kern des Peloponneses sind topographisch noch heute völlig slavisch. Setzte ich auch die Namen der Reihe nach her, man läse sie doch nicht, oder wüsste sich das Etymon nicht zu deuten. Wem es ernstlich um Erkenntniss der Wahrheit zu thun ist, der wird die Mühe nicht scheuen, von den acht Blättern der grossen Moreakarte — denn alle übrigen Karten des Peloponneses sind für nichts zu achten — wenigstens die obenbenannten Kantone und Schupanien des Alpheusstromes zu prüfen und mit der Beschreibung des Pausanias zu vergleichen. Europa würde mit Recht erstaunen, könnte man ihm eine Topographie Moreas (jener *terra Slavinica* des Sachsen Willibald) vom Jahre 800 nach Christi vorlegen. Sollten z. B. die deutschen Colonisten an der Wolga, in der Krim, in Kleinrussland in Folge von Zeit und Umständen ihre Muttersprache mit der ihres neuen Vaterlandes vertauschen, so würden Dorfnamen wie Schafhausen, Zürich, Solothurn, Heilbrunn und Friedrichsthal das verlorne Geheimniss ihres Ursprungs verrathen. Derselbe Fall ist in Griechenland.

[2] Sie hatten aber auch das Gefühl ihrer Macht. Als der Avaren-Chan Gehorsam und Tribut begehrte, fragten Lavrites und die übrigen

zündeten die Städte an und machten Alles neu. ¹ Nur Akrokorinth, den Sitz des byzantinischen Strategen, und die feste
reiche Handelsstadt Patras mit den Schlössern und Dardanellen
von Naupaktus sammt der Felsenburg Monembasia zu erobern und durch Aufstellung eines Gesammtslavenkrals ² aus
ihrer Mitte die Halbinsel unter Ein Oberhaupt zu bringen,
wie die gleich anfangs mit einer Dynastie eingewanderten
Bulgaren, vermochten sie nicht und erlagen daher dem ersten
kräftigen Angriff der von energischen Naturen geführten
kaiserlichen Heere ohne grossen und nachhaltigen Widerstand. ³ Aus diesem Grunde hat der Peloponnes staatsrecht-

Häuptlinge: Welcher Mensch unter der Sonne es denn wagen könne,
ihre Macht zu brechen und sich unterthan zu machen? Denn so lange
es Kriege und Schwerter gebe, sei es bei den Slaven Sitte, fremdes
Land einzunehmen, nicht aber ihr eigenes unterjocht zu sehen. *
¹ Wir wollen occidentalisches Zartgefühl durch wiederholte Schilderung slavischer Kriegsfurie in Romanien nicht verletzen und verweisen
lieber auf *Procopius de bello Gothico lib. III, cap. 38. Idem de bello
Persico lib. II, cap. 4. — Hist. Arcan. cap. 21. — Und Evagrius,
Histor. ecclesiast. lib. VI, cap. 10.* — Vergl. Geschichte von Morea, Bd. I, cap. 3. — Akadem. Abhandlung: Welchen Einfluss etc.
Seite 54 ff. In neuern Zeiten wurden die Slaven in ihrem Kriegssystem
freilich etwas menschlicher, wie z. B. die Russen unter Suworow in
Bender, Ismail etc., wo sie nach einem mörderischen Sturm über 30,000
Feinde in der Festung einfach erschlugen, während ihr Landsmann
Swätoslaw im 10. Jahrhundert, nach der Einnahme Philippopels,
20,000 Bulgaren und Griechen auf das grausamste pfählen liess, und
die spätern Russenführer, wie Cedrenus sagt, in der Gegend von Konstantinopel Grausamkeiten verübten, die alle Einbildung übersteigen.
² Kral, d. i. König.
³ Die Chronik von Monembasia lässt zwischen 588—805 nach Christi
auch die Stadt Patras öde liegen und die Bürgerschaft nach Reggio in
Calabrien flüchten. Vermuthlich war es nur die Akropolis, welche die
Barbaren niemals bezwingen konnten, und vor welcher sie die entscheidende Niederlage erlitten: Καὶ ἡ μὲν τῶν Πατρῶν πόλις κατῳ-
κίσθη ἐν τῇ τῶν Καλαβρῶν χώρᾳ τοῦ Ῥηγίου.

* Λαυρίτης δὲ καὶ οἵγε ξὺν αὐτῷ (Σκλαβηνῶν) ἡγούμενοι, καὶ τίς
ἄρα, ἐφασαν, οὗτος πέφυκεν ἀνθρώπων, καὶ ταῖς τοῦ ἡλίου θέοεται
ἀκτίσιν, ὃς τὴν καθ᾽ ἡμᾶς ὑπήκοον ποιήσεται δύναμιν; κρατεῖν
γὰρ ἡμεῖς τῆς ἀλλοτρίας εἰώθαμεν, καὶ οὐχ ἕτεροι τῆς ἡμεδαπῆς.
Καὶ ταῦτα ἡμῖν ἐν βεβαίῳ, μέχρι πόλεμοί τε ὦσι καὶ ξίφη.
Excerpta de legat. pag. 111, edit. Venet. (pag. 165 edit. Paris).

lich niemals aufgehört, Provinz des byzantinischen Reiches
zu sein. Auch ward slavische Autorität und Herrschaft
über die Halbinsel mit der slavischen Benennung „Morea"
amtlich niemals anerkannt, wie man das Alles in Bulgarien
durch gesetzliche Verträge erzwungen hatte. [1]
In der grössten Bedrängniss, als der Avaro-Slavinen-
Chan Konstantinopel zu Land bestürmte, das Perserheer auf
der asiatischen Seite des Bosporus in Skutari lag und Alles
verloren schien, ward die Verbindung des Reichscentrums
mit Korinth, Patras, Thessalonika und andern Küstenstädten
Romaniens durch Hülfe der Seemacht keinen Augenblick
unterbrochen und somit auch in den verzweifeltsten Umständen die äussere Contour und das rohe Gezimmer der
Monarchie gerettet. Rom unterlag den Barbaren, aber Konstantinopel nicht. Konstantius Chlorus' Sohn war genialer
als Romulus. Der Bosporus, die Dardanellen und der Golf
von Korinth haben die Reste der byzantinischen Welt zu-
sammengehalten und die Möglichkeit einer Restauration gesichert.

In den magern Chroniken der Byzantiner findet man
aber nur die Angriffe der scythischen Eindringlinge auf die
drei Hauptpunkte Konstantinopel, Thessalonika und
Patras, aber auch diese meistens nur im Kirchenstyl und
im Glauben an wundervolles Dazwischentreten höherer Gewalten schmuck- und talentlos aufgezeichnet. Oder haben
sie uns selbst über das gesetzlich constituirte, durch Staatsverträge und Friedensschlüsse feierlich anerkannte, barbarisch
blühende und mächtige Königreich Bulgarien, mit welchem
Byzanz nicht bloss um Ruhm, sondern um Dasein und Leben
streiten musste, mehr als zerstreute Notizen ohne Vollständig-
keit und innern Verband hinterlassen? Die Bulgaren haben
zwar zerstört wie die Türken, sie haben aber auch gebaut
und haben die prachtvolle Residenz Ahrida in Macedonien
angelegt und in ihrem Sinne ein öffentliches Leben eingerichtet. Was hätten nun Leute von so geringen Erkenntniss-

[1] Den slavischen Ursprung des Namens „Morea" wagen selbst die
determinirtesten Gegner nicht mehr streitig zu machen.

quellen und noch geringerer Beobachtungsgabe, wie diese
Mönche und Chronisten Anatoliens, über die kleinen, isolirten,
unbekannten, barbarischen Slaven-Schupanien des Peloponneses, wo man barbarisch redete. Radegast anbetete, Korn
schnitt. Brod buck und starb, der Nachwelt erzählen sollen?
Die Kritiker des Occidents können sich aber so wenig in
die Zustände und Begriffe jener Zeiten, Menschen und Länder
hineindenken, dass sie in byzantinischen Produkten des siebenten Jahrhunderts über die Katastrophe Griechenlands dieselbe
Detailkenntniss und akademische Vollendung, besonders aber
dieselbe Gluth und dieselbe — Morgenländern unerklärliche
und unmögliche Begeisterung für den klassischen Boden verlangen, wie man sie von einem unter Zeitungsartikeln, Journalen, Reisebeschreibungen, Memoiren, strategischen Corre-
spondenzen, Berichten eines „Augenzeugen", Topographien,
trigonometrischen Vermessungen, Landkarten, Wörterbüchern
und ganzen Bibliotheken herumgrassirenden und sich vom
Enthusiasmus fütternden abendländischen Gelehrten erwarten
kann. Für einen Mönch und anatolischen Griechen hatten
die barbarischen Auftritte in dem ohnehin kleinen, entvölker-
ten, vergessenen und verachteten Hellas nicht dieselbe Wichtigkeit, wie für uns.

Ist aber die vollständige Verwandlung des alten Peloponneses in ein slavisches „Morea" für das Jahr Eintausend
christlicher Zeitrechnung nach den striktesten Regeln der
historischen Kritik erwiesen, so wird auch die Frage, wie
die Sachen auf der Nordseite des korinthischen Golfes bestellt
waren, nicht schwer zu beantworten sein. Die Barbarisirung
des offenen Landes in sämmtlichen Provinzen des eigentlichen Hellas, selbst bis in die höchsten und innersten Schluchten
des Parnassus und des Helikon hinauf, ist schon als nothwendige Vorbedingung der Begebenheiten im Peloponnes, bis
auf geringe und namentlich zu bezeichnende Reste, keinem
Zweifel unterworfen. In Akarnanien ward selbst der Strand
von Vonizza bis Mesolongi slavisch. führen daselbst alle
Seen heute noch den Slaven-Namen Ezero, und ist kein
einziger alter Stadtname geblieben. Auch von Cap Veter-

n i t z a (Wetterfahne) im Golf vom Korinth quer durch das
rauhe Gebirgsland b's nach S i t i n (*Ζητοῦνι*) jenseits der
Thermopylen zieht sich eine ununterbrochene Kette slavischer
Orte. [1] Von Slavisch-E z e r o und der Eurotasmündung bis
nach D a n z i g und N o w g o r o d bauten zu jener Epoche nur
slavisch redende Leute das Land. Unterbrochen war die
Linie durch eine Million Magyaren, die sich wie ein Keil
dazwischen hineingeschoben hatten, und durch einige feste
Städte und ihr Weichbild mit griechisch redenden Bewohnern.
Wie sich diese während der langen Drangsal zu erhalten
vermochten, ist viel schwerer zu erklären, als die Aus-
breitung einer dicht gesäeten Slavenbauerschaft über den
Boden Griechenlands. Das eigentliche Hellas ist ein räum-
lich so wenig ausgedehnter und so leicht zu verödender
Landstrich, dass nach der unglücklichen Wendung des letzten
Aufstandes, und nachdem Mesolongi und Athen nach einander
gefallen waren, „kein, lebender Mensch und kein lebendes
Hausthier daselbst zurückgeblieben war." [2] Wenn aber d r e i-
jähriges Streifen türkischer Milizen schon solche Verwüstung
erzeugte, so mussten die Folgen 300jährigen Drängens durch
die Slaven ja noch weit verheerender sein.

Demnach wäre für Leute strenger Wissenschaftlichkeit
und freien Urtheiles die Thesis vollständig erwiesen, wäre
der in Wesen und Erscheinung slavische Charakter des Peloponneses für das Jahr Eintausend der christlichen Zeitrechnung mit allen seinen Folgen und Heischesätzen in Beziehung
auf sein geographisches Vorland unantastbar und als unbe-
streitbare geschichtliche Thatsache hergestellt und als wirk-
licher Zuwachs der Erkenntnisssumme in das Bewusstsein
des Abendlandes eingetreten. Auf die Frage, warum sich

---

[1] S i t i n oder S i d i n muss die ächt slavische Orthographie des
Städtchens Z i t u n i (Lamia) sein, weil die Türken I s d i n schreiben und
sprechen. *Sytiny*, *Syta* sind russische Wurzelwörter und Nomina. Es
ist das deutsche Z i e t h e n, was in den slavischen Chroniken *Silna*,
Sithen, *Scithene*, *Cyten* lautet und mit dem *Silin* (*Ζητοὺν*) in
Thessalien ein und derselbe Name ist.

[2] *Correspondance de Capodistria*, *edit. Betant. Genève 1839.*

die slavische Sprache nur ausserhalb des thessalischen Ringbeckens bei dem Landvolke erhalten habe, innerhalb desselben, d. i. südlich vom Olympus und Tempethal aber, mit
Ausnahme eines Distriktes in Nord-Akarnanien völlig ausgestorben sei, wäre ich nach Anlage und Betreff dieses Frag-
mentes gar keine Antwort schuldig. Man muss aber in diesem
Punkte wie in vielen andern die Syllogismen der Deutschen
bewundern. „Wir haben noch niemals gehört oder gelesen,"
sagen sie, „dass man im Peloponnes je slavisch gesprochen
habe; ergo hat man im Peloponnes allezeit griechisch geredet."
Der Schluss ist bündig, Sie sehen es wohl, und aller voraus-
geschickten Argumente ungeachtet wäre ich verloren, käme
mir nicht der athenische Grieche Chalcocondylas aus der
Mitte des 15ten Jahrhunderts (1456) freundlichst zu Hülfe.
Beweise, die uns in seiner eigenen Sache der Gegner liefert,
sind von jeher gewichtvoller, als die anderen. Bei Gelegenheit des ersten türkischen Heerzuges gegen die Krale der
slavischen Serben und Bulgaren, die der schwülstige Byzantiner archaistisch Mysier und Triballier nennt, bemerkt
Chalcocondylas, dass diese (slavischen) „Triballier das älteste
und grösste aller Völker der bewohnten Erde seien." Ob sie
nun aus Illyrien nach Triballien und Mysien (Serbien und
Bulgarien) gekommen, oder ob sie von Jenseits des Isters
und vom äussersten Rande Europas, von (Belo) Chrobatien
und Prussien, welches am nördlichen Ocean liege, und aus
Sarmatien, welches jetzt Russland heisse, und von der wegen
Kälte unbewohnbaren Gegend aufgebrochen, über den Ister
gesetzt und bis zum ionischen Meere gekommen seien, wo
sie alles Land bis gegen Venedig hin ihrer Herrschaft unterworfen und bevölkert haben: oder ob sie ursprünglich von
den Gegenden am ionischen Meer als ihrem wahren Stamm-
land ausgegangen und in die nördlichen Länder, nach Sarmatien und Russland gezogen seien, darüber wolle er nicht
streiten, das könne er nicht entscheiden. So viel aber wisse
er, dass diese (slavischen) Völker, aller Verschiedenheit ihrer
Namen ungeachtet, doch in Sitte und Sprache jetzt
noch unter einander ganz gleich. ganz eines und

dasselbe seien. Ihre Wohnsitze seien über einen
grossen Theil Europas zerstreut und erstrecken
sich unter andern auch auf einen Theil des Peloponneses und sogar bis auf den Berg Taygetus und
auf das (Cap) Tänarum in der Landschaft Lakonien.[1]
Dieses Zeugniss eines eingebornen Atheners aus verhältnissmässig neuer Zeit hat etwas Peremtorisches für sich
und bildet den besten Commentar zu den Angaben des Konstantin Porphyrogenitus.[2] Es hat ja kein Byzantiner über
Natur, Macht und Ausdehnung der Slavenrace so gesund,
so nüchtern und gründlich geurtheilt, wie dieser gelehrte
Neugrieche von Athen. Das Problem, ob die Taygetischen
Gebirgsbewohner wirklich in Blut echte Ueberbleibsel der
Spartiaten unserer Schulweisen seien, ist hiemit vollständig
gelöst. Ohne Zweifel — denn Chalcocondylas sagt nirgend
das Gegentheil — waren die Slaven des Taygetus und des
übrigen Peloponneses im Ausgang des 15. Jahrhunderts,
wenigstens was die männliche Bevölkerung betrifft, zwar
alphabetlose, aber „doppelsprachige" Barbaren, wie es
die Albanier von Hydra, Attika und Böotien noch heute
sind. Jedenfalls aber wird es jetzt klar, warum das spartanische Gebirge in der griechisch verfassten Frankenchronik
des 13. und 14. Jahrhunderts durchweg mit dem Ausdruck „τὰ
Σκλαβικὰ" bezeichnet wird. Auch berichtet Cedrenus
ausdrücklich, dass die Bulgaren schon 100 Jahre nach ihrem
Donauübergang, folglich lange vor ihrer Bekehrung und

---

[1] Τοσόνδε μέντοι ἐπίσταμαι ὡς τοῖς ὀνόμασι ταῦτα δὴ τὰ γένη
διεστηκότα ἀλλήλων, ἤθεσι μὲν οὐκετι, γλώττῃ δὲ καὶ φωνῇ τῇ αὐτῇ
χρώμενοι, κατάδηλοί εἰσιν ἔτι καὶ νῦν. Ὡς μέντοι διέσπαρται ἀνὰ
τὴν Εὐρώπην πολλαχῇ ᾤκησαν, ἄλλῃ τε δὴ καὶ ἔν τινι τῆς Πελοποννήσου χώρας τε τῆς Λακωνικῆς ἐς τὸ Ταΰγετον ὄρος, καὶ ἐς τὸ
Ταίναρον ᾠκημένον. Chalcocondyl. Hist. Byzant. lib. I, pag. 18. edit.
Venet. (p. 17, ed. Paris). Vgl. denselben Autor pag. 56 edit. Venet.
und pag. 71 ed. Paris.

[2] Chalcocondylas Nikolaus, auch schlechtweg Laonicus
genannt, beschrieb in einer Art synchronistischer Universalgeschichte
Ursprung und Wachsthum der Türkenmacht unter den sieben ersten
Sultanen, das ist von 1298—1462, lebte aber, nach Vossius, bis 1490.

Verschmelzung mit der anatolischen Kirche, allgemein das Griechische verstanden. Der tägliche Verkehr, die Kriege, die Heiraten und die Verpflanzung ganzer Städte und Ruralgemeinden aus Romanien nach Bulgarenland und von der asiatischen Küste in das slavische Romanien und umgekehrt mussten dem Griechischen als gemeinsamem Verständigungsund Bindemittel der verschiedenen eingewanderten Stämme untereinander und mit den alten Bewohnern nach und nach das Uebergewicht verschaffen. Hätten die Eingewanderten die weltliche Herrschaft oder wenigstens ihren heidnischen Cultus bewahrt, so wäre der Dialekt, aller Barbarei und Unschriftmässigkeit zum Trotz, sicherlich doch nicht erloschen. Aber wie eine slavische Dynastie mit Basilius I. den kaiserlichen Thron bestieg, liessen sich seine Stammgenossen auch im entlegensten Winkel des Peloponneses taufen und wurden ein Volk mit den Römern von Byzanz. Weil aber die Slaven-Schupanien Griechenlands keine compakte Macht gebildet, keinen Hof und keinen Monarchen hatten, wie die Serben und Bulgaren, gestattete ihnen die anatolische Kirche nicht slavischen Gottesdienst und slavische Kirchenbücher wie den beiden erstgenannten Völkern.

Eine griechischredende Klerisei zog in die neu eroberten und neu bekehrten Provinzen ein; man baute Klöster und Kirchen, legte Städte und feste Plätze an, in denen sich vorzugsweise Griechen niederliessen. Ist es ein Wunder, wenn der vernachlässigte und verachtete Slavendialekt unter solchen Umständen zuerst auf der Ebene und zuletzt auch noch im Gebirge gleichsam von selbst erlosch und ausstarb? Uebrigens hat man Gründe zu zweifeln, ob das Slavische im Taygetus auch wirklich ganz erloschen sei und nicht etwa, wie das Albanische anderwärts, im Innern der Familien heute noch geredet werde. Villoison und andere Abendländer sind in die Maina gedrungen, um nach dorischen Sprachformen zu forschen. Wird nicht etwa auch bald einmal den slavischen Ueberbleibseln Jemand diesen Dienst erweisen? Man müsste aber dieses Geschäft nicht durch Hülfe eines Dolmetsches betreiben, noch sein Heil vorzugsweise bei den

Land und Mark abstrolchenden Männern erwarten. Weiber
und halberwachsene Kinder sind eine viel reichhaltigere Quelle
der Belehrung, wie ich es zur Genüge in Turnovo erfuhr.
Das spricht freilich nicht wie Professor Gennadios oder
ein Zeitungsredakteur von Athen! Ausser der Nomenklatur der Orte und Naturgebilde
wären die Sprachformen des gemeinen Mannes, besonders
aber Laut und Orthographie der Familiennamen in allen
Volksklassen sorglicher Prüfung zu unterwerfen. Zu Athen
hat man in der neuesten Zeit eine Geschichte des Klosters
Mega-Spiläon gedruckt und die Subscribentenliste bei-
gesetzt.[1] Da liest man sonderbare Namen: Gerasimus Zalongites, Archidiakon von Mesolongi; Herr Zalongites
von Vonitza;[2] Gebrüder Konitza aus dem Eliaskloster
im Parnassusdistrikt Topolia. Die HH. Zuzulas, Grumpu,
Mprikos (sprich Grubu, Brikos), Turno und Petrovik
von Trikkala. HH. Mpelintzak, Mpugumaras, Mpuzu-
naras und Tzatzos aus Neu-Gythion im Eurotasthal.[3]
Die HH. Sclabunogambros und Sclabunos Sclabunakos aus Pyrgos in der Maina, Sclabeas, Mprumeas,
Patzabeleas, Sbolopeas, Mpogeas und Kabletzeas
aus Ntoloi im Spartanischen.[4] Alle diese Herren gehören
guten Familien an, die nur griechisch reden, aber insgesammt
barbarische und zwar „slavische“ Namen tragen. Oder sind
Sclabeas, Sclabunos, Sclabunakos und Sclabunogambros etwa nicht slavisch? Eben so sind auch in dem
wegen seiner griechischen Spracheleganz gepriesenen Janina
die meisten Bürgernamen noch heute slavisch. Man nennt
sich Bogâs, Glavâs, Rekâs u. s. w.[5]

[1] Verfasser ist der ehrwürdige Oekonomos, ein sehr gelehrter,
aber auch sehr boshafter und leidenschaftlicher alter Prälat und russischer Pensionär in Athen.

[2] Lengi ist im Slavischen die Wiese, die Aue, folglich Zalongites = Hinterwieser, Ennewieser, wie Zabalkanski so viel als
„Enneberger“ heisst.

[3] Mp bezeichnet in barbarischen Wörtern B, Nt = D.

[4] Mpog, d. i. Bog bedeutet im Slavischen „Gott.“

[5] Bog Gott, Glava Kopf, Reka Fluss.

535

Wenn aber schon diese dichtgedrängten Slavismen der neugriechischen Etymologie auf starke Mischung mit sarmatischen Elementen hindeuten, so wäre es ein noch weit schlimmeres Zeichen, wenn sich selbst in der Syntax, d. i. in der innern Struktur und gleichsam im Nerven und Wirbelsystem der Rede slavisches Gesetz nachweisen liesse. Das Griechische, wie man es jetzt im byzantinischen Reiche spricht, hat bekanntlich keinen Infinitiv. Der Grieche kann nicht sagen: „ich will trinken;" er sagt, „ich will, dass ich trinke," *θέλω νὰ πιῶ.* Die Unmöglichkeit zu arbeiten, zu kommen etc., drückte man in Alt-Hellas vor der Verbrüderung mit dem Scythenblute durch die Phrase: „οὐ δύναμαι ἐργάζεσθαι, οὐ δύναμαι ἐλθεῖν" aus. Jetzt aber heisst es „δὲν πορῶ νὰ δουλεύσω", „ich kann nicht, dass ich arbeite," „δὲν πορούμεν τὰ ἐρχώμεσθα," „wir können nicht, dass wir kommen." Nur in der Maina soll man noch „οὐ δύναμαι ἐλθεῖν" selbst im Munde ungebildeter Leute hören. Eine Sprache ohne Infinitiv ist aber nicht viel besser, als ein menschlicher Körper ohne Hand. Und dieser einzige Umstand beweist noch viel deutlicher, als selbst die Sprüche des Porphyrogenitus, dass eine grosse, allgemeine, Mark und Leben verwandelnde Revolution über das hellenische Volk gekommen sei. Noch hat dieses Sprachphänomen keine genügende Erklärung gefunden. Hobhouse möchte zwar die Schuld beinahe auf die türkische Eroberung werfen. Aber die Türken haben den Infinitiv und gebrauchen ihn selbst mit einer Art Luxus in Schrift wie in gemeiner Rede. Auch die byzantinische Schriftsprache hat das Kleinod bis zum Untergang des Reiches selbst im niedrigsten Style bewahrt. [1]

---

[1] Konstantin Porphyrogenitus sagt selbst, dass er „κατηναγκασμένῳ λόγῳ" und „διὰ κοινῆς καὶ καθωμιλημένης ἀπαγγελίας" schreibe, und doch gebraucht er nirgend die neue Form mit Conjunktiv und Bindewort. *De admin. Imp. cap. 1.* Dagegen kann man bei einiger Aufmerksamkeit auf den Vulgardialekt die Bemerkung machen, dass die Neugriechen ihren Eigennamen gerne die Vorschlagsylbe *is (ιζ)* oder auch nur *s (ζ)* schlechtweg voraussetzen und auf die Frage: „Wie heisst der Ort?" nicht *τὸ κάφιρο,* sondern *στοκάφιρο* zur Antwort geben. Nun ist aber diese Vorsetzsylbe *s, z* oder *is* eine Eigenthümlichkeit der

Heute aber betrachtet das griechische Volk sein *να
δουλεύσω* gleichsam als Nationalgut und widersetzt sich
— wie selbst gelehrte Athener versichern — standhaft der
Wiedereinführung des natürlichen alten Modus. Der Instinkt
redet aus dem Volke; *νὰ δουλεύσω* ist sein väterliches
Erbe, aus dem es sich nicht vertreiben lassen will. Es ist
der slavische Infinitiv, wie ihn die Einwanderer aus der
nördlichen Zone nach Illyrikum verpflanzt und in Hellas eingebürgert haben. Denn „*ne mogu da radim,*" „ich kann
nicht, dass ich arbeite," sagen sie ebenfalls im slavisch redenden Macedonien und, wie ich höre, in allen Provinzen des
illyrischen oder Süddonau-Slaventhums. Das moderne *νὰ
δουλεύσω* wäre also gleichsam eine Nachbildung, eine
Uebertragung des südslavischen oder, wenn man will, des
bulgarischen Infinitivs in das neugriechische Volks- und
Kirchenleben — wäre gleichsam der Preis, um welchen das
Volk nach seiner Bekehrung den scythischen Accent ge-
wechselt und auf den Altären des neuen Byzantinerglaubens
geopfert hat. [1]

Meint der scharfblickende Hobhouse, dass sich diese
(slavisch-griechische) Sprachsyntax erst nach Uebernahme
der Herrschaft durch die Türken auf beiden Küsten des
Archipelagus festgesetzt und, von Europa ausgehend, sich
zur allgemeinen Norm in Schrift und Rede aufgeschwungen
habe, so urtheilt er gewiss nicht unrichtig. Diese Slavinisirung des Volksdialektes hindert aber das Dasein uralter
Sprachreste so wenig, als Türken und andere barbarische
Eindringlinge Polygone aus der Epoche Agamemnons ihren
Neubauten unterzulegen Bedenken trugen.

Aus diesen Prämissen die Folgen zu ziehen und ihre
Wirkung auf die Gegenwart zu berechnen, überlassen wir
billig dem Leser selbst. Wo in letzter Instanz nur die That

russischen Sprache, in welcher die bekannte Slavenstadt *Korosten*
gewöhnlich *Iskorost* geschrieben wird. Schafarik II, 124. Eben so
ist „Stambol" ein Produkt des russischen Genius.

[1] Jedoch will man die nämliche Form schon im neuen Testament
ein Mal gefunden haben.

entscheiden muss, sind ja Worte, wenn sie ein gewisses
Mass überschreiten, überall nutzlose und verlorene Mühe.
So viel steht fest, die unermessliche Kluft zwischen den alten
hellenischen und den neuen byzantinischen Griechen ist eben
so wenig länger vor Europa zu verbergen, als es sie auszufüllen möglich ist. Oder könnt ihr unter jenem Himmel
Alles neu schaffen, eine neue politische Sonne, ein neues
Gravitationsgesetz, neue Altäre, neues Blut, neue Ideen,
neue Sympathien? Ueberlegt wohl, ob ihr zu einem solchen
Schöpfungsakt auch die Kraft und das Genie besitzet, und
ob es überhaupt ein Mensch besitzen könne. Ich leugne
zwar keineswegs die Omnipotenz der deutschen Demiurgen,
frage aber bescheiden: wo ist die That? Ihr wollt unbequeme
Mitgefühle erdrücken, aber eure Medicin bewirkt just das
Gegentheil; und wie die Gefährten des Ulysses dem zürnen-
den Gott durch Unverstand, so arbeitet ihr in thörichtem
Calcül dem rächenden Fatum der neuen Zeit in die Hand.
Ihr bauet Hütten, in denen ihr nicht wohnen sollt; ihr pflüget
und säet, wo andere ernten werden,

Sic vos non vobis fertis aratra boves.

Wenn ihr es auch beim griechischen Landbauer erwirket,
dass er den Karst nicht mehr (slavisch) τζαπῇ, sondern
δίκελλα nenne, so habt ihr noch keine Nationalität geschaf-
fen, kein griechisches Volk auf die politische Schaubühne gestellt. In Europa hat man es gleich anfangs darin übersehen,
dass man sich das Mährchen vom Dasein eines wirklich
griechischen Volkes im Sinne des Alterthums aufbinden liess.
Denn „Volk" im eigentlichen Sinne, hat schon Hobhouse
gemeint, könne man die Griechen gar nicht nennen, weil
sie weniger ein charakteristisch ausgeprägtes, von eigenthüm-
lichem Geiste beseeltes und eine Idee repräsentirendes Welt-
individuum, als eine von der herrschenden Staatskirche der
Osmanli abweichend-religiöse Sekte darstellen, nicht einmal
eine nationale Benennung führen (sie nennen sich ja „Römer")
und, ausser dem Gefühle innerer Fäulniss und eigenkräftig
unheilbarer Ohnmacht, von keinem gemeinsamen Bewusstsein

durchdrungen sind. [1] Die Griechen sind den Künsten ab-
geneigt, und attische Lebenseleganz ist ihnen von Natur
zuwider. Wer vergleicht wohl ohne Schmerz die Hellenen
von heute mit jenen Alt-Attikern, wie sie Perikles in seiner
Leichenrede schildert, oder wie sie selbst noch in den „Bildern" und „Episteln" bei Philostratus im dritten Jahrhundert
christlicher Zeitrechnung erscheinen? Merken denn die redlichen Germanen noch nicht, dass selbst diese Gräculi,
während sie die Hand zum Empfang unserer Gaben aus-
strecken, listig den Mund zu halbunterdrücktem Lächeln
verziehen? Wir machen daher allen verständigen Männern
deutscher Nation, die sich um solche Dinge kümmern, den
ernstlichen Vorschlag:

1) Den Glauben an die Möglichkeit, das alte Hellas zu
restauriren, von jetzt an nur Kindern und wohlmeinenden,
aber sich selbst täuschenden Schulenthusiasten als Privatspiel-
zeug zu überlassen.

2) Auch den Plan, das alte Kaiserthum Byzanz aus den
verfaulten Trümmern wieder aufzurichten, als ein, menschliche Kraft übersteigendes und die politische Intelligenz des
Abendlandes vor der Nachwelt höchlich compromittirendes
Concept auf die Seite zu legen.

3) Bei jedem Calcül über die untern Donauländer vom
Axiom auszugehen, dass die zwischen Yassy und Cap Ma-
tapau sitzenden Christenstämme nur ein durch anatolische
Kirchenpolizei zusammengehaltenes Aggregat todter Elemente
seien, die nur ein von aussen hereinwehender Odem beleben kann.

---

[1] *The Greeks taken collectively cannot in fact be so properly called
an individual people, as a religious sect dissenting from the established
Church of the Ottoman Empire.* Hobhouse, *Travels in Turkey.* Lett. 34.
— Durch ein Dekret der Nationalversammlung haben zwar die „Ost-
römer" den Namen der alten Hellenen wieder angenommen, gleich den
insurgirenden Neapolitanern, die sich um dieselbe Zeit und mit demselben Rechte in officiellen Erlassen und Dokumenten „Samniter" nannten. — „Τὸ κράτος τῶν Ῥωμαίων ἐσάπησεν," sagte der „Philosoph"
von Turnovo und schnitt mit diesem einzigen Worte allen Restaurations-
projekten die Wurzel ab.

4) Griechenland als Schaubühne anzusehen, auf welcher das germanische Prinzip und der Panslavismus vor ganz Europa ihre gegenseitige Stärke erproben.

5) Sich zu überzeugen, dass die gute germanische Sache im Wettkampfe nur dann siegen könne, wenn man mittelst Einpflanzung revolutionärer Dogmatik und Hegel'scher Philosophie das byzantinische Presbyterium auseinandersprengt, die Säfte im panslavischen Nationalkörper ins Stocken bringt und folglich den Zeiger an der Weltuhr zurückbewegt.

6) Sämmtliche Diplomatie des Occidents auch bei redlichstem Willen für unzureichend, ja für unfähig zu halten, eine Aufgabe von solchem Belang und von solchem Gewicht vollständig und durchgreifend zu lösen, folglich

7) unser Heil in der orientalischen Frage nur auf dem Wege der Gewalt, d. i. einer nationalen, die Regierungen selbst wider Willen fortreissenden Bewegung und Kraftäusserung zu erwarten.

8) Umfrage zu halten, ob die vierzig Millionen Deutschen noch einer zornmüthigen Aufwallung fähig seien, oder ob sie sich noch ferner begnügen, in unerschütterlicher Geduld den Spott der Ausländer zu ertragen und bei Verweigerung jeglichen Looses am grossen Erdengut als gemeiner Dünger und schutzloser, bettelhafter Knecht in fremde Zonen auszuwandern?

XV

Wie der Fragmentist wegen seiner Ansichten über das griechische Mittelalter in Athen anfangs als öffentlicher Feind behandelt wird, am Ende es aber doch zu leidlichem Verständniss mit einem Theil der hellenischen Literaten bringt und auch seinen Gegnern in Deutschland keine Antwort schuldig bleibt.

Dass bald nach Errichtung des griechischen Königreichs über Natur und Ursprung seiner Bewohner neue, vom traditionellen Schlendrian der Schule wesentlich abweichende Meinungen zum Vorschein kamen, allmählich — nicht ohne herben Kampf — anfangs in Deutschland, später auch in weiterm Kreise Wurzel schlugen und endlich zur historischen Ueberzeugung erstarkt sind, wird als bekannt vorausgesetzt. Ebenso mögen sich Manche noch erinnern, dass an Gründung dieser geläuterten Ideen, dieser bessern Doktrin auch der Fragmentist einigen Antheil hat, ja gewissermassen zur Vertretung derselben vor dem gelehrten Publikum verpflichtet ist. Der Streit ward anfangs, wir wissen es alle, ohne Theilnahme des griechischen Volkes nur zwischen Europäern in Europa selbst geführt, und wie es in Meinungsconflikten immer geschieht, verharrte zuletzt von den kämpfenden Parthien — starr und ohne alle Nachgiebigkeit — jede auf ihrem Satz, die eine mit Ruhe und unbesiegbaren Gründen, die andere zu Zeiten mit etwas Harthörigkeit und stöckischem Sinn.

Neuerungen sind meistens verhasst, lästig aber sind sie jedesmal, und wer nicht Zeit und tägliche Erfahrung als Bundesgenossen zur Seite hat, greife ja nie, im Kleinen wie im Grossen, die Sympathien der Mitwelt an. War es Ver-

dienst oder war es Unrecht, der Zeit voranzueilen und die
Frage um einige Olympiaden zu früh auf die Bühne zu
bringen? In Athen glauben sie das letztere, und viele Eiferer
sind auch in Deutschland derselben Meinung gewesen. Sicher
gehört diese Frage in jene Klasse der Controversen, die —
gleich der kolchischen Weinranke um Kerasunt — einmal
dem Boden anvertraut, Kraft und Blüthe aus sich selbst
entwickelt. Jeder Tag demolirt eine Zinne der Gegner und
bricht eine Schutzwehr der Enthusiasten nieder. Und wenn
einmal die trost- und hoffnungslose Leerheit gewisser Dinge
nicht länger zu verbergen ist, wird man sich wundern, wie
scholastische Blendwerke in Europa so lange bestehen konnten.[1]
Wäre der Streit jetzt nicht gleichsam in eine neue und letzte
Phase getreten, dürfte man ohne Aergerniss und ohne Langweile des lesenden Publikums die Sache nicht mehr zur
Sprache bringen. Aber die Griechen haben nun auch ein
Urtheil abgegeben, worüber in der Beilage zur Allg. Zeitung
vom 13. April kurzer Bericht erstattet wird. Diese achäische
Plänkelei verschafft dem Fragmentisten das Recht, ja legt
die Nothwendigkeit auf, das Publikum auch seinerseits mit
einer kurzen Erwiederung heimzusuchen, deren Aufnahme
man billigerweise nicht versagen kann. Legte man mir nicht
in einer Stelle grobe Irrthümer in der Zeitrechnung und in
einer andern völlige Unkunde oder gar absichtliche Entstellung griechischer Texte zur Last, hätte ich lieber stillge-
schwiegen. Rückt aber ein Scribent Thatsachen des 17. Jahrhunderts ohne allen Grund in das 10. zurück (nicht in das
8., wie Ihr Correspondent meinem Gegner in Athen nachgeschrieben hat), und kann man ihm beweisen, dass er in der
Sprache des Volkes, über dessen Schicksale während einer
angeblich noch unerforschten Periode er uns belehren will,
den Sinn der gewöhnlichsten Vokabeln nicht verstanden hat,
so kann er nicht klagen, wenn auch die besten Argumente
im Gemüth des Lesers Vertrauen und Gewicht verlieren.
Vom Beginn des Krieges bis auf die letzte Zeit greifen

[1] Dies ward im Mai 1842 geschrieben.

die Gegner der Bequemlichkeit wegen und wie instinktmässig
alle zu derselben Waffe: ich sei ein Ignorant und verstehe
nichts vom Griechischen. Auch Ihr Berichterstatter fühlt den
Drang, mich über die neugriechische Bedeutung von χρόνος
zu belehren, eine Mühe. die er sich wohl hätte ersparen
können, oder ich lege im Verkehr mit dem gemeinen Volke
in Thessalien erlernte Ausdrücke vor, die ihm sicherlich nicht
geläufig sind, da sie sogar den griechischen, aus der Fremde
eingewanderten Schreiern in Athen ungelegen waren. Und
doch ist Thessalien eigentliches Urland des Hellenenstammes.[1]
„A pédant, sagt Figaro, pédant et demi. Vous parlez latin,
je parle grec, j'extermine.“

Dass meine Thesen über byzantinisches Griechenthum
mittelst der politischen Blätter in Athen bis zur Kunde der
untern Volksklassen durchgedrungen seien und allgemeinen
Unwillen erregten, hörte ich zuerst von einem epirotischen Guts-
besitzer im Winterquartier zu Turnovo in Thessalien. „Lastträger, hiess es, hätten auf der Strasse angehalten und mit Entrüstung einander zugerufen: „du bist kein Hellene, du bist
ein Slave!“ Und ohne Gefahr, gesteinigt zu werden, hätte ich
verwichenes Jahr nicht öffentlich in der griechischen Hauptstadt erscheinen dürfen. Es habe sich zwar die erste Aufwallung etwas gelegt, aber ich könne dessen ungeachtet auf
übeln Empfang vorbereitet sein, weil sich die griechische
Nationaleitelkeit im Herzen verwundet fühle.“ Ich glaubte
an keinerlei Gefahr und ging ruhig nach Athen, überzeugt,
man werde dort, wie in Europa, die Person von der Sache
trennen, und persönliche Unbedeutendheit müsse den Verfasser
hinlänglich schirmen gegen den Grimm der Zeitungsschreiber,
der Sackträger und der Studenten der alten Theseusstadt.

---

[1] Diese Stelle hat Fallmerayer mit letzter Hand also abgeändert:
... über die neugriechische Bedeutung des Nennworts χρόνος zu belehren und nebenher zu tadeln: dass ich verschiedene, im Verkehr mit
dem gemeinen Volke in Thessalien erlernte Ausdrücke vorbringe, die
ihm selbst nicht geläufig und die sogar den griechischen ... Schreiern
in Athen ungelegen seien. Und doch ist Thessalien das eigentliche Urland des Hellenenstammes ...   D. H.

Ganz Unrecht hatte man jedoch in Turnovo nicht. Kaum
war ich in Athen, brach das Unwetter heftig, zu gleicher
Zeit und von allen Seiten gegen den armen Fremdling los.
„Der wegen seines glühenden Griechenhasses bekannte F....
ist in unsere Stadt gekommen," begann ein Journalartikel,
worin der arme Fragmentist in bester Form als Nationalfeind, als
Verleumder und Verunglimpfer des geheiligten Namens der
Hellenen in weiterer Analyse dem öffentlichen Zorn preis-
gegeben und zugleich Grösse und Menschlichkeit des griechi-
schen Volkes gepriesen ward, da es solchen Leuten unge-
straften Eintritt ins hellenische Heiligthum gestattet. Andere
Blätter und Blättchen griffen zum Spott, andere kamen mit
Pathos angezogen, und wieder andere begannen regelmässigen
Krieg, rüsteten Belagerungsmaschinen und Sturmzeug gegen
das verwünschte Buch. Am wüthendsten waren anfangs die
Musensöhne, junge Braseköpfe aus Epirus, Cephalonien,
Zante und Korfu. Man berieth sich, was zu thun, und fand
endlich Pasquille, Epigramme und Knittelverse an den Strassen-
ecken angeschlagen, für das wirksamste Mittel, das Strafge-
richt der Nation zu verkünden und sich am Feind zu rächen.
Zu diesem äussersten Schritt ist es aber nicht gekommen.
Der gesunde Theil der Literaten, und dieser ist in Athen
zahlreich und überwiegend, stellte den Rasenden vor, durch
Verletzung des Gast- und Fremdenrechts würden sie sich nur
selbst entehren. Insulte seien keine Argumente, und mit
gleichen Waffen den Gegner bekämpfen, wäre besserer Takt,
wäre redlich und patriotisch zugleich gehandelt.

In Athen besteht ein Studentenkasino, Brenn- und Mittelpunkt aller literarischen Thätigkeit. Die Professoren der
Hochschule mit allen Freunden und Gönnern der Wissenschaft
nehmen an diesem Institut lebhaften Antheil. Fremde lassen
sich häufig einführen wegen des sorglich bestellten Lesesaales
und wegen der Vorträge, die an bestimmten Wochentagen
Abends bald französisch, bald griechisch von Studenten und
jungen Gelehrten, nach freier Wahl, gehalten werden. In
langer, altgriechisch geschriebener Rede schilderte da ein Be-
sessener die in Deutschland umlaufenden „höchst abenteuer-

lichen und höchst lächerlichen" Vorstellungen über eine
materielle Zersetzung der griechischen Nation, von der man
in Hellas selbst noch nie etwas vernommen habe. „Der Urheber dieser verrückten Fabeln gehe jetzt wie ein Schlaf-
trunkener in den Strassen von Athen herum. Derselbe habe
jedoch durchaus nichts gelernt, sei völlig ἀμαϑής und verstehe insbesondere von keinem griechischen Wort die wahre
Bedeutung. In einer Dachkammer zu München wohnend,
habe er vor Jahren, wahrscheinlich aus Hunger, in eine alte
Landkarte von Morea hineingesehen, daselbst einen slavisch
klingenden Ortsnamen aufgestochen und in germanischer
Dummheit augenblicklich ein Buch begonnen, in welchem die
heutigen Bewohner des griechischen Continents als ein Gemisch barbarischer Colonisten aus Sarmatien, Albanien, Moskovien u. s. w. figuriren und vom alten reinen Blut der
Hellenen durchaus nichts mehr übrig bleibe, was unerträgliche
Lästerung und offenbare Verrücktheit sei, da sich bekanntlich
von den Zeiten des attischen Urkönigs Ogyges bis zum gegenwärtigen Kriegsminister Vlachopulo herab in Hellas, von Vater
auf Sohn fortschreitend, nichts geändert habe." Zum Schlusse
liess der Redner nicht undeutlich merken, der Urheber solch
abenteuerlicher germanischer Nebelbilder leide sicherlich an
temporärer Versandung des Gehirns, wogegen er — insofern
die Fakultät nichts entgegen habe — aus Mitleid eine tüchtige
Dosis Niesewurz als nervenerschütterndes Heilmittel in Antrag bringe."

Die Argumentation, wie Sie sehen, war äusserst bündig
und folglich der Applaus der Zuhörer wohlverdient. Fragte
man aber hie und da einen der schreienden Myrmidonen
etwas näher über das *corpus delicti*, so zeigte es sich immer,
dass der eine etwa eine isolirte Phrase, der andere eine
Vorrede, der dritte einiges von der akademischen Abhandlung, der vierte ein paar Capitel aus dem Haupttraktat, der
fünfte von allem gar nichts gelesen und nur auf der Gasse
gehört habe, man wolle sie wieder zu „Sklaven" machen,
was natürlich allgemeine Erbitterung hervorrufen musste,
da in Griechenland wie bei uns Slave und Sklave beim

unwissenden Volk verwandte Begriffe sind. Hesperiden oder Nasamonen, Gaugariden, Phthirophagen und Hippomolgen liessen sich die Hellenen vielleicht eher gefallen; nur Slave will, der fatalen Assonanz wegen, in Griechenland Niemand sein.

Die Zeitperiode, die man bei uns *medium aevum* nennt, ist in Hellas noch völlig unbekannt, und man muss es den Griechen verzeihen, wenn sie mit Schrecken und Unwillen auf die Schilderung des jammervollen Looses blicken, das ihr Land getroffen haben soll. Conterfei und Urheber wird die Zeit wohl nach und nach erträglich machen, was zwar in den ersten vier Wochen des athenischen Aufenthalts freilich noch nicht zu bemerken war. *N'est-ce pas, κύριε F . . . r,* sagte im Vorbeigehen ein Mann mit krankem Gefühl und Schadenfreude, *nous sommes des Slaves!* Selbst der stattliche Bruder eines berühmten Bulgarenchefs, folglich an Leib und Seele wahrer Slave, fragte halb freundlich, halb unwillig: Zu was wirst du uns noch machen? — *Σθλάβος! Σθλάβος!* rief man häufig aus den Gruppen Zusammenstehender, wenn ich Abends über die Gasse ging. Ein Renegat und Arianer hätte unter dem gläubigen Griechenvolke keinen so allgemeinen Abscheu erregt wie der verhasste Slavenfragmentist. Bei den täglichen Disputen im Hotel fragte einer der Energumenen ganz unbefangen, ob ich denn wirklich behaupte, etwas von der griechischen Sprache zu verstehen, und er wollte zugleich seinen Zweifel durch einen Satz aus der „Geschichte von Morea" rechtfertigen und begründen. Alles Reden und Erklären war meinerseits vergeblich. Und obgleich, wie man neulich las, ein fleissiger Mann in. vier Jahren sogar chinesisch lernt, wollte ich bei natürlicher Verzagtheit und angebornem Misstrauen auf eigene Kraft wirklich glauben, ich hätte mit aller Sorgfalt in mehr als dreissig Jahren auch wirklich kein einziges Wort im Griechischen erlernt, als noch zur rechter Zeit eine Stelle aus Thukydides — versteht sich im Original — dem sinkenden Muthe zu Hülfe kam. „Ach, dieser Thukydides," sagte der Myrmidone, „der ist bei uns als ein schlecht griechisch schreibender Autor schon lange

bekannt." Diese Wendung des gelehrten Atheners gab mir
die volle Zuversicht wieder, obwohl übrigens nicht zu leugnen
ist, dass die Griechen durch eine bewunderungswürdige Leichtigkeit, fremde Sprachen zu reden, uns Germanen weit überlegen sind. Diese glückliche Eigenschaft, die nach dem
Zeugniss der Anna Comnena den alten Hellenen gänzlich
fehlte, haben die Neuhellenen nur mit den slavischen Stämmen
gemein.

Ohne Zweifel geschah es in Folge dieses erklärten Kriegs-
standes der öffentlichen Meinung, dass zwei privatim höchst
achtbare Männer, Hr. Katakazi und sein Schatten, Hr. v. B.
d. St. S., gegen den Fragmentisten in Athen förmlich Quarantäne errichteten und dem Feinde des griechischen Volkes,
ich glaube in der besten Absicht, sogar die gemeine Höflichkeit versagten. Dagegen hat derselbe im Hause des Hrn.
Grafen de Br. und bei Hrn. Pr. v. O. widerstrebender Ansichten ungeachtet freundliche und durchaus wohlwollende
Aufnahme gefunden, weil diese beiden Staatsmänner unter
vielen glänzenden Eigenschaften auch die Kunst besitzen, der
Zartheit ihrer Stellung unbeschadet, polirt und human zu
sein — ein Ruhm, nach welchem Hr. Katakazi aus freiwilliger
Enthaltsamkeit nicht zu streben scheint. Hr. Katakazi hat
dessen ungeachtet seine Verdienste und denkt sogar, wie
man sich in Athen sagt, an Stiftung einer neuen Schule der
moralisch-politischen Wissenschaften. Denn während sich
Hr. Graf de Br. nützlichen Studien überlässt und selbst im
Strudel einer glanzvollen Existenz den Preis wissenschaftlicher
Bestrebungen fühlt, Hr. Pr. v. O. aber, der brillante Militär,
der feine Staatsmann, der tüchtige Gelehrte, sein Haus in
einen Musensitz verwandelt und mit seiner liebenswürdigen
und geistreichen Gemahlin den Mittelpunkt alles höhern
geistigen Lebens der griechischen Hauptstadt bildet, zehrt
Hr. Katakazi ausschliesslich vom dürren, papiernen, magern
und langweiligen Schnickschnack subalterner Diplomaten —
sicherer Beweis neuer Staatsphilosophie und geistiger Enkratie.[1]

---

[1] Ἐγκράτεια, Enthaltsamkeit.

Hr. K. besitzt aber auch noch andere Tugenden, die man
ebenfalls gern anerkennt: wir meinen Gleichmuth und Seelen-
ruhe, wie sie nur eine Byzantinernatur mit Hülfe russischer
Mannszucht erringen kann. ...¹
Bequem wäre es freilich, wenn, um ein lästiges Buch
zu widerlegen, es schon genügte, gegen den Verfasser in
einem Winkel von Athen den Mongolencorporal zu spielen
und nebenher in Journalen von Fabelwerk und Ignoranz zu
sprechen. Wollte man durch Entkräftung Eines Punktes
nicht die ganze Doctrin verdächtig machen, könnte alles
weitere Gezänk über Mehr oder Weniger, über Früher oder
Später füglich auf einen andern Platz verwiesen werden.
Um die abgedrungene Rechtfertigung in die engsten Schranken
einzukeilen, stellen wir die Frage gleich auf die Spitze. Das
gelehrte Europa will einmal wissen, was für Leute gegenwärtig auf attischem Boden wohnen und wer eigentlich die
christlichen Brüder seien, für deren Befreiung wir im Beginn
des Aufstandes glühten, für die wir Schätze, Blut und Sympathien hingegeben. Man thut diese Frage in Europa nicht
etwa aus politischem Misstrauen, als hätte man irgend etwas
zu bereuen und zu verbessern. Ach nein! unsere Gefühle
für Hellas sind noch immer nicht erkaltet, und man ist im
Occident — Dank türkischer Unverbesserlichkeit — für
griechisches Heil vermuthlich zu noch weit ergiebigeren
Opfern bereit, selbst auf die Gefahr hin, mit Undank belohnt
zu werden, was natürlich durchaus nicht im Wesen des
hellenischen Volkes liegt.

Nun, wer sind die heutigen Attiker? Die heutigen Bewohner von Attika sind von einem Ende der Provinz zum

¹ Diese Lücke füllt das Manuscript also aus: Schreibt man z. B.
an Herrn K. von St. Petersburg: „Mach die Thüre auf!“ macht Herr
K. in Athen die Thüre auf. Schreibt man ihm: „Mach die Thüre zu!“
macht Herr K. die Thüre zu. Schreibt man: „Mach die Thüre weder
auf noch zu!“ macht Herr K. mit geheimnissvoller Miene die Thüre
weder auf noch zu, ein Manöver, welches vierundzwanzig Stunden nachher, gleich einem hölzernen Telegraph, Herr v. Br. d. St. S. Zug für
Zug wiederholt. Die Beschäftigung dieser Herren, wie man sieht, ist
eben so geistvoll als nützlich. — D. H.

andern eingewanderte, auf den Ruinen des Alterthums an-
gesiedelte christliche Albanier, Albanesen, Schkypitaren —
eine Art doppelsprachiger frommer Barbaren der anatolischen
Kirche, ein Viehzucht und Ackerbau treibendes Volk mit
eichenem Dickschädel und rüstigem schlankem Körper, ein
durchaus gesundes und unverdorbenes Blut, arbeitsam, ge-
werbig, nüchtern, aber ohne Literatur, ohne Buch und selbst
ohne Alphabet. Es sind Leute, die lachen und zornig werden,
wenn wandernde, „von griechischer Abendluft vollgezechte"
Magister der temperirten Zone sie mit „Helden und Hellenen" traktiren und über die Thaten ihrer grossen Ahnen
belehren wollen. Es sind Leute, die sich selbst Römer
und Christen nennen, am Freiheitskampf lauen oder gar
keinen Antheil genommen haben, zum Theil es gar mit den
Türken hielten und die Palikaren niederschossen. Oder will
man leugnen, dass sich Menidi, die grösste und wohl-
habendste Ruralgemeinde Attikas, gegen den Aufstand erklärte? dass Chassia zur Hälfte diesem Beispiele folgte
und dass namentlich die albanesischen Bauern des erstern
Ortes eine grössere Anzahl Insurgenten erschlugen, als selbst
die attischen Türken? Weiss in Athen nicht Jedermann, dass
man es diesen Menidioten von Seite der untern Behörden
heute noch gedenkt? dass man sie drückt, neckt und tückt?
dass folglich in Menidi der geheime Wunsch nach einer
Restauration der Türkenherrschaft jedes Jahr offenkundiger
wird und nur die Milde und die unparteiische Gerechtigkeit
des Königs ernstere Scenen verhindert hat? Unter den
Bürgern der Städte Megara, Kephissia, Athen und
Oropo dagegen ist bei gemeinsamer Religion das byzan-
tinisch-griechische Element durch Heirath und Wechselver-
kehr mit Albaniern so weit zersezt und überwältigt, dass
mit geringer Ausnahme Jedermann Albanisch, aber nicht
Jedermann Griechisch versteht.

Die Gesammtbevölkerung der Hauptstadt überstieg nach
den zuverlässigsten Nachrichten beim Ausbruch der Revolution nicht die Zahl von 6000 Seelen, worunter 2000 reine
Albanier, beiläufig eben so viele Türken und der Rest

byzantinische Griechen waren. Allein keine dieser athenischen
Griechenfamilien vermochte, wie Hobhouse schon vor vierzig
Jahren bemerkte, ihren Stammbaum über die Periode der
türkischen Eroberung hinaufzurücken. Und doch redet der
ehrwürdige Veteran Perrhäbos um 1821 von echten Nachkommen der Marathonomachen des Herodot! Ach, der
gute Perrhäbos! Griechenland ist in der That zu einer zweiten
Kindheit zurückgekehrt, und wer wollte es übel nehmen,
wenn es sich wehrt, wenn es sich gegen Mahnungen sträubt
und die schwachen Kräfte überschätzt? Herrschende Sprache
in Attika ist nicht das Neugriechische, sondern das barbarisch
Albanische, das sich ungeachtet einer ganz neuen, nach
dem Frieden aus Anatolien und Thracien eingewanderten
Bevölkerung noch nicht einmal aus den Mauern der Residenz
verdrängen liess. Man hat nun freie Wahl, von zwei Pro-
positionen die eine anzunehmen: entweder waren die polirten
und kunstsinnigen Bewohner der 170 attischen Gemeinden
in der glanzvollsten Periode des griechischen Alterthums zur
Zeit der grossen Helden, Redner, Dichter und Weltweisen
ebenfalls alphabetlose albanische Barbaren, oder das Land
hat eine völlige Verwandlung erlitten — eine Verwandlung,
die der Fragmentist nicht etwa zuerst aufgedeckt, sondern
die er nur zuerst in ein System gebracht oder vielmehr in
ihrer Ausdehnung, in Ursache und Wirkung erforscht und
als historische Thatsache wissenschaftlich begründet hat.
Dagegen ist nun einmal nichts mehr einzuwenden, und ich
bitte hundertmal um Vergebung, wenn ich das Zeitungs-
gerede über falsche Chronologie, falsche Leseart und Unkunde meinerseits für eitel Fabelwerk erkläre. Nicht von
einer dreijährigen, sondern von einer „beinahe vierhundert-
jährigen Verödung Attika's," nicht etwa nur Athens ist in der
neugriechischen Chronik des Anargyrischen Klosters die Rede;
nicht τρεῖς χρόνους, sondern τετρακοσίους σχεδὸν χρόνους hatte das von mir im Jahre 1833 eingesehene Exemplar
klar und deutlich im Text, dessen nochmalige Durchsicht
mir letzthin geradezu verweigert wurde. Freilich sind in den
vom gelehrten Hrn. Pitaki gesammelten Bruchstücken wirk-

lich auch die „drei Jahre" Ihres Correspondenten zu lesen,
aber in einer ganz andern Compilation, die den palimpsesten
Namen Anthymos an der Spitze trägt und die Schicksale
der Hauptstadt Attika's zur Zeit der letzten Eroberung durch
den Venetianer Morosini erzählt. Damals (1687) ward nur
die Stadt, nicht das von türkisch gesinnten Albaniern
bewohnte flache Land, von der Bürgerschaft verlassen und
lag bis 1691 öde. In drei Jahren fällt aber eine menschenleere Stadt in Griechenland nicht ein und wächst auch kein
Oelwald auf den Trümmern, folglich muss in der angefoch-
tenen Stelle jedenfalls von längerer und auch früherer Verwüstung die Rede sein. Die Chronik, wie sie jetzt geordnet
ist, setzt aber auch jene Katastrophe vor Zertrümmerung
des byzantinischen Reiches durch die Abendländer (1205),
vor Besetzung Attika's durch die grosse Compagnie der
Catalonier (1309), vor Einsturz des Cerestempels in Eleusis
(1470), vor dem Auffliegen des Pandrosiums auf der Akropolis (Julius 1500), endlich vor dem grossen Waldbrand auf
dem Hymettus (1590 n. Chr.).

Indessen nehmen wir keinen Anstand, das Moderne,
Unkritische, Schwankende und Unsichere dieser ärmlichen
Aufschreibungen athenischer Mönche nach besserer Prüfung
und schärferer Sichtung des Inhalts einzusehen und anzuerkennen. Schon das Wort φοῦστα (Fustanellen) und die
Supplik der attischen Ueberbleibsel an den byzantinischen
Patriarchen als Oberhaupt der Nation deuten auf eine Epoche
nach der Eroberung Stambuls durch die Osmanli und auf
die Zeiten albanesischer Wanderungen nach Griechenland,
die bekanntlich erst gegen Ende des vierzehnten Jahrhunderts
den Anfang nahmen und Attika zuletzt erreichten. Statt
Grammatik und Lesetreue des Fragmentisten anzufechten,
hätten die Gegner besser gethan, ihn aus Form und Inhalt
der Citate selbst zu widerlegen. Für ein solches Unternehmen reichte aber Takt und Gelehrsamkeit der freundlichen
Männer noch nicht hin.

Ein drittes, von den beiden vorigen ganz unabhängiges
Bruchstück der pitakischen Sammlung bildet das ebenfalls

angestrittene, altgriechische Sendschreiben der Ueberbleibsel
athenischer Bürgerschaft an den Patriarchen zu Konstantinopel.
Wie aber dieser Patriarch geheissen habe und in welchem
Jahre diese Bittschrift verfasst worden sei, ist im Dokument
nicht zu lesen, und es ist blosse Annahme und willkürliche
Voraussetzung der Gegner, dass es an Johannicius II. (1641)
gerichtet oder gar auf die morosinische Spätzeit zu beziehen
sei. Folglich zerrinnt auch dieses Argument der Widersacher
in sich selbst, ohne desswegen unsere Hypothese, als gehöre
das Dokument in das zehnte Jahrhundert, zu rechtfertigen
und zu begründen. Beide waren in ihren Annahmen zu
voreilig und zu unbedacht, der eine durch sein Zufrühe,
der andere durch sein Zuspät. Aus beider Unrecht zieht
die Wahrheit allein Gewinn.

Dass aber nach Le-Quiens *Oriens christianus*, aus dem
auch Kumas sein Patriarchenregister gezogen, im zehnten
Jahrhundert kein Johannicius sass, hat der Fragmentist in
seiner Abhandlung (S. 37) selbst eingestanden und neulich
erst durch Vergleichung der im Fanar zu Byzanz aufbewahrten Liste gefunden, dass auch der vierjährige leere Raum
durch keinen Oberhirten dieses Namens auszufüllen sei. Was
ändert aber auch das am Stand der Dinge? Ist Alt-Attika
desswegen weniger vollständig ausgestorben und barbarisch
geworden? Nur über den Zeitpunkt kann noch gestritten
werden, und vor Allem wäre durch nähere Prüfung und
Ergänzung der spärlich fliessenden Quellen die Periode des
albanischen Einbruchs in Ostgriechenland festzustellen. Vielleicht war gerade für Ermittelung dieses Punktes mein letzter
Aufenthalt in Attika nicht ohne Gewinn. So viel man vorläufig urtheilen kann, ist die dunkle Erinnerung an die
Trübsale der Slavenperiode in den anargyrischen Fragmenten mit den Gräueln der albanischen Ueberzüge des 15.,
16. und 17. Jahrhunderts gleichsam in einander geflossen und
zu einem unentwirrbaren Chaos zusammengewachsen, aus
welchem der Fragmentist seine Argumente mit grösserer Vorsicht hätte schöpfen sollen, als wirklich geschehen ist. Leugnen
wollen, dass Athen während der Slavenperiode von grossen

Unfällen betroffen wurde, ist eine offenbare Thorheit, da diese grosse und prachtvolle Stadt am Ende des 12. Jahrhunderts (1185 bis 1204) laut Zeugnisses des Erzbischofs Michael Choniates zu einer kleinen, armen und der Verödung nahen Ortschaft herabgesunken war, die nicht einmal das übliche Thronbesteigungsgeschenk an den Kaiser Alexius zu entrichten das Vermögen besass. [1] Jedoch ist aus beiden gegen den Fragmentisten citirten neugriechischen Autoren auch chronologisch nicht das geringste zu lernen, da sie das Factum selbst noch nicht kennen. In Griechenland sind die historischen Begriffe noch so wenig geordnet und so wenig kritisch gesichtet, dass selbst die ersten literarischen Capacitäten noch immer den slavisch redenden, durch ganz Illyrien in Volksliedern heute noch gepriesenen Georg Castriota (Scanderbeg) nicht weniger als die bulgarischen Insurgenten (1842) um Nissa zum Stammgut der Hellenen zählen. Nimmt man aber Gross-Turnovo und Präslawa am Hämus ins hellenische Gremium auf, was berechtigt, Kiew und Smolensko auszuschliessen? Ein griechischer Mönch von tüchtiger Gelehrsamkeit hat ein Buch über die „sehr nahe Verwandtschaft des hellenischen Dialektes mit dem russischen" geschrieben und eine fette Jahresrente als Lohn davongetragen. Ich habe bewiesen, dass der nordische Anverwandte seiner Zeit persönlich nach Hellas kam und sich provisorisch auf den Erbgütern des noch lebenden Vetters niederliess. Dagegen verordnen die Studenten Niesewurz und bekreuzen sich die Diplomaten. Glauben Sie ja nicht, ich hätte wegen hitzigen Aneinanderfahrens eine üble Meinung von den griechischen Musensöhnen. Sie sind nüchtern, arbeitsam, in der Regel von guter Aufführung und wissbegierig in unglaublichem Grade. Mein Lob kann nicht verdächtig sein. Ich habe treffliche und würdige junge Leute in Menge kennen gelernt und in fast täglichen Gefechten in Athen das gegenseitige Verständniss weit näher gebracht, als wenn ich

[1] Ἀχρήματος γὰρ ἡ πόλις καὶ πενιχρὰ καὶ τοῦ κύκλου διαγραφῇ καὶ τῶν πόλεων (l. πολιτῶν), καὶ παράπαν ἀφαντωθῆναι κινδυνεύουσα ... Tafel, de Thessalonica etc. p. 459.

noch einmal drei Broschüren mit hundert Beilagen und Citaten geschrieben hätte. Denn warmblütige Südländer sträuben
sich gegen harte Wahrheiten weniger lange, als die versteinerten Intelligenzen der kalten Zone. Nur wollen sie in
Athen, dass sich der fremde Literat nicht in ihr politisches
Kartenspiel mische und nicht auf Bestellung gegen eigene
Ueberzeugung schreibe. Lange wollte kein Mensch glauben,
dass ich nicht für die Russen arbeite und nicht im czarischen
Solde stehe. Diesen schlimmen Verdacht haben aber, selbst
nach dem Geständniss eines Griechen, die Mongolenfröste [1]
in Athen völlig weggewaschen. Komme mir jetzt noch einer
und sage, ich sei Hrn. K. nicht höchlich verpflichtet, und
Hr. K. sei kein humaner Mann!

[1] „Die eisigen Fröste des Herrn K. in Athen." Fallmerayers
letzte Hand.   D. H.

XVI.

Wie der Fragmentist zwei deutsche Reisewerke über Griechenland [1] mit einander vergleicht und nebenher den friesischen Gruss des Herrn Greverus mit Höflichkeit erwiedert.

1.

Hr. Greverus ist vollkommen überzeugt, dass eigentlich die deutschen Philologen die Türken aus Griechenland vertrieben und das grosse Seetreffen bei Navarino gewonnen haben. Erscheint nun ein solcher Grammatikus im Piräeus, in Athen, in Korinth, so ist es kein gewöhnlicher Fremdling, der unbekannt und unbemerkt für eigenes Vergnügen und eigene Belehrung den Schauplatz grosser Ereignisse des Alterthums besucht: es ist der Befreier des Landes, der Gründer hellenischen Lebens, der eigentlich „*in suam terram*" ge-, kommen ist, bald, um durch weisen Rath das Fehlende zu. ergänzen, bald um nachzusuchen, wie weit die Colonie in materieller und geistiger Wohlfahrt vorgeschritten sei, allezeit aber, um wohlverdiente Huldigung und gebührenden Respekt einzuernten von Leuten, die ihnen Alles schuldig sind.

An solchen Männern ist nun, wenigstens denken sie es so, alles, was ihre Persönlichkeit betrifft, von einigem Belang, kein Schritt im Lande ohne Bedeutung, kein Wort ohne tiefen Sinn, kein Akt ohne Folgen, selbst Essen und

---

[1] 1) Reiselust in Ideen und Bildern aus Griechenland, von F. P. Greverus. Bremen 1839. — 2) Beiträge zur Kenntniss des griechischen Landes und Volkes, von Gottfried Herold. Ansbach 1839.

Trinken eine Handlung von grosser Wichtigkeit, deren Kunde auf die späteste Nachwelt zu kommen verdient.

Bei Hrn. Greverus tritt noch der besondere Umstand hinzu, dass er seiner Zeit die Ehre hatte, die Königin von Griechenland in deutschem ABC zu unterrichten, und folglich Namen und Rang eines Didaskalos besitzt, dessen Gewicht in griechischen Landen Jedermann kennt. Denn was einst der Atabeg an den Höfen des Orients und der $Τάτα Αύλης$ zu Byzanz gewesen, das ist heute offenbar der Didaskalos auf der Burg zu Athen, indem ja alle Weisheit und alles Regiment ursprünglich mit dem ABC beginnen muss.

Auf diesen Grund hin wird es Niemand befremden, wenn Hr. Greverus seinen Lesern unter der Hand zu verstehen gibt, dass er zwar schon fünfzig Jahre alt, aber gross von Statur, handfest und rüstig sei, gut zu Pferde sitze, englisch und französisch verstehe, Malvasier und pikante Speisen liebe, treuherzigen deutschen Sinn (*a true german heart*) besitze, bei dem Frauenzimmer in Credit stehe und einen lieben Schwiegersohn habe, dem er seine „Reiselust in Ideen und Bildern" dedicire mit „Wahrheit, Wärme und Klarheit."

Ob sich gleich das Buch des Hrn. Greverus über lauter bekannte und oft genug beschriebene Gegenden verbreitet, so enthält es doch eine schöne Sammlung, zum Theil origineller und manchmal sogar ziemlich feiner Bemerkungen, wie aus hier anstehenden Beispielen leicht zu ersehen ist. Als viel reisender Mann und Menschenkenner findet Hr. Greverus z. B. dass die Italiener insgesammt „spitzbübische und gottlose" Leute seien, weil sie um theures Geld schlechten Wein und geringe Kost, oft aber auch gar keine Kost verkaufen. Auch bei den Oesterreichern sei es nicht geheuer, und Hr. Greverus glaubt das Publikum gegen dieses Volk ebenfalls warnen zu müssen, da ihre Betten „so voll von Wanzen sind, dass es Niemand in denselben aushalten kann." Dazu sei auch die Verpflegung schlecht, „das Fleisch öfter abgestanden und der Wein nicht zu geniessen." Dagegen zeige sich auf den französischen Regierungsschiffen der Charakter der ganzen Nation, „der auf Ehrgefühl und Rechtlichkeit (*honnéteté*) basirt sei, concentrirt." Die Franzosen seien Menschen, eine edle und gebildete Nation, wo man Vertrauen ehrt und Zuneigung erwiedert und für Frühstück, Mittagessen und Kaffee sammt Wein nur vier Franken nimmt. Ueberdiess sehe man auf ihren Dampfschiffen regelmässig sechs kleinere Kanonen, sogenannte Drehbassen, „die auf dem Rande des Decks auf einem drehbaren eisernen Gestelle schwebend, wie Klapperstörche naiv auf einem Beine stehend, mit ihrem einen finstern Auge neugierig auf das Meer zu lugen scheinen."

Auf der Fahrt von Malta nach Syra waren zwei unverheirathete Damen aus England in der Gesellschaft. Doch während Hr. Gr. noch auf Mittel sann, sich ihnen zu nähern, hatte zu seinem grössten Leidwesen ein junger Franzose schon seine „Approchen" gemacht und liess dem alten Professor nur die wehmüthige Reflexion: „Wo der Franzos handelt, da sinnen und überlegen die Deutschen!" Die Sache nahm aber zur grössten Ehre Germaniens eine unerwartete Wendung. Der Franzose verstand kein Englisch und die Damen kein Französisch, Hr. Gr. aber verstand beides und bemächtigte sich nach Kurzem „ausschliesslich der Prise." Die Unterhaltung hatte noch keine 24 Stunden gedauert, und Hr. Greverus hatte schon die Entdeckung gemacht, dass die beiden ledigen Damen heirathen möchten, was ohne eine seltene Dosis von Scharfsinn freilich sonst Niemand errathen hätte.

In Athen (gewiss eine ausserordentliche Merkwürdigkeit) sei es im Sommer staubig und im Winter schmutzig. Und wenn der schöne Palikar vor dem Kaffeehause *della bella Grecia* an einer jungen Landsmännin, deren dunkle Locken mit dem rothen, goldbesetzten Fes geziert sind, vorübergeht und seinen Schnauzbart zupft, indem das Auge dem Zuge folgt, so wolle das jedesmal sagen: Ich möchte dich fressen, wie einst die Türken (S. 27). Ausserhalb der Stadt in einem Garten halte der athenäische Hoffonrier Christos Kegelspiel und bayerisches Bier, freilich zu einem zehnfach höhern Preis als in München; aber doch sei es tröstlich und erhebend

„für eine bayerische Seele, dass sein vaterländisches Getränk
hier an der Gränze des Orients zu haben ist."
Aber des guten Biers ungeachtet haben die Bavaresi in
Griechenland doch lange Weile und machen saure Gesichter,
hauptsächlich weil das Junggesellenleben in Athen freuden-
loser sei als an jedem Orte des deutschen Vaterlandes; insbesondere aber weil sie auf jeden Umgang mit gebildeten
Frauen Verzicht leisten müssen, eine Entbehrung, die nach
Hrn. Greverus für junge Männer äusserst empfindlich ist!
Selbst nach einem vierwöchentlichen Gasthausleben sei an
ein Näherkommen mit diesen unzufriedenen, kaltverschlos-
senen Herren Bavaresi nicht zu denken gewesen. Populär
in Griechenland sei eigentlich nur der gefällige, edle Dr.
Röser; der gediegene Dr. Widmer dagegen lebe mehr
den Wissenschaften als der Praxis.

Mit Essen und Trinken sehe es in Athen sehr übel aus;
auf feine und wohlschmeckende Speisen sei durchaus kein
Anspruch zu machen und desswegen einem europäischen
Feinschmecker freundlichst zu rathen, sich in Athen nur
gleich vor Tische zu erhängen, dann spare er sich die Verzweiflung bei demselben (S. 37).

Der vierwöchentliche Aufenthalt eines so weisen Mannes
im Gasthause zu Athen konnte für griechische Alterthums-
kunde natürlich nicht ohne bedeutenden Nutzen bleiben. Sind
die Bemerkungen über das alte Athen auch nicht alle durchaus neu, so sind sie doch in Form und Wendung oft überraschend schön und gedankenreich. Neues, wenn auch in
geringem Masse, ist ja in der Literatur allezeit willkommen,
und in vielen Gegenden Deutschlands, besonders im Olden-
burgischen, wird man mit Dank aus Hrn. Greverus' Buch
erfahren, dass die Burg von Athen Akropolis, der halbzerstörte Säulentempel daselbst Parthenon, und von den
beiden Bächlein links und rechts der Stadt das eine Ilissus,
das andere Cephissus, der grosse Berg ostwärts aber der
Hymettus heisse; dass der Hafen Piräcus unten am Meere,
die Stadt Athen aber weiter oben und landeinwärts liege und
zwischen beiden eine Strasse laufe, auf der man zu Fuss

gehen oder auch im Wagen fahren könne; dass in der Nähe
das Feld Marathon und die Insel Salamis sei, ersteres durch
ein Land-, letztere durch ein Seetreffen berühmt, lauter Dinge
und Neuigkeiten, die in Europa noch Niemand gewusst und
kein früherer Wanderer durch Griechenland besprochen hat.
Als mehrwochentlicher Bewohner Attika's glaubt Hr.
Greverus, er müsse sein Buch auch mit feinem attischen
Witze schmücken, was ihm natürlich leichter als vielen
Andern gelingen muss. Kaum hatte Meister Greverus gehört, dass einst ein mohammedanischer Heiliger in dem
Lehmhäuschen auf dem Architrab der Tempelsäulen des
Zeus Olympius bei Wasser und Brod sein Leben geschlossen
habe, als er mit echt sokratischer Ironie den Zusatz macht:
„Wohl hat er verdient, dass Allah ihn, um seine irdische
Ausdauer zu belohnen, zur Würde eines himmlischen Wetter-
hahns auf dem Giebel des Palastes im siebenten Himmel er-
höhe!" (S. 66.)

Nach diesen merkwürdigen Aufschlüssen über Alt-Athen
trat Hr. Greverus die Reise nach Morea an, um auch über
dieses vermuthlich ebenfalls noch ungekannte Land durch
gelehrte Anmerkungen einiges Licht zu verbreiten.

Morea, sagt Hr. Greverus, sei eine Halbinsel und habe
einst Peloponnesos geheissen, was man ihm schwerlich
wegdisputiren kann. In Epidaurus habe er Eier und Fische
gegessen und Pferde gemiethet; auf den Pferden sei er nachher geritten, wobei er die Küsten und das Meer links hatte.
In Argos sei wieder die Burg auf dem Felsen und die Stadt
auf der Ebene, und auf der Strasse nach Sparta habe ihm
ein griechischer Land-Gendarme den Rest einer Mettwurst
„gefressen". Diese Mettwurst aber sei eine kostbare Reliquie
Braunschweigs gewesen, die er selbst, um länger daran zu
haben, beim Genusse seines Brodes nur anzusehen pflegte
und sich dann wunderbar erquickt fühlte. Auf demselben
Wege sei ihm auch die Wäsche nass geworden und habe
er — o des schrecklichen Abenteuers! — das regengenetzte
Kleid während der Nacht auf dem Leibe trocknen lassen
müssen, dabei habe er gefroren und sei auch von den Flöhen

gebissen worden. Allerdings ein wesentlicher Beitrag zur Kunde Morea's! Noch schlimmer erging es Hrn. Greverus bei einer Mahlzeit auf den Ruinen Sparta's, wo ihn, als den „König des Festes," „eine alte Musikantin, die nur einen Zahn hatte, scharf ins Auge fasste und ihm singend bei der Mahlzeit stets den einen grässlichen Zahn zeigte, als wollte sie ihm diesen Zahn zum Essen leihen" (S. 182). Dafür habe er sich in herrlichem Malvasier weidlich angezecht und sei dann im klassischen Taumel durch den Olivenwald nach Mistra getrabt. Im messenischen Kloster Vulkano aber habe er bei endlosem Tischgebet der Mönche schon „seinen Magen Gott empfohlen," als es endlich doch zum Essen ging, wo er dann „mit männlicher norddeutscher Ausdauer zur Ausleerung der Weinkrüge mitgewirkt." Nach Tische ging Hr. Greverus auf die Klosterstrasse — um „griechische Abendluft zu trinken." Hr. Greverus, scheint es, hat immer Durst, begnügt sich aber in Mangel des Weines auch mit Luft, wie die lusitanischen Stuten bei Aristoteles.

Aber Alles dieses sind nur Kleinigkeiten im Vergleich mit der fünfzehnjährigen bildschönen Helenaja, die im Dorfe Georgati „mit schönem dunkeln Auge unter der edeln Stirn, bewegt, lebendig, feurig unter dunkeln langen Wimpern hervorblickte und ohne Scheu den seltenen Fremdling (d. i. den alten Professor Greverus) fixirte. Helenaja hatte ein einfaches rothes Band im reichen Lockenhaar, und als Hülle nur ein weisses Unterkleid, das nur bis auf die Mitte des Beines reichte; dann eine von der Sonne gebräunte, gekräftigte Wade und einen Fuss mit Zehen und Nägeln." Ach nicht genug, dass Helenaja's Fuss Zehen und Nägel hatte, „sie stand beim Geschäft der Spindel auch noch ganz gerade, hielt aber die dunkeln Wimpern nach dem Boden gesenkt, und ein Friedensengel umschwebte die Gesichtszüge." Alles Feuer war bei Helenaja im Auge concentrirt, aber dieses Feuer habe nichts Stechendes, auch nichts Brennendes gehabt; die Gluth habe sich von der Unschuld, nicht etwa von der Leidenschaft genährt. So etwas sei ihm in seinem

Leben nicht vorgekommen. Dagegen habe er auch diese Helenaja den ganzen Abend „studirt“ und auch noch einen Theil des Morgens, habe ihr eine Tasse Kaffee und eine Korallenschnur aus Neapel gegeben und sich beim Abreisen nur mit Mühe vom Anblicke ihres Liebreizes losgerissen. Ihr Bild habe ihn bis ausserhalb des Dorfes verfolgt, wo es endlich durch die fürchterlichen Wege aus seiner Seele verdrängt wurde.

Auf dem Wege nach Andritsena wurde der Hr. Professor wieder „von Flöhen und von Gedanken an Klephten geplagt,“ und machte sich merkwürdiger Weise gefasst, an jedem Hohl- und Kreuzwege Räuber auf sich losspringen zu sehen. Dafür habe er aber zu Andritsena tapfer getrunken und gleich darauf zu Olympia gefunden, dass die Zeit als das grässlichste Raubthier selbst Steine verschlinge und dass die Gegenwart selbst problematisch sei.“

Weiter vorwärts sei ihm über einen Sturz vom Pferde der Name eines freundlichen Städtchens entfallen und der Führer wegen eines kranken Pferdes zurückgeblieben. Den neuen, einen Buben von achtzehn Jahren, „schüttelte er zusammen und gab ihm ein Paar Ohrfeigen,“ liess sich aber durch die schönen Hände und Füsse einer mitreisenden Dame, deren Liebhaber ein Sóldat war, bald wieder in Ordnung bringen. Diese Dame hiess Maria und „zog, wenn sie auf der Matratze lag, ihre schönen Glieder, wie eine Schlange, eng in sich zusammen,“ worauf ihr Hr. Greverus eine gute Nacht wünschte. Aber der achtzehnjährige Bube stach den alten Professor bei der Dame aus, und am andern Morgen war Maria „kalt und höhnisch,“ der Führer trank Wein und schalt den alten Herrn einen Hahnrei und zog das Messer. Aber der handfeste Oldenburger schlug ihn nieder, und dann noch einen zweiten Hellenen, der dem ersten zur Hülfe eilte und den Professor schon bei der Brust gepackt hatte; einem dritten und vierten drohte er mit dem Stocke den Schädel einzuschlagen, wenn sie ihn anrührten. Der Didaskalos war „ausser sich vor Zorn“ und machte — nach eigenem Geständniss — „so grimmige Gesichter,“ dass die vier Hellenen

von allen weiteren Feindseligkeiten abstanden, obgleich das
Gefecht in einem Walde vorfiel und Einer gegen Vier in
Linie stand. In Patras verweigert man dem deutschen Professor alle Gerechtigkeit, gibt ihm aber dafür in Delphi
„vortrefflichen Wein, wohl geeignet, nach Umständen, archäo-
logische Untersuchungen über das alte Delphi zu beleben und
zu schärfen."
Von diesem delphischen Orakelwein wurde auf dem
korinthischen Golf eine ganze Nacht mit den Griechen so
tapfer durchgetrunken, dass der Professor seine heitere
Stimmung bis zur prophetischen Begeisterung trieb und mit
dem Becher in der Hand dem lieben theuern Hellas, ohne
Zweifel zur grossen Belustigung der nüchternen Matrosen,
die glänzendste Zukunft weissagte. Bei der Landung in
Lutraki aber gab es schon wieder Streit, und, der lustigen
Nacht und des schmeichelhaften Horoskops ungeachtet, standen doch alle Zechbrüder „mit dem Schuft von Kapitän
gegen den rechtlichen Fremden," um ihn abermals zu be-
trügen. Hr. Greverus lief in der Sonnengluth, ohne Effekten,
zu Fuss nach Korinth und wurde daselbst — statt Gerechtigkeit zu finden — „beinahe von den Flöhen verzehrt
(S. 229)." Uebrigens fand der Hr. Professor zu Korinth die
Stadt wieder am Fusse der Akropolis, die Akropolis aber oben
auf dem Berg, und im Karawanserai einen deutschen Bedienten, der für einen alten französischen Kapitän in griechischen Diensten gerade vor dem Zimmer des deutschen
Professors warme Suppen kochte. Das war ein wichtiges
Ereigniss und nimmt eine der wesentlichsten Stellen (S. 238)
im Reisebericht des Verfassers ein. Aus diesem Grund geben
wir sie auch im Original und mit allen Vorzügen schöner
Gedanken und correcten Styles.

„Schon seit drei Tagen hatte ich keine warme Speise,
in Oel gebratene Fische ausgenommen (Hr. Greverus besitzt
das Geheimniss, Fische in Oel zu schmoren, ohne dass sie
warm werden), gekostet und meinte schon das Vorurtheil
für dergleichen ganz und gar verloren zu haben. Unglück-
licherweise weckt der Duft der Kraftbrühe alte Erinnerungen

und Gefühle. Mich wenigstens an dem Dufte zu erquicken,
gehe ich, wie gebannt, vor meinem Zimmer hin und wieder,
als der gute Landsmann sympathetisch meine stille Neigung
merkt und mich im Namen seines Herrn auf den Abend zu
Gaste ladet. Ich beauftragte ihn, mich anzumelden, und
wurde natürlich mit französischer Herzlichkeit empfangen."
Beim Essen gerieth aber Hr. Greverus bald mit dem
gastfreundlichen Kapitän wüthend übereinander, einmal wegen
der Stärke der Bonapartisten-Partei in Frankreich, die Hr.
Greverus sehr fein und sinnreich mit den „letzten Zuckungen
des Schwanzes einer geköpften Schlange" vergleichen wollte;
und dann auch wegen der Rheingrenze, die der Kapitän für
sein Vaterland in Anspruch nahm, der Professor aber mit
grosser Tapferkeit gegen den gallischen Eisenfresser zu
schirmen suchte. In der Bedrängniss schleuderte Hr. Greverus den thermopyläischen Spruch: „Die Franzosen möchten
kommen und sie nehmen — die Deutschen würden sie zu
vertheidigen wissen!" — Dieses schreckliche Wort brachte
den alten Kapitän zum Schweigen, und die Rheingrenze ist
bis auf den heutigen Tag bei Deutschland geblieben.

So trank, schlug und stritt sich Hr. Greverus in bitterem
Kampfe gegen Eseltreiber, Wanzen und Kapitäne glücklich
durch ganz Morea wieder nach Athen zurück.

Sind das etwa, wir fragen den Leser, nicht schöne
Resultate eines wissenschaftlichen Ausfluges in das gepriesene
Hellenenland? Eigenthümlichen Forschungsgeist, penetranten
Blick, poetischen Schwung, besonders aber guten Geschmack
in der Darstellung wird hoffentlich Jedermann als wesentliche Vorzüge dieses Buches erkennen. Schade, wenn uns
ein so gelehrter und fein gebildeter Mann seine Meinung
über den Process vorenthielte, den das griechische Volk
schon seit Jahren um seinen Adelsbrief vor dem Tribunal
der öffentlichen Meinung führt! Wäre Hr. Greverus nicht
vorzugsweise der Mann, dieses ekelhafte und feindselige
Gezänk zum Vortheil der guten Sache, wie kurz vorher den
Rheingrenzstreit in Korinth, mit einem Schlag zu enden?

Glücklicher Weise erkennt Hr. Greverus seinen Beruf

und widmet einen bedeutenden Theil seiner Schrift (S. 254
bis 344) dem Beweise, dass vom trojanischen Krieg bis
heute, und von Agamemnon bis König Otto in Griechenland nichts, aber auch gar nichts, das reine Blut und
den privilegirten Sinn der alten Hellenen verdorben und verwandelt habe. Es hat sich, sagt Hr. Greverus (S. 254), in
Deutschland durch „Fallmerayer und Consorten‘‘ die
Meinung verbreitet, dass die heutigen Griechen ein Gemisch
von allerlei Völkern wären; dass sie mehr oder weniger dem
slavischen Volksstamm angehörten und nichts mit den alten
Griechen gemein hätten. Diese Meinung sei durchaus irrig.
Und als Belege und Gegenproben werden einige und dreissig
Argumente beigebracht, von denen wir, um den Leser durch
die Fülle des Guten und Trefflichen nicht zu ermüden, nur
die vorzüglichsten und kräftigsten zu besserm Verständniss
ihres zermalmenden Gewichtes textwörtlich hersetzen wollen.
Voran steht die Hauptthesis, die da besagt, dass die Neugriechen in körperlicher und geistiger Hinsicht die unver-
kennbarste Aehnlichkeit mit den alten Hellenen haben und
folglich unbezweifelt ihre Söhne seien.

Diese Aehnlichkeit der Neugriechen mit den Althellenen stüzt und beweist Hr. Greverus durch folgende Argumente:

1) Die Neugriechen, besonders die Weiber, sehen aus und
haben eine Gesichtsfarbe wie die Holländer, wie die Engländer und wie die Leute im nördlichen Deutschland (das
heisst doch im Grunde wie die Oldenburger und wie der
Hr. Greverus selbst, was der Thesis in den Augen des
Lesers voraus eine wundervolle, bestechende Unterlage gibt).

2) In Griechenland haben die Frauen einen „schlaffen,
nachlässigen, wackelnden Gang;‘‘ bei den Jungfrauen aber
reitet Amor häufig auf dem kleinen Sattelfuss, der elastisch
ist, wie das Sprungbein in der Ferse gewisser flinker Thiere
(259 und 260).

3) In der Frühe wünschen die Neugriechen guten Morgen,
Abends guten Abend und vor dem Schlafengehen gute Nacht,
und wenn sie einem begegnen, fragen sie „Wie gehts?‘‘ (277)

— lauter Fragen und Wünsche, die ausserhalb Griechenlands vermuthlich nirgend zu hören sind.

4) „Die griechischen Buben sehen gerne in den Spiegel, kokettiren mit sich selbst und machen Schulden (288)," was natürlich bei jungen Leuten anderer Nationen durchaus nicht üblich ist.

5) „Die Griechen haben ein gelenkes und biegsames Sprachorgan, gerade wie die Polen (274)." Dieses Argument des Hrn. Greverus ist um so schlagender, da Anna Comnena, die gelehrte Kaisertochter, dieses „gelenke, biegsame Organ" für ausländische Sprachen den alten Hellenen geradezu abspricht. Aber was soll auch Anna Comnena — diese Ida Hahn-Hahn des byzantinischen Reiches — verstehen? In Oldenburg weiss man es besser!

6) Alle Griechen sind Lügner, Betrüger und Diebe (300—302).

7) Die Städtebewohner insgesammt abgefeimte Schelme (309).

8) In Masse genommen, sind die Neugriechen unbesiegbar faul, arbeitscheu, feige und verzagt (281).

9) Von wahrer Vaterlandsliebe entdeckt man in Griechenland keine Spur (281—282).

10) Der Fremde gebe in Hellas auf seine Taschen Acht und lasse ja kein Geld blicken, man riskirt in solchen Fällen das Leben, weil der Grieche lieber hungern, stehlen und morden, als arbeiten will (304, 307).

11) Zuneigung, herzliche Theilnahme und Wohlthaten vergelten die Griechen mit Hass und Verachtung, wissen nichts von Dank und halten das Geben für eine verächtliche Schwäche (289—290).

12) Land und Leute sind voll Ungeziefer (314), und die griechischen Kinder verkehren meistens im Hemdchen vor der Thüre (316), was ein untrügliches Zeichen hellenischer Abkunft ist.

13) Die Neugriechen haben gewisse üble Gewohnheiten, die man bei uns nicht einmal nennen mag.

14) Sie haben gewöhnlich nur kalte Küche. Brod, Sar-

dellen. Oliven, Zwiebeln mit etwas Knoblauch und Käse genüge ihnen als Nahrung, wie zu Homers Zeiten, wo Brod ebenfalls das Hauptessen war (279).

15) Jedoch gibt es unter den Neugriechen auch Schwelger und Unmässige, z. B. in Tripolizza, wo man Leute findet, welche täglich vier und zwanzig Flaschen Wein trinken, ohne dass es ihnen schade, was natürlich nur ein Hellene leisten könne (280).

16) Die Neugriechen sind doch noch besser als die Italiener (275, 304), und wenigstens nicht schlechter als die alten Hellenen, „die freilich auch nicht viel taugten (276)."

17) Die griechischen Mädchen haben im rothen Fes ein „allerliebstes, unternehmendes Husarenaussehen" (319). Also sind es ächte Griechinnen.

‛ 18) Ueberhaupt leuchten beim griechischen Frauenvolke „braune, schöne, kluge Augen, nicht so beweglich und dunkelglühend wie die italienischen, hell aus dunkeln Wimpern hervor; nur ist das Auge sanfter, erwärmend, aber nicht stechend, und sein Strahl eher einem Wetterleuchten zu vergleichen, verheert seltener, wenn er auch einschlägt" (258). Klar und schön gesagt!

19) Geht aber eine Griechin zur europäischen Mode über, „so zieht sie der Satan an, wie sie die Kleider, sie wird gefallsüchtig und coquette wie ein Vögelein" (259).

20) Alle Griechen möchten wenigstens Minister sein (285), und am meisten unter allen Dingen in der Welt hasset das griechische Volk die Bavaresen, die es „Hebräer" schilt (291).

21) „Der Türke hielt und hält noch jetzt die Griechen für die schlechtesten aller Menschen, und Ibrahim-Pascha soll geäussert haben: er glaube nicht, dass sich ein Prinz in Europa finden würde, um ein so schlechtes Volk zu beherrschen" (310).

Ergo sind die Neugriechen Hellenen, was zu beweisen war!

Das Gewicht dieser Argumente wird Jedermann empfinden, und wir gestehen es gerne, die meisten sind ohne Replique.

Herr Greverus fühlt es selbst und fragt (256) die Leser voll
Bescheidenheit, „ob Fallmerayer nicht ein Erzlügner sei?"
Könnte man aber auch weniger sagen, wenn Jemand so
bündige Beweise, wie die vorstehenden, schnöde beseitigen,
oder in den peloponnesichen Ortsnamen Bukovina, War-
sava, Krakova, Kalisch, Glogova und Podgorizza
nicht offenbar das hellenische Element erkennen, oder aus
der albanesischen Redeweise, die in mehr als halb Griechenland als Muttersprache herrscht, auf die Einwanderung albanesischer Volksstämme schliessen wollte? Man muss dem
heldenmüthigen Hrn. Greverus noch Dank wissen, dass er
in seiner Kritik so polirt und schonend ist.

Damit sich aber Hr. Greverus auf die Meisterschaft seiner
Syllogismen doch nicht gar zu viel einbilde und sich etwa
im Genusse seines literarischen Ruhmes überhebe, wollen
wir ihm nur sagen, dass in Frankreich schon vor hundert
Jahren ein Historikus lebte, der in seinen Schlüssen ungefähr
denselben Grad von Schärfe und Bündigkeit entwickelt, den
wir so eben an Hrn. Greverus bewundert haben. In der
Vorrede zur Geschichte der nordamerikanischen Wilden
sagt P. Lafiteau: „nur ein Atheist könne behaupten, dass
Gott die Uramerikaner in Amerika selbst erschaffen habe,
da sie offenbar Abkömmlinge der alten Griechen
seien, wie sich aus folgenden vier Gründen unwiderleglich
beweisen lasse. 1) Die Griechen hatten Fabeln, einige
amerikanische Stämme auch. 2) Die alten Griechen sind
auf die Jagd gegangen, die amerikanischen Wilden gehen
auch auf die Jagd. 3) Die Griechen hatten Orakel, die
Amerikaner haben Zauberer. 4) Bei den griechischen Festen
wurde getanzt, in Amerika tanzt man auch, folglich haben
beide Völker gleichen Ursprung." Man muss gestehen, dass
diese Gründe überzeugend sind.

Hr. Greverus aber, gleichsam als wären seine dreissig Argumente nicht kräftig genug, thut sich in einem langen Para-
graph besonders darauf viel zu gut, dass sich in ganz Griechenland eine vom Hellenischen nur wenig abweichende Sprache
erhalten habe. Der gute Mann hat aber nicht gemerkt, dass

die grössere Hälfte des Festlandes und der vorliegenden Inseln, besonders der streitbare Theil der Nation, das Schkypi redet, welches mit dem Griechischen ungefähr so viel Aehnlichkeit hat, wie der Dialekt von Oldenburg und Hadeln mit dem Chinesischen. Georgati z. B. ist ganz von Schkypi bewohnt, und die schöne Helenaja mit der „gekräftigten Wade,‟ die der alte Greverus so eifrig „studirte,‟ war ein Schkypi-Mädchen, wie es schon ihr Name andeutet. Das Neugriechische ist im byzantinischen Reich nur das Verständigungsmittel der eingewanderten Stämme untereinander und mit den Ausländern, da kein Fremder das Gerede der Bulgaro-Slaven, der Schkypi, der Zigeuner und Katalanen lernen wollte.

Ebenso gehören die suliotischen und die übrigen rumeliotischen Kapitäne, deren schlanker Wuchs und martialische Miene Hrn. Greverus als ein Hauptbeweis seiner Thesis gilt, insgesammt wie die Seehelden von Hydra, zur Schkypi-Race. Und wie oft soll man es denn wiederholen, dass namentlich auf dem klassischen Boden Attika's kein einziges Dorf das Griechische als Muttersprache redet? Wir lassen den profunden Kenntnissen des Hrn. Greverus alle Gerechtigkeit widerfahren, so oft von Wein, Flöhen oder Strategie die Rede ist, da ein deutscher Grammatikus, wenn er Xenophons Anabasis lesen kann, eo ipso auch die zehntausend Mann zu befehligen versteht. Ohne alle Kenntniss der slavischen, albanischen und türkischen Syntax lasse sich ja Niemand beigehen, über die Redeweise des gemeinen Stadt- und Bauernvolks in Griechenland etwas Stichhaltiges aufzustellen. Hr. Greverus ist aber durchaus nicht der Mann, der hier mitzureden berechtigt wäre. Er will zwar in verschiedenen Stellen seines Buches dem Leser zu verstehen geben, dass er des Neugriechischen kundig sei. Allein aus der Art, wie er die Phrasen schreibt und erklärt, sieht man klar, dass er nicht mehr davon versteht, als ein wandernder Handwerksbursch, der hie und da einen Trinkspruch oder Marktconversationsausdruck erhascht und stümperhaft niederschreibt.

So z. B. leitet Hr. Greverus das im Neugriechischen gebräuchliche Wort τζιμπούκη (sprich Tschibuki), das Pfeifenrohr, vom lateinischen Sambucus (320) ab, da es doch das ganz unveränderte ﺟﺒﻮﻕ *tschibuk* der Türken ist. Zugleich scheint Hr. Greverus unglücklicher Weise nicht einmal das neugriechische ABC gelernt zu haben, weil es ihm sonst nicht entgangen wäre, dass die Neugriechen in ausländischen Wörtern das *b* durch *μπ* zu bezeichnen pflegen. „Schönen Dank," sagt Hr. Greverus S. 321, heisse auf Neugriechisch εὐ χαριστό, gleichsam als wären es zwei Wörter und heisse εὐ schön und χαριστό der Dank. Wer weiss denn aber nicht, dass im Neugriechischen εὐ gar kein selbständiger Ausdruck ist, und dass man εὐχαριστῶ schreibt, was „ich danke" bedeutet und als Verbum und Perispomenon zur zweiten Conjugation gehört? Statt εἰς τὸ καλό, zum Guten, schreibt Hr. Greverus (277) ιστο καλό, weil er weder die Orthographie kennt, noch von der slavischen Vorschlagsylbe εἰς (ις) eine Ahnung hat. καλὴ ψυχὴ heisst nicht „seliges Ende", wie uns Hr. Greverus glauben machen will, sondern „gute Seele", und ist ein Trinkspruch, den man betagten Frauen in ganz Griechenland zuzurufen pflegt. Nur in Athen, wo Hr. Greverus in „vierwöchentlichem Gasthausleben" seine neugriechischen Studien machte, verbindet eine unerklärliche Lokal-Bizarrerie mit dem καλὴ ψυχὴ einen kränkenden, schiefen Nebenbegriff, und wollen die alten Frauen nicht, dass man sie „gute Seele" nenne. Dieser Umstand mag einen so wenig unterrichteten Mann, wie Hr. Greverus, allerdings in Irrthum führen. Auch ist es wohl verzeihlich, wenn ein friesischer Magister weder vom Türkischen, noch vom Neugriechischen etwas versteht. Aber was soll man sagen, wenn es dem gelahrten Herrn auch im Altgriechischen nicht überall glückt und er nicht einmal die Accente richtig setzen kann, wie man aus einer Phrase S. 69 sieht? „Die Quellenaufseher," sagt er, „heissen auf Altgriechisch ἐπίσταται κρήνων, was, zwei Grammatikalfehler abgerechnet, auch ganz richtig ist. Jedermann weiss ja, dass ἐπιστάται κρηνῶν geschrieben werden muss. Für einen

Lehrer der griechischen Sprache sind solche Schnitzer freilich
nicht besonders empfehlend. Sagen will man hiemit eigentlich nur so viel, dass Hr. Greverus besser thäte, in seinen
Reisebeschreibungen die leidige Grammatik ganz bei Seite zu
lassen, um den Leser ausschliesslich mit seinen so zart und
so witzig erzählten Abenteuern zu erquicken. Allein nicht
zufrieden, als Stylist, als humoristischer Reisender und als
gelehrter Grammatikus zu glänzen und Griechenland vor
aller Verunglimpfung siegreich zu schirmen, strebt Hr. Greverus
in seinem streitbaren Sinn nach höhern Triumphen und er-
lässt S. 354, man weiss eigentlich nicht recht, warum, ein
scharfes Manifest gegen den „Fanatismus der römischen Kurie."
„Rom und seine Jesuiten," heisst es in diesem merkwürdigen Aktenstück, „wollen die Sonnenrinder der Zeit bei
den Schwänzen wieder in ihre Kakushöhle ziehen! Wohin
ihr Versuch führen wird, das werden wir sehen — gewiss
nicht zur Unterwerfung der Welt unter den römischen Pan-
toffel; sondern nur dazu, dass die Protestanten zur Einheit
erwachen, mehr, als es seit langer Zeit der Fall war, das
Glück der Freiheit von aller Pfaffenherrschaft fühlen und
ihren katholischen Mitbrüdern, wo sie können, die Hand
reichen, sich von dem Sklavenjoche zu befreien — was sie
bisher unbarmherziger Weise nicht gethan haben! — Nur
heraus zum offenen Kampfe, Hierarchie! — Licht oder Finsterniss die Losung — Vermittelung gibt es nicht, und Dämme-
rung ist gerade die Zeit, wo die meisten Eulen fliegen! —
Nun ja, wir Abendländer wollen schon mit dem Fanatism
fertig werden!" —
O der fürchterliche Greverus, wie ein Centaur, wie ein
Gigant rückt er heran,

Οἷος Κενταύρων στρατὸς ἔρχεται ἠδὲ γιγάντων!

Doch man verzage nicht, der Riese ist zu bändigen.
Er deutet das Mittel zu seiner Besänftigung selbst klar und
unzweifelhaft an. „Vierundzwanzig- und Sechsunddreissig-
pfünder in Pistolenschussweite auf die Brust gesetzt," ruft
er bei Gelegenheit der Schlacht bei Navarino S. 373 aus.

„Mir dröhnten beim blossen Gedanken die Ohren." Hr.
Greverus, so viel leuchtet ein, ist kein gewöhnlicher Gegner;
es braucht grobes Geschütz, um ihn zum Schweigen zu
bringen. Da wir aber mit dergleichen nicht versehen sind,
lassen wir den Streit vor der Hand auf sich beruhen und
eilen zum Schlusse. Mit der Westküste Morea's, die er auf der Heimfahrt
erblickte, war Hr. Greverus besser zufrieden, als mit der
Ostküste. In Korfu aber fand er weniger Wohlstand, als er
erwartete. Jedoch sollten die Korfioten wünschen, dem
griechischen Königreiche anzugehören. Hr. Greverus ist aber
nicht geneigt, diese Insulaner jetzt schon in den hellenischen
Staatsverband zuzulassen. Ihr Wunsch, sagt er, kann mit
der Zeit einmal in Erfüllung gehen, wenn wir erst Konstantinopel haben, was natürlich nächstens geschehen wird.

2.

Hr. Herold hat vollkommen Recht, sein kerngesundes
Büchlein über Griechenland, ob es gleich dem Hauptinhalte
nach schon früher in einer vortrefflichen Zeitschrift erschien,
als besondern Abdruck und umgearbeitet dem Publikum vorzulegen. Tadeln, denn wir wollen gleich mit der Schattenseite herausrücken, kann man an dieser Schrift nur ihre
Kürze. Wer so lange und in so günstigen Verhältnissen
unter den Griechen lebte und der Landessprache so vollkommen kundig ist und überdiess im Schreiben so richtig
Takt und Mass zu halten versteht, wie der Herr Verfasser,
besitzt alle Titel, über dieses interessante und so verschieden
beurtheilte Land mit grösserer Weitläufigkeit zu reden, als
es hier geschieht. Man hat in Deutschland und wohl auch in andern Ländern
an der poetischen Prosa, in der es bisher üblich war, über
neugriechische Zustände abzuhandeln, endlich von Herzen
satt. Und eben weil in dieser Sache nur nüchtern, gut und

naturtreu Geschriebenes noch Beachtung finden kann, glauben wir vorliegende Arbeit. so klein sie ist. dem lesenden Publikum empfehlen zu müssen. Hr. Herold machte zu verschiedenen Zeiten von Nauplia Ausflüge in die verschiedenen Theile Morea's, die mit einer vollständigen Rundreise durch die Halbinsel, und am Ende noch zur See nach einem grossen Theil der Cykladen schlossen, so dass sein Bericht unter allen Touristen der sechs letzten Jahre, seiner Kürze ungeachtet, dennoch als der umfassendste gelten kann.

Es thut Einem Leid, dass Griechenland so klein und das Ziel des Wanderers so schnell gefunden ist. Warum füllt nicht wenigstens (so denkt der Leser bei sich selbst) den leeren Raum zwischen Milos und Nauplia ein Kranz fruchtbarer, romantischer Eilande, damit uns Hr. Herold auch von diesen ein so heiteres und lebenswarmes Bild entwerfe, wie von Tinos. Naxos und Santorin? Oder vielmehr, wie kann denn Jemand, der sich mehr als zwei Jahre im Lande aufgehalten und dort so viel gesehen hat, seine Nachrichten auf 167 Seiten zusammendrängen, während Hr. Greverus, der kaum zwei Monate in Hellas war und diese Zeit noch grossentheils im Wirthshaus verlebte, dennoch 357 enggedruckte Seiten zum Besten gibt? Der Inhalt beider Schriften erklärt die Ungleichheit ihres Umfanges zur Genüge. Wenn es erlaubt ist, der Sache den wahren Namen zu geben, so möchten wir Hrn. Greverus' Buch statt „Reiselust in Ideen und Bildern" lieber die „Wein- und Wanzenchronik von Morea" nennen. Denn streicht man alle die endlosen und ekelhaften Tiraden über die eben genannten Gegenstände, um die sich das Publikum gewiss eben so wenig kümmert, als um die burlesken Balgereien und Wirthshausscenen des Herrn Magisters, aus dem Buche weg, was anders bleibt denn übrig zur Belehrung des neugierigen Lesers über das Land und seine Bewohner, als abgedroschenes Schulgezänk und geographische Notizen über das alte, längst vergessene Hellas. die man uns seit bald zwanzig Jahren in unzähligen Broschüren bis zum Ekel vorgetändelt hat? Hätte Hr. Greverus seine deutschen Landsleute in der Kunde Neugriechenlands

nur um ei n en Schritt weiter gebracht, nur ei n en neuen Gedanken in Umlauf gesetzt, nur ei n en Irrthum berichtigt, so
musste man dieses einzigen guten Gedankens wegen alle Platt-
heiten seiner langweiligen Rhapsodie vergeben Allein mit dem
besten Willen haben wir im ganzen Buche nichts dergleichen
zu entdecken vermocht. Hr. Greverus hat in Griechenland
nichts gesehen und nichts gelernt. Wir machen ihm zwar
keinen Vorwurf über seine Unwissenheit, denn Jedermann hat
das Recht, auf eigene Gefahr ein Ignorant zu sein. Hat aber
ein solcher Mann die Unvorsichtigkeit, über eine Materie, in
der es ihm erweislich selbst an den Elementarkenntnissen gebricht, als Diktator das Wort zu nehmen und besser Unterrichtete vor sein Tribunal zu ziehen, so darf man eine solche
Thorheit nicht ungestraft vorübergehen lassen. Warum mischt
sich der Mann in den Streit, ohne die beiderseitigen Akten
einzusehen und mit Sorgfalt vorher zu prüfen, was und wie
viel die Parteien bisher ins Spiel gebracht?

Bei Hrn. Herold dagegen hat der Schul-Enthusiasmus,
dessen Spuren übrigens in seiner Schrift nicht zu verkennen
sind, den gesunden Sinn nicht erstickt. Er hat gefunden,
dass dem moraitischen Bauernvolk die albanische Sprache
geläufiger als das Griechische ist; dass diess Albanesische
meistens auf dem platten Lande, vorzugsweise jedoch unter
den Weibern herrscht, die sehr wenig Verkehr mit den
Romäern oder Gräken, d. h. Neugriechen, haben.

Unter allen deutschen Gelehrten, die seit dem Ausbruche
der Revolution ihre Wanderzüge durch Morea drucken liessen,
ist unseres Wissens Hr. Herold der erste, der in so klaren
und unumwundenen Worten das Nebeneinanderwohnen zweier
radical verschiedener Volksstämme im Peloponnes beurkundet
und eingesteht. Und zwar „gehöre das Landvolk beinahe
insgesammt zur albanesischen Race und werde von den Gräken
(der Städte) gering geschätzt."

Bei einer frühern Gelegenheit hat man schon einmal bemerkt, dass namentlich die Weiber auf der Insel Hydra
erst seit dem Aufstande allgemein das Neugriechische zu
lernen begonnen, indem das Albanesische bei ihnen, wie

allenthalben in Griechenland, die wahre Haus- und Familien-
sprache bildet.

Die Albanesen sind auf griechischem Boden heut zu Tage,
was sie von jeher und überall waren, ein Schiffer-, Soldaten-
und Bauernvolk, welches mit Kunst, Literatur und Wissenschaft seit uralter Zeit so wenig zu schaffen hatte, dass sie
noch zur Stunde nicht einmal ein Alphabet besitzen. Ihr
Idiom hat Ueberfluss an stummen e e und an Nasaltönen, folglich ist das französische ABC vorzugsweise geeignet, die Begriffe dieses ungelehrten Volkes darzustellen. Auch die
deutschen Buchstaben mit geringem Zusatze könnten diesem
Zwecke dienen; am wenigsten aber die griechischen oder
gar die türkischen, deren sie sich häufig bedienen. Was
z. B. der Grieche auf Hellenisch σελήνη und gemein φεγγάρι
nennt, lautet im Albanesischen ungefähr wie „Hönöse" (die
beiden ersten Sylben kurz und die letzte halbverschlungen,
das ganze aber durch die Nase gesprochen). Brod nennen
sie Bouque, Fleisch Misch und die Traube Rusch (rrouche,
doppel r am Anfang). Diéoue ist die Sonne, Gneri der
Mann, und Dyâle der Knabe, Plural Dyâlem, und mit dem
Artikel, der im Albanesischen nachgesetzt und angehängt wird,
Dyâlemte, die Knaben, τὰ παιδιά. Wenn der Grieche sagt:
ἔλα μέσα, „komm herein!" lautet dieselbe Phrase im Schkypi:
ejám brdá. Vergleiche man den neugriechischen Satz: σ'
τὸν Μορεὰν εὐρίσκονται πολλὰ χωρία, ὁποῦ μιλοῦν Ἀρ-
βαρτικά (d. i. in Morea findet man viele Dörfer, wo man Albanesisch redet) mit der albanesischen Uebersetzung: Nde
more yâne schume katonde tschö flaçen Arbrischt,
und man hat ein lebendiges Muster, wie man auf Hydra, in
Attika und dem grösseren Theile von Griechenland redet.

Ueber das geistige Vermögen dieses Albanesen-Volkes
kann man sich kein Urtheil erlauben, da es in diesem Felde
noch nie einen Versuch gemacht. Arbeitsam in der Heimat
und tapfer im Kriege zu sein, war bisher sein ganzer Ruhm.
Es gab der Welt den Skanderbeg, den Markus Botzaris,
die Männer von Suli und Hydra, vollgültige Bürgen sol-
datischer Tüchtigkeit und echten Heldenmuths.

In Griechenland sind die meisten Albanesen Christen geblieben, während sie im Stammlande grossentheils den Islam angenommen und sich über alle Provinzen des türkischen Reiches unter der Benennung Schkypitaren oder Arnauten als Miethsoldaten verbreitet haben. Mit dem Glauben ihrer Väter haben die christlichen Albanesen Griechenlands auch den alten Volksnamen bewahrt und nennen sich — nach dem Genius ihrer Sprache — Arbrischt, woraus die Griechen Ἀρβανῦτις machen.[1] Für Grieche dagegen haben die Albanesen durchweg die Benennung Schklärischt, d. i. Sklave (Σκλάβος der Byzantiner), was bei uns vielen Leuten sonderbar scheinen mag. Vielleicht erkennt Hr. Greverus auch hierin eine Verschwörung des armen albanitischen Bauernvolks gegen das Hellenenthum!

Unter solchen Umständen wird es Niemand überraschen, wenn Hr. Herold sagt, die alten Eigennamen seien im Gedächtniss der Moraiten vollständig erloschen, der Bach Helisson auf den Trümmern von Megalopolis heisse jetzt Warwuzena, und im Herzen der Halbinsel selbst seien Leute zu treffen, die kein Wort griechisch verstehen.

Auch glaubt Hr. Herold, man könne ein eifriger Verehrer des classischen Alterthums sein und doch die Bemerkung machen, dass die Spuren der untergegangenen hellenischen Welt zwar an vielen Orten sichtbar, aber keineswegs von solcher Bedeutung seien, als man durch Gells Reisebericht von Morea zu glauben veranlasst werde. Und die Neugierde, die Alles zu sehen treibe, müsse sich am Ende mit einigen alten Trümmern begnügen. Neben einer seltenen Correctheit in griechischen Eigennamen ist es vorzüglich dieser nüchterne, unparteiische Sinn, der dem Leser Vertrauen einflösst und Herolds Büchlein in die Reihe der vorzüglichsten Produkte dieser Gattung stellt. Die wenigsten Leser verlangen zu wissen, wie viel etwa ein deutscher Philolog in Morea Wein getrunken, oder wie oft ihn die Flöhe beunruhigt haben. Hr.

---

[1] Viele Patronymica enden im Albanesischen auf — ischt. Z. B. Türkischt, Frengischt, d. i. Türken, Franken.

Herold, scheint es, ist derselben Ansicht und versteht die
Aufmerksamkeit des Lesers würdiger und geschmackvoller
zu beschäftigen, als sein Herr Amtsbruder Greverus in Oldenburg, über dessen armselige Diatribe sich Herolds Beiträge
so weit erheben,

> *Quantum lenta solent inter viburna cupressi.*

Was Hr. Herold von dem schroffen Gegensatz und un-
austilgbaren Widerwillen zwischen den Griechen der morgenländischen Kirche und ihren Brüdern, den römisch-katholischen
Griechen von Alt-Syra und andern Cykladen, erzählt, ist nur
zu wahr. Allein vielleicht nicht ganz richtig ist seine Meinung, dass diese katholischen Griechen lauter Abkömmlinge
abendländischer Kolonisten seien. Einige Primatialgeschlechter
abgerechnet, deren Familiennamen fränkischen Ursprung verrathen, sind sie doch zum Theil noch die alten, einheimischen
Kinder dieser Eilande, die seit dem Concilium von Florenz
(1436) die Union mit der abendländischen Kirche mit unver-
brüchlicher Treue bewahren und aus diesem Grunde von
den Anhängern der Nationalkirche als Ueberläufer, falsche
Brüder und Verräther gebrandmarkt und gleich unheilbar
verpesteten Gliedern vom Körper der byzantinischen Nation
auf ewig getrennt und weggeschnitten sind. Nicht wer griechisch redet, sondern wer griechisch glaubt, gehört zum
griechischen Volke, und die Nationalität im byzantinischen
Reiche hat sich zu den Hörnern des Altars und zum ewig
unwandelbaren Dogma der Kirche geflüchtet.

Zum Schlusse wollen wir noch eine Stelle in Betreff der
dicht an Delos liegenden Insel Rheneia wörtlich anführen,
weil sie in dem Verfasser eine seltene Mässigung und Billigkeit in Beurtheilung kirchlicher Dinge offenbart.

„Die Insel Rheneia", heisst es S. 121, „ist ebenfalls öde,
und ihr bisheriger einziger Bewohner, ein alter Einsiedler,
durch gehässige Strenge unkluger Beamten, die in ihrem
übertriebenen Eifer für Vermehrung des Kirchenschatzes jede
leere Kapelle, jeden Zufluchtsort des Elends einziehen und
feilbieten, ohne zu berechnen, wie sehr sie durch ihre Rück-

sichtslosigkeit dem Ansehen der Regierung schaden, aus seiner sichern Wohnung vertrieben worden. Dieser Gewaltstreich hat die Gemüther um so mehr empört, je schneller die Folgen davon fühlbar wurden. Wenn früher ein Schifflein durch Sturm genöthigt war, dort zu landen, so hatten die Seefahrer den Trost, bei einem lebenden Wesen Aufnahme und Brod zu finden. Als sich nun neulich ein gleicher Fall ereignete und die bedrängten Schiffer an dem bekannten Orte Hülfe suchten, sahen sie sich zu ihrem Schrecken getäuscht und der Gefahr, zu verhungern, ausgesetzt. Denn man muss wissen, dass bei dem geringen Mundvorrathe, den diese Leute mit sich zu führen pflegen, leicht der grösste Mangel eintritt, wenn sie durch irgend einen Zufall an der schnellen Erreichung ihres Zieles verhindert werden.“

Vergleicht man diese humane schonende Rede mit dem tragi-komischen Bombast des Hrn. Greverus in seiner Kriegserklärung gegen die römische Kurie, so ist der Leser nicht lange zweifelhaft, auf welcher Seite der bessere Geschmack und der klügere Sinn zu suchen sei.

Die gegenwärtigen Zustände der europäischen Türkei und des freien Königreichs Griechenland.

(Denkschrift. December 1844.)

Die europäische Hälfte des alten byzantinisch-christlichen Kaiserthums, d. i. das grosse illyrische Dreieck, die grosse illyrische Halbinsel südlich von der untern Donau, besteht nach occidentalischen Begriffen aus folgenden, meistens durch natürliche Gränzen, breite Ströme und Gebirgsrücken, gegenseitig strenge geschiedenen Gebietstheilen:

a) Thracien mit den drei grossen Städten Konstantinopel, Adrianopel und Philippopel, von Pontus Euxinus, Marmorameer, Hellespont, Archipelagus, Rhodope- und Hämusgebirge (Balkan) umgeben.

b) Bulgarien, das liebliche und fruchtbare Thalland, voll grosser Städte und Festungen zwischen Donaustrom, Balkangebirge und Pontus Euxinus.

c) Serbien mit der Hauptfestung Belgrad, nördlich von den Strömen Save und Donau begränzt, südlich durch Höhenzüge und Gebirge abgeschlossen, voll fetter Triften und grüner Eichenwälder.

d) Bosnien mit Herzegowina, ein gebirgiger, wald- und schluchtenvoller, zwischen den österreichischen Provinzen Dalmatien und Slavonien gleichsam in das Herz der Habsburgischen Monarchie vordringender Länderkeil, ein Bollwerk des Islam mit einer streitbaren, harten und fanatischen Bevölkerung und wegen der Configuration des Bodens hauptsächlich zum Partisan- und Guerillaskriege geeignet.

Fallmerayer. Fragm. a. d. Orient.   37

e) Montenegro, eine kleine, vom Sultanat faktisch unabhängige Gebirgsrepublik am nördlichen Gränzsaum von Albanien.

f) Albanien, das lange, von tiefeingefurchten engegespaltenen Gebirgs- und Felsenthälern zerrissene, östlich in der ganzen Ausdehnung vom Pindus, westlich vom jonisch-adriatischen Golfe eingeschlossene, nördlich durch Montenegro und südlich durch den Golf von Arta begränzte wilde Küstenland, das unerschöpfliche Soldatenhaus des Padischah, aber zugleich die Heimath der härtesten, wankelmüthigsten, treulosesten, geldgierigsten, aller Gesetzlichkeit widerstrebendsten, unbändigsten, ungubernementabelsten Bevölkerung der türkischen Monarchie.

g) Macedonien mit der Haupt-, See- und Handelsstadt Thessalonika (Salonichi, Selanik, Solun, Salonich), reich an Getreide, Tabak, Baumwolle und edeln Metallen. Der schon vor Alters berühmte Erzdistrikt (die Chalcidice) mit den drei lang auslaufenden Halb-Eilanden Hagion-Oros (Athos), Longos und Cassandra gehört sammt dem goldreichen Pangäus zu diesem gepriesenen und segensvollen Lande, welches der am Westrande streichende Pindus von Albanien, im Süden aber der vielwipflige breite Olympus von Thessalien trennt.

h) Thessalien, ein von Gebirgen rund abgeschlossenes, etwa 30 Stunden langes und 20 Stunden breites Ringbecken mit üppigem Getreideboden und der Hauptstadt Larissa im Mittelpunkt. Seide und Baumwolle dieser Provinz sind von vorzüglicher Güte und die weiland berühmten Türkisch-Garnfärbereien von Turnovo, Ampelakia und Tscharitschena heute noch eine ergiebige Quelle der Wohlhabenheit für dieses vorzugsweise griechisch gesinnte, reiche Land.

i) Das selbständige Königreich Hellas in seinen drei bekannten Abtheilungen: Festland, Morea und Cycladen.

In der türkischen und einheimisch-christlichen Vorstellungsweise zerfällt dagegen das vorbenannte grosse Ländergebiet mit Ausschluss der Inseln in die drei ungleichen Theile: Bosnien, Rumelien und Morea. Die Cycladen dagegen sind dem Türkenvolke nur unter dem Namen „Tauschan adaleri," d. i. „Hasen-Eilande," bekannt wegen des angeblich verzagten und unkriegerischen Sinnes der Bewohner.

Frage: Was heisst „Rumelien" und in wie vielfacher Bedeutung wird dieser Ausdruck genommen und angewendet? Antwort: Rumelien ist ein türkischer Ausdruck und lautet ursprünglich Rum-Ili, d. i. „Land Rum oder Römer Land", weil bis zum Ausbruch der griechischen Revolution die christlichen Völkerschaften des illyrischen Land-Triangels als Bürger des ehemaligen oströmischen Kaiserthums sich selbst „Römer" (*Ῥωμαῖοι*), ihre Sprache aber *Ῥωμαϊκὰ* (das Römische) nannten und vulgo noch so nennen.

Im eigentlichen und engern Sinne bezeichnet nach türkischem Sprachgebrauche Rum-Ili nur das von den Europäern „Thracien" benannte Land, dessen Verwaltung die zu Konstantinopel residirenden christlichen Kaiser in eigener Person zu besorgen pflegten.

Im weitern und gleichsam amtlichen Sinne aber begreift Rum-Ili oder Rumelien die ganze ehemalige europäische Türkei südlich von der Donau mit Ausschluss der Halbinsel Morea und der Statthalterschaft Bosnien, deren oberste Verwaltungsbehörde mit Umgehung des Generalstatthalters von Rum-Ili unmittelbar an den Divan von Stambol berichtete.

Die Gewohnheit, alles Land zwischen der Donau und dem Meerbusen von Korinth „Rumelien" zu nennen, ist bei den Griechen wie bei den übrigen Eingebornen so fest gewurzelt, dass sie die vom türkischen Reiche abgerissenen und zu Griechenland geschlagenen altrumeliotischen Gebietstheile zwischen Thessalien und dem Golf von Korinth in der Umgangssprache und im Gegensatz von Morea noch immer mit dem Ausdruck „Rumelien" bezeichnen.

Unter Rumelien des neugriechischen Königreichs versteht man demzufolge die altklassischen Landschaften Attika, Böotia, Locris, Phthiotis, Doris, Phocis, Aetolia und Acarnania. Soviel über die einerseits bei den Abendländern, andererseits bei den Eingebornen übliche geographische Benennung der einzelnen Theile des illyrischen Dreiecks.

Frg. Warum will man aber dieses ganze Ländergebiet, zu welchem Griechenland gleichsam die südliche Spitze bildet, „Illyrisches" und nicht lieber „Griechisches" Dreieck nennen?

A. Einmal, weil schon Konstantin, der erste christliche Imperator von Konstantinopel, bei der neuen Eintheilung der Monarchie den grössten Theil dieses Continents und namentlich Griechenland unter dem Namen „Illyrikum" in Eine Statthalterschaft oder Präfektur vereinte und Einer Verwaltungsbehörde unterwarf, die ihren Sitz zu Thessalonica (Saloniki) in Macedonien hatte.

Ein zweiter Grund zu dieser Benennung liegt in dem Umstande, dass bei weitem der grösste Theil der Bewohner dieses Continents „illyrisch," d. i. slavisch redet und sie dadurch ihre nächste Sprache, Namens- und Blutsverwandtschaft mit den Moskowitern verrathen, die heut zu Tage an der Spitze der über einen grossen Theil Europa's und Asiens verbreiteten, über 75 Millionen betragenden slavischen Völkerschaften stehen. [1]

Frg. Wie viele Hauptsprachen redet man heute im illyrischen Continent und welches ist ihr gegenseitiges Verhältniss?

A. Als eingeborne Haupt- und Muttersprachen redet man im bezeichneten Ländergebiet heute

    a) das Slavische (Illyrische),

    b) das Türkische,

    c) das Albanesische,

    d) das Griechische,

    e) das Wlachische.

Alle diese Sprachen sind wesentlich und vollständig von einander verschieden, wie z. B. das Deutsche und das Lateinische.

Wenn man die Gesammtbevölkerung des illyrischen Continents mit Einschluss der Cycladen im höchsten Falle auf beiläufig 9,370,000 Seelen berechnen kann, so reden von dieser Gesammtsumme nicht weniger als 6,400,000 Individuen zu dieser Stunde noch das Slavische als ihre Muttersprache.

[1] Die in wohlbekannter Zeit aus den nordischen Slavenländern in Illyricum eingewanderten Slaven nannte und nennt man nach ihrem neuen Vaterlande „Illyrier" und ihre Sprache das „Illyrische."

Unter diesen Slavi-chredlenden sind nach annähernder Berechnung und in Folge neuester Forschung nachstehende, zum grossen slavischen Volksstamm gehörenden einzelnen Stämme inbegriffen:

a) Bulgaren . . . 4,500,000
b) Serben 940,000
c) Bosnier 860,000
d) Montenegriner 100,000

Diese drei Völkerschaften sind einer und desselben Stammes und nur durch Religion und Oertlichkeit verschieden. Es ist der grosse, selbst über Ungarn, Oesterreich und das nordöstliche Deutschland verbreitete Serbenstamm.

6,400,000

Unter den slavischredenden Bewohnern des illyrischen Continents sind die Bulgaren am zahlreichsten und am weitesten ausgebreitet, denn ausser der eigentlichen, von ihnen benannten Landschaft Bulgarien haben sie alle Thäler und Schluchten des Balkan- (Hämus-) Gebirges, sowohl auf der Nord- als auf der Südseite eingenommen, und sogar in Thracien besteht die viehzucht- und ackerbautreibende Bevölkerung zu $\frac{4}{5}$ aus Bulgaren. Belgrad, in der unmittelbaren Nähe von Konstantinopel, ist ein ganz bulgarisches Dorf und selbst in der grossen Stadt Philippopel bilden Bulgaren die Mehrzahl der christlichen Bürgerschaft. Ueberdiess ist der breite schluchtendurchbrochene Gebirgsstock zwischen Thracien, Serbien und Macedonien, ja das berühmte Macedonien selbst zu wenigstens $\frac{2}{3}$ heute noch von bulgarischredenden Christen bewohnt. Zwischen Bulgaren und Russen, die sich gegenseitig ohne Dolmetsch verstehen, bildet der Donaustrom die Gränze; von den griechisch und albanesisch redenden Stämmen aber sind die Bulgaren heute durch die Gebirgsketten des Olympus und des Pindus getrennt. Einst reichten die Sitze dieses Volkes noch viel tiefer in das Innere Griechenlands selbst hinein; denn in den ersten Jahrhunderten der slavischen Einwanderung (600—1000 nach Christus) hatten die Bulgaren nicht nur Thessalien und einen grossen Theil von Albanien überschwemmt, sondern auch die meisten Distrikte im eigentlichen Hellas und sogar den Peloponnes besetzt, so dass von der ackerbauenden Christenbevölkerung dieser letzt genannten Länder, mit Ausnahme der Albaneser, heute noch $\frac{5}{6}$ gräcisirte Bulgaren sind.

Von den Landmarken der serbischen, bosnischen und
montenegrinischen Slaven ist nichts zu erinnern, da sie in der
Hauptsache genau innerhalb der auf guten Landkarten ver-
zeichneten Gränzen wohnen. Man sehe nur eine gute Landkarte an! Desto grössere Aufmerksamkeit verdienen die
Albanesen, von denen jedenfalls 1,000,000, nach den ver-
lässigsten Notizen aber im Ganzen etwas weniger als 1,200,000
die illyrische Halbinsel bewohnen.

Ihr Urland und Hauptsitz ist in der nördlichen Hälfte
der äusserst wilden, von den Europäern „Albanien" benannten
Landschaft, zwischen dem mitten durch den illyrischen Continent von Nord nach Süd streichenden Pindusgebirge und
dem jonisch-adriatischen Golfe. Was man in Europa Albanesen nennt, heisst bei den Türken Arnaud (dreisylbig gesprochen), bei den Griechen *Ἀρβανίτιδες,* im Lande selbst
aber Schkypi oder Schkypitar, was die felsichte und rauhe
Natur ihres Landes bezeichnet.

Diese Albanesen oder Schkypitaren sind zwar physisch ungemein abgehärtete und nüchterne Leute, werden aber im
Uebrigen als die gefühlloseste, geldgierigste, unzüchtigste,
religiös-gleichgültigste, gesetz- und treuloseste Völkerschaft
des illyrischen Continents geschildert.

„Zweimal wöchentlich", sagt Phrantzi, ein griechischer
Geschichtsschreiber des fünfzehnten Jahrhunderts, „verlassen
die peloponnesischen Albanesen ihren rechtmässigen Gebieter,
ihren Brod- und Soldherrn, um sich meuterisch einem andern
zu übergeben."

Fremden Grund und Boden in Besitz zu nehmen, für
Geld, Aemter und Abenteuer in entlegene Himmelsstriche
auszuwandern, ist kein Volk bereitwilliger als der Albanese.
Von der Mitte des vierzehnten Jahrhunderts (1350) bis auf
die neueste Zeit hat dieses unruhige Volk jede Gelegenheit,
sich auszudehnen und besonders sich in Griechenland häuslich niederzulassen, auf das sorgfältigste benützt.

Zur Zeit der Eroberung des Peloponneses durch die Türken
(1463) bestand, nach dem ausdrücklichen Zeugniss gleichzeitiger griechischer Berichterstatter, die eine Hälfte der

Bevölkerung aus Albanesen, die andere Hälfte aber aus
Gräko-Slaven, Hellenen, Franken, Juden und Zigeunern.
Metzelei und Verschleppung durch Sultan Mohammed II.
verminderte schon damals ihre Zahl, und heute, nachdem in
Folge des grossen Aufstandes auch noch sämmtliche Alba-
nesen mohammedanischen Glaubens (die Bardunioten, Lalioten,
Phonioten etc.) den Peloponnes verlassen mussten, mag etwa
noch der vierte Theil der Peloponnesier albanisch reden.
Ausserhalb Morea haben sie die Inseln Hydra, Spetza und
Poros ganz, Salamis zum Theil, etwas sogar von Aegina,
von Andros die Nord-, von Euböa die Südhälfte mit ihren
Colonien besetzt, auf dem Festlande aber die ganze Osthälfte,
d. i. Attika. Megaris, Isthmus, Böotien, Locris bis an die
Thermopylen und sogar einige Distrikte von Phocis und
Doris überschwemmt, wo sie ausschliesslich die Bevölkerung
des platten Landes, der Flecken, Weiler und Dörfer bilden.
Nur in den Städten Athen, Theben, Megara, Oropo und
Talanti wohnen Albanesen und Griechen gemischt.

Ob es auch in Westgriechenland (Aetolien und Acar-
nanien) albanische Gemeinden alter Ansiedlung gebe, ist noch
nicht hinlänglich ausgemittelt. [1]

Nach mässiger Berechnung redet demnach von der heutigen Bevölkerung des unabhängigen Griechenlands wenigstens
die Hälfte als Muttersprache das Albanesische, ist aber ohne
eigene Literatur und sogar ohne Alphabet. [2] Seit der Revolution lernen sie zwar mit grösserem Eifer als vorher das
Neugriechische, aber noch gibt es viele Gemeinden albanesischer Zunge selbst in der Nachbarschaft von Athen, die
kein Wort Griechisch verstehen.

Im Stammlande Albanien selbst herrscht von der Süd-
gränze am Golf von Vonitza bis Jannina hinauf das Griechische und Albanische gemischt und beinahe mit gleichen

---

[1] Jedenfalls ist Naupactos (Lepanto) in Aetolien durch die Einwanderung der Sulioten in eine albanesische Gemeinde verwandelt.

[2] Um das ganz barbarische Albanesische zu schreiben, bedient
man sich höchst unvollkommen und unzureichend bald des lateinischen,
bald des griechischen, bald des türkischen Alphabets.

Rechten, weiter nordwärts aber wird nur das einheimische
Schkypi und zum Theil auch das Bulgarische gesprochen.
Rechnet man die albanischredende Bevölkerung Griechenlands in runder Summe auf 350,000 Seelen, so bleiben von
der Gesammtzahl etwa 800,000 für das eigentliche Albanien
oder Schkypiland. Und von diesen achtmalhunderttausend
Schkypi-Albanesen sind wenigstens die nördlichen 600,000,
weil an Sprache, Blut und Religion von den Griechen verschieden, ohne Sympathie für das junge Königreich. In
Nordalbanien haben 'nahe an 400,000 Schkypi den Islam
angenommen, und von den übrigen sind die Mehrzahl dem
lateinischen Katholicismus ergeben. In Südalbanien dagegen
mag das Verhältniss dasselbe sein, nur gehorcht die etwa aus
100,000 Seelen bestehende christliche Halbscheide der Bevölkerung nicht der römischen, sondern der byzantinischen
Kirche und wünscht weit lebhafter und· dringender, als z. B.
die Albanesen in Attika, Böotien und Locris, sich dem jungen
Hellas anzuschliessen.

Obwohl die Albanesen in Erfüllung der Obliegenheiten
des Evangeliums zu keiner Zeit besondern Eifer zeigten,
blieben sie doch aus angeborenem Starrsinn auch nach der
Eroberung ihres Landes durch die Türken (1467) noch lange
dem Christenthum treu und ertrugen bis zu Anfang des
siebenzehnten Jahrhunderts herab mit grosser Standhaftigkeit
alle Noth und Bedrängniss ihrer Lage. Um die Zeiten des
dreissigjährigen Krieges aber riss auch ihnen die Geduld, und
wenn vorher Einzelne übergingen, nahmen sie jetzt distriktweise und zu Hunderttausenden den Islam an. Jedoch hatten
sie den Schritt vorher reiflich überdacht und gleichsam
Christo sechs Monate Termin gegeben, ob er sie vom Charadsch befreien und ihnen ohne Apostasie zu Brod und Ehren
und überhaupt zu besserm Schicksale verhelfen wolle.

Da aber Christus innerhalb anberaumter Frist für seine
ungeduldigen Anhänger in Albanien nichts thun wollte, verliess ihn ein grosser Theil und hing dem Propheten von
Mekka an, der ihnen alle die benannten Vortheile schuf und
bis auf den heutigen Tag gewährte.

Von den Slaven des illyrischen Continents waren in
Betreff der Religion die Bosnier gleich zu Anfang der Eroberung durch die Türken am wenigsten hartnäckig und bedenklich. Um das irdische Gut zu retten, nahm der grund-
besitzende Theil (der Adel) des bosnischen Volkes ohne
Zaudern den Islam an, christlich blieben nur die Proletarier,
aber weder die einen noch die andern haben desswegen ihrer
slavischen Muttersprache entsagt. Bosnien ist an Blut und
Sprache heute noch ein rein slavisches Land. Die serbischen
Edelleute dagegen brachten mit geringen Ausnahmen Gut
und Blut ihrer religiösen Ueberzeugung zum Opfer. Aber
auch unter den zahlreichen Bulgaren rechnet man die zum
Islam Uebergetretenen heute auf nur 15,000 Seelen. Wie
man sieht, erträgt bei weitem der grösste Theil der illyrischen
Slaven sein herbes Loos schon nahe an die vierhundert
Jahre mit ritterlichem Sinn und mit preiswürdiger Stand-
haftigkeit. Sie hoffen endlich das Schicksal selbst durch ihre
Geduld zu ermüden und für so lange Selbstverläugnung am
Ende doch noch belohnt zu werden.

Am hartnäckigsten und unbedingtesten aber hielten unter
den Bewohnern des oft genannten Länderumfangs die Griechischredenden am christlichen Glauben fest. Denn ausser
einzelnen Ehrgeizigen und Elenden ist — so viel man weiss —
seit Einzug der Türken in Europa keine griechisch redende
und glaubende Gemeinde ganz und in Massa zum Islam
übergegangen. Nur die von den Venetianern Jahrhunderte
lang mit unmenschlicher Härte behandelte Insel Creta möchte
von dieser ehrenvollen Regel etwa ausgenommen sein; denn
hier scheinen wirklich wie in Bosnien grössere Haufen
Griechischredender übergetreten zu sein.

Fr.: Was versteht man unter „Griechen," und wie hoch
mag sich ihre Zahl in der alten europäischen Türkei belaufen?

A.: Unter Griechen versteht man jene Eingebornen des
illyrischen Continents, deren Muttersprache weder das Slavische, noch das Türkische, noch das Schkypi-Albanische,

noch irgend ein anderer Dialekt, sondern das sogenannte Neugriechische ist, dessen Grundstoffe in der Hauptsache auf das Althellenische zurückgehen. Als herrschende Nation im oströmischen Reiche nannten sich die Neugriechen während eines Zeitraumes von mehr als zwölf Jahrhunderten „Römer" und ihre Sprache „das Römische." Seit der Insurrection und der Gründung eines unabhängigen Königreichs Griechenland nennen sie sich wieder Hellenen, deren reine, ungemischte, geradlinige und ununterbrochene Nachkommenschaft sie auf Anrathen der abendländischen Gelehrten und Gönner zu sein behaupten und ohne Jemandens Nachtheil und Verkürzung auch immerhin sein mögen.

Die ureinsässige, von Natur aus nur das Neugriechische als Muttersprache redende Bevölkerung — abgesehen, ob es Althellenen oder gräcisirte Slaven seien — beträgt im ganzen Umfang des illyrischen Continents selbst mit Inbegriff der Cycladen, heute weniger als Eine Million, ja erreicht wahrscheinlich nicht einmal die Chiffre von 900,000 Seelen, die nach billiger Schätzung und sorglichen, an Ort und Stelle selbst gesammelten Angaben in folgender Weise zu vertheilen wären:

	Seelen griechischer Abkunft
a) Königreich Griechenland (Morea, Rumelien und Cycladen) höchstens 380,000 Seelen. Thut	380,000
b) Thessalien (mit Ausschluss der Türken und Wlachen)	180,000
c) Macedonien (am Olympus und längs der Seeküste) kaum über	60,000
d) Thracien (mit Inbegriff von Stambol und der übrigen Küstenorte von Enos bis Varna hinauf, item der Binnenstädte Adrianopel, Philippopel, Demotica etc.) etwa	175,000
e) Süd-Albanien (von Hause aus griechisch und nicht albanisch Redende) wahrscheinlich unter 100,000 Individuen. Thut .	100,000
Summa der Griechischredenden .	895,000

Eigentliche Türken, d. i. aus Kleinasien eingewanderte Osmanli wohnen in Europa eher über als unter einer Million, und diese sind hauptsächlich in die drei Provinzen Thracien, Macedonien und Thessalien zusammengedrängt. Sie sitzen vorzugsweise in Städten und Festungen und ihrem Weichbilde. Nur in Thessalien bilden Osmanli einen wesentlichen Theil der Dorfleute und Landbauern.

Die dichteste Masse dieser Fremdlinge musste Thracien aufnehmen, wo sie die beiden grossen Städte Stambol und Edrene, d. i. Konstantinopel und Adrianopel, beinahe ausschliesslich bewohnen, aber auch in den übrigen bedeutenden Ortschaften der Provinz das Uebergewicht haben.

Thracien nährt von den in Europa angesiedelten Osmanli wenigstens 700,000 Individuen. In Thessalien finden sich heute noch 25,000 Familien, d. i. etwa 130.000 Seelen dieses Volkes. Der Rest wäre auf die ummauerten Städte Macedoniens, Albaniens und Bulgariens zu vertheilen.

Zusammenstellung.

Auf dem illyrischen Continent wohnen:

a) Slaven	6,400,000
b) Albanesen	1,150,000
c) Osmanli	1,000.000
d) Griechen	895.000
	9,445,000

Soviel über Zahl, Sprache, Religion und gegenseitige Stellung der verschiedenen Volksstämme des illyrischen Continents.

Frg. Wie wird der grosse illyrische Continent gegenwärtig politisch oder staatlich eingetheilt?

A. Politisch oder staatlich zerfällt der illyrische Continent gegenwärtig in zwei dem Rechte nach gleich selbständige, den materiellen Kräften und dem Flächeninhalte nach aber wesentlich ungleiche Souveränetäten:

a) das islamitische Sultanat von Stambol,

b) das christliche Königreich Hellas.

Ersteres ward durch die aus Asien in Europa eindringende türkische Horde der Osmanli im Laufe des vierzehnten und fünfzehnten Jahrhunderts (1360—1453) mit grosser Energie und Geistesüberlegenheit aus den Trümmern des in Fäulniss verkommenen oströmischen (byzantinischen) Kaiserthums gegründet und zur Schande der uneinigen Christenheit über drei Jahrhunderte mit grösstem Glanze behauptet, letzteres aber (Hellas) aus insurgirten Bruchstücken dieses Sultanats durch Zuthun und Beihülfe dreier Grossmächte, besonders Russlands, vor wenig mehr als einem Decennium ins Dasein gerufen. Die Geschicke des einen lenkt zu dieser Stunde Abd-ul-Medschid I. aus dem Hause Osman, die des andern aber Otto I. aus dem Hause Wittelsbach. Das Streben der geringern Kraft (Hellas), sich mit der grössern (Türkei) ins Gleichgewicht zu bringen, ja diese womöglich ganz zu überwältigen und aufzuheben, ist so naturgemäss, als andererseits das Bestreben der grössern, wenn auch nicht alles Verlorene wieder zu gewinnen, doch weitere Schwächung und Minderung von sich abzuwehren.

Wir sehen im illyrischen Continent eine offensive und defensive, eine thätige und leidende Kraft (Hellas und Türkei) mit täglicher Berührung einander gegenüber gestellt, und es wäre gleichsam ein naturwidriges und das griechische Lebensprincip zerstörendes Attentat, wenn man die Aktion der expansiv-thätigen gleichgewichtsuchenden Kraft vor der Zeit zum Stillstand nöthigen wollte.

Die vom Islam schmachvoll besiegte, knechtisch niedergehaltene und gleichsam erstickte Staatsidee des christlichen Byzanz ist durch die wärmende Pflege glaubensverwandter Sympathie auf heimathlichem Boden wieder zum Leben erwacht und hat sich als weitleuchtende, gegen die Basis (Donaustrom) vordringende Flamme erst an der Spitze des grossen illyrischen Länder-Dreiecks festgesetzt.

Diese Flamme byzantinischer Wiederherstellung ist aber nicht, wie die Europäer fälschlich und irrthümlich meinten, eigenkräftig aus dem lebendigen Innern des illyrischen Continents hervorgeborsten; sie ward von Aussen eingelegt und angeblasen, ihr Herd und Nahrungsstoff ist ausserhalb Illyrikum. Das althellenische Kultur- und Lebenselement ist vollkommen erloschen und ausgestorben und die Macht, welche den Funken hervorgerufen, kann ihm allein congeniale Nahrung geben. Man braucht diese Macht nicht zu nennen, Jedermann kennt sie, weil Jedermann ihre Wirkung sieht. Ein höheres Gesetz, oder, wenn man lieber will, das politische Fatum hat die drei grossen romanischen Halbinseln Süd-Europa's, die iberische, hesperische und illyrische (Spanien, Italien und Illyrikum) als eigenthümliches und gleichsam providentiell bestelltes Feld politischer Thätigkeit und Kraftäusserung den nordischen Grossmächten zugewiesen. Die Romanen sind als Clienten insgesammt germano-slavischer Tutel verfallen, England bevormundet Portugal, Frankreich Spanien, Oesterreich Italien und Russland Illyrikum. Jede Hemmung im Gange vormundschaftlicher Thätigkeit, Leitung und Ueberwachung der respektiven Halbinseln wird von benannten Mächten als eine Art Eingriff in wohlerworbene, durch Zeit und Natur gesicherte Privatrechte angesehen.

Ob dieses vierfache nordische Protektorat in seinen Wirkungen segenvoll oder verderblich sei, bleibt hier unerörtert: es wird nur als eine Thatsache, als ein politisch Gegebenes hingestellt, das kein Verständiger ohne Nachtheil ignoriren darf.

Die russische Aktion auf die illyrische Halbinsel ist für sich allein stärker, nachhaltiger, eindringlicher und cohärenter, als die Aktion der übrigen drei zusammengenommen innerhalb ihrer angewiesenen Bahn; denn der gewaltigste und fast unwiderstehlichste Hebel russischer Wirksamkeit auf Illyrikum ist der morgenländisch-griechische, dem römischen feindlich gegenüberstehende Kirchenglaube, zu dem sich zugleich mit 44 Millionen Russen von den zehnthalb Millionen Einwohnern des besagten Continents über 7½ Millionen bekennen.

Von allen Staatselementen ist im oströmischen Kaiserthum die Kirche allein lebendig geblieben. Aber diese oströmische anatolische Kirche ist durch die Osmanli politisch zum Helotismus verurtheilt, durch die lateinische Kirche von West-Rom aber dogmatisch angefeindet, erblich gehasst und

mit geistlicher Unterjochung bedroht, von den gleichglauben-
den mächtig aufstrebenden Russen allein vertheidiget und beschützt.

Die lebhaftesten Besorgnisse, die empfindsamste Reiz-
barkeit und Eifersucht fühlt jedes Volk, besonders ein indu-
striell und wissenschaftlich so wenig gewecktes und abge-
nütztes, wie die Bewohner des illyrischen Continents, hauptsächlich in Dingen, die sein kirchliches, sein geistiges, inneres
und wahrhaft nationelles Dasein berühren, weil jedes Volk
das Bewusstsein hat, nur durch sein besonderes Dogma,
seine Kirche, seine religiöse Praxis und seinen Glauben eine
eigene Nation, ein Volk-Individuum zu sein.

So unerheblich, ja futil einem Europäer die Unter-
scheidungspunkte der abendländischen und morgenländischen
Kirche immer scheinen mögen, so beruht Individualität, Dasein
und Leben der letzteren gerade auf dem, was sie von ihrer
Nebenbuhlerin trennt; desswegen hält auch die griechische
Nationalkirche eine mohammedanische Staatsgewalt für weniger
verdächtig und gefahrbringend, als eine römisch-katholische,
weil sie von ersterer nur verachtet und misshandelt, von
letzterer aber mit Auflösung und Vernichtung bedroht wird,
oder bedroht zu sein glaubt. Diese kirchlich-nationelle Suscepti-
bilität ist der Kardinalpunkt, um den sich alle Politik und
alles öffentliche Leben nicht bloss im freien Königreich Griechenland, sondern auf dem ganzen illyrischen Continent bewegt.
Nur wer von dieser Wahrheit innerlich und fruchtbar durchdrungen ist, kann den Gang der Ereignisse begreifen; und
nur wer dieses Instrument kräftig handzuhaben und klug zu
führen weiss, wird und kann bei den Völkerschaften benannten Himmelsstriches Einfluss, Macht und Bedeutung erlangen, kann politisch Lebensfähiges ins Dasein rufen.

Im Abendland, meinten sie, das neugriechische Leben
sitze noch immer im weiland Apollo-Tempel zu Delphi und
in den von den Türken nur provisorisch geschlossenen Werkstätten des Phidias und Praxiteles. (Quelle unsäglicher Irrthümer und Selbsttäuschungen!

Ein vom Occident kirchlich und politisch abgesondertes

Staatsleben zu sichern und zu begründen, ist der instinkt-
artige, in jeder Brust lebende, einzige öffentliche und alle
Verhältnisse beherrschende und bewältigende Gedanke des
illyrischen Continents.

Diesen Nationalgedanken, glauben sie, könne man nur
in Russland ganz mitfühlen und in seiner vollen Tiefe und
Innigkeit verstehen; auch sei die endliche Verwirklichung
desselben durch Fortschaffung der Osmanli aus Europa nur
von den byzantinisch-gläubigen Russen zu erwarten. Hierin
täuschen sie sich auch nicht, denn die ohnmächtigen Volks-
Sympathien des Abendlandes und alles Streben und Deklamiren gelehrter Schirmvögte des Genius von Alt-Hellas hätten
die über Griechenlands Boden festgespannte Kruste türkischer
Herrschaft niemals durchbrochen und aufgelockert, wenn
nicht die Russen nach bereits hundertjähriger Bearbeitung
des Terrains die Bewegung von 1821 vorbereitet, möglich
gemacht, zum Durchbruch geführt und am Ende durch die
Seeschlacht von Navarino und Diebitsch's siegreichen Zug
und Friedensschluss von Adrianopel dauerhaft gesichert und
befestigt hätten. Das heilbringende Gefecht von Navarino, zu
welchem man die erste Seemacht der Welt gleichsam gegen
ihren Willen und gegen ihr Interesse zu verleiten wusste,
gilt als Meisterstück der wachsamen, nüchternen, den günstigen Augenblick überall erspähenden und klug benützenden
Staatskunst der Moskowiter.

Vom germanischen Schul-Enthusiasmus wissen und
fühlen die Russen nichts, benützen ihn aber als Instrument
und secundäres Mittel für Gewinnung weniger schwärmerischer, als materiell gründlicher Vortheile über den nebenbuhlerischen Occident mit erprobter Geschicklichkeit.

Den illyrischen Continent in den Wirbel ihrer Macht
hineinzuziehen, halten die Russen für die bleibende Aufgabe
ihrer Monarchie.

Kaum war der russische Staat durch die Familie Rurik
860—900 gegründet, als russisches Drängen an die Donau
und selbst nach Konstantinopel begann. Um 967—972 hatten
sie schon Bulgarien unterworfen und verlegte der noch heid-

nische Grossfürst Swätoslaw durch feierliche Erklärung seine Residenz an den Donaustrom. Selbst die Bekehrung zum Christenthum setzte den verheerenden Russenzügen gegen Konstantinopel keinen Damm. Und wenn auch byzantinische Kriegskunst unter Leitung einiger kraftvollen Imperatoren zeitweise Rettung schaffte, wäre ohne Dazwischenkunft der in Russland einbrechenden Mongolen das oströmische Kaiserthum schon damals russischer Zudringlichkeit und Ländergier kaum entgangen.

Erst unter Peter I. zeigte es sich, dass die Jahrhunderte unter Mongolen-Schutt vergrabene altrussische Staatsidee noch immer lebendig sei. Aber die Manifestation war (1711) so schwach und das indessen türkisch gewordene Byzanz russischer Barbarei und Kriegskunst noch so üderlegen, dass der erste Versuch, an die Donau vorzudringen, gänzlich misslang. Man musste bessere Zeiten abwarten und verfiel zuerst unter Kaiserin Anna (1736) auf den sinnreichen Gedanken, durch systematisches und beharrliches Bearbeiten und Aufwiegeln der gräko-russisch glaubenden Pforten-Unter-thanen das türkische Reich im Innern zu erschüttern, zu schwächen und zu untergraben — gleichsam ein feindliches, nervenzernagendes Agens in seinen Eingeweiden zu creïren — bis man es durch combinirte und kräftiger geführte Schläge von Aussen endlich niederwerfe. Das Mittel ist weitaussehend, wirkt langsam, führt aber um so sicherer zum Ziel, da die Fähigkeit, einen politischen Gedanken consequent, zusammenhängend und ohne Uebereilung reifen zu lassen und durchzuführen, ausser dem alten und neuen Rom nur bei den Moskowitern zu entdecken ist.

Von besagter Epoche angefangen bis zu dieser Stunde herab ist keine Provinz des osmanischen Reichs, besonders in Europa, von russischen Sendlingen und Freiheitsaposteln undurchforscht und unberührt geblieben. Hagion-Oros aber, Montenegro und das moraitische Mega-Spilaeon mit den übrigen griechischen Klöstern zeigten sich bald als Haupt-feuerheerde und Magazine, von welchen die moskowiti-schen Restaurationsideen sich über den illyrischen Continent

ergossen.[1] Mit Versprechungen that und thut man nicht
ängstlich, Freiheit und Herrschaft war das Geringste, was
in Aussicht stand, besonders aber war man mit Geld und
Ehrengaben an einflussreiche Prälaten und geneigte Primaten
nicht karg. Die in den Herzen ihrer Gläubigen allmächtige
Kirche von Byzanz steht in russischem Sold und verficht mit
standhaftem Sinn die Sache ihres Obervogts und Lehnsherrn.[2]
Unter Katharina II. (1769) ward die erste Probe mit
dem neuen System angestellt und jedermann kennt den Ausgang der damaligen moraitischen Schilderhebung sammt den
Friedenspunkten von Kainardschi, wo die Russen den Profit
einstrichen und der getäuschte Peloponnes die Zeche bezahlte.
Das Spiel ging aber nachher wie vorher fort und 1806 erhob sich das aufgewiegelte Serbien; 1821 zum zweitenmal
und zwar mit grösserer Energie und Entschiedenheit der
Peloponnes sammt mehreren Inseln und einem grossen Theil
des Festlandes bis Cassandra und Hagion-Oros in Macedonien
hinauf; item die dacischen Länder auf dem Nord-Donau-Ufer
und in etwas verschiedenem Sinn, sogar Albanien hatte die
Aufruhrflamme zu gleicher Zeit ergriffen und der Fanar in
Stambol selbst war unterminirt. Alexander I. erschrack
über die Wirkung seiner Künste, ward in Kleinmuth der
altrussischen Staatsidee untreu, verrieth sein eigenes Werk
und starb zu Taganrog. Nikolaus I. verstand die Warnung,
gönnte aber dem Stambol-Sultanat wegen drohender Eifersucht seiner Verbündeten im Adrianopler Frieden eine weitere
Lebensfrist. Doch ward Griechenland bis Zitun und Vonitza
vollkommen emancipirt, Serbien *quasi* frei, Moldo-Wlachien
quasi Russen-Provinz, die wichtigen Donaumündungen aber
der Russen volles Eigenthum. Mit den Contributionsgeldern

---

[1] Eigene Erfahrung während meines Aufenthaltes auf Hagion-Oros,
der in Russland Güter mit Kirchen und Klöstern besitzt und selbst
verwaltet.

[2] Hierher gehören verschiedene Aeusserungen griechischer Prälaten
in Aegypten, Syrien, Kleinasien, Rumelien und Morea: „Nicht der Sultan,
nicht König Otto, sondern Nicolaus I. ist unser legitimer Herr und Gebieter." (Eigene Erfahrung.)

des überwundenen Padischahs wurden alte Russenfreunde in
der Türkei belohnt, im türkischen Staatsrathe selbst eine russische Partei erkauft und das byzantinische Patriarchat vollends
in ein Depôt russischer Staatsintriguen umgewandelt. Denn
das alte Spiel ging und geht auch seit dem Adrianopler
Frieden seinen gewohnten Gang, weil die Russen allzeit
thätig und wie die Dampfkraft niemals müde sind. Nicht
bloss den Sultan wollen und werden sie zu Tode hetzen,
auch Geduld und Kraft des Occidents hoffen sie zu erschöpfen, bis ihnen endlich die ganze illyrische Beute mit
Konstantinopel, dem Mittelpunkte des Handels, der Politik
und der Weltmacht — *de guerre lasse* — wie von selbst in
die Hände fällt, und ihnen nichts weiter zu thun übrig bleibt,
als dort zu sein, „sich zu bücken und zu nehmen." Das
Drohende und fast Irresistible der Russenmacht besteht nicht
in der Stärke ihrer allzeit schlecht und diebisch verpflegten
und meistens auch talentlos geführten Heere, es besteht in
der furchtbaren Geduld, Nüchternheit und Zähigkeit ihrer im
Uebrigen ganz gewöhnlichen, auf menschliche Schwäche und
Schlechtigkeit gestützten Politik. Nichts übereilen, aber
auch nichts übersehen, niemals erröthen und allzeit wissen,
was man soll und will, sind im Grunde Alltagsgedanken,
die jedermann begreift, aber *en gros* auf die Politik anzuwenden eigentlich nur das russische Cabinet versteht.

Gegen solchen Widerpart haben Tugendschwärmerei und
selbst der *furor teutonicus* noch jederzeit das Spiel verloren.

Wie die Osmanli einst, so wollen die Russen jetzt
die Gesammtmasse des alten oströmischen (byzantinischen)
Reichs in sich aufnehmen und als Opposition, als eine grosse
und festgeschlossene feindliche politische Einheit dem Abendland entgegenstellen *pour balancer les choses humaines*. Dieser
grossen Idee ist alle neuere Politik unterthan.

Diese furchtbare Combination vor ihrer Reife noch zu
stören und zu sprengen macht der Selbsterhaltungstrieb zur
bleibenden Aufgabe des Occidents.

Macht die Türken stark und widerstandsfähig oder
schaffet, wenn dieses nicht mehr möglich ist, ein neues

Lebenselement, eine neue politische Kraft aus den bisher
gebundenen und verschütteten Keimen des illyrischen Continents. Eines von beiden muss geschehen, wenn Europa
nicht einst vor den Russen wie weiland vor den Türken
zittern soll. Wer könnte nach den neuesten Erfahrungen
noch an eine politisch-erkleckliche Restauration der Osmanli
glauben?

Das zweitgenannte Auskunftsmittel ist uns allein noch
übrig gelassen und der Occident ist jetzt im vollsten Zug
aus den an Leib und Seele byzantinisirten, den Russen kirchlich und politisch verfallenen und durch Sold, Verheissungen,
Blendwerk, gemeinschaftliche Sünde und Sympathie gleichsam verpfändeten gräko-slavischen Völkerschaften des illyrischen Continents einen Damm gegen die Russen aufzuführen.

Läge in der Güte und Zweckmässigkeit eines politischen
Gedankens auch schon die Bürgschaft seiner lebendigen
Durchführung und bleibenden Erstarkung, so wäre das Heil-
mittel gefunden und alle weitere Besorgniss vor russischer
Allgewalt überflüssig. Aber sehe man nur was geschieht!
Das compacte Russland und der vielgetheilte Occident bieten
sich den Illyrikern in die Wette zur Buhlschaft an und wie
überall wird auch hier schärfere Kenntniss und homogenere
Behandlung des Gegenstandes gemeinsamer Convoitise den
Sieg entscheiden.

Europa will ein selbständiges, vom Pauslavismus eman-
cipirtes und gleichsam auf occidentalischen Grundlagen ge-
stütztes National-Griechenland schaffen, der Nebenbuhler
aber auf demselben Terrain eine Reihe gräko-slavischer und
um die moskowitische Sonne, als gemeinschaftlichen Mittelpunkt kreisender Planeten bilden. Nur die Festsetzung des
Occidentalismus in Griechenland wollen die Russen hindern,
an eine Occupation des Landes denken sie noch lange nicht.

Europa gelangt nur durch Besiegung schlechter Leidenschaften, durch moralische Wiedergeburt Illyrikums, durch
Anempfehlung von Enthaltsamkeit, Selbstverläugnung und
öffentlicher Tugend zu seinem Ziel. Die Russen dagegen

appelliren an ureinsässiges, corruptes Byzantinerthum, an den gemeinsamen Kirchenglauben und an die unaustilgbare, in Blut und Leben übergegangene Primatial-Erbsünde des oströmischen Kaiserreichs. Wer findet leichter Gehör? Der abendländische Bussprediger oder der moskowitische Ruffian? Habt Kraft die byzantinische Kirche zu ersticken und das anatolische Erzpriesterthum in ein lateinisches umzuwandeln, und die Partie wird gewonnen sein. Weil aber keine menschliche Kraft solches vermag, so agitirt, intriguirt, kauft und bestecht wenigstens und seid unermüdet wie die Russen, dann wird vielleicht euer National-Griechenland galvanisch die Arme bewegen und vielleicht gar einen Schritt vorwärts gehen, besonders wenn hinlängliche Streitkräfte mit Fässern goldenen Inhaltes regelmässig im Piraeus liegen.

Im besten Falle aber reicht die Aktion des von Europa projektirten Griechenlands selbst mit den kräftigsten Mitteln nicht mehr über Süd-Albanien (Epirus) und die nördliche Abdachung des Olympusgebirges hinaus. Jenseits ist bulgarisches Land und jetzt das Hauptquartier russischer Thätigkeit, welche die Staaten des Königs Otto nur erst noch als Filiale betrachtet, aber keineswegs ausser Acht lässt oder vergisst.

An und für sich erscheint das halbmongolische, höchst unmoralische, corrupte und degradirende Russen-Regiment freilich auch in Griechenland Niemandem als ein wünschenswerthes Gut, aber man hofft in Illyrikum leichter durch diese, als durch eine andere Hülfe aller gegenwärtigen sowohl als künftigen Noth zu entgehen.

An der politischen Schlechtigkeit der griechischen Funktionäre und Primaten, besonders aber an dem wohlverstandenen enggeschlossenen Kastengeist des hohen Clerus scheitern alle Versöhnungs- und Restaurationsprojekte des Abendlands.

Vermag man das geheime und innige Band, welches moskowitisches Interesse mit den Interessen der Primaten, Bischöfe und Mönche Griechenlands brüderlich vereint, nicht zu zerreissen, so ist all unser Arbeiten und Bemühen mit allen Opfern vergeblich.

Gönnet daher in der Verwaltung des Landes den unvermeidlichen Russen das erste Wort, das zweite gebet um so bereitwilliger den Franzosen, da sie in der griechischen Sache bisher allein edel und uneigennützig gehandelt haben; den Engländern, den allzeit feindlichen und übelwollenden, zahlt pünktlich ihren Termin und erwartet das Weitere von eurer Klugheit und von den Umständen, die häufig bessern Rath schaffen, als alle Weisheit und aller Vorbedacht der gepriesensten Staatskünstler.

Nur vergesse man keinen Augenblick, dass man ohne *bienveillance* der Moskowiter in Griechenland nichts Erkleckliches leisten, ja in die Länge nicht einmal in Sicherheit existiren kann! Alle Dreidecker des Occidents im Bunde mit sämmtlichen Bataillonen der deutschen Philologen und Grammatiker sind unvermögend, Königreich und Dynastie vor den Tücken der Moskowiter zu schirmen.